国家社科基金重大项目“中国近代日记文献叙录、整理与研究”(项目编号:18ZDA259)相关性成果

李慈銘交遊人物生卒年表

邓政阳 著

浙江大学出版社 ZHEJIANG UNIVERSITY PRESS
·杭州

图书在版编目(CIP)数据

李慈铭交游人物生卒年表 / 邓政阳著. —杭州：浙江大学出版社，2024.4
ISBN 978-7-308-24388-9

Ⅰ.①李… Ⅱ.①邓… Ⅲ.①历史人物-生卒年表-中国-清后期 Ⅳ.①K820.52

中国国家版本馆 CIP 数据核字(2023)第 208513 号

李慈铭交游人物生卒年表
邓政阳 著

责任编辑 蔡 帆
责任校对 潘丕秀
封面设计 周 灵
出版发行 浙江大学出版社
(杭州市天目山路 148 号 邮政编码 310007)
(网址：http://www.zjupress.com)
排 版 浙江大千时代文化传媒有限公司
印 刷 杭州高腾印务有限公司
开 本 787mm×1092mm 1/16
印 张 40
插 页 8
字 数 1120 千
版 印 次 2024 年 4 月第 1 版 2024 年 4 月第 1 次印刷
书 号 ISBN 978-7-308-24388-9
定 价 198.00 元

李慈铭像

《北京图书馆月刊》（民国十七年五月第一卷第一号）

安维峻像

（王广林提供）

宝鋆像

John Thomson, *Illustrations of China and its People*, （1874）

陈豪像

陈豪《冬暄草堂遗诗》

（清宣统三年刻本）

邓承修像

邓承修《语冰阁奏议》

（民国七年铅印本）

樊增祥像

樊增祥《樊山集外》

（民国三年石印本）

顾家相像

顾家相 《勵堂文集》

（民国十三年铅印本）

黄自元像

（黄晓果提供）

江澍畇像

江志伊《济阳江氏金鼇派宗谱》

（民国十五年石印本）

柯劭忞像

柯劭忞《蓼园诗钞》

（民国十三年铅印本）

吕耀斗像

（吕岗提供）

梅巧玲像

徐慕云《梨园影事》

（民国二十二年铅印暨影印本）

庞鸿书像

Willian Edgar Geil, *Eighteen Capitals of China*, （1911）

秦缃业像

（王进雄提供）

瑞璋像

（李炬提供）

邵松年像

（李烨提供）

陶方琦像

（绍兴吕氏鹿池山房提供）

王继香像

王继香《醉盦砚詺·枕湖楼藏砚铭》

（浙江图书馆藏）

薛允升像

（薛忠道提供）

伊立勋像

（伊常春提供）

张仲炘像

张仲炘《瞻园词》

（清光绪三十一年刻本）

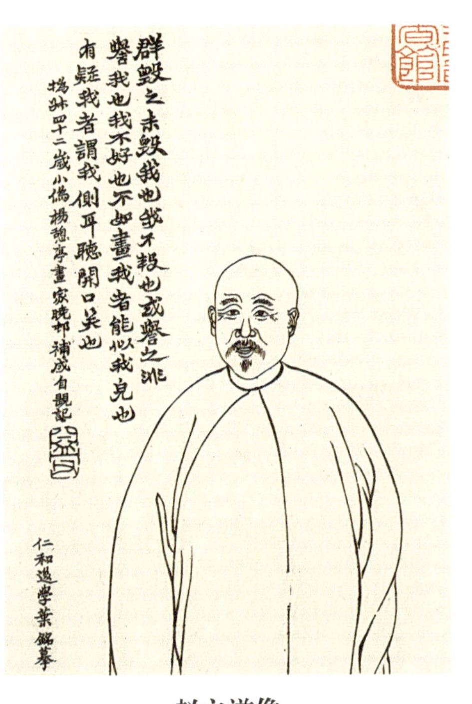

群毁之未毁我也我不報也或譽之非
譽我也我不好也不如畫我者能似我兒也
有疑我者謂我側耳聽開口笑也
撝叔四十二歲小儀楊鵬亭畫家曉邨補成自觀記
仁和後學葉銘摹

赵之谦像

赵之谦《赵㧑叔印谱初集》

（民国六年钤印本）

周星譼像

（陶喻之提供）

周星诒像

（陶喻之提供）

周星誉像

（陶喻之提供）

右一张人骏、右二陈宝琛

（张金栋提供）

右一沈守谦、右二沈守诚、右三沈守廉

（李军提供）

右一孙毓汶、右二徐用仪、右四许庚身、右五廖寿恒、右六张荫桓

L'Illustration（1894 年 9 月 1 日）

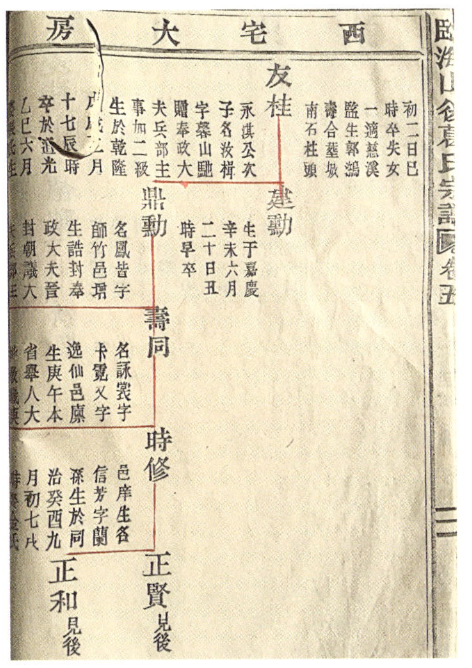

西宅大房

臨海山後葛氏宗譜卷五

初二日巳時卒失女一適慈溪監生郭鴻壽合葬坂南石柱頭

友桂 永淇公次子名汝楫字綮山馳贈奉政大夫兵部主事加二級生於乾隆戊戌十二月十七辰時卒於道光乙巳六月娶張氏生[illegible]

建勳 生于嘉慶辛未六月二十日丑時早卒

鼎勳 名鳳喈字師竹邑增生誥封奉政大夫晉封朝議大夫兵部主[illegible]

壽同 名詠裳字卞霓又字逸仙邑廪生庚午本省舉人大[illegible]

時修 邑庠生名信芳字蘭孫生於同治癸酉九月初七戌時娶金氏

正賢 見後

正和 見後

葛咏裳行传

《临海山后葛氏宗谱》

（民国三十年木活字本）

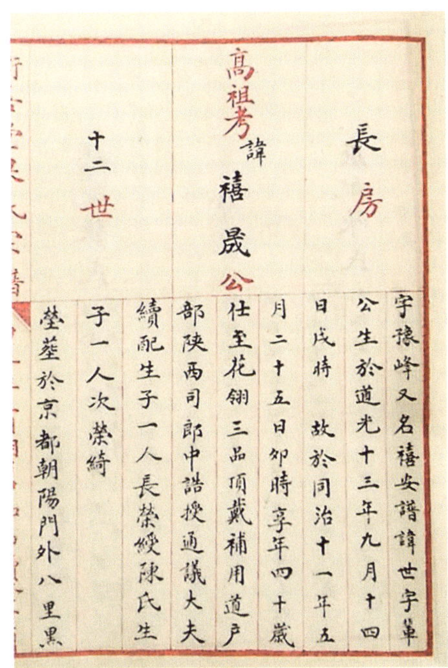

長房

高祖考諱 禧晟公

十二世

字振峰又名禧安譜諱世宇單

公生於道光十三年九月十四

日戌時 故於同治十一年五

月二十五日卯時享年四十歲

仕至花翎三品頂戴補用道户

部陝西司郎中誥授通議大夫

續配生子一人長榮綬陳氏生

子一人次榮綺

塋葬於京都朝陽門外八里黑

禧晟行传

荣绣《黑龙江卫善堂果氏宗谱》

（民国十三年石印本）

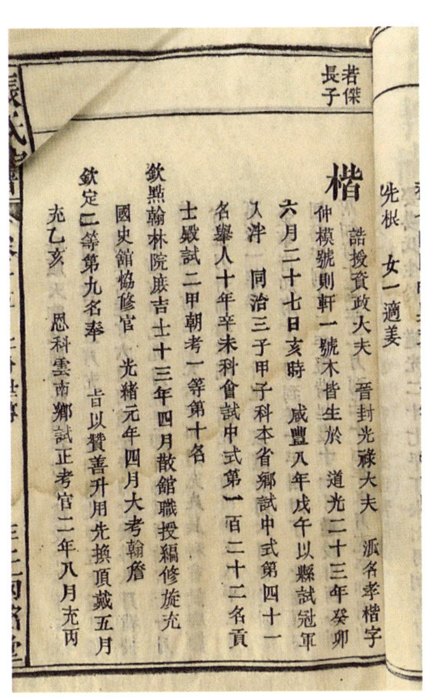

先根 女一適姜

者傑長子

楷 誥授資政大夫晉封光祿大夫 派名孝楷字

仲模號則軒一號木皆生於道光二十三年癸卯

六月二十七日亥時 咸豐八年戊午以縣試冠軍

入泮 同治三年甲子科本省鄉試中式第四十一

名舉人十年辛未科會試中式第一百二十二名貢

士殿試二甲朝考一等第十名

欽點翰林院庶吉士十三年四月散館職授編修旋充

國史館協修官 光緒元年四月大考翰詹

欽定二等第九名奉 旨以贊善升用先換頂戴五月

充乙亥 恩科雲南鄉試正考官二年八月充丙

张楷行传

张先甲《马驿垅张氏宗谱》

（清宣统元年本活字本）

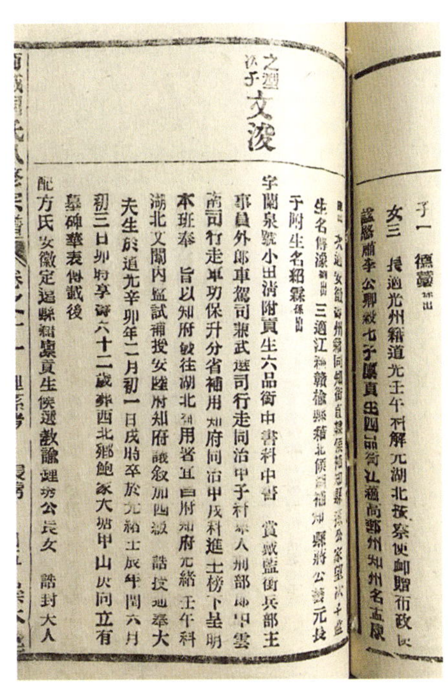

子一 德藻

女三 長適光州籍道光壬午科解元湖北按察使卹贈布政使

諡恪肅李公卿穀七子廩貢生四品銜江蘇高郵州知州名孟康

汶之四子

文浚

字閬泉號小出清附貢生六品銜中書科中書 賞戴藍翎兵部主

事員外郎車駕司兼武選司行走同治甲子科舉人刑部郎中雲

南司行走軍功保升分省補用知府同治甲戌科進士榜下呈明

本班奉 旨以知府發往湖北補用署宜昌府知府光緒壬午科

湖北文闈內監試補授安陸府知府議敘加四級 誥授通奉大

夫生於道光辛卯年二月初一日戌時卒於光緒壬辰年閏六月

初三日卯時享壽六十二歲葬西北鄉鮑家大塘甲山庚向立有

墓碑華表傳載後

配方氏安徽定遠縣籍廩貢生候選教諭鍾琦公長女 誥封夫人

周文浚行传

周维恒《河南商城周氏八修宗谱》

（民国三十四年铅印本）

全楙绩墓志铭

（阮建根提供）

沈丙莹墓志铭

（高勇年提供）

陈庆年哀启

陈裕菁、裕业等《陈横山先生讣告》

（民国铅印本）

甘杰传

甘常宪《奉新甘氏增修家谱》

（民国三年木活字本）

李晋熙家传

李晋熙《漉云斋诗集》

（民国十年铅印本）

庞鸿书神道碑

金兆蕃《安乐乡人文》

（1951 年铅印本）

徐友兰年谱

徐维则《先考培之府君年谱》

（清末铅印本）

言有章小传

言有章《坚白室诗草》

（民国铅印本）

杨叔怿行略

杨叔怿《未能寡过斋诗稿》

（民国二十三年刻本）

俞长赞行状

杨传第《汀鹭文钞》

（清同治十一年刻本）

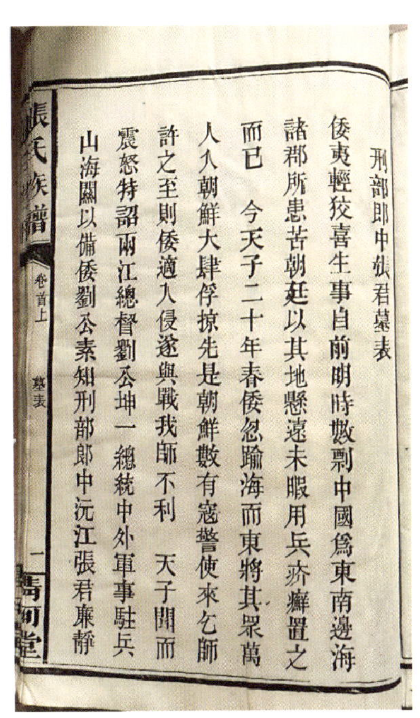

刑部郎中張君墓表

倭夷輕狡喜生事自前明時擻剽中國爲東南邊海
諸郡所患苦朝廷以其地懸遠未暇用兵洊糜置之
而已　今天子二十年春倭忽踰海而東將其衆萬
人入朝鮮大肆俘掠先是朝鮮數有寇警使來乞師
許之至則倭適入侵遂與戰我師不利　天子聞而
震怒特詔兩江總督劉公坤一總統中外軍事駐兵
山海關以備倭劉公素知刑部郎中沅江張君廉靜

張氏族譜　卷首上　墓表　一

张闻锦墓表

张闻铭《张氏三修族谱》

（民国二十二年木活字本）

張舍人事略

張君仲甫名應昌由歸安改籍爲錢唐大夫倉場公五子君
居次孝友馴謹舉止若寒儒無貴公子習年十六舉茂才學
使爲東吳相國潘文恭公時梅葊尚書鐵保公與倉場公同
官江南以倉場公與君伯叔父皆十六歲遊庠君能繼武尙
書爲文記之後君之弟與長子與廉入學年歲亦符長樂梁
茝隣中丞又爲記倉場公合兩記鐫石題曰英髦集泮記英
髦集泮者前學使朱文正公所題君家孤城老屋門榜也年
二十一舉於鄉實嘉慶庚午科主司爲諸城尙書劉文恭公
前相國滿洲穆彰阿公房師則衢州司馬大埔楊公諱中龍
辛未試禮闈卷爲董篠槎太史桂敷所力薦且賞其五經文
沈博絕麗闈中傳觀以爲必售矣而主司斥其四書文首藝

事略

张应昌事略

张应昌《彝寿轩诗钞》

（清同治二年刻本）

郁潄山公配韓太夫人傳讚

嘗考郁氏由來於周則剏其基于唐則延其事于宋則盛
其功于虞則定其德世代有偉人固知其非庸族也及大
明自梁朱分遷蕭然之燕窩山數百年來族中濟濟多士
藹藹吉人此固燕窩山之繁盛而將不及居焉于是至咸
豐年間有分支于蕭城郁家衖者公字潄山名崑貽南公
之次子也配室二韓氏乃是同胞初配已赴仙鄉繼配尙
在生二子長早殤次在暨公之侶氣象既異乎尋常品槪
復殊乎儔類讀書不厭百回誦詩亦有千遍已未冠果然
登榜同治辛未賜進士後欽點一甲三名探花次年朝考

蕭山郁氏宗譜　卷一　傳讚　文盛堂

一等即放順天同考官遞光緒丙子放廣東副主考己卯
放湖北學政職授翰林院侍讀耀祖光宗豈非郁氏之榮
盛哉不意光緒五年間公染疾病解組歸郡卧在床褥及
六年四月間鸞馭仙遊合葬初配于　處是以未見玉堂
之英才耳乃族於光緒七年重修譜牒族中之人共望陰
儀不勝懸念旣揚闡譽于陰中欲播光輝于譜內是以遂
咕傳讚云爾

昔維

光緒七年歲次辛巳季春中浣之吉

姻晚生翰林院編修林國柱拜撰

郁崑传赞

郁锦春《萧山郁氏宗谱》（清光绪七年木活字本）

凤柃履历

《道光壬辰科直省同年录》

（清刻本）

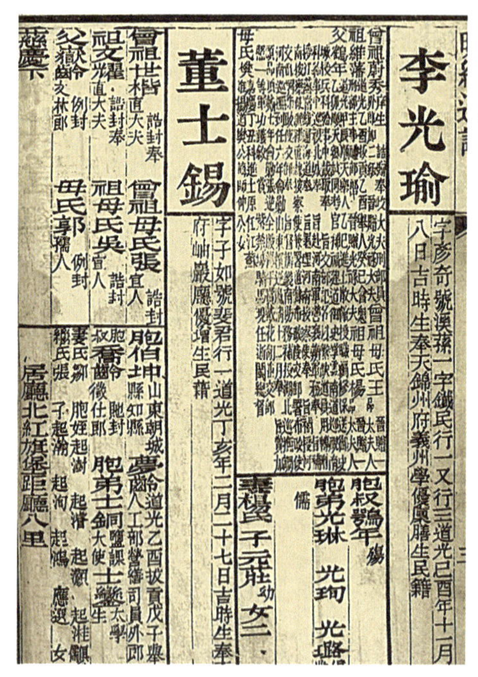

李光瑜履历

《同治癸酉科明经通谱》

（清刻本）

刘有铭履历

《道光二十七年会试同年齿录》

（清刻本）

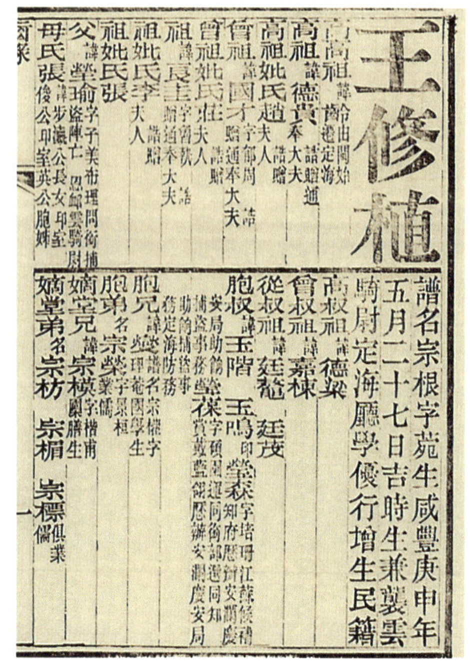

王修植履历

《光绪乙酉科十八省优贡同年齿录》

（清刻本）

浙江布政使許應鑅

曾祖示名 覃恩誥贈資政大夫布政使銜廣西按察使加三級 覃恩誥贈榮祿大夫浙江布政使加三級 覃恩誥贈光祿大夫吏部左侍郎加三級

曾祖母氏鄭 覃恩誥贈一品夫人

原名應麟字昌言號星臺行三嘉慶庚辰年十一月十一日吉時生廣東廣州府番禺縣民籍由廩生中式道光癸卯科本省鄉試舉人道光二十四年捐辦礮台奉旨以內閣中書不論雙單月選用二十九年阻止外國洋人進城團練出力蒙恩特賞主事分工部行走咸豐癸丑科中式會魁奉旨俟報滿後留於該部遇缺即補六月告假回籍四年因廣西捐辦烏鎗案內奉旨以郎中即補九年因勸捐出力奉旨以知府不論雙單月遇缺前先用同治元年八月奉旨發往江西以知府差遣委用二年四月委署江

浙江同官錄

许应鑅履历

《浙江同官录》

（清光绪二十年刻本）

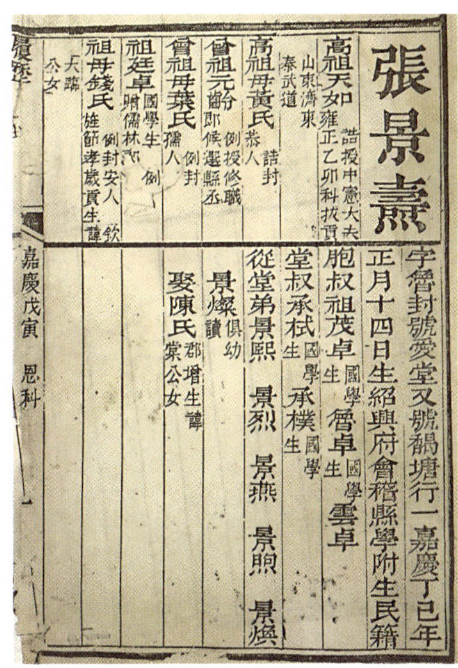

張景燾

高祖天如 雍正乙卯科拔貢 誥授中憲大夫 山東濟東泰武道

高祖母黃氏 誥封恭人

曾祖元齡 例授修職郎候選縣丞

曾祖母葉氏 例封孺人

祖廷卓 國學生 贈儒林郎 例

祖母錢氏 例封安人 欽旌節孝歲貢生諱天籙公女

字曾封號愛堂又號鶴塘行一嘉慶丁巳年正月十四日生紹興府會稽縣學附生民籍

胞叔祖茂卓 國學生 曾卓 國學生 雲卓

堂叔承栻 國學生 承樸 國學生

從堂弟景熙 景烈 景燕 景煦 景煥

景燦 俱幼讀

娶陳氏 郡增生諱棠公女

履歷 嘉慶戊寅 恩科

张景焘履历

《张景焘乡试朱卷》

（清刻本）

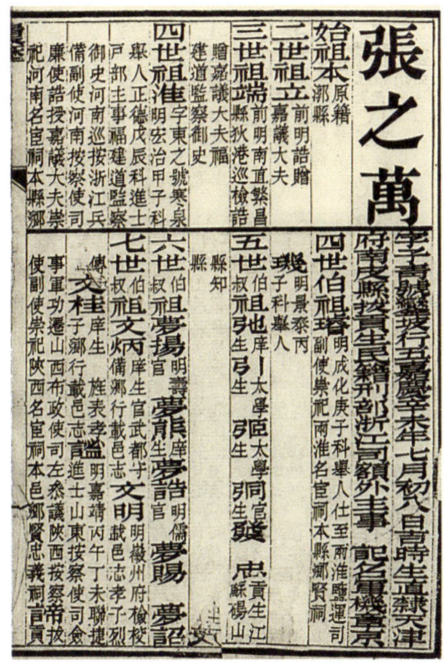

張之萬

始祖本 原籍鄒縣

二世祖立 前明誥贈嘉議大夫

三世祖端 前明南直繁昌縣狄港巡檢 誥贈嘉議大夫福建道監察御史

四世祖準 字東之號寒泉 明宏治甲子科舉人正德戊辰科進士戶部主事福建道監察御史河南巡按浙江兵備副使河南按察使司廉使誥授嘉議大夫崇祀河南名宦祠本縣鄉

字子青號鑾坡行五嘉慶辛未年七月初八日吉時生直隸天津府南皮縣拔貢生民籍刑部浙江司額外事 記名軍機章京

四世伯祖璿 明成化庚子科舉人仕至兩淮鹽運司副使崇祀兩淮名宦祠本縣鄉賢祠

璣 明景泰丙子科舉人 縣知縣

五世伯叔祖弛 庠生 弓 生 引 太學 弧 太學 弨 生 同 官 弢 忠 貢生江蘇碭山

六世伯叔祖夢暘 明壽官 夢熊 庠生 夢諧 明儒官 夢賜 夢詔

七世伯叔祖文炳 庠生官武都守備鄉行載邑志 文明 明徽州府檢校載邑志孝子烈 文桂 庠生旌表孝子鄉行載邑志 諡 明嘉靖丙午丁未聯捷進士山東按察使司僉事軍功遷山西布政使司左參議陝西按察使副使崇祀陝西名宦祠本邑鄉賢忠義祠 帝 拔貢

张之万会试朱卷

《张之万会试朱卷》

（清刻本）

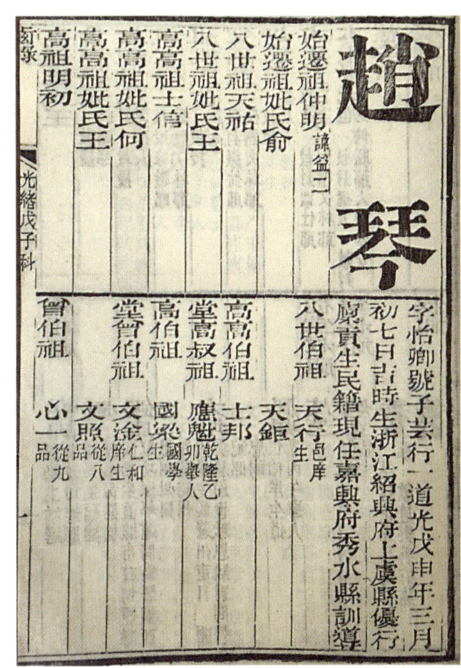

趙琴

始遷祖仲明 諱益二

始遷祖妣氏俞

八世祖天祐

八世祖妣氏王

高高祖士倚

高高祖妣氏何

高高祖妣氏王

高祖明初

字怡卿號子芸行一道光戊申年三月初七日吉時生浙江紹興府上虞縣優行廩貢生民籍現任嘉興府秀水縣訓導

八世伯祖 天行 邑庠生 天鉅

高高伯祖 士邦

堂高叔祖 應魁 乾隆乙卯舉人

高伯祖 國梁 國學生

堂曾伯祖 文淦 仁和庠生 文照 從八品

曾伯祖 心一 從九品

光緒戊子科

赵琴履历

《光绪戊子科浙江乡试同年齿录》

（清刻本）

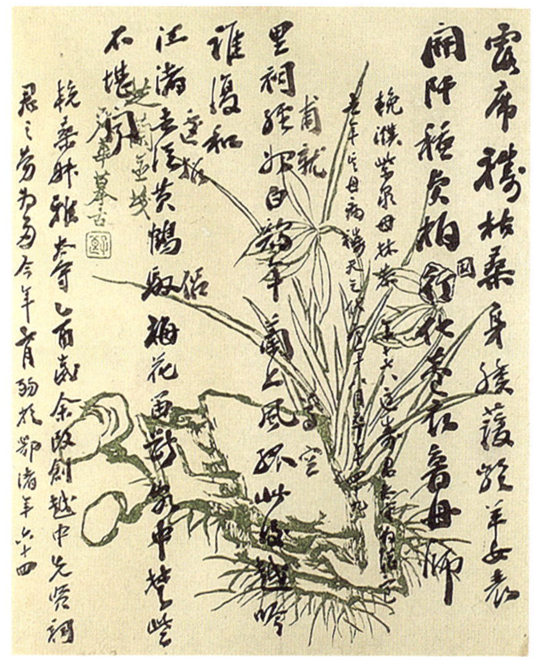

桑彬、濮子潼卒年

李慈铭手札

（绍兴图书馆藏）

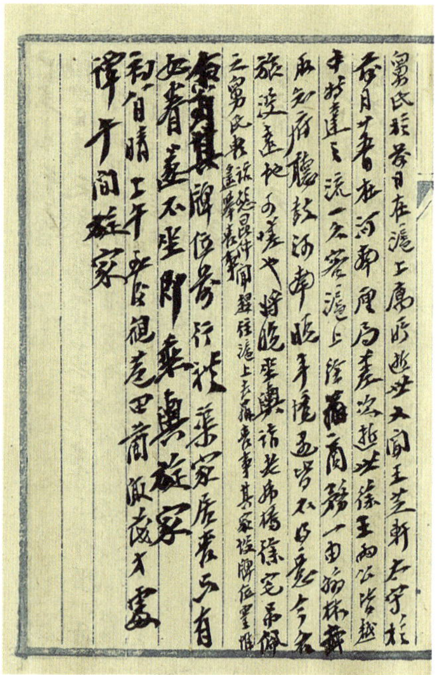

王继香卒年

陈庆均《时行轩日记》

（稿本）

悔學堂集　詩二

罵皆入取談作神州九者九淳于坐塞滑稽口牛鬼蛇神
未云醜世人或訾或驚歐或且祓除召巫帚塊然孤吟出
無偶棃花館郭清才齋主見而否對之皴顏爲低首牵率遂若
絲貫藕壇玷樹懺謀不朽楊汪蔣趙敢懟恧獨我薄才嗟
斯拇執梃幸因歲牙丑谷人生丁丑清才生戊寅直侯己卯吾庚辰少年意氣皆無倫相斯
砥礪互攻錯四子名姓粹千春晉用楚材亦常事何必皆是江西人熙堂寄范直侯秉及予與清才詩也直侯名元
亨德化人識面未知晳與黝卻共何時竆舂斗流寓安足爲子
狃他年名宦當任負身是乾隆開府故撫憲望之侍郎後

江式生年

江式《悔学堂集》

（清同治刻本）

先謙謹敘

敘
仲氏濬卿諱際咸生於嘉慶戊寅長余三歲自幼同受讀於
先大夫同應試同課春明同官京秩咸豐五年以前未嘗離也於
咸豐紀元辛亥舉於鄉癸丑夏考取景山官學教習秋又考取國
子監學正學錄
記名敘補丁巳改官戸部主事先是余於咸豐五年出使灤陽至
八年差滿回京相離者三載至是又同居談今論古深以爲樂次
年己未四月聞訃丁
先大夫憂同奔喪歸里服闋同旋京師余以同治壬戌從軍旋至

濬卿遺文　敘　二

庞际咸、庞际云生年

庞际咸《濬卿遗文》

（清光绪十年刻本）

序　一

晚清四大日记，篇幅最巨者当属李慈铭的《越缦堂日记》，洋洋近五百万字，时间跨度达四十年（咸丰四年至光绪二十年），中间越缦所交游的人物数以千计，上至名公巨卿，下至引车卖浆，人际关系极为丰富，如能系统梳理，对于研究越缦和晚清社会无疑具有重要意义。

邓政阳君致力研读《越缦堂日记》十有五载，勾辑越缦交游人物二千四百余位，制成表格，以便观览；更为难得的是，每一人物，皆尽力考出其字号、籍贯及生卒年月日，并注出文献来源，以示信而有征。其所据文献，有正史、方志、家谱、行状、讣告、事略、家传、墓志、神道碑、年谱、朱卷、同年录、同官录、搢绅录、官员履历、日记、诗文集、报刊等，种类繁多，非长期劬劳，广搜博求，不能成此蔚然大观。读《越缦堂日记》，捧此一册《李慈铭交游人物生卒年表》（以下简称《年表》），或可收丝线贯珠、事半功倍之效。

庚子全球大疫，予得暇将旧稿《清代科举文人官年与实年考论》（以下简称《考论》）董理一过，其间曾向邓君问及几位清代人物生年，令人称奇的是他多能举示公立馆藏中未有之家谱。询问方知他为获取这些资料，曾不惜花费和四处求人，其间虽有冷眼甚至上当受骗，但绝大多数相关人物后裔、所在村委和私人藏家都给予了慷慨帮助，此即古人所谓“精诚所至，金石为开”也。《年表》参考文献中开列家谱竟有近六百种，可以想见当年寻访之勤苦，这也成为该书最有特色和价值之处。即以予之《考论》而言，实可用《年表》所载家谱信息，为数十位人物生年补足其后的月日，今未补，特以彰予书之失与邓书之得也。

《年表》还较多使用了朱卷履历和同年齿录等科举类文献，此类文献所记的人物生年，往往比实年（真实年龄）要小，习称“官年”。如旗人官员祥麟，《年表》

原据《同治庚午科大同年齿录》，标注其生于“道光二十七年四月二十一日”，卒年阙如；实据祥麟日记及中国第一历史档案馆祥麟遗折，可定其生于道光二十三年(1843)四月二十一日，卒于光绪三十二年(1906)二月七日。今邓君已据予所撰《祥麟年谱简编》补正，然类似者尚夥，据《考论》统计，此种现象占至六成左右，使用者当有所留心。其实邓君对此有清醒认识，《年表》“凡例”言若无“家谱、行状、讣告、事略、家传、墓志、神道碑”时，才暂依科举履历，一个“暂”字，颇可反映邓君的谨慎。不过，科举履历中的生年毕竟四成左右仍是可靠的，何况除生年外的其他信息，多可信赖；另外，《年表》至少揭出越缦交游的哪些人物可在何种科举类文献中找到线索，此点亦相当珍贵。

亡友张晖曾说：“要好好做，把东西留下来，要相信会有人看得见，即便只是非常幽暗的光。”但愿邓君这部“好好做”的《年表》，会被越来越多的人看见。

张　剑

庚子岁末序于北京大学中关园寓所

序　二

考查人物的生卒年，是文史研究的基础工作。有些学者致力于此，写出专书，如《疑年录》《补疑年录》《三续疑年录》《历代名人生卒录》《历代名人生卒年表》《中国历史人物生卒年表》《唐人生卒年录》《宋人生卒行年考》《清代人物生卒年表》等，嘉惠学林甚多。

在诸多生卒年研究的著作中，邓政阳先生的这部《李慈铭交游人物生卒年表》（以下简称《年表》），有两个鲜明的特色。其一，专门考证李越缦的交游人物。以一个人为中心，考证其交游人物的生卒年，这样的著作，此前似未有过。全书涉及 2400 余人，无论是高官还是庶民，尽予著录。学术论著的写作，常常讲究"以小见大"；邓先生这本《年表》，提供了一种学术示范——做生卒年考证，也可以个人为中心铺展开去，从而"以小见大"。其二，尽可能地精确到月份和日期。生卒年研究，通常只需查出年份。月份和日期，一般只在涉及公历和农历转换时才需要留意。邓先生不满足于通常的做法，而是竭其所能，将可以查到的具体日期，一并著录出来，给学界提供了具体而精微的参考资料。仅就这两点而言，《年表》可谓是一部专精之作。

谈一部学术著作的价值，可以看看它对现有成果有多少推进。前些年，我研究清代书院的课艺，对人物生卒年也有留意。2015 年出版的拙著《清代书院课艺总集叙录》，著录课艺作者的生平时，尽量把生卒年标出来。拙著涉及的部分浙江书院人物，与《年表》有交集。两相对照，可以发现《年表》对拙著有很多推进。以《诂经精舍三集》作者为例，《年表》有所增补或订正者，达到十六人之多。

其中，补充生年者四人：孟沅、潘鸿、程咸焯、吴思藻，拙著未记其生卒年。《年表》据《咸丰壬子科乡试同年齿录》，著录孟沅生于道光七年（1827）正月八日，又注明“《咸丰壬子科直省举贡同年录》作道光甲申年正月八日”；据《同治庚午科浙江乡试同年齿录》，著录潘鸿生于道光二十四年(1844)五月一日，并注明《同治庚午科大同年齿录》所记相同；据《同治庚午科浙江乡试同年齿录》，著录徐鋆生于道光十三年(1833)八月三日，并注明《同治庚午科大同年齿录》所记相同；据《同治庚午科大同年齿录》，著录程咸焯生于道光十九年(1839)三月六日，又注明“《同治庚午科浙江乡试同年齿录》作道光丙午年二月一日”；据《同治庚午科浙江乡试同年齿录》，著录吴思藻生于道光十八年(1838)六月三日，并注明《同治庚午科大同年齿录》所记相同。

补充卒年者六人：陈谟(1835—?)、董慎言(1832—?)、王汝霖(1829—?)、许郊(1827—?)、羊复礼(1840—?)、朱镜清(1845—?)，系拙著所记。《年表》据《陈氏宗谱》，著录陈谟卒于光绪十三年(1887)六月二日；据俞樾著；赵一生主编《俞樾全集》第二十七册《春在堂日记》，考证董慎言卒于同治十一年(1872)；据中国第一历史档案馆所藏刘秉璋《题报题补弋阳县知县王汝霖病故日期事》，著录王汝霖卒于光绪四年(1878)三月十八日。据《春在堂楹联录存》，考证许郊卒于光绪二十年(1894)；据《申报》，著录羊复礼卒于光绪十九年(1893)六月四日；据《申报》，著录朱镜清卒于光绪二十八年(1902)五月七日。

补充生年和卒年者二人：骆葆庆，拙著未记其生卒年。《年表》据《枫桥骆氏宗谱》，著录骆葆庆生于道光十六年(1836)十月十九日，卒于光绪二十三年(1897)九月十二日，又注明其生年“《同治丁卯科并补行甲子科浙江乡试同年齿录》作道光庚子年(1840)十月十九日”。徐鋆，拙著未记其生卒年。《年表》据《同治庚午科浙江乡试同年齿录》，著录徐鋆生于道光十三年(1833)八月三日，并注明《同治庚午科大同年齿录》所记相同。又据中国第一历史档案馆彭祖贤《题报候补知县徐鋆病故日期事》，著录徐鋆卒于光绪八年(1882)五月一日。

订正生年或卒年者四人：赵铭(1828—1892)、施补华(1836—1890)、王兰(1835—1886)、许诵禾(1841—1923)，系拙著所记。《年表》据《越缦堂日记》，著录赵铭卒于光绪十五年(1889)七月十三日，并将卒于1892年之说的来源一并注出，同时又对生于1828年之说作了考辨；据《同治庚午科大同年齿录》《同治庚午科乡试同年齿录》,以及施补华《别弟文》《丙戌生日作》,考证施补华生于道光十五年(1835)正月二十六日,并将生于1836年之说的来源一并注出;据《王氏族谱》,著录王兰卒于光绪十二年十二月十九日,并注明公历是1887年1月12日;据许闻渊《先祖子颂公学行吏治述略》,著录许诵禾(许溎祥)卒于民国十三年(1924),并考证卒于1923年之说为误。

订正且补充者二人:许德裕(1841—?)、孙禄增(1852—?),系拙著所记。《年表》据《德清许氏族谱》,著录许德裕生于道光十九年(1839)二月十八日,卒于光绪三十二年(1907)十二月十二日,并注明生于1841年之说的来源是其乡试履历;据《菱湖孙氏族谱》,著录孙禄增生于道光二十九年(1849)六月十一日,卒于光绪二十年(1894)七月十日,并注明《同治庚午科大同年齿录》《同治庚午科浙江乡试同年齿录》与《菱湖孙氏族谱》同,《同治十年辛未科会试同年齿录》作咸丰壬子年六月十一日。

以上十六人,既是《诂经精舍三集》的作者,也是李越缦的交游人物,并且《年表》和拙著所记生卒年有差异。经此两相对照,《年表》推进学术之功可见一斑。邓先生多方搜求,用到了大量稀见文献,包括齿录、宗谱、族谱等,从而解决了很多疑难问题。更重要的是,在著录体例和方法层面,《年表》注重并存不同记载,并尽可能考辨各自的可信程度。譬如,关于施补华的出生时间,《年表》提供了三种史料:(1)施补华《别弟文》《丙戌生日作》;(2)杨岘《山东候补道施君墓志铭》;(3)《同治庚午科大同年齿录》《同治庚午科浙江乡试同年齿录》。这三种史料,第一种是本人自述,且一文一诗,推得的结论一致,可信度最高;第二种为他人讲述,但未明言生年,生年需由传主享年及墓志铭的写作时间推算,可能会略有误差,可信度次之;第三种为两份科举史料,有可能存在官年现象,可信度最低。不过这两份科举史料,所记生年相同,且与第一种史料推得的结论一致,可知这里不是官年。《年表》采用(1)(3)两种史料的结论,令人信服;同时也把史料(2)展示出来,读者可据此再行斟酌。多闻阙疑,避免武断,体现出严谨的治学态度。

六七年前,我因查找王嗣曾的朱卷,在微博上与朱刚先生取得了联系。后来朱刚建了一个"地方文史交流群",把我拉了进去。由此得以结识章懿清、王孙荣等地方文史专家，邓先生也是在这个群里结识的。成了微信好友之后，我们之间常有交流，邓先生分享的一些稀见文献，对我查考人物多有助益。《年表》研究的是历史“交游”，微博、微信时代的网络“交游”，可算是一种新常态吧。承邓先生雅意，嘱我作序。我在人物生卒年考证方面，远不如邓先生专精，本无资格作序。然而却之不恭，且写下上面几段话，以表达我对邓先生潜心研究的敬意。

鲁小俊

庚子年孟冬于武汉大学

凡　例

1. 是书所涉人物，均依据广陵书社 2004 年版《越缦堂日记》（以下简称《日记》）。所谓“交游人物”，系《日记》中与越缦堂主人李慈铭往来相关之人物。

2. 人物信息，包括姓名、字、号、籍贯、生卒年月日（含农历及公历）、文献来源七部分内容。

3. 人物所涉谱名、榜名、小名、原名、官名等，均列于脚注。日记中名字的避讳字径改。部分人名用特殊用义或约定俗成，酌情保留异体字或繁体字。

4. 人物生卒年月日之考订方法，运用文献互证法，互证文献列于脚注。有歧异者予以考订；无法考订者，暂据某说，在脚注中说明，并注出异说。如有明显错讹之异说，则予以否定。

5. 是书人物生卒不能考订其公历年月日者（能推出其公历范围属下年者除外），均以农历年份计。

6. 因涉及官年，是书人物出生年月日，以家谱、行状、讣告、事略、家传、墓志、神道碑等所载为主；若无以上文献，则暂依笔者所经眼之科举履历或其他文献，当多份科举履历出生年不同时，暂据其最早出生年；科举履历出生年月日信息往往俱全，经考证其出生年与实年相符者，如其他文献缺载月日信息，则文献来源中径标科举履历，相关考证放入脚注。

7. 同一人物的字号，在不同文献中存在颠倒现象，由笔者据其中一种照录或综合几种文献而定，不在脚注中说明。

8. 人物籍贯，按通例注明省县两级。所据主要为方志、科举履历、家谱等文献，冒籍不在考证之列。原籍、祖籍等信息均在脚注中列出。行政区划归属、名称依据人物所在时代著录。

9. 人物籍贯不明者，以“越缦乡人”“越缦邑人”等代替。满族、蒙古族、汉军人物注明旗籍。

10. 文献来源，主要指确定人物及考证人物生卒具体年月日的文献来源。字、号、籍贯的之文献来源多列入参考文献。卒年文献若与生年文献同，则以“同上”代替。人物生卒年月日的考证，若需要多种文献才能考定具体生卒年月日者，在“文献来源”处只列出主要的一条，其余文献见脚注考证。

11. 脚注中某人出生年月日与《家谱》(《家乘》《支谱》《族谱》《宗谱》《合谱》《世谱》)同，均指与其中的“行传”(或类似“行传”者)同。

12. 他人所提供文献，均在参考文献后注明提供者。

13. 附录之索引，为与越缦堂主人李慈铭往来相关之人物在《日记》中首见的日期、册数及页码。

目　录

人物索引

E

F

G

H

M

T

X

Y

Z

姓名	字	号	籍贯	生卒(农历)	生卒(公历)	文献来源
爱兴阿	宾三	溥堂	满洲镶蓝旗	嘉庆二十四年十二月二十四日	1820年2月8日	《日记》光绪十七年十一月十三日①
				光绪十七年	1891年	同上②
安维峻	小陆 明轩	梯云 晓峰 渭襟 西岩	甘肃秦安	咸丰四年七月十七日	1854年8月10日	安世忠《安维峻讣告》③
				民国十四年十月十五日	1925年11月30日	同上④
安兴	诗堂	仁轩	满洲正蓝旗	道光十年四月二日	1830年4月24日	《咸丰元年恩荫同年齿录》
				?		
敖册贤	文卿 金甫 典阶 典皆	荆圃 柏凤山人	四川荣昌	道光三年三月一日	1823年4月11日	敖册贤《椿荫轩诗钞》卷1《闻锡厚庵大臣缜与余生同年月日作诗赠之》⑤
				光绪十年	1884年	敖贡贤《序》(敖册贤《绿雪堂古文钞》卷首)⑥
敖式金	季和		四川荣昌	道光二十三年	1843年	《江南宁属同官录》⑦
				?		《荣昌敖氏族谱》⑧
敖思猷	嘉祥 仲谟 次垣		江西萍乡	道光十四年十一月二十六日	1834年12月26日	《敖家坊敖氏族谱》卷5《义公派贤二支文宇房世系》
				光绪二十二年五月二十八日	1896年7月8日	同上

① 《日记》载越缦于光绪十七年十一月十三日为其送奠分,卒年七十三。《道光丙午科顺天乡试齿录》载其生于嘉庆己卯年十二月十四日。据此二者逆推,定其生于嘉庆二十四年十二月二十四日。

② 《日记》载越缦于光绪十七年十一月十三日为其送奠分,故其当卒于此日或之前。光绪十七年十一月十三日,公历为1891年12月13日。此暂作光绪十七年(1891)。

③ 安维峻《安氏宗谱》、任承允《桐自生斋文集》卷7《内阁侍读原任福建道监察御史翰林院编修安公晓峰墓志铭》均与《安维峻讣告》同。安世忠《先祖晓峰府君行状》载其同治十二年年二十。据此逆推,其生年亦与《安维峻讣告》同。《光绪六年庚辰科会试同年齿录》《同治癸酉科明经通谱》均作咸丰丙辰年七月十七日。

④ 任承允《桐自生斋文集》卷7《内阁侍读原任福建道监察御史翰林院编修安公晓峰墓志铭》、安世忠《先祖晓峰府君行状》均与《安维峻讣告》同。

⑤ 《道光二十三年癸卯科直省同年全录》与《闻锡厚庵大臣缜与余生同年月日作诗赠之》同。《咸丰三年癸丑科会试同年齿录》(国图藏版)作道光丙戌三月一日。《咸丰三年癸丑科会试同年齿录》(上图藏版)作道光丁亥年三月一日。《荣昌敖氏族谱》中无出生年月日。《清代人物生卒年表》作道光七年(1827)。

⑥ 敖贡贤《序》载其卒年六十二,再据其生年推,其当卒于光绪十年(1844)。《荣昌敖氏族谱》中无去世年月日。

⑦ 《荣昌敖氏族谱》中无出生年月日。

⑧ 《荣昌敖氏族谱》中无去世年月日。

续表

姓名	字	号	籍贯	生卒(农历)	生卒(公历)	文献来源
巴克坦布	敦甫		汉军正黄旗	道光十三年 正月二十八日	1833 年 3 月 19 日	《清光绪王公侯伯文武大臣生日住址考》①
				光绪二十三年 九月八日	1897 年 10 月 3 日	那桐著;北京市档案馆编《那桐日记》册上页253②
白桓	叔璋	贞甫 建侯	直隶通州	道光元年 十一月十二日	1821 年 12 月 6 日	《日记》光绪十七年十月十四日③
				光绪十七年	1891 年	同上④
白楣	子衡 子恒		直隶通州	道光十四年	1834 年	《同治元年壬戌恩科各省乡试同年录》
				?		
柏锦林⑤	云卿 畇青	邓园 瀛仙	山东济阳	咸丰九年 四月二十六日	1859 年 5 月 28 日	《光绪六年庚辰科会试同年齿录》⑥
				光绪二十六年	1900 年	刘璟《济阳县志》卷 11《人物志·文学》⑦
宝昌	兴谷	朗轩	满洲正黄旗	道光二十八年 七月十日	1848 年 8 月 8 日	《同治十三年甲戌科会试同年齿录》⑧
				?		

① 《清光绪王公侯伯文武人臣生日住址考》载光绪丙申年正月二十八日为其八十四岁生日。据此逆推，其当生于道光十三年正月二十八日。

② 据《申报》光绪二十三年九月二十二日第八千八百零二号之光绪二十三年九月十一日《京报全录·宫门抄》："巴克坦布递遗折。"仅知其卒于光绪二十三年九月十一日之前。

③ 《道光三十年庚戌科拔贡朝考同年齿录》、《道光己酉科各省选拔同年明经通谱》、《咸丰二年壬子科顺天乡试同年齿录》、《咸丰元年辛亥恩科直省同年全录》、《道光己酉科顺天选拔同年齿录》、白桓会试履历(《未刊清代朱卷集成》册12)、《清代人物大事纪年》均作道光壬午年十一月十二日。《日记》光绪十七年十月十四日："邸钞，前兵部右侍郎白桓卒。(桓，字建侯，顺天通州人，前刑部尚书镕之孙，癸亥进士，官吏部郎掌选。清介绝俗，骤擢至卿贰，勤慎辙一。卒年七十一)。"据此八者，定其生于道光元年十一月十二日。《清代人物生卒年表》缺。

④ 据《日记》光绪十七年十月十四日，仅知其卒于光绪十七年十月十四日之前。此暂作光绪十七年(1891)。《清代人物大事纪年》仅作光绪十七年十月。

⑤ 原名锦森。

⑥ 柏锦林乡试履历(《未刊清代朱卷集成》册 58)、柏锦林会试履历(《清代朱卷集成》册 48)均与《光绪六年庚辰科会试同年齿录》同。《光绪己卯科直省同年齿录》作咸丰辛酉年四月二十六日。

⑦ 《济阳县志》载其卒于光绪庚子冬，年四十二岁。据此，暂作光绪二十六年(1900)。

⑧ 《同治九年庚午科顺天乡试同年齿录》《同治庚午科大同年齿录》均与《同治十三年甲戌科会试同年齿录》同。

续表

姓名	字	号	籍贯	生卒(农历)	生卒(公历)	文献来源
宝鋆	佩蘅 佩珩 锐卿		满洲镶白旗	嘉庆十二年 十二月二十八日	1808年 1月25日	景澧《诰授光禄大夫致仕太子太傅武英殿大学士赏食全俸赠太保予谥文靖显考佩蘅府君行述》①
				光绪十七年 八月三日	1891年 9月5日	同上②
鲍诚陔	陶安 陶庵		浙江会稽	道光二十三年 十二月八日	1844年 1月27日	鲍德福《鲍氏五思堂宗谱稿》卷2《尚志公派第五世》
				光绪十六年 三月二十日	1890年 5月8日	同上
鲍存晓	寅初		浙江会稽	道光二年 六月三日	1822年 7月20日	鲍德福《鲍氏五思堂宗谱稿》卷2《尚志公派第四世》③
				光绪十年 八月二日	1884年 9月20日	同上
鲍定甫			浙江山阴	道光十一年	1831年	《日记》光绪十六年闰二月六日④
				光绪二十六年	1900年	陈庆均《时行轩日记》册7⑤
鲍康	子年	阜侯 臆园野人	安徽歙县	嘉庆十五年 六月二十八日	1810年 7月29日	鲍惟鐈《子年太府君行述》⑥
				光绪四年 三月三日	1878年 4月5日	同上

① 《清代人物大事纪年》与《行述》同。《道光丁酉科明经通谱》中其字号、出生年月日空缺。《清代人物生卒年表》据《历代名人生卒年表补》作嘉庆十二年(1807)。

② 《申报》光绪十七年八月十九日第六千六百一十六号《宣南秋眺》作光绪十七年八月五日。章开沅《清通鉴》册4《德宗景皇帝·光绪十七年》作光绪十七年八月八日。

③ 《咸丰戊午科浙江乡试同年齿录》《咸丰戊午科直省同年录》《同治七年戊辰科会试同年齿录》《重订戊辰同年齿录》均与《鲍氏五思堂宗谱稿》同。

④ 《日记》光绪十六年闰二月六日:"又为敦夫从兄定夫书六十双寿联赠之。"据此逆推,其当生于道光十一年(1831)。

⑤ 《时行轩日记》光绪二十六年五月十七日:"又为田宅书挽鲍定甫嵯尹联一副。"据此,其当卒于光绪二十六年五月十七日之前。此暂作光绪二十六年(1900)。

⑥ 鲍康《观古阁诗钞》卷3《读先觉生伯父遗札敬赋三绝句》:"衙斋听雨侍清宵,忆和新诗得句骄(辛巳谓华岳之游,留大荔官舍匝月,余方十二龄,与和喜雨诗)。"《泉币》民国三十一年一月第十期鲍康《胡石查手拓观古阁藏铁泉序》:"同治十一年十一月杪,歙鲍康识于臆园之观古阁,时年六十有三。"据此二者逆推,其生年亦均为嘉庆十五年(1810)。

续表

<table>
<tr><th>姓名</th><th>字</th><th>号</th><th>籍贯</th><th>生卒(农历)</th><th>生卒(公历)</th><th>文献来源</th></tr>
<tr><td rowspan="2">鲍临</td><td rowspan="2">仲怡
敦夫</td><td rowspan="2">镜予
镜渔</td><td rowspan="2">浙江山阴</td><td>道光十六年
十二月十五日</td><td>1837 年
1 月 21 日</td><td>《同治十三年甲戌科会试同年齿录》①</td></tr>
<tr><td>?</td><td></td><td></td></tr>
<tr><td rowspan="2">鲍谦</td><td rowspan="2">益甫
益夫</td><td rowspan="2">伯崖
柏厓</td><td rowspan="2">浙江山阴</td><td>道光十三年
十二月十五日</td><td>1834 年
1 月 24 日</td><td>《同治丁卯科并补行甲子科浙江乡试同年齿录》②</td></tr>
<tr><td>光绪三十年
十二月二十九日</td><td>1905 年
2 月 3 日</td><td>陈庆均《时行轩日记》册 13③</td></tr>
<tr><td rowspan="2">鲍增彦④</td><td rowspan="2">士称</td><td rowspan="2">星如</td><td rowspan="2">浙江山阴</td><td>咸丰六年
九月九日</td><td>1856 年
10 月 7 日</td><td>鲍增彦拔贡履历(《清代朱卷集成》册 399)⑤</td></tr>
<tr><td>?</td><td></td><td></td></tr>
<tr><td rowspan="2">鲍增誉</td><td rowspan="2"></td><td rowspan="2"></td><td rowspan="2">浙江山阴</td><td>?</td><td></td><td>《大清搢绅全书》(光绪二十三年夏)册 2《直隶·保定府》</td></tr>
<tr><td>?</td><td></td><td></td></tr>
<tr><td rowspan="2">本格</td><td rowspan="2"></td><td rowspan="2"></td><td rowspan="2">满洲镶白旗</td><td>道光二十六年
三月十七日</td><td>1846 年
4 月 12 日</td><td>《中国少数民族古籍集成·爱新觉罗宗谱》册 50 页 343—345</td></tr>
<tr><td>光绪二十四年
九月十六日</td><td>1898 年
10 月 30 日</td><td>同上</td></tr>
<tr><td rowspan="2">毕保釐⑥</td><td rowspan="2">治孙
润孙</td><td rowspan="2">寿鸿
东屏</td><td rowspan="2">湖北蕲水</td><td>道光二年
十一月五日</td><td>1822 年
12 月 17 日</td><td>毕开《蕲水两河毕氏六修族谱》卷 4 之 15《世传·祚派中》⑦</td></tr>
<tr><td>光绪十二年
二月十三日</td><td>1886 年
3 月 18 日</td><td>同上</td></tr>
</table>

① 鲍临会试履历(《清代朱卷集成》册 38)、鲍临乡试履历(《清代朱卷集成》册 253)均与《同治十三年甲戌科会试同年齿录》同。

② 许应鑅《浙江同官录》与《同治丁卯科并补行甲子科浙江乡试同年齿录》同。

③ 《时行轩日记》光绪三十一年正月六日:“午前坐舆诣西郭鲍宅吊益甫先生首七。”据此,其当卒于光绪三十年十二月二十九日。

④ 原名联。

⑤ 《光绪乙酉科选十八省拔贡明经通谱》中其字号、出生年月日均空缺。

⑥ 谱名祚绳。

⑦ 《道光甲辰恩科直省同年录》《江苏同官录》均作道光己丑年十一月五日。

续表

姓名	字	号	籍贯	生卒(农历)	生卒(公历)	文献来源
毕世模	伯范		山东文登	?		毕庶金《毕氏家谱》①
				?		
毕棠	荫南 南轩	沛亭 芾卿	直隶深泽	道光十四年	1834 年	《金华府知府毕君墓志铭》②
				光绪三十二年 八月二十三日	1906 年 10 月 10 日	同上
边厚庆	笃其	雪坡	河北任丘	嘉庆九年 六月二十六日	1804 年 8 月 1 日	《道光二十四年甲辰科会试同年齿录》③
				同治九年	1870 年	《任邱边氏族谱》卷 5《世系六房支》④
卞宝第	颂臣	幼竹 娱园	江苏仪征	道光四年 十一月九日	1824 年 12 月 28 日	卞金城《江都卞氏族谱》卷 23 上《世表四·十九世·小宗瑝公东分》⑤
				光绪十八年 九月三日	1892 年 10 月 23 日	同上⑥

① 《日记》同治六年八月二十三日:"新差权盐茶毕通判世模来,前安徽布政使承昭之子也。不晤。"《毕氏家谱》:"承昭,以恒次子,字曼年,号香南,廪膳生。配张氏,江苏华亭县知县讳庆瑗女,生子一。丁酉拔贡,授浙江桐庐知县,升安徽按察使,浙江布政使,广东巡抚。""世椿,承昭长子,配□氏,生子二。世植,承昭次子。""清昭,以恒长子。字玉年,号子豫,道光辛卯科举人。配梁氏,江苏候补从九品署徐州府经历夏阳司巡检讳薰滋女。""世模,清昭子,配□氏生。"《文登县志》:"毕世模,清昭子,四品衔,任金华府水利通判。""毕清昭,字子玉,所密孙。道光辛卯举人,读书颖异,性孝友,事亲先意承志,人无间言。抚两弱弟,皆克树立,居家接物,坦白无私,年三十八卒。士论惜之。嗣子世模,任金华府水利通判。"据此二者,《日记》所记误。毕世模当为毕清昭子,非毕承昭子。

② 《墓志铭》载其光绪三十二年八月二十三日卒,享年七十三。据此逆推,其当生于道光十四年(1834)。

③ 《任邱边氏族谱》卷 5《世系六房支》仅作嘉庆戊辰年(1808)。《道光二十四年甲辰科会试同年齿录》作嘉庆戊辰年六月二十六日。贾臻《退厓公牍文字》卷首边厚庆《序》:"咸丰元年五月九日……余则行年四十八,比以外无寸长,反哓哓而谈吏治,其亦可以哂也夫。任邱边厚庆。"据此三者,定其生于嘉庆九年六月二十六日。《清代人物生卒年表》据贾臻《退厓公牍文字》卷首边厚庆《序》作嘉庆十七年(1812),误。

④ 《清代人物生卒年表》缺。

⑤ 《咸丰元年辛亥恩科直省同年全录》、卞宝第《卞制军奏议》卷首黄云鹄《诰授光禄大夫闽浙总督兵部尚书都察院右都御史卞公颂臣传》、《江都卞氏族谱》首卷第四下卞绪昌等《皇清诰授光禄大夫钦赏头品顶戴兵部尚书都察院左都御史前闽浙总督兼管福建巡抚事船政大臣显考颂臣府君行述》均与《江都卞氏族谱》卷 23 上《世表四·十九世·小宗瑝公东分》同。卞宝第乡试履历(《清代朱卷集成》册 101)、《咸丰元年顺天乡试齿录》均作道光丙戌年十一月九日。《清代人物生卒年表》据《江苏艺文志·扬州卷》作嘉庆十七年(1812)。

⑥ 卞宝第《卞制军奏议》卷首黄云鹄《诰授光禄大夫闽浙总督兵部尚书都察院右都御史卞公颂臣传》、《江都卞氏族谱》首卷第四下卞绪昌等《皇清诰授光禄大夫钦赏头品顶戴兵部尚书都察院左都御史前闽浙总督兼管福建巡抚事船政大臣显考颂臣府君行述》、《申报》光绪十八年十月三十日第七千零六十三号之光绪十八年十月十九日《京报全录·刘坤一跪奏》均与《江都卞氏族谱》同。《申报》光绪十八年九月八日第七千零二十号《老成凋谢》作光绪十八年九月二日。翁同龢著;陈义杰点校《翁同龢日记》册 5 光绪十八年九月二十日:"得卞颂臣赴信,八月□□日卒。"据此,其当卒于作光绪十八年八月。《清代人物生卒年表》据《江苏艺文志·扬州卷》作光绪十五年(1889)。

续表

姓名	字	号	籍贯	生卒(农历)	生卒(公历)	文献来源
蔡殿襄①	劢臣	馨吾	浙江诸暨	咸丰二年 二月四日	1852 年 3 月 24 日	《光绪辛卯科浙江乡试同年齿录》②
				?		
蔡赓年③	伯申	崧甫 嵩甫 千禾 芳枬	浙江德清	道光十九年 三月十一日	1839 年 4 月 24 日	《同治丁卯科并补行甲子科浙江乡试同年齿录》④
				?		蔡镜莹《德清蔡氏宗谱》卷 10《大支·治卿公三支》⑤
蔡枚功⑥	与循		湖南湘潭	道光十七年 八月十三日	1837 年 9 月 12 日	蔡廷文《湘潭蔡氏三修族谱》卷 3《廷文公房齿录》⑦
				宣统元年 正月七日	1909 年 1 月 28 日	同上
蔡启盛	季斌	臞客	浙江诸暨	道光二十五年 正月八日	1845 年 2 月 14 日	《暨阳孝义蔡氏宗谱》卷 14《光字行传》
				光绪三十二年 十二月七日	1907 年 1 月 20 日	岑春蓂《奏报华容县知县蔡启盛在任病故日期并遗缺外补事》(中国第一历史档案馆藏)⑧
蔡世傑	少蘧	汉三	浙江仁和	道光二十三年 八月十七日	1843 年 10 月 10 日	《同治三年甲子科顺天乡试同年齿录》⑨
				光绪十六年 二月二十四日	1890 年 3 月 14 日	《日记》光绪十六年二月二十四日

① 谱名东沧。
② 蔡殿襄乡试履历(《清代朱卷集成》册 283)与《光绪辛卯科浙江乡试同年齿录》同。
③ 改名右年。
④ 蔡镜莹《德清蔡氏宗谱》卷 10《大支·治卿公三支》无出生年月日。
⑤ 《大支·治卿公三支》无去世年月日。
⑥ 谱名序道,榜名毓春。
⑦ 《光绪六年庚辰科会试同年齿录》仅作年四十一岁。据此逆推,其当生于道光二十年(1840)。
⑧ 家谱中其卒年月日用毛笔补抄为光绪三十三年十二月七日。
⑨ 蔡世傑乡试履历(《清代朱卷集成》册 105)与《同治三年甲子科顺天乡试同年齿录》同。

续表

姓名	字	号	籍贯	生卒(农历)	生卒(公历)	文献来源
蔡世佐	黼臣 辅臣 俌臣	恒斋	浙江仁和	道光二十六年八月二十一日	1846年10月10日	《同治庚午科大同年齿录》①
				光绪二十五年九月二十一日	1899年10月25日	《申报》光绪二十六年正月十四日第九千六百三十四号之光绪二十五年十二月二十、二十一日《京报全录·何枢跪奏》②
蔡寿祺③	紫翔	梅庵 枚庵 公甫	江西德化	嘉庆二十一年二月二十二日	1816年3月20日	蔡寿祺《梦绿草堂诗钞》卷1《佩鱅集》之《佩鱅集自序》④
				光绪十四年	1888年	《日记》光绪十四年九月十二日⑤
蔡文田⑥	心畬	紫岩	湖北安陆	道光二十四年六月十五日	1844年7月29日	冼为霖《关中同官录》⑦
				光绪十六年十二月十六日	1891年1月25日	《日记》光绪十六年十二月十六日⑧

① 蔡世佐乡试履历(《清代朱卷集成》册108)、《同治九年庚午科顺天乡试同年齿录》均与《同治庚午科大同年齿录》同。蔡世佐会试履历(《清代朱卷集成》册48)与《光绪六年庚辰科会试同年齿录》均作道光庚戌年八月二十一日。《清代人物生卒年表》据《光绪六年庚辰科会试同年齿录》作道光三十年(1850)。

② 《清代人物生卒年表》缺。

③ 原名殿齐,谱名金鸾。

④ 《佩鱅集自序》载其丙戌年十一。《道光庚子科会试同年齿录》(清华大学藏本)载其生于嘉庆己卯年二月二十二日。据此二者,定其生于嘉庆二十一年二月二十二日。《日记》光绪十一年二月二十一日:"蔡梅庵(寿祺)七十生日,送柬并征诗文启。以其娄来,赠以七律一章,礼钱四千。"蔡寿祺《梦绿草堂诗钞》卷1《佩鱅集》中戊子年所作《赠廖雁宾》:"我年十有三,君年十有五。"据此二者逆推,其生年亦均为嘉庆二十一年(1816)。蔡琼《浔阳蔡氏九修宗谱》卷56《斫笋析府城世系》亦仅作嘉庆二十一年(1816)。《道光庚子科会试同年齿录》(翁同书抄本)仅作(嘉庆)己卯年(1819)。

⑤ 《日记》光绪十四年九月十二日:"蔡枚庵卒来赴。以今日开吊,送奠仪六千。"据此,其当卒于光绪十四年九月十二日或之前。此暂作光绪十四年(1888)。蔡琼《浔阳蔡氏九修宗谱》卷56《斫笋析府城世系》亦仅作光绪十四年(1888)。

⑥ 本姓李。

⑦ 《光绪二年丙子恩科会试同年齿录》作道光己酉年六月十五日。《清代人物生卒年表》据《光绪二年丙子恩科会试同年齿录》作道光二十九年(1849)。

⑧ 《清代人物生卒年表》缺。

续表

姓名	字	号	籍贯	生卒(农历)	生卒(公历)	文献来源
蔡元培①	仲申 鹤卿	鹤庼 孑民	浙江山阴	同治六年 十二月十七日	1868 年 1 月 11 日	蔡元培《蔡元培自述》之《孑民自叙》②
				民国二十九年 正月二十七日	1940 年 3 月 5 日	《东方杂志》民国二十九年第三十七卷第七期之运公《蔡元培逝世》
蔡正昶③	荫堂 宝训	少憩	浙江诸暨	道光十四年 十月二十一日	1834 年 11 月 21 日	蔡以卿《乌岩蔡氏宗谱》卷 31《新字行传》④
				光绪三年 十一月二十一日	1877 年 12 月 25 日	同上
蔡宗瀛	侣方		广东佛山	道光八年	1828 年	汪宗准、冼宝幹《佛山忠义乡志》卷 14《人物六 · 宦绩》⑤
				光绪七年	1881 年	同上⑥
曹宝骏	骧云	笙飏	浙江桐乡	道光二十八年 十一月十五日	1848 年 12 月 10 日	《同治癸酉科浙江乡试同年齿录》⑦
				民国八年	1919 年	沈惠金口述
曹登瀛⑧			安徽绩溪	咸丰六年 十月十八日	1856 年 11 月 15 日	曹诚瑾《曹氏宗谱》卷 10《旺川国庭公派三十四世系纪》
				民国二年 七月七日	1913 年 8 月 8 日	同上

① 小名宜哥，小字意可。

② 蔡元培会试履历(《清代朱卷集成》册 69)、《光绪己丑科浙江乡试同年齿录》均与《孑民自叙》同。

③ 谱名葆训。

④ 蔡正昶乡试履历(《清代朱卷集成》册 257)、《同治庚午科大同年齿录》、《同治庚午科浙江乡试同年齿录》均作道光己亥年十月二十一日。

⑤ 《人物六 · 宦绩》:“光绪己卯，父锡麟年已八十，乞假归省。是年丁外艰，哀毁致疾，患肝痛咳血，不复出。抱病两载卒，年五十四。”据此逆推，其当生于道光八年(1828)。

⑥ 《人物六 · 宦绩》:“光绪己卯，父锡麟年已八十，乞假归省。是年丁外艰，哀毁致疾，患肝痛咳血，不复出。抱病两载卒，年五十四。”据此，其当卒于光绪七年(1881)。

⑦ 曹宝骏乡试履历(《未刊清代朱卷集成》册 52)与《同治癸酉科浙江乡试同年齿录》同。

⑧ 谱名天定。

续表

姓名	字	号	籍贯	生卒(农历)	生卒(公历)	文献来源
曹登庸①	赓云	芗溪	河南光山	嘉庆二十三年十二月一日	1818年12月27日	曹永平、曹观向《曹氏白雀支系家谱》②
				光绪十年	1884年	同上③
曹官俊④	个臣	竹轩 竹仙 属仙	浙江上虞	道光二十八年十月六日	1848年11月1日	曹濬《虞西板桥曹氏大全宗谱》卷7《贵四公派大六房世表》⑤
				光绪十七年六月一日	1891年7月6日	同上
曹鑅	叔焘 镜蓉	小芸 彤甫	浙江海宁	道光十二年二月二十五日	1832年3月26日	曹鑅乡试履历(《清代朱卷集成》册107)
				?		
曹榕⑥	晓春	菊农	山西临汾	道光二十一年十月十七日	1841年11月29日	《同治庚午科大同年齿录》⑦
				?		
曹寿铭⑧	拜臣 文孺	烺斋	浙江会稽	道光五年六月六日	1825年7月21日	曹隆茂《萧山史村曹氏宗谱》卷10《鼎一公旸七房第二十九世》⑨
				同治七年九月五日	1868年10月20日	同上⑩

① 谱名汝谐。

② 《道光二十三年癸卯科直省同年全录》《道光二十七年会试齿录》均作嘉庆二十五年三月八日。《家谱》所载其出生年月日与前二者不同,此姑据《家谱》。《清代人物生卒年表》据《道光二十七年丁未科会试庚戌拔贡覆试齿录》中所载出生年月日为嘉庆二十五年十二月八日(1821年1月11日)作道光元年(1821)。

③ 《清代人物生卒年表》缺。

④ 谱名永懋。

⑤ 曹官俊拔贡履历(《清代朱卷集成》册399)与《虞西板桥曹氏大全宗谱》同。《光绪乙酉科选十八省拔贡明经通谱》中其字号、出生年月日空缺。

⑥ 榜名荣。

⑦ 《光绪二年丙子恩科会试同年齿录》作道光壬寅年十月十七日。《清代人物生卒年表》据《光绪二年丙子恩科会试同年齿录》作道光二十二年(1842)。

⑧ 谱名炳言。

⑨ 曹珪《萧山史村曹氏宗谱》卷10下《鼎一公旸七房第二十九世》与曹隆茂《萧山史村曹氏宗谱》卷10《鼎一公旸七房第二十九世》同。曹寿铭《曼志堂遗稿》卷末附马赓良撰《传》仅有卒年,不能推知生年。《清代人物生卒年表》据曹寿铭《曼志堂遗稿》卷下戊辰年其所作《长歌别同社诸子》中"行年四十未成名"逆推为道光九年(1829)。

⑩ 曹寿铭《曼志堂遗稿》卷末附马赓良撰《传》、曹珪《萧山史村曹氏宗谱》均与曹隆茂《萧山史村曹氏宗谱》同。

续表

姓名	字	号	籍贯	生卒(农历)	生卒(公历)	文献来源
曹言诚①	心孚		浙江鄞县	道光十八年正月十四日	1838年2月8日	曹石固《鄞县月湖曹氏宗谱》卷6《世次传》
				光绪十七年九月十六日	1891年10月18日	同上
曹诒孙	集祥	梓谋 次谋	湖南茶陵	道光十九年十月二十一日	1839年11月26日	《海潭曹氏六修族谱》卷4《绍祖公位下女器派齿录》②
				光绪十八年十月九日	1892年11月27日	同上
曹贻诚	福芝	心一 心仪	湖北江夏	道光元年九月三日	1821年9月28日	《咸丰元年辛亥恩科直省同年全录》③
				?		
曹志清	鉴堂	颛枚	直隶满城	道光二十年三月三日	1840年4月4日	《同治十三年甲戌科会试同年齿录》
				?		
曹宗瀚	子源④	岚樵 荔村	河南兰仪	乾隆五十一年七月八日	1786年8月1日	《嘉庆癸酉科乡试同年齿录》⑤
				?		
曹作舟⑥	汝斋 济夫 雨霁	秋帆 霁芙 沧帆 海帆 一掉散人	安徽绩溪	道光十四年正月一日	1834年2月9日	曹诚瑾《曹氏宗谱》卷10《旺川国庭公派三十四世系纪》⑦
				光绪十九年十二月二十八日	1894年2月3日	同上⑧

① 职名惟谦。

② 《光绪六年庚辰科会试同年齿录》仅作年二十八岁。据此逆推，其当生于咸丰三年(1853)。《光绪己卯科直省同年齿录》仅作咸丰壬子年，月日空缺。《清代人物生卒年表》据《光绪六年庚辰科会试同年齿录》逆推为道光七年(1827)，误。

③ 《咸丰三年癸丑科会试同年齿录》与《咸丰元年辛亥恩科直省同年全录》同。

④ 《清人诗文集总目提要》作“于源”，误。

⑤ 曹宗瀚《镫味斋诗存》卷4《丙午元日》：“今我丙午人，又逢丙午岁。六十一瞚间，代谢川流逝。”何兆瀛《心庵诗外》卷首《叙》：“同治丙寅春杞县曹宗瀚岚樵甫书于镫味斋，时年八十有一。”据此二者逆推，其生年均与《嘉庆癸酉科乡试同年齿录》同。

⑥ 谱名诚淦。

⑦ 《光绪六年庚辰科会试同年齿录》、曹作舟会试履历(《清代朱卷集成》册50)、曹作舟乡试履历(《清代朱卷集成》册146)、曹作舟拔贡履历(《清代朱卷集成》册383)均与《曹氏宗谱》同。《清代人物生卒年表》据《光绪六年庚辰科会试同年齿录》作道光十四年(1834)。

⑧ 《清代人物生卒年表》缺。

续表

姓名	字	号	籍贯	生卒(农历)	生卒(公历)	文献来源
岑春荣	泰阶 伯豫		广西西林	咸丰二年 十一月十七日	1852年 12月27日	岑毓英《西林岑氏族谱》卷2《系图世纪》①
				光绪三十一年 九月	1905年	王舟瑶《默庵集》卷9《资政大夫原任河南河北兵备道西林岑君墓志铭》
岑春煊②	为霖	云阶 炯堂	广西西林	咸丰十一年 三月二十三日	1861年 5月2日	岑毓英《西林岑氏族谱》卷2《系图世纪》③
				民国二十二年 四月三日	1933年 4月27日	《申报》民国二十二年四月二十八日(公历)第二万一千五百六十七号《报丧》④
岑毓宝	叔侯 楚卿 楚臣		广西西林	道光二十一年 闰三月七日	1841年 4月27日	岑毓英《西林岑氏族谱》卷2《系图世纪》⑤
				光绪二十三年 五月二日	1897年 6月1日	《政治官报》宣统元年三月二十一日第五百四十九号《广西巡抚张鸣岐奏请将已故藩司岑毓宝附祀岑毓英专祠折》⑥
柴清士⑦	信芳	听花 砺堂	浙江山阴	道光四年 七月六日	1824年 7月31日	《咸丰元年辛亥恩科直省同年全录》⑧
				?		

① 《光绪乙亥年恩赐荫生同官齿录》《岑襄勤公年谱》均与《西林岑氏族谱》同。王舟瑶《默庵集》卷9《资政大夫原任河南河北兵备道西林岑君墓志铭》载其光绪三十一年九月卒,年五十四。据此逆推,其生年与《西林岑氏族谱》同。

② 原名春泽。

③ 岑春泽乡试朱履历(《清代朱卷集成》册347)、《岑襄勤公年谱》均与《西林岑氏族谱》同。

④ 《时报》民国二十二年四月二十八日(公历)《岑春煊逝世》与《报丧》同。

⑤ 《云南同官录》与《西林岑氏族谱》同。《岑襄勤公年谱》仅作道光二十一年闰三月。

⑥ 《申报》宣统元年三月二十二日第一万三千零二十六号《故员岑毓宝奏准附祀》与《广西巡抚张鸣岐奏请将已故藩司岑毓宝附祀岑毓英专祠折》同。

⑦ 原名汝金。

⑧ 《咸丰元年辛亥恩科浙江乡试同年齿录》与《咸丰元年辛亥恩科直省同年全录》同。

续表

姓名	字	号	籍贯	生卒(农历)	生卒(公历)	文献来源
柴照	珠泉		浙江山阴	道光二十年四月十一日	1840年5月12日	柴宗诚《二品顶戴署广西右江兵备道显考珠泉府君行述》(黄锡云《绍兴丛书》[第一辑]册9页205—206)
				民国二年九月十一日	1913年10月10日	同上
长叙		彝庭	满洲镶红旗	道光十七年八月	1837年	长启等《皇清诰授光禄大夫太子太傅兵部尚书都察院右都御史陕甘总督管巡抚事予谥庄毅显考东岩府君年谱》①
				?		
常绂	搢廷	仲黼	汉军正白旗	道光十三年十一月十九日	1833年12月29日	《八旗奉直宦浙同官录》
				?		
常文寯	仲才	云庄	直隶天津	咸丰十年八月十二日	1860年9月26日	《光绪十七年辛卯科顺天乡试同年齿录》
				?		
车书②	眉子	希武 㽞庵	浙江上虞	咸丰五年七月二日	1855年8月14日	车景襄《古虞车氏宗谱》卷9《长支衍九公派世牒》③
				?		
陈邦荣			直隶献县	?		薛凤鸣《献县志》卷10《文献志》
				?		
陈宝	葆衣 葆畦		浙江山阴	?		《大清搢绅全书》(同治二年夏)册2《直隶·顺天府》
				?		

① 《年谱》仅作道光十七年八月。

② 谱名致慎。

③ 《光绪己丑科浙江乡试同年齿录》与《古虞车氏宗谱》同。

续表

姓名	字	号	籍贯	生卒(农历)	生卒(公历)	文献来源
陈宝	百生 白森	兰奴	江苏东台	道光十四年 十二月二十七日	1835年 1月25日	陈宝乡试履历(《清代朱卷集成》册148))①
				光绪四年 八月十七日	1878年 9月13日	朱铭盘《桂之华轩文集》卷1《翰林院检讨陈君墓表》
陈宝琛②	敬嘉	伯潜 弢庵	福建闽县	道光二十八年 九月二十三日	1848年 10月19日	陈懋复《诰授光禄大夫晋赠太师特谥文忠太傅先府君行述》③
				民国二十四年 二月一日	1935年 3月5日	同上④
陈宝箴⑤	相真	右铭 扆臣	江西义宁	道光十一年 正月十八日	1831年 3月2日	陈三立、陈三达、陈三崑《义门陈氏宗谱》卷10《十一郎于庭文光房世次》⑥
				光绪二十六年 六月二十六日	1900年 7月22日	同上⑦

① 《同治十年辛未科会试同年齿录》作道光甲午年十二月二十八日。《国学粹报》宣统三年正月二十一日原第七十五期《陈百生先生像》:"光绪四年卒于京师,年四十五。"据此逆推,其生年与陈宝乡试履历及《同治十年辛未科会试同年齿录》同。《清代人物生卒年表》据朱铭盘《桂之华轩文集》卷1《翰林院检讨陈君墓表》"光绪四年八月十七日卒于京师馆舍,年四十有二"逆推作道光十七年(1837)。

② 乳名杰。

③ 《申报》民国二十四年四月十二日(公历)第二万二千二百五十七号《恕赴不周》、《重订戊辰同年齿录》均与《行述》同。陈宝琛《陈文忠公奏议》卷首陈三立《墓志铭》载其岁在旃蒙大渊献春二月庚辰朔卒,年八十八。据此逆推,其生年与《行述》同。陈宝琛乡试履历(《清代朱卷集成》册337)、《同治七年戊辰科会试同年齿录》均作咸丰辛亥年九月二十三日。

④ 陈宝琛《陈文忠公奏议》卷首陈三立《墓志铭》、《申报》民国二十四年四月十二日(公历)第二万二千二百五十七号《恕赴不周》均与《行述》同。

⑤ 谱名观善。

⑥ 陈三立、陈三达、陈三崑《义门陈氏宗谱》卷2范当世《清故湖南巡抚义宁州陈公墓志铭》、陈三立《皇授光禄大夫头品顶戴赏戴花翎原任兵部侍郎都察院右副都御史湖南巡抚先府君行状》均载其于光绪二十六年六月二十六日卒,享年七十。据此二者逆推,其生年均与《义门陈氏宗谱》同。《陈宝箴乡试朱卷》《咸丰元年辛亥恩科直省同年全录》均作道光癸巳年正月二十日。

⑦ 陈三立、陈三达、陈三崑《义门陈氏宗谱》卷2范当世《清故湖南巡抚义宁州陈公墓志铭》、陈三立《皇授光禄大夫头品顶戴赏戴花翎原任兵部侍郎都察院右副都御史湖南巡抚先府君行状》均与《义门陈氏宗谱》同。

续表

姓名	字	号	籍贯	生卒(农历)	生卒(公历)	文献来源
陈保昌[①]	少云		湖北罗田	道光二十七年十二月十八日	1848年1月23日	《义门陈氏罗田庄七修宗谱》卷51《世礼公二房佑祖支下正传》
				光绪二十一年六月二十六日	1895年8月16日	同上
陈璧轩			浙江山阴	嘉庆十七年	1812年	邱捷点注《杜凤治日记》册10页5356～5357[②]
				同治十一年	1872年	同上
陈彬	质夫	啸雅 可均	甘肃皋兰[③]	咸丰七年十一月十九日	1858年1月3日	《光绪己卯科直省同年齿录》[④]
				?		
陈彬华	荣伯 蓉伯	秋丞	浙江会稽	咸丰二年二月二十四日	1852年4月13日	《光绪丙子科浙江乡试同年齿录》[⑤]
				光绪二十七年	1901年	陈庆均《时行轩日记》册6[⑥]
陈昌绅	稚亭	杏孙	浙江钱塘	咸丰九年三月七日	1859年4月9日	《光绪十二年丙戌科会试同年齿录》[⑦]
				光绪二十六年六月二十四日	1900年7月20日	吴庆坻《补松庐文稿》卷3《陈杏孙事略》[⑧]

① 越缦于光绪十三年三月二十九日言湖北罗田陈锦之子兵部陈保昌遵父命乞题《西园雅集图》，于光绪十三年四月二十三日言还《西园雅集图》于陈锦子兵部主事孝昌。再据《宗谱》，"孝昌"当为"保昌"之误。

② 《杜凤治日记》光绪七年十二月初二日日记载其卒于同治十一年，卒年六十一岁。据此逆推，其当生于嘉庆十七年(1812)。

③ 原籍广西临桂。

④ 《光绪六年庚辰科会试同年齿录》与《光绪己卯科直省同年齿录》同。

⑤ 陈彬华乡试履历(《清代朱卷集成》册266)与《光绪丙子科浙江乡试同年齿录》同。

⑥ 《时行轩日记》光绪二十六年十二月二十二日："上半日至田宅为杏村舍人写挽陈小兰大令联一副，阅《申报》《中外报》，旋家时已将旰。"据此，其当卒于光绪二十六年十二月二十二日之前。光绪二十六年十二月二十二日，公历为1901年2月10日。此暂作公历1901年。

⑦ 《陈昌绅会试朱卷》与《光绪十二年丙戌科会试同年齿录》同。吴庆坻《补松庐文稿》卷3《陈杏孙事略》载其(光绪)庚子六月二十四日卒，年四十二。据此逆推，其生年与《光绪十二年丙戌科会试同年齿录》同。《光绪丙子科浙江乡试同年齿录》作咸丰辛酉年二月七日。

⑧ 孙宝瑄《忘山庐日记》光绪二十七年九月一日："杏孙，余友中至密者也，以去秋七月二十四日没于沂水。"据此，其当卒于光绪二十六年七月二十四日。《清代人物生卒年表》缺。

续表

姓名	字	号	籍贯	生卒(农历)	生卒(公历)	文献来源
陈昌沂	祓堂 茀堂	大篪	浙江山阴	道光二十六年 十二月	1847 年	陈锦《醪河陈氏诵芬录》①
				光绪六年 四月	1880 年	《日记》光绪六年十月六日②
陈常夏③	星白	时叔 曼婷	浙江会稽	咸丰七年 闰五月七日	1857 年 6 月 28 日	《光绪己丑科浙江乡试同年齿录》④
				?		
陈墀荪⑤	介卿	馨伯	直隶青县	道光十五年 三月三日	1835 年 3 月 31 日	《同治庚午科大同年齿录》
				?		
陈炽⑥	克昌	次亮 用洁	江西瑞金	咸丰五年 四月七日	1855 年 5 月 22 日	陈春生、陈步进、陈英林《白溪陈氏十二修族谱》之《积祖梅燕元嗣太陶轩房喜派二十二世》⑦
				光绪二十六年 五月十三日	1900 年 6 月 9 日	同上
陈代俊	伟丞	玉庄	四川宜宾	道光八年 七月十三日	1828 年 8 月 23 日	《同治庚午科大同年齿录》⑧
				?		

① 《醪河陈氏诵芬录》中《先生妣事状》:"丙午生长孙昌沂。"《醪河陈氏诵芬录》中《先府君行状》:"丙午长孙昌沂生。"《醪河陈氏诵芬录》中《大篪夫妇事略》载其生午腊而未春。据此三者,其当生于道光丙午年十二月。道光丙午年十二月,公历范围为 1847 年 1 月 17 日—2 月 14 日。此暂作道光二十七年(1847)。《醪河陈氏诵芬录》中《大篪夫妇事略》载劳夫人生大篪六月而卒。《醪河陈氏诵芬录》中《劳夫人事略》载劳夫人卒于道光丁未年七月九日。据此二者,大篪当生于道光丁未年正月。

② 《日记》光绪六年十月六日:"得陈昼卿九月十日书,告其子昌沂及子妇姚之丧,并见寄七绝六首。"《醪河陈氏诵芬录》中《先生妣事状》:"庚辰之岁,寒门运蹇。四月长子病瘵先露,八月寡媳绝粒殉夫。"《醪河陈氏诵芬录》中《大篪夫妇事略》载大篪妇姚氏越百二十日殉夫,卒于八月十二日。据此三者,暂定其卒于光绪六年四月。此暂作光绪六年(1880)。

③ 谱名荣庚,原名景贤。

④ 陈常夏乡试履历(《清代朱卷集成》册 282)与《光绪己丑科浙江乡试同年齿录》同。

⑤ 榜名庆祺。

⑥ 原名家瑶。

⑦ 《同治癸酉科明经通谱》与《白溪陈氏十二修族谱》同。

⑧ 《同治九年庚午科顺天乡试同年齿录》作道光壬辰年七月十三日。

续表

姓名	字	号	籍贯	生卒(农历)	生卒(公历)	文献来源
陈丹苏①			浙江山阴	?		《日记》同治四年九月十五日
				同治六年六月十五日	1867年7月16日	《日记》同治六年六月十七日
陈殿英②	桂舟	胎禅子 破坏遗老	浙江太平	道光十二年	1832年	陈汝霖《光绪太平续志》卷5《人物·隐逸》③
				光绪十五年	1889年	同上
陈恩荣	柘圃 哲甫	泽普 季桐	直隶天津	同治六年十月二十八日	1867年11月23日	《光绪十九年癸巳恩科顺天乡试同年齿录》④
				民国三十七年二月二十四日	1948年4月3日	《益世报》(天津版)民国三十七年四月十七日(公历)第一万零五百七十四号《陈哲甫教授十八日发引》⑤
陈凤铿⑥	志铏 退暗	月枫 越峰 越枫	浙江诸暨	道光五年十二月十一日	1826年1月18日	陈讷、陈诜《宅埠陈氏宗谱》卷52《行传·二十一世洽字行》⑦
				光绪三十四年五月十二日	1908年6月10日	同上

① 一作丹愫。

② 一作段因,一名蟾。

③ 《光绪太平续志》作光绪己丑年卒,年五十八。据此逆推,其当生于道光十二年(1832)。

④ 陈恩荣乡试履历(《未刊清代朱卷集成》册74)与《光绪十九年癸巳恩科顺天乡试同年齿录》同。《益世报》(天津版)民国三十七年四月十七日(公历)第一万零五百七十四号《陈哲甫教授十八日发引》、《中南报》民国三十七年四月十八日(公历)第三千六百七十三号《陈哲甫教授逝世》、《大公报》(天津版)民国三十七年四月五日(公历)第一万五千九百六十一号《陈哲甫教授作古》均作民国三十七年四月三日(公历),享年八十二。据此三者逆推,其生年亦均与《光绪十九年癸巳恩科顺天乡试同年齿》同。

⑤ 《中南报》民国三十七年四月十八日(公历)《陈哲甫教授逝世》、《大公报》(天津版)民国三十七年四月五日(公历)第一万五千九百六十一号《陈哲甫教授作古》与《益世报》(天津版)民国三十七年四月十七日(公历)第一万零五百七十四号《陈哲甫教授十八日发引》同。

⑥ 原名炳櫆。

⑦ 《同治丁卯科并补行甲子科浙江乡试同年齿录》作道光丙寅年十二月十一日。

续表

姓名	字	号	籍贯	生卒(农历)	生卒(公历)	文献来源
陈諨①	福基	蔼卿	浙江新昌	道光二十二年五月二十四日	1842年7月2日	《陈氏宗谱》卷8《康三十一公后十七世至廿一世世系》②
				宣统三年八月二十二日	1911年10月13日	同上
陈鹏	迈夫 迈甫		江西新城	道光十年三月十六日	1830年4月8日	《新城颍川陈氏支谱》③
				?		
陈甫田④			直隶青县	?		《光绪乙亥年恩赐荫生同官齿录·刘曾枚》
				?		
陈陔⑤	孝兰	感循	浙江山阴	道光二十二年四月二十六日	1842年6月4日	《光绪乙酉科浙江乡试同年齿录》⑥
				?		
陈庚	长煌	季辉	福建侯官	?		陈宝琛《螺江陈氏家谱》之《恭房君纬派》⑦
				?		同上⑧
陈庚	凤山	旭斋	浙江山阴	道光二十五年十二月十三日	1846年1月10日	《光绪壬午科浙江乡试同年齿录》
				?		
陈庚经⑨	楚江	秋舫 古修	浙江会稽	道光二十六年六月二十八日	1846年8月19日	《光绪己卯科直省同年齿录》⑩
				?		

① 谱名准諨。

② 陈諨乡试履历(《清代朱卷集成》册264)作道光乙巳年五月二十四日。

③ 《皖江同官录》与《新城颍川陈氏支谱》同。

④ 《日记》原缺“田”字。此据《光绪乙亥年恩赐荫生同官齿录·刘曾枚》补。

⑤ 原名尔臬。

⑥ 陈陔乡试履历(《清代朱卷集成》册272)与《光绪乙酉科浙江乡试同年齿录》同。

⑦ 《螺江陈氏家谱》无出生年月日。

⑧ 《螺江陈氏家谱》无去世年月日。

⑨ 原名华汉,一名昌爵。

⑩ 陈华汉会试履历(《清代朱卷集成》册65)与《光绪己卯科直省同年齿录》同。陈华汉乡试履历(《清代朱卷集成》册267)、《光绪十五年己丑科会试同年齿录》均作咸丰甲寅年六月二十八日。《清代人物生卒年表》据《光绪十五年己丑科会试同年齿录》作咸丰四年(1854)。

续表

姓名	字	号	籍贯	生卒(农历)	生卒(公历)	文献来源
陈公恕	宽仲		江苏溧阳	咸丰十一年九月六日	1861年10月9日	《光绪十九年癸巳恩科顺天乡试同年齿录》①
				?		
陈谷孙②	伯常	东畦	浙江山阴	道光二十七年七月十一日	1847年8月21日	陈壬一《越城江桥陈氏宗谱》之《中一公派·十房德九公之后》
				光绪二十一年五月三十日	1895年6月22日	同上
陈光煦	育庵	学黯 莪原	浙江钱塘③	道光二十年十月十日	1840年11月3日	《同治十三年甲戌科会试同年齿录》④
				?		
陈珪	叶封	笠农 越峰	浙江山阴	道光九年十二月一日	1829年12月26日	《咸丰元年辛亥恩科直省同年全录》⑤
				?		
陈桂	秋岩	子竹	直隶天津	咸丰九年七月十三日	1859年8月11日	《光绪十七年辛卯科顺天乡试同年齿录》
				?		
陈豪⑥	蓝洲	迈庵 墨翁 止庵 怡园居士	浙江仁和	道光十九年十一月十二日	1839年12月17日	《显考蓝州府君事略》(《上海图书馆藏赴闻集成》册5)⑦
				宣统二年七月十九日	1910年8月23日	同上⑧

① 陈公恕乡试履历(《未刊清代朱卷集成》册74)与《光绪十九年癸巳恩科顺天乡试同年齿录》同。

② 原名正彝。

③ 祖籍浙江萧山。

④ 陈光煦会试履历(《清代朱卷集成》册36)与《同治十三年甲戌科会试同年齿录》同。

⑤ 陈珪乡试履历(《清代朱卷集成》册244)、《咸丰元年辛亥恩科浙江乡试同年齿录》均与《咸丰元年辛亥恩科直省同年全录》同。

⑥ 原名钟奇。

⑦ 《同治庚午科大同年齿录》与《显考蓝州府君事略》同。吴庆坻《补松庐文稿》卷3《赠翰林院编修湖北汉川县知县陈君家传》载其(宣统二年)七月十九日卒,年七十二。据此逆推,其生年亦与《显考蓝州府君事略》同。

⑧ 吴庆坻《补松庐文稿》卷3《赠翰林院编修湖北汉川县知县陈君家传》与《显考蓝州府君事略》同。

续表

姓名	字	号	籍贯	生卒(农历)	生卒(公历)	文献来源
陈鸿寿			直隶天津	同治九年	1870年	《国家图书馆藏清代孤本内阁六部档案》册4页1716
				?		
陈鸿绶	若纡 箬渔	少秋 藕圜	江苏丹徒	咸丰七年八月五日	1857年9月22日	《光绪己卯科直省同年齿录》①
				?		
陈奂②	倬云	硕甫 师竹	江苏长洲	乾隆五十一年正月五日	1786年2月3日	陈枲《颍川支谱》卷4《世次·九房四世》③
				同治二年六月二十九日	1863年8月13日	同上④
陈煌	闲谷		浙江会稽	?		《日记》咸丰四年三月十四日
				咸丰十年	1860年	《日记》同治二年七月十八日
陈煌	雪堂		?	?		《日记》咸丰六年六月十九日
				?		
陈吉祥			浙江会稽	?		《日记》同治七年正月十九日
				?		
陈继本			浙江会稽	?		《日记》光绪十六年三月十八日
				?		

① 《光绪六年庚辰科会试同年齿录》仅作年二十四。据此逆推，其生年与《光绪己卯科直省同年齿录》同。

② 原名焕。

③ 管庆祺《征君陈先生年谱》与《颍川支谱》同。

④ 管庆祺《征君陈先生年谱》与《颍川支谱》同。

续表

姓名	字	号	籍贯	生卒(农历)	生卒(公历)	文献来源
陈继聪	骏孙	亚秋	浙江镇海	道光二年十月十四日	1822年11月27日	石铭琴《退安居士传》(陈继聪《忠义纪闻录》卷末)①
				光绪八年	1882年	宗源瀚《序》(陈继聪《忠义纪闻录》卷首)②
陈继孟③	汝贤	子香	浙江天台	道光二十八年十月三十日	1848年11月25日	陈恩蓉《天台妙山陈氏宗谱》卷26《溪下二房下六分东山公派》
				光绪八年九月九日	1882年10月20日	同上④
陈骥	德夫 德甫	曼仙 曼禅	江西新城	道光七年七月八日	1827年8月29日	《新城颍川陈氏支谱》⑤
				同治三年十二月十二日	1865年1月9日	同上⑥
陈家琼	树斋		江西万安	道光二年三月六日	1822年3月28日	《咸丰戊午科直省同年录》
				?		
陈嘉颖⑦	倬云	珊蕺	浙江山阴	道光二十年十一月二十二日	1840年12月15日	陈星衍《下方桥陈氏宗谱》卷11下《世系表三支·十六世至二十世》⑧
				光绪十七年二月一日	1891年3月10日	同上

① 《同治庚午科大同年齿录》、《同治庚午科浙江乡试同年齿录》、陈继聪乡试履历(《清代朱卷集成》册258)均作道光乙酉年十月十四日。《忠义纪闻录》卷末石铭琴撰于光绪八年三月的《退安居士传》云:"由岁贡膺乡荐,年已四十九矣。"又云:"退安居士,吾友陈君骏孙晚年之别号也……去岁居士齿届周甲,余尝为文寿之,而不意遽病也。然居士在病中犹自强坐自编其所著书。"据此四者,定其生于道光二年十月十四日。

② 《忠义纪闻录》卷首宗源瀚《序》:"今年壬午孝廉堂春课,骏孙来会,则已病矣,而神明湛然……逾月病甚,归镇海。未几,而骏孙遽死矣……秋八月,其嗣子斐园持书来谒……"据此,其当卒于光绪壬午八月之前。此暂作光绪八年(1882)。

③ 榜名桂芬。

④ 《日记》光绪八年十一月二十三日作光绪八年八月。

⑤ 李慈铭《越缦堂文集》卷9《陈德夫墓志铭》与《新城颍川陈氏支谱》同。

⑥ 《日记》同治三年十二月十二日、李慈铭《越缦堂文集》卷9《陈德夫墓志铭》均与《新城颍川陈氏支谱》同。

⑦ 榜名汉章。

⑧ 陈汉章乡试履历(《清代朱卷集成》册252)、《同治四年补行辛酉科并壬戌浙江乡试同年齿录》均作道光癸卯年十一月二十二日。

续表

姓名	字	号	籍贯	生卒(农历)	生卒(公历)	文献来源
陈嘉猷	耕莘		浙江山阴	道光十八年五月十三日	1838年7月4日	许应鑅《浙江同官录》
				?		
陈建侯	长邦	仲耦	福建侯官	道光十七年十月二十四日	1837年11月21日	陈宝琛《螺江陈氏家谱》之《恭房君纬派》①
				光绪十三年十二月十三日	1888年1月25日	同上②
陈锦	昼卿	补勤	浙江山阴	道光元年二月二十六日	1821年3月29日	《己酉科直省乡试同年录》③
				光绪十六年十月	1890年	《日记》同治十二年七月十六日④
陈锦	元綗	云舫	湖北罗田	道光七年四月二十七日	1827年5月22日	《日记》光绪十三年三月七日⑤
				光绪十三年三月三日	1887年3月27日	同上⑥
陈晋恩	服秄		江西新城	嘉庆二年二月十三日	1797年3月11日	《新城颍川陈氏支谱》
				同治二年	1863年	《日记》同治二年十一月十六日⑦

① 《清代人物生卒年表》据林纾《畏庐文集》之《资政大夫赠内阁学士陈公行状》中"光绪十三年五月入都引见……卒于逆旅,年五十有一"逆推得其生于道光四年(1824)。误。据此,其生年亦为道光十七年(1837)。

② 《螺江陈氏家谱》之倪文蔚《皇清诰授资政大夫赠内阁学士二品衔湖北特用道署荆宜施兵备道陈君墓志铭》、《申报》光绪十四年三月三日第五千三百八十号之光绪十四年二月二十四日《京报全录·倪文蔚跪奏》均与《螺江陈氏家谱》同。《清代人物生卒年表》据林纾《畏庐文集》之《资政大夫赠内阁学士陈公行状》中"光绪十三年五月入都引见……卒于逆旅,年五十有一"作光绪十三年(1887)。但因其卒于十二月十三日,故公历应为1888年1月25日。

③ 陈锦《补勤诗存续编》卷5《和马春旸同年传煦六十自寿诗十二首却寄越中》之十:"辛壬癸甲三年长(君生甲申,予生辛巳),毕竟先生长后生。"据此,其生年与《己酉科直省乡试同年录》。

④ 《日记》光绪十六年十二月二十四日:"又闻陈昼卿以十月间殁于济南。"据此,仅知其卒于光绪十六年十月。此暂作光绪十六年(1890)。《清代人物生卒年表》缺。

⑤ 《咸丰乙卯科直省乡试同年齿录》、《义门陈氏罗田庄七修宗谱》卷51《世礼公二房佑祖支下正传》、《清代人物大事纪年》均作道光戊子年四月二十七日。《日记》光绪十三年四月二十三日载其年长越缦二岁(越缦生于道光己丑年)。据此四者,定其生于道光丁亥年四月二十七日。

⑥ 《义门陈氏罗田庄七修宗谱》卷51《世礼公二房佑祖支下正传》作光绪十三年三月八日。《清代人物大事纪年》仅作光绪十三年(1887)。

⑦ 《日记》同治二年十一月十六日载越缦于此日吊其丧。同治二年十一月十六日,公历为1863年12月26日。此暂作同治二年(1863)。

续表

<table>
<tr><th>姓名</th><th>字</th><th>号</th><th>籍贯</th><th>生卒(农历)</th><th>生卒(公历)</th><th>文献来源</th></tr>
<tr><td rowspan="2">陈景福</td><td rowspan="2">松绥</td><td rowspan="2"></td><td rowspan="2">江西新城</td><td>?</td><td></td><td>《新城颍川陈氏支谱》</td></tr>
<tr><td>?</td><td></td><td></td></tr>
<tr><td rowspan="2">陈景和</td><td rowspan="2">棣珊</td><td rowspan="2"></td><td rowspan="2">江西新城</td><td>?</td><td></td><td>《新城颍川陈氏支谱》</td></tr>
<tr><td>同治五年
正月二十二日</td><td>1866 年
3 月 8 日</td><td>《申报》同治十一年六月二十二日第七十六号之同治十一年五月十三日《京报全录·李鸿章片》</td></tr>
<tr><td rowspan="2">陈景纶</td><td rowspan="2">同叔</td><td rowspan="2"></td><td rowspan="2">江西新城</td><td>道光四年
十月八日</td><td>1824 年
11 月 28 日</td><td>《新城颍川陈氏支谱》①</td></tr>
<tr><td>?</td><td></td><td></td></tr>
<tr><td rowspan="2">陈景谟</td><td rowspan="2">宝珊
葆珊</td><td rowspan="2"></td><td rowspan="2">江西新城</td><td>道光九年
六月四日</td><td>1829 年
7 月 4 日</td><td>《新城颍川陈氏支谱》</td></tr>
<tr><td>?</td><td></td><td></td></tr>
<tr><td rowspan="2">陈景彦</td><td rowspan="2">竹珊</td><td rowspan="2"></td><td rowspan="2">江西新城</td><td>道光十一年
九月十日</td><td>1831 年
9 月 10 日</td><td>《新城颍川陈氏支谱》</td></tr>
<tr><td>?</td><td></td><td></td></tr>
<tr><td rowspan="2">陈璚</td><td rowspan="2">焯庭
辉廷</td><td rowspan="2">鹿生
六笙
鹿笙</td><td rowspan="2">广西贵县</td><td>道光七年
六月十六日</td><td>1827 年
8 月 8 日</td><td>陈璚《陈氏族谱》②</td></tr>
<tr><td>光绪三十二年
六月六日</td><td>1906 年
7 月 26 日</td><td>《申报》光绪三十二年六月十三日第一万一千九百五十八号《故督出殡》③</td></tr>
</table>

① 《同治元年壬戌科顺天乡试齿录》作道光丁亥年十月八日。

② 许应鑅《浙江同官录》与《陈氏族谱》同。

③ 欧仰义《贵县志》卷 16《人物列传》仅作光绪三十二年(1906)。《故督出殡》仅作光绪三十二年六月。

续表

姓名	字	号	籍贯	生卒(农历)	生卒(公历)	文献来源
陈濬书①	景明	绂生 芨生	江西兴国	道光三十年十二月二日	1851年1月3日	《陈氏爱门八修族谱》卷4《爱门克让堂风世公位下世系》②
				光绪三十年九月十日	1904年10月18日	同上
陈康祺③	钧堂	圣湖 颐仲 绦士 兰思	浙江鄞县	道光二十年十月八日	1840年11月1日	《月湖陈氏宗谱》④
				光绪十六年十月十一日	1890年11月22日	同上⑤
陈理泰⑥		韫原 文垣	湖南长沙	道光二十四年九月三日	1844年10月14日	《同治十年辛未科会试同年齿录》
				?		
陈丽生			?	?		《日记》咸丰十一年五月十一日
				?		
陈懋侯	长衍	伯双	福建侯官	道光十七年四月二十四日	1837年5月28日	陈宝琛《螺江陈氏家谱》之《恭房君纬派》
				光绪十八年十月十六日	1892年12月4日	同上

① 谱名统径。《日记》光绪六年六月八日:"付同年孔广钟丧偶、陈麟书父忧幛分二千。"此陈麟书即陈濬书。江西兴国县的《陈氏爱门八修族谱》中陈濬书所作《丰溪凤山迁修普明公祠堂记》载:"庚辰科,予登进士。"谢升瀛所作《陈明府绂生先生行传》中载:"丙子登贤书……庚辰捷南宫,揭晓后,适接其尊大人抱病之音,君即欲束装就道,而同试礼闱者辄劝君应殿试毕,然后归。君愀曰:'父抱病,子心何安,早一日归,即多得一日养,若不获睹亲面,则抱恨终天矣!需富贵何为?'……服阕后始赴都补行殿试,以三甲授即用知县……"检吴宗慈的《江西通志稿》,缺乾隆四十五年至光绪末年之举人名录。其《进士题名录·光绪六年》中"陈麟书"条下注:"兴国人。题名碑录无此人。"刘坤一《江西通志》卷32《选举表·国朝进士·光绪六年》载:"陈麟书,兴国人。"卷36《选举表·国朝举人四·光绪二年》载:"陈麟书,兴国人。"又张文达先生提供《陈麟书乡试朱卷》载其字景明,号绂生。综上,陈麟书为李慈铭同年。麟书当为陈濬书之乡榜名,其为光绪二年(1876)举人,六年贡士,九年进士。

② 《光绪六年庚辰科会试同年齿录》仅作年二十九岁。据此逆推,其当生于咸丰二年(1852)。《陈麟书乡试朱卷》作咸丰二年十一月六日。《族谱》所载其出生年月日与《陈麟书乡试朱卷》不同,此姑据《族谱》。

③ 谱名守鸿。

④ 陈康祺会试履历(《清代朱卷集成》册33)、《同治十年辛未科会试同年齿录》均作道光庚戌年十月八日。《江苏同官录》无出生年月日。《同治丁卯科并补行甲子科浙江乡试同年齿录》作道光乙巳年十月八日。

⑤ 《申报》光绪十六年十月二十日第六千三百二十九号《苏省抚辕抄》与《月湖陈氏宗谱》同。

⑥ 派名本焕。

续表

姓名	字	号	籍贯	生卒(农历)	生卒(公历)	文献来源
陈梦麟	书玉	书誉	浙江上虞	道光二十二年正月十二日	1842年2月21日	《同治四年补行辛酉科并壬戌浙江乡试同年齿录》①
				?		
陈冕	冠生 灌荪	梦莱	直隶宛平②	咸丰九年七月十日	1859年8月8日	《光绪乙亥恩科顺天乡试同年齿录》③
				光绪十九年八月十七日	1893年9月26日	孙葆田《校经室文集》卷5《翰林院编修陈君墓志铭》④
陈名侃	俶仲	梦陶 甓斋⑤	江苏江阴	道光二十八年六月八日	1848年7月8日	夏孙桐《清授资政大夫二品衔都察院副都御史陈公墓志铭》⑥
				民国十八年九月二十七日	1929年10月29日	同上
陈谟⑦	勋传	讦堂	江西安仁	嘉庆二十五年九月二十九日	1820年11月4日	《陈氏宗谱》卷3《十房山涛源世系十六世至廿世》⑧
				光绪十六年三月二十六日	1890年5月14日	同上

① 《同治十年辛未科会试同年齿录》、陈梦麟会试履历(《清代朱卷集成》册34)均作道光癸卯年正月十二日。《清代人物生卒年表》据陈梦麟会试履历作道光二十三年(1843)。

② 祖籍浙江山阴。

③ 陈冕乡试履历(《清代朱卷集成》册112)、陈冕会试履历(《清代朱卷集成》册51)、《光绪九年癸未科会试同年齿录》均与《光绪乙亥恩科顺天乡试同年齿录》同。孙葆田《校经室文集》卷5《翰林院编修陈君墓志铭》载:"壬辰丁母忧,奉丧返济南。明年五月之浙修祖阡,八月旋京师,以疾陨于寓邸,年甫三十有五。"据此逆推,其生年亦与《光绪乙亥恩科顺天乡试同年齿录》同。

④ 《申报》光绪十九年九月二日第七千三百五十五号《神京杂记》与《墓志铭》同。

⑤ 墓志铭误作"甓齐"。

⑥ 《光绪乙亥恩科顺天乡试同年齿录》、陈名侃乡试履历(《清代朱卷集成》册112)均作道光戊申年六月八日。夏孙桐《清授资政大夫二品衔都察院副都御史陈公墓志铭》载其卒于民国十八年九月二十七日,享年八十二。据此三者,定其生于道光戊申年六月八日。

⑦ 小名弼谟。

⑧ 《道光庚戌科会试同年齿录》作道光壬午年九月二十九日。《日记》光绪十六年三月二十六日载越缦于光绪十六年三月二十六日为其写七十晋一双寿楹联。据此二者,亦可定其生于嘉庆二十五年九月二十九日。

续表

姓名	字	号	籍贯	生卒(农历)	生卒(公历)	文献来源
陈谟	福谦 懋斋 竹川		浙江新昌	道光十五年 十月八日	1835 年 11 月 27 日	《陈氏宗谱》卷 8《康三十一公后十七世至廿一世世系》[1]
				光绪十三年 六月二日	1887 年 7 月 22 日	同上[2]
陈模[3]	季范	式庵	浙江诸暨	道光二十二年 三月十八日	1842 年 4 月 28 日	陈讷、陈诜《宅埠陈氏宗谱》卷 66《二十四世培字行》[4]
				光绪三十三年 八月二十七日	1907 年 10 月 4 日	同上
陈沛锽[5]	友荀 海槎	少庵	浙江山阴	道光十三年 四月十四日	1833 年 6 月 1 日	陈星衍《下方桥陈氏宗谱》卷 10 下《世系表三支十六世至二十世》[6]
				宣统三年 三月二十三日	1911 年 4 月 21 日	同上
陈其闲[7]		佶夫 恧人	浙江会稽[8]	咸丰五年 十二月十七日	1856 年 1 月 24 日	陈复生《义门陈氏宗谱》卷 85《行传·昌字第》[9]
				民国三年 正月二十六日	1914 年 2 月 20 日	同上

① 《光绪乙酉科浙江乡试同年齿录》《同治庚午科大同年齿录》均与《陈氏宗谱》同。《清代人物生卒年表》据金城、陈畬《新昌县志》卷 12《人物·文苑》"光绪乙酉科，副主师潘衍桐得其卷，奇赏之……公始举正榜，年已五十矣"作道光十六年(1836)。

② 《清代人物生卒年表》缺。

③ 幼名星模。

④ 《同治庚午科大同年齿录》《同治庚午科浙江乡试同年齿录》均与《宅埠陈氏宗谱》同。

⑤ 谱名廷淑，原名钟瀛。

⑥ 《陈沛锽乡试履历》(《清代朱卷集成》)册 274)、《光绪乙酉科浙江乡试同年齿录》均作道光丁酉年四月十四日。

⑦ 原名鸿谟，谱名立和。

⑧ 原籍浙江诸暨。

⑨ 陈其闲乡试履历(《清代朱卷集成》册 286)作咸丰戊午年十二月十七日。

续表

姓名	字	号	籍贯	生卒(农历)	生卒(公历)	文献来源
陈其璋	锦孙 子达	云裳 云仲	浙江归安	道光十六年 七月三日	1836 年 8 月 14 日	陈濬《东林陈氏支谱》之《世表》①
				光绪三十一年 十二月四日	1905 年 12 月 29 日	《近代史所藏清代名人稿本抄本》第 2 辑册 169 页 174～175
陈启泰②	宝孚 鲁生	伯屏 伯平 臞庵	湖南长沙	道光二十二年 十二月十九日	1843 年 1 月 19 日	陈继训《狷庵文草》卷 6《清江苏巡抚陈公墓表》③
				宣统元年 五月三日	1909 年 6 月 20 日	同上④
陈汧⑤	云舫 午生		浙江萧山	道光十年 十一月十日	1830 年 12 月 24 日	《咸丰壬子科浙江乡试同年齿录》⑥
				?		
陈乔森⑦	木公 一山	逸山 颐山	广东遂溪	道光十三年	1833 年	杨守敬《清故四品衔户部主事陈君墓志铭》(陈乔森《海客诗文杂存》卷首)⑧
				光绪三十一年 五月七日	1905 年 6 月 9 日	同上

① 陈其章拔贡履历(《清代朱卷集成》册 395)作道光庚了年七月二日。《湖北省浙江同官录》作道光甲辰年□月吉日。

② 谱名文璠。

③ 陈启泰会试履历(《清代朱卷集成》册 29)、《同治七年戊辰科会试同年齿录》均仅作“年二十二岁,十二月十九日生”。《重订戊辰同年齿录》《清代人物大事纪年》均作道光二十七年十二月十九日。《墓表》载其宣统己酉年五月三日卒,年六十八。据此五者,定其生于道光二十二年十二月十九日。《清代人物生卒年表》作道光二十八年(1848)。

④ 《申报》宣统元年五月四日第一万三千六十六号《专电・电五(苏州)》:“苏抚陈启泰今日(初三)申刻因病出缺。”据此,其去世年月日与《清代人物大事纪年》同。《碑传集三编》卷 16《陈启泰传》仅作宣统元年五月。

⑤ 榜名启焜。

⑥ 陈汧乡试履历(《清代朱卷集成》册 244)、《咸丰壬子科浙江乡试同年齿录》、《陈汧乡试朱卷》、《咸丰壬子科直省举贡同年录》均作道光庚寅年十一月十日。

⑦ 原名桂林。

⑧ 《墓志铭》载其卒于光绪三十一年五月七日,年七十有三。据此逆推,其当生于道光十三年(1833)。陈乔森《海客诗文杂存》卷 5 所作《何雨亭诔并序》:“公终正寝在光绪辛丑十二月朔,其蒙孙与诸孙以讣来……至今年壬寅二月之望,始与郡县亲友为诔于灵次。念余与公订交,届今四十有七年矣。公年七十一,余年六十九。”据此逆推,其生年与据《墓志铭》逆推同。

续表

姓名	字	号	籍贯	生卒(农历)	生卒(公历)	文献来源
陈钦铭	少希 啸曦	寿彝 铿然	福建侯官	道光十二年 正月六日	1832 年 2 月 7 日	陈星炯《平阳陈氏族谱》之《世纪·仁房》①
				光绪十七年 七月十四日	1891 年 8 月 18 日	同上②
陈庆墀	凤楼		越缦乡人	?		《日记》同治十年七月一日
				?		
陈庆桂	禺东	香轮	广东番禺	咸丰元年 十一月二十五日	1852 年 1 月 15 日	《光绪己卯科直省同年齿录》③
				?		
陈庆煌	莲峰		浙江山阴	?		《日记》光绪十四年十二月二日
				?		
陈庆年④	善余	学存	江苏丹徒	同治元年 十二月十五日	1863 年 2 月 2 日	陈裕菁、陈裕润等《先考横山先生善余府君行述》⑤
				民国十八年 四月二十六日	1929 年 6 月 3 日	同上⑥
陈庆荣	芗邻 芗林		越缦邑人	?		李慈铭乡试履历(《清代朱卷集成》册 257)
				?		

① 《咸丰乙卯直省乡试同年齿录》《同治七年戊辰科会试同年齿录》《重订戊辰同年齿录》均作道光乙未年正月六日。《清代人物生卒年表》据《同治七年戊辰科会试同年齿录》作道光十五年(1835)。

② 《清代人物生卒年表》缺。

③ 《光绪六年庚辰科会试同年齿录》与《光绪己卯科直省同年齿录》同。

④ 谱名学征。

⑤ 陈裕菁、陈裕润等《讣告》、陈庆年优贡履历(《清代朱卷集成》册 372)、唐文治《茹经堂文集三编》卷 8《陈君善余墓志铭》、陈惟长《石城陈氏族谱》卷 12 下《内谱世表·庆六公派下高一公支后分·廿一世至廿四世》均与《先考横山先生善余府君行述》同。

⑥ 陈裕菁、陈裕润等《讣告》、唐文治《茹经堂文集三编》卷 8《陈君善余墓志铭》均与《先考横山先生善余府君行述》同。

续表

姓名	字	号	籍贯	生卒(农历)	生卒(公历)	文献来源
陈如金	丽庄 砺庄		浙江会稽	道光十三年	1833 年	《大清搢绅全书》(光绪六年夏)册 4《广西》①
				光绪二十一年十月十八日	1895 年 12 月 4 日	《申报》光绪二十二年三月二十三日第八千二百七十七号之光绪二十二年三月十四日《京报全录·史念祖跪奏》
陈汝龙	巳生		?	?		《日记》光绪十九年六月三十日
				?		
陈锐②	伯弢 伯涛		湖南武陵	咸丰九年正月二十八日	1859 年 3 月 2 日	《光绪乙酉科选十八省拔贡明经通谱》③
				民国十一年	1922 年	谭延闿《跋》(陈锐《抱碧斋集》卷末)④
陈润	荃谱 迁补	闰斋 润斋 顺哉	浙江萧山	嘉庆十三年闰五月二十五日	1808 年 7 月 18 日	陈校风《萧山涝湖陈氏宗谱》卷 7《本支世系纪六房二十四世》⑤
				咸丰六年	1856 年	《日记》咸丰六年十月二十三日⑥

① 《申报》光绪十三年十二月七日第五千三百零三号之光绪十三年十一月十八日《京报全录·李秉衡跪奏》载其本年五十五岁。据此逆推,其当生于道光十三年(1833)。

② 派名盛松。

③ 《陈锐乡试朱卷》作咸丰辛酉年正月二十八日。陈锐《抱碧斋集》卷 7《杂文》中《先母行述》载其母生于道光己亥四月十四日,年十九来归;卷 7《奠母文》载其母三年儿生(即陈锐)。据此二者逆推,其生年与《光绪乙酉科选十八省拔贡明经通谱》同。《清代人物生卒年表》据《抱碧斋集》之《诗话》"戊午午节前三日病中书,时年六十四,距丈殁又七年矣"作咸丰五年(1855),误。《诗话》中"戊午午节前三日病中书,时年六十四,距丈殁又七年矣"为王梦湘所记,而非陈锐所记。中国人民政治协商会议湖南省常德市委员会文史资料研究委员会《常德市文史资料》第 4 辑之陈人珊《我的伯父陈伯弢先生》仅作咸丰九年(1859)。

④ 谭延闿《跋》:"伯弢常自刻诗二卷于长沙,余又为之续刻一卷。及官江南,都所为诗文刻《抱碧斋集》七卷。洎伯弢殁后七年,夏吷庵、李拔可与余兄弟搜辑其遗稿,得《词话》及《诗词》,乃为传写,并前刻集厘为八卷,校印行之……民国十九年一月谭延闿。"据此逆推,其当卒于民国十一年(1922)。中国人民政治协商会议湖南省常德市委员会文史资料研究委员会《常德市文史资料》第 4 辑之陈人珊《我的伯父陈伯弢先生》仅作民国十一年(1922)。《清代人物生卒年表》据谭延闿《跋》作民国十二年(1923)。

⑤ 《道光丙午科浙江乡试同榜年齿录》作嘉庆庚午年五月二十五日。

⑥ 《日记》咸丰六年十月二十三日:"下午诣子九,晤谈逾晷,且知萧山社友陈荃谱孝廉殁已月余矣。"据此,暂作咸丰六年(1856)。

续表

姓名	字	号	籍贯	生卒(农历)	生卒(公历)	文献来源
陈善[①]	善甫 敬卿 然夫	颖芗	浙江山阴	道光二十年 九月二十四日	1840 年 10 月 19 日	陈星衍《下方桥陈氏宗谱》卷 5《世系表大支·十六世至二十世》[②]
				光绪三十年 二月二十一日	1904 年 4 月 6 日	同上
陈实	秋丞		江苏江都	?		钱祥保《江都县续志》卷 22《列传第二》
				?		
陈士杰[③]	仲英 仲清	隽丞 俊臣[④]	湖南桂阳	道光四年 二月二十三日	1824 年 3 月 23 日	陈镜清《桂阳泗州寨陈氏续谱》册 27《二十世·贤户芳房侯字齿录》[⑤]
				光绪十八年 十二月十八日	1893 年 2 月 4 日	同上[⑥]
陈世仁[⑦]	竹香		浙江山阴	道光十六年 四月二十七日	1836 年 6 月 10 日	陈壬一《越城江桥陈氏宗谱》之《冠山公派十房虞四公之后》
				咸丰五年 七月十八日	1855 年 8 月 30 日	同上
陈守和	瑞山		四川金堂	道光十九年	1839 年	《光绪二十年京察满汉司员履历册》
				?		

---

① 谱名廷善。

② 许应鑅《浙江同官录》与《下方桥陈氏宗谱》同。《同治四年补行辛酉科并壬戌浙江乡试同年齿录》作道光癸卯年九月二十四日。

③ 谱名履厚，官名士杰。

④ 越缦写为俊卿。

⑤ 陈镜清《桂阳泗州寨陈氏续谱》册 4 王闿运《桂阳直隶州泗州紫砦陈侍郎六十有九行状》载其卒于(光绪)十八年十二月癸酉(十九)平旦，年六十九。据此逆推，其生年亦与《桂阳泗州寨陈氏续谱》同。《道光己酉科明经通谱》作道光乙酉年二月二十三日。

⑥ 《申报》光绪十九年三月十二日第七千一百八十八号之光绪十九年三月三日《京报全录·吴大澂跪奏》作光绪十八年十二月十九日。

⑦ 原名世任。

续表

姓名	字	号	籍贯	生卒(农历)	生卒(公历)	文献来源
陈寿祺[①]	子谷 珊士 韵珊 云衫		浙江山阴	道光九年 二月三日	1829年 3月7日	陈壬一《越城江桥陈氏宗谱》之《中一公派·十房德九公之后》[②]
				同治六年 五月二十二日	1867年 6月23日	同上
陈寿清[③]	季涟	岘麓 瘦石 瘦士	浙江山阴	咸丰三年 九月二十五日	1853年 10月27日	陈壬一《越城江桥陈氏宗谱》之《松乔公派·十房德九公之后》[④]
				民国九年 十一月十五日	1920年 12月24日	同上
陈绶藻	楷孙		浙江萧山	?		《日记》光绪十五年八月二日
				?		
陈书诚	君实		浙江山阴	道光元年 正月三日	1821年 2月5日	陈壬一《越城江桥陈氏宗谱》之《冠山公派十房虞四公之后》
				同治四年 二月二十二日	1865年 3月19日	同上
陈树棠	聿新	又亭	浙江山阴	嘉庆二十四年 十一月三十日	1820年 1月15日	许应鑅《浙江同官录》
				?		
陈树勋[⑤]	竹铭	雨香	浙江仁和	嘉庆二十五年 八月二十九日	1820年 10月5日	《咸丰乙卯直省乡试同年齿录》[⑥]
				?		

① 本名源，小名福霖。

② 《己酉科直省乡试同年录》作道光庚寅年二月三日。《咸丰六年丙辰科会试同年齿录》作道光癸巳二月三日。

③ 原名延禄，又名昌祜。

④ 《光绪己卯科直省同年齿录》、陈寿清乡试履历(《清代朱卷集成》册269)均作咸丰乙卯年九月二十五日。

⑤ 原名文澍。

⑥ 《咸丰五年乙卯科浙江乡试同年齿录》与《咸丰乙卯直省乡试同年齿录》同。

续表

姓名	字	号	籍贯	生卒(农历)	生卒(公历)	文献来源
陈廷璐	继鸿	玉泉 玉叔	浙江会稽	道光十六年 七月二十五日	1836 年 9 月 5 日	《光绪丙子科浙江乡试同年齿录》①
				光绪十八年 正月二十三日	1892 年 2 月 21 日	刚毅《题报赣榆县知县陈廷璐病故日期事》(中国第一历史档案馆藏)
陈廷韶②	云舫	屈庵	浙江山阴	道光二十二年 八月二十三日	1842 年 9 月 27 日	陈星衍《下方桥陈氏宗谱》卷 10 下《世系表三支十六世至二十世 · 进士台门徐州分支》
				宣统二年 八月十二日	1910 年 9 月 15 日	同上
陈同礼	润甫		安徽怀宁	咸丰八年 八月二十一日	1858 年 9 月 27 日	陈同礼会试履历(陈同礼《紫荆花馆遗诗》附录)③
				光绪三十年	1904 年	乔晓军《中国美术家人名辞典 · 补遗一编》
陈桐翰	君挥	桂林	江苏长洲	咸丰六年 八月二十九日	1856 年 9 月 27 日	《光绪己卯科直省同年齿录》④
				?		
陈惟和⑤	季高	芰生 芰声	浙江钱塘	道光十九年 六月十一日	1839 年 7 月 21 日	《同治庚午科大同年齿录》⑥
				?		

① 陈廷璐乡试履历(《清代朱卷集成》册 265)与《光绪丙子科浙江乡试同年齿录》同。

② 又名廷征,职名翼。

③ 《清代人物大事纪年》《光绪九年癸未科会试同年齿录》均与陈同礼会试履历同。

④ 《光绪六年庚辰科会试同年齿录》仅作年二十五岁。据此逆推,其生年与《光绪己卯科直省同年齿录》同。

⑤ 改名维。

⑥ 陈惟和乡试履历(《清代朱卷集成》册 107)、《同治九年庚午科顺天乡试同年齿录》均与《同治庚午科大同年齿录》同。

续表

姓名	字	号	籍贯	生卒(农历)	生卒(公历)	文献来源
陈伟[①]	耐安		浙江诸暨	道光十九年十一月三十日	1840 年 1 月 4 日	陈讷、陈诜《宅埠陈氏宗谱》卷 66《行传・二十四世培字行》[②]
				光绪十五年十月三日	1889 年 10 月 26 日	同上
陈文炳	瑞庭	虎臣	直隶天津	道光三十年八月十五日	1850 年 9 月 20 日	《光绪乙酉科选十八省拔贡明经通谱》
				?		
陈文锐[③]	退思	瀁峰 巽峰	陕西汉阴	道光二十年六月十五日	1840 年 7 月 13 日	《光绪六年庚辰科会试同年齿录》
				?		
陈文田	砚芗 砚香	止室 晚晴老人	江苏泰州	嘉庆十七年六月二十七日	1812 年 8 月 4 日	《道光丁酉科明经通谱》[④]
				光绪十年八月四日	1884 年 9 月 22 日	吏部《知照军机处为刑部江西司郎中陈文田于光绪十年八月初四日病故由》(台北故宫博物院《军机处档折件》130518 号)
陈锡年	禹铭	芝生 梦庚	直隶天津	同治五年十二月二十八日	1867 年 2 月 2 日	《光绪十七年辛卯科顺天乡试同年齿录》[⑤]
				?		
陈熙治	子服 翔翰	庚陆	江苏江阴	道光十五年十月十七日	1835 年 12 月 6 日	《同治庚午科大同年齿录》[⑥]
				?		

① 幼名汤玮。

② 陈伟拔贡履历(《清代朱卷集成》册 396)、陈伟乡试履历(《清代朱卷集成》册 263)、《同治癸酉科明经通谱》均与《宅埠陈氏宗谱》同。陈伟《耐安类稿》册 6 卷末陈瀚《跋》载其光绪己丑秋卒,年五十一。据此逆推,其当生于道光十九年。但因其生于十一月三十日,故公历为 1840 年 1 月 4 日。《清代人物生卒年表》据陈伟《耐安类稿》陈瀚《跋》作道光十九年(1839)。

③ 乡榜名锐。

④ 《道光二十三年癸卯科直省同年全录》与《道光丁酉科明经通谱》同。陈文田《晚晴轩诗存》卷 4 作于同治壬戌之《读白氏长庆集》:"手定长庆集,时年五十一。我年适相同,编诗甫成帙。"卷 5 作于同治癸酉之《戏作示儿颐年》:"而翁今年六十二,尔尚未成三尺童。"卷 5《生日口占》:"荷花先我只三日(余以六月廿七日生),莺鸠笑我非一年。"据此三者推,其出生年月日亦与《道光丁酉科明经通谱》同。

⑤ 陈锡年乡试履历(《未刊清代朱卷集成》册 70)与《光绪十七年辛卯科顺天乡试同年齿录》同。

⑥ 陈熙治乡试履历(《清代朱卷集成》册 150)与《同治庚午科大同年齿录》同。

续表

姓名	字	号	籍贯	生卒(农历)	生卒(公历)	文献来源
陈羲	仲昉 仲芳 庄甫 萝庄	庋云 西渔	浙江萧山	嘉庆十四年 三月一日	1809年 4月15日	《咸丰壬子科浙江乡试同年齿录》①
				?		
陈骧②	子腾	石麟 石琳	直隶天津	咸丰五年 九月二十二日	1855年 11月1日	《光绪十四年戊子科顺天乡试同年齿录》
				?		
陈翔③	德裕 志逵	鸿甫 梦溪	浙江义乌	道光九年 九月二日	1829年 9月29日	陈树珊《龙溪陈氏宗谱》卷25《沛字行》④
				同治十年 四月九日	1871年 5月27日	同上
陈孝基⑤	燕来	云岑	浙江诸暨	道光十七年 七月二十六日	1837年 8月26日	陈尚清《暨阳登仕桥陈氏宗谱》卷14《行传》
				光绪十八年	1892年	同上⑥
陈心宝	兰仙		江苏苏州	道光二十四年 八月二十四日	1844年 10月5日	邗江小游仙客《菊部群英》⑦
				?		
陈琇莹	泽颖	芸敏	福建闽县	咸丰三年 正月七日	1853年 2月14日	叶大庄《故兵科给事中河南提督学政陈君行状》(陈宝琛《螺江陈氏家谱》)⑧
				光绪十七年 九月二十三日	1891年 10月25日	同上⑨

① 《咸丰壬子科直省举贡同年录》与《咸丰壬子科浙江乡试同年齿录》同。

② 原名步瀛。

③ 谱名云益。

④ 《同治庚午科浙江乡试同年齿录》作道光甲午年九月二日。

⑤ 原名杍。

⑥ 《暨阳登仕桥陈氏宗谱》仅作光绪壬辰年(1892)。

⑦ 曹惆生《中国音乐舞蹈戏曲人名词典》中载有陈新保,字兰仙,亦为苏州人,咸丰时唱昆曲旦角,兼擅书画。亦载有陈兰仙,名心宝,咸丰同治间隶四喜部,唱昆旦。越缦于咸丰九年十二月二十日于广德楼听四喜部,晤兰仙、梅五、秋苹、芷馨诸郎。故越缦日记中兰仙当为陈心宝。

⑧ 陈琇莹乡试履历(《清代朱卷集成》册337)、《同治癸酉科明经通谱》均作咸丰乙卯年正月七日。《行状》载其卒于光绪辛卯年九月二十三日,年三十九。据此三者,定其生于咸丰三年正月七日。陈宝琛《螺江陈氏家谱》之《恭房瀛洲公派》无出生年月日。

⑨ 陈宝琛《螺江陈氏家谱》之《恭房瀛洲公派》无去世年月日。

续表

姓名	字	号	籍贯	生卒(农历)	生卒(公历)	文献来源
陈学棻	子韬	桂生 觉分居士	湖北安陆	道光十五年十月二十九日	1835年12月18日	朱彭寿《清代人物大事纪年》①
				光绪二十六年九月十九日	1900年11月10日	章开沅《清通鉴》册4《德宗景皇帝·光绪二十六年》②
陈学洪	充之		江西新城	嘉庆十年闰六月二十四日	1805年8月18日	《新城颍川陈氏支谱》
				光绪三年五月七日	1877年6月17日	《日记》光绪三年七月八日
陈学良	啸梅		浙江上虞	?		《日记》光绪十八年十一月七日
				?		
陈学源	资泉 梓泉③		浙江上虞	?		《大清搢绅全书》(光绪十七年)册1《京师·刑部》
				?		
陈延寿④	仲梅 菘圃 松圃 眉卿 梅卿		浙江山阴	道光十二年十二月二日	1833年1月22日	《咸丰九年己未恩科浙江乡试同年齿录》⑤
						贾树諴《贾比部遗集》卷2《陈松圃传》⑥
陈炎祐	镜卿		江西新城	?		《日记》光绪十八年十月四日
				?		

① 那桐著;北京市档案馆编《那桐日记》(上册)光绪十九年十月二十七日:"陈桂生侍郎处拜寿,廿九日寿辰,年五十九岁。"据此逆推,其亦生于道光十五年十月二十九日。

② 《清代人物大事纪年》仅作光绪二十六年九月。

③ 越缦于光绪十六年正月二十六日所记"资泉、梓泉",其中"梓泉"当为"濮子潼"。

④ 原名其殷,谱名显承。

⑤ 贾树諴《贾比部遗集》卷2《陈松圃传》无出生年月日。

⑥ 《陈松圃传》无去世年月日。

续表

姓名	字	号	籍贯	生卒(农历)	生卒(公历)	文献来源
陈燕昌	君说	谔方 鹤舫	浙江会稽	咸丰三年 十月五日	1853年 11月5日	《同治癸酉科浙江乡试同年齿录》
				?		
陈彝	听轩	六舟 蜕翁	江苏仪征	道光七年 六月三日	1827年 7月26日	《同治元年壬戌科会试同年齿录》①
				光绪二十六年 正月九日	1900年 2月8日	谭献著;徐彦宽辑《复堂日记续录》光绪二十六年正月二十一日②
陈以培	旭东 序东		安徽合肥	道光二十三年	1843年	沈家本、荣铨《重修天津府志》卷14《职官》③
				?		
陈挹清	鉴卿		江西新城	?		《日记》光绪十七年六月十六日
				?		
陈裔宽	昌庭	栗村 介人	广东四会	嘉庆十五年 七月十七日	1810年 8月16日	《道光乙未恩科直省同年录》
				?		
陈应禧	少成	心斋 心侪	直隶大兴④	道光二十六年 八月二日	1846年 9月21日	《光绪六年庚辰科会试同年齿录》
				?		
陈永春			越缦乡人	?		《日记》同治二年九月二十七日
				?		

① 陈彝乡试履历(《清代朱卷集成》册141)、《咸丰壬子科直省举贡同年录》均与《同治元年壬戌科会试同年齿录》同。《清代人物生卒年表》据《清代官员履历档案全编》作道光六年(1826)。

② 《申报》光绪二十六年三月十九日第九千六百九十八号之光绪二十六年三月十一日《京报全录·鹿传霖跪奏》与《复堂日记续录》同。

③ 《申报》光绪九年六月十二日第三千六百八十三号之光绪九年六月初二日《京报全录·张树声跪奏》载其本年四十一岁。据此逆推,其当生于道光二十三年(1843)。

④ 祖籍浙江山阴。

续表

<table>
<tr><th>姓名</th><th>字</th><th>号</th><th>籍贯</th><th>生卒(农历)</th><th>生卒(公历)</th><th>文献来源</th></tr>
<tr><td rowspan="2">陈泳</td><td rowspan="2"></td><td rowspan="2"></td><td rowspan="2">浙江山阴</td><td>?</td><td></td><td>陳藩垣《黔江县志》卷 4《职官・文职》</td></tr>
<tr><td>?</td><td></td><td></td></tr>
<tr><td rowspan="2">陈与冏[1]</td><td rowspan="2">弼宸
菊丞</td><td rowspan="2">绒斋</td><td rowspan="2">福建闽县</td><td>道光二十七年
正月二十八日</td><td>1847 年
3 月 14 日</td><td>陈尔履《颍川陈氏族谱》卷 2《世谱》[2]</td></tr>
<tr><td>光绪十七年
十月二日</td><td>1891 年
11 月 3 日</td><td>同上</td></tr>
<tr><td rowspan="2">陈雨岩</td><td rowspan="2"></td><td rowspan="2"></td><td rowspan="2">?</td><td>?</td><td></td><td>《日记》光绪十五年十一月十三日</td></tr>
<tr><td>?</td><td></td><td></td></tr>
<tr><td rowspan="2">陈禹九[3]</td><td rowspan="2">锡畴
梅叔</td><td rowspan="2">梅坡</td><td rowspan="2">浙江诸暨</td><td>道光二十三年
五月十五日</td><td>1843 年
6 月 12 日</td><td>陈讷、陈诜《宅埠陈氏宗谱》卷 80《驻日岭世系传》[4]</td></tr>
<tr><td>光绪三十二年
二月十四日</td><td>1906 年
3 月 8 日</td><td>同上</td></tr>
<tr><td rowspan="2">陈遹声[5]</td><td rowspan="2">骏公
子缦</td><td rowspan="2">悔门
芸渠
蓉曙
畸园老人</td><td rowspan="2">浙江诸暨</td><td>道光二十六年
八月十四日</td><td>1846 年
10 月 3 日</td><td>陈讷《蓉曙府君讣告》[6]</td></tr>
<tr><td>民国九年
四月十七日</td><td>1920 年
6 月 3 日</td><td>同上[7]</td></tr>
<tr><td rowspan="2">陈元禄[8]</td><td rowspan="2">抱潜</td><td rowspan="2">铁桥
腹庵</td><td rowspan="2">浙江钱塘</td><td>道光三年
正月二十四日</td><td>1823 年
3 月 6 日</td><td>陈元禄《陈元禄自订年谱》</td></tr>
<tr><td>同治十二年</td><td>1873 年</td><td>丁申、丁丙《国朝杭郡诗三辑》卷 62[9]</td></tr>
</table>

① 初名文冏。《清代人物生卒年表》作陈与同，误。

② 陈与冏乡试履历(《未刊清代朱卷集成》册 47)与《颍川陈氏族谱》同。《清代人物生卒年表》据陈与冏《一系之居遗稿・庚辰元日》作咸丰元年(1851)。

③ 谱名瀚。

④ 陈禹九乡试履历(《清代朱卷集成》册 271)与《宅埠陈氏宗谱》同。

⑤ 乡榜名濬。

⑥ 陈讷、陈诜《宅埠陈氏宗谱》卷 57《二十二世森字行》、陈讷《先府君行述》、冯煦《清故光禄大夫四川川东兵备道陈公墓志铭》均与《蓉曙府君讣告》同。《同治癸酉科浙江乡试同年齿录》作道光己酉年八月十四日。陈遹声会试履历(《清代朱卷集成》册 57)作咸丰丙辰年八月十四日。

⑦ 陈讷《先府君行述》、冯煦《清故光禄大夫四川川东兵备道陈公墓志铭》均与《蓉曙府君讣告》同。

⑧ 小字通。

⑨ 丁申、丁丙《国朝杭郡诗三辑》卷 62 载："同治癸酉，大吏属修《直隶省志》，卒于局。"据此，暂作同治十二年(1873)。

续表

姓名	字	号	籍贯	生卒(农历)	生卒(公历)	文献来源
陈元熠	雨田		浙江会稽	道光五年	1825年	《日记》光绪元年十一月十一日
				?		
陈元章①	君静	云嗣 芸侍	浙江会稽	道光十九年 十一月二十七日	1840年 1月1日	《光绪己卯科直省同年齿录》
				?		
陈在心	存斋		浙江山阴②	?		释彻凡《募梅精舍诗存》卷1《除夕同周叔云季觃陈存斋在心三居士集寿潜室分韵得意字》
				?		
陈泽寰	慰苍		直隶天津	?	?	王守恂、高凌雯《天津县新志》卷20之2《荐绅二·表一下》
				?		
陈泽霖	雨人	啸庵	直隶天津	咸丰六年 七月七日	1856年 8月7日	《光绪十四年戊子科顺天乡试同年齿录》③
				光绪二十九年 十月三日	1903年 12月21日	《大公报》(天津版)光绪二十九年十一月七日第五百四十五号《中外近事·炉火熏毙》④
陈兆甲⑤	敬叔	西山 友珊 友三	浙江归安	道光十七年 七月七日	1837年 8月7日	陈澮《东林陈氏支谱》之《世表》⑥
				光绪十二年 二月九日	1886年 3月14日	同上

① 原名元寿。

② 杨国祯《中州同官录》册1之陈星履历。

③ 《陈泽霖乡试朱卷》与《光绪十四年戊子科顺天乡试同年齿录》同。

④ 《中外近事·炉火熏毙》:"传闻陈雨人廉访泽霖初三日在京拜客归寓,饭后即就寝,而炉火尚未熄。比及次日清晨,伊少君入室省问,则已气绝矣。百方救治,竟莫挽回。寄语卫生家,不可不慎也。"《清代人物生卒年表》缺。

⑤ 谱名延庄。

⑥ 陈兆甲乡试履历(《清代朱卷集成》册112)、《光绪乙亥恩科顺天乡试同年齿录》均与《东林陈氏支谱》同。

续表

姓名	字	号	籍贯	生卒(农历)	生卒(公历)	文献来源
陈政钟	曙山 毓臣	树珊	浙江鄞县	嘉庆二十三年 正月十日	1818年 2月14日	《月湖陈氏宗谱》①
				同治十三年 三月十一日	1874年 4月26日	同上
陈翥	长熚 奎长	汝翼 蕙梁	福建闽县	道光十五年 十一月二日	1835年 12月21日	陈宝琛《螺江陈氏家谱》之《恭房仙湾派栋公世系·恭君纬派》②
				光绪九年 七月二十一日	1883年 8月23日	《日记》光绪九年七月二十一日③
陈倬	云章 倬人	培之	江苏元和	道光六年 十一月二十八日	1826年 12月26日	陈培之《陈培之自订年谱》④
				光绪八年	1882年	《日记》光绪八年五月二十八日⑤
陈宗妫⑥	麓宾	雨崖	山东东阿	咸丰四年 八月二十三日	1854年 10月14日	鲁荞《一代名人陈宗妫》(《东阿文史资料选辑》第3辑)⑦
				民国十一年 八月三日	1922年 9月23日	同上⑧

① 陈政钟乡试履历(《清代朱卷集成》册252)、《同治四年补行辛酉科并壬戌浙江乡试同年齿录》均作嘉庆庚辰年正月十日。

② 《光绪二年丙子恩科会试同年齿录》、陈翥会试履历(《清代朱卷集成》册41)均作道光戊戌年十一月二日。《螺江陈氏家谱》仅作道光乙未年(1835)。据此三者,定其生于道光乙未年十一月二日。《清代人物生卒年表》据陈翥会试履历作道光十八年(1838)。

③ 《螺江陈氏家谱》仅作光绪十年(1884)。

④ 陈倬会试履历(《清代朱卷集成》册21)、《咸丰壬子科直省举贡同年录》均与《陈培之自订年谱》同。《清代人物生卒年表》据陈倬《香影余谱》卷首胡缙《户部陈先生传》作道光五年(1825),误。《户部陈先生传》:"己卯升广东送员外郎,京捐局保加四品衔。又以预修实录告成,赏戴花翎。明年升郎中,旋告病开缺回里。越一岁卒,年五十七。"据此,其当卒于光绪八年(1882),生于道光六年(1826)。

⑤ 《清代人物生卒年表》据陈倬《香影余谱》卷首胡缙《户部陈先生传》作光绪七年(1881),误。

⑥ 原名建中。

⑦ 《光绪己卯科直省同年齿录》中其字号及出生年月日空缺。《光绪六年庚辰科会试同年齿录》作咸丰甲寅年九月吉日吉时。《清代人物生卒年表》据《光绪六年庚辰科会试同年齿录》作咸丰四年(1854)。

⑧ 《清代人物生卒年表》缺。

续表

姓名	字	号	籍贯	生卒(农历)	生卒(公历)	文献来源
成允	竹坪		满洲正红旗	道光十一年十一月六日	1831年12月9日	《中国少数民族古籍集成·爱新觉罗宗谱》册61页527—528
				光绪二十一年十一月五日	1895年12月20日	《申报》光绪二十二年二月三日第八千二百二十七号之光绪二十二年正月十二日《京报全录·张人俊跪奏》①
承勋			满洲镶白旗	道光五年	1835年	《日记》同治十三年九月十三日②
				同治十三年	1874年	同上③
程炳暹④	旭士 最士	子实 南坡	浙江东阳	嘉庆二十四年十一月十一日	1819年12月27日	《鹿峰程氏宗谱》⑤
				?		
程承训	辅廷		安徽婺源	?		葛韵芬《婺源县志》卷16《选举四·贡职》
				?		

① 朱彭寿《清代人物大事纪年》仅作光绪二十一年十一月。《中国少数民族古籍集成·爱新觉罗宗谱》无去世年月日。

② 《日记》同治十三年九月十三日载越缦于同治十三年九月十三日得其讣,又载其年止四十。据此逆推,其当生于道光十五年(1835)。

③ 《日记》同治十三年九月十三日载越缦于同治十三年九月十三日得其讣,故其当卒于同治十三年九月十三日或之前。此暂作同治十三年(1874)。

④ 谱名正进。

⑤ 《光绪己卯科直省同年全录》作道光甲申年十一月十一日。

续表

姓名	字	号	籍贯	生卒(农历)	生卒(公历)	文献来源
程恭寿	容伯	人海	浙江钱塘	嘉庆九年 十月二十三日	1804年 11月24日	翁同龢著;陈义杰点校《翁同龢日记》册2页814①
				光绪三年	1877年	翁同龢著;陈义杰点校《翁同龢日记》册3页1328②
程经善③	方平	黎阁 藜阁	浙江桐乡	道光十六年 七月二十四日	1836年 9月4日	《同治庚午科大同年齿录》
				光绪十六年	1890年	《日记》光绪十六年七月二十四日④
程禄⑤	受之	星垣 星陆	陕西长安	咸丰五年 五月十日	1855年 6月23日	《光绪六年庚辰科会试同年齿录》⑥
				?		
程晴山			?	?		《日记》同治六年九月十四日
				?		
程仁均⑦	曙东	心田 少旸 少杨	湖北黄冈	道光十五年 十一月十五日	1836年 1月3日	程德义《程氏家谱》卷7⑧
				光绪三十一年 三月二十四日	1905年 4月28日	同上⑨

① 《道光己亥科顺天乡试齿录》《道光乙酉科各省选拔同年明经通谱》均作嘉庆丁卯年十月二十三日。《翁同龢日记》同治九年十月二十二日:"赴程容伯招。容伯今年六十七,其生日乃十月廿三也。"据此三者,定其生于嘉庆九年十月二十三日。

② 《翁同龢日记》光绪三年十月二十二日:"出城拜客,哭程容伯之丧,访兰孙于法源寺,晚归。"据此,其当卒于光绪三年十月二十二日或之前。此暂作光绪三年(1877)。

③ 榜名经武。

④ 《日记》光绪十六年七月二十四日:"付庚午同年程藜阁经武赙银一两(卒于京师。不知何许人也)。"据此,其当卒于光绪十六年七月二十四日之前。此暂作光绪十六年(1890)。

⑤ 更名懋祺,派名得禄。

⑥ 程禄乡试履历(《清代朱卷集成》册230)、程禄会试履历(《清代朱卷集成》册50)、《光绪己卯科直省同年齿录》均与《光绪六年庚辰科会试同年齿录》同。

⑦ 谱名光旭。

⑧ 《光绪六年庚辰科会试同年齿录》《光绪己卯科直省同年齿录》均作道光戊戌年十一月十五日。《清代人物生卒年表》据《光绪六年庚辰科会试同年齿录》作道光十八年(1838)。

⑨ 杨士骧《奏为准补新泰县知县程仁均任内病故事》(中国第一历史档案馆藏)与《家谱》同。《清代人物生卒年表》缺。

续表

姓名	字	号	籍贯	生卒(农历)	生卒(公历)	文献来源
程抒①	见道	兰畹 春鄂	浙江东阳	乾隆四十六年 七月十六日	1781年 9月3日	《鹿峰程氏宗谱》②
				咸丰六年 十二月三日	1856年 12月29日	同上
程天禄			浙江山阴	?		《日记》咸丰五年九月八日
				?		
程惟孝	留苏 榴孙 璞甫	莼甫	江苏武进	道光二十六年 五月七日	1846年 5月31日	《光绪六年庚辰科会试同年齿录》③
				光绪十七年	1891年	《日记》光绪十七年八月二十五日④
程咸焯	竹坡 见三	黼卿	浙江金华	道光十九年 三月六日	1839年 4月19日	《同治庚午科大同年齿录》⑤
				?		
程仪洛⑥	伯衢 雨亭		浙江山阴⑦	道光二十六年 六月二日	1846年 7月24日	《光绪丙子科浙江乡试同年齿录》⑧
				?		

① 谱名中抒，榜名抒。越缦于咸丰四年六月二十五日所记之"会稽学程老师"，据《大清搢绅全书》(咸丰四年春)，即为程抒。

② 《嘉庆丙子科全省同年齿录》中其字号、出生年月日空缺。

③ 程惟孝乡试履历(《清代朱卷集成》册153)与《光绪六年庚辰科会试同年齿录》同。《同治庚午科大同年齿录》作道光甲辰年五月十九日。

④ 《日记》光绪十七年八月二十五日："同年程榴孙比部(惟孝)开吊，送奠仪八千。"据此，其当卒于光绪十七年八月二十五日之前。此暂作光绪十七年(1891)。《清代人物生卒年表》缺。

⑤ 《同治庚午科浙江乡试同年齿录》作道光丙午年二月一日。

⑥ 原名师周，谱名庆霖。

⑦ 祖籍安徽休宁。

⑧ 程师周乡试履历(《清代朱卷集成》册265)、《光绪三年丁丑科会试同年齿录》、《江宁同官录》均与《光绪丙子科浙江乡试同年齿录》同。

续表

姓名	字	号	籍贯	生卒(农历)	生卒(公历)	文献来源
程志和①	钧年 雒庵	乐庵 少耘 伟庵	江西新建	道光二十三年八月三日	1843 年 9 月 26 日	程时灿、程一利《新建程氏宗谱》之《大塘泰房派》②
				民国四年十月十五日	1915 年 11 月 21 日	同上③
崇宽	伯言	厚庵	满洲镶蓝旗	道光二十二年四月八日	1842 年 5 月 17 日	《中国少数民族古籍集成·爱新觉罗宗谱》册 53 页 263—264④
				光绪二十七年八月二日	1901 年 9 月 14 日	同上⑤
崇林			蒙古镶蓝旗	咸丰二年	1852 年	《光绪二十三年二月初四日吏部抄呈京察一等章京笔帖式刑部郎中英瑞等八十二员领引名单》(台北故宫博物院《军机处档折件》第 137936 号)⑥
				?		
崇龄	燕生	筱岩	满洲正蓝旗	嘉庆二十五年	1820 年	中国第一历史档案馆《光绪朝朱批奏折》第 1 辑《内政·职官》页 915⑦
				光绪十七年	1891 年	《日记》光绪十七年七月九日⑧

① 谱名一枢,官名邦俊。

② 《重订戊辰同年齿录》与《新建程氏宗谱》同。魏元旷《潜园文集》卷 5《虞衡司程公雒庵墓志铭》载其卒于民国乙卯十月,享年七十三。据此逆推,其生年与《新建程氏宗谱》同。程志和乡试履历(《清代朱卷集成》册 308)、《同治七年戊辰科会试同年齿录》均作道光丙午年八月三日。

③ 魏元旷《潜园文集》卷 5《虞衡司程公雒庵墓志铭》仅作民国乙卯年十月。

④ 《光绪六年庚辰科会试同年齿录》与《中国少数民族古籍集成·爱新觉罗宗谱》同。盛玉《为呈报镶蓝旗第四族宗室现任盛京礼部侍郎崇宽在任病故日期事》作道光二十二年四月九日。

⑤ 盛玉《为呈报镶蓝旗第四宗族室现任盛京礼部侍郎崇宽在任病故日期事》作光绪二十七年八月三日。

⑥ 名单载其光绪二十三年为四十六岁。据此逆推,其当生于咸丰二年(1852)。

⑦ 《内政·职官》载其光绪元年为五十六岁。据此逆推,其当生于嘉庆二十五年(1820)。

⑧ 《日记》光绪十七年七月九日:"崇御史崇龄病故,送奠分四千。"据此,其当卒于光绪十七年七月九日或之前。此暂作光绪十七年(1891)。

续表

姓名	字	号	籍贯	生卒(农历)	生卒(公历)	文献来源
崇纶[①]	沛如		汉军正白旗	乾隆五十七年九月	1792年	朱彭寿《清代人物大事纪年》
				光绪元年九月五日	1875年10月3日	同上
褚成博	百约 伯约	孝通	浙江余杭	咸丰四年七月十五日	1854年8月8日	褚维培《余杭褚氏家乘》卷4《二房本支谱录》[②]
				宣统三年九月二十八日	1911年11月18日	朱彭寿《清代人物大事纪年》
褚德仪	守隅 郎亭	礼堂	浙江余杭	同治十年七月十五日	1871年8月30日	褚维培《余杭褚氏家乘》卷4《二房本支谱录》[③]
				民国三十一年	1942年	刘承幹《求恕斋日记》册14[④]
褚俊[⑤]	贡球	子仙	浙江秀水	道光二十一年七月二十三日	1841年9月8日	《同治庚午科大同年齿录》[⑥]
				?		
褚维培	子耘	悔庐 杏农	浙江余杭	嘉庆二十五年五月十九日	1820年6月29日	褚维培《余杭褚氏家乘》卷4《二房本支谱录》
				光绪二十四年	1898年	秦国经《清代官员履历档案全编》册6页761[⑦]

① 又称许崇纶。

② 《光绪己卯科直省同年齿录》、褚成博会试履历(《清代朱卷集成》册48)、褚成博乡试履历(《清代朱卷集成》册269)、《光绪六年庚辰科会试同年齿录》均与《余杭褚氏家乘》同。

③ 褚德仪乡试履历《清代朱卷集成》册283)、《光绪辛卯科浙江乡试同年齿录》均作同治十二年七月十五日。

④ 《求恕斋日记》(民国壬午)九月十六日:"……午后至功德林吊褚礼堂。"据此,其当卒于民国三十一年九月十六日前。此暂作民国三十一年(1942)。

⑤ 原名宝琳,改名仁。

⑥ 《同治庚午科浙江乡试同年齿录》与《同治庚午科大同年齿录》同。

⑦ 《清代官员履历档案全编》载褚伯约(光绪)二十三年八月丁亲母忧,二十四年七月接丁父忧,故其父褚维培卒于光绪二十四年八月一日之前。此暂作光绪二十四年(1898)。

续表

姓名	字	号	籍贯	生卒(农历)	生卒(公历)	文献来源
崔汝立	中之	卓峰 侪鹤	安徽太平	道光十八年十月十三日	1838年11月29日	《光绪三年丁丑科会试同年齿录》①
				?		
达椿			满洲正黄旗	道光二十年	1840年	《光绪十七年京察满汉司员履历册》
				光绪二十七年二月	1901年	《申报》光绪三十一年十月四日第一万一千六百八十九号之光绪三十一年四月二十九日《京报汇录·吉林将军富奏京控命案请旨以疑案暂结折》
戴彬元	君仪 莲生	愚卿 虞卿 渔青	直隶宁河②	道光十六年三月二十五日	1836年5月10日	戴士衡《新安戴氏支谱》卷2《谱录·拙园公下》③
				光绪十五年	1889年	刘廷銮《清代百名进士墨迹》④
戴鸿慈	光儒	少怀 毅庵	广东南海	咸丰三年正月七日	1853年2月14日	戴鸿慈《浦江戴氏宗谱》⑤
				宣统二年正月十三日	1910年2月22日	《时报》宣统二年正月十四日第二千零四十二号⑥

① 崔汝立会试履历(《清代朱卷集成》册44)、崔汝立乡试履历(《清代朱卷集成》册146)均与《光绪三年丁丑科会试同年齿录》同。

② 原籍浙江乌程。

③ 《光绪六年庚辰科会试同年齿录》、《光绪己卯科直省同年齿录》、戴彬元会试履历(《清代朱卷集成》册50)均与《新安戴氏支谱》同。

④ 《清代人物生卒年表》缺。

⑤ 《戴氏宗谱》作咸丰癸丑年律中太簇之月吉日吉时。《同治癸酉科明经通谱》《南海清代朱卷辑略》均作咸丰丙辰年正月七日。据此三者，定其生于咸丰癸丑年正月七日。《清代人物生卒年表》据《佛山忠义乡志》“二年正月卒，年五十有八”逆推作咸丰二年(1852)，误。据此，其生年亦为咸丰三年(1853)。

⑥ 《申报》宣统二年正月十五日第一万三千三百零五号《专电》、《大公报》(天津版)宣统二年正月十七日第二千七百二十四号《戴军机遗折缓递之原因》均与《时报》宣统二年正月十四日第二千零四十二号《专电》同。

续表

姓名	字	号	籍贯	生卒(农历)	生卒(公历)	文献来源
戴霖祥	雨农	仲泉	江西大庾	道光四年 五月十二日	1824 年 6 月 8 日	《道光己酉科各省选拔同年明经通谱》①
				光绪十三年	1887 年	《申报》光绪十三年三月二十八日第五千零三十一号之光绪十三年三月二十一日《京报全录·李秉衡片》②
戴泷③	素斋		江苏丹徒	嘉庆六年 五月十七日	1801 年 6 月 27 日	戴燊《京江赐礼堂戴氏重修家乘》卷 3《世系表》
				同治十年 十一月二十日	1871 年 12 月 31 日	同上
戴燮元	和甫 少梅	八愚	江苏镇海	道光十五年 十一月六日	1835 年 12 月 25 日	《京江赐礼堂戴氏家乘》④
				光绪十八年 七月二十七日	1892 年 9 月 17 日	同上⑤
戴尧臣	翊唐	南琴	浙江山阴	嘉庆十七年 二月十一日	1812 年 3 月 23 日	《咸丰九年己未科会试同年齿录》⑥
				同治十二年	1873 年	《日记》光绪元年四月二十六日⑦

① 戴霖祥拔贡履历(《清代朱卷集成》册 405)、《道光三十年庚戌科拔贡朝考同年齿录》均与《道光己酉科各省选拔同年明经通谱》同。《清代人物大事纪年》仅作道光四年(1824)。

② 《京报全录·李秉衡片》:"戴祥霖在任病故。"据此,其当卒于光绪十三年三月二十一日之前。此暂作光绪十三年(1887)。

③ 越缦于同治十一年二月二十六日载"戴少梅之叔登州太守开吊"。据《京江赐礼堂戴氏重修家乘》,"戴少梅之叔登州太守"当为"戴少梅之伯父登州太守",即"戴泷"。

④ 许应鑅《浙江同官录》与《京江赐礼堂戴氏家乘》同。戴燮元乡试履历(《清代朱卷集成》册 103)作道光丁酉年十一月八日。

⑤ 《京江赐礼堂戴氏家乘》(冢祠珍藏本)补注为"光绪十八年七月二十七日"。《清代人物生卒年表》缺。

⑥ 《道光庚子恩科直省同年谱》作嘉庆甲戌年二月十一日。

⑦ 《日记》光绪元年四月二十六日:"闻黄卣香以今日死。卣香名体立,刑部主事,予昔与之为兄弟交者也。其年小于予,早成进士,颇有时文名,好饮博狭游,遂以致死。吾乡人管印结局者戴工部尧臣、施兵部应藻及黄君,三年之中,连丧三人矣!"据此,戴尧臣当卒于同治十二年(1873)。《清代人物生卒年表》缺。

续表

姓名	字	号	籍贯	生卒(农历)	生卒(公历)	文献来源
戴兆春	青来	展韶	浙江钱塘	道光二十六年十二月四日	1847年1月20日	戴兆銮《戴氏迁杭支谱》之《二十三世》①
				光绪三十一年四月二十六日	1905年5月29日	同上②
德本	梦麟	建堂	满洲正蓝旗	道光二十九年五月二十八日	1849年7月17日	《中国少数民族古籍集成·爱新觉罗宗谱》册52页182
				?		
德寿	且闲	静山	汉军镶黄旗	道光十年三月二十八日	1830年4月20日	《江宁同官录》
				光绪二十九年十一月二十七日	1904年1月14日	《申报》光绪二十九年十二月十四日第一万一千零五十九号《鹭岛客谭》③
德馨	晓峰		满洲镶红旗	道光十六年	1836年	《曾国藩全集》(修订版)之《奏稿之十二》④
				?		
邓琛⑤	毓南	献臣 韵珊 献之	湖北黄冈	嘉庆二十年十二月十七日	1816年1月15日	《中华邓氏族史》⑥
				光绪十七年十一月三十日	1891年12月30日	同上

① 《同治庚午科大同年齿录》与《戴氏迁杭支谱》同。《同治癸酉科浙江乡试同年齿录》、戴兆春副贡履历(《清代朱卷集成》册363)、戴兆春乡试履历(《清代朱卷集成》册259)、戴兆春会试履历(《清代朱卷集成》册43)、《光绪三年丁丑科会试同年齿录》均作道光戊申年十二月四日。《清代人物生卒年表》据《光绪三年丁丑科会试同年齿录》作道光二十八年(1848)。

② 《清代人物生卒年表》缺。

③ 《鹭岛客谭》:"上月二十七日晚,兴泉永道延少山观察接到京中来电,惊悉封翁德静山漕帅病殁京邸。"据此,其当卒于光绪二十九年十一月二十七日。《清代人物大事纪年》仅作光绪二十九年十一月。

④ 《奏稿之十二》之《密陈提镇司道府官员考语折》后附"文武各员考语密陈"载其同治十年为三十六岁。据此逆推,其当生于道光十六年(1836)。

⑤ 原名琛荣,谱名明琛。

⑥ 邓琛《荻训堂诗钞》卷2《洗儿日寄张氏姊》(同治癸亥):"行年四十九,岂不指头颅。"据此逆推,其生年亦与《中华邓氏族史》同。《道光二十三年癸卯科直省同年全录》作嘉庆戊寅年十二月十七日。

续表

姓名	字	号	籍贯	生卒(农历)	生卒(公历)	文献来源
邓承修[1]	伯讷	铁香 梅生	广东淡水	道光二十一年 正月二十五日	1841 年 2 月 16 日	《惠阳淡水邓氏族谱》[2]
				光绪十八年 七月七日	1892 年 8 月 28 日	同上[3]
邓怀锦[4]			广东淡水	?		《日记》光绪十四年四月二十三日
				?		
邓家鼎[5]			广东淡水	?		《日记》光绪十四年七月二十三日
				?		
邓濂	似周 石瞿	甹庵	江苏金匮	咸丰五年	1855 年	杨恺龄《诗人邓石瞿小传》(邓濂《甹庵集》卷首)
				光绪二十五年	1899 年	同上
丁立诚	修甫	慕倩 慕清	浙江钱塘	道光三十年 六月五日	1850 年 7 月 3 日	周膺、吴晶《杭州丁氏家族史料·丁氏宗谱·杭派先祖遗像》[6]
				宣统三年 八月四日	1911 年 9 月 25 日	同上

① 小字德安。

② 《碑传集三编》卷 11 张学华《鸿胪寺卿邓公传》作(光绪)十八年卒,年五十二。据此逆推,其生年与《惠阳淡水邓氏族谱》同。《碑传集三编》卷 11《邓承修传》(国史馆传稿)无出生年月日。

③ 《碑传集三编》卷 11 张学华《鸿胪寺卿邓公传》作(光绪)十八年(1892)。《碑传集三编》卷 11《邓承修传》(国史馆传稿)仅作光绪十七年(1891)。《申报》光绪十八年七月二十二日第六千九百六十六号《绅宦云殂》作光绪十八年七月八日。

④ 越缦于光绪十四年四月二十三日言邓怀锦为邓承修从弟,于光绪十四年八月二十一日又言邓怀锦为邓承修从子。检《惠阳淡水邓氏族谱》,未见与邓怀锦有相同或音同之人,且"怀"字辈均为邓铁香子侄辈。

⑤ 越缦于光绪十四年七月二十三日言邓家鼎为邓承修从子。检《惠阳淡水邓氏族谱》,未见其人。又据光绪十四年四月二十三日、光绪十四年八月二十一日日记,疑邓家鼎与邓怀锦为同一人。

⑥ 丁立诚乡试履历(《清代朱卷集成》册 262)作咸丰二年六月五日。

续表

姓名	字	号	籍贯	生卒(农历)	生卒(公历)	文献来源
丁立钧	叔衡	恒斋 云樵	江苏丹徒	咸丰四年 正月二十三日	1854 年 2 月 20 日	丁立中《京江丁氏支谱》之《第二十七世》①
				光绪二十八年 七月二十五日	1902 年 8 月 28 日	同上②
丁立瀛	丽生	伯山	江苏丹徒	道光二十四年 正月一日	1844 年 2 月 18 日	丁立中《京江丁氏支谱》之《第二十七世》③
				光绪三十三年 六月	1907 年	吉城著；吉家林整理《吉城日记》光绪三十三年八月十日④
丁培镒	叔衡	默之 简庵 淦浦	山东黄县	嘉庆十一年 九月二十五日	1806 年 11 月 5 日	丁在麟《丁氏族谱》卷 8⑤
				同治四年 八月十五日	1865 年 10 月 4 日	同上⑥
丁谦	复谦	益甫	浙江仁和⑦	道光二十三年 正月二十七日	1843 年 2 月 25 日	贾君逸《中华民国名人传》⑧
				民国八年	1919 年	同上

① 《同治九年庚午科顺天乡试同年齿录》、《光绪八年庚辰科会试同年齿录》、《同治庚午科大同年齿录》、丁立钧乡试履历(《清代朱卷集成》册 108)、丁立钧会试履历(《清代朱卷集成》册 46)、丁立中《京江丁氏支谱传略汇录不分卷》之丁立棠《第二十七世叔衡公事略》均与《京江丁氏支谱》同。

② 《碑传集补》卷 26 郑孝胥《清故沂州知府丁公之碑》仅作(光绪)壬寅七月。丁立中《京江丁氏支谱传略汇录不分卷》之丁立棠《第二十七世叔衡公事略》、《吉诚日记》光绪二十八年七月二十八日均与《京江丁氏支谱》同。

③ 《同治十年辛未科会试同年齿录》、丁立瀛会试履历(《清代朱卷集成》册 34)均与《京江丁氏支谱》同。

④ 《吉城日记》光绪三十三年八月十日："丁丽老于六月谢世，为联挽之云：'自司马议科举以来，时局幻沧桑，却饶东海闲身，一鸥浩荡；有卧龙安淡泊之趣，溪堂余水木，倘共南园蜕影，双鹤徘徊。'南园谓恒斋也。"据此，其当卒于光绪三十三年六月。此暂作光绪三十三年(1907)。《清代人物生卒年表》缺。

⑤ 《道光乙未恩科直省同年录》与《丁氏族谱》同。《咸丰壬子恩科会试同年齿录》仅作年四十七岁。据此逆推，其生年亦与《丁氏族谱》同。

⑥ 《清代人物生卒年表》缺。

⑦ 原籍浙江嵊县。

⑧ 《同治四年补行辛酉科并壬戌浙江乡试同年齿录》作道光乙巳年正月二十七日。《中华民国名人传》载其民国八年卒，年七十七。据此二者，定其生于道光二十三年正月二十七日。许应鑅《浙江同官录》亦作道光二十三年正月二十七日。

续表

姓名	字	号	籍贯	生卒(农历)	生卒(公历)	文献来源
丁仁长	伯厚	慕岳 潜客	广东番禺	咸丰十一年 十二月二十六日	1862 年 1 月 25 日	丁席珍《丁氏族谱》卷29《三长应採公支下世系》①
				民国十五年 八月三十日	1926 年 10 月 6 日	张学华《诰授通奉大夫日讲起居注官翰林院侍读丁君行状》(《碑传集三编》卷 10)
丁汝谦	仲泉	吉庵	浙江会稽	?		沈钧业《沈均业日记》册 10②
				?		
丁绍仪	源份	杏舲	江苏无锡	嘉庆二十年 二月二日	1815 年 3 月 12 日	丁锡镛《南塘丁氏真谱》卷 84《尧年公支绍虞派世系表》
				光绪十年 六月七日	1884 年 7 月 28 日	同上
丁士彬③	价藩 介藩	芥帆 介帆	河南固始	道光十六年 四月六日	1836 年 5 月 20 日	《咸丰乙卯直省乡试同年齿录》
				光绪二十四年 十二月二十四日	1899 年 2 月 4 日	魏光焘《奏为粮道出缺请旨简放》(台北故宫博物院《宫中档光绪朝奏折》第 143250 号)④

① 《碑传集三编》卷 10 张学华《诰授通奉大夫日讲起居注官翰林院侍读丁君行状》载其卒于丙寅八月三十日,年六十六。据此逆推,其生年与《丁氏族谱》同。《光绪壬午各省乡试同年齿录》作同治癸亥年十二月二十六日。《清代人物生卒年表》据张学华《行状》作咸丰十一年(1861)。但因其生于十二月二十六日,故公历应为 1862 年 1 月 25 日。

② 《沈均业日记》民国二十三年十一月十八日:丁汝谦,字仲泉,号吉庵,会稽廪生。

③ 原名继昌。

④ 《申报》光绪二十五年四月二十三日第九千三百八十四号之光绪二十五年四月十二日《京报全录·魏光焘片》:“再各省道府州县,无论奏调委署,每届三月汇奏一次,历经遵办在案。兹查陕西省自光绪二十四年十月起至十二月底止,陕安道恩寿升授江西按察使,遗缺委试用道陈兆璜署理。粮道丁士彬病故,遗缺委西安府知府童兆蓉署理,所遗西安府缺委试用知府周铭旂署理。”据此,仅知其卒于光绪二十四年十月至十二月之间。《续陕西通志稿》卷 12《职官三》:“童兆蓉,湖南宁乡县人,举人,光绪二十二年及二十四年两次署任。丁士彬,固始县人,举人,光绪二十四年正月十八日由陕西候补道调任,二十五年正月卒于任所。”据《申报》及魏光焘《奏为粮道出缺请旨简放》,《续陕西通志稿》卷 12《职官三》载丁士彬卒于光绪二十五年正月,误。

续表

姓名	字	号	籍贯	生卒(农历)	生卒(公历)	文献来源
丁寿昌	颐伯	菊泉	江苏山阳	嘉庆二十三年十二月一日	1818 年 12 月 27 日	丁步坤《山阳丁氏族谱·下》[1]
				同治四年七月四日	1865 年 8 月 24 日	同上[2]
丁寿鹤	子美	寿鹤	贵州平远	咸丰四年十月二日	1854 年 11 月 21 日	丁忠武《丁氏族谱·由赣入黔织金牛场福汉公世系》[3]
				光绪十一年	1885 年	同上[4]
丁寿祺	介臣	仲山	江苏山阳	道光三年五月十二日	1823 年 6 月 20 日	丁步坤《山阳丁氏族谱·下》[5]
				光绪二年二月三日	1876 年 2 月 27 日	同上[6]
丁树馨	兰如	海樵	山东黄县	道光三年二月六日	1823 年 3 月 18 日	丁在麟《丁氏族谱》卷 9《十四世长支长分》
				同治八年正月三十日	1869 年 3 月 12 日	同上

① 丁步坤《山阳丁氏诵芬录》之丁寿祺《浙江严州府知府伯兄颐伯先生行状》与《山阳丁氏族谱·下》同。《道光甲辰恩科直省同年录》作嘉庆己卯年十二月一日。丁寿昌会试履历(《清代朱卷集成》册 15)、《道光二十七年会试齿录》均作道光壬午年十二月一日。丁步坤《山阳丁氏诵芬录》之苏廷槐《严州府知府丁君墓表》无出生年月日。

② 丁步坤《山阳丁氏诵芬录》之丁寿祺《浙江严州府知府伯兄颐伯先生行状》与《山阳丁氏族谱·下》同。丁步坤《山阳丁氏诵芬录》之苏廷槐《严州府知府丁君墓表》无去世年月日。

③ 《光绪二年丙子恩科会试同年齿录》作咸丰丁巳年十月二日。《丁氏族谱》仅作咸丰四年十月。据此二者,定其生于咸丰四年十月二日。

④ 《丁氏族谱》作光绪十一年夏。此暂作光绪十一年(1885)。

⑤ 丁步坤《山阳丁氏诵芬录》之丁陶福《云南迤西兵备道显考丁公仲山府君行略》与《山阳丁氏族谱·下》同。《咸丰九年己未科会试同年齿录》作道光己丑年五月十二日。《咸丰元年辛亥恩科直省同年全录》《清代人物大事纪年》均作道光乙酉年五月十二日。

⑥ 丁步坤《山阳丁氏诵芬录》之丁陶福《云南迤西兵备道显考丁公仲山府君行略》与《山阳丁氏族谱·下》同。《清代人物大事纪年》作光绪二年六月。

续表

姓名	字	号	籍贯	生卒(农历)	生卒(公历)	文献来源
丁体常[①]	慎五		贵州平远	道光二十一年	1841年	丁忠武《丁氏族谱·由赣入黔织金牛场福汉公世系》[②]
				宣统元年十月三十日	1909年12月12日	同上[③]
丁文蔚	豹卿	韵琴 蓝叔	浙江萧山	道光七年五月二十九日	1827年6月23日	丁南生《萧山丁氏家谱》卷6《相六房佾大房世系》
				光绪十六年九月七日	1890年10月20日	同上
丁象震	叔起	春农	河南永城	咸丰十一年五月二十二日	1857年6月13日	王嘉诜《养真室文后集》之《丁叔起诔》[④]
				宣统二年	1910年	同上[⑤]
丁尧臣	幼香 又香	蕉雨老人	浙江会稽	?		绍兴县修志委员会《民国绍兴县志资料第一辑》册15《人物列传第二编》
				?		
丁镃	式如		浙江吴兴	道光二十一年八月十八日	1841年10月2日	丁兆庆《丁氏族谱》卷3《世系·八世》
				?		

① 乳名纯谦。

② 《丁氏族谱·由赣入黔织金牛场福汉公世系》仅作道光二十一年五月。此暂作道光二十一年(1841)。孙葆田《校经室文集》卷6《护理广西巡抚广东布政使丁公墓志铭》载其卒于宣统元年十月三十日,年六十九。据此逆推,其生年亦为道光二十一年(1841)。

③ 孙葆田《校经室文集》卷6《护理广西巡抚广东布政使丁公墓志铭》与《丁氏族谱·由赣入黔织金牛场福汉公世系》同。

④ 《光绪六年庚辰科会试同年齿录》作咸丰辛酉年五月二十二日。《丁叔起诔》:"宣统二年庚戌五月,卒年五十有四。"据此二者,定其生于咸丰七年五月二十二日。

⑤ 《丁叔起诔》仅作宣统二年五月。《北洋官报》宣统二年五月十五日第二千四百六十二册《畿辅近事·官场纪要》:"直隶禁烟总局会办丁观察象震病故。"据此仅可知其卒于宣统二年五月十五日之前。此暂作宣统二年(1910)。

续表

姓名	字	号	籍贯	生卒(农历)	生卒(公历)	文献来源
丁映斗①	星垣	乐友	河南许州	嘉庆十六年正月十三日	1811年2月6日	《同治庚午科大同年齿录》②
				?		
丁之栻	荫亭	筱川 次轩	直隶武清	道光十八年	1838年	秦国经《清代官员履历档案全编》册6页276—277、册7页154③
				?		
董宝荣	君硕	子恩 子蘅	浙江仁和	咸丰元年十一月六日	1851年12月27日	《同治四年补行辛酉科并壬戌浙江乡试同年齿录》④
董灏	观水	面轩	浙江镇海	道光十一年十月十七日	1831年11月20日	《咸丰元年辛亥恩科浙江乡试同年齿录》
				?		
董宏诰⑤	金门	松泉	浙江泰顺	道光五年十月三十日	1825年12月9日	《龙西郡董氏宗谱》卷4《元房支图》
				?		
董敬安	述安	敦斋 葱阶	福建侯官	道光十六年八月一日	1836年9月11日	《光绪六年庚辰科会试同年齿录》⑥
				?		
董莲	剑秋		江苏甘泉	道光二十五年三月二日	1845年4月8日	董恂编、董诚补《还我读书室老人手订年谱》
				光绪十七年十月七日	1891年11月8日	同上

① 一作应斗。

② 《日记》光绪二年三月十一日:"晨入闱坐西商字号,临号生有武邑杨呈华,年七十六岁,戊午举人,现官抚宁教谕。又许州丁应斗,年六十六岁,庚午举人。"据此逆推,其生年与《同治庚午科大同年齿录》同。

③ 册6载其本年四月十四日吏部带领引见为六十岁。据册7其履历知"本年"为光绪二十三年。据此二者推,其当生于道光十八年(1838)。

④ 董宝荣乡试履历(《清代朱卷集成》册250)与《同治四年补行辛酉科并壬戌浙江乡试同年齿录》同。

⑤ 改名鸿诰。

⑥ 王蕴藻《广东同官录》仅作道光丙申年(1836)。

续表

姓名	字	号	籍贯	生卒(农历)	生卒(公历)	文献来源
董麟	祥甫	芸舫	山西洪洞	道光十年 十月十四日	1830 年 11 月 28 日	王轩《云舫董公合葬墓志铭》(董寿平、李豫编《清季洪洞董氏日记六种》册 6 页 199—201)①
				光绪七年 七月二十二日	1881 年 8 月 16 日	同上
董沛②	孟如	觉轩 菊仙 苇庵	浙江鄞县	道光八年 十一月二十七日	1829 年 1 月 2 日	张琴《鄞高唐董氏家谱》卷 7《世次传·前房·礼福纶房·十三世至十七世》③
				光绪二十一年 二月二十三日	1895 年 3 月 19 日	同上④
董圻⑤	申仲	慎夫	浙江慈溪	道光二十八年 七月十七日	1848 年 8 月 15 日	董兰如《慈溪董氏宗谱》卷 18《泰行行传》⑥
				民国元年 十一月十一日	1912 年 12 月 19 日	同上
董庆埏			越缦乡人	?		《日记》光绪十八年二月二十四日
				?		

① 《道光己酉科各省选拔同年明经通谱》与《墓志铭》同。

② 谱名人惺。

③ 《同治丁卯科并补行甲子科浙江乡试同年齿录》作道光庚寅年十一月二十七日。《光绪三年丁丑科会试同年齿录》作道光戊戌年十一月二十七日。《清代人物生卒年表》据董缙祺《奉直大夫知州衔江西建昌县知县董府君行状》"卒于光绪二十一年乙未二月二十三日,年六十有八"逆推其生年为道光八年(1828)。但因其生于十一月二十七日,故公历应为 1829 年 1 月 2 日。张琴《鄞高唐董氏家谱》卷 9 高振霄《清故江西建昌县知县觉轩董先生墓碑阴文》亦作"卒于光绪二十一年乙未二月二十三日,年六十有八"。

④ 张琴《鄞高唐董氏家谱》卷 9 中董缙祺《奉直大夫知州衔江西建昌县知县董府君行状》、高振霄《清故江西建昌县知县觉轩董先生墓碑阴文》均与《鄞高唐董氏家谱》卷 7《世次传·前房·礼福纶房·十三世至十七世》同。

⑤ 原名荫圻。

⑥ 《光绪丙子科浙江乡试同年齿录》作咸丰壬子年七月十七日。

续表

姓名	字	号	籍贯	生卒(农历)	生卒(公历)	文献来源
董慎言	仁甫 纯甫	听兰 忆云	浙江仁和	道光十二年 五月七日	1832年 6月5日	董慎言优贡履历(《清代朱卷集成》册376)
				同治十一年	1872年	俞樾著;赵一生主编《俞樾全集》册27《春在堂日记》①
董文灿	藜辉	芸龛 许斋	山西洪洞	道光十九年 八月十二日	1839年 9月19日	潘祖荫《董文灿墓志铭》(董寿平、李豫编《清季洪洞董氏日记六种》册6页196—197)②
				光绪二年 九月二十五日	1876年 11月10日	同上
董文焕③	尧章 研樵 砚樵	砚秋	山西洪洞	道光十三年 四月二十六日	1833年 6月13日	王轩《顾斋遗集》卷下《董尧章行状》④
				光绪三年 七月十二日	1877年 8月20日	同上
董学履⑤	尔安	樵孙 乔生	浙江鄞县	嘉庆二十年 二月十日	1815年 3月20日	董叙畴《四明儒林董氏宗谱》卷4《世系横图·六十七世》⑥
				光绪八年 正月十九日	1882年 3月8日	同上⑦

① 《春在堂日记》同治十一年十月十五日:“又至董宅吊董君仁甫之丧。”据此,暂定其卒于同治十一年(1872)。

② 《咸丰乙卯直省乡试同年齿录》、董文灿乡试履历(《清代朱卷集成》册209)与《墓志铭》同。

③ 初名文涣,榜名文焕。

④ 翁同龢《董文焕墓志铭》(董寿平、李豫编《清季洪洞董氏日记六种》册6页193—195)、《咸丰六年丙辰科会试同年齿录》《咸丰壬子科直省举贡同年录》均与《行状》同。

⑤ 原名习履。

⑥ 《咸丰元年辛亥恩科直省同年全录》《咸丰元年辛亥恩科浙江乡试同年齿录》均作嘉庆丁丑年二月十日。《咸丰三年癸丑科会试同年齿录》作嘉庆庚辰年二月十日。《清代人物生卒年表》据《咸丰三年癸丑科会试同年齿录》作嘉庆二十五年(1820)。

⑦ 《清代人物生卒年表》缺。

续表

姓名	字	号	籍贯	生卒(农历)	生卒(公历)	文献来源
董恂[①]	忱甫 饮之	韫卿 蕴清	江苏甘泉	嘉庆十二年 八月四日	1807年 9月5日	董恂编、董诚补《还我读书室老人手订年谱》[②]
				光绪十八年 闰六月十五日	1892年 8月7日	冯文蔚《皇清诰授光禄大夫户部尚书甘泉董公神道碑铭》
堵焕辰[③]	翼孙	子铃	浙江会稽	咸丰五年 三月十二日	1855年 4月27日	杭州师范大学弘一大师·丰子恺研究中心《堵氏家谱》
				民国三年 二月十三日	1914年 3月8日	同上
杜宝辰	谷孙	稼轩	浙江山阴	嘉庆六年 十月十五日	1801年 11月20日	杜立夫《会稽东浦前村杜氏家谱》卷6《乾十三房霞派济长支世录九》[④]
				道光二十五年 二月十三日	1845年 3月20日	同上
杜宝霱	甘孙	晴佳 秦葭	浙江山阴	嘉庆十六年 六月二十八日	1811年 8月16日	杜立夫《会稽东浦前村杜氏家谱》卷6《乾十三房霞派济长支世录九》[⑤]
				同治二年 五月十七日	1863年 7月2日	同上
杜炳珩[⑥]	锡龄 楚白	坊皆	湖北黄冈	道光二十四年 十二月十一日	1845年 1月18日	杜子刚、杜永清《杜氏族谱》[⑦]
				光绪十年 正月七日	1884年 2月3日	同上[⑧]

① 初名醇。

② 冯文蔚《皇清诰授光禄大夫户部尚书甘泉董公神道碑铭》与《还我读书室老人手订年谱》同。《道光二十年庚子科会试齿录》仅作(嘉庆)壬申年(1812)。

③ 谱名绍先,原名良,又名榜良。

④ 《重订壬午乡试齿录》《道光癸巳科会试同年齿录》《道光壬午科浙江乡试同年齿录》均作嘉庆癸亥年十月十五日。

⑤ 《道光丁酉科明经通谱》作嘉庆癸酉年六月二十八日。

⑥ 派名祚赐。

⑦ 《光绪六年庚辰科会试同年齿录》作道光戊申年十二月十一日。

⑧ 《清代人物生卒年表》缺。

续表

姓名	字	号	籍贯	生卒(农历)	生卒(公历)	文献来源
杜炳奎[①]	梦蓉		浙江山阴	乾隆五十九年十一月二十九日	1794年12月21日	杜耀川《会稽东浦前村杜氏家谱》卷4《乾八房芝田公六支世录八》
				道光二十三年十一月十四日	1844年1月3日	同上
杜承庆[②]	庆生	葆初 怡田	浙江山阴	道光五年十二月六日	1826年1月13日	杜立夫《会稽东浦前村杜氏家谱》卷4《乾七房养初公三支屏派世录十》[③]
				光绪二十一年八月十八日	1895年10月6日	同上
杜春生[④]	禾子 二芗	子湘 戢阳	浙江山阴	乾隆五十一年二月二十七日	1786年3月26日	杜立夫《会稽东浦前村杜氏家谱》卷6《乾十三房霞派济长支世录五》[⑤]
				道光二十五年四月九日	1845年5月14日	同上
杜凤治[⑥]	平叔 桐士	五楼 后山	浙江山阴	嘉庆十九年四月二十三日	1814年6月11日	杜立夫《会稽东浦前村杜氏家谱》卷4《乾七房养初公三支屏派世录六、七》[⑦]
				光绪九年二月二十七日	1883年4月4日	同上

① 杜立夫《会稽东浦前村杜氏家谱》卷5《乾八房芝田公六支世录七》载:"杜汝兰,字梦蓉,号炳奎。生乾隆甲寅年十一月二十九日,卒道光癸卯年十二月十四日。"杜耀川《会稽东浦前村杜氏家谱》卷4《乾八房芝田公六支世录八》载:杜炳奎,字梦蓉。生乾隆甲寅年十一月二十九日,卒道光癸卯年十二月十四日。且两个版本家谱均载为杜锡琪二子。故越缦于《日记》中所言之杜炳奎,即杜汝兰。

② 原名复,榜名元霖。

③ 杜元霖乡试履历(《清代朱卷集成》册252)、《同治四年补行辛酉科并壬戌浙江乡试同年齿录》均作道光壬辰年十二月六日。

④ 原名邦锦。

⑤ 《丁卯科乡试齿录》作乾隆戊申年二月二十七日。

⑥ 榜名人凤。

⑦ 《道光二十三年癸卯科直省同年全录》《道光甲辰恩科直省同年录》均作嘉庆戊寅年四月二十三日。

续表

姓名	字	号	籍贯	生卒(农历)	生卒(公历)	文献来源
杜贵墀	吉阶 仲丹	簃园 钝安老人	湖南巴陵	道光四年 十二月七日	1825 年 1 月 25 日	杜幼和《先考仲丹府君行略》(杜贵墀《桐华阁词钞》卷末)①
				光绪二十七年 十月十三日	1901 年 11 月 23 日	同上
杜衡②	晓雯	少文 渔帆	浙江山阴	道光二年 十二月十五日	1823 年 1 月 26 日	杜立夫《会稽东浦前村杜氏家谱》卷 6《乾十三房霞派济长支世录十六》③
				咸丰十一年 十月七日	1861 年 11 月 9 日	同上
杜际辰			浙江上虞	?		《日记》光绪十七年六月十九日
				?		
杜联	莲衢	耀川	浙江会稽	嘉庆九年 十月六日	1804 年 11 月 7 日	杜立夫《会稽东浦前村杜氏家谱》卷 6《乾十三房霞派武次支世录七》④
				光绪六年 九月一日	1880 年 10 月 4 日	同上⑤
杜暹榕	仲容	景乔 镜桥	浙江山阴	嘉庆二十五年 七月六日	1820 年 8 月 14 日	杜立夫《会稽东浦前村杜氏家谱》卷 6《乾十三房霞派济长支世录十五》
				咸丰十一年 十二月一日	1861 年 12 月 31 日	同上

① 《清代人物生卒年表》据杜贵墀《桐华阁文集》卷 11《簃园记》"光绪二十六年春分日钝安老人记,时年七十有七"逆推其生年为道光四年(1824)。但因其生于十二月七日,故公历应为 1825 年 1 月 25 日。

② 原名暹梓。

③ 《道光己酉科各省选拔同年明经通谱》作道光甲申年十二月十五日。

④ 《杜联乡试朱卷》与《会稽东浦前村杜氏家谱》同。

⑤ 《申报》光绪七年三月二日第二千八百四十号之光绪七年二月十日《京报全录·谭钟麟片》与《会稽东浦前村杜氏家谱》同。《清代人物生卒年表》缺。

续表

姓名	字	号	籍贯	生卒(农历)	生卒(公历)	文献来源
杜煦①	春晖 棣君	尺庄 文桥 苏甘居士	浙江山阴	乾隆四十五年 六月二十五日	1780 年 7 月 26 日	杜立夫《会稽东浦前村杜氏家谱》卷 6《乾十三房霞派济长支世录四》
				道光三十年 六月十八日	1850 年 7 月 26 日	同上
杜誉芬②	寿平	子畴	浙江山阴	咸丰三年 二月二十三日	1853 年 4 月 1 日	杜立夫《会稽东浦前村杜氏家谱》卷 6《乾十三房霞派济长支世录十七》
				光绪二十四年 五月九日	1898 年 6 月 27 日	同上
杜正诗	肄堂	雅堂 静斋	河南孟县	道光五年 十一月十一日	1825 年 12 月 20 日	《同治元年壬戌科会试同年齿录》③
				光绪四年	1878 年	梁俊《杜正谊及其妻常氏合葬志》④
杜钟祥⑤	梧巢	小丰 晓峰	浙江山阴	道光七年 四月二日	1827 年 4 月 27 日	杜立夫《会稽东浦前村杜氏家谱》卷 6《乾十三房霞派济长支世录十五》⑥
				光绪十四年 九月二日	1888 年 10 月 6 日	同上

① 原名元鼎，又名文韶。

② 原名恩康。

③ 《咸丰元年辛亥恩科直省同年全录》与《同治元年壬戌科会试同年齿录》同。

④ 毛昶熙《杜正诗及妻薛氏合葬志》为残志，仅载于光绪五年闰三月二十八日奉君与薛夫人合葬于先茔。梁俊《杜正谊及其妻常氏合葬志》载："光绪戊寅秋，余补谏官后，拟乞假省亲，兼晤二三故旧，乃一痛于其兄雅堂之逝，而公讣又继至矣。"又载杜正谊卒于光绪四年十一月二日。故杜正诗当卒于光绪四年十一月二日之前。光绪四年十一月二日，公历为 1878 年 11 月 25 日。此暂作光绪四年(1878)。

⑤ 原名蘁，一名家凤，又名纯孝。

⑥ 杜钟祥乡试履历(《清代朱卷集成》册 264)作道光丁酉年四月二日。

续表

姓名	字	号	籍贯	生卒(农历)	生卒(公历)	文献来源
杜宗泽①	叔岘	竹生	浙江山阴	同治六年五月十五日	1867年6月16日	杜立夫《会稽东浦前村杜氏家谱》卷4《乾七房养初公三支屏派世录十五》
				?		
端木百禄	叔总 小鹤	梅长	浙江青田	道光四年十二月十一日	1825年1月29日	端木绪《东鲁端木氏小宗家谱》②
				咸丰十年十二月三日	1861年1月13日	同上③
端木埰	子畴		江苏江宁	嘉庆二十一年九月八日	1816年10月28日	端木埰《有不为斋集》卷3《生慈倪太宜人事略》④
				光绪十八年正月十五日	1892年2月13日	端木藩《端子畴侍读哀启略》(陈作霖《冶麓山房丛书·金陵传记杂文钞》册3)⑤
段光清	明俊	镜湖	安徽宿松	嘉庆三年三月三十日	1798年5月15日	童华《故光禄大夫段公墓志铭》张灿奎《宿松文征续编》卷1⑥
				光绪四年七月二日	1878年7月31日	同上
段树藩	维翰	价人 介人	云南广西州	道光二十一年闰三月十八日	1841年5月8日	《同治癸酉科明经通谱》⑦
				?		

① 原名宗鄀。越缦于光绪十七年十月十六日写为杜春泽。

② 《道光己酉科各省选拔同年明经通谱》作道光丙戌年十二月十一日。《清代人物生卒年表》据宗稷辰《躬耻斋文钞后编》卷6《哀辞》"于(咸丰十年)冬十二月朔卒于家,年仅三十有七"作道光四年(1824)。但因其生于十二月十一日,故公历应为1825年1月29日。

③ 《清代人物生卒年表》据宗稷辰《躬耻斋文钞后编》卷6《哀辞》"于(咸丰十年)冬十二月朔卒于家,年仅三十有七"作咸丰十年(1860)。咸丰十年十二月,公历范围为1861年1月11日—2月9日,故《清代人物生卒年表》误。

④ 《生慈倪太宜人事略》中载:"自道光三年癸未,不孝年八岁""嘉庆十六年……越六年丙子,不孝生"。许玉瑑《薇省同声集·独弦词》之《石湖仙·序》:"重九前一日,子畴前辈六十有九生辰。"据此三者,定其生于嘉庆二十一年九月八日。

⑤ 《哀启略》载:"至辛卯十二月,不孝侍先王父训驰入都,疾益剧,医药省视,辄不效。至今年元夕……孰知竟以是日亥刻弃不孝而长逝哉!"故其当卒于光绪十八年正月十五日。

⑥ 《段氏宗谱》卷5《得银房灿公支派》与《墓志铭》同。《道光乙未恩科直省同年录》作嘉庆庚申年三月八日。

⑦ 《光绪六年庚辰科会试同年齿录》《光绪己卯科直省同年齿录》均与《同治癸酉科明经通谱》同。

续表

姓名	字	号	籍贯	生卒(农历)	生卒(公历)	文献来源
额勒和布	筱斋	筱山	满洲镶蓝旗	道光六年正月十一日	1826年2月17日	《清光绪王公侯伯文武大臣生日住址考》①
				光绪二十六年正月十九日	1900年2月18日	朱彭寿《清代人物大事纪年》
额勒精额②	裕如 玉如		满洲镶红旗	道光十年	1830年	秦国经《清代官员履历档案全编》册5页115—116;708—709③
				?		
恩明	鉴农	远斋	满洲正红旗			《国朝御史题名》
恩溥	仲渊		满洲镶黄旗	道光二十二年	1842年	《长春等七十九员带领引见名单》(台北故宫博物院《军机处档折件》第131223号)④
				?		
恩焘	叔涵	叔子	满洲镶黄旗	咸丰十一年	1861年	《咨汉军机处为正白旗护军统领恩焘现年四十二岁并无蒙赏在紫禁城内骑马由》(台北故宫博物院《军机处档折件》第152828号)⑤
				光绪三十年	1904年	《申报》光绪三十年二月十二日第一万一千一百十三号《宫门抄》⑥

① 额勒和布著;芦婷婷整理《额勒和布日记》册下光绪元年正月十一日:"松峰、贯五、茂如及色溪、乌郭什哈等先后送礼拜寿。"《额勒和布日记》册下光绪三年正月十一日:"午后,峻峰、云田、厚庵、介福及巡捕、郭什哈等先后来拜寿。"据此二者,其生日当为正月十一日。《咸丰同治两朝上谕档》册22同治十一年正月《遵旨查开王大臣年岁生日单》载:"察哈尔都统额勒和布,年四十七岁,正月十二日生日。"据此逆推,其当生于道光六年正月十二日。《清光绪王公侯伯文武大臣生日住址考》载其光绪丙申年为七十一岁,生日为正月十一日。据此逆推,其当生于道光六年正月十一日。综上,定其生于道光六年正月十一日。《清代人物大事纪年》作道光六年正月十二日。《清代人物生卒年表》缺。

② 越缦于光绪九年十二月十四日、光绪十年二月十九日写为"额尔经额"。

③ 《清代官员履历档案全编》载其光绪十六年为六十一岁,光绪二十年为六十五岁。据此二者逆推,其生年均为道光十年(1830)。

④ 《名单》载其光绪二十年为五十五岁。据此逆推,其当生于道光二十二年(1842)。

⑤ 《军机处档折件》第152828号载其光绪二十八年为四十二岁。据此逆推,其当生于咸丰十一年(1861)。

⑥ 《宫门抄》:"正月二十九日……恩焘递遗折。"据此,暂作光绪三十年(1904)。

续表

姓名	字	号	籍贯	生卒(农历)	生卒(公历)	文献来源
恩锡	竹樵		满洲正黄旗	嘉庆二十年六月十一日	1815 年 7 月 17 日	朱彭寿《清代人物大事纪年》[1]
				光绪三年十二月二日	1878 年 1 月 4 日	《申报》光绪四年正月二十四日第一千七百八十八号之光绪三年十二月二十八日二十九日《京报全录・李鸿章片》[2]
樊秉杰	秀山		越缦乡人	?		朱戴清乡试履历(《清代朱卷集成》册 273)
				?		
樊恭煦[3]	觉先 园孙	介轩	浙江仁和	道光二十五年六月十七日	1845 年 7 月 21 日	《同治十年辛未科会试同年齿录》[4]
				民国四年三月十一日	1915 年 4 月 24 日	《时报》民国四年四月二十六日(公历)第三千八百九十号《杭州快信》[5]
樊骏声	少鹤		浙江会稽	?		顾庆章乡试履历(《清代朱卷集成》册 268
				?		
樊庶	仲民 仲铭		湖北恩施	?		《日记》光绪十五年七月二十七八日
				?		
樊燮	子重	鉴庭	湖北恩施	嘉庆十八年	1813 年	樊增祥《樊山集》卷 24《先考墓碑》[6]
				光绪七年二月十九日	1881 年 3 月 18 日	同上

① 《清代人物生卒年表》据恩锡《承恩堂诗集》卷 8 丁卯作《元旦试笔》"三千世界欢原普，五十年华兴有余"作嘉庆二十三年(1818)。

② 杜文澜《憩园词话》卷 2《恩竹樵方伯词》载："(光绪)丁丑冬，述职入都，薨于安顺旅次。"据此，仅知其卒于光绪三年冬。《清代人物大事纪年》作光绪三年十□月。《清代人物生卒年表》据《憩园词语》作光绪三年(1877)。

③ 原名恭和。

④ 樊恭煦乡试履历(《清代朱卷集成》册 105)、樊恭煦会试履历(《清代朱卷集成》册 33)均与《同治十年辛未科会试同年齿录》同。

⑤ 《杭州快信》："巡按使署顾问樊绅恭煦(介轩)前日偶感撄微疾，殁于省城三桥住宅。"《清代人物生卒年表》缺。

⑥ 《墓碑》载其卒于光绪七年二月十九日，年六十有九。据此逆推，其当生于嘉庆十八年(1813)。

续表

<table>
<tr><th>姓名</th><th>字</th><th>号</th><th>籍贯</th><th>生卒(农历)</th><th>生卒(公历)</th><th>文献来源</th></tr>
<tr><td rowspan="2">樊增祥[①]</td><td rowspan="2">嘉父</td><td rowspan="2">云门
樊山</td><td rowspan="2">湖北恩施</td><td>道光二十六年
十一月一日</td><td>1846 年
12 月 18 日</td><td>《申报》民国二十年三月三十日(公历)第二万零八百二十八号《恕报不周》[②]</td></tr>
<tr><td>民国二十年
正月二十六日</td><td>1931 年
3 月 14 日</td><td>同上</td></tr>
<tr><td rowspan="2">樊忠</td><td rowspan="2">葵圃</td><td rowspan="2"></td><td rowspan="2">越缦同官</td><td>?</td><td></td><td>《日记》同治十三年九月十八日</td></tr>
<tr><td>?</td><td></td><td></td></tr>
<tr><td rowspan="2">范德镕</td><td rowspan="2">子荫
子印</td><td rowspan="2">仲陶</td><td rowspan="2">湖北武昌</td><td>咸丰四年
六月二十八日</td><td>1854 年
7 月 22 日</td><td>《光绪六年庚辰科会试同年齿录》[③]</td></tr>
<tr><td>?</td><td></td><td></td></tr>
<tr><td rowspan="2">范迪襄[④]</td><td rowspan="2">赞臣[⑤]</td><td rowspan="2">稷山</td><td rowspan="2">湖北江夏</td><td>咸丰八年
四月十八日</td><td>1858 年
5 月 30 日</td><td>《光绪十六年庚寅恩科会试同年齿录》[⑥]</td></tr>
<tr><td>民国二十四年</td><td>1935 年</td><td>周学熙《自叙年谱》[⑦]</td></tr>
<tr><td rowspan="2">范鸿谟</td><td rowspan="2">次典</td><td rowspan="2">小初</td><td rowspan="2">浙江钱塘</td><td>道光七年
四月二日</td><td>1827 年
4 月 27 日</td><td>《咸丰六年丙辰科会试同年齿录》[⑧]</td></tr>
<tr><td>光绪七年
八月二十九日</td><td>1881 年
10 月 21 日</td><td>《日记》光绪七年八月三十日[⑨]</td></tr>
</table>

① 小字又同。

② 《光绪三年丁丑科会试同年齿录》作道光庚戌年十一月一日。

③ 范德镕会试履历(《清代朱卷集成》册 48)与《光绪六年庚辰科会试同年齿录》同。

④ 原名迪忠。

⑤ 范迪襄会试履历(《清代朱卷集成》册 69)与《光绪十六年庚寅恩科会试同年齿录》均作赞。此据《范赞臣日记》补。

⑥ 范迪襄会试履历(《清代朱卷集成》册 69)与《光绪十六年庚寅恩科会试同年齿录》同。

⑦ 周学熙《自叙年谱》民国二十四年:"撰联挽范赞臣(迪襄)。清季曾同官部郎。近岁聘修纂师古堂各书。挽之曰:'卅载论文,朝士忆贞元,犹记浮沉郎署日;一寒至此,故人思鲍管,那堪漂泊义熙年。'"据此,其当卒于民国二十四年(1935)。

⑧ 《咸丰二年壬子科顺天乡试齿录》作道光庚寅年四月二日。

⑨ 《日记》光绪七年八月三十日:"闻昨日范郎中鸿谟被焚而毙。"《清代人物生卒年表》缺。

续表

姓名	字	号	籍贯	生卒(农历)	生卒(公历)	文献来源
范鸣龢[①]	玉函	鹤生	湖北武昌	嘉庆二十五年九月	1820 年	范鸣龢《淡灾蠡述》[②]
				?		
范鹏			?	?		《日记》光绪十九年二月二十九日
				?		
范许瑃[③]		璞人	浙江天台	道光二十七年十月十日	1847 年 11 月 17 日	许昌渠《天台坡街许氏族志》卷 18《后堂三房邦达公下文恒公派》
				光绪二十一年八月八日	1895 年 9 月 26 日	同上
范许珍[④]		静渊 聘席 倬夫	浙江天台	道光十六年五月四日	1836 年 6 月 17 日	许昌渠《天台坡街许氏族志》卷 18《后堂三房邦达公下文恒公派》[⑤]
				光绪十七年八月二十三日	1891 年 9 月 25 日	同上
范炎			越缦邑人	?		《日记》光绪十四年七月九日
				?		
范运鹏	抟九	静方	四川隆昌	道光十三年九月十五日	1833 年 10 月 27 日	《咸丰六年丙辰科会试同年齿录》[⑥]
				?		

① 原名群鲤，一名鸣璚。

② 《淡灾蠡述》末作者自记："予少钝读书，不求甚解，泛览而已。行年六十，精力益颓惫……光绪己卯春正月既望鹤生氏识于京师宣南寓斋之古藤花馆。"张裕钊《濂亭文集》卷 3《范鹤生六十寿序》："及今兹九月，君览揆之辰届矣。"据此二者，定其生于嘉庆二十五年九月。此暂作嘉庆二十五年(1820)。张裕钊《濂亭文集》卷 3《范鹤生六十寿序》："余以光绪六年夏游山左，适范鹤生以郎中改官观察江右，道过济南，不期而遇于山左使院。……鹤生间语余：'若吾明年六十矣，子可无一言且子以文章名一世，可使余名氏不见于子文耶？'……余年甫十六，君亦裁十七耳。"张裕钊《张廉卿先生家谱》载张氏生于道光三年十一月四日。据此二者，其当生于道光二年(1822)。《咸丰壬子恩科会试同年齿录》仅作道光乙酉年，月、日空缺。

③ 本姓许，谱名桂章，讳宏梅，官名瑃。

④ 本姓许，谱名汉章，讳宏潮，官名珍。

⑤ 《同治庚午科浙江乡试同年齿录》《同治庚午科大同年齿录》均与《天台坡街许氏族志》同。

⑥ 《皖江同官录》与《咸丰六年丙辰科会试同年齿录》同。

续表

姓名	字	号	籍贯	生卒(农历)	生卒(公历)	文献来源
方凤苞	槐清		浙江萧山	?		崔正春《威县志》卷5《宦绩志》
				?		
方恭铭	寿甫 受甫		浙江仁和	道光十二年正月二日	1832年2月3日	《咸丰乙卯直省乡试同年齿录》①
				光绪三年	1877年	《日记》光绪三年五月二十四日②
方恭钊	勒士	勉甫	浙江仁和	道光八年六月二十三日	1828年8月3日	《方恭钊讣告》(《上海图书馆藏赴闻集成》册2)③
				光绪三十三年十二月二日	1908年1月5日	同上④
方济宽	小雅		浙江仁和	?		《日记》光绪十四年六月十日
				?		
方镜清	蓉第	海卿	浙江淳安	嘉庆十六年六月十日	1811年7月29日	《己酉科直省乡试同年录》
				?		
方濬师	子岩	梦簪	安徽定远	道光十年三月八日	1830年3月31日	方克猷、方汝绍编;方臻峻续辑《重修炉桥方氏家谱》卷4《今谱世系图》⑤
				光绪十五年六月十日	1889年7月7日	同上⑥

① 方恭铭乡试履历(《未刊清代朱卷集成》册43)与《咸丰乙卯直省乡试同年齿录》同。方恭铭会试履历(《未刊清代朱卷集成》册12)作道光丙申年正月二日。

② 《日记》光绪三年五月二十四日:"方受甫户部以今日出殡,送奠分四千。"据此,其当卒于光绪三年初。此暂作光绪三年(1877)。

③ 方恭钊乡试履历(《清代朱卷集成》册261)作道光十年六月二十三日。

④ 《清代人物生卒年表》缺。

⑤ 《咸丰乙卯科直省乡试同年齿录》《咸丰乙卯科乡试齿录》均作道光辛卯年三月八日。

⑥ 《申报》光绪十五年七月二十一日第五千八百六十五号之光绪十五年七月十一日《京报全录·李鸿章跪奏》与《重修炉桥方氏家谱》同。

续表

姓名	字	号	籍贯	生卒(农历)	生卒(公历)	文献来源
方濬颐	饮苕	子箴 子贞 梦园	安徽定远	嘉庆二十年 三月六日	1815 年 4 月 15 日	方克猷、方汝绍编；方臻峻续辑《重修炉桥方氏家谱》卷 4《今谱世系图》①
				光绪十四年 九月二十七日	1888 年 10 月 31 日	同上②
方克猷③	祖叔	子壮	浙江於潜	同治九年 八月二十五日	1870 年 9 月 20 日	方猷《子壮府君传略》(方玫卿《天目山房诗集　西菩山房诗词稿》)④
				光绪三十三年 七月十日	1907 年 8 月 18 日	同上⑤
方汝绍	际唐	芰塘	安徽定远	嘉庆二十四年 二月二十七日	1819 年 3 月 22 日	方克猷、方汝绍编；方臻峻续辑《重修炉桥方氏家谱》卷 4《今谱世系图》⑥
				光绪二十三年 十二月十一日	1898 年 1 月 3 日	同上⑦
方汝翼	翼之	右民 佑民	直隶清苑⑧	道光八年 九月十一日	1828 年 10 月 19 日	《咸丰乙卯科顺天乡试齿录》⑨
				光绪二十一年 五月二十八日	1895 年 6 月 20 日	《申报》光绪二十一年闰五月九日七千九百七十二号《薇垣星陨》⑩

① 《道光乙未恩科直省同年录》、《道光二十四年甲辰科会试同年齿录》、方濬颐会试履历(《清代朱卷集成》册 13)、《方濬颐乡试朱卷》均作嘉庆丙子年三月六日。

② 《申报》光绪十四年十月三日第五千五百八十七号《老成凋谢》与《重修炉桥方氏家谱》同。《清代人物生卒年表》据《广清碑传集》卷 13 金天羽《方濬颐方濬师传》"同治甲戌，年六十矣……卒年七十五"作光绪十五年(1889)。

③ 一名凤池。

④ 《天目山房诗集　西菩山房诗词稿》之《方克猷会试朱卷》与《传略》同。方克猷乡试履历(《清代朱卷集成》册 278)、《光绪己丑恩科浙江乡试同年齿录》、《光绪十六年庚寅恩科会试同年齿录》均作同治壬申年八月二十五日。

⑤ 《清代人物生卒年表》据《历代名人生卒年表》作光绪十六年(1890)。

⑥ 方汝绍会试履历(《清代朱卷集成》册 29)、方汝绍乡试履历(《清代朱卷集成》册 107)、《同治七年戊辰科会试同年齿录》均作道光辛巳年二月二十七日。《重订戊辰同年齿录》作嘉庆己卯年二月二十七日。《清代人物生卒年表》据《同治七年戊辰科会试同年齿录》作嘉庆二十四年(1819)，误。其所据当为《重订戊辰同年齿录》。

⑦ 《清代人物生卒年表》缺。

⑧ 祖籍浙江会稽。

⑨ 《咸丰乙卯科直省乡试同年齿录》与《咸丰乙卯科顺天乡试齿录》同。

⑩ 《薇垣星陨》："前任江西藩司方佑民方伯，自五月朔日交卸藩条，即赶紧料理行装，欲俟奉到电旨准开缺回籍调理，即可首途遄返，以期得见故乡风景，与族戚面叙契阔，亦宦成之乐事、年老之深情也。乃病势日重，初拟中旬就道，继拟下浣登程，一再愆期，方伯焦急殊甚，竟于五月二十八日卯刻仙游。"中国第一历史档案馆《光绪朝朱批奏折》第 10 辑《内政・职官》(页 773)作光绪二十一年五月二十九日。

续表

姓名	字	号	籍贯	生卒(农历)	生卒(公历)	文献来源
方熊祥	芾堂	子望	浙江仁和	道光元年 三月二十九日	1821 年 4 月 30 日	《咸丰三年癸丑科会试同年齿录》①
				?		
费念慈	屺怀 君直 迪孙	西蠡	江苏武进	咸丰五年 四月二十一日	1855 年 6 月 5 日	费裕昆《琅琊费氏武进支谱》卷 2《学曾公支派世表》②
				光绪三十一年 七月二十一日	1905 年 8 月 21 日	同上③
费延釐	履绥	芸舫	江苏吴江	道光十五年 八月十七日	1835 年 10 月 8 日	费登墀、费廷琮、费廷熙《吴江费氏族谱》卷 2《世系纪略》④
				光绪十九年 四月十九日	1893 年 6 月 3 日	洪良品《皇清诰授中宪大夫詹事府右春坊右中允费君墓志铭》(《碑传集补》卷 9)
丰绅泰⑤	绶卿	云鹏	蒙古正蓝旗	道光十三年 三月十六日	1833 年 5 月 5 日	许应鑅《浙江同官录》
				光绪三十四年 六月六日	1908 年 7 月 4 日	《政治官报》光绪三十四年六月初九日第二百四十九号《电报奏咨类》⑥

① 《咸丰壬子科浙江乡试同年齿录》与《咸丰三年癸丑科会试同年齿录》同。

② 《费念慈讣告》(《上海图书馆藏赴闻集成》册 18)与《琅琊费氏武进支谱》同。费念慈乡试履历(《清代朱卷集成》册 177)、费念慈会试履历(《清代朱卷集成》册 62)均作咸丰五年四月二十日。

③ 《费念慈讣告》(《上海图书馆藏赴闻集成》册 18)与《琅琊费氏武进支谱》同。《申报》光绪三十一年七月二十五日第一万一千六百二十二号《学务处费总办逝世苏州》作光绪三十一年七月二十二日。

④ 洪良品《皇清诰授中宪大夫詹事府右春坊右中允费君墓志铭》载其卒于光绪十九年四月十九日,年五十有九。据此逆推,其生年与《族谱》同。《同治四年乙丑科会试同年齿录》《咸丰乙卯直省乡试同年齿录》均作道光戊戌年八月十七日。

⑤ 一作伸泰。

⑥ 《新闻报》光绪三十四年六月十日第五千五百十二号《北京电》、《清代人物大事纪年》均与《政治官报》同。

续表

姓名	字	号	籍贯	生卒(农历)	生卒(公历)	文献来源
冯承熙	赓廷 耕亭	稣甫	江苏阳湖	道光六年 九月二十五日	1826年 10月25日	《冯氏宗谱》①
				光绪五年 四月四日	1879年 5月24日	同上
冯端揆	一亭		河南祥符	?		冯汝骐乡试履历(《清代朱卷集成》册225)
				?		
冯芳缉②	熙臣	升芷 申之 穉林	江苏吴县	道光十三年 四月二十六日	1833年 6月13日	《始平族谱》③
				光绪十二年 正月二十日	1886年 2月23日	同上④
冯光勋⑤	伯申 伯绅 柏森		江苏阳湖	道光十六年 十月十八日	1836年 11月26日	《冯氏宗谱》⑥
				光绪十四年 十一月二十日	1888年 12月22日	同上⑦
冯光遹⑧	仲梓	幼耕	江苏阳湖	道光十八年 九月二十五日	1838年 11月11日	《冯氏宗谱》⑨
				光绪三十一年 四月七日	1905年 5月10日	同上⑩

① 《咸丰元年辛亥恩科直省同年全录》与《冯氏宗谱》同。

② 谱名锡厚。

③ 冯芳缉会试履历(《清代朱卷集成》册29)、《同治七年戊辰科会试同年齿录》、《重订戊辰同年齿录》均与《始平族谱》同。

④ 翁同龢著;陈义杰点校《翁同龢日记》册4光绪二十一年正月二十一日、《日记》光绪十二年正月二十一日均作光绪十二年正月十九日。《清代人物生卒年表》缺。

⑤ 谱名光锡。

⑥ 冯光勋乡试履历(《未刊清代朱卷集成》册45)、《同治四年乙丑科会试同年齿录》、冯敩高《诰授资政大夫太仆寺卿军机处行走方略馆提调加一级军功随带加二级显考伯绅府君行述》均与《冯氏宗谱》同。《清代人物生卒年表》据《毗陵名人疑年录》作道光八年(1828)。

⑦ 冯敩高《诰授资政大夫太仆寺卿军机处行走方略馆提调加一级军功随带加二级显考伯绅府君行述》与《冯氏宗谱》同。翁同龢著;陈义杰点校《翁同龢日记》册5光绪十四年十一月二十七日:"吊冯伯申,伯申去年大病,愈一年而谢,尚有老母,可伤也。"据此,仅可定其卒于光绪十四年(1888)。《光绪宣统两朝上谕档》(册14页414):"查军机章京前太仆寺卿冯光勋现在病故……光绪十四年十一月二十三日奉旨知道了钦此。"据此,亦仅可知其卒于光绪十四年(1888)。《清代人物生卒年表》据《毗陵名人疑年录》作光绪十七年(1891)。

⑧ 原名光莹。

⑨ 《冯光遹讣告》(《上海图书馆藏赴闻集成》册5)、《同治庚午科大同年齿录》、冯光遹会试履历(《清代朱卷集成》册37)、冯光遹乡试履历(《清代朱卷集成》册109)、《同治十三年甲戌科会试同年齿录》、《同治九年庚午科顺天乡试同年齿录》均与《冯氏宗谱》同。

⑩ 《冯光遹讣告》(《上海图书馆藏赴闻集成》册5)与《冯氏宗谱》同。《清代人物生卒年表》缺。

续表

姓名	字	号	籍贯	生卒(农历)	生卒(公历)	文献来源
冯金鉴	藻卿	心兰	浙江桐乡	道光二十二年八月十五日	1842年9月19日	《冯氏始迁嘉兴本支分谱》①
				民国七年六月十三日	1918年7月20日	同上
冯景星②	瑞卿	庆云	浙江山阴	道光十九年八月十六日	1839年9月23日	冯文金《山阴柯桥冯氏宗谱》卷3《世系表三·瑞芝公派》③
				?		
冯镜仁	瑞良	寿珊 寿山	广东东莞	道光十三年十月十二日	1833年11月23日	《冯怡恕堂家谱》④
				光绪十七年九月十一日	1891年10月13日	同上⑤
冯焌光	辉祖	竹儒	广东南海	道光十年八月三日	1830年9月19日	朱彭寿《清代人物大事纪年》⑥
				光绪四年三月二十八日	1878年4月30日	陈澧《诰授资政大夫二品顶戴江苏苏松太兵备道监督江南海关冯君神道碑铭》(《碑传集补》卷18)⑦
冯宽⑧	似山	幼衡	浙江会稽	道光十三年十二月二十二日	1834年1月31日	冯棣唐《冯氏宗谱》卷3《宁桑敬五公派行传》⑨
				?		

① 《光绪二年丙子恩科会试同年齿录》、冯金鉴乡试履历(《清代朱卷集成》册107)均与《冯氏始迁嘉兴本支分谱》同。

② 谱名宗祥。

③ 冯景星乡试履历(《清代朱卷集成》册278)、《光绪己丑科浙江乡试同年齿录》均作道光甲辰年八月十六日。

④ 《同治庚午科大同年齿录》《同治九年庚午科顺天乡试同年齿录》均与《冯怡恕堂家谱》同。

⑤ 谭钧培《题报临安府知府冯镜仁病故日期事》(中国第一历史档案馆藏)与《家谱》同。《日记》光绪十七年十一月二十九日:"邸钞,兵科给事中胡太福授云南临安府知府(本任知府冯镜仁行至广南病卒)。"据此,仅能知其卒于光绪十七年十一月二十九日之前。

⑥ 《碑传集补》卷18陈澧《江苏苏松太兵备道冯君神道碑铭》载其卒于光绪四年三月二十八日,年四十九。据此逆推,其生年与《清代人物大事纪年》同。冯焌光《西行日记》之《两江督宪奏稿》仅有去世年月日,不能推知其生年。《咸丰壬子科直省举贡同年录》作道光壬辰年八月二日。

⑦ 吴元炳《题报苏松太道冯焌光病故日期事》(中国第一历史档案馆藏)、冯焌光《西行日记》之《两江督宪奏稿》、《申报》光绪四年三月二十九日第一千八百四十四号《冯关道仙游》均与《神道碑铭》同。

⑧ 原名大鼎。

⑨ 冯宽乡试履历(《清代朱卷集成》册263)作道光辛丑年十二月二十二日。

续表

姓名	字	号	籍贯	生卒(农历)	生卒(公历)	文献来源
冯乃庆	吉云	余村	浙江会稽	道光十一年八月十三日	1831年9月18日	冯棣唐《冯氏宗谱》卷3《宁桑景山公派行传》
				光绪九年六月	1883年	同上
冯庆芬①	卜臣	石香	浙江山阴	咸丰二年七月二十三日	1852年9月6日	冯庆芬乡试履历(《清代朱卷集成》册262)
				?		
冯庆熙	穆叔	春人	福建闽县	道光十年三月十五日	1830年4月7日	《咸丰元年辛亥恩科直省同年全录》②
				?		
冯世勋	楚卿		越缦乡人	?		《日记》光绪十六年闰二月五日
				?		
冯崧生③	渠孙	听涛 陶庐	浙江仁和	道光二十八年八月十七日	1848年9月14日	《光绪二年丙子恩科会试同年齿录》④
				?		
冯万源	心泉		浙江山阴	?		《日记》咸丰六年十一月二十九日
				?		
冯文蔚⑤	修庵	联棠	浙江乌程	道光二十一年六月二十四日	1841年8月10日	朱彭寿《清代人物大事纪年》⑥
				光绪二十二年十一月二十七日	1896年12月31日	翁同龢著;陈义杰点校《翁同龢日记》册5页2962⑦

① 谱名秀枚。

② 《已酉科直省乡试同年录》《咸丰元年顺天乡试齿录》均与《咸丰元年辛亥恩科直省同年全录》同。《咸丰乙卯科顺天乡试齿录》《咸丰乙卯科直省乡试同年齿录》均无其履历。

③ 原名松生。

④ 冯崧生会试履历(《清代朱卷集成》册40)与《光绪二年丙子恩科会试同年齿录》同。

⑤ 原名文源。

⑥ 冯文蔚会试履历(《清代朱卷集成》册39)、冯文蔚乡试履历(《清代朱卷集成》册111)均作道光乙巳年六月二十四日。缪荃孙《艺风堂文漫存·辛壬稿》卷2《内阁学士兼礼部侍郎衔冯公墓志铭》载其卒于光绪二十三年十一月二十八日,年五十六。据此逆推,其当生于道光二十二年(1842)。

⑦ 缪荃孙《艺风堂文漫存·辛壬稿》卷2《内阁学士兼礼部侍郎衔冯公墓志铭》作光绪二十三年十一月二十八日。《清代人物生卒年表》据《内阁学士兼礼部侍郎衔冯公墓志铭》作光绪二十三年(1897)。

续表

姓名	字	号	籍贯	生卒(农历)	生卒(公历)	文献来源
冯锡仁①	孟安 伯育	莘垞 心宅 洁庵	湖南沅陵	道光二十九年二月十八日	1849年3月12日	冯士修《冯氏族谱》卷8《庆麒房泰支八世至二十四世》②
				宣统二年七月二十日	1910年8月24日	同上③
冯锡绶	仲章	子若 紫若	浙江桐乡	道光二十六年二月十一日	1846年3月8日	冯恩椙《桐溪冯氏支谱》之《十六世至二十世》④
				?		
冯煦⑤	梦华 梦花 蒿庵		江苏金坛	道光二十三年十二月一日	1844年1月20日	冯煦《蒿庵类稿》卷22《记·癸卯生日记》⑥
				民国十六年七月六日	1927年8月3日	魏家骅《清授光禄大夫建威将军赐进士及第兵部侍郎兼督察院右副都御史安徽巡抚兼理提督冯公行状》(《碑传集补》卷15)⑦

① 派名志櫄。

② 《光绪三年丁丑科会试同年齿录》仅作年二十七岁。据此逆推,其生年为咸丰元年(1851)。冯士修《冯氏族谱》卷6陈衍《工科给事中冯莘垞先生墓表》、曾廉《花翎三品衔共科给事中冯公神道碑》、冯士倜《先给事中府君行状》均作卒于宣统二年七月二十日,年六十有二。据此三者逆推,其生年均与《冯氏族谱》同。《清代人物生卒年表》据陈衍《石遗室文续编》中《清工科给事中莘垞冯先生墓表》作道光三十年(1850)。检陈衍《石遗室文续编》中冯锡仁墓表,载其以(宣统)庚戌某月某日卒于家,年六十一岁。此与《冯氏族谱》中所录陈衍所撰冯锡仁墓表异。《石遗室文续编》中所载"六十一"或为实岁。

③ 冯士修《冯氏族谱》卷6中陈衍《工科给事中冯莘垞先生墓表》、冯士倜《先给事中府君行状》均与《冯氏族谱》同。冯士修《冯氏族谱》卷6曾廉《花翎三品衔共科给事中冯公神道碑》仅作宣统二年秋七月。

④ 《湖北省浙江同官录》与《桐溪冯氏支谱》同。《同治丁卯科并补行甲子科浙江乡试同年齿录》作道光庚戌年二月十一日。

⑤ 榜名熙。

⑥ 冯煦乡试履历(《清代朱卷集成》册169)、冯煦会试履历(《清代朱卷集成》册57)、蒋国榜《金坛冯蒿庵先生家传》(《辛亥人物碑传集》卷13)均与《癸卯生日记》同。《碑传集补》卷15魏家骅《行状》载其卒于民国十六年七月六日,卒年八十五。据此逆推,仅得其生于道光二十三年(1843)。

⑦ 蒋国榜《金坛冯蒿庵先生家传》(《辛亥人物碑传集》卷13)、《申报》民国十六年八月四日(公历)第一万九千五百三十九号《耆绅冯煦昨日午后逝世》均与《行状》同。

续表

<table>
<tr><th>姓名</th><th>字</th><th>号</th><th>籍贯</th><th>生卒(农历)</th><th>生卒(公历)</th><th>文献来源</th></tr>
<tr><td rowspan="2">冯学澧</td><td rowspan="2">子因
子英
紫因</td><td rowspan="2"></td><td rowspan="2">浙江仁和</td><td>?</td><td></td><td>《日记》光绪元年九月九日</td></tr>
<tr><td>光绪十九年</td><td>1893 年</td><td>《申报》光绪十九年四月二十八日第七千二百三十四号、光绪十九年五月二十一日第七千二百五十六号①</td></tr>
<tr><td rowspan="2">冯莹②</td><td rowspan="2">伯吹</td><td rowspan="2">少融
绎芳</td><td rowspan="2">浙江余姚</td><td>道光十九年
六月十一日</td><td>1839 年
7 月 21 日</td><td>《同治庚午科浙江乡试同年齿录》③</td></tr>
<tr><td>光绪三十一年
六月</td><td>1905 年</td><td>杨积芳《余姚六仓志》卷 34《列传八 · 清》④</td></tr>
<tr><td rowspan="2">冯誉骢⑤</td><td rowspan="2">叔良
铁华</td><td rowspan="2"></td><td rowspan="2">广东高要</td><td>道光五年
二月六日</td><td>1825 年
3 月 25 日</td><td>《道光甲辰恩科直省同年录》</td></tr>
<tr><td>光绪八年
八月二十五日</td><td>1882 年
10 月 6 日</td><td>陈士杰《题报候补道冯誉骢病故日期事》(中国第一历史档案馆藏)</td></tr>
<tr><td rowspan="2">冯钟岱</td><td rowspan="2">习生</td><td rowspan="2">申甫
崧甫</td><td rowspan="2">江苏武进</td><td>咸丰元年
五月十九日</td><td>1851 年
6 月 18 日</td><td>《冯氏宗谱》⑥</td></tr>
<tr><td>光绪二十六年
七月十三日</td><td>1900 年
8 月 7 日</td><td>同上⑦</td></tr>
<tr><td rowspan="2">冯祖荫</td><td rowspan="2">孟余</td><td rowspan="2"></td><td rowspan="2">浙江仁和</td><td>同治四年</td><td>1865 年</td><td>金兆蕃《安乐乡人文》卷 6《冯梦余墓表》⑧</td></tr>
<tr><td>民国八年</td><td>1919 年</td><td>同上⑨</td></tr>
</table>

① 《申报》光绪十九年四月二十八日第七千二百三十四号《江西官报》:"署新昌冯学澧制事清理交代回省。"《申报》光绪十九年五月二十一日第七千二百五十六号之《江西官报》:"行知护院方佑民中丞诣前署新昌县冯学澧灵前致祭如礼。"据此二者,其当卒于光绪十九年四月二十八日至五月二十一日之间。此暂作光绪十九年(1893)。

② 谱名埙。

③ 冯莹乡试履历(《清代朱卷集成》册 258)、《同治庚午科大同年齿录》均与《同治庚午科浙江乡试同年齿录》同。

④ 《余姚六仓志》载其于(光绪)乙巳六月假归,途中感暑,数日卒于家。据此,暂作光绪三十一年(1905)。

⑤ 越缦于光绪元年九月三日载其遇一广东人冯少詹誉骥之弟某。据《道光二十四年会试齿录》中冯誉骥履历,"某"当为冯誉骥,一作冯誉聪。

⑥ 冯钟岱会试履历(《清代朱卷集成》册 36)、《同治庚午科大同年齿录》均作咸丰壬子年五月十九日。《清代人物生卒年表》据冯钟岱会试履历作咸丰二年(1852)。

⑦ 《清代人物生卒年表》缺。

⑧ 《墓表》载其民国八年八月卒,年五十有五。据此逆推,其当生于同治四年(1865)。

⑨ 《申报》民国八年八月二十八日(公历)第一万六千七百十二号《国内要闻 · 南京快信》:"又第四区公卖局长冯祖荫在差病故,委简任职丁乃宏接充。"据此,亦只能暂作民国八年(1919)。

续表

姓名	字	号	籍贯	生卒(农历)	生卒(公历)	文献来源
凤柃[①]	九苞 九庵	兰江	蒙古镶红旗	嘉庆八年 六月四日	1803 年 7 月 22 日	《道光壬辰科直省同年全录》[②]
				咸丰十一年 十一月二十八日	1861 年 12 月 29 日	《浙江忠义录》卷 2 上
凤鸣	宗岐	竹冈	满洲正黄旗	道光二十一年 九月二十五日	1841 年 11 月 8 日	《同治十三年甲戌科会试同年齿录》
				光绪二十六年 正月十九日	1900 年 2 月 18 日	《凤鸣传包》(台北故宫博物院故传 011183 号)[③]
凤英	彦臣		满洲镶蓝旗	道光十年	1830 年	《日记》光绪十六年七月二十六日[④]
				光绪二十年 二月二十八日	1894 年 4 月 3 日	吏部《咨呈军机处为户科给事中凤英于光绪二十年二月二十八日病故由》(台北故宫博物院《军机处档折件》第 132287 号)
扶云			?	?		《日记》光绪五年三月八日
				?		
孚馨	伯兰		满洲正蓝旗	道光十二年 八月六日	1832 年 8 月 31 日	《中国少数民族古籍集成·爱新觉罗宗谱》册 42 页 12
				光绪十六年 六月二十五日	1890 年 8 月 10 日	同上
福锟	蓟甫	珍亭 箴廷	满洲镶蓝旗	道光十四年 十月五日	1834 年 11 月 5 日	《中国少数民族古籍集成·爱新觉罗宗谱》册 42 页 530—534[⑤]
				光绪二十二年 九月二日	1896 年 10 月 8 日	同上

① 原名龄。

② 《道光十二年壬辰科直省乡试同年录》仅作嘉庆癸亥年(1803)。《清代人物生卒年表》缺。

③ 《申报》光绪二十六年二月六日第九千六百五十十号《宫门抄》:“正月二十一日。凤鸣递遗折。”据此,仅知其卒于光绪二十六年正月二十一日左右。

④ 据《日记》,其自言光绪十六年为六十二岁。据此逆推,其当生于道光十年(1830)。

⑤ 《咸丰九年己未科会试同年齿录》与《中国少数民族古籍集成·爱新觉罗宗谱》同。

续表

姓名	字	号	籍贯	生卒(农历)	生卒(公历)	文献来源
福楙	幼农	淄生	蒙古正红旗	咸丰七年 十一月十五日	1857年 12月30日	《光绪丙子科顺天乡试同年齿录》[①]
				光绪十四年 十一月十四日	1888年 12月16日	《日记》光绪十四年十一月十六日[②]
福润	少农		蒙古正红旗	道光十七年	1837年	《申报》光绪九年十一月十日第三千八百三十号之光绪九年十月二十六日《京报全录·陈士杰跪奏》[③]
				光绪二十六年 闰八月二十六日	1900年 10月19日	世续《奏报前安徽巡抚福润病故事》(中国第一历史档案馆藏)[④]
傅承烈			浙江山阴	同治八年	1869年	《日记》光绪七年四月二十八日[⑤]
				光绪七年 三月	1881年	同上
傅大章[⑥]	凤笙		江西丰城	嘉庆十九年 七月三十日	1814年 9月13日	《丰城傅氏十五修族谱》卷32《荷塘淦上后房世系》[⑦]
				光绪八年 四月二十日	1882年 6月5日	同上[⑧]
傅嘉年	为楷	莲峰	福建建安	道光二十八年 十月十七日	1848年 11月12日	林纾《畏庐续集》之《晋安耆年会序》[⑨]
				民国四年	1915年	乔晓君《中国美术家人名辞典补遗一编》[⑩]

① 福楙乡试履历(《清代朱卷集成》册115)、《光绪六年庚辰科会试同年齿录》均与《光绪丙子科顺天乡试同年齿录》同。

② 《清代人物生卒年表》缺。

③ 《京报全录·陈士杰跪奏》载其光绪九年为四十七岁。据此逆推,其当生于道光十七年(1837)。

④ 《清代人物生卒年表》作光绪二十八年(1902)。

⑤ 《日记》光绪七年四月二十八日载其光绪七年三月卒,年二十三。据此逆推,其当生于同治八年(1869)。

⑥ 谱名载诰。

⑦ 《咸丰元年辛亥恩科直省同年全录》作道光癸未年七月三十日。

⑧ 吏部《片行军机处工科给事中傅大章病故日期》(台北故宫博物院《军机处档折件》第123483号)与《族谱》同。

⑨ 林纾《畏庐续集》中作于(民国)甲寅六月的《晋安耆年会序》:"傅嘉年,字莲峰,年六十七岁。"《光绪六年庚辰科会试同年齿录》作道光己酉年十月十七日。据此二者,定其生于道光二十八年十月十七日。《中国美术家人名辞典补遗一编》作道光二十八年(1848)。《清代人物生卒年表》据《光绪六年庚辰科会试同年齿录》作道光二十九年(1849)。

⑩ 《清代人物生卒年表》缺。

续表

姓名	字	号	籍贯	生卒(农历)	生卒(公历)	文献来源
傅楣	子眉 子楣	幕琴	浙江会稽	道光二十年 十月二十日	1840年 11月13日	傅以礼《傅氏家乘世系表》
				?		
傅培基	笃初	念堂 小樵	云南昆明①	咸丰二年 二月九日	1852年 3月29日	傅钦衍《萧山傅氏宗谱》卷16《三十二世电公派》②
				光绪十六年 九月二十六日	1890年 11月8日	同上
傅朴	怀庭 槐庭	古愚	浙江会稽	道光二十四年 四月二十八日	1844年 6月13日	傅以礼《傅氏家乘世系表》
				?		
傅庆咸③	子范 之范		浙江会稽	道光二十六年 十二月二十六日	1847年 2月11日	傅以礼《傅氏家乘世系表》
				?		
傅庆贻	哲生	芸孙	直隶清苑④	嘉庆二十四年 三月二日	1819年 3月27日	《楚省八旗奉直同官录》⑤
				光绪十三年 四月十六日	1887年 5月8日	《申报》光绪十三年五月十二日第五千一百零三号之光绪十三年五月四日《京报全录·卞宝第片》
傅为霖⑥	郎山	润生	四川简州	道光十年 六月十一日	1830年 7月30日	《光绪六年庚辰科会试同年齿录》⑦
				光绪三十二年	1906年	林志茂《简阳县志》卷23《编年篇·纪事》⑧

① 原籍浙江萧山。

② 《同治庚午科大同年齿录》《同治十三年甲戌科会试同年齿录》《同治九年庚午科顺天乡试同年齿录》均作咸丰癸丑年二月九日。

③ 谱名模。

④ 祖籍湖北江夏。

⑤ 《清代人物大事纪年》《咸丰元年辛亥恩科直省同年全录》均作道光甲申年三月二日。

⑥ 派名嘉昶。

⑦ 《同治庚午科大同年齿录》与《光绪六年庚辰科会试同年齿录》同。傅为霖《简州傅氏谱》卷6下《文献征略·家牒拾遗》载:"道光癸卯,余年十四,与寿山、熙廷同学于从伯馆中,越丙午后,又与寿山、海帆同学至七年之久。"据此逆推,其生年与《光绪六年庚辰科会试同年齿录》同。《清代人物生卒年表》作道光十一年(1831)。

⑧ 《简阳县志》卷13《士女篇·文苑》载其卒年七十六。再据其生年推算,则当卒于光绪三十一年(1905)。故《士女篇·文苑》中"七十六"或为实岁。

续表

姓名	字	号	籍贯	生卒(农历)	生卒(公历)	文献来源
傅驯	鉴川	心斋	江西金溪	嘉庆十年 五月十三日	1805 年 6 月 10 日	《己酉科直省乡试同年录》①
				?		
傅以礼②	节子 戊臣 稷籽	小石 季节 节庵学人	浙江会稽	道光七年 六月十四日	1827 年 8 月 6 日	傅以礼《傅氏家乘世系表》
				光绪二十四年	1898 年	《民国绍兴县志资料第一辑》册 15《人物列传第二编》
傅以绥③	诗寿 介臣 艾臣 仲安	稚瘦 莱生 叔艾 墨汀	浙江会稽④	嘉庆二十一年 八月十三日	1816 年 10 月 3 日	傅以礼《傅氏家乘世系表》⑤
				同治十三年 四月十七日	1874 年 6 月 1 日	《申报》同治十三年九月十七日第七百六十六号之同治十三年九月二日、三日《京报全录·王文韶跪奏》⑥
傅樾⑦	子越	述诗	浙江会稽	道光二十三年 二月一日	1843 年 3 月 1 日	傅以礼《傅氏家乘世系表》
				?		
傅云龙⑧	懋元	剑清 醒夫	浙江德清	道二十年 四月四日	1840 年 5 月 5 日	傅范初、傅范翔、傅范钜《傅云龙讣告》⑨
				光绪二十七年 四月十二日	1901 年 5 月 29 日	同上⑩

① 《咸丰六年丙辰科会试同年齿录》作嘉庆壬申年五月十三日。《清代人物生卒年表》据《咸丰六年丙辰科会试同年齿录》作嘉庆十七年(1812)。

② 原名以豫。

③ 原名黎保。

④ 入籍大兴。

⑤ 《京报全录·王文韶跪奏》载其同治十三年为五十四岁。据此逆推,其当生于道光二年(1822)。《己酉科直省乡试同年录》《己酉科顺天乡试同年齿录》均作道光辛巳年八月十三日。

⑥ 《民国绍兴县志资料第一辑》册 15《人物列传第二编》仅作卒年五十九。据《傅氏家乘世系表》及《京报全录·王文韶跪奏》推,其享年正五十九岁。

⑦ 一名久昭。

⑧ 小名鄮生,初名云鄮。

⑨ 傅云龙《傅氏谱稿》之《谱三》;《谱十》之《先妣姚太夫人年谱》、《乡贤商岩公年谱》均与《傅云龙讣告》同。傅范淑《诰授资政大夫覃恩晋封光禄大夫赏戴花翎二品顶戴奏保出使大臣直隶补用繁缺知府傅府君墓志铭》载其卒于光绪二十七年四月十二日,年六十二。据此逆推,其生年亦与《傅云龙讣告》同。《清代人物生卒年表》缺。

⑩ 傅范初、傅范翔、傅范钜《傅云龙行状》、傅范淑《诰授资政大夫覃恩晋封光禄大夫赏戴花翎二品顶戴奏保出使大臣直隶补用繁缺知府傅府君墓志铭》与《傅云龙讣告》同。《清代人物生卒年表》据《清人诗文集总目提要》作光绪二十六年(1900)。

续表

姓名	字	号	籍贯	生卒(农历)	生卒(公历)	文献来源
傅芝秋	曰四		?	?		《日记》光绪二年十一月四日
				光绪二年 十一月四日	1876 年 12 月 19 日	同上
傅钟麟	趾仁 子淳 子莼	芳洲 越石	浙江山阴	道光十一年 正月二十一日	1831 年 3 月 5 日	《日记》光绪十六年正月二十日①
				光绪三十二年 九月六日	1906 年 10 月 23 日	《奏报袁州府知府傅钟麟病故日期事》(中国第一历史档案馆藏)
傅作楫②	莲舟 孝泽		浙江山阴	?		《民国绍兴县志资料第二辑》册 36《第十四类·人物》
				?		
傅作梅	蔼卿	省庵	浙江会稽	同治元年 八月九日	1862 年 9 月 2 日	《光绪戊子科浙江乡试同年齿录》
				?		
甘杰③	枚臣	次庄	江西奉新	道光十五年 八月二十五日	1835 年 10 月 16 日	甘常宪《奉新甘氏增修家谱》卷 4《润斋公支世系》④
				光绪十年 正月十日	1884 年 2 月 6 日	同上⑤
冈千仞⑥	天爵 振衣 子文	鹿门	日本宫城⑦	天保四年 十一月二日	1833 年 12 月 12 日	宇野量介《鹿门冈千仞の生涯》
				大正三年 二月十八日	1914 年 2 月 18 日	同上

① 《日记》光绪十六年正月二十日载其"明日六秩初度"。据此逆推,其当生于道光十一年正月二十一日。《咸丰元年辛亥恩科直省同年全录》作道光丙申年正月二十一日。《同治四年乙丑科会试同年齿录》作道光丁酉年正月二十一日。傅钟麟乡试履历(《清代朱卷集成》册 244)、《咸丰元年辛亥恩科浙江乡试同年齿录》均作道光甲午年正月二十一日。

② 又名钟沅。

③ 谱名醴铭,派名常安。

④ 甘常宪《奉新甘氏增修家谱》卷 9 叶先圻《清授朝议大夫甘次庄先生传》载其卒于甲辰(申)年正月十日,享年五十。据此逆推,其生年与《奉新甘氏增修家谱》同。《同治四年乙丑科会试同年齿录》作道光丙申年正月二十五日。

⑤ 甘常宪《奉新甘氏增修家谱》卷 9 叶先圻《清授朝议大夫甘次庄先生传》作甲辰年正月十日。此甲辰当为甲申之误。

⑥ 自名栋,改名修,通称启辅,后名千仞。

⑦ 本仙台藩籍。

续表

姓名	字	号	籍贯	生卒(农历)	生卒(公历)	文献来源
高骖麟	仲瀛	颂寅	浙江仁和	道光二十二年五月十七日	1842年6月25日	《增辑高氏杭州泥孩儿巷派家谱》①
				?		
高德济	伯川		湖北襄阳	?		《日记》光绪十八年三月九日
				?		
高贡龄	次封	丙炎 丙禹 眪焱 竹桓	山东利津	嘉庆九年八月六日	1804年9月9日	李佐贤《石泉书屋类稿》卷4《诰授中宪大夫绍兴府知府加一级次峰高君墓表》②
				同治七年四月九日	1868年5月1日	同上
高桂馨	一山	丹五	直隶天津	同治六年七月十七日	1867年8月16日	《高桂馨会试朱卷》③
				?		
高积勋	卓如	放庵	河南项城	道光二十一年十一月二十四日	1842年1月5日	《光绪三年丁丑科会试同年齿录》④
				光绪二十五年	1899年	张镇芳《项城县志》卷23《人物志二》⑤
高觐昌	葵北	绍芬 省庵 遁庵	江苏丹徒	咸丰六年二月二十八日	1856年4月3日	高觐昌《葵园遁叟自订年谱》⑥
				民国十三年十月十八日	1924年11月14日	高恒儒《跋》(高觐昌《葵园遁叟自订年谱》卷末)
高兰	蘅畹		浙江萧山	?		张宗海、杨士龙《民国萧山县志稿》
				?		

① 《同治癸酉科浙江乡试同年齿录》与《增辑高氏杭州泥孩儿巷派家谱》同。

② 《道光二十五年会试齿录》仅作嘉庆庚午年,月、日空缺。

③ 《光绪二十四年戊戌科会试同年齿录》、高桂馨会试履历(《未刊清代朱卷集成》册27)均与《高桂馨会试朱卷》同。

④ 许应鑅《浙江同官录》与《光绪三年丁丑科会试同年齿录》同。高钊中《项城高氏木本水源图》卷2《老四门内之三门》无出生年月日。

⑤ 《项城县志》载其卒年五十九。此姑据《光绪三年丁丑科会试同年齿录》中生年及《项城县志》所载享寿,定其卒于光绪二十五年(1899)。高钊中《项城高氏木本水源图》卷2《老四门内之三门》无去世年月日。

⑥ 高觐昌会试履历(《清代朱卷集成》册58)、高觐昌乡试履历(《清代朱卷集成》册172)均作咸丰戊午年二月二十八日。

续表

姓名	字	号	籍贯	生卒(农历)	生卒(公历)	文献来源
高凌雯	彤阶		直隶天津	咸丰十一年十二月初十日	1862年1月9日	郭瑞生《先师高先生行状》(高凌雯《刚训斋集》卷首)①
				民国三十四年六月二十六日	1945年8月3日	同上
高凌霄	寯峰	汉槎 濬生	直隶天津	道光二十八年五月二十五日	1848年6月25日	王守恂、高凌雯《天津县新志》卷21之4《人物四》②
				宣统元年	1909年	同上
高乃听	逖庵		浙江会稽	道光二十五年	1845年	《申报》光绪十年五月十九日第四千零九号之光绪十年五月十一日《京报全录·崇绮、松林跪奏》③
				?		
高卿培	滋园		安徽贵池	嘉庆二十年九月二十四日	1815年10月26日	俞樾《春在堂杂文三编》卷1《两浙盐运使高君墓志铭》④
				光绪六年四月二十一日	1880年5月29日	同上
高清岩	云山		浙江钱塘	道光七年十一月三日	1827年12月20日	《苏省同官录》
				?		
高人骥	呈甫	蓨生	浙江仁和	道光九年四月十三日	1829年5月15日	《同治庚午科浙江乡试同年齿录》⑤
				?		
高升			浙江会稽	?		《日记》光绪十八年九月二日
				?		

① 章用秀《天津书法三百年》载有其诗跋"今岁戊寅,上距光绪己卯正一周甲,犹记是年余方弱冠……而余年已七十八矣……"据此逆推,其当生于咸丰十一年(1861)。

② 《同治癸酉科顺天乡试同年齿录》《高凌霄乡试朱卷》均作道光庚戌年五月二十五日。《天津县新志》卷21之4《人物四》载其宣统元年卒,年六十二。据此三者,定其生于道光二十八年五月二十五日。

③ 《京报全录·崇绮、松林跪奏》载其本年四十岁。据此逆推,其当生于道光二十五年(1845)。

④ 《墓志铭》载其光绪六年四月二十一日,年六十有六。俞樾著;赵一生主编《俞樾全集》册18《春在堂楹联》卷1《高滋园都转六十寿联》载其九月二十四日生。据此二者,定其生于嘉庆二十年九月二十四日。

⑤ 高人骥乡试履历(《清代朱卷集成》册258)、《同治庚午科大同年齿录》均与《同治庚午科浙江乡试同年齿录》同。

续表

姓名	字	号	籍贯	生卒(农历)	生卒(公历)	文献来源
高彤琦	凤岗 凤冈	仲奇	山东利津	?		《高氏支谱》
				?		
高蔚光	星南	寿农 晦庵	云南昆明	道光二十年 十二月十七日	1841年 1月9日	《重订戊辰同年齿录》①
				?		
高文钦	叔泉 叔敬	慎斋	河南祥符	道光二十六年 正月三日	1846年 1月29日	《同治庚午科大同年齿录》②
				光绪十九年	1893年	《日记》光绪十九年七月二十一日③
高锡恩④	古民		浙江仁和	嘉庆九年 十月五日	1804年 11月6日	《增辑高氏杭州泥孩儿巷派家谱》⑤
				同治八年 五月十五日	1869年 6月24日	同上⑥
高夔曾⑦	理臣	淳夫 澴溪	湖北孝感	道光二十一年 三月二日	1841年 3月24日	《同治十三年甲戌科会试同年齿录》⑧
				民国六年	1917年	杨建文《高夔曾墓表》⑨

① 高蔚光会试履历(《清代朱卷集成》册31)作道光二十三年十二月二十七日。《清代人物生卒年表》据《同治七年戊辰科会试同年齿录》作道光二十一年(1841)。笔者在《同治七年戊辰科会试同年齿录》中未检索到高蔚光履历,其所据或为《重订戊辰同年齿录》。

② 《同治九年庚午科顺天乡试同年齿录》与《同治庚午科大同年齿录》同。

③ 《日记》光绪十九年七月二十一日:"庚午同年高叔泉(文钦)病故,送奠分八千。"据此,其当卒于光绪十九年七月二十一日或之前。此暂作光绪十九年(1893)。

④ 谱名师谦,原名学淳,官名锡恩。

⑤ 高锡恩《友石斋诗集》卷首薛时雨《皇清诰授朝议大夫晋赠中议大夫仁和高君墓志铭》、李慈铭《越缦堂文集》卷6《中宪大夫仁和高君墓志铭》、赵铭《琴鹤山房遗稿》卷8《中宪大夫道衔候选同知仁和高君墓志铭》均与《增辑高氏杭州泥孩儿巷派家谱》同。高锡恩《友石斋诗集》卷首谭献《清故中宪大夫道衔候选府同知高先生行状》仅载其同治八年五月卒,年六十六。据此逆推,其生年亦与《增辑高氏杭州泥孩儿巷派家谱》同。

⑥ 高锡恩《友石斋诗集》卷首薛时雨《皇清诰授朝议大夫晋赠中议大夫仁和高君墓志铭》、李慈铭《越缦堂文集》卷6《中宪大夫仁和高君墓志铭》、赵铭《琴鹤山房遗稿》卷8《中宪大夫道衔候选同知仁和高君墓志铭》均与《增辑高氏杭州泥孩儿巷派家谱》同。高锡恩《友石斋诗集》卷首谭献《清故中宪大夫道衔候选府同知高先生行状》仅作同治八年五月。

⑦ 派名楠忠。

⑧ 《咸丰乙卯科直省乡试同年录》与《同治十三年甲戌科会试同年齿录》同。杨建文《高夔曾墓表》仅作一八四一年三月。

⑨ 杨建文《高夔曾墓表》作一九一七年六月二日。笔者致电杨建文教授,杨教授联系高夔曾后裔后仍不能确定六月二日为农历还是公历。此暂作民国六年(1917)。《清代人物生卒年表》缺。

续表

姓名	字	号	籍贯	生卒(农历)	生卒(公历)	文献来源
高延祜	德夫	震轩 秩斯 星岘 亦仙 叶轩	浙江萧山	道光元年 十二月五日	1821年 12月28日	《咸丰三年癸丑科会试同年齿录》①
				?		
高应元②	辛才 心裁 星侪	菊门	浙江富阳	乾隆五十八年 八月二十六日	1793年 9月30日	高荣庆、高炳生《春江灵泉高氏宗谱》卷8《鼎字行·行传第二十世》
				同治十三年 七月二十日	1874年 8月31日	同上
高源	瀛仙	星海	浙江山阴	道光十三年 六月二十九日	1833年 8月14日	《咸丰乙卯直省乡试同年齿录》③
				?		
高增融	化之	再樽 仲昭	陕西米脂	同治二年 十二月二日	1864年 1月10日	《米脂万丰高氏宗谱·统系谱》卷7《第四支七系十四世至廿二世图考》④
				民国二十一年 五月六日	1932年 6月9日	同上
高振冈			直隶天津	?		《日记》光绪十年十一月四日
				?		
高震鏴			浙江山阴	道光二十七年	1847年	《大清搢绅全书》(光绪二十四年秋)册3《湖北·武昌府》⑤
				?		
戈荣庆	福堂	立轩	河北景州	?		戈炳策《戈氏族谱》下册卷4上
				?		

① 《道光庚子科直省同年谱》、朱彭寿《清代人物大事纪年》均与《咸丰三年癸丑科会试同年齿录》同。

② 谱名寯。

③ 高源乡试履历(《清代朱卷集成》册246)、《咸丰五年乙卯科浙江乡试同年齿录》均与《咸丰乙卯直省乡试同年齿录》同。

④ 《光绪十五年己丑科会试同年齿录》与《米脂万丰高氏宗谱·统系谱》同。

⑤ 《清代官员履历档案全编》(册28页178)载其光绪二十一年为四十九岁。据此逆推,其当生于道光二十七年(1847)。

续表

姓名	字	号	籍贯	生卒(农历)	生卒(公历)	文献来源
戈英芳	晴溪	晓帆	河北景州	?		戈炳策《戈氏族谱》下册卷4上
				?		
葛宝华	振卿		浙江山阴	道光二十四年七月十八日	1844年8月31日	姚诒庆《清故光禄大夫建威将军赐进士出身紫禁城骑马花翎礼部尚书参预政务大臣署法部尚书镶红旗蒙古都统刑部尚书葛勤恪公墓志铭》(《碑传集补》卷6)①
				宣统二年二月十八日	1910年3月28日	同上②
葛金烺	景亮	毓山 煜珊	浙江平湖	道光十七年十一月十六日	1837年12月13日	葛贤锃《葛稚威先生行略年表合辑》③
				光绪十六年正月四日	1890年1月24日	同上④
葛献青⑤	礼东	吟巢	浙江山阴	道光二十三年三月六日	1843年4月5日	《光绪己卯科直省同年齿录》⑥
				光绪十七年十一月二十七日	1891年12月27日	陈汝霖《光绪太平续志》卷3《职官·学官》⑦

① 葛宝华会试履历(《清代朱卷集成》册54)、《光绪九年癸未科会试同年齿录》均与《墓志铭》同。《清代人物生卒年表》据章梫《一山文存》卷5《葛宝华传》作道光二十四年(1844)。笔者在《葛宝华传》中未检索到其出生年月日或享寿,仅得二年二月卒。

② 《新闻报》宣统二年二月二十日第六千一百二十号《葛宝华本日出缺》(二月十九日发)、《时报》宣统二年二月二十一日第二千零七十八号均作宣统二年二月十九日。章梫《一山文存》卷5《葛宝华传》仅作(宣统)二年二月。

③ 葛金烺会试履历(《清代朱卷集成》册54)作道光乙巳年十一月十六日。《光绪己卯科直省同年齿录》作道光戊戌年十一月十六日。《葛稚威先生行略年表合辑》中载其卒于光绪十六年正月四日,享年五十四。据此三者,定其生于道光丁酉年十一月十六日。《葛氏宗谱》之《小传》、谭献《复堂文续》卷5《皇清诰授中宪大夫晋封通议大夫户部郎中葛君墓表》、许景澄《许文肃公外集》卷5《户部郎中葛府君墓表》均载其光绪十六年正月卒,年五十四。据此三者逆推,仅得其生年为道光十七年(1837)。

④ 《葛氏宗谱》之《小传》、谭献《复堂文续》卷5《皇清诰授中宪大夫晋封通议大夫户部郎中葛君墓表》、许景澄《许文肃公外集》卷5《户部郎中葛府君墓表》均仅作光绪十六年正月。

⑤ 谱名瀛,原名懋洪。

⑥ 葛毓兰《山阴天乐葛氏宗谱》卷4《正七房绍裘公派》中无出生年月日。

⑦ 葛毓兰《山阴天乐葛氏宗谱》卷4《正七房绍裘公派》中无去世年月日。

续表

姓名	字	号	籍贯	生卒(农历)	生卒(公历)	文献来源
葛咏裳	逸仙 寿同	叔霓 我斋	浙江临海	道光二十三年 二月十四日	1843年 3月14日	葛寿尧《临海山后葛氏宗谱》卷5《西宅大房·十七世至廿一世》①
				光绪三十一年 六月十四日	1905年 7月16日	同上②
葛肇基	寿芝		浙江平湖	嘉庆十二年 七月十二日	1807年 8月15日	李慈铭《越缦堂文集》卷9《三品衔候选同知葛君墓志铭》③
				光绪六年 五月十日	1880年 6月17日	同上④
龚嘉俊⑤	佑庵	幼安	云南昆明	道光十年 八月二十二日	1830年 10月8日	龚嘉俊会试履历(《清代朱卷集成》册19)⑥
				光绪十六年 十二月十二日	1891年 1月21日	《申报》光绪十六年十二月二十三日第六千三百九十一号《苏省抚辕抄》⑦
龚启荪⑧	藕田 漢田 后田		浙江东阳	道光三十年 正月一日	1850年 2月12日	龚启坤《松门龚氏复振祠宗谱》卷26⑨
				民国五年 六月十五日	1916年 7月14日	同上
龚锡爵			越缦邑人	?		《日记》光绪十九年六月二十五日
				?		

① 《同治庚午科大同年齿录》《同治庚午科浙江乡试同年齿录》均与《临海山后葛氏宗谱》同。葛咏裳会试履历(《清代朱卷集成》册46)、《光绪六年庚辰科会试同年齿录》均作道光己酉年二月十四日。《清代人物生卒年表》据《光绪六年庚辰科会试同年齿录》作道光二十九年(1849)。

② 黄秉义著;周兴禄整理《黄秉义日记》册1光绪三十一年六月十六日日记与《宗谱》同。《清代人物生卒年表》缺。

③ 《葛氏宗谱》之《小传》作光绪六年庚辰四月,年七十四。据此逆推,其生年与《墓志铭》同。

④ 《葛氏宗谱》之《小传》仅作光绪六年庚辰四月。此与《墓志铭》所载月份有异,姑据《墓志铭》。

⑤ 原名嘉保。

⑥ 《己酉科直省乡试同年录》《咸丰六年庚辰科会试同年齿录》均与龚嘉俊会试履历同。

⑦ 《苏省抚辕抄》:"镇洋塘工差家人来辕禀报,家主督办浙西引盐督销总局浙江即补道龚嘉俊大人于本月十二日巳刻病故,已于十五日午时入殓。"崧骏《题报候补道龚嘉俊病故日期事》(中国第一历史档案馆藏)与《苏省抚辕抄》同。《清代人物生卒年表》缺。

⑧ 原名启菁。

⑨ 龚启荪乡试履历(《清代朱卷集成》册262)与《松门龚氏复振祠宗谱》同。

续表

<table>
<tr><th>姓名</th><th>字</th><th>号</th><th>籍贯</th><th>生卒(农历)</th><th>生卒(公历)</th><th>文献来源</th></tr>
<tr><td rowspan="2">龚显曾</td><td rowspan="2">毓沂</td><td rowspan="2">咏樵</td><td rowspan="2">福建晋江</td><td>道光二十一年
五月五日</td><td>1841 年
6 月 23 日</td><td>龚显曾会试履历(《清代朱卷集成》册 25)①</td></tr>
<tr><td>光绪十一年
七月十四日</td><td>1885 年
8 月 23 日</td><td>陈启仁《咏樵龚君墓志铭》(《晋江文献丛刊第一辑》)②</td></tr>
<tr><td rowspan="2">龚照瑗</td><td rowspan="2">仰蘧</td><td rowspan="2">卫卿</td><td rowspan="2">安徽合肥</td><td>道光十五年
四月四日</td><td>1835 年
5 月 1 日</td><td>龚心湛《龚氏重修宗谱稿略》③</td></tr>
<tr><td>光绪二十三年
六月二十一日</td><td>1897 年
7 月 20 日</td><td>同上④</td></tr>
<tr><td rowspan="2">龚镇湘⑤</td><td rowspan="2">子修</td><td rowspan="2">省吾
筱梧
静庵</td><td rowspan="2">湖南善化</td><td>道光十九年
九月二十一日</td><td>1839 年
10 月 27 日</td><td>《尖山龚氏四修族谱》卷 11《三房十一世世编》⑥</td></tr>
<tr><td>民国十年
九月二十一日</td><td>1921 年
10 月 21 日</td><td>同上⑦</td></tr>
<tr><td rowspan="2">贡成绶</td><td rowspan="2">绮孙</td><td rowspan="2">又山
幼山</td><td rowspan="2">浙江汤溪</td><td>道光十七年
六月十九日</td><td>1837 年
7 月 21 日</td><td>贡福勋《广陵贡氏族谱》卷 3《行传》⑧</td></tr>
<tr><td>宣统二年
十二月十日</td><td>1911 年
1 月 10 日</td><td>同上⑨</td></tr>
<tr><td rowspan="2">顾德荣⑩</td><td rowspan="2">春园</td><td rowspan="2">华三</td><td rowspan="2">浙江会稽</td><td>嘉庆十六年
三月二十日</td><td>1811 年
4 月 12 日</td><td>顾乃眷《上虞西华顾氏九修宗谱》卷 28《正平徙寺东派》</td></tr>
<tr><td>光绪五年
闰三月二十五日</td><td>1879 年
5 月 15 日</td><td>同上</td></tr>
</table>

① 《晋江文献丛刊第一辑》之陈启仁《咏樵龚君墓志铭》载其卒于光绪十一年七月十四日,年四十五。据此逆推,其生年与龚显曾会试履历同。

② 《清代人物生卒年表》缺。

③ 《江宁同官录》与《龚氏重修宗谱稿略》同。

④ 《申报》光绪二十三年六月二十三日第八千七百十五号《祭奠勋臣》、吏部《为知照宗人府府丞龚照瑗在上海旅次病故日期事致宗人府》(中国第一历史档案馆藏)均与《龚氏重修宗谱稿略》同。

⑤ 派名运震。

⑥ 《重订戊辰同年齿录》与《尖山龚氏四修族谱》同。《同治七年戊辰科会试同年齿录》作道光辛丑年九月二十一日。

⑦ 《清代人物生卒年表》缺。

⑧ 贡福勋《广陵贡氏族谱》卷 1 贡福勋《先严又山公传略》仅作道光丁酉年(1837)。

⑨ 贡福勋《先严又山公传略》与《广陵贡氏族谱》同。

⑩ 一名若炎。

续表

姓名	字	号	籍贯	生卒(农历)	生卒(公历)	文献来源
顾敦义	宜斋	友智 持清	江苏丹徒	道光十四年 三月六日	1834年 4月14日	顾敦义乡试履历(《清代朱卷集成》册104)
				?		
顾恩荣			直隶天津	?		《日记》光绪十年十二月二十二日
				?		
顾家相	季敦	辅卿 黼卿 勴堂	浙江会稽	咸丰三年 四月十九日	1853年 5月26日	《上虞西华顾氏九修宗谱》卷30《东宅支绍城长桥派廿三世至廿七世》①
				民国六年 十一月十六日	1917年 12月29日	缪荃孙《艺风堂文漫存·乙丁稿》卷2《顾辅卿同年墓志铭》②
顾菊生	师陶	淡如	江西广丰	嘉庆二十二年 九月九日	1817年 10月19日	顾树沛《赐进士出身皇清诰授中宪大夫署理浙江金衢严道顾府君行述》(《湖峰顾氏宗谱》卷6)③
				同治四年 五月十九日	1865年 6月12日	同上
顾莲	子爱	香远 复斋	江苏华亭	道光二十一年 六月三日	1841年 7月20日	高夑《清封朝议大夫候选员外郎四川梁山县知县翰林院庶吉士私谥贞献先生顾公行状》(顾莲《素心簃文集》卷末附)④
				宣统二年 九月二十四日	1910年 10月26日	同上

① 《光绪乙亥恩科顺天乡试同年齿录》《光绪二年丙子科会试同年齿录》均与《宗谱》同。缪荃孙《艺风堂文漫存·乙丁稿》卷2《顾辅卿同年墓志铭》载其"(民国)丁巳十一月十六日卒,年六十五岁",又载其"己卯摄东乡县篆,年才二十有七"。据此二者逆推,其生年均与《宗谱》同。

② 《大公报》(天津版)民国十七年十二月二十三日(公历)第九千一百三十二号《告窆》与墓志铭同。

③ 《道光二十三年癸卯科直省同年全录》作嘉庆庚辰年九月九日。

④ 顾莲会试履历(《清代朱卷集成》册45)、顾莲乡试履历(《清代朱卷集成》册148)、《光绪六年庚辰科会试同年齿录》均作道光癸卯年六月三日。

续表

姓名	字	号	籍贯	生卒(农历)	生卒(公历)	文献来源
顾庆咸①	亦史	崧甫	浙江山阴	道光二十五年十月十日	1845年11月9日	顾乃眷《上虞西华顾氏九修宗谱》卷28《正平支寺东派廿二世至廿六世》
				宣统元年十一月十日	1909年12月22日	同上
顾庆章②	达斋	念湖	浙江山阴	道光二十四年十一月十五日	1844年12月24日	顾乃眷《上虞西华顾氏九修宗谱》卷25《前宅支安昌派廿三世至廿七世》
				光绪十年二月二十七日	1884年3月24日	同上
顾瑞清	河之 和之		江苏元和	嘉庆二十二年正月二十四日	1817年6月19日	赵诒深《顾千里先生年谱》卷下③
				同治二年五月	1863年	张瑛《知退斋稿》卷5《河之顾君传》
顾寿桢④	伯苍 寿昌	祖香 伯子	浙江会稽	道光十六年四月二十七日	1836年6月10日	顾家相《孟晋斋年谱》⑤
				同治三年十月二十二日	1864年11月20日	同上⑥
顾文敏⑦	叔度 捷轩	当湖外史	直隶天津⑧	咸丰五年	1855年	章用秀《天津书法三百年》
				民国四年	1915年	同上

① 原名庆申。

② 一名文璋，一作庆章。

③ 顾瑞清乡试履历(《清代朱卷集成》册141)作嘉庆己卯年正月二十四日。张星鉴《仰萧楼文集》之《怀旧记·顾孝廉》:“卒于同治二年夏，年四十七岁。”据此逆推，其当生于嘉庆丁丑年(1817)。赵诒深所编《顾千里先生年谱》仅作嘉庆丁丑年(1817)。此《年谱》中谱下又载李慈铭所记:“河之少承祖训，又从申耆先生游，故其学极有原本。处贫守约，掇拾遗书，生长吴阊，不识冶游事，为人淳朴谨信，衣冠古拙，类有道者。予居京城，河之馆故太傅潘文恭公家，介毗陵吕定子编修来访，时年四十四矣。与予相识未及十日，来访者五次。来辄论学，尽晷不去。临行出藏书数种为别，可感也已。庚申长至日又书。”《日记》咸丰十年八月初二日:“定子偕顾河之孝廉见访，年四十余，粥粥笃谨，学问人也。听其谈古籍源流甚悉，固有得于家学者。孝廉又尝从武进李申耆先生游，能守师法云。”据赵诒深所编《顾千里先生年谱》及《越缦堂日记》逆推，其亦当生于嘉庆丁丑年(1817)。综上，定其生于嘉庆丁丑年正月二十四日。《清代人物生卒年表》作嘉庆二十一年(1816)。

④ 初名家栋，又名家桢。

⑤ 顾乃眷《上虞西华顾氏九修宗谱》卷30《东宅支绍城长桥派廿三世至廿七世》中无出生年月日。

⑥ 顾乃眷《上虞西华顾氏九修宗谱》卷30《东宅支绍城长桥派廿三世至廿七世》中无去世年月日。

⑦ 初名文敏，又名宗越。

⑧ 原籍浙江。

续表

姓名	字	号	籍贯	生卒(农历)	生卒(公历)	文献来源
顾肇熙	皞民 退庐	缉庭	江苏吴县	道光二十一年 十月三日	1841年 11月15日	顾彦聪《诰授资政大夫貤封光禄大夫衔显考福建台湾道兼按察使皞民府君行状》①
				宣统二年 正月四日	1910年 2月13日	同上②
管廷献	士修	石夫 梅园	山东莒县	道光二十六年 六月十九日	1846年 8月10日	《城阳管氏五修族谱》卷6《小窑》③
				民国三年 三月二十一日	1914年 4月16日	同上④
管作霖⑤	汝颖	慰农 惠农 润野	浙江黄岩	道光二十三年 五月四日	1843年 6月1日	《新桥管氏宗谱》卷9《大房》⑥
				光绪二十八年 八月二十四日	1902年 9月25日	同上

① 顾肇熙《吉林日记》载："(光绪六年)十月三日，晴，早行五十里，至登伊勒哲库大岭尖，晚宿孤榆桥。十岁、三十岁俱在京邸。廿岁时值寇乱，流徙于淞沪间。四十岁又值边警，奉役在道。吾不知五十、七十时还在京邸否？又不知六十、八十时还在道路否？""(光绪七年)十月三日，晴，早起拈香。""(光绪八年)十月三日，晴，早起拈香行礼，以生日也。"行状及曹允源《复庵文集续编》卷3《顾方伯传》均载其卒于宣统二年正月四日，年七十。据此三者逆推，其当生于道光二十一年十月三日。

② 《申报》宣统二年二月二十三日第一万三千三百四十二号《恕讣不周》、曹允源《复庵文集续编》卷3《顾方伯传》与《行状》同。

③ 《同治庚午科大同年齿录》、《光绪九年癸未科会试同年齿录》、管廷献会试履历(《清代朱卷集成》册51)均与《城阳管氏五修族谱》同。管鉌、管廷怡《城阳管氏五修族谱》卷首中丁昌燕《清故诰授资政大夫补用道管公墓志铭》、于元方《清故诰授资政大夫补用道管公家传并序》均载其民国三年(甲寅)三月卒，年六十九。据此二者逆推，其生年亦与《城阳管氏五修族谱》同。

④ 管鉌、管廷怡《城阳管氏五修族谱》卷首中丁昌燕《清故诰授资政大夫补用道管公墓志铭》、于元方《清故诰授资政大夫补用道管公家传并序》均仅作民国三年(甲寅)三月。《清代人物生卒年表》缺。

⑤ 谱名取敏。

⑥ 管作霖乡试履历(《清代朱卷集成》册253)与《新桥管氏宗谱》同。

续表

姓名	字	号	籍贯	生卒(农历)	生卒(公历)	文献来源
光熙	缉甫 稷甫	云鹤	安徽桐城	道光十年 八月十八日	1830年 10月4日	光循陔《光氏族谱》卷4上《三房十三世朗之后·世纪十六世至二十世》①
				光绪二十年 十一月十七日	1894年 12月13日	《申报》光绪二十一年四月十一日第七千九百十五号之光绪二十一年三月三十日《京报全录·王廉跪奏》②
光炘	景卿	寿萱 镜泉 琴鹤	安徽桐城	道光十四年 四月十四日	1834年 5月22日	光循陔《光氏族谱》卷4上《三房十三世朗之后·世纪十六世至二十世》③
				光绪十一年 九月四日	1885年 10月11日	杨昌濬《题报署延平府事正任福州府知府光炘病故日期事》(中国第一历史档案馆藏)④
贵恒	显堂	午桥	满洲镶白旗	道光十九年 十月九日	1839年 11月14日	高树《贵恒墓碑》⑤
				光绪三十年 十二月四日	1905年 1月9日	同上⑥
贵文			满洲镶蓝旗	?		《大清搢绅全书》(同治二年夏)册1《京师·户部》
				?		

① 《咸丰九年己未科会试同年齿录》《己酉科乡试同年录》均作道光辛卯年八月十八日。《清代人物生卒年表》据《咸丰九年己未科会试同年齿录》作道光十一年(1831)。

② 《申报》光绪二十一年十一月四日第八千一百四十三号之光绪二十一年十月十八日《京报全录·吴大澂跪奏》:"(光绪)二十年二月,光熙扃试文童,感冒风寒病故,女推胸痛哭。以父疾未能亲侍,追悔莫及,乃率诸弟亲视殓。部署事竣,董沐仰药,绝食十有余日,于十二月初一日身故。"据此,仅知其卒于光绪二十年十一月。《清代人物生卒年表》缺。

③ 《同治元年壬戌恩科顺天乡试齿录》作道光丁酉年四月十四日。

④ 《日记》光绪十一年十一月四日:"邸钞,户科给事中安祥授山西归绥道。刑部郎中雷榜荣授福建福州府遗缺知府。(本任福州府光炘尚署延平,未抵任,病故)"据此,仅知其卒于光绪十一年十一月四日或之前。

⑤ 《同治十年辛未科会试同年齿录》作道光辛丑年十月九日。《清代日期生卒年表》缺。

⑥ 《清代人物生卒年表》据《清人别集总目》作光绪三十年(1904)。

续表

姓名	字	号	籍贯	生卒(农历)	生卒(公历)	文献来源
贵贤①	尊谷	哲生	汉军镶黄旗	道光二十一年三月十三日	1841年4月4日	《同治庚午科大同年齿录》②
				?		
桂斌			满洲镶黄旗	?		《大清搢绅全书》(光绪十九年夏)册1《京师·各道》
				?		
桂坫	礼甫	南屏	广东南海	同治四年七月四日	1865年8月24日	桂铭恩《桂南屏太史讣告》③
				1958年2月20日	1958年4月8日	同上
桂霖④	香雨	彦森 方崖	满洲正黄旗	道光二十九年六月二十四日	1849年8月12日	《云南同官录》
				?		
桂年	一山	月浦	蒙古镶蓝旗	道光二十五年	1845年	《光绪二十三年二月初四日吏部抄呈京察一等章京笔帖式刑部郎中英瑞等八十二员领引名单》(台北故宫博物院《军机处档折件》第137936号)⑤
				?		
桂鹏			满洲正黄旗	?		《日记》光绪十三年正月十五日
				?		

① 李氏。

② 《同治九年庚午科浙江乡试同年齿录》与《同治庚午科大同年齿录》同。

③ 《光绪辛卯科广东乡试同年齿录》《光绪甲午恩科会试同年齿录》均作同治丁卯年七月四日。乔晓军《中国美术家人名辞典·补遗一编》仅作同治四年(1865)。

④ 博尔济吉特氏。

⑤ 名单载其光绪二十三年为五十三岁。据此逆推,其当生于道光二十五年(1845)。

续表

姓名	字	号	籍贯	生卒(农历)	生卒(公历)	文献来源
桂坛	杏帷 周山		广东南海	咸丰六年 十一月七日	1856年 12月4日	《光绪己卯科直省同年齿录》
				光绪十一年	1885年	张凤喈《南海县志》卷17《列传》①
桂文灿	子白 昊庭 浩亭		广东南海	道光三年 二月九日	1823年 3月21日	桂坛《先考皓庭府君事略》②
				光绪十年 十月十二日	1884年 11月29日	同上③
郭安仁④	存甫	溪南	山西五台	道光十四年 十月七日	1834年 11月7日	《同治十三年甲戌科会试同年齿录》⑤
				?		
郭传璞	再纯 恬士	晚香	浙江鄞县	道光二年 八月二十九日	1822年 10月23日	郭庆湘《宁波鄞县郭氏宗谱》卷7《世系纪上》⑥
				光绪十八年 正月四日	1892年 2月2日	同上⑦
郭恩第	镜蓉	曼生	直隶天津	道光十一年 七月二十九日	1831年 9月5日	《同治庚午科大同年齿录》⑧
				?		

① 《列传》载其"甲申冬赴楚郧奔父丧……中途感寒疾，抵家不数月卒"。桂坛《先考皓庭府君事略》载其父卒于光绪十年十月十二日。据此二者，桂坛当卒于光绪十年年末左右。此暂作1885年(公历)。

② 《己酉科直省乡试同年录》作道光丙戌年二月九日。

③ 彭祖贤《题报郧县知县桂文灿病故日期事》(中国第一历史档案馆藏)与《事略》同。

④ 原名宗仁。

⑤ 《同治庚午科大同年齿录》与《同治十三年甲戌科会试同年齿录》同。

⑥ 《郭传璞乡试履历》(《清代朱卷集成》册254)、《同治丁卯科并补行甲子科浙江乡试同年齿录》均作道光癸未年八月二十九日。《清代人物生卒年表》据王莳蕙《抱泉山馆文集》卷1《与郭晚香同年书》:"足下今年六十有一，老矣。仆四十有九，亦垂垂老矣。"作道光三年(1823)。笔者检阅《与郭晚香同年书》无撰写时间，并不能推知"今年"为何年。王世祺《象西舫前王氏宗谱》之《世略·二十世》:"尚彬，小字彬如，榜名莳蕙，字撷香，号研农，别号抱泉山人，又号陶园主人。生于道光十五年乙未闰六月十八日，卒于光绪二十年甲午三月四日，享年六十岁。"再据《与郭晚香同年书》，郭传璞生年确为道光三年(1823)。

⑦ 《清代人物生卒年表》缺。

⑧ 《同治九年庚午科顺天乡试同年齿录》作道光乙未年七月二十九日。

续表

姓名	字	号	籍贯	生卒(农历)	生卒(公历)	文献来源
郭发源	岷江	少蓝 少兰 湘帆	浙江钱塘	道光十五年 三月六日	1835年 4月3日	《同治元年壬戌恩科各省乡试同年录》①
				?		
郭赓平	衡文	子钧	江西万载	道光十七年 十一月十三日	1837年 12月10日	《万载田下郭氏族谱》卷21《绿阴公支下德房樣公世系十九世至二十七世》②
				宣统二年 八月二十八日	1910年 10月1日	同上③
郭奎勋④	少卿 少青	紫垣 随庵	江苏江都	嘉庆十九年 正月九日	1814年 1月29日	《道光庚子恩科直省同年谱》⑤
郭嵩焘⑥	伯琛	筠仙 献臣 玉池山农 玉池老人	湖南湘阴	嘉庆二十三年 三月七日	1818年 4月11日	郭焯莹《先考玉池府君事述》(郭嵩焘《玉池老人自叙》卷末)⑦
				光绪十七年 六月十三日	1891年 7月18日	同上⑧
郭翊廷⑨	君卿 荩卿 侠卿		山东历城	道光二十六年 二月五日	1846年 3月2日	《同治癸酉科明经通谱》⑩
				光绪十一年 八月二十六日	1885年 10月4日	何家琪《天根文钞》卷3《郭荩卿墓志铭》

① 《同治元年壬戌恩科各省乡试同年录》载其同治元年为二十八岁。《同治元年壬戌恩科顺天乡试齿录》作道光丁酉年三月初六日。据此二者,定其生于道光十五年三月六日。

② 《光绪六年庚辰科会试同年齿录》作道光壬寅年十月十三日。

③ 《清代人物生卒年表》缺。

④ 原名兆奎。

⑤ 郭兆奎乡试履历(《清代朱卷集成》册137)履历缺。

⑥ 原名先杙,一作先杞。

⑦ 郭嵩焘《玉池老人自叙》卷首王先谦《兵部侍郎郭公神道碑铭》与《事述》同。郭嵩焘《玉池老人自叙》卷首李鸿章《兵部侍郎郭公墓表》、黄嗣东《湘阴郭公墓志铭》均作光绪十七年六月十三日卒,年七十四。据此二者逆推,其生年均与《事述》同。《道光二十七年会试齿录》作嘉庆庚辰年三月七日。

⑧ 郭嵩焘《玉池老人自叙》卷首中李鸿章《兵部侍郎郭公墓表》、王先谦《兵部侍郎郭公神道碑铭》、黄嗣东《湘阴郭公墓志铭》均与《事述》同。《道光二十七年会试齿录》作嘉庆庚辰年三月初七日。

⑨ 改名翊。

⑩ 《光绪六年庚辰科会试同年齿录》与《同治癸酉科明经通谱》同。《墓志铭》载其卒于(光绪)十一年八月壬辰,死年四十。据此逆推,其生年亦与《同治癸酉科明经通谱》。

续表

姓名	字	号	籍贯	生卒(农历)	生卒(公历)	文献来源
海锟			满洲正蓝旗	道光二十六年	1846 年	中国第一历史档案馆《咸丰同治两朝上谕档》册 24 页 141①
				?		
海霈	蕉壑 云壑		满洲镶蓝旗	?		寿丹墀乡试履历、沈维善乡试履历(《清代朱卷集成》册 265)
				?		
海绪	缵亭		汉军正白旗	道光十六年	1836 年	《总管内务府京察一等记名郎中员外郎履历清册》(台北故宫博物院《军机处档折件》第 122312 号)②
				?		
韩昌圻③	幹侯	叔犹	浙江余姚	道光十四年	1834 年	《日记》光绪十九年六月二十七日④
				?		
韩锦云⑤	晓昕 瑞先	紫东	广东文昌	嘉庆十一年 十一月二十八日	1807 年 1 月 6 日	《道光乙未恩科直省同年录》⑥
				同治十三年 十二月四日	1875 年 1 月 11 日	岑毓英《奏为粮储道韩锦云病故出缺除饬崔尊彝署理外请旨简放事》(中国第一历史档案馆藏)⑦

① 《同治六年顺天文乡试录》载其本年二十二岁。据此逆推,其生年亦为道光二十六年(1846)。

② 履历清册载其光绪八年为四十七岁。据此逆推,其当生于道光十六年(1836)。

③ 原名桢。

④ 《日记》光绪十九年六月二十七日:"为韩子乔编修书其尊人叔猷封翁六十寿联。"据此逆推,其当生于道光十四年(1834)。

⑤ 原名日升。

⑥ 《道光二十年庚子科会试同年齿录》仅作(嘉庆)丙寅。《海南丛书·白鹤轩集》卷首《本传一》载其(光绪)十三年十二月五病故,享年六十九。据此逆推,其生年与《道光二十年庚子科会试同年齿录》及《道光乙未恩科直省同年录》同。《本传二》无去世年月日及享寿。《本传三》仅作(光绪)十三年季冬卒,无享寿。《清代人物生卒年表》缺。

⑦ 《海南丛书·白鹤轩集》卷首有三篇本传。《本传一》作同治十三年十二月五日。《本传二》无去世年月日。《本传三》仅作(光绪)十三年季冬。《清代人物生卒年表》据《海南名人辞典》作同治十三年(1874)。

续表

姓名	字	号	籍贯	生卒(农历)	生卒(公历)	文献来源
韩开济	沛东 藕舲	达轩	浙江山阴	道光三十年 正月二十日	1850 年 3 月 3 日	韩百年《羊山韩氏宗谱》集 2《一世至二十三世》①
				光绪二十五年 八月八日	1899 年 9 月 12 日	同上
韩来贺	筱坡		河北广宗	?		《日记》光绪十年三月二十日
				?		
韩培森	承如 佩荪	子峤 子乔 紫樵	浙江余姚	咸丰九年 九月二十五日	1859 年 10 月 20 日	冯恕《庚子辛亥忠烈像赞》②
				光绪二十六年 八月二日	1900 年 8 月 26 日	朱彭寿《清代人物大事纪年》③
韩文彬	均雅		山东夏津	?		谢锡文《夏津县志续编》卷 8《人物志·忠义》
				光绪二十二年 三月二十三日	1896 年 5 月 5 日	嵩崑《题报铜仁府知府韩文彬病故日期事》(中国第一历史档案馆藏)④
郝重庆	巽吉		山东高唐	道光五年	1825 年	《呈发往山西补用知府郝重庆履历单》(中国第一历史档案馆藏)⑤
				?		
何葆恩	幼英		浙江余姚	道光二十三年 五月十八日	1843 年 6 月 15 日	何潮运《余姚开原何氏续谱》卷 3《南房学贤公支》
				民国六年 十一月十七日	1917 年 10 月 3 日	同上

① 《同治庚午科大同年齿录》《同治庚午科浙江乡试同年齿录》均与《羊山韩氏宗谱》同。

② 韩培森乡试履历(《清代朱卷集成》册 266)、韩培森会试履历(《清代朱卷集成》册 60)、《光绪丙子科浙江乡试同年齿录》、《清代人物大事纪年》均作咸丰庚申年九月二十五日。冯恕《庚子辛亥忠烈像赞》载其卒于光绪庚子,年四十二。据此五者,定其生于咸丰九年九月二十五日。《清代人物生卒年表》作咸丰十年(1860)。

③ 冯恕《庚子辛亥忠烈像赞》仅作光绪庚子年(1900)。《清代人物生卒年表》缺。

④ 《夏津县志续编》仅作光绪二十二年三月。

⑤ 《履历单》载其"现年三十八岁"。据《奏为奉旨发往山西补用知府谢恩事》(中国第一历史档案馆藏)可知"现年"为同治元年。据此逆推,其当生于道光五年(1825)。

续表

姓名	字	号	籍贯	生卒(农历)	生卒(公历)	文献来源
何彬[①]	彦林	砚霖 啸湖	浙江会稽	嘉庆二十三年五月十三日	1818年6月16日	邱捷点注《杜凤治日记》册10页5173[②]
				?		
何炳荣[③]	星槎		浙江山阴	?		《日记》同治十年正月二十日
				?		
何澂	心伯	竟山 镜山	浙江山阴	道光十四年	1834年	邱捷点注《杜凤治日记》册10页5098[④]
				光绪十四年五月	1888年	《日记》光绪十四年七月二十九日
何恩寿	介堂 芥堂		浙江山阴	?		《大清搢绅全书》(同治二年夏)册1《京师·户部》
				?		
何福堃	寿轩	受轩 受萱	山西灵石	道光十九年正月三日	1839年2月16日	何福堃乡试履历(《未刊清代朱卷集成》册46)[⑤]
				?		
何桂芳[⑥]	青才	小亭	江西鄱阳	道光七年八月十日	1827年9月30日	《道光甲辰恩科直省同年录》
				?		

① 越缦于咸丰六年十二月八日所记之"何砚森",据咸丰七年十月十九日日记及《道光二十三年癸卯科直省同年全录》中何彬履历,当为"何砚霖"之误。

② 《杜凤治日记》光绪七年二月初九日载其本年六十四岁。《道光二十三年癸卯科直省同年全录》《道光二十三年癸卯科浙江乡试同年齿录》均载其生于嘉庆二十四年五月十三日。据此三者,定其生于嘉庆二十三年五月十三日。

③ 《日记》同治十年正月二十日:"乡人何□□奉檄摄嘉善校官,携妾至杭,同寓此邸。今日其妾忽与,其仆相诟詈,大声彻四邻,渐追逐出邸外,一邸人尽惊。予方对客,为之窘避。何素无行,此亦为士大夫之戒。"再据江峰青《嘉善县志》卷14《职官》,何□□当为何炳荣。

④ 《杜凤治日记》光绪六年十一月二十五日载其本年四十七岁。据此逆推,其当生于道光十四年(1834)。

⑤ 《光绪三年丁丑科会试同年齿录》道光己酉年正月三日。《清代人物生卒年表》据《光绪三年丁丑科会试同年齿录》作道光二十九年(1849)。

⑥ 初名国华。

续表

姓名	字	号	籍贯	生卒(农历)	生卒(公历)	文献来源
何晋德	子昭		福建侯官	道光二十七年	1847 年	《光绪乙亥恩科福建乡试题名录》①
				光绪十六年	1890 年	《日记》光绪十六年十月十七日②
何璟	伯玉	小宋	广东香山	嘉庆二十二年六月八日	1817 年 7 月 21 日	《道光二十七年会试齿录》③
				光绪十四年三月二十日	1888 年 4 月 30 日	《申报》光绪十四年八月十二日第五千五百三十七号之光绪十四年八月五日《京报全录·吴大澂片》④
何菊禅⑤	锡蕃	松泉 菊禅	浙江上虞	道光十三年十二月二十五日	1834 年 2 月 3 日	《槎浦何氏宗谱》
				光绪二十九年十月九日	1903 年 11 月 27 日	同上
何濬	虞川		浙江山阴	道光十六年	1836 年	何寿章乡试履历(《清代朱卷集成》册 285)⑥
				光绪二十九年	1903 年	陈庆均《时行轩日记》册 11⑦

① 《光绪乙亥恩科福建乡试题名录》载其光绪元年为二十九岁。据此逆推,其当生于道光二十七年(1847)。

② 《日记》光绪十六年十月十七日:“同年何员外晋德病故,送奠分四千。”据此,其当卒于光绪十六年十月十七日或之前。此暂作光绪十六年(1890)。

③ 厉式金《香山县志续编》卷 11《列传》仅作光绪十四年卒,年七十二。据此逆推,其生年与《道光二十七年会试齿录》同。《道光二十三年癸卯科直省同年全录》作嘉庆庚辰年六月八日。《清代人物生卒年表》据《碑传集三编》卷 14《何璟传》“年十七以监生应道光二十三年顺天乡试中举人”作道光七年(1827)。

④ 《申报》光绪十四年四月二日第五千四百零九号《故督骑箕》与《京报全录·吴大澂片》同。厉式金《香山县志续编》卷 11《列传》仅作光绪十四年(1888)。《清代人物生卒年表》据《碑传集三编》卷 14《何璟传》“年十七以监生应道光二十三年顺天乡试中举人”及“卒年七十二”作光绪二十四年(1898),且在脚注载:“何璟卒年,《清史列传》卷 54、《清史稿》卷 458 本传均作光绪十四年(1888),恐误。”

⑤ 谱名晋荣,原名如茂。

⑥ 《杜凤治日记》光绪六年十一月二十五日载何濬之兄何澂本年四十七岁。杜凤治出门时,何濬之兄何澂二十二,何濬二十岁。据此逆推,何濬当生于道光十六年(1836)。

⑦ 《时行轩日记》光绪二十九年四月二十七日:“上午乘舆至金斗桥吊何虞川先生出丧,稍坐片时即旋家。”据此,其卒年暂作光绪二十九年(1903)。

续表

姓名	字	号	籍贯	生卒(农历)	生卒(公历)	文献来源
何楙	古茂	桐侯	浙江山阴	咸丰十一年四月十八日	1861年5月27日	《光绪壬午科浙江乡试同年齿录》①
				?		
何乃莹	润夫 仲瀛	爵孙 梅叟	山西灵石	道光二十二年二月十八日	1842年4月8日	张英麟《消寒唱和诗》②
				宣统三年六月二日	1911年6月27日	朱彭寿《清代人物大事纪年》③
何淦④	蠡叔	挹云子	浙江山阴	咸丰六年十二月三日	1856年12月29日	《光绪戊子科浙江乡试同年齿录》⑤
				宣统元年	1909年	陈庆均《时行轩日记》册20⑥
何荣阶⑦	云裳		广东番禺	道光二十六年二月十九日	1846年3月16日	《光绪三年丁丑科会试同年齿录》⑧
				?		
何荣烈⑨	文贵 焕云 遁庵	秋坪	浙江石门⑩	同治元年正月五日	1862年2月3日	《暨阳佳山何氏宗谱》卷9《敬》⑪
				宣统三年四月十四日	1911年5月12日	同上⑫

① 何楙乡试履历(《清代朱卷集成》册271)与《光绪壬午科浙江乡试同年齿录》同。邱捷点注《杜凤治日记》册10光绪八年九月十一日载其本年二十二岁。据此逆推,其生年亦与《光绪壬午科浙江乡试同年齿录》同。

② 何乃莹会试履历(《清代朱卷集成》册48)、《光绪六年庚辰科会试同年齿录》均作咸丰丙辰年二月十八日。朱彭寿《清代人物大事纪年》作道光二十三年二月十八日。何乃莹乡试履历(《未刊清代朱卷集成》册56)作道光庚戌年二月十八日。张英麟《消寒唱和诗》附庚戌消寒同人纪年:"何梅叟副宪乃莹,山西灵石人,年六十九岁。"据此五者,定其生于道光二十二年二月十八日。《清代人物生卒年表》据《光绪六年庚辰科会试同年齿录》作咸丰六年(1856)。

③ 《清代人物生卒年表》缺。

④ 小字问原,一作问源。

⑤ 何淦乡试履历(《清代朱卷集成》册276)与《光绪戊子科浙江乡试同年齿录》同。

⑥ 《时行轩日记》宣统元年三月一日:"上半日坐舆至鲍家弄吊何问源广文,片时即坐舆旋家。"据此,暂作宣统元年(1909)。

⑦ 原名羽阶。

⑧ 《同治庚午科大同年齿录》与《光绪三年丁丑科会试同年齿录》同。

⑨ 原名廷桢。

⑩ 祖籍浙江诸暨。

⑪ 何荣烈会试履历(《清代朱卷集成》册80)、何荣烈乡试履历(《清代朱卷集成》册277)均与《暨阳佳山何氏宗谱》同。《暨阳佳山何氏宗谱》卷2李味青《秋坪公传》载其卒于辛亥夏四月,享年五十。据此逆推,其生年亦与《暨阳佳山何氏宗谱》同。

⑫ 《暨阳佳山何氏宗谱》卷2李味青《秋坪公传》仅作辛亥夏四月。《清代人物生卒年表》缺。

续表

姓名	字	号	籍贯	生卒(农历)	生卒(公历)	文献来源
何如璋	衍信	璞山 子峩	广东大埔	道光十八年 二月十九日	1838 年 3 月 14 日	何寿朋《先府君行述》(何毓琪《庐江郡何氏大同宗谱》卷 20)①
				光绪十七年 八月	1891 年	同上②
何汝翰③	崧生 松僧	耐莼	浙江山阴	咸丰七年 三月二十五日	1857 年 4 月 19 日	《光绪六年庚辰科会试同年齿录》④
				?		
何瑞霖⑤	雨农	紫瀛	浙江余姚	嘉庆二十一年 五月二十七日	1816 年 6 月 22 日	《余姚开原何氏续谱》卷 3《南房学贤公支》⑥
				同治六年 二月二十三日	1867 年 3 月 28 日	同上
何绍基	子贞	东洲 蝯叟	湖南道州	嘉庆四年 十二月五日	1799 年 12 月 30 日	何庆涵《眠琴阁遗文》之《先府君墓表》⑦
				同治十二年 七月二十日	1873 年 9 月 11 日	同上⑧
何绍闻	孟康 芷廷	郁青庵	浙江上虞	咸丰三年 九月二日	1853 年 10 月 4 日	《槎浦何氏宗谱》⑨
				?		

① 何如璋会试履历(《清代朱卷集成》册 30)、《同治七年戊辰科会试同年齿录》、《重订戊辰同年齿录》均作道光辛丑年二月十九日。《行述》、何如璋《何少詹文钞》卷首温廷敬《清詹事府少詹何公传》均载其光绪辛卯八月卒,年五十四。据此五者,定其生于道光十八年二月十九日。

② 何如璋《何少詹文钞》卷首温廷敬《清詹事府少詹何公传》与《行述》同。

③ 原名炳熙。

④ 《光绪己卯科直省同年齿录》与《光绪六年庚辰科会试同年齿录》同。

⑤ 《日记》同治四年三月三日:"午后答访芝友,并晤研孙小谈。逾顷,遂诣万福居赴子授之招,同坐为伯寅、芍农、杨滨石、孙莱山编修及余姚何某吏部。自酉初设宴饮讫亥始罢,予两招芷秋,莱山两招采菱,伯寅招采珠、芷侬,芍农、何某并招蒨云。夜半诣子莼、莲舟家小坐,出诣春华堂,芷香适病,幼樵已归,遂亦返寓。"据《大清搢绅全书》(同治四年秋)册 1《京师 · 吏部》所载,《日记》中何某当为何瑞霖。

⑥ 《咸丰元年辛亥恩科直省同年全录》作道光甲申年五月二十七日。《咸丰元年顺天乡试齿录》作嘉庆戊寅年五月二十七日。

⑦ 《道光乙未恩科直省同年录》《道光十六年会试同年齿录》均与《墓表》同。

⑧ 《申报》同治十二年七月二十八日第四百二十九号《苏省抚辕事宜》与《墓表》同。

⑨ 《光绪戊子科浙江乡试同年齿录》作咸丰乙卯年九月初二日。

续表

姓名	字	号	籍贯	生卒(农历)	生卒(公历)	文献来源
何枢	拱宸	紫垣 相山	河南祥符	道光四年 三月十一日	1824 年 4 月 9 日	《咸丰元年恩荫同年齿录》①
				光绪二十六年 三月二十八日	1900 年 4 月 27 日	《申报》光绪二十六年五月十日第九千七百四十七号之光绪二十六年五月一日《京报全录·毓贤跪奏》②
何惟杰	汉三	达甫 达夫	浙江山阴	道光二十五年 二月二十六日	1845 年 4 月 2 日	《同治四年补行辛酉科并壬戌浙江乡试同年齿录》③
				?		
何维钧	冶锋 冶峰		浙江山阴	嘉庆二十一年	1816 年	何寿章乡试履历(《清代朱卷集成》册 285)④
				光绪四年	1878 年	《申报》光绪四年十二月二十三日第二千零六十六号《浙省抚辕事宜》⑤
何文澜	诚哉 瀓斋	成甫 莲仙	浙江萧山	咸丰七年 十月二十日	1857 年 12 月 5 日	《萧山何氏宗谱》卷 19《伦廿一房世系》⑥
				?		
何元泰	阶平	济庐	浙江会稽	同治七年 闰四月十一日	1868 年 6 月 1 日	《光绪二十四年戊戌科会试同年齿录》⑦
				?		

---

① 何枢会试履历(《清代朱卷集成》册 20)、何枢乡试履历(《清代朱卷集成》册 222)、《咸丰元年辛亥恩科直省同年全录》、《咸丰六年丙辰科会试同年齿录》均与《咸丰元年恩荫同年齿录》同。朱彭寿《清代人物大事纪年》载其光绪二十六年庚子卒，年七十七。据此逆推，其生年与《咸丰元年恩荫同年齿录》同。

② 朱彭寿《清代人物大事纪年》仅作光绪二十六年(1900)。《清代人物生卒年表》缺。

③ 何惟杰乡试履历(《清代朱卷集成》册 252)与《同治四年补行辛酉科并壬戌浙江乡试同年齿录》同。

④ 邱捷点注《杜凤治日记》册 10 光绪七年五月二十二日杜凤治于何竟山次子入泮试草上批词，言何冶锋小自己二岁。据杜立夫《会稽东浦前村杜氏家谱》，杜凤治生于嘉庆十九年(1814)。故何冶锋当生于嘉庆二十一年(1816)。

⑤ 《浙省抚辕事宜》:"丁忧福建候补同知何溦回籍禀安。"再据邱捷点注《杜凤治日记》第十册光绪七年正月初六日载，何冶锋原配梁，继配沈均已卒，现任高。故《浙省抚辕事宜》中丁忧当为其丁父忧。光绪四年十二月二十三日，公历为 1899 年 1 月 15 日。此暂作光绪四年(1878)。

⑥ 何文澜乡试履历(《清代朱卷集成》册 265)、何文澜会试履历(《未刊清代朱卷集成》册 20)、《光绪十五年己丑科会试同年齿录》均作咸丰庚申十月二十日。《清代人物生卒年表》据《光绪十五年己丑科会试同年齿录》作咸丰十年(1860)。

⑦ 何元泰会试履历(《清代朱卷集成》册 87)、会试第九房同门姓氏何元泰履历(《未刊清代朱卷集成》册 23)均与《光绪二十四年戊戌科会试同年齿录》同。何元泰乡试履历(《清代朱卷集成》册 278)、《光绪戊子科浙江乡试同年齿录》均作同治庚午年四月十一日。

续表

姓名	字	号	籍贯	生卒(农历)	生卒(公历)	文献来源
何增荣	子坚	安甫 芝监	浙江萧山	嘉庆二十四年八月二十日	1819年10月8日	《萧山芹沂何氏宗谱》卷13《伦廿一房世系》①
				同治十二年七月十一日	1873年9月2日	同上
何兆瀛	通甫 澈叟	青耜 青士	江苏江宁	嘉庆十四年六月二日	1809年7月14日	何汝霖编、何兆瀛补编《知所止斋自订年谱》②
				光绪十六年	1890年	朱彭寿《清代人物大事纪年》
何肇桢③	储庵	叔航	浙江山阴	道光元年八月二十三日	1821年9月18日	《道光甲辰恩科直省同年录》
				?		
何芷庭			?	?		《日记》光绪十九年四月二十一日
				?		
何宗琦			越缦乡人	?		《日记》光绪十六年三月七日
				?		
贺良桢④	伯岷 伯珉	幼甫	湖北蒲圻	道光十年四月四日	1830年4月26日	《日记》光绪十五年二月二十三日⑤
				光绪十五年三月五日	1889年4月4日	《日记》光绪十五年三月九日

① 《同治丁卯科并补行甲子科浙江乡试同年齿录》作道光辛巳年八月二十日。

② 何兆瀛《老学后庵自订诗二集》卷首《自序》:"光绪十三年岁在丁亥十二月澈叟书于武林寄庐时年七十有九。"何兆瀛《心庵诗存》卷首《自序》:"丙子嘉平之中旬青耜自志时年六十又八。"宋晋《水流云在馆诗钞》卷首何兆瀛《序》末:"光绪十有二年丙戌之冬江宁七十八叟何兆瀛谨序。"据此三者逆推,其生年均与《知所止斋自订年谱》同。何兆瀛乡试履历(《清代朱卷集成》册99)、《道光二十六年丙午科顺天乡试齿录》均作嘉庆辛未年六月二日。

③ 改名瑞元。

④ 一作良贞。

⑤ 《日记》光绪十五年二月二十三日载贺良桢少越缦一岁。越缦生于道光己丑年。又《清代人物大事纪年》《咸丰乙卯直省乡试同年齿录》均载其生于道光十三年四月初四日。据此四者,定其生于道光十年四月四日。

续表

姓名	字	号	籍贯	生卒(农历)	生卒(公历)	文献来源
贺颀[1]	卓瞻 李侪	文甫 晤琴 午晴 雾岑	安徽宿松	道光二十七年 七月二十七日	1847年 9月6日	贺人镜《吴贺宗谱》卷36《锑祖杲公股诚支派》[2]
				民国十二年 五月十五日	1923年 6月28日	同上[3]
贺寿慈[4]	雨田	吉黼 云甫 赘叟 楚天渔叟	湖北蒲圻	嘉庆十五年 五月二十五日	1810年 6月26日	王定安《致仕都察院左副都御史前工部尚书贺公神道碑铭》(《续碑传集》卷15)[5]
				光绪十七年 十一月十七日	1891年 12月17日	同上[6]
贺长龄	西涯	耦耕 耐庵 啮缺叟	湖南善化[7]	乾隆五十年 二月八日	1785年 3月18日	贺家栋《善化贺氏族谱》卷1《五世》[8]
				道光二十八年 六月六日	1848年 7月6日	同上[9]
鹤山[10]	云皋		满洲正黄旗	道光十六年	1836年	秦国经《清代官员履历档案全编》册5页6
				?		
恒林	少甫	一山	满洲镶白旗	咸丰元年 六月十八日	1851年 7月16日	《同治庚午科大同年齿录》
				?		

① 谱名秉颀,一名书贤。

② 贺颀乡试履历(《清代朱卷集成》册161)、《光绪六年庚辰科会试同年齿录》均与《吴贺宗谱》同。

③ 《清代人物生卒年表》缺。

④ 初名于逵,继名霖若。

⑤ 朱彭寿《清代人物大事纪年》与《神道碑铭》同。鹿传霖《贺寿慈列传》无生年。

⑥ 朱彭寿《清代人物大事纪年》与《神道碑铭》同。《申报》光绪十八年三月二十日第六千八百十七号之光绪十八年三月十二日《京报全录·李鸿章片》仅作光绪十七年十一月间。鹿传霖《贺寿慈列传》作(光绪)十八年。

⑦ 祖籍浙江会稽。

⑧ 唐鉴《唐确慎公集》卷4《诰授荣禄大夫前云贵总督贺君墓志铭》、贺诒令《皇清诰授荣禄大夫原任河南布政使前兵部尚书兼都察院右都御使总督云贵等处地方提督军务兼理粮饷翰林院编修显考耦耕府君行状》、《清代人物大事纪年》均与《善化贺氏族谱》同。罗汝怀《绿漪草堂文集》卷25《兵部尚书云贵总督善化贺公传》载其二十八年六月六日卒,年六十四。据此逆推,其生年与《善化贺氏族谱》同。

⑨ 唐鉴《唐确慎公集》卷4《诰授荣禄大夫前云贵总督贺君墓志铭》、贺诒令《皇清诰授荣禄大夫原任河南布政使前兵部尚书兼都察院右都御使总督云贵等处地方提督军务兼理粮饷翰林院编修显考耦耕府君行状》、罗汝怀《绿漪草堂文集》卷25《兵部尚书云贵总督善化贺公传》、《清代人物大事纪年》均与《善化贺氏族谱》同。

⑩ 越缦于光绪十四年十一月二十三日记为"鹤年"。据光绪十五年三月六日所记,"鹤年"当为"鹤山"之误。

续表

<table>
<tr><th>姓名</th><th>字</th><th>号</th><th>籍贯</th><th>生卒(农历)</th><th>生卒(公历)</th><th>文献来源</th></tr>
<tr><td rowspan="2">衡瑞</td><td rowspan="2">辑五</td><td rowspan="2">又新
寿芝</td><td rowspan="2">满洲正红旗</td><td>咸丰五年
正月六日</td><td>1855 年
2 月 22 日</td><td>衡瑞会试履历(《清代朱卷集成》册 75)①</td></tr>
<tr><td>光绪二十六年</td><td>1900 年</td><td>铁木尔·达瓦买提《中国少数民族文化大辞典·东北、内蒙古地区卷》②</td></tr>
<tr><td rowspan="2">洪凤州</td><td rowspan="2">鲁祥</td><td rowspan="2">振麟</td><td rowspan="2">浙江鄞县</td><td>道光六年
九月七日</td><td>1826 年
10 月 7 日</td><td>洪日湄《汉塘洪氏八修宗谱》卷 18《行传·二十三世芳》③</td></tr>
<tr><td>光绪八年
二月二十四日</td><td>1882 年
4 月 11 日</td><td>同上④</td></tr>
<tr><td rowspan="2">洪九章</td><td rowspan="2">子黼</td><td rowspan="2">芸轩
云轩</td><td rowspan="2">浙江慈溪</td><td>道光十一年
十一月二十一日</td><td>1831 年
12 月 24 日</td><td>洪日湄《汉塘洪氏八修宗谱》卷 21《行传·二十五世鸿》⑤</td></tr>
<tr><td>光绪十四年
十月二十八日</td><td>1888 年
12 月 1 日</td><td>同上</td></tr>
<tr><td rowspan="2">洪钧</td><td rowspan="2">陶士</td><td rowspan="2">文卿</td><td rowspan="2">江苏吴县</td><td>道光十九年
十二月八日</td><td>1840 年
1 月 12 日</td><td>洪业远《桂林洪氏宗谱》卷 8《孟门五分》⑥</td></tr>
<tr><td>光绪十九年
八月二十三日</td><td>1893 年
10 月 2 日</td><td>同上⑦</td></tr>
</table>

① 《光绪十八年壬辰科会试同年齿录》与衡瑞会试履历同。

② 《清代人物生卒年表》缺。

③ 孙德祖《寄龛文存》卷 2《诰授朝议大夫洪君墓表》载其卒于光绪八年二月,年五十七。据此逆推,其生年与《宗谱》同。

④ 孙德祖《寄龛文存》卷 2《诰授朝议大夫洪君墓表》仅作光绪八年二月。

⑤ 《同治四年补行辛酉科并壬戌浙江乡试同年齿录》作道光辛丑年十一月二十一日。

⑥ 《同治七年戊辰科会试同年齿录》、洪钧会试履历(《清代朱卷集成》册 31)、洪业远《桂林洪氏宗谱》卷 2 顾肇熙《清授光禄大夫赐进士及第兵部左侍郎洪公墓志铭》均与《桂林洪氏宗谱》同。洪业远《桂林洪氏宗谱》卷 2 费念慈《清故光禄大夫兵部左侍郎洪公墓志铭》载其卒于十九年八月二十三日卒,年五十五。据此逆推,其生年亦与《桂林洪氏宗谱》同。《重订戊辰同年齿录》作道光庚子年十二月十七日。

⑦ 洪业远《桂林洪氏宗谱》卷 2 中顾肇熙《清授光禄大夫赐进士及第兵部左侍郎洪公墓志铭》、费念慈《清故光禄大夫兵部左侍郎洪公墓志铭》,以及《申报》光绪十九年九月一日第七千三百五十四号《薤露衔悲》,均与《桂林洪氏宗谱》同。

续表

姓名	字	号	籍贯	生卒(农历)	生卒(公历)	文献来源
洪良品	叙澄	右臣 佑臣 龙冈山人	湖北黄冈	道光七年 闰五月二十一日	1827年 7月14日	洪开顺、洪昌望《龙岗洪氏宗谱》卷3《思仁公大房世系表》[1]
				光绪二十三年 正月二十六日	1897年 2月27日	同上[2]
洪麟绶[3]	紫若	丽笙 丽生	浙江仁和	道光四年 三月二十九日	1824年 4月27日	《咸丰元年恩科浙江乡试同年齿录》[4]
				?		
洪秋江			?	?		《日记》咸丰九年十月三日
				?		
洪汝奎[5]	蓬舫	琴西 泾州老人	安徽泾县	道光四年 二月十八日	1824年 3月18日	陈作霖《泾舟老人洪琴西先生年谱》[6]
				光绪十二年 十二月十二日	1887年 1月5日	同上[7]
洪孝曾[8]	省三		浙江萧山	道光二十三年 四月十六日	1843年 5月15日	《萧山洪氏宗谱》卷4《行传》
				光绪十四年 正月二十一日	1888年 3月3日	同上

---

① 《重订戊辰同年齿录》与《龙岗洪氏宗谱》同。洪良品《龙岗山人文钞》卷4《丁巳生日》"生值黄杨厄"后注"品以闰五月生,今岁适闰五月"。据此逆推,其出生年月日与《龙岗洪氏宗谱》同。王树楠《陶庐文集》卷7《黄冈洪侍御墓表》载其卒于光绪二十二年正月二十三日,年七十。据此逆推,其生年与《龙岗洪氏宗谱》同。《同治七年戊辰科会试同年齿录》《清代人物大事纪年》均作道光七年五月二十一日。

② 王树楠《陶庐文集》卷7《黄冈洪侍御墓表》、《清代人物大事纪年》均作光绪二十二年正月二十三日。《申报》光绪二十二年二月二十七日第八千二百五十一号《本馆接奉电音》:"二月二十四日,奉上谕……同日,奉朱笔著洪良品署理山西道事务。"据此,前二者所载去世年月日误。

③ 原名昌震。

④ 洪麟绶会试履历(《清代朱卷集成》册19)、《咸丰六年丙辰科会试同年齿录》均作道光乙酉年三月二十九日。《清代人物生卒年表》据《咸丰六年庚辰科会试同年齿录》作道光五年(1825)。

⑤ 榜名瀛。

⑥ 《道光甲辰恩科直省同年录》作道光丁亥年二月十八日。缪荃孙《艺风堂文续集》卷1《两淮盐运使洪公神道碑》仅有去世年月日。

⑦ 缪荃孙《艺风堂文续集》卷1《两淮盐运使洪公神道碑》、《申报》光绪十三年正月十一日第四千九百五十四号《风雪归榇》均与《年谱》同。

⑧ 官名效曾。

续表

姓名	字	号	籍贯	生卒(农历)	生卒(公历)	文献来源
洪勋[①]	蓉生 研孙	寄庐	浙江余姚	咸丰二年 十月十五日	1852年 11月26日	洪大本《余姚洪氏宗谱》卷7《系表中·缉庵公支》[②]
				光绪二十六年 四月二日	1900年 4月30日	同上
洪倬云[③]	章于	梅艇 梅汀	浙江慈溪	道光六年 七月五日	1826年 8月8日	洪日湄《汉塘洪氏八修宗谱》卷18《行传·二十三世芳》[④]
				光绪十六年 二月五日	1890年 2月23日	同上
胡邦傑[⑤]	寿庵		浙江山阴	嘉庆二十二年 四月二十六日	1817年 6月10日	胡寿震《绍兴莲花桥胡氏宗谱》
				光绪八年 四月二十六日	1882年 6月11日	同上
胡秉彝	芝楣	子美	浙江山阴	?		胡钟声《山阴张川胡氏家谱》卷6下《湖塘派十六世至二十世表》
				?		
胡炳远[⑥]	在兹	寀墀 两斋	浙江会稽	道光二十二年 五月二十三日	1842年 7月1日	《光绪壬午科浙江乡试同年齿录》[⑦]
				?		

① 谱名裕勋。

② 《光绪丙子科浙江乡试同年齿录》作咸丰丙辰年十月十五日。

③ 又作焯云,原名茂棻。

④ 《咸丰戊午科直省同年录》《咸丰戊午科浙江乡试同年齿录》均作道光癸巳年七月初五日。

⑤ 乳名俊。

⑥ 改名寿昌。

⑦ 胡炳远乡试履历(《清代朱卷集成》册272)与《光绪壬午科浙江乡试同年齿录》同。

续表

姓名	字	号	籍贯	生卒(农历)	生卒(公历)	文献来源
胡道南①	任夫 钟生	又村	浙江山阴	同治元年 三月六日	1862年 4月4日	胡钟声《山阴张川胡氏家谱》卷9《世系表八·时庵公派十一世至二十四世》②
				宣统二年 八月十五日	1910年 9月18日	同上③
胡凤丹	枫江 月樵 齐飞	萍浮散人 归田老人 桃溪渔隐 清溪岸人	浙江永康	道光三年 三月十四日	1823年 4月24日	胡宗廉《皇清诰授通奉大夫晋封荣禄大夫盐运使衔原署湖北督粮道加五级显考月樵府君行述》④
				光绪十六年 九月二十五日	1890年 11月7日	同上⑤
胡凤锦	啸嵋 肖梅	敬堂	浙江仁和	道光十一年 三月九日	1831年 4月20日	《同治四年补行辛酉科并壬戌浙江乡试同年齿录》
				?		
胡凤起⑥	子瑜	梧村 宿楼 丹山	安徽太湖	道光二十年 二月七日	1840年 3月10日	《胡氏宗谱》卷51《奂祖忠瑚光官支下》⑦
				光绪十六年 二月十八日	1890年 3月8日	同上
胡蕙馨	韵琴	棣华 东圃	安徽含山	道光十三年 六月四日	1833年 7月20日	《同治六年丁卯科顺天乡试同年齿录》
				?		

① 原名绍臣。

② 胡道南《愧庐文钞》附蔡元培《亡友胡钟声传》作民国纪元前二年八月十五日卒,年四十九岁。据此逆推,其生年与《山阴张川胡氏家谱》同。《光绪己丑科浙江乡试同年齿录》与《山阴张川胡氏家谱》同。《湖北省浙江同官录》作同治十一年三月六日。

③ 胡道南《愧庐文钞》附蔡元培《亡友胡钟声传》与《山阴张川胡氏家谱》同。

④ 孙衣言《诰授资政大夫晋封荣禄大夫署理湖北督粮道胡公墓志铭》载其卒于光绪庚寅年九月,年六十有八。据此逆推,其生年与《行述》同。

⑤ 孙衣言《诰授资政大夫晋封荣禄大夫署理湖北督粮道胡公墓志铭》仅作光绪庚寅年九月。

⑥ 谱名顺奎。

⑦ 《同治庚午科大同年齿录》、胡凤起乡试履历(《清代朱卷集成》册156)均作道光甲辰年二月初七日。

续表

姓名	字	号	籍贯	生卒(农历)	生卒(公历)	文献来源
胡家玉①	琢薁 卓夫	小蘧	江西新建	嘉庆十三年 十一月五日	1808年 12月21日	《胡家玉传包》(台北故宫博物院故传010988)之《讣闻》②
				光绪十二年 三月十三日	1886年 4月16日	同上③
胡经一④	鉴生 稻孙	剑笙	浙江山阴	同治元年 七月七日	1862年 8月2日	《光绪壬午科浙江乡试同年齿录》⑤
				?		
胡俊章⑥	效三	秀山 彦森 彦生 莲艭	汉军正蓝旗	道光十七年 九月二十一日	1837年 10月20日	《胡俊章会试朱卷》⑦
				光绪三十二年	1906年	俞樾《春在堂诗编》卷23⑧
胡濬	芰荪 苏亭	笈孙 退庵	直隶天津	咸丰九年 二月十日	1859年 3月14日	《光绪十一年乙酉科顺天乡试同年齿录》⑨
				?		
胡连	韫玨	晓亭	广西永福	道光十六年 十月二十一日	1836年 11月29日	《光绪六年庚辰科会试同年齿录》
				?		
胡良驹⑩	千里	季海	安徽绩溪	咸丰八年	1858年	胡广植《绩溪金紫胡氏家乘》卷19《庆公派斐公》
				光绪二十六年	1900年	同上

① 初名钰。

② 胡向萍、胡启鹏《新建县历史名人》附录《胡小蘧通参自定年谱》与《讣闻》同。《道光二十一年辛丑恩科会试齿录》作嘉庆甲戌年十一月五日。《清代人物大事纪年》作嘉庆十九年十一月五日。《道光乙未恩科直省同年录》作嘉庆壬申年十月二十日。

③ 《清代人物大事纪年》仅作光绪十二年三月。

④ 原名绍曾。

⑤ 胡钟声《山阴张川胡氏家谱》卷9《慎庵公派十六世至二十世世表》中无其生卒记载。《光绪壬午科浙江乡试同年齿录》作咸丰壬戌年七月七日。咸丰无壬戌,此姑据《光绪壬午科浙江乡试同年齿录》作同治壬戌年七月七日。

⑥ 原名多春。

⑦ 《咸丰壬子科直省举贡同年录》与《胡俊章会试朱卷》同。

⑧ 俞樾《春在堂诗编》卷23按时间先后编次,《胡效山观察俊章挽词》写于光绪三十二年五月十一日至十一月十五日之间。据此,其卒年暂作光绪三十二年(1906)。

⑨ 《胡濬会试朱卷》、胡濬乡试履历(《未刊清代朱卷集成》册27)均作同治壬戌年二月十日。

⑩ 一名宝亭。

续表

姓名	字	号	籍贯	生卒(农历)	生卒(公历)	文献来源
胡聘之①	静轩	淇笙 蕲生 芰生 汤臣 莘臣	湖北天门	道光十五年三月二十二日	1835 年 4 月 19 日	《胡氏宗谱》②
				民国二年	1913 年	周树模《沈观斋诗》册 3③
胡仁燿	祖芬	光甫 藻庭	浙江上虞	道光二十三年六月一日	1843 年 6 月 28 日	胡增祥《上虞长者山支胡氏家谱》卷 6 上《杨巷第四支世表》④
				光绪十二年九月十六日	1886 年 10 月 13 日	同上
胡溶	敬臣		直隶天津	?		王守恂、高凌雯《天津县新志》卷 20 之 2《荐绅二·表一下》
				?		
胡升之			?	?		《日记》同治九年二月十九日
				?		
胡寿鼎⑤	匡伯	梅卿 嵋青	浙江山阴	道光十八年二月二十六日	1838 年 3 月 21 日	胡寿震《绍兴莲花桥胡氏宗谱》⑥
				光绪十二年六月二十七日	1886 年 7 月 28 日	同上

① 派名崇儒。

② 胡聘之会试履历(《清代朱卷集成》册 27)作道光壬寅年三月二十二日。《胡氏宗谱》作道光乙未(1835 年 4 月 18 日)。据此二者,定其生于道光乙未年三月二十二日。笔者疑《胡氏宗谱》中 1835 年 4 月 18 日为公历。《清代人物生卒年表》据《山西文献总目提要》作道光二十一年(1841)。

③ 据册 3 诗《十一月朔为天琴老人生日以诗见示因次其韵》后有诗《寒日约蕲丈竹勿寿平介庵饮斋中共食鸠羹》,知其民国癸丑年十一月初一日仍在世。册 3 有诗《挽胡蕲生姻丈》,此诗写于《腊月朔日有作》之后,《癸丑小除夕》之前。民国癸丑年十二月初一,公历为 1913 年 12 月 27 日。民国癸丑十二月二十四日,公历为 1914 年 1 月 19 日。综上,其当卒于民国二年十二月,或在公历 1914 年 1 月。此暂作民国二年(1913)。《清代人物生卒年表》作民国元年(1912)。

④ 《同治丁卯科并补行甲子科浙江乡试同年齿录》与《上虞长者山支胡氏家谱》同。

⑤ 乳名凤,学名文光,原名寿谦。

⑥ 《同治庚午科大同年齿录》《同治庚午科浙江乡试同年齿录》均与《绍兴莲花桥胡氏宗谱》同。

续表

姓名	字	号	籍贯	生卒(农历)	生卒(公历)	文献来源
胡寿恒①	梅笙 梅生	宿叔 蓬莱	浙江山阴	道光二十一年 五月十七日	1841 年 7 月 5 日	胡寿震《绍兴莲花桥胡氏宗谱》
				民国三年	1914 年	同上
胡寿临②	梅良 梅梁	季容 君宜	浙江山阴	咸丰元年 十一月二日	1851 年 12 月 23 日	胡寿震《绍兴莲花桥胡氏宗谱》
				光绪二十八年	1902 年	同上
胡寿颐③	耆仲	美宣 梅仙 洗斋	浙江山阴	道光十九年 四月十七日	1839 年 5 月 29 日	胡寿震《绍兴莲花桥胡氏宗谱》
				光绪十年 九月十一日	1884 年 10 月 29 日	同上
胡澍④	荄父 甘伯 苍雨	石生 硕生	安徽绩溪	道光五年 四月二日	1825 年 5 月 19 日	胡培系《澍公事状》(胡广植《绩溪金紫胡氏家乘》卷首上)⑤
				同治十一年 八月十四日	1872 年 9 月 16 日	同上
胡舜封	濬生	百云	浙江上虞	咸丰十年 十二月二十六日	1861 年 2 月 5 日	胡增祥《上虞长者山支胡氏家谱》卷 6 下《杨巷第四支世表》⑥
				?		
胡泰福	仲岩	岱青 幼谷	湖北江夏	道光二十五年 五月一日	1845 年 6 月 5 日	《胡氏族谱》卷 10《士墉祖后绍舜祖次子支下鹤云公派系》⑦
				?		

① 乳名德学。

② 乳名富学,名文煇,原名寿咸。

③ 乳名祥,学名文祥。

④ 谱名明澍,一名华庆,职名澍。

⑤ 《咸丰乙卯科直省乡试同年齿录》作道光丁亥年四月二日。

⑥ 《光绪丁酉科各省选拔同年明经通谱》作咸丰庚申年十二月二十七日。

⑦ 《同治七年戊辰科会试同年齿录》《重订戊辰科同年齿录》均作道光己酉年五月一日。《清代人物生卒年表》据《同治七年戊辰科会试同年齿录》作道光二十九年(1849)。

续表

姓名	字	号	籍贯	生卒(农历)	生卒(公历)	文献来源
胡泰复[①]	仲孚 仲甫 石史 石笥	心庵	浙江山阴	嘉庆二十四年 十一月一日	1819 年 12 月 17 日	孙德祖《仲甫胡公墓志铭》(胡钟声《山阴张川胡氏家谱》卷 30 上《志状上》)[②]
				光绪元年 四月一日	1875 年 5 月 5 日	同上
胡焘[③]	寿农 寿仙	镆邻 鉴秋 墨林 菊农	直隶延庆	道光七年 七月十一日	1827 年 9 月 1 日	《咸丰元年辛亥恩科直省同年全录》[④]
				光绪四年 九月二十九日	1878 年 10 月 24 日	谭钟麟《题报华州知州胡焘病故日期事》(中国第一历史档案馆藏)
胡廷幹[⑤]	竹溪	鼎臣 秀峰	河南光州	道光二十一年 十月二十六日	1841 年 12 月 8 日	《同治庚午科大同年齿录》[⑥]
				光绪三十二年 八月十九日	1906 年 10 月 6 日	《胡廷幹传包》(台北故宫博物院故传 011571 号)
胡廷相[⑦]			浙江山阴	?		《日记》同治二年七月二十一日
				?		
胡庭凤[⑧]		济清	江西新建	道光八年 六月	1828 年	胡向萍、胡启鹏《新建县历史名人》附录《胡小蘧通参自定年谱》[⑨]
				同治十一年 十二月二十六日	1873 年 1 月 24 日	同上

① 原名惇复,一作元复。

② 《咸丰戊午科直省同年录》《咸丰戊午科浙江乡试同年齿录》均作道光辛巳年十一月一日。《墓志铭》载其于光绪元年四月朔日卒,年五十有七。据此三者,定其生于嘉庆二十四年十一月一日。

③ 原名惠泽。《日记》同治三年八月十八日:"胡梅卿片请夜饮景春堂,饭后诣之,主人尚未至,出从莲舟谈。至更余再往,座客有直隶人胡监丞及江苏举子三人。"据《大清搢绅全书》册 1《京师·国子监》(同治二年夏),直隶人胡监丞即胡焘。

④ 《咸丰元年顺天乡试齿录》与《咸丰元年辛亥恩科直省同年全录》同。

⑤ 派名杰清。

⑥ 《同治十三年甲戌科会试同年齿录》作道光辛丑年十月二十七日。

⑦ 一作廷襄。

⑧ 又名庭鸾。

⑨ 《胡小蘧通参自定年谱》仅作道光八年六月。此暂作道光八年(1828)。

续表

姓名	字	号	籍贯	生卒(农历)	生卒(公历)	文献来源
胡薇元①	孝博 鹏华 天云	诗林 诗舲	浙江山阴②	道光三十年二月二十日	1850 年 4 月 2 日	《光绪三年丁丑科会试同年齿录》③
				民国十三年四月十二日	1924 年 5 月 20 日	林思进《清寂堂日记》册 6④
胡炜⑤	伯荣 继笙		浙江山阴	咸丰十年七月二十一日	1860 年 9 月 6 日	胡寿震《绍兴莲花桥胡氏宗谱》⑥
				?		
胡翔林⑦	海帆	履勤	安徽泗州⑧	咸丰十一年六月七日	1861 年 7 月 14 日	胡福培《萧山胡氏家乘》卷上《世系纪》⑨
				民国十六年三月四日	1927 年 4 月 5 日	同上
胡小海			?	?		《日记》咸丰四年五月十四日
				?		
胡义赞	烒甫	石查 石槎	河南光山	道光十一年二月八日	1831 年 3 月 21 日	西泠印社《第四届“孤山印证”西泠印社国际印学峰会论文集》⑩
				?		

① 原名廷祥。

② 寄籍直隶大兴。

③ 胡薇元《岁寒居词话》卷首《序》载:“庚申立秋后四日,跛翁胡薇元,时年七十有一。”据此逆推,其生年与《光绪三年丁丑科会试同年齿录》同。胡薇元《三州学录》卷首高赓恩《胡玉津先生家传》无出生年月日。

④ 《清寂堂日记》(民国十三年)四月十七日(1924 年 5 月 20 日)载:“以胡孝博师赴于十二日寿终,推挽一联。”据此,其当卒于民国十三年四月十二日。胡薇元《三州学录》卷首高赓恩《胡玉津先生家传》无去世年月日。《清代人物生卒年表》缺。

⑤ 原名毓麟,又名纬,又名炜。

⑥ 《光绪壬午科浙江乡试同年齿录》与《绍兴莲花桥胡氏宗谱》同。

⑦ 原名翔麟,幼名淮生。

⑧ 祖籍浙江萧山。

⑨ 《光绪十七年辛卯科顺天乡试同年齿录》、胡翔林乡试履历(《未刊清代朱卷集成》册 70)均与《萧山胡氏家乘》同。

⑩ 胡义赞乡试履历(《清代朱卷集成》册 109)与《同治癸酉科顺天乡试同年齿录》均作道光乙未年二月八日。吴海林《中国历史人物生卒年表》仅作道光十一年(1831)。西泠印社《第四届“孤山印证”西泠印社国际印学峰会论文集》之仲威《一字千金的“日庚都萃车马玺”》中载有胡义赞题跋落款:“光绪丁酉四月七日石查赞记,时年六十有七。”据此四者,定其生于道光十一年二月八日。

续表

姓名	字	号	籍贯	生卒(农历)	生卒(公历)	文献来源
胡义质	君直	寿生 铁龛	河南光山	道光三年 十一月二十七日	1823年 12月28日	《己酉科顺天乡试同年齿录》①
				?		
胡玉坦	履平	荔坪	浙江山阴②	道光七年 五月十七日	1827年 6月11日	《己酉科顺天乡试同年齿录》③
				光绪十二年 八月	1886年	朱寯瀛《素园晚稿·附晚香斋文缀存》之《清授荣禄大夫安徽按察使兼署布政使胡公墓碑》
胡毓麒④	肖匡	少卿 绍青	浙江山阴	咸丰十年 四月二十九日	1860年 6月18日	胡寿震《绍兴莲花桥胡氏宗谱》⑤
				光绪二十七年 七月四日	1901年 8月17日	同上⑥
胡毓筠⑦	子青	介卿	湖北武昌	道光九年 五月二日	1829年 6月3日	《胡氏宗谱》卷54《昶公长分支下仕朝公房派纲》⑧
				光绪十八年 七月十九日	1892年 9月9日	同上⑨

① 胡义质乡试履历(《未刊清代朱卷集成》册41)与《己酉科顺天乡试同年齿录》同。《己酉科直省乡试同年录》《咸丰六年丙辰科会试同年齿录》均作道光丁亥年十一月二十七日。《清代人物生卒年表》据《咸丰六年丙辰科会试同年齿录》作道光七年(1827)。

② 寄籍顺天通州。

③ 《皖江同官录》与《己酉科顺天乡试同年齿录》同。朱寯瀛《素园晚稿·附晚香斋文缀存》之《清授荣禄大夫安徽按察使兼署布政使胡公墓碑》载其"丙戌八月,寓苏州,偶感微疾,卒,春秋六十"。据此逆推,其生年亦与《己酉科顺天乡试同年齿录》同。

④ 小字彦珍。

⑤ 胡毓麒会试履历(《清代朱卷集成》册52)、胡毓麒乡试履历(《清代朱卷集成》册271)均与《绍兴莲花桥胡氏宗谱》同。

⑥ 《清代人物生卒年表》缺。

⑦ 谱名传简。

⑧ 《咸丰九年己未科会试同年齿录》作道光甲午年五月二日。《咸丰元年辛亥恩科直省同年全录》作道光壬辰年五月二日。

⑨ 《清代人物生卒年表》缺。

续表

姓名	字	号	籍贯	生卒(农历)	生卒(公历)	文献来源
胡熵棻①	尧臣	芸楣 云楣 芸梅	安徽泗州②	道光十六年十二月十六日	1837年1月22日	胡福培《萧山胡氏家乘》卷上《世系纪》③
				光绪三十二年十月十四日	1906年11月29日	同上④
胡元鼎⑤	心白	梅臣	浙江山阴	道光二十九年八月十一日	1849年9月27日	胡裕燕《胡氏家谱》卷16《行传三·东派二分·复七房》⑥
				?		
胡元镛	蓉轩		浙江山阴	?		胡钟声《山阴张川胡氏家谱》卷8下《澹庵公派廿一世至廿五世表》
				光绪十四年	1888年	《日记》光绪十四年二月二十七日⑦
胡振书⑧	克家	立斋	浙江山阴	?		胡钟声《山阴张川胡氏家谱》卷10《简庵公派十六世至二十世表》
				?		
胡钟奎	聚堂		越缦乡人	?		《日记》同治十二年八月十九日
				?		

① 幼名福傑,庠名家栋,乡榜名国栋。

② 祖籍浙江萧山。

③ 《胡芸楣讣告》(《上海图书馆藏赴闻集成》册4)、《清代人物大事纪年》均与《萧山胡氏家乘》同。胡熵棻会试履历(《清代朱卷集成》册37)、《同治十三年甲戌科会试同年齿录》均作道光庚子年十二月十六日。胡熵棻乡试履历(《清代朱卷集成》册144)作道光庚子年十二月十五日。胡福培《萧山胡氏家乘》卷下冯恩昆《胡侍郎家传》无出生年月日。《清代人物生卒年表》据《同治十三年甲戌科会试同年齿录》作道光二十一年(1841)。

④ 《胡芸楣讣告》(《上海图书馆藏赴闻集成》册4)与《萧山胡氏家乘》同。《清代人物大事纪年》作光绪三十二年十月三十日。胡福培《萧山胡氏家乘》卷下冯恩昆《胡侍郎家传》无去世年月日。

⑤ 谱名裕然。

⑥ 胡元鼎乡试履历(《清代朱卷集成》册284)作道光庚戌年八月十一日。

⑦ 《日记》光绪十四年二月二十七日:"绍兴同乡北城吏目胡元镛故,送奠分四千。"据此,其当卒于光绪十四年二月二十七或之前。此暂作光绪十四年(1888)。

⑧ 原名恩礼。

续表

姓名	字	号	籍贯	生卒(农历)	生卒(公历)	文献来源
胡庄元[①]	菊农		浙江山阴	道光十二年闰九月二十四日	1832年11月16日	胡裕燕《胡氏家谱》卷17《行传四·东派三分》
				光绪九年二月八日	1883年3月16日	同上
胡宗虞			越缦乡人	?		《日记》光绪十五年七月十九日
				?		
胡祖芳[②]	晋隐	勺香	浙江定海	道光十一年二月十九日	1831年4月1日	《胡祖芳乡试朱卷》[③]
				?		
胡祖荫[④]	幼良	墅村	浙江山阴	道光十六年五月十九日	1836年7月2日	胡钟声《山阴张川胡氏家谱》卷9《慎庵公派十六世至二十世》(补抄)
				光绪二十一年五月三十日	1895年6月22日	同上
华承勋	建侯	秋吟	直隶天津	咸丰五年四月二十六日	1855年6月10日	华堂《华氏通四堠阳晴云公支谱》卷11《天津派》[⑤]
				民国六年十二月二日	1918年1月14日	同上
华承运	心从		直隶天津	道光二十一年二月十八日	1841年3月10日	华堂《华氏通四堠阳晴云公支谱》卷11《天津派》
				光绪二十八年十二月十日	1903年1月8日	同上

① 官名宝森。《日记》咸丰六年十二月二十五日里提到医生胡菊仙，后紧接着提到去请胡菊农。《日记》咸丰七年十月十一日又写胡菊轩。此处"轩"疑为"仙"之音近字。综上，"菊仙"当为误记，应为胡菊农。

② 谱名佑坊。

③ 《同治庚午科大同年齿录》仅作道光辛卯年(1831)。

④ 原名家驹。

⑤ 《光绪十一年乙酉科顺天乡试同年齿录》作咸丰丙辰年四月二十六日。

续表

姓名	字	号	籍贯	生卒(农历)	生卒(公历)	文献来源
华世奎	鲁瞻 聚五	璧臣 壁臣 弼臣 弼忱	直隶天津	同治三年 五月二十三日	1864年 6月26日	《华氏通四堠阳晴云公支宗谱》卷11《天津派》①
				民国三十一年 三月九日	1942年 4月23日	贾长华《老城旧事》之缪志明《华世奎资料新发现》②
华学澜③	瑞安	莱山	直隶天津	咸丰十年 十月十四日	1860年 11月26日	华文柏《华氏山桂公支谱》卷9下《怡翼派天津支》④
				光绪三十二年	1906年	王守恂、高凌雯《天津县新志》卷21之4《人物四·华金寿(族子学澜·王春瀛)》⑤
华学烈	企方	涤初 迪初 颱初	江苏金匮	嘉庆十九年 十二月五日	1815年 1月14日	华文伯《华氏山桂公支谱》卷3《白斋三房廷瑞派》
				同治七年 十二月一日	1869年 1月13日	同上
怀塔布⑥	少仙 绍先		满洲正蓝旗	道光十二年 四月十五日	1832年 5月14日	《咸丰元年恩荫同年齿录》⑦
				光绪二十六年 十二月一日	1901年 1月20日	章开沅《清通鉴》册4《德宗景皇帝·光绪二十六年》⑧

① 《光绪乙酉科各直省优贡同年齿录》《光绪十九年癸巳恩科顺天乡试同年齿录》均作同治丁卯年五月二十三日。贾长华《老城旧事》之缪志明《华世奎资料新发现》中哀启仅有去世年月日。

② 《清代人物生卒年表》作民国十三年(1924)。

③ 谱名澜。

④ 《天津县新志》载:"三十二年升撰文,越二日病再发,遽卒,年四十有七。"据此逆推,其生年与《华氏山桂公支谱》同。《光绪十一年乙酉科顺天乡试同年齿录》、华学澜乡试履历(《未刊清代朱卷集成》册62)、《光绪十二年丙戌科会试同年齿录》均作同治壬戌年十月十四日。《清代人物生卒年表》据《光绪十二年丙戌科会试同年齿录》作同治元年(1862)。

⑤ 《天津县新志》载:"三十二年升撰文,越二日病再发,遽卒,年四十有七。"据此,暂作光绪三十二年(1906)。《清代人物生卒年表》缺。

⑥ 一作怀他布。

⑦ 《清光绪王公侯伯文武大臣生日住址考》载光绪丙申年四月十六日为怀塔布六十三岁生日。据此逆推,其当生于道光十四年四月十六日。《清代人物生卒年表》据《清代人物传稿》下编卷5《怀塔布》注释"怀塔布生年史籍罕载,此处据中国第一历史档案馆藏,光绪二十一年军机处呈报的大臣生辰单。该单所记,怀塔布是年六十二岁,四月十五日生"作道光十一年(1831)。光绪二十一年为六十二岁,据此逆推,其当生于道光十四年四月十五日。故《清代人物生卒年表》逆推结果误。

⑧ 《清代人物传稿》下编卷5《怀塔布》作光绪二十六年十一月。《清代人物生卒年表》作光绪二十六年(1900)。

续表

姓名	字	号	籍贯	生卒(农历)	生卒(公历)	文献来源
皇甫治	兰台	小轩 筱轩	江苏吴县	嘉庆二十三年 十二月二十三日	1819 年 1 月 18 日	《咸丰乙卯直省乡试同年齿录》①
				?		
黄炳垕	慰廷	蔚亭 乃翁	浙江余姚	嘉庆二十年 七月二十七日	1815 年 8 月 31 日	黄庆增《余姚竹桥黄氏宗谱》卷末下《李家塔支·生卒志·二十三世》②
				光绪十九年 十月二十五日	1893 年 12 月 2 日	同上③
黄炳勋④	颖甫	稼轩	浙江萧山	嘉庆二十四年 三月十六日	1819 年 4 月 10 日	《己酉科直省乡试同年录》⑤
				?		黄中咸《萧山埭上家谱》卷 16 上之《县城养素和顺支时迈长房》⑥

① 皇甫治乡试履历(《清代朱卷集成》册 142)与《咸丰乙卯直省乡试同年齿录》同。《同治七年戊辰科会试同年齿录》《重订戊辰同年齿录》均作道光丙戌年十二月二十三日。《清代人物生卒年表》据《同治七年戊辰科会试同年齿录》作道光七年(1827)。

② 黄炳垕《八旬自述百韵诗》:"乙亥建申月,敝庐弧矢悬。离胎讶默尔,焚帚似醒然。(余生时,先妣邬孺人腹痛三日,尚未分娩,势甚危。先考赠中书净斋公问诸卜者,兆曰:'留子不留母,留母不留子。'既而,余生不能啼,邻媪教用敝帚爇胞法,尽七帚始呱呱焉。先妣亦无恙,时嘉庆乙亥七月二十七日也)……"据此,其出生年月日与《余姚竹桥黄氏宗谱》卷末下《李家塔支·生卒志·二十三世》同。黄庆增《余姚竹桥黄氏宗谱》卷 11《列传·人物》之孙德祖《乃翁先生》载其卒于光绪十九年冬,年七十有九。据此逆推,其生年与《余姚竹桥黄氏宗谱》卷末下《李家塔支·生卒志·二十三世》同。黄炳垕乡试履历(《清代朱卷集成》册 258)作嘉庆丁丑年七月二十七日。《同治庚午科大同年齿录》作嘉庆乙亥年七月二十七日。《畴人传四编》卷 8《黄炳垕》无生年。

③ 《黄庆增《余姚竹桥黄氏宗谱》卷 11《列传·人物》之孙德祖《乃翁先生》作光绪十九年冬。据此,其卒年与《余姚竹桥黄氏宗谱》卷末下《李家塔支·生卒志·二十三世》同。《清代人物生卒年表》据《畴人传四编》卷 8《黄炳垕》"遽卒于(光绪)甲申人日,年逾不惑"作光绪十年(1884)。据黄炳垕《黄氏世德传赞》卷首《黄氏世德传赞叙》"光绪十有六年岁在庚寅十月既望二十三世孙黄炳垕谨叙"可知,黄炳垕光绪十六年(1890)还在世。故《畴人传四编》所载误。

④ 谱名千卷,原名维绸,榜名茂。

⑤ 黄中咸《萧山埭上家谱》卷 16 上之《县城养素和顺支时迈长房》无出生年月日。《乙酉科顺天乡试同年齿录》作道光乙酉年三月十六日。

⑥ 黄中咸《萧山埭上家谱》卷 16 上之《县城养素和顺支时迈长房》无去世年月日。

续表

姓名	字	号	籍贯	生卒(农历)	生卒(公历)	文献来源
黄采风①	藻川	吟史	浙江上虞	道光二十年九月十四日	1840年10月9日	黄嘉谷《黄氏真门谱》卷10《二十世勤八派珍一房》②
				光绪二十八年三月十五日	1902年4月22日	同上
黄福楙	豫斋 维吉	松泉 松如	浙江仁和	咸丰元年五月四日	1851年6月3日	黄福楙乡试履历(《清代朱卷集成》册257)③
				光绪十七年三月十七日	1891年4月25日	《日记》光绪十七年三月十七日④
黄福珍	宝儒	保如	浙江仁和	道光二十六年	1846年	《两浙辅轩续录补遗》卷6⑤
				光绪十一年	1885年	同上⑥
黄国瑾	艾生 再同		贵州贵筑	道光二十九年七月二十日	1849年9月6日	黄邦镇《黄氏续修族谱》卷24之2下《楚昌支下齿录》⑦
				光绪十七年二月二十四日	1891年4月2日	黄厚成《先府君行略》
黄国瑄	秦生	凝斋	贵州贵筑	咸丰六年十月十日	1856年11月7日	黄邦镇《黄氏续修族谱》卷24之2下《楚昌支下齿录》⑧
				民国八年正月九日	1919年2月9日	王树楠《陶庐文集》卷9《四川巡按使黄公暨配刘夫人合葬墓志铭》

① 谱名楙德。

② 《光绪乙酉科浙江乡试同年齿录》作道光二十二年九月十四日。

③ 《咸丰九年癸未科会试同年齿录》、黄福楙会试履历(《清代朱卷集成》册51)、《同治庚午科浙江乡试同年齿录》、《同治庚午科大同年齿录》均作咸丰六年五月四日。

④ 《清代人物生卒年表》缺。

⑤ 《两浙辅轩续录补遗》载其十五岁丁寇难。据此,其当生于道光二十六年(1846)。

⑥ 《两浙辅轩续录补遗》载其子黄开甲后其二年卒。据谭献《复堂文续》卷4《黄姚二烈妇传》,黄开甲卒于光绪十三年(1887),故其当卒于光绪十一年(1885)。

⑦ 黄厚成《先府君行略》作光绪十七年二月二十四日卒,年四十有三。据此逆推,其生年与《黄氏续修族谱》同。

⑧ 王树楠《陶庐文集》卷9《四川巡按使黄公暨配刘夫人合葬墓志铭》与《黄氏续修族谱》同。

续表

姓名	字	号	籍贯	生卒(农历)	生卒(公历)	文献来源
黄基	兼定	绍堂 篑山	广州嘉应	道光十年 正月二十九日	1830 年 2 月 22 日	黄广昌《黄基诗书画遗集》①
				光绪十六年	1890 年	同上②
黄家麟	伯昭		直隶大兴	?		《日记》光绪十八年十月八日
				?		
黄开甲	元甫	莲汀	浙江仁和	同治二年 四月三日	1863 年 5 月 20 日	谭献《复堂文续》卷 4 之《黄姚二烈妇传》③
				光绪十三年 十一月十二日	1887 年 12 月 26 日	同上④
黄开亮	彩藻		湖南长沙	?		李瀚章《湖南通志》卷 176《国朝人物·善化》
				咸丰九年 四月二日	1859 年 5 月 4 日	苏宗经《广西通志辑要》卷 23《广西昭忠录》之卷 4
黄彭年⑤	子寿 敬一	陶楼 更生	贵州贵筑	道光三年 六月十一日	1823 年 7 月 18 日	黄邦镇《黄氏续修族谱》卷 24 之 2 下《楚昌支下齿录》⑥
				光绪十六年 十二月四日	1891 年 1 月 13 日	《申报》光绪十七年二月一日第六千四百二十一号之光绪十七年正月十八日、十九日《京报全录·张之洞、谭继洵跪奏》⑦

① 《咸丰元年辛亥恩科直省同年录》作道光甲午年正月二十九日。黄基会试履历(《清代朱卷集成》册 25)作道光丙申年正月二十九日。《黄基诗书画遗集》作道光庚寅年(1830)。据此三者,定其生于道光庚寅年正月二十九日。《清代人物生卒年表》作道光十六年(1836)。

② 《清代人物生卒年表》缺。

③ 《黄姚二烈妇传》载黄开甲光绪壬午中举年甫二十。《两浙輶轩续录补遗》卷 6 载其十八举于乡。《光绪壬午科浙江乡试同年齿录》、黄开甲乡试履历(《清代朱卷集成》册 271)均载其生于同治甲子年四月三日。据此四者,定其生于同治二年四月三日。

④ 《黄姚二烈妇传》载黄开甲之妇钱氏于光绪十四年二月五日殉夫,距夫死八十五日。据此,其当卒于光绪十三年十一月十二日。

⑤ 谱名邦镇。

⑥ 陈定祥《清黄陶楼先生彭年年谱》与《黄氏续修族谱》同。《道光二十三年癸卯科直省同年全录》作道光戊子年六月十一日。

⑦ 陈定祥《清黄陶楼先生彭年年谱》与《京报全录·张之洞、谭继洵跪奏》同。

续表

姓名	字	号	籍贯	生卒(农历)	生卒(公历)	文献来源
黄仁济	兆怀	觉斯	湖南善化	咸丰五年 三月十七日	1855年 5月2日	黄寿鹏、黄根石、黄成《经铿黄氏伯宣公支谱》卷7《十九世编·九皋公房大猷公裔》
				宣统元年 八月十二日	1909年 9月25日	同上
黄儒荃	古腴		江西德化	道光二十九年 六月十日	1849年 7月29日	黄儒冕《黄氏宗谱》卷2《学诗公世系》①
				光绪三十二年 十月二十四日	1906年 12月9日	同上②
黄绍第③	叔颂 叔容	缦庵	浙江瑞安	咸丰五年 五月二十日	1855年 7月3日	《瑞安黄氏家谱》④
				民国三年 四月二十五日	1914年 5月19日	同上⑤
黄绍箕⑥	仲弢 中弢 睦琴 鲜庵		浙江瑞安	咸丰四年 正月十二日	1854年 2月9日	《瑞安黄氏家谱》⑦
				光绪三十三年 十二月二十三日	1908年 1月26日	同上⑧

① 黄儒冕《黄氏宗谱》卷1黄为熊《诰授中议大夫署广东雷州府知府显考黄公古腴府君墓志碑铭》与《学诗公世系》同。《同治庚午科大同年齿录》作咸丰辛亥年九月六日。

② 黄儒冕《黄氏宗谱》卷1黄为熊《诰授中议大夫署广东雷州府知府显考黄公古腴府君墓志碑铭》与《学诗公世系》同。

③ 小名睦笙,又名长生。

④ 《光绪己卯科直省同年全录》与《家谱》同。黄绍第会试履历(《未刊清代朱卷集成》册22)、《光绪十六年庚寅恩科会试同年齿录》均作咸丰丙辰年五月二十日。《湖北省浙江同官录》仅作咸丰乙卯年□月□日。

⑤ 孙延钊《瑞安五黄先生系年合谱》与《家谱》同。

⑥ 幼名睦钤。

⑦ 黄绍箕会试履历(《清代朱卷集成》册45)、《光绪己卯科直省同年齿录》、《光绪六年庚辰科会试同年齿录》均作咸丰乙卯正月十二日。

⑧ 孙延钊《瑞安五黄先生系年合谱》与《家谱》同。《申报》光绪三十三年十二月二十五日第一万二千五百七十五号《专电·电七(汉口)》作光绪三十三年十二月二十四日。

续表

姓名	字	号	籍贯	生卒(农历)	生卒(公历)	文献来源
黄寿衮①	补臣	小冲 耐庐 侗子	浙江山阴	咸丰十年 三月二十五日	1860 年 4 月 15 日	黄征焱《清授资政大夫翰林院撰文河南道员先严补臣府君年略》②
				民国七年 七月八日	1918 年 8 月 14 日	同上③
黄思尧	云阶		浙江山阴	同治三年	1864 年	《申报》光绪二十二年二月二日第八千二百二十六号之光绪二十二年正月十六七日《京报全录·谭钟麟跪奏》
				?		
黄思永	亦瓢	慎之 慎知	江苏江宁	道光二十二年 正月五日	1842 年 2 月 14 日	《黄思永讣告》(《上海图书馆藏赴闻集成》册6)④
				民国元年 十一月二十一日	1912 年 12 月 29 日	同上⑤
黄邃⑥	醇邃	密之	浙江瑞安	道光二十年 六月六日	1840 年 7 月 4 日	《瑞安黄氏家谱》⑦
				光绪十五年 四月八日	1889 年 5 月 7 日	同上⑧

① 谱名允扆。

② 黄善经《陡亹黄氏宗谱》之《陡亹十六世·南宾派》与《清授资政大夫翰林院撰文河南道员先严补臣府君年略》同。《光绪己丑科浙江乡试同年齿录》、黄寿衮乡试履历(《清代朱卷集成》册281)、黄寿衮会试履历(《清代朱卷集成》册84)、《光绪乙未科会试同年齿录》均作同治甲子年三月二十五日。《清代人物生卒年表》据黄寿衮会试履历作同治三年(1864)。

③ 《清代人物生卒年表》缺。

④ 黄思永拔贡履历(《清代朱卷集成》册383)、黄思永乡试履历(《清代朱卷集成》册111)、黄思永会试履历(《清代朱卷集成》册48)、《光绪六年庚辰科会试同年齿录》、《光绪乙亥恩科顺天乡试同年齿录》均与《黄思永讣告》同。《新闻报》民国二年一月二十二日(公历)第七千一百三十一号《江宁黄慎之先生事略》仅作道光壬寅年(1842)。

⑤ 《新闻报》民国二年一月二十三日(公历)第一千七百三十二号《江宁黄慎之先生事略(续)》与《黄思永讣告》同。《清代人物生卒年表》缺。

⑥ 越缦于光绪十五年四月十六日载其于是日吊漱丈从弟□□孝廉之丧。据《瑞安黄氏家谱》、黄绍箕会试履历(《清代朱卷集成》册45)、《光绪丙子科顺天乡试同年齿录》,仅黄邃符合日记中越缦所言之“从弟”及“孝廉”身份。

⑦ 孙延钊《瑞安五黄先生系年合谱》、《黄邃乡试朱卷》均与《家谱》同。

⑧ 孙延钊《瑞安五黄先生系年合谱》与《家谱》同。

续表

姓名	字	号	籍贯	生卒(农历)	生卒(公历)	文献来源
黄体芳①	循引 瘦楠	漱兰 芐仙	浙江瑞安	道光十二年 八月二十日	1832年 9月14日	《瑞安黄氏家谱》②
				光绪二十五年 五月九日	1899年 6月16日	同上③
黄体立	卣芗 卣香	淳瞾 循畅 薏云 涪孙	浙江瑞安	道光十年 十一月二十八日	1831年 1月11日	《瑞安黄氏家谱》④
				光绪元年 四月二十六日	1875年 5月30日	《日记》光绪元年四月二十六日⑤
黄庭芝⑥	仲瑞 种最 瀛桥		广东琼州	道光二十九年 五月十六日	1849年 7月5日	《同治癸酉科明经通谱》
				?		
黄维瀚⑦	砚芳 研芳	彦方 砚舫	浙江余姚	道光二十五年 六月十三日	1845年 7月17日	黄庆增《余姚竹桥黄氏宗谱》卷末下《李家塔支·生卒志》⑧
				光绪三十二年 十一月二十七日	1907年 1月11日	同上
黄锡祺	艺山		湖南善化	?		《大清搢绅全书》(同治二年夏)册1《京师·五城》
				?		
黄锡焘⑨	季载	翰仙 罕仙	湖南善化	道光十年 正月十七日	1830年 2月10日	黄沄《经铿黄氏家谱》卷16《彬甫公宗·至元公房·松年公裔》
				光绪十八年 正月二十二日	1892年 2月20日	同上

① 谱名醇颖。

② 《咸丰元年辛亥恩科直省同年全录》《江宁同官录》均作道光甲午年八月二十日。

③ 孙延钊《瑞安五黄先生系年合谱》、刘树堂《奏报籍隶浙江瑞安县前通政使司通政使黄体芳在籍病故日期事》(中国第一历史档案馆藏)均与《家谱》同。

④ 《咸丰元年辛亥恩科直省同年全录》作道光壬辰年十一月二十八日。《咸丰六年丙辰科会试同年齿录》作道光甲午十一月二十八日。《清代人物生卒年表》据《咸丰六年丙辰科会试同年齿录》作道光十四年(1834)。

⑤ 《瑞安黄氏家谱》、孙延钊《瑞安五黄先生系年合谱》均作光绪元年四月十六日。《清代人物生卒年表》缺。

⑥ 《日记》光绪九年九月二十三日:"作书致孺初,托琼州人黄培芝附去。"此黄培芝当为黄庭芝之误。

⑦ 原名维端。

⑧ 《同治庚午科大同年齿录》与《生卒志》同。黄维翰乡试履历(《清代朱卷集成》册257)作道光丁未六月十三日。

⑨ 原名搢焘,派名维肆。

续表

姓名	字	号	籍贯	生卒(农历)	生卒(公历)	文献来源
黄燮清[1]	韵珊 蕴山 韵甫 炳章	衫客	浙江海盐	嘉庆十年 十月二十三日	1805 年 12 月 13 日	黄燮清《倚晴楼诗集》卷 6《客夜屡梦先严慈悲从中来声泪俱下》[2]
				同治三年 十一月十日	1864 年 12 月 8 日	吴昌寿《题报试用知县黄燮清病故日期事》(中国第一历史档案馆藏)[3]
黄煦[4]	式敬 石镜	霁亭	江西南丰	道光十二年 五月六日	1832 年 6 月 4 日	《同治四年乙丑科会试同年齿录》
				光绪十九年 二月二十三日	1893 年 4 月 9 日	吏部《知照军机处为记名繁缺道礼科汉掌印给事中黄煦病故由》(台北故宫博物院《军机处档折件》第 131068 号)
黄耀庚	西垣 慕李	梦侯	直隶天津	咸丰四年 七月二十八日	1854 年 8 月 21 日	《光绪二十年甲午科顺天乡试同年齿录》
				?		
黄贻楫	远伯	霁川	福建泉州	道光十二年 十一月二十三日	1833 年 1 月 13 日	《同治十三年甲戌科会试同年齿录》[5]
				光绪二十一年 十月十八日	1895 年 12 月 4 日	陈棨仁《霁川黄先生墓志铭》(《晋江文献丛刊第一辑》甲部)[6]

① 原名宪清。

② 《道光乙未恩科直省同年录》作嘉庆戊辰年十月二十三日。《倚晴楼诗集》中《客夜屡梦先严慈悲从中来声泪俱下》有“三十膺乡荐”之句。据此二者,定其生于嘉庆十年十月二十三日。

③ 黄燮清《倚晴楼诗续集》卷首吴镔《序》曰:“(同治)甲子夏谢事居鄂垣,年已六十矣……《桃溪雪》传奇一册未卒业而遽归道山。”据此,仅知其卒于同治三年(1864)。

④ 《日记》光绪五年正月二十六日:“上午与仲彝谈。下午入城诣谭砚孙,送其太夫人出殡广慧寺,晤江右人黄礼部某、邓刑部某。皆言与余旧识,余实不能忆也。”据《大清搢绅全书》(光绪四年夏、光绪五年秋)载:礼部左侍郎:黄倬,湖南善化人。礼部主事:黄基,广东嘉应州人。黄煦,江西南丰人。黄灿章,贵州遵义人。黄殿荃,河南商城人。黄思永,江苏江宁人。七品小京官:黄毓崧,贵州贵筑人。故越缦所言江右人黄礼部某,当为黄煦。

⑤ 黄贻楫会试履历(《清代朱卷集成》册 38)、《咸丰壬子科直省举贡同年录》均与《同治十三年甲戌科会试同年齿录》同。《晋江文献丛刊第一辑》甲部陈棨仁《霁川黄先生墓志铭》载其光绪二十一年十月十八日卒,年六十四。据此逆推,其生年与《同治十三年甲戌科会试同年齿录》同。

⑥ 《清代人物生卒年表》缺。

续表

姓名	字	号	籍贯	生卒(农历)	生卒(公历)	文献来源
黄以恭	质庭		浙江定海	道光八年四月十七日	1828年5月30日	黄式三《翁州紫薇庄墩头黄氏宗谱》
				光绪九年十二月二十四日	1884年1月21日	同上①
黄以周②	元同 经纂	儆季 哉生	浙江定海	道光八年六月十五日	1828年7月26日	《翁州紫薇庄墩头黄氏宗谱》③
				光绪二十五年十月十七日	1899年11月19日	缪荃孙《艺风堂文续集》卷1《中书衔处州府学教授黄先生墓志铭》④
黄英采⑤	聘贤 黼廷	榘亭	江西兴国	道光二十六年六月二十七日	1846年8月15日	黄秉一、黄念初《城北滩上黄氏七修族谱》之《城北滩上黄氏新世系》⑥
				宣统元年正月二十三日	1909年2月13日	同上⑦
黄毓恩	介生	泽臣	湖北钟祥	道光十二年八月二十四日	1832年9月8日	湖北省地方志编纂委员会《湖北省志人物志稿》⑧
				光绪二十四年	1898年	《申报》光绪二十五年四月十五日第九千三百七十六号《老成凋谢》⑨

---

① 《清代人物生卒年表》据黄以恭《爰经居杂著》黄以周序作光绪九年(1883)。但因其卒于十二月二十四日,故公历应为1884年1月21日。

② 谱名以同。

③ 《同治庚午科大同年齿录》《同治庚午科浙江乡试同年齿录》均与《宗谱》同。缪荃孙《艺风堂文续集》卷1《中书衔处州府学教授黄先生墓志铭》载其卒于(光绪)己亥年十月十七,年七十有二。据此逆推,其生年与《翁州紫薇庄墩头黄氏宗谱》同。

④ 谭献著;徐彦宽辑《复堂日记续录》光绪二十五年十月二十六日:"雪渔、仲恕来,又知黄元同十七日逝于半山墓庐。"据此,其去世年月日与《墓志铭》同。

⑤ 谱名庆席。

⑥ 黄秉一、黄念初《城北滩上黄氏七修族谱》之黄章采《甫亭公传》载其卒于宣统元年正月二十三日,年六十四。据此逆推,其生年与《城北滩上黄氏新世系》同。《黄英采会试朱卷》《光绪六年庚辰科会试同年齿录》均作道光己酉年六月二十七日。《清代人物生卒年表》作道光二十九年(1849)。

⑦ 黄秉一、黄念初《城北滩上黄氏七修族谱》之黄章采《甫亭公传》与《城北滩上黄氏新世系》同。《清代人物生卒年表》缺。

⑧ 黄毓恩乡试履历(《清代朱卷集成》册104)、《同治元年壬戌恩科顺天乡试齿录》均作道光乙未年八月二十四日。黄毓恩会试履历(《清代朱卷集成》册27)作道光庚子年八月二十四日。《湖北省志人物志稿》仅作道光十二年(1832)。据此四者,定其生于道光十二年八月二十四日。《清代人物生卒年表》据黄毓恩会试履历作道光二十年(1840)。

⑨ 《老成凋谢》:"沙市访事人云前任福建布政使黄泽臣方伯自被议后寄居沙市丝线街,去岁十月某日疾终寓所。今春夫人、公子扶柩回钟祥珂里,择吉本月旬安葬后,仍返沙江。"据此,知其卒于光绪二十四年十月。此暂作光绪二十四年(1898)。湖北省地方志编纂委员会《湖北省志人物志稿》仅作1897年,当误。《清代人物生卒年表》缺。

续表

姓名	字	号	籍贯	生卒(农历)	生卒(公历)	文献来源
黄元善	让卿	文坡 霞轩 酿生	湖北钟祥	道光六年 三月一日	1826年 4月7日	《咸丰元年辛亥恩科直省同年全录》①
				?		
黄元文	裳吉 子中	蓉卿	江苏如皋	道光二十二年 八月二日	1842年 9月6日	《同治七年戊辰科会试同年齿录》②
				?		
黄政懋③	守默	鞠臣 雨人 增仙 剡农	浙江余姚	道光六年 三月七日	1826年 4月13日	黄庆增《余姚竹桥黄氏宗谱》卷末下《周家埠支·生卒志》④
				光绪十四年 十二月二十四日	1889年 1月25日	同上
黄质文			浙江钱塘	道光九年	1829年	《中国嘉德2014春季拍卖会·钱塘黄氏四世存珍》⑤
				光绪八年	1882年	谭献《复堂日记》册45《盛唐治记》⑥
黄钟俊⑦	肖枚	小梅 潇湄	浙江上虞	咸丰十年 五月十七日	1860年 6月29日	黄嘉谷《黄氏真门谱》卷10《二十世勤八派珍一房》⑧
				光绪二十八年 六月二十八日	1902年 8月1日	同上

① 《咸丰九年己未科会试同年齿录》作道光壬辰年三月一日。《清代人物生卒年表》据《咸丰九年己未科会试同年齿录》作道光十二年(1832)。

② 《重订戊辰同年齿录》与《同治七年戊辰科会试同年齿录》同。

③ 原名裳。

④ 《咸丰乙卯直省乡试同年齿录》作道光戊子年三月七日。

⑤ 《中国嘉德2014春季拍卖会·钱塘黄氏四世存珍》中有黄质文四十九岁小像,其题识曰:"光绪丁丑,山阴王馥生写真。癸巳孟冬,高保康补题。"据此逆推,其当生于道光九年(1829)。

⑥ 《盛唐治记》光绪八年十二月十八日:"得陈鄂士函,知黄质文死矣。"据此,暂作光绪八年(1882)。

⑦ 谱名秉璐。

⑧ 黄钟俊乡试履历(《清代朱卷集成》册284)、《光绪辛卯科浙江乡试同年齿录》均作同治元年五月十七日。

续表

姓名	字	号	籍贯	生卒(农历)	生卒(公历)	文献来源
黄卓元	仁山	吉裳	贵州清镇	道光二十二年	1842 年	《咸丰九年己未恩科十八省乡试同年录》①
				光绪二十九年正月二十六日	1903 年 2 月 23 日	《申报》光绪二十九年闰五月八日第一万零八百四十七号之光绪二十九年五月二十四日《京报全录·邓华熙片》②
黄自元③	善长	敬如 堇腴	湖南安化	道光十七年七月十一日	1837 年 8 月 11 日	黄砺吾、黄寿丹《柳林黄氏族谱》之《廿五世如珑公宁箕房明玉》④
				民国五年四月二十二日	1916 年 5 月 23 日	同上⑤
黄祖绳	迪征	蔼吉 子佩	江西庐陵	道光七年五月四日	1827 年 5 月 29 日	黄赞汤《绳其武斋自篆年谱》⑥
				同治九年	1870 年	《庐陵义城黄氏宗谱》
惠年⑦	季和	菱舫	满洲正蓝旗	道光十六年	1836 年	《楚省八旗奉直同官录》⑧
				光绪二十二年五月二十七日	1896 年 7 月 7 日	《申报》光绪二十二年七月九日第八千三百八十一号之光绪二十二年六月二十七日《京报全录·廖寿丰跪奏》⑨

① 《咸丰己未恩科十八省同年录》载其同治八年为二十八岁。据此逆推，其当生于道光二十二年(1842)。《同治十三年甲戌科同年官职录》载其同治十三年为三十岁。据此逆推，其当生于道光二十九年(1849)。此暂作道光二十二年(1842)。

② 卢爱兹《清镇县志稿》卷 10《人物》仅作(光绪)癸卯年(1903)。

③ 派名正纬。

④ 黄自元会试履历(《清代朱卷集成》册 30)、《同治七年戊辰科会试同年齿录》、《重订戊辰同年齿录》、《黄公自元老大人墓侧记》、《柳林黄氏时畴公支谱》均与《柳林黄氏族谱》同。

⑤ 《柳林黄氏时畴公支谱》与《柳林黄氏族谱》同。《清代人物生卒年表》作民国七年(1918)。《黄公自元老大人墓侧记》作民国五年正月二十二日。笔者与黄自元后裔黄晓果先生联系，确认侧记系误记。

⑥ 《庐陵义城黄氏宗谱》《绳其武斋自篆年谱》均作道光丁亥年(1827)。《咸丰元年辛亥恩科直省同年全录》作道光庚寅年五月四日。据此三者，定其生于道光丁亥年五月四日。

⑦ 原名惠龄。

⑧ 《楚省八旗奉直同官录》作道光丙申年十月三十日。道光丙申年十月只有二十九天，疑为同官录误刻。暂作其生于道光丙申年(1836)。

⑨ 《新闻报》光绪二十二年六月十一日第一千二百二十七号《都转出缺》："浙省盐宪惠菱舫都转积劳成疾，在任之日，时时请假调理，惟期夙恙早痊。讵年老力衰，遽于五月杪仙游。日前重金延请珠家阁名医陈莲舫来杭诊视，莲舫早决其不起，故后事衣衾等一切均已预为备办。都转出缺后所遗运司一缺，闻上游已委王心斋观察暂理。所遗杭嘉湖道缺，未知所委何人也。"据此，仅知其卒于光绪二十二年五月。

续表

姓名	字	号	籍贯	生卒(农历)	生卒(公历)	文献来源
霍顺武	正之	子方	满洲镶黄旗	道光十九年十月十六日	1839年11月21日	许应鑅《浙江同官录》
				光绪二十三年七月三十日	1897年8月27日	陈庆均《时行轩日记》册4①
霍为楙	勉吾	梅卿	陕西朝邑	道光十七年五月二日	1837年6月4日	《同治庚午科大同年齿录》②
				?		
纪夔③	公穆 公简 昉虞	朗榆	湖北武昌	道光二十二年九月三十日	1842年11月2日	纪寅、纪慰宗《纪氏宗谱》之《传贤公支下长二房世系》④
				光绪二十九年十一月十四日	1904年1月1日	同上⑤
纪孺人			?	?		《日记》同治五年二月二十二日
				同治五年十一月八日	1866年12月14日	《日记》同治五年十一月八日⑥
季邦桢	士周 耜洲		江苏江阴	道光二十三年十二月十日	1844年1月29日	季幼梅《青旸季氏支谱》卷10《淮公支·二十八世至三十二世》⑦
				光绪二十四年五月十八日	1898年7月6日	同上⑧

① 《时行轩日记》光绪二十三年七月三十日:"下午,闻郡守霍太守逝世。"《申报》光绪二十三年十月十一日第八千八百二十一号之光绪二十三年九月二十九日《京报全录·廖寿丰跪奏》、虞和平《经元善集》之《致徐仲凡太守书》附《霍郡伯故后致感情志略》均与《时行轩日记》同。

② 《光绪三年丁丑科会试同年齿录》作道光乙巳年五月二日。霍为楙乡试履历(《未刊清代朱卷集成》册50)作道光庚子年五月二日。

③ 谱名章玨,庠名之玉,乡榜名恩庸。

④ 《光绪六年庚辰科会试同年齿录》《同治庚午科大同年齿录》均作道光壬寅年九月三十日。《清代人物生卒年表》据《光绪六年庚辰科会试同年齿录》作道光二十二年(1842)。

⑤ 《清代人物生卒年表》缺。

⑥ 《日记》同治五年十一月八日:"族祖母纪安人卒,季弟之继祖母也。"

⑦ 《同治庚午科大同年齿录》《同治十年辛未科会试同年齿录》均与《青旸季氏支谱》同。

⑧ 《申报》光绪二十四年七月八日第九千一百零九号之光绪二十四年六月二十九日《京报全录·边宝泉跪奏》与《青旸季氏支谱》同。《清代人物生卒年表》缺。

续表

姓名	字	号	籍贯	生卒(农历)	生卒(公历)	文献来源
继恒			满洲正黄旗	道光二十年	1840 年	《光绪二十三年二月初四日吏部抄呈京察一等章京笔帖式刑部郎中英瑞等八十二员领引名单》(台北故宫博物院《军机处档折件》第 137936 号)①
				?		
贾灿云	夒堂		浙江会稽	嘉庆五年十月十八日	1800 年12 月 4 日	贾元豫《山阴贾氏宗谱》卷 5《行传》
				光绪十三年十一月十九日	1888 年1 月 2 日	同上
贾芳			越缦乡人	?		《日记》光绪十九年五月十七日
				?		
贾树諴②	雪持森甫	琴岩	浙江会稽	道光元年八月五日	1821 年8 月 31 日	贾元豫《山阴贾氏宗谱》卷 5《行传》③
				同治十二年十月三十日	1873 年12 月 19 日	同上④
江槐庭	菉生		浙江钱塘	道光二十六年	1846 年	秦国经《清代官员履历档案全编》册 6 页 490、册 5 页 107⑤
				光绪二十七年十一月八日	1901 年12 月 18 日	《申报》光绪二十八年二月十一日第一万零三百八十五号之光绪二十八年正月二十九日《京报全录·锡良片》

① 名单载其光绪二十三年为五十八岁。据此逆推,其当生于道光二十年(1840)。

② 本名榕。

③ 《己酉科直省乡试同年录》与《山阴贾氏宗谱》同。贾元豫《山阴贾氏宗谱》卷 2 平步青《诰授中宪大夫刑部云南司员外郎琴岩贾君家传》作同治十二年十月晦,年仅五十有三。据此逆推,其生年与《山阴贾氏宗谱》同。《同治元年壬戌科会试同年齿录》作道光丁亥年八月五日。

④ 贾元豫《山阴贾氏宗谱》卷 2 平步青《诰授中宪大夫刑部云南司员外郎琴岩贾君家传》与《山阴贾氏宗谱》同。

⑤ 册 6 载其于光绪十七年京察保送以知府分省补用捐指河南,由吏部带领引见。据册 5 其履历知此次引见其年为四十六岁。据此二者推,定其生于道光二十六年(1846)。

续表

姓名	字	号	籍贯	生卒(农历)	生卒(公历)	文献来源
江清骥	渊如	小云 筱筠	浙江仁和	嘉庆十六年 十二月二十六日	1812年 2月8日	《日记》光绪十八年二月十七日①
				光绪十七年 十一月十一日	1891年 12月11日	顾廷龙、戴逸《李鸿章全集》册20之《奏议二十》之《题报深州知州江槐序丁忧开缺事》②
江士才	凡士 理斋③		江西余干	道光二十一年 二月三十日	1841年 3月22日	《江氏家谱》④
				光绪三十一年 三月三日	1905年 4月7日	同上
江式	敬所 谷人	容园	江西余干	嘉庆二十年 五月十三日	1815年 6月19日	《江氏家谱》⑤
				光绪二十六年 八月二十日	1900年 9月13日	同上

① 《日记》光绪十八年二月十七日:“仁和江观察清骥(庚子举人)卒,年八十一,送奠分四千。”《江南宁属同官录》《道光庚子恩科直省同年谱》均载其生于道光元年十二月二十六日。顾廷龙、戴逸《李鸿章全集》册20《奏议二十》之《题报深州知州江槐序丁忧开缺事》载其卒于光绪十七年十一月十一日。据此四者,定其生于嘉庆十六年十二月二十六日。《清代人物大事纪年》作嘉庆二十一年(1816)。

② 《日记》光绪十八年二月十七日:“仁和江观察清骥(庚子举人)卒,年八十一,送奠分四千。”据此,仅知其卒于光绪十八年二月十七日或之前。

③ 《光绪己卯科直省同年齿录》作理齐。

④ 《光绪己卯科直省同年录》与《家谱》同。

⑤ 《同治庚午科大同年齿录》与《家谱》同。江式《悔学堂诗》卷2《寄陈熙堂(春台)》:“独我薄才嗟骈拇,执梃幸因岁牙丑(谷人生丁丑,青才生戊寅,直侯己卯吾庚辰,少年意气皆无伦)。”据此二者,亦可定其生于嘉庆丁丑年五月十三日。《日记》光绪十二年三月四日:“答拜江敬所,年七十七矣,尚自余干来会试,可称健者。”《日记》光绪十六年三月二十六日:“书庚午同年江敬所七十晋五双寿楹联,撰句云:‘申伏耆儒,衣冠汉代;王姜上第,黼黻国朝。’”此两处所记年岁矛盾。《清代人物生卒年表》据江式《悔学堂诗》卷3《叶桐封丈寄陈熙堂》注作乾隆二十五年(1760)。

续表

姓名	字	号	籍贯	生卒(农历)	生卒(公历)	文献来源
江澍昀①	承武	韵涛	江西弋阳②	道光十年 六月七日	1830 年 7 月 26 日	江志伊《济阳江氏金鳌派宗谱》册 3 世系 11《义兴公派·廷宏廷寅附·满宗公分廷寅公派五十六十至六十世》③
				光绪十七年 五月十六日	1891 年 6 月 22 日	同上④
姜秉初	仲白	云舶	浙江会稽	道光十八年 八月六日	1838 年 9 月 24 日	《光绪乙亥制科同年齿录》⑤
				光绪十七年	1891 年	姜锡桓《姜氏世谱》末集《郡城世系·二十一世至二十五世》⑥
姜秉善	仲虞	少云 彝训	直隶天津	咸丰十年 十月二十三日	1860 年 12 月 5 日	《光绪乙酉科选十八省拔贡明经通谱》⑦
				?		
姜球⑧	蔚濂	涤泉	安徽怀宁	道光十年 九月十一日	1830 年 10 月 27 日	姜斯仁《天水郡姜氏宗谱》卷 12《涧股金钥公支下派系》⑨
				光绪十五年 六月二十五日	1889 年 7 月 22 日	同上⑩

---

① 一作树昀，原名钟璜，派名洪烈，学名梦松。

② 原籍安徽旌德。

③ 《光绪丁丑科会试同年齿录》、江澍昀会试履历(《清代朱卷集成》册 44)均作道光丙午年六月七日。《济阳江氏金鳌派宗谱》仅作道光庚寅年(1830)。据此二者，定其生于道光庚寅年六月七日。《清代人物生卒年表》据江澍昀会试履历作道光二十六年(1846)。

④ 《申报》光绪十七年六月二十六日第六千五百六十四号之光绪十七年六月十七日《京报全录·张曜跪奏》作光绪十七年五月二日。《清代人物生卒年表》缺。

⑤ 姜锡桓《姜氏世谱》末集《郡城世系·二十一世至二十五世》仅作道光戊戌年(1838)。姜仲白《姜征君遗诗》卷首汪曰桢、向学荣《绍兴府会稽县儒学呈为选举孝廉方正事》载其现年三十九岁，末署光绪四年五月。据此逆推，其当生于道光二十年(1840)。

⑥ 姜锡桓《姜氏世谱》末集《郡城世系·二十一世至二十五世》仅作光绪辛卯年。姜仲白《姜征君遗诗》卷首唐风《敕授承德郎孝廉方正乌程县学训导姜征君传》仅载其卒年六十一，无具体生卒年。姜锡桓《姜氏世谱》末集《郡城世系·二十一世至二十五世》载其卒于光绪辛卯年。距生道光戊戌年，享年五十四岁。二者所载享寿矛盾，待考。

⑦ 《光绪十一年乙酉科顺天乡试同年齿录》与《光绪乙酉科选十八省拔贡明经通谱》同。

⑧ 谱名大球。

⑨ 姜球会试履历(《清代朱卷集成》册 30)、《同治七年戊辰科会试同年齿录》、《重订戊辰同年齿录》、《同治元年壬戌恩科顺天乡试齿录》均作道光壬辰年九月十一日。《清代人物生卒年表》据《同治七年戊辰科会试同年齿录》作道光十二年(1832)。

⑩ 《清代人物生卒年表》缺。

续表

<table>
<tr><th>姓名</th><th>字</th><th>号</th><th>籍贯</th><th>生卒(农历)</th><th>生卒(公历)</th><th>文献来源</th></tr>
<tr><td rowspan="2">姜士冠</td><td rowspan="2">铁群
春帆
春凡</td><td rowspan="2">松岩</td><td rowspan="2">江苏六合</td><td>乾隆五十一年
八月九日</td><td>1786 年
9 月 30 日</td><td>《嘉庆庚午科同年齿录》</td></tr>
<tr><td>同治七年</td><td>1868 年</td><td>谢延庚《六合县志》卷 5《人物志·事功》①</td></tr>
<tr><td rowspan="2">姜由辚</td><td rowspan="2"></td><td rowspan="2"></td><td rowspan="2">江苏六合</td><td>?</td><td></td><td>《大清搢绅全书》(光绪十七年春)册 1《京师》</td></tr>
<tr><td>光绪十八年
十月二十四日</td><td>1892 年
12 月 12 日</td><td>《申报》光绪十八年十一月十四日第七千零七十七号《日下纪闻》</td></tr>
<tr><td rowspan="2">姜自驹②</td><td rowspan="2">仲良
铁群
志存</td><td rowspan="2"></td><td rowspan="2">广东阳江</td><td>咸丰三年
十月四日</td><td>1853 年
11 月 4 日</td><td>《光绪六年庚辰科会试同年齿录》③</td></tr>
<tr><td>?</td><td></td><td></td></tr>
<tr><td rowspan="2">蒋保燮</td><td rowspan="2">拙安</td><td rowspan="2">哲庵</td><td rowspan="2">江苏长洲</td><td>?</td><td></td><td>《大清搢绅全书》(同治五年夏)册 1《京师·户部》</td></tr>
<tr><td>?</td><td></td><td></td></tr>
<tr><td rowspan="2">蒋彬蔚</td><td rowspan="2">颂芬</td><td rowspan="2">子良
芷梁</td><td rowspan="2">江苏吴县</td><td>嘉庆二十二年
十一月十三日</td><td>1817 年
12 月 20 日</td><td>蒋德骅《娄关蒋氏本支录右编》卷 4《缄三公支》④</td></tr>
<tr><td>同治十二年
九月十三日</td><td>1873 年
11 月 2 日</td><td>同上⑤</td></tr>
</table>

① 《六合县志》载其年八十三卒。姑再据《嘉庆庚午科同年齿录》推,暂定其卒于同治七年(1868)。

② 别字蝶群。

③ 《同治癸酉科明经通谱》中载其胞弟姜自驺生于咸丰壬子年八月六日。《光绪六年庚辰科会试同年齿录》中载姜自驹生于咸丰癸丑年十月四日。此因官年而导致兄比弟出生年迟,待考。

④ 蒋彬蔚会试履历(《清代朱卷集成》册 19)、《己酉科直省乡试齿录》均与《娄关蒋氏本支录右编》同。《续碑传集》卷 19 锡缜《刑科给事中蒋君墓志铭》作同治十二年九月十三日,年五十七。据此逆推,其生年与《娄关蒋氏本支录右编》同。

⑤ 《续碑传集》卷 19 锡缜《刑科给事中蒋君墓志铭》与《娄关蒋氏本支录右编》同。

续表

姓名	字	号	籍贯	生卒(农历)	生卒(公历)	文献来源
蒋崇礼①	肯堂	约夫	浙江余姚	道光十六年十二月十八日	1837年1月24日	《同治庚午科浙江乡试同年齿录》②
				同治十三年六月七日	1874年7月20日	《日记》同治十三年六月八日
蒋艮③	仲仁	石舲 后山	河南商城	咸丰元年闰八月十五日	1851年10月9日	《蒋氏四修宗谱》卷7中《世系考·长房十二世》④
				宣统二年正月十八日	1910年2月27日	同上
蒋鸿藻⑤	建中 子植	笠山 子默	浙江诸暨	道光十八年四月二十七日	1838年5月20日	蒋景耀《诸暨七里川堂蒋氏宗谱》卷14《廿四世绩字行传》⑥
				?		
蒋橘仙⑦	云瞻		浙江萧山	道光十三年五月二十六日	1833年7月13日	蒋志圻《萧山临浦蒋氏宗谱》卷8《世传》
				光绪二十三年二月一日	1897年3月3日	同上
蒋立言	兰泉		江苏赣榆	?		《日记》同治三年正月二日
				?		

① 谱名乔新。

② 《同治庚午科大同年齿录》与《同治庚午科浙江乡试同年齿录》同。

③ 谱名名晋。

④ 《光绪六年庚辰科会试同年齿录》仅作年二十五岁。据此逆推，其当生于咸丰六年(1856)。《清代人物生卒年表》缺。

⑤ 原名桐，更名昌谧。

⑥ 《光绪丙子科浙江乡试同年齿录》作道光乙巳年四月二十七日。

⑦ 讳孝先，原名立诚。

续表

姓名	字	号	籍贯	生卒(农历)	生卒(公历)	文献来源
蒋麟振①	再唐	再棠	浙江诸暨	同治十年十一月十九日	1871年12月30日	观山《蒋宰棠先生传》(《暨阳校刊》民国三十六年第五期)②
				民国三十四年六月二日	1945年7月10日	同上
蒋其章	子湘 子相	公质 质庵	浙江钱塘	道光二十二年四月二十二日	1842年6月2日	《同治庚午科浙江乡试同年齿录》③
				光绪十八年正月十五日	1892年2月13日	赵国华《青草堂补集》卷6《联语下》④
蒋启勋⑤	揆生	鹤庄	湖北天门	道光三年十二月七日	1824年1月7日	《天门蒋氏族谱》之《三房泽公后遇支》⑥
				光绪十三年十二月二十三日	1888年2月4日	同上⑦
蒋坦⑧	平伯	蔼卿	浙江钱塘	道光三年	1823年	蒋焜《跋》(蒋坦《花天月地吟》卷首)⑨
				咸丰十一年	1861年	陈继聪《忠义纪闻录》卷26《蒋文学坦》⑩

① 别署如园。

② 蒋麟振乡试履历(《清代朱卷集成》册282)、《光绪辛卯科浙江乡试同年齿录》均作同治壬申年十一月十九日。观山《蒋宰棠先生传》载其年二十一举光绪十七年乡荐。卒于民国乙酉年六月二日,享年七十五岁。据此三者,定其生于同治十年十一月十九日。

③ 蒋其章会试履历(《清代朱卷集成》册42)、《蒋其章乡试履历(《清代朱卷集成》册258)、《同治庚午科大同年齿录》、《光绪三年丁丑科会试同年齿录》均与《同治庚午科浙江乡试同年齿录》同。

④ 《联语下》载:"挽钱塘蒋子相其章。中丞幕府自南海张公樵野荫桓后,余为长者十年矣!君近亦在焉!工倚声。壬辰元夕踏灯而殁。"据此,其当卒于光绪十八年正月十五日。《清代人物生卒年表》缺。

⑤ 派名可松,原名式松。

⑥ 蒋启勋会试履历(《清代朱卷集成》册23)、蒋式松乡试履历(《未刊清代朱卷集成》册42)、《蒋式松乡试朱卷》、《咸丰元年辛亥恩科直省同年全录》均与《天门蒋氏族谱》同。

⑦ 奎斌《题报天门县前任湖南永郴桂道蒋启勋病故日期事》(中国第一历史档案馆藏)与《族谱》同。《清代人物生卒年表》缺。

⑧ 原名凤征。

⑨ 蒋坦《花天月地吟》中蒋焜《跋》载:"壬午秋初二日,吾父七十有九寿辰,称觞之夕,梦庭栖白凤数十,一堕予怀而醒,时虞山归珮珊夫人馆于巢园,夫人姬师也,谓姬曰:'若孕矣,梦兆必得佳儿。'明年秋为吾父大耋之庆,戏彩三日。子坦生,吾父喜曰:'昌吾后者,必是儿也。'命名曰'凤征',凤征即坦也。"据此可知,蒋坦生于道光三年秋。此暂作道光三年(1823)。《清代人物生卒年表》据蒋坦《夕阳红半楼诗剩稿》孟森所撰跋作道光四年(1824)。

⑩ 《蒋文学坦》载:"因厨绝炊烟,全家骨肉,相继僵逼,是冬城再破,而君亦以冻饿而死矣,年约四十。"据王兴福《太平军在浙江》载,"是冬城再破"之日即是咸丰十一年十一月二十八日。公历为1861年12月29日。故其当卒于咸丰十一年末(农历)或1862年(公历)初。此暂作咸丰十一年(1861)。

续表

姓名	字	号	籍贯	生卒(农历)	生卒(公历)	文献来源
蒋廷黻[①]	稚鹤	山佣	浙江海宁	道光三十年十二月十五日	1851年1月16日	蒋述彰《硖石蒋氏支谱》之《世系表》[②]
				民国元年	1912年	同上[③]
蒋湘舟[④]	南屏		浙江萧山	嘉庆十五年五月三日	1810年6月4日	蒋志圻《萧山临浦蒋氏宗谱》卷8《世传》[⑤]
				光绪三年九月二十日	1877年10月26日	同上
蒋益澧	芗泉 乡泉	兰谱	湖南湘乡	道光十三年四月二十三日	1833年6月10日	《诰授光禄大夫蒋果敏公、诰封一品夫人蒋母李朱夫人合葬墓志》[⑥]
				同治十三年十二月二十二日	1875年1月29日	同上[⑦]
焦恒清	廉臣 廉岑	筱溪	河南西平	道光二十四年七月七日	1844年8月20日	《同治癸酉科明经通谱》
				?		
金保泰	夔瀚	忠甫	浙江钱塘	咸丰元年二月十二日	1851年3月14日	《同治庚午科浙江乡试同年齿录》[⑧]
				光绪十八年五月十二日	1892年6月6日	翁同龢著;陈义杰点校《翁同龢日记》册5页2525[⑨]

① 原名学焘。

② 《光绪丙子科浙江乡试同年齿录》作咸丰壬子年十二月十五日。《清代人物生卒年表》据《清代官员履历档案全编》册7作咸丰七年(1857)。

③ 《世系表》载:"民国元年十一月廿二日(壬子九月十二日)巳时卒。"民国元年十一月廿二日,农历当为民国元年十月十四日。民国壬子年九月十二日,公历当为民国元年十月二十一日。故《世系表》所载公历与农历矛盾。此暂作民国元年(1912)。《清代人物生卒年表》缺。

④ 讳洽金,榜名春桂,原名尊彝。

⑤ 《咸丰壬子科浙江乡试同年齿录》作嘉庆甲戌年五月三日。

⑥ 《湘乡石龙蒋氏东段续修支谱东墅公房》卷6与《合葬墓志》同。王先谦《虚受堂文集》卷8《蒋果敏公家传》仅作十三年十二月卒,年四十二。据此逆推,其生年与《合葬墓志》同。

⑦ 《湘乡石龙蒋氏东段续修支谱东墅公房》卷6与《合葬墓志》同。《申报》光绪元年四月二十八日第九百四十八号《蒋芗泉中丞立嗣纪闻》作同治十三年十二月二十一日。王先谦《虚受堂文集》卷8《蒋果敏公家传》仅作十三年十二月。

⑧ 《清代人物大事纪年》、金保泰会试履历(《清代朱卷集成》册35)、《同治庚午科大同年齿录》、《同治十年辛未科会试同年齿录》均与《同治庚午科浙江乡试同年齿录》同。

⑨ 《清代人物大事纪年》与《翁同龢日记》同。《申报》光绪十八年六月十一日第六千八百八十六号之光绪十八年五月二十一日《京报全录·宫门抄》:"礼亲王等奏军机章京少卿金保泰病故,请以候补中书郭之全充补。"《申报》光绪十八年三月十六日第六千八百一十三号之光绪十八年三月七日《京报全录·宫门抄》:"金保泰谢赏三品衔恩。"据此二者,仅知其卒于光绪十八年三月七日至五月二十一日之间。《清代人物生卒年表》缺。

续表

姓名	字	号	籍贯	生卒(农历)	生卒(公历)	文献来源
金葆恒[①]	子霖 翡江	竺岩 竹岩	浙江山阴	道光十二年 四月三十日	1832年 5月29日	金乙霖《绍兴渔临金氏宗谱》卷14《第十七世行传》[②]
				?		
金福昌	占五	瞻岵	浙江诸暨	道光十五年 七月四日	1835年 8月27日	《灵泉金氏宗谱》卷20《廿二十一世・增》[③]
				光绪二十九年 八月二十一日	1903年 10月11日	同上
金汉章	倬云	仰周	江苏盐城	同治十一年 六月二十八日	1872年 8月2日	《金汉章乡试朱卷》[④]
				?		
金鸿翎	达卿	汝仪 凤丹	安徽英山	咸丰元年 七月十一日	1851年 8月7日	《金氏宗谱》之《支房谱》卷10[⑤]
				?		
金树楠[⑥]			浙江会稽	?		《日记》咸丰八年七月十四日
				?		
金廷荣			直隶通州	?		《大清搢绅全书》(光绪十四年夏)册1《太医院衙门》
				?		

① 谱名广文,改名受鋆,一名澍。

② 《同治丁卯科并补行甲子科浙江乡试同年齿录》作道光壬寅年四月三十日。

③ 《光绪乙酉科浙江乡试同年齿录》作道光辛丑年七月四日。

④ 《光绪十九年癸巳科顺天乡试同年齿录》无其详细履历,仅在名录中载:"年二十二岁,江苏淮安府盐城县民籍附贡生。"据此,仅得其生于同治十一年(1872)。

⑤ 金鸿翎会试履历(《清代朱卷集成》册64)、《光绪十五年会试同年齿录》均作咸丰辛酉年七月十一日。《清代人物生卒年表》据《光绪十五年会试同年齿录》作咸丰十一年(1861)。

⑥ 越缦写为树南。

续表

姓名	字	号	籍贯	生卒(农历)	生卒(公历)	文献来源
金文宣	朗秋	豁田	直隶天津	咸丰五年十月七日	1855年11月16日	《光绪十七年辛卯科顺天乡试同年齿录》
				?		
金星桂[1]	子木	仲诜 元直	浙江桐乡	道光十六年十一月二日	1836年12月9日	《光绪二年丙子恩科会试同年齿录》[2]
				光绪十六年	1890年	《日记》光绪十六年十二月九日[3]
金墉[4]	少春		?	?		王继香乡试履历(《清代朱卷集成》册251)
金玉堂[5]	珊伯	梅垞	浙江山阴	道光二十年十一月二十日	1840年12月13日	《同治四年补行辛酉科并壬戌浙江乡试同年齿录》
				?		
金毓麟[6]	圣学	逊学 琴舫 稼村 勤昉	浙江诸暨	道光十七年九月十五日	1837年10月14日	刘锡纯《紫岩螺山刘氏宗谱》卷15《行传·二十二世》[7]
				光绪二十年正月十九日	1894年2月24日	同上[8]
金曰修	少伯 少白	子汀	浙江钱塘	道光二年四月二十三日	1822年6月12日	金曰修《杭州金氏宗谱》[9]
				光绪十四年十二月十日	1889年1月11日	丁丙《松梦寮文集》之《金少伯传略》[10]

① 更名寿松。

② 金星桂会试履历(《清代朱卷集成》册40)、金星桂优贡履历(《清代朱卷集成》册376)、《同治庚午科大同年齿录》均与《光绪二年丙子恩科会试同年齿录》同。金星桂乡试履历(《清代朱卷集成》册108)、《同治九年庚午科顺天乡试同年齿录》均作道光辛丑年十一月二日。

③ 《日记》光绪十六年十二月九日:"同年金元直给事星桂,更名寿松,丙子翰林之丧,送奠分八千。"光绪十六年十二月九日,公历为1891年1月18日。其逝世当在此之前,暂定为光绪十六年(1890)。《清代人物生卒年表》缺。

④ 《日记》咸丰六年四月二日:"早起诣学署晤金梅生,即归馆。"疑其即为金墉。待考。

⑤ 谱名煐。

⑥ 本姓刘。

⑦ 《光绪六年庚辰科会试同年齿录》作道光辛丑年九月十五日。

⑧ 《清代人物生卒年表》缺。

⑨ 张浚万《恤蒿庐文初稿》卷8《金公墓志铭》、丁丙《松梦寮文集》之《金少伯传略》均载其(光绪)戊子年十二月十日,终年六十七岁。据此二者逆推,其生年均与《杭州金氏宗谱》同。《咸丰乙卯直省乡试同年齿录》《咸丰五年乙卯科浙江乡试同年齿录》均作道光甲申年四月二十三日。《同治四年乙丑科会试同年齿录》作道光壬辰年四月二十三日。

⑩ 张浚万《恤蒿庐文初稿》卷8《金公墓志铭》与《传略》同。

续表

姓名	字	号	籍贯	生卒(农历)	生卒(公历)	文献来源
锦昌			满洲镶蓝旗	?		《大清搢绅全书》(光绪十九年夏)册1《京师·各道》
				?		
景廉	石臣	俭卿 季泉 秋坪	满洲正黄旗	道光三年六月二十五日	1823年8月1日	李慈铭《越缦堂文集》卷8《诰授光禄大夫建威将军内阁学士前户部尚书军机大臣颜扎公神道碑铭》①
				光绪十一年八月二十四日	1885年10月2日	同上②
景其濬	哲生	剑泉	贵州兴义③	道光六年五月二十二日	1826年6月25日	《皖江同官录》④
				光绪二年三月十六日	1876年4月10日	翁同龢著;陈义杰点校《翁同龢日记》册3页1197⑤
景善	子慕	茀亭	满洲正白旗	道光三年十月十三日	1823年11月15日	景善《景善日记》光绪二十六年正月元旦⑥
				光绪二十六年八月十五日	1900年9月8日	同上
景闻	子乾	鸣皋 云槎	蒙古镶黄旗	道光七年五月二十七日	1827年6月21日	景闻乡试履历(《清代朱卷集成》册100)⑦
				?		

① 景廉乡试履历(《清代朱卷集成》册101)、《咸丰壬子恩科会试同年齿录》、治麟《秋坪府君行状》、《清代人物大事纪年》均与《神道碑铭》同。《咸丰元年辛亥恩科直省同年全录》仅作道光癸未年(1823)。

② 治麟《秋坪府君行状》、朱彭寿《清代人物大事纪年》均与《神道碑铭》同。

③ 原籍江苏上元。

④ 《己酉科直省乡试同年录》《咸丰壬子恩科会试同年齿录》《清代人物大事纪年》均作道光己丑年五月二十二日。《清代人物生卒年表》据《咸丰壬子恩科会试同年齿录》作道光九年(1829)。

⑤ 朱彭寿《清代人物大事纪年》与《翁同龢日记》同。《清代人物生卒年表》缺。

⑥ 景善会试履历(《清代朱卷集成》册25)作道光甲午年十月十三日。景善《景善日记》光绪二十六年正月元旦:"予今年七十八岁,诸子欺予耳聋,无所不为,皆不肯向上好学,予家风堕矣。"据此二者,定其生于道光三年十月十三日。《清代人物生卒年表》据景善会试履历作道光十四年(1834)。

⑦ 《己酉科直省乡试同年录》《己酉科顺天乡试同年齿录》均与景闻乡试履历同。

续表

姓名	字	号	籍贯	生卒(农历)	生卒(公历)	文献来源
敬信	子斋 致斋		满洲正白旗	道光十二年十月二十日	1832年12月11日	中国少数民族古籍集成·爱新觉罗宗谱》册48页324—327①
				光绪三十三年七月十六日	1907年8月24日	朱彭寿《清代人物大事纪年》②
柯劭忞③	凤孙 鹏孙 仲勉	蒻初	山东胶州	道光三十年三月十一日	1850年4月22日	一士《关于柯劭忞》(《逸经》民国二十六年第二十五期)④
				民国二十二年七月十一日	1933年8月31日	《燕京学报》民国二十二年十二月第十四期《悼柯劭忞简朝亮先生》⑤
孔传勋	麟阁 绩甫	辅唐 辅堂 荫卿 翼臣 耕梅	直隶天津	道光二十五年十月八日	1845年11月7日	《同治庚午科大同年齿录》⑥
				?		
孔广镕	治臣 予陶	铁香	浙江山阴	嘉庆十三年十一月十日	1808年12月26日	孔庆璋《觉山孔氏宗谱》卷18《寺后玉五公派世次》
				咸丰十一年十月二日	1861年11月4日	同上⑦

① 《清代人物大事纪年》作道光壬辰年八月二十四日。

② 符珍《为致仕大学士宗室敬信病故事致宗人府》(中国第一历史档案馆藏)与《清代人物大事纪年》同。

③ 一名劭文。

④ 柯劭忞乡试履历(《清代朱卷集成》册219)作咸丰壬子年三月十一日。《同治庚午科大同年齿录》作咸丰甲寅年三月十日。《关于柯劭忞》载其"同治九年庚午中本省丁卯庚午并科举人,年二十一(榜年十七,盖少报四岁)。"据此三者,定其生于道光三十年三月十一日。《清代人物生卒年表》据张尔田《遁堪文集》卷2《清故学部左丞柯君墓志铭》"民国癸酉卒,年八十三"逆推作道光三十年(1850)。

⑤ 《中国近代学人像传》之《柯劭忞传略》、《中华图书馆协会会报》民国二十二年十月三十日第九卷第二期《柯劭忞先生逝世》、《燕京学报》民国十二年十二月第十四期《悼柯劭忞简朝亮先生》均作民国二十二年八月三十一日,享年八十有四。张尔田《遁堪文集》卷2《清故学部左丞柯君墓志铭》作民国癸酉卒,年八十三。疑张尔田所言"八十三"为实岁。

⑥ 《光绪丁丑科会试同年齿录》《同治九年庚午科顺天乡试同年齿录》均与《同治庚午科大同年齿录》同。

⑦ 张景祁《浙江忠义录》之《表五上绅士表上》作咸丰十一年十月二十四日。

续表

姓名	字	号	籍贯	生卒(农历)	生卒(公历)	文献来源
孔广钟①	赓廷	赞唐 醉棠	江苏元和	道光十九年 二月十二日	1839年 3月26日	《同治癸酉科顺天乡试同年齿录》②
				光绪十三年 五月二十日	1887年 7月10日	卫荣光《题报奉化县知县孔广钟病故日期事》(中国第一历史档案馆藏)③
孔宪曾	以鲁	筱云	山东曲阜	道光二十七年 十二月二日	1848年 1月7日	《光绪二年丙子恩科会试同年齿录》④
				光绪十六年	1890年	《日记》光绪十六年十月四日⑤
孔宪榖	玉双	阆仙	山东曲阜	道光六年 三月六日	1826年 4月12日	孔庆余《孔氏大宗支谱·炊经堂支谱》⑥
				?		
孔玉山			山东福山	?		《日记》光绪十六年九月二十三日
				?		
奎润	炼云	星斋	满洲正蓝旗	道光九年 三月五日	1829年 4月8日	《中国少数民族古籍集成·爱新觉罗宗谱》册50页290—292⑦
				光绪十六年 二月三日	1890年 2月21日	同上⑧

① 原名广彪。

② 《光绪六年庚辰科会试同年齿录》与《同治癸酉科顺天乡试同年齿录》同。许应鑅《浙江同官录》作道光甲辰年二月十二日。孔广钟会试履历(《清代朱卷集成》册48)中其履历缺。

③ 李前泮《奉化县志》卷16《职官表上》仅作光绪十三年五月。翁同龢著;陈义杰点校《翁同龢日记》册4光绪十三年六月十五日:“同邑曾君麟由津回家竟卒,孔生广钟卒于奉化县。”据此,仅知其卒于光绪十三年六月十五日之前。《清代人物生卒年表》缺。

④ 《同治庚午大同年齿录》、孔宪曾会试履历(《清代朱卷集成》册39)均与《光绪二年丙子恩科会试同年齿录》同。

⑤ 《日记》光绪十六年十月四日:“庚午同年孔以鲁编修(宪曾)卒,送奠分五千。”据此,暂作光绪十六年(1890)。《清代人物生卒年表》缺。

⑥ 《咸丰六年丙辰科会试同年齿录》《咸丰元年辛亥恩科直省同年全录》均与《孔氏大宗支谱·炊经堂支谱》同。

⑦ 《奎润传包》(台北故宫博物院故传009222)之《奎润行状册》与《宗谱》同。

⑧ 《奎润传包》(台北故宫博物院故传009222)之《奎润行状册》与《宗谱》同。《申报》光绪十六年二月二十五日第六千零六十八号《京邸琐闻》作光绪十六年二月四日。

续表

姓名	字	号	籍贯	生卒(农历)	生卒(公历)	文献来源
赖国宾	观侯	骏生[①]	广东陵水	道光二年 四月十九日	1822年 6月8日	《道光己酉科各省选拔同年明经通谱》
				?		
郎庆恩	炳桦	仁圃 鲁城	浙江临海	咸丰元年 十一月二日	1851年 12月23日	《光绪丙子科浙江乡试同年齿录》
				光绪十七年	1891年	《日记》光绪十七年十一月四日[②]
劳崇光	惺皆	辛阶	湖南善化[③]	嘉庆七年 二月二十七日	1802年 3月30日	《道光十二年恩科会试同年齿录》[④]
				同治六年 正月十七日	1867年 2月21日	李元度《天岳山馆文钞》卷10《劳文毅公别传》
劳乃宣	季瑄	玉初 玉磋 矩斋 韧叟	浙江桐乡	道光二十三年 九月二十三日	1843年 11月14日	劳健章《劳氏遗经堂支谱》[⑤]
				民国十年 七月二十一日	1921年 6月17日	同上[⑥]
劳启捷	凯臣 闿忱		湖南善化	道光二十九年	1849年	《大清搢绅全书》(光绪十一年冬)册1《刑部》[⑦]
				?		

① 越缦作"俊卿"。据《大清搢绅全书》(同治四年秋)册1《京师·户部》及《道光己酉科各省选拔同年明经通谱》,"俊卿"当因"骏生"的音近而误记。

② 《日记》载范许珍、郎庆恩相继奄逝。据许昌渠《天台坡街许氏族志》,范许珍卒于光绪辛卯年八月二十三日。故郎仁圃当卒于光绪辛卯年八月二十三日至光绪辛卯年十一月四日之间。此暂作光绪十七年(1891)。

③ 祖籍浙江山阴。

④ 《道光乙酉科各省乡试齿录》与《道光十二年恩科会试同年齿录》同。李元度《天岳山馆文钞》卷10《劳文毅公别传》作同治六年正月十七日卒,年六十六。据此逆推,其生年亦与《道光十二年恩科会试同年齿录》同。

⑤ 《同治四年补行辛酉科并壬戌浙江乡试同年齿录》、《同治十年辛未科会试同年齿录》,以及劳乃宣《桐乡劳先生遗稿》卷首中《韧叟自订年谱》、柯劭忞《诰授光禄大夫劳公墓志铭》均与《劳氏遗经堂支谱》同。

⑥ 劳乃宣《桐乡劳先生遗稿》卷首中《韧叟自订年谱》后《跋》、柯劭忞《诰授光禄大夫劳公墓志铭》均与《劳氏遗经堂支谱》同。

⑦ 《清代官员履历档案全编》(册28页308)载其光绪二十三年为四十九岁。据此逆推,其当生于道光二十九年(1849)。

续表

姓名	字	号	籍贯	生卒(农历)	生卒(公历)	文献来源
雷祖迪	简庭	惠航 惠庵	广西全州	道光二十四年 十二月十四日	1845 年 1 月 21 日	《棠棣雷氏族谱》卷 5《宏房文公寘支齿录》①
				光绪二十八年 六月四日	1902 年 7 月 8 日	同上②
黎大钧	子衡	玉屏	湖北黄陂	道光二十七年 二月十八日	1847 年 4 月 3 日	《同治庚午科大同年齿录》
				?		
李邦达	质夫	九逵 若泉	湖南湘乡	道光七年 三月六日	1827 年 4 月 1 日	《丰山李氏族谱》卷 10《源良房表》
				同治五年 九月二十七日	1866 年 11 月 4 日	同上
李宝华			浙江山阴③	?		《日记》同治三年六月二十六日
				?		
李葆辰	樾芗 月香 月芗 越芗		浙江会稽	嘉庆十九年 十一月八日	1814 年 12 月 19 日	《山阴李氏家谱》卷 5《行传》
				?		
李葆元			浙江山阴	?		《日记》光绪八年六月十日
				?		
李冰玉			浙江山阴	同治十年 五月	1871 年	《日记》光绪十二年十月十一日
				?		
李丙辉	哲庵		浙江山阴	道光八年 十月二十八日	1828 年 12 月 4 日	《山阴李氏家谱》卷 5《行传》
				同治十二年 八月二十二日	1873 年 10 月 13 日	同上

① 雷祖迪会试履历(《清代朱卷集成》册 56)作道光己酉年十二月十四日。《光绪壬午科各省乡试同年齿录》作道光丙午年十二月十四日。《清代人物生卒年表》据雷祖迪会试履历作道光三十年(1850)。

② 《清代人物生卒年表》缺。

③ 李慈铭族人籍贯之不可考者,《年表》中均据《山阴李氏家谱》著录为浙江山阴。

续表

姓名	字	号	籍贯	生卒(农历)	生卒(公历)	文献来源
李丙吉	灏斋		浙江山阴	?		《日记》光绪十四年五月九日
				?		
李丙炎①	雪樵		浙江会稽	嘉庆二十四年九月十三日	1819年10月31日	《山阴李氏家谱》卷5《行传》
				咸丰三年六月	1853年	《日记》咸丰四年七月二十九日②
李策坚	景孙	汉亭	浙江山阴	乾隆八年五月十日	1743年7月1日	《山阴李氏家谱》卷4《行传》
				嘉庆元年五月四日	1796年6月8日	同上
李常华	华斋 叔彦	粹斋 实之	河南郑州	道光四年八月十四日	1824年10月6日	方濬颐《二知轩文存》卷31《常镇通海兵备道李君墓志铭》③
				同治十三年八月二十九日	1874年10月9日	同上④
李成叙			河北衡水	?		《日记》光绪六年七月九日
				?		
李承恩	廷育 召南	树棠	四川通江	道光三十年	1850年	黄耀《武榜眼李承恩》(《体育文史》第3期)
				民国十年	1921年	同上
李冲⑤	雄飞 熊飞	石湖	浙江山阴	道光二年十一月十八日	1822年12月30日	《山阴李氏家谱》卷5《行传》
				同治十二年七月四日	1873年8月26日	同上⑥

① 原名忭。

② 《日记》咸丰四年七月二十九日:"诣星桥大兄家唁雪樵六嫂之丧。忆去年六月,雪樵以暴疾亡,仅一稔,又遘此厄。二孩草掷,四壁水空,穗帏凄寂,为之惨然。雪樵兄伉爽有志节,顾落拓不事生产。性颖悟,喜涉猎书史,亦不求甚解,以一衿潦倒死。嫂自于归即善病,奁赀皆为医药费,雪樵殁后益窘。其父胡春农大令复以守土藁城失陷获严谴,茕茕无依,病遂不起,亦可伤已。"据此,暂作咸丰三年(1853)。《山阴李氏家谱》卷5《行传》作咸丰壬子年(1852)。

③ 《己酉科直省乡试同年录》作道光丙戌年八月十四日。

④ 《申报》同治十三年十月二十五日第七百九十九号之同治十三年十月七日《京报全录·李宗羲片》与《墓志铭》同。

⑤ 监名丙滢。

⑥ 《日记》同治十二年十月十八日与《山阴李氏家谱》同。

续表

姓名	字	号	籍贯	生卒(农历)	生卒(公历)	文献来源
李传华①	联辉	允升	浙江山阴	道光二十一年 正月二十七日	1841 年 2 月 18 日	《山阴李氏家谱》卷 5《行传》
				?		
李传蕙	国香		浙江山阴	嘉庆十八年 八月八日	1813 年 9 月 2 日	《山阴李氏家谱》卷 5《行传》
				道光二十二年 三月二十二日	1842 年 5 月 2 日	同上
李传洵	又苏	少泉	浙江山阴	嘉庆十年 八月二十六日	1805 年 10 月 18 日	《山阴李氏家谱》卷 5《行传》
				道光十二年 闰九月八日	1832 年 10 月 31 日	同上
李传洙	鲁川	杏村	浙江山阴	嘉庆六年 七月三十日	1801 年 9 月 7 日	《山阴李氏家谱》卷 5《行传》
				道光二十年 八月二十四日	1840 年 9 月 19 日	同上
李春泽	我如	润生 润民	直隶天津	咸丰八年 五月二十八日	1858 年 7 月 8 日	《光绪十一年乙酉科顺天乡试同年齿录》②
				?		
李椿龄③	霞城	锦甫	浙江山阴	道光十七年 八月八日	1837 年 9 月 7 日	《山阴李氏家谱》卷 5《行传》
				?		
李慈铭④	爱伯 式侯 法长	越缦 霞川	浙江会稽	道光二十九年 十二月二十七日	1830 年 1 月 21 日	《山阴李氏家谱》卷 5《行传》⑤
				光绪二十年 十一月二十四日	1894 年 12 月 20 日	平步青《樵隐昔寱》卷 3《掌山西道监察御史督理街道李君莼客传》

① 小字纽崖。

② 《李春泽乡试朱卷》与《光绪十一年乙酉科顺天乡试同年齿录》同。

③ 原名标。

④ 本名家模,原名模,小字莼客。

⑤ 李慈铭会试履历(《清代朱卷集成》册 48)、《光绪六年庚寅科会试同年齿录》、《李慈铭会试朱卷》均与《宗谱》同。李慈铭乡试履历(《清代朱卷集成》册 257)、《同治庚午科大同年齿录》、《同治庚午科浙江乡试同年齿录》《李慈铭乡试朱卷》均作道光乙未年十二月二十七日。

续表

姓名	字	号	籍贯	生卒(农历)	生卒(公历)	文献来源
李从龙①	守真 越云	竹楼	浙江会稽	道光十七年 正月十三日	1837 年 2 月 17 日	《山阴李氏家谱》卷 5《行传》
				?		
李从善②	子择	少梅	浙江山阴	道光十九年 九月十四日	1839 年 10 月 20 日	《山阴李氏家谱》卷 5《行传》
				?		
李德奎③	蔚文	月舫	浙江会稽	道光二十二年 七月二日	1842 年 8 月 7 日	《光绪戊子科浙江乡试同年齿录》④
				光绪三十一年	1905 年	绍兴县修志委员会《民国绍兴县志资料第一辑》册 15《人物列传第二编》
李鼎⑤	宝甫		浙江会稽	乾隆六十年 十一月二十三日	1796 年 1 月 2 日	《山阴李氏家谱》卷 5《行传》
				咸丰二年 六月三日	1852 年 7 月 19 日	同上
李鼎铭⑥	莼士	小帆	浙江山阴	道光二十一年 十月十五日	1841 年 11 月 27 日	《山阴李氏家谱》卷 5《行传》
				光绪十五年	1889 年	《日记》光绪十五年二月十六日⑦
李端棻	信臣	芯园	贵州贵筑	道光十三年 九月十日	1833 年 10 月 22 日	梁启超《饮冰室文集》卷 43《清光禄大夫礼部尚书李公墓志铭》⑧
				光绪三十三年 十月十二日	1907 年 11 月 17 日	同上⑨

① 原名嘉葆。

② 原名嘉臬。

③ 越缦于光绪十五年二月十七日所记之"同邑新计偕者李汝奎",据《光绪戊子科浙江乡试题名录》及《光绪十四年戊子科浙江乡试同年齿录》,当为"李德奎"。

④ 《李德奎乡试朱卷》与《光绪戊子科浙江乡试同年齿录》同。《人物列传第二编》载其光绪三十一年卒,年六十有四。据此逆推,其生年与《光绪戊子科浙江乡试同年齿录》同。

⑤ 原名传纶。

⑥ 原名家本。

⑦ 《日记》光绪十五年二月十六日:"奉新游孝廉三立来。得张公束书,言族弟鼎铭已旅殁南昌,为之惊痛。寡妾弱息,漂泊何依。房族凋零,至此极矣! 弟尝从余读书,今年已五十余,久以钱谷佐江西令。比数年无馆,日贫老。余方为之道地,而遽至于是,命也!"据此,其当卒于光绪十五年二月二十六日之前,亦可能卒于光绪十四年末。此暂作光绪十五年(1889)。

⑧ 《清代人物大事纪年》与《墓志铭》同。

⑨ 《清代人物大事纪年》、庞鸿书《奏陈李端棻在籍病故日期片》(台北故宫博物院《宫中档光绪朝奏折》第 141655 号)均与《墓志铭》同。

续表

姓名	字	号	籍贯	生卒(农历)	生卒(公历)	文献来源
李端遇	子凝 养度	小研 筱严 度堂	山东安丘	道光十一年十二月三十日	1832年2月1日	朱彭寿《清代人物大事纪年》①
				光绪二十七年四月	1901年	同上②
李敦文	花农		浙江杭州	?		《日记》咸丰五年四月十九日
				?		
李恩圭	兰舫		浙江山阴	咸丰二年正月九日	1852年2月28日	《山阴李氏家谱》卷5《行传》
				?		
李恩铭③	楚材	梅孙	浙江山阴	道光十二年十二月十九日	1833年2月8日	《山阴李氏家谱》卷5《行传》
				光绪十七年十二月二十九日	1892年1月28日	《日记》光绪十八年二月十七日④
李凤			浙江山阴	道光三十年	1850年	《日记》光绪十七年十一月二十三日⑤
				光绪十七年七月二十八日	1891年9月1日	同上
李凤池			直隶天津	?		《日记》光绪十年闰五月七日
				?		
李福云	奇峰		浙江山阴	?		《日记》光绪十一年六月十四日
				?		

① 李端遇乡试履历(《清代朱卷集成》册216)、李端遇会试履历(《清代朱卷集成》册25)均与《清代人物大事纪年》同。李景侗、李芳琦《安丘峰山李氏支谱》中《十五世至十九世世表》、孙葆田《工部左侍郎李公传》均无出生年月日。

② 《申报》光绪二十七年五月四日第一万零一百十七号《侍郎出缺》:"京师友人来函云,工部右侍郎安丘李小研少司空端遇,由吏部司员升授京堂,洊登卿贰……迨联军入城,既痛人谋之不臧,复伤时局之已烂。昼夜忧愤,病益加剧。卧床半载,遂至不起。闻遗折已于四月二十三日由王佐胡同工部公所代递矣。"据此,亦仅知其卒于光绪二十七年四月二十三日或之前。李景侗、李芳琦《安丘峰山李氏支谱》中《十五世至十九世世表》、孙葆田《工部左侍郎李公传》均无去世年月日。《清代人物生卒年表》缺。

③ 原名幹。

④ 《日记》光绪十八年二月十七日:"得四弟妇正月二十三日书,告品芳弟于除夕前一日病故,楚材弟于元旦继逝。闻之惨绝,泪落沾襟。"

⑤ 《日记》光绪十七年十一月二十三日载其光绪十七年卒,年四十二。据此逆推,其当生于道光三十年(1850)。

续表

姓名	字	号	籍贯	生卒(农历)	生卒(公历)	文献来源
李辅燿	补孝	幼梅	湖南湘阴	道光二十八年五月二十九日	1848 年 6 月 29 日	李松峻《长沙芋园翰墨珍闻》
				民国五年七月四日	1916 年 8 月 2 日	同上
李镐	仲京	心兰	浙江山阴	道光九年九月二十一日	1829 年 10 月 18 日	《咸丰元年辛亥恩科直省同年全录》
				?		
李庚①	进思 星桥		直隶大兴②	嘉庆七年七月八日	1802 年 8 月 5 日	《山阴李氏家谱》卷 5《行传》
				咸丰五年五月二十九日	1855 年 7 月 12 日	同上
李光涵③	云圃 云浦	芸圃	直隶大兴④	乾隆六十年七月八日	1795 年 8 月 22 日	《山阴李氏家谱》卷 5《行传》⑤
				道光二十九年	1849 年	同上
李光瀚⑥	乙林	梅坡	浙江山阴	嘉庆十七年十二月三日	1813 年 1 月 5 日	《山阴李氏家谱》卷 5《行传》
				光绪六年九月	1880 年	《日记》光绪七年二月二十一日
李光澜⑦	海观		浙江山阴	嘉庆十三年五月十七日	1808 年 6 月 10 日	《山阴李氏家谱》卷 5《行传》
				同治五年正月	1866 年	《日记》光绪五年五月三日
李光瑜⑧	彦奇 铁民	溪荪	奉天义州	道光二十九年十一月八日	1849 年 12 月 21 日	《同治癸酉科明经通谱》
				?		

① 原名忠。

② 祖籍浙江山阴。

③ 原名攀龙。

④ 原籍浙江会稽。

⑤ 《道光己丑科会试同年齿录》与《山阴李氏家谱》同。《辛巳各省同年全录》作嘉庆丙辰年七月八日。

⑥ 改名坤。

⑦ 原名师沆。

⑧ 越缦于同治十一年七月二十一日载“坐有李总督鹤年之子，新得拔贡”。据《同治癸酉科明经通谱》中李光瑜履历，此姑作“李光瑜”。越缦言其新得拔贡，当为误记。

续表

姓名	字	号	籍贯	生卒(农历)	生卒(公历)	文献来源
李光宇	简斋	克庄 印岩	山西平定	咸丰十一年 九月六日	1861年 10月9日	《光绪六年庚辰科会试同年齿录》
				?		
李国本[①]	立甫	品芳	浙江山阴	道光十八年 二月二十一日	1838年 3月16日	《山阴李氏家谱》卷5《行传》
				光绪十七年 十二月二十九日	1892年 1月28日	《日记》光绪十八年二月十七日
李国彬	席之	雅斋 仲文	直隶大兴[②]	道光九年 五月十八日	1829年 6月19日	《山阴李氏家谱》卷5《行传》
				光绪五年 五月十四日	1879年 7月3日	同上
李国和	煦斋 筱圃	小圃	直隶大兴[③]	道光二十年 正月	1840年	杨国桢《中州同官录》[④]
				?		
李国惠	迪斋		直隶大兴[⑤]	?		《山阴李氏家谱》卷5《行传》
				?		
李国琇	慧叔	莹斋 笠秋	直隶大兴[⑥]	道光十七年 九月十三日	1837年 10月12日	《日记》光绪十七年四月二十六日[⑦]
				光绪十七年 四月二十六日	1891年 6月2日	同上[⑧]
李翰藻	墨臣 木臣		越缦乡人	?		《日记》咸丰八年三月一日
				?		

① 原名嘉本。

② 祖籍浙江山阴。

③ 祖籍浙江山阴。

④ 《山阴李氏家谱》卷5《行传》仅作道光□年□月□日。

⑤ 祖籍浙江山阴。

⑥ 祖籍浙江山阴。

⑦ 《山阴李氏家谱》卷5《行传》仅作道光□年九月十三日。《日记》光绪十七年四月二十六日载其卒于光绪十七年四月二十六日，年五十五。据此二者，其当生于道光十七年九月十三日。

⑧ 《清代人物生卒年表》缺。

续表

姓名	字	号	籍贯	生卒(农历)	生卒(公历)	文献来源
李瀚章①	敏旃	小泉 筱泉 小荃 钝叟	安徽合肥	道光元年 七月二十七日	1821 年 8 月 24 日	李国松《合肥李氏宗谱》卷 7《君辅公五房汉申公支下士俊公世系表》②
				光绪二十五年 八月七日	1899 年 9 月 11 日	同上③
李浩	孟源	砚香	浙江山阴	嘉庆十年 六月二十四日	1805 年 7 月 20 日	《山阴李氏家谱》卷 5《行传》
				?		
李鹤年	子和	雪樵	奉天义州	道光七年 八月十四日	1827 年 10 月 4 日	朱彭寿《清代人物大事纪年》④
				光绪十六年 四月	1890 年	同上
李鸿逵⑤	莲士	小川 篠船	江西德安	道光十六年 正月二十九日	1836 年 3 月 16 日	《同治四年乙丑科会试同年齿录》
				?		
李鸿藻	季云 寄云	石孙 兰孙 砚斋	河北高阳	嘉庆二十五年 正月一日	1820 年 2 月 14 日	李宗侗、刘凤翰《清李文正公鸿藻年谱》⑥
				光绪二十三年 六月二十五日	1897 年 7 月 24 日	同上

① 派名章锐。

② 李国松《合肥李氏宗谱》卷 15 李鸿章《清故光禄大夫太子少保两广总督李勤恪公墓志》载其"十有三年粤督，七年告归，又五年薨于里第，享年七十有九"。据此逆推，其生年与《宗谱》同。

③ 李国松《合肥李氏宗谱》卷 15 李鸿章《清故光禄大夫太子少保两广总督李勤恪公墓志》载其"十有三年粤督，七年告归，又五年薨于里第，享年七十有九"。据此，仅知其卒于光绪二十五年(1899)。

④ 《道光甲辰恩科直省同年录》《道光二十五年会试齿录》均与《清代人物大事纪年》同。

⑤ 派名辉焘。

⑥ 《李鸿藻乡试朱卷》《道光甲辰恩科直省同年录》均作道光壬午年正月一日。《咸丰壬子恩科会试同年齿录》仅作三十一岁。据此逆推，其当生于道光壬午年(1822)。

续表

姓名	字	号	籍贯	生卒(农历)	生卒(公历)	文献来源
李鸿章①	渐甫 子黻	少荃 仪叟 省心	安徽合肥	道光三年 正月五日	1823年 2月15日	李国松《合肥李氏宗谱》卷7《君辅公五房汉申公支下士俊公世系表》②
				光绪二十七年 九月二十七日	1901年 11月7日	同上③
李桓	叔虎	黼堂	湖南湘阴	道光七年 三月八日	1827年 4月3日	李辅燿《皇清诰授通奉大夫署理江西巡抚江西布政使本生显考黼堂府君事略》
				光绪十七年 十二月四日	1892年 1月3日	同上④
李焕	豫四	葆亭	浙江山阴	嘉庆十八年 正月三十日	1813年 3月2日	《山阴李氏家谱》卷5《行传》
				光绪十年	1884年	《日记》光绪十年十月八日⑤
李惠铭⑥	柱男 季惠 彦桥	季亭 保虚	浙江山阴	道光二十五年 三月十七日	1845年 4月23日	《山阴李氏家谱》卷5《行传》
				光绪十二年 四月六日	1886年 5月9日	同上
李际春	颉青		浙江山阴	嘉庆七年 二月二十四日	1802年 3月27日	《山阴李氏家谱》卷5《行传》
				道光二十二年 三月二十三日	1842年 5月3日	

① 派名章铜。

② 《李鸿章传包》(台北故宫博物院故传009930)之《讣闻》、《道光甲辰恩科直省同年录》均与《合肥李氏宗谱》同。李国松《合肥李氏宗谱》卷15中吴汝纶《清故太子太傅肃毅伯文华殿大学士直隶总督晋太傅一等侯李文忠公神道碑》、吴汝纶《清故太子太傅肃毅伯文华殿大学士直隶总督晋太傅一等侯李文忠公墓志铭》均载其卒于光绪二十七年九月二十七日,享年七十九。据此二者逆推,其生年均与《合肥李氏宗谱》同。《道光二十三年癸卯科直省同年全录》《道光二十七年会试齿录》均作道光甲申年正月五日。

③ 李国松《合肥李氏宗谱》卷15中吴汝纶《清故太子太傅肃毅伯文华殿大学士直隶总督晋太傅一等侯李文忠公神道碑》、吴汝纶《清故太子太傅肃毅伯文华殿大学士直隶总督晋太傅一等侯李文忠公墓志铭》,以及《李鸿章传包》(台北故宫博物院故传009930)之《讣闻》均与《合肥李氏宗谱》同。

④ 《清代人物生卒年表》据谭献《复堂文续》卷5《前江西布政使李公碑铭》"光绪十七年卒,年六十有五"作光绪十七年(1891)。因其卒于光绪十七年十二月四日,公历为1892年1月3日,故《清代人物生卒年表》误。

⑤ 《日记》光绪十年十月八日:"得季弟九月朔日书,知族兄葆亭、表兄陈凤楼秀才俱已故。葆亭年七十三,凤楼亦将七十矣!"据此,其当卒于光绪十年九月一日之前,卒年七十三。但据《家谱》,其生年为嘉庆十八年(1813),距光绪十年(1884),则其享寿当为七十二。越缦言其卒年七十三,误。

⑥ 原名楹,一名恩铭。

续表

姓名	字	号	籍贯	生卒(农历)	生卒(公历)	文献来源
李家璜	渭亭		浙江山阴	道光十四年 十二月五日	1835 年 1 月 3 日	《山阴李氏家谱》卷 5《行传》
				同治十二年 十二月二十二日	1874 年 2 月 8 日	同上
李家驹	天闲 伯闲	骏生 秋舫	直隶天津	咸丰四年 九月二十三日	1854 年 11 月 13 日	《光绪十一年乙酉科顺天乡试同年齿录》
				?		
李家林	琴庄		浙江山阴	道光九年 六月三日	1829 年 7 月 3 日	《山阴李氏家谱》卷 5《行传》
				同治二年 七月三日	1863 年 8 月 16 日	同上
李家玟	佩文	敏斋	浙江山阴	道光十三年 七月二十三日	1833 年 9 月 6 日	《山阴李氏家谱》卷 5《行传》
				同治十一年 二月二十九日	1872 年 4 月 6 日	同上
李家琪	东岩		浙江山阴	道光十六年 四月二十三日	1836 年 6 月 6 日	《山阴李氏家谱》卷 5《行传》
				?		
李家璲	瑞珍	晓峰	浙江山阴	道光十年 五月二十四日	1830 年 7 月 13 日	《山阴李氏家谱》卷 5《行传》
				?		
李嘉端	吉臣 庆生	铁梅	直隶大兴	嘉庆十一年 正月二十日	1806 年 3 月 9 日	《道光戊子科直省同年录》①
				光绪六年 十二月	1880 年	《日记》光绪七年三月二十八日②

① 《道光戊子科直省同年录》作嘉庆十三年正月二十日。《日记》光绪七年三月二十八日载其“去年十二月卒，年七十五矣！”据此二者，定其生于嘉庆十一年正月二十日。《清代人物生卒年表》缺。

② 《日记》光绪七年三月二十八日载其去年十二月卒，年七十五。此暂作光绪六年(1880)。

续表

姓名	字	号	籍贯	生卒(农历)	生卒(公历)	文献来源
李嘉瑞[①]	子桢 子贞		浙江山阴	道光十六年	1836年	《日记》光绪十七年六月十一日[②]
				光绪十七年 六月九日	1891年 7月14日	同上[③]
李晋熙	春卿	芸友	广东海康	道光二十九年 八月二十八日	1849年 10月14日	黄诰《皇清诰授中宪大夫安徽滁州直隶知州农工商部主事翰林院庶吉士李君家传》(李晋熙《漉云斋诗集》卷首)[④]
				宣统二年	1910年	同上
李经方	端甫	伯行	安徽合肥	咸丰五年 六月六日	1855年 7月19日	李国松《合肥李氏宗谱》卷12《汉申公二房士俊支下椿公世系表下》[⑤]
				民国二十三年 八月二十日	1934年 8月20日	陈三立《清授资政大夫署邮传部左侍郎合肥李公墓志铭》
李经世	伟卿	丹崖 冰谷	安徽合肥	咸丰元年 八月二十二日	1851年 9月17日	李国松《合肥李氏宗谱》卷12《汉申公二房士俊支下椿公世系表下》[⑥]
				光绪十七年 十月十八日	1891年 11月19日	同上[⑦]

① 一作家瑞。

② 《日记》光绪十七年六月十一日:“命张姬诣子贞家接三,僧喜诣伯循家接三,各送烛楮四事。张姬归,言子贞年五十六,较慧叔长一年耳。”据此逆推,其当生于道光十六年(1836)。

③ 《日记》光绪十七年六月十一日:“命张姬诣子贞家接三。”据此逆推,其当卒于光绪十七年六月九日。

④ 《李晋熙会试朱卷》作咸丰壬子年八月二十八日。《家传》仅作道光己酉年(1849)。据此二者,定其生于道光己酉年八月二十八日。《清代人物生卒年表》据《高雷文献专辑》作道光二十八年(1848)。

⑤ 陈三立《清授资政大夫署邮传部左侍郎合肥李公墓志铭》载其(民国)甲戌秋八月二十日卒,年八十。据此逆推,其生年与《合肥李氏宗谱》同。李经方乡试履历(《清代朱卷集成》册170)作咸丰丙辰年六月六日。

⑥ 李国松《合肥李氏宗谱》卷15《传志上》之李国模《先考丹崖府君行述》载其卒于光绪十七年十月十八日,年四十一。据此逆推,其生年与《合肥李氏宗谱》同。李经世优贡履历(《清代朱卷集成》册370)、李经世乡试履历(《清代朱卷集成》册163)、《同治庚午科大同年齿录》均作咸丰壬子年八月二十二日。李经世会试履历(《清代朱卷集成》册50)《光绪六年庚辰科会试同年齿录》均作咸丰丙辰年八月二十二日。

⑦ 李国松《合肥李氏宗谱》卷15《传志上》之李国模《先考丹崖府君行述》与《合肥李氏宗谱》同。

续表

姓名	字	号	籍贯	生卒(农历)	生卒(公历)	文献来源
李九兰①	畹香 耀采		浙江山阴	道光二十二年 十一月二十六日	1842 年 12 月 27 日	《天乐李氏谱》册 14《三十二世·文斋公长房荣公派》②
				光绪二十八年 六月七日	1902 年 7 月 11 日	同上
李坤厚			浙江会稽	?		《日记》同治十二年七月八日
				?		
李濂③	濂水	莲叔	浙江镇海	道光二十二年 十一月十六日	1842 年 12 月 17 日	李厚垣《镇海港口李氏支谱》之《世次表乾房之部》④
				民国元年 六月十六日	1912 年 7 月 29 日	同上⑤
李琳姑⑥			浙江山阴	同治七年 十二月二十八日	1869 年 2 月 9 日	《日记》光绪十六年二月一日
				光绪十六年 正月二十九日	1890 年 2 月 18 日	同上
李楙	德甫	勉斋	浙江山阴	道光十四年 六月十七日	1834 年 7 月 23 日	《山阴李氏家谱》卷 5《行传》
				咸丰六年 十二月二十六日	1857 年 1 月 21 日	同上
李沛深⑦	雨人	梅初 稚莱	江苏泰州	道光十六年 九月二十六日	1836 年 11 月 4 日	《光绪六年庚辰科会试同年齿录》
				?		

① 一名庆宸，又改名凤威，小字梅孙。

② 《光绪戊子科浙江乡试同年齿录》作道光丁未年十一月二十六日。

③ 谱名高濂。《日记》同治三年六月九日："潘辛芝邀饮福兴居，黄昏赴之。同席者童竹珊工部，杨理庵诸君五六人，及采菱、小福、秀兰、兰孙诸郎，予招芷秋。坐有镇海李主事者，以所狎歌郎添宝于昨日逃去，痛哭不止，为之失笑。更余归。"据洪锡范、盛鸿焘《镇海县志》卷 19《选举表下》及《镇海港口李氏支谱》，此镇海李主事当为李濂。

④ 《同治丁卯科并补行甲子科浙江乡试同年齿录》作道光癸卯年十一月十六日。《光绪二年丙子恩科会试同年齿录》作道光丁未年十一月十六日。《清代人物生卒年表》据《光绪二年丙子恩科会试同年齿录》作道光二十七年(1847)。

⑤ 《申报》民国元年八月二十日(公历)第一万四千一百八十七号《恕赴不周》与《镇海港口李氏支谱》同。《清代人物生卒年表》缺。

⑥ 越缦于同治八年正月二十九日载其季弟于涂月廿八生一女。据光绪十六年二月一日所载，"一女"即为"李琳姑"。

⑦ 越缦作沛琛。

续表

姓名	字	号	籍贯	生卒(农历)	生卒(公历)	文献来源
李佩铭	心孚	蓉溪	陕西长安	道光二十四年二月十九日	1844年4月6日	《光绪六年庚辰科会试同年齿录》①
				?		
李起元②	月波		浙江会稽	嘉庆十八年三月二十一日	1813年4月21日	《山阴李氏家谱》卷5《行传》
				咸丰九年九月二十一日	1859年10月16日	同上
李谦	燮和	莲堂	浙江山阴	道光二十七年四月五日	1847年5月18日	《山阴李氏家谱》卷5《行传》
				?		
李清和	雨亭		河北桃城	?		孙殿起《琉璃厂小志》
				光绪六年七月七日	1880年8月12日	《日记》光绪六年七月八日③
李清源	帘波		浙江山阴	道光十四年二月二十一日	1834年3月30日	《山阴李氏家谱》卷5《行传》
				同治十三年	1874年	《日记》光绪元年二月十三日④
李庆蓉	镜人		浙江山阴	乾隆五十八年九月二十三日	1793年10月27日	《山阴李氏家谱》卷5《行传》
				同治元年八月二日	1862年8月26日	同上
李衢亨⑤	衢亨	李村 荷之	直隶通州	道光九年十一月二十四日	1829年12月19日	《同治四年乙丑科会试同年齿录》⑥
				光绪二年九月十三日	1876年10月29日	《申报》光绪二年九月二十八日第一千三百九十八号《江西粮道出缺》⑦

① 《同治庚午科大同年齿录》与《光绪六年庚辰科会试同年齿录》同。

② 原名溶。

③ 《日记》光绪六年七月八日："宝森书坊来告其主肆李雨亭于昨日死。此人知书籍源流精悉，为琉璃厂中第一，尤喜与士大夫交，亦近日之陶五柳、朱文游也。余与之交有年，为叹息久之。"

④ 《日记》光绪元年二月十三日："得族叔允升书，言族叔清源以去年病卒。"

⑤ 派名庆咸。

⑥ 李衢亨会试履历(《清代朱卷集成》册27)与《同治四年乙丑科会试同年齿录》。

⑦ 《日记》光绪二年十月三十日："邸钞，前江西督查粮道段起补原官。(李衢亨病故)"据此，仅知其卒于光绪二年十月三十日之前。《清代人物生卒年表》缺。

续表

姓名	字	号	籍贯	生卒(农历)	生卒(公历)	文献来源
李日跻	镜儒	小珊	云南易门①	道光七年十二月十七日	1828年2月2日	《同治庚午科大同年齿录》②
				光绪十八年	1892年	《日记》光绪十八年十一月二十四日③
李瑢	佩声	幼香	浙江山阴	道光十六年七月十三日	1836年8月24日	《山阴李氏家谱》卷5《行传》
				同治十三年十月二十五日	1874年12月3日	同上
李榕④	兰如		浙江山阴	道光十三年十月二十日	1833年12月1日	《山阴李氏家谱》卷5《行传》
				同治十二年九月十九日	1873年11月8日	同上
李如松	思敬	虎峰	直隶大兴⑤	道光十九年五月十二日	1839年6月22日	李如松优贡履历(《清代朱卷集成》册369)
				?		
李儒琛⑥	伯玉	洁夫	浙江山阴	道光二十七年六月一日	1847年7月12日	《山阴李氏家谱》卷5《行传》
				?		
李汝霖	雨岩	辅臣	山东德州	道光十八年七月二十六日	1838年9月14日	《咸丰戊午科直省同年录》⑦
				?		
李汝岳	纪范 寄帆	小塘	浙江山阴	嘉庆七年十月二十三日	1802年11月18日	《山阴李氏家谱》卷5《行传》
				同治三年八月二十三日	1864年9月23日	同上

① 原籍湖北利川。

② 《同治九年庚午科顺天乡试同年齿录》与《同治庚午科大同年齿录》同。

③ 《日记》光绪十八年十一月二十四日:“同年李刑部日跻奠分六千。”光绪十八年十一月二十四日,公历为1893年1月11日。故不能定其卒于光绪十八年(1892)或1893年(公历)。此暂作光绪十八年(1892)。

④ 原名钟麒。

⑤ 越缦于同治十一年五月四日日记中言其祖籍浙江山阴。李如松优贡履历言其祖籍直隶清苑。

⑥ 原名维炳。

⑦ 李汝霖会试履历(《清代朱卷集成》册27)、《同治四年乙丑科会试同年齿录》均作道光戊戌年七月二十六日。

续表

姓名	字	号	籍贯	生卒(农历)	生卒(公历)	文献来源
李善兰①	竞芳	秋纫	浙江海宁	嘉庆十五年十二月八日	1811 年 1 月 2 日	李洽《苞溪李氏家乘》卷 6《乐耕公第五支系图·东野裔》②
				光绪八年十月二十九日	1882 年 12 月 9 日	同上③
李盛铎	嶬樵 椒微	木斋 师庵居士 麂嘉居士	江西德化	咸丰九年五月二十日	1859 年 6 月 20 日	李家湝《李盛铎先生讣告》④
				光绪二十五年十二月二十三日	1937 年 2 月 4 日	同上
李师泌⑤	继芳	芋町	浙江会稽	乾隆五十年四月四日	1785 年 5 月 12 日	《山阴李氏家谱》卷 5《行传》⑥
				道光二十五年十一月九日	1845 年 12 月 7 日	同上
李师晟⑦	承晖	柏塍	浙江山阴	嘉庆三年六月二十四日	1798 年 8 月 5 日	《山阴李氏家谱》卷 5《行传》
				同治六年八月十八日	1867 年 9 月 15 日	同上
李士垲⑧	步丹	爽阶 少赤	湖北嘉鱼	道光五年十月十五日	1825 年 11 月 24 日	《嘉鱼李氏族谱》卷 49《西分两湖房》⑨
				光绪十四年正月十五日	1888 年 2 月 26 日	同上⑩

① 谱名心兰。

② 《日记》光绪八年十一月十八日与《苞溪李氏家乘》同。《清代人物生卒年表》据李俨《李善兰年谱》作嘉庆十五年(1810)。

③ 《日记》光绪八年十一月十八日与《苞溪李氏家乘》同。

④ 《清代人物生卒年表》据《民国人物小传》作咸丰八年(1858)。

⑤ 原名尃联。

⑥ 《戊辰乡试齿录》作(乾隆)丁未年四月四日。

⑦ 原名传尃。

⑧ 一作士凯,原名士墀。

⑨ 《道光己酉科各省选拔同年明经通谱》与《嘉鱼李氏族谱》同。《咸丰元年辛亥恩科直省同年全录》作道光丁亥年十月十五日。

⑩ 刘济南、张斗山《横山县志》卷 2《名宦志》作(光绪)十五年正月。《申报》光绪十四年八月十八日第五千五百四十三号之光绪十四年八月八日《京报全录·叶伯英跪奏》作光绪十四年正月十四日。

续表

姓名	字	号	籍贯	生卒(农历)	生卒(公历)	文献来源
李士瓒	秬尊	玉舟	江苏昭文	道光十四年五月十六日	1834年6月22日	《同治庚午科大同年齿录》①
				民国元年十月一日	1912年11月9日	庞鸿文《清故礼部郎中建昌府知府李君墓志铭》②
李士鉁	仲儒 嗣香		直隶天津	咸丰元年十月二十日	1851年12月12日	李宝晋、李钟瑨《延古堂李氏族谱》之《传略》③
				民国十五年十一月二十五日	1926年12月29日	同上
李守谦④	仲牧	芸舫	浙江山阴	道光十四年八月一日	1834年9月3日	《山阴李氏家谱》卷5《行传》
				?		
李寿慈⑤	敬甫 敬夫	芝清	浙江山阴	道光二十五年八月十六日	1845年9月17日	《山阴李氏家谱》卷5《行传》
				?		
李寿铭⑥	则先	啸岩 莇仙	浙江会稽	道光十七年三月二十二日	1837年4月26日	《山阴李氏家谱》卷5《行传》
				?		

① 李士瓒会试履历(《清代朱卷集成》册41)与《同治庚午科大同年齿录》同。庞鸿文《清故礼部郎中建昌府知府李君墓志铭》载其(民国)壬子十月朔,卒年七十九。据逆推,其生年亦与《同治庚午科大同年齿录》同。李士瓒乡试履历(《清代朱卷集成》册109)作道光丙申年五月十六日。

② 《清代人物生卒年表》缺。

③ 《光绪丙子科顺天乡试同年齿录》《光绪三年丁丑科会试同年齿录》均作咸丰丙辰年十月二十日。

④ 原名家骏。

⑤ 原名嘉业。

⑥ 原名家珣。

续表

姓名	字	号	籍贯	生卒(农历)	生卒(公历)	文献来源
李寿蓉①	棫叔 均裳 秋白	篁仙 郥西	湖南长沙	道光五年 十月一日	1825 年 11 月 10 日	李昭槐《尖山李氏族谱》卷 19《老长房二蓁公支世纪》②
				光绪二十年 七月三十日	1894 年 8 月 30 日	同上③
李寿嵩④	松皋	芸湖	浙江会稽	嘉庆二十五年 五月二十一日	1820 年 7 月 1 日	《山阴李氏家谱》卷 5《行传》
				?		
李寿榛	树堂		湖北江夏⑤	嘉庆十六年	1811 年	张浚万《恤蒿庐文初稿》卷 8《李公寿榛墓志铭》⑥
				光绪十二年 六月三日	1886 年 7 月 4 日	同上
李淑修⑦	公慎 质夫 仲肃 仲良	研卿	浙江山阴	道光十一年 七月二十四日	1831 年 8 月 31 日	《山阴李氏家谱》卷 5《行传》
				光绪三年 八月十九日	1877 年 9 月 25 日	《日记》光绪三年十一月八日⑧
李思纯	厚斋		浙江山阴	道光二十八年 九月二十六日	1848 年 10 月 22 日	《山阴李氏家谱》卷 5《行传》
				同治十三年 四月十二日	1874 年 5 月 27 日	同上⑨
李四一			浙江山阴	?		《日记》咸丰五年七月一日
				咸丰五年 六月三十日	1855 年 8 月 12 日	同上⑩

① 谱名文画，一作文英，官名寿蓉。

② 《咸丰六年丙辰科会试同年齿录》仅作年三十二。据此逆推，其生年与《尖山李氏族谱》同。

③ 《申报》光绪二十年八月十日第七千六百八十二号《新安道听》与《尖山李氏族谱》同。

④ 原名嘉栋。

⑤ 越缦言其为山西人。疑误。

⑥ 《墓志铭》载其卒于光绪十二年六月三日，寿七十有六。据此逆推，其当生于嘉庆十六年(1811)。

⑦ 原名相，一名恭铭，小字琴航。

⑧ 《日记》光绪三年十一月八日："得三妹前月廿八日书，惊闻仲弟之讣，痛哭欲绝。书言以八月十九日无疾而卒，其殆以饥寒死耶！"

⑨ 《日记》光绪三年二月五日："族侄厚斋书来，荐仆人且赠墨四笏。"据此，《山阴李氏家谱》载其卒于同治十三年四月十二日或误。

⑩ 《日记》咸丰五年七月一日："早起，闻昨夜雷震死族中一人。此人居郭婆溇，离西郭门不三里，余祖居也。自前明万历间，七世祖茂才公以乡老重德，郡守欲其时至学校，率后生读法，固请居城中，乃移家郭门外今横河旧第。而族人皆留祖居，以耕为业，渐即寥落。此人名四一，素无恶于乡。"

续表

姓名	字	号	籍贯	生卒(农历)	生卒(公历)	文献来源
李嗣鹤	琴舫		河南光山	咸丰三年	1853年	翁万戈辑《内政·宫廷》(下)页857
				?		
李淞	芝轩		浙江山阴	嘉庆十三年七月二十六日	1808年9月16日	《山阴李氏家谱》卷5《行传》
				咸丰十一年十二月七日	1862年1月6日	同上
李泰	鲁瞻	竹村	浙江山阴	嘉庆十三年七月七日	1808年8月28日	《山阴李氏家谱》卷5《行传》
				道光二十五年七月十五日	1845年8月17日	同上
李棠阶	爱庭 树南	文园 强斋	河南河内	嘉庆三年二月十七日	1798年4月2日	王铬《李文清公行实》(李棠阶《李文清公遗书》卷首)[1]
				同治四年十一月九日	1865年12月26日	同上
李腾雨[2]			?	?		《日记》咸丰五年正月十日
				?		
李廷俊	月卿		奉天辽阳	道光十年	1830年	《大清搢绅全书》(同治五年夏)册1《京师·户部》[3]
				?		
李廷相			浙江山阴	?		《日记》同治九年十二月十七日
				?		

① 《重订壬午齿录》与行实同。《嘉庆二十四年己卯科直省乡试同年齿录》作嘉庆戊午年二月吉日吉时。

② 一作腾誉。

③ 《清代官员履历档案全编》(册27页293)载其光绪二年为四十七岁。据此逆推,其当生于道光十年(1830)。

续表

姓名	字	号	籍贯	生卒(农历)	生卒(公历)	文献来源
李廷箫①	大芝 虞阶	小轩	湖北黄安	道光十一年 九月二十四日	1831年 10月29日	《栗梓园李氏族谱》卷7《十五世法祖元亨支下世系》②
				光绪二十七年 正月一日	1901年 2月19日	同上③
李望霖④	云生		浙江山阴	道光二十年 五月二日	1840年 6月1日	《山阴李氏家谱》卷5《行传》
				同治十一年 六月十日	1872年 7月15日	同上
李维鳌⑤	子占		浙江山阴	同治七年 九月十六日	1868年 10月31日	《山阴李氏家谱》卷5《行传》
				?		
李维炘⑥	季朗	光甫	浙江山阴	咸丰七年 五月三十日	1857年 6月21日	《山阴李氏家谱》卷5《行传》
				?		
李维煊⑦	叔函 叔翰	彰甫	浙江山阴	咸丰六年 正月三日	1856年 2月8日	《山阴李氏家谱》卷5《行传》
				?		
李文炳	子威 子微		浙江山阴	?		《山阴李氏家谱》卷5《行传》
				?		
李文富	圣求		浙江山阴	道光十九年 正月十五日	1839年 2月28日	《山阴李氏家谱》卷5《行传》
				?		

① 谱名贞烺。越缦于同治十二年七月十六日所记之“李军机某”，据同治十二年八月二十九日日记内容，即为李廷箫。

② 《咸丰三年癸丑科会试同年齿录》与《栗梓园李氏族谱》同。

③ 潘孝苏《奏为护理陕甘总督李延箫因病出缺代递遗折事》(中国第一历史档案馆藏)与《族谱》同。《清代人物生卒年表》据《清史稿》卷465本传作光绪二十八年(1902)。

④ 又名增荣。

⑤ 小名僧宝。

⑥ 更名孝莹。

⑦ 更名孝玟。

续表

姓名	字	号	籍贯	生卒(农历)	生卒(公历)	文献来源
李文焕	性章	南臣	云南保山①	道光三十年三月二十六日	1850年5月7日	《光绪六年庚辰科会试同年齿录》
				光绪十三年	1887年	《日记》光绪十三年十月五日②
李文冏	抑光 属南	潜叔	广东顺德	道光二十六年七月五日	1846年8月26日	《同治庚午科大同年齿录》③
				?		
李文糺④	虚臣 书臣		浙江山阴	同治三年	1864年	李文糺《梦楠纽室诗存》⑤
				民国三十年七月	1941年	陈庆均《为山庐书问》⑥
李文田⑦	畲光 仲约	若农 芍农	广东顺德	道光十四年八月二十日	1834年9月22日	李渊硕《赐进士及第诰授光禄大夫赏戴花翎经筵讲官礼部右侍郎兼署工部右侍郎兼管钱法堂事务管理户部三库事务南书房翰林追谥文诚李公行状》⑧
				光绪二十一年十月二十日	1895年12月6日	同上⑨

① 原籍江苏上元。

② 《日记》光绪十三年十月五日:“付麟芝庵师嗣子娶妇同年公送礼物银一两,又庚辰同年余检讨熙春病故帮分一两,李进士文焕病故幛分一千。”据此,其当卒于光绪十三年十月五日或之前。此暂作光绪十三年(1887)。《清代人物生卒年表》缺。

③ 《同治九年庚午科顺天乡试同年齿录》与《同治庚午科大同年齿录》同。

④ 原名笏,幼字亚宰。

⑤ 《梦楠纽室诗存》卷下《哭亡友高啸谷(鸿奎)》:“甲子齐辰鬓发衰(与予)同岁生,而今先我入蓬莱。”据此可知,其当生于同治三年(1864)。

⑥ 《为山庐书问》之《寄罗钝翁书》(八月初十日):“陈朗老去冬遽返道山,李虚老月前又经物化。二君年皆上寿,同是数十年旧友。友交零落,不能不感慨系之。”此信写于民国三十年八月初十日。据此,其当卒于民国三十年七月。

⑦ 小名胜儿。

⑧ 《碑传集三编》卷5吴道镕《礼部右侍郎李公神道碑》、高平叔《蔡元培全集》卷1《李文田事略》均载其卒于光绪二十一年十月丁亥,年六十二。据此二者逆推,其生年与《行状》同。《咸丰乙卯直省乡试同年齿录》《咸丰九年己未科会试同年齿录》均作道光丙申年八月二十日。徐甘棠《李文田事略》仅有去世年月日。

⑨ 高平叔《蔡元培全集》卷1《李文田事略》、徐甘棠《李文田事略》、吴道镕《礼部右侍郎李公神道碑》均与《行状》同。

续表

姓名	字	号	籍贯	生卒(农历)	生卒(公历)	文献来源
李文杏	实庵	少石	浙江嘉兴	?		赵惟嵛《嘉兴县志》卷19《选举二》
				?		
李熙文	叔豹 叔宝	颖卿	云南文山	道光二十三年六月二十四日	1843年7月21日	袁嘉谷著;袁丕厚编《袁嘉谷文集》(第三卷)[1]
				光绪元年九月	1875年	龙云、卢汉、周钟岳《新纂云南通志》卷78《艺文考·清人著述之书八》[2]
李宪铭[3]	章侯	诗舫	浙江山阴	道光十年二月	1830年	《日记》光绪十四年十月十四日[4]
				光绪十四年九月八日	1888年10月12日	同上
李宪章[5]	芍洲	斌臣	浙江仁和	道光十年十二月一日	1831年1月14日	《咸丰戊午科浙江乡试同年齿录》[6]
				?		
李湘	莒卿	珊园	直隶大兴[7]	同治十二年正月三日	1873年1月13日	《光绪十七年辛卯科顺天乡试同年齿录》[8]
				?		
李向荣[9]	嘉贤 欣山	亚白 雅白 雅伯	浙江山阴	嘉庆二十二年八月十一日	1817年9月21日	李稷《天乐李氏宗谱》卷9《三十二世·文斋公长房荣公派》[10]
				光绪十四年九月十五日	1888年10月19日	同上

① 《同治九年庚午带补戊午科己未恩科云南乡试同年齿录》《同治庚午科大同年齿录》《同治十三年甲戌科会试同年齿录》均作道光甲辰年六月二十四日。《袁嘉谷文集》仅载其乙亥还滇,卒于黔,年三十三。据此三者,定其生于道光癸卯年六月二十四日。《清代人物生卒年表》据方树梅《滇贤生卒考》作道光二十四年(1844)。

② 《清代人物生卒年表》缺。

③ 原名楷,又名超。

④ 《山阴李氏家谱》卷5《行传》作道光十年五月八日。

⑤ 越缦写为宪曾。

⑥ 《咸丰戊午科直省同年录》与《咸丰戊午科浙江乡试同年齿录》同。

⑦ 祖籍浙江山阴。

⑧ 杨国祯《中州同官录》与《光绪十七年辛卯科顺天乡试同年齿录》同。

⑨ 谱名升堂。

⑩ 《咸丰壬子科直省举贡同年录》字号、出生年月日空缺。

续表

姓名	字	号	籍贯	生卒(农历)	生卒(公历)	文献来源
李孝璠①	子奂		浙江山阴	同治十年 八月十六日	1871年 9月30日	《山阴李氏家谱》卷5《行传》
				?		
李孝瑴②	双珍	蓝生	浙江山阴	咸丰六年 七月二十四日	1856年 8月24日	《山阴李氏家谱》卷5《行传》
				?		
李孝璘③	承侯 成侯 澄侯		浙江山阴	光绪元年 正月二十日	1875年 2月25日	《日记》光绪元年十月十六日④
				民国七年	1918年	陈庆均《为山庐诗稿》册1⑤
李孝瑱	子弁		浙江山阴	?		《日记》光绪十五年二月十九日
				?		
李孝璋	霭生		浙江山阴	同治六年 三月二十七日	1867年 5月1日	《山阴李氏家谱》卷5《行传》
				光绪十三年 八月	1887年	《日记》光绪十三年十月三十日⑥
李佽	燮臣	元熺	河南光州	道光七年 十二月十七日	1828年 2月2日	李佽乡试履历(《未刊清代朱卷集成》册46)
				?		

① 越缦于同治十年十月十五日记其于季弟九月九日书信中知季弟八月间得一子，小名僧寿。再据《山阴李氏家谱》，“僧寿”即家谱中“孝璠”。

② 小名僧慧。

③ 小字僧睿，更名僧喜，又更名孝埊。

④ 《日记》光绪元年十月十六日：“作致季弟书。季弟今年正月二十日又得一男，名曰孝璘，小字僧睿，予更名之曰僧喜。”

⑤ 《为山庐诗稿》按年编次。其中《挽李澄侯四章》排在《戊午春日案头有扇箑一页戏绘墨兰并题以诗》与《戊午首夏渡钱江口占》之间。故定其卒于民国七年(1918)。

⑥ 《日记》光绪十三年十月三十日：“得品芳弟十七日里中书，言颖唐之子蔼生于八月之末染疫殁于苏州，其母以是月四日痛子而亡，又族弟莲舫之妇章亦于九月中去世。”据此，暂作光绪十三年(1887)。

续表

姓名	字	号	籍贯	生卒(农历)	生卒(公历)	文献来源
李珣			直隶大兴[①]	?		《日记》光绪十五年六月二十二日
				?		
李耀曾	稚香 治襄	朗山	直隶天津	同治八年 三月十七日	1869年 4月28日	《大直沽——天津城市之根》之李耀曾《李稚香六十自叙》[②]
				民国三十三年	1944年	《大直沽——天津城市之根》之张国龄《大外祖父李耀曾二三事》
李耀奎	炳瀛	菱舟	直隶天津	道光九年 五月二十四日	1829年 6月25日	李宝晋、李钟瑨《延古堂李氏族谱》[③]
				光绪二十六年 八月十二日	1900年 9月5日	同上
李伊沆[④]	太匏	渔江 渔矼	直隶宛平	道光二十九年 三月二日	1849年 3月25日	《同治庚午科大同年齿录》
				?		
李荧	保安	蓉塘	浙江山阴	嘉庆二十四年 七月二十八日	1819年 9月17日	《山阴李氏家谱》卷5《行传》
				同治元年 正月十二日	1862年 2月10日	同上
李永瑞	楚亭		浙江山阴	道光十七年 四月十六日	1837年 5月20日	《山阴李氏家谱》卷5《行传》
				?		
李有益		香泉	湖北蕲州	?		《大清搢绅全书》(光绪十九年夏)册1《五城·兵马司》
				?		

① 祖籍浙江山阴。

② 《李耀曾乡试朱卷》、李耀曾乡试履历(《未刊清代朱卷集成》册80)均作同治辛未年三月十七日。

③ 《咸丰元年辛亥恩科直省同年全录》作道光甲午年五月二十四日。

④ 榜名璜纶。

续表

姓名	字	号	籍贯	生卒(农历)	生卒(公历)	文献来源
李钰[①]	南辉 蕴山	东旸 谨庵	浙江山阴	乾隆四十八年 十二月十九日	1784年 1月11日	《山阴李氏家谱》卷5《行传》
				咸丰二年 四月三十日	1852年 6月17日	同上
李钰[②]	式如	达夫	浙江山阴	道光二十二年 四月二十四日	1842年 6月2日	《光绪丙子科浙江乡试同年齿录》
				?		
李元楷	赓飏		广东海康	?		梁成久《海康县续志》卷15《选举二·仕绩》
				?		
李沅			浙江山阴	?		《日记》光绪十七年五月二十四日
				?		
李榞	颍唐 颖堂		浙江山阴	道光十八年 七月二十日	1838年 9月8日	《山阴李氏家谱》卷5《行传》
				光绪十五年 八月十一日	1889年 9月5日	《日记》作光绪十五年八月十一日
李云杲[③]	连坡		浙江会稽	道光五年 十一月二十七日	1826年 1月5日	《山阴李氏家谱》卷5《行传》
				咸丰十一年 十月四日	1861年 11月6日	同上
李云章			直隶天津	?		沈家本、荣铨《重修天津府志》卷18《选举三》
				?		
李鋆[④]	子欣	久芗	浙江山阴	道光十五年 十月十六日	1835年 12月5日	《山阴李氏家谱》卷5《行传》
				?		

① 原名丙巽。

② 谱名守盈，一名寅。

③ 原名嘉棪。

④ 原名嘉荣。

续表

姓名	字	号	籍贯	生卒(农历)	生卒(公历)	文献来源
李蕴章①	秉旃 和甫	抚泉	安徽合肥	道光九年 六月二十日	1829年 7月20日	李国松《合肥李氏宗谱》卷7《君辅公五房汉申公支下士俊公世系表》
				光绪十二年 二月十二日	1886年 3月17日	同上
李在铣②	子阶	芝陔	直隶涿州	嘉庆二十五年 三月八日	1820年 4月20日	陈寅生代李在铣书《跋燕文贵江山观楼图》③
				宣统元年	1909年	李玉棻《序》(王时敏《王奉常书画题跋》卷首)④
李钊⑤	辉远	望楼	浙江会稽	乾隆四十五年 六月二十三日	1780年 7月24日	《山阴李氏家谱》卷5《行传》⑥
				咸丰五年十月 二十五日	1855年 12月4日	同上
李肇丙⑦	南垞		浙江山阴	嘉庆四年 八月六日	1799年 9月5日	《山阴李氏家谱》卷5《行传》
				咸丰十一年 九月九日	1861年 10月12日	同上
李肇南	树极	薰臣 少轩	云南镇雄⑧	道光二十四年 四月二十五日	1844年 6月10日	《同治十年辛未科会试同年齿录》⑨
				?		
李桢⑩	子刚	莲舫	浙江山阴	道光十三年 十月二十二日	1833年 12月3日	《山阴李氏家谱》卷5《行传》
				?		

① 派名章钧。

② 一作在铦，榜名咸泰。

③ 《跋燕文贵江山观楼图》："光绪癸巳冬至前十日，七十六岁老人李在铣，以手病倩陈麟炳寅生代书。"《道光己酉科各省选拔明经通谱》作嘉庆二十五年三月八日。据此二者，定其生于嘉庆二十三年三月八日。

④ 李玉棻《序》："癸卯秋以索读……倏忽七年……今芝老墓草岁青。"据此，如将末句理解为李在铣已去世一年，姑定其卒于宣统元年(1909)。

⑤ 原名文华。

⑥ 《嘉庆癸酉科乡试同年齿录》作乾隆辛丑年六月二十三日。

⑦ 原名传兰。

⑧ 原籍江西吉水。

⑨ 《同治九年庚午带补戊午科己未恩科云南乡试同年齿录》《同治庚午科大同年齿录》均与《同治十年辛未科会试同年齿录》同。

⑩ 越缦于咸丰七年十一月二十六日所记之"从弟某"，据此日日记内容、《山阴李氏家谱》及《道光己酉科直省乡试同年齿录》中章维城履历，即为李桢。

续表

姓名	字	号	籍贯	生卒(农历)	生卒(公历)	文献来源
李桢[①]	佐周		湖南善化	道光二十一年	1841 年	王先谦《序》(李桢《畹兰斋文集》卷首)[②]
				?		
李之芬[③]	调元	雨白	浙江山阴	道光六年四月十二日	1826 年 5 月 18 日	《同治四年补行辛酉科并壬戌浙江乡试同年齿录》[④]
				?		
李芝绶[⑤]	申兰 升兰	缄庵	江苏昭文	嘉庆十八年七月二十四日	1813 年 8 月 19 日	庞鸿文《诰授中宪大夫礼部郎中举人截取知县缄庵李君墓志铭》
				光绪十九年七月五日	1893 年 8 月 16 日	同上
李治	安甫		浙江山阴	道光五年六月二十三日	1825 年 8 月 7 日	《山阴李氏家谱》卷 5《行传》
				咸丰五年七月二十九日	1855 年 9 月 10 日	同上
李钟骅	开先		浙江山阴	道光十一年九月十日	1831 年 10 月 15 日	《山阴李氏家谱》卷 5《行传》
				同治二年九月十四日	1863 年 10 月 26 日	同上
李钟阳	伯昆		直隶大兴	道光十七年	1837 年	翁万戈辑《内政 · 宫廷》(下)页 859
				?		
李祝蕃	试鸥		浙江杭州	?		《日记》咸丰四年三月二十三日
				?		

① 一作祯。

② 王先谦《序》载其长王先谦一岁。据《葵园年刊第一集》王祖陶、王祖恩《先府君葵园公行状》，王先谦生于道光二十二年(1842)。故李桢当生于道光二十一年(1841)。

③ 谱名国和，原名沐霖。

④ 李之芬乡试履历(《清代朱卷集成》册 252)与《同治四年补行辛酉科并壬戌浙江乡试同年齿录》同。

⑤ 原名蔚宗。

续表

姓名	字	号	籍贯	生卒(农历)	生卒(公历)	文献来源
李子钧[1]	仪吉	醉六	江苏兴化	?		李竹溪《李氏族谱》卷2《老二房》
				?		
李宗庚	次垣	子长 济之	浙江嘉兴	道光七年十一月十五日	1828年1月1日	谭献《复堂文续》卷5《李君墓志铭》[2]
				光绪十七年六月	1891年	同上
李作桢	幹廷	念慈	四川郫县	咸丰三年七月二十七日	1853年8月31日	《光绪六年庚辰科会试同年齿录》[3]
				?		
郦秉仁	少山	云樵	浙江会稽	道光十五年五月八日	1835年6月3日	郦秉仁《会稽郦氏宗谱》坤集《心谷公派·占元公支》
				?		
郦炳奎[4]	明山		浙江会稽	道光二十九年九月二十四日	1849年11月8日	郦秉仁《会稽郦氏宗谱》坤集《毅成公派·新河弄公支》
				光绪二十年五月十七日	1894年6月20日	同上
郦昌祁[5]	祝卿 瘦梅	景宋	浙江会稽	咸丰九年十一月二十三日	1859年12月16日	郦秉仁《会稽郦氏宗谱》坤集《心谷公派·占元公支》[6]
				?		

① 谱名鸿儒。

② 《墓志铭》载其光绪十七年六月卒，年六十五。李宗庚优贡履历(《清代朱卷集成》册376)作道光己丑年十一月十五日。据此二者，定其生于道光七年十一月十五日。《清代人物生卒年表》作道光七年(1827)。

③ 《光绪己卯科直省同年齿录》仅作咸丰乙卯年(1855)。

④ 原名光誉。

⑤ 原名昌华。

⑥ 《光绪乙酉科浙江乡试同年齿录》与《会稽郦氏宗谱》同。

续表

姓名	字	号	籍贯	生卒(农历)	生卒(公历)	文献来源
连培基	弼臣	梯孙	江西南城	咸丰元年 正月二十七日	1851年 2月27日	《光绪六年庚辰科会试同年齿录》
				宣统元年 五月十九日	1909年 7月6日	岑春蓂《奏为永顺知府连培基病故等由(折片)》(台北故宫博物院《军机处档折件》第180654号)①
连文冲②	翀叔 聪肃 聪叔		浙江钱塘③	咸丰五年 九月十二日	1855年 10月22日	连桐《松夏连氏宗谱》卷5《杭州缸儿巷支十一世至十三世》④
				光绪三十三年 三月十八日	1907年 4月30日	同上⑤
连熙绍⑥	撷香		浙江上虞	道光二十二年 十一月四日	1842年 12月5日	连桐《松夏连氏宗谱》卷3《龙一公支十一世至十五世》
				民国元年 八月四日	1912年 9月20日	同上
连熙文⑦	穆轩		浙江上虞	道光十四年 七月二十九日	1834年 9月2日	连桐《松夏连氏宗谱》卷3《龙一公支十一世至十五世》
				光绪三十年 十月二十七日	1904年 12月3日	同上
连仲愚	乐川		浙江上虞	嘉庆十年 三月三日	1805年 4月2日	连桐《松夏连氏宗谱》卷3《龙一公支十一世至十五世》
				同治十三年 三月二十日	1874年 5月5日	同上

① 朱彭寿《清代人物大事纪年》与《奏为永顺知府连培基病故等由(折片)》同。《清代人物生卒年表》缺。

② 原名沽。

③ 祖籍浙江上虞。

④ 连文冲会试履历(《清代朱卷集成》册44)、连文冲乡试履历(《清代朱卷集成》册264)、《光绪三年丁丑科会试同年齿录》均作咸丰戊午年九月十二日。《清代人物生卒年表》据《光绪三年丁丑科会试同年齿录》作咸丰八年(1858)。

⑤ 《清代人物生卒年表》缺。

⑥ 讳蘅。

⑦ 讳芳。

续表

姓名	字	号	籍贯	生卒(农历)	生卒(公历)	文献来源
连自华①	书樵 舒翘		浙江钱塘②	嘉庆二十五年 十二月二十日	1821 年 1 月 23 日	连桐《松夏连氏宗谱》卷 5《杭州缸儿巷支六世至十世》③
				光绪二十年 十二月十五日	1895 年 1 月 10 日	同上
联氿	晋侯	星舫	满洲正黄旗	?		《大清搢绅全书》(光绪十九年冬)册 1《京师·各道》
				光绪二十七年 十一月二十六日	1902 年 1 月 5 日	中国第一历史档案馆《光绪朝朱批奏折》第 17 辑《内政·职官》页 225
良弼④	说岩	梦臣	满洲正白旗	道光十七年 十月二十八日	1837 年 11 月 25 日	《重订戊辰同年齿录》⑤
				?		
梁葆仁⑥	承心 泽春 墨春	西园	浙江新昌	道光二十四年 正月六日	1844 年 2 月 23 日	梁念萱《彩烟梁氏宗谱》卷 31《裕庵公祠四房钟泽派》⑦
				光绪三十二年 十二月十一日	1907 年 1 月 24 日	同上⑧
梁葆章⑨	芸禧	简香 慕侯	浙江新昌	同治六年 五月二十五日	1867 年 6 月 26 日	梁念萱《彩烟梁氏宗谱》卷 30《裕庵公祠四房樟花宏鸾公派》⑩
				?		

① 谱名庚辰。

② 祖籍浙江上虞。

③ 《咸丰戊午科浙江乡试同年齿录》作道光癸未年十二月二十日。

④ 榜名傅良弼。

⑤ 朱彭寿《清代人物大事纪年》、《同治元年壬戌恩科顺天乡试齿录》均与《重订戊辰同年齿录》同。

⑥ 谱名承新。

⑦ 梁葆仁会试履历(《清代朱卷集成》册 59)、梁葆仁会试履历(《清代朱卷集成》册 266)、《光绪丙子科浙江乡试同年齿录》均与《彩烟梁氏宗谱》同。梁念萱《彩烟梁氏宗谱》卷 37 梁树芬《叔父西园公传》载其光绪丙午年十二月十二日卒,年六十三。梁念萱《彩烟梁氏宗谱》卷 37 梁保镕《西园公传》载其光绪丙午年十二月卒,年六十三。据此二者逆推,其生年均与《彩烟梁氏宗谱》同。

⑧ 梁念萱《彩烟梁氏宗谱》卷 37 梁树芬《叔父西园公传》作光绪丙午年十二月十二日。梁念萱《彩烟梁氏宗谱》卷 37 梁保镕《西园公传》仅作光绪丙午年十二月。《清代人物生卒年表》缺。

⑨ 谱名承裘。

⑩ 《光绪辛卯科浙江乡试同年齿录》作同治己巳年五月二十五日。

续表

姓名	字	号	籍贯	生卒(农历)	生卒(公历)	文献来源
梁承光	迪人	星阶 稚香	广西桂林	道光十二年 十一月二十三日	1833 年 1月13日	梁焕奎《梁氏世谱三十二篇》①
				同治六年 正月三日	1867 年 2月7日	同上②
梁鼎芬③	星海 梅阁 心海 伯烈	节庵 藏山 琴庄	广东番禺	咸丰九年 六月六日	1859 年 7月5日	《广东省城梁氏族谱》④
				民国八年 十一月十四日	1920 年 1月4日	同上⑤
梁恭辰	敬叔		福建长乐	嘉庆十九年	1814 年	梁章钜《退庵自订年谱》⑥
				光绪十二年 三月八日	1886 年 4月11日	卫荣光《题报候补道梁恭辰病故日期事》(中国第一历史档案馆藏)⑦

① 《己酉科直省乡试同年录》《己酉科顺天乡试同年齿录》均作道光甲午年十一月二十三日。《清代人物生卒年表》据梁焕鼎《梁济年谱》作 1834 年。梁焕鼎《梁济年谱》:"同治六年丁卯,公九岁,正月三日,永宁公卒于任,年三十六。"据此逆推,其生年当为道光十二年(1832)。但因其生于十一月二十三日,故公历应为 1833 年 1 月 13 日。故《清代人物生卒年表》误。

② 梁焕鼎《梁济年谱》与《梁氏世谱三十二篇》同。赵长龄《题报永宁州知州梁承光在任病故日期》(中国第一历史档案馆藏)作同治六年正月四日。

③ 谱名福承。

④ 杨敬安《节安先生剩稿》(油印本)卷上作于宣统十年六月七日之《六十赐寿谢恩折》载:"本年六月六日,臣六十生辰。"据此逆推,其出生年月日与《广东省城梁氏族谱》同。梁鼎芬《节庵先生遗诗》之《三弟来省山居书二百三十字》:"先子痛失臂,余年方十一。"《广东省城梁氏族谱》载其父梁葆谦生于道光十年八月二十五日,卒年四十岁。据此二者,其生年亦与《广东省城梁氏族谱》同。《清代人物生卒年表》作咸丰八年(1858),并按:"梁鼎芬《三十五岁初度》作于光绪十八年壬辰(1892),本书即据此定生年。《庚寅(光绪十六年,1890 年)元日》诗云:'劳生三十二。'《辛卯(光绪十七年,1891 年)元日》诗云:'劳生三十三。'所记均为上年已过年岁,据此推算,生年也正为咸丰八年。"此推算实误。梁鼎芬《节庵先生遗诗》卷2《庚寅元日客南园书四十字》:"劳生三十二。"卷 4《辛卯元日》:"劳生三十三。"卷 4《壬辰岁朝》:"三十三年弹指过。"据此可知其庚寅年三十二,辛卯年三十三,壬辰年三十四。据此三者,其亦当生于咸丰九年(1859)。再据梁鼎芬《节庵先生遗稿》之《捐赠京师广东学堂书藏藏书记》中:"鼎芬今年五十二……宣统二年九月梁鼎芬记。"其亦当生于咸丰九年(1859)。《光绪六年庚辰科会试同年齿录》《光绪丙子科顺天乡试同年齿录》均作咸丰十一年六月六日。

⑤ 《大公报》(长沙版)民国九年一月十四日(公历)第一千三百五十号《梁鼎芬逝世余闻》、杨敬安《节庵先生遗稿》(自印本)卷首《节庵先生事略》、《大公报》(天津版)民国九年一月十日(公历)第六千一百九十七号《梁鼎芬之身后荣》均与《广东省城梁氏族谱》同。《清代人物生卒年表》据梁鼎芬《节庵先生遗诗》卷末卢弼《跋》作民国八年十二月。据杨敬安《节安先生剩稿》(油印本)附录《赐恤典谕》:"宣统十一年十一月十五日钦奉谕旨……兹闻溘逝……"亦可知梁鼎芬不可能卒于民国八年十二月。

⑥ 据《年谱》,仅知生于嘉庆甲戌年且在八月之前。此暂作嘉庆十九年(1814)。

⑦ 俞樾著;赵一生主编《俞樾全集》册 18《春在堂楹联》卷 2 中梁恭辰挽联前为吴引之挽联,此联未注明去世年月日。据《申报》光绪十二年四月一日第四千六百八十六号《吴下里言》,其卒于光绪十二年三月二十四日。梁恭辰挽联后为吴子健挽联。此联有注,载吴子健卒于光绪十二年五月十三日。据此二者,仅知梁恭辰卒于光绪十二年(1886)。《清代人物生卒年表》缺。

续表

姓名	字	号	籍贯	生卒(农历)	生卒(公历)	文献来源
梁国元①	濬川 兰章	心香	浙江新昌	道光十七年 六月十八日	1837年 7月20日	《鳌峰梁氏宗谱》卷10《下浦分前岸房第五十四世》②
				民国元年 十二月三十日	1913年 2月5日	同上
梁九图③	芳明	福草	广东顺德	嘉庆二十一年 正月二十一日	1816年 2月18日	梁九图《梁氏支谱》卷3《小传》
				光绪六年	1880年	汪宗准《佛山忠义乡志》卷14《文苑·人物四》④
梁俊	彦臣	灼庵	河南孟县	道光十年 十一月二日	1830年 12月16日	梁俊乡试履历(《清代朱卷集成》册224)⑤
				光绪二十四年 二月九日	1898年 3月1日	《孟州文史资料第6辑:孟州史志丛话》之《梁俊与中法战争》
梁枚	功甫	小帆	浙江归安⑥	道光二十四年 七月一日	1844年 8月14日	《江宁同官录》⑦
				?		
梁有常	经伯 菊臣		浙江钱塘	道光二十年 九月六日	1840年 10月1日	梁有常乡试履历(《清代朱卷集成》册111)
				光绪十六年	1890年	《日记》光绪十六年二月二十四日⑧

① 谱名澜章。

② 《同治丁卯科并补行甲子科浙江乡试同年齿录》与《鳌峰梁氏宗谱》同。

③ 原名九芝。

④ 《文苑》载其卒年六十五,再据《梁氏支谱》所载生年,其当卒于光绪六年(1880)。

⑤ 《同治四年乙丑科会试同年齿录》作道光庚子年十一月二日。《孟州文史资料第6辑:孟州史志丛话》之《梁俊与中法战争》仅作道光十年(1830)。

⑥ 祖籍福建。

⑦ 《同治四年补行辛酉科并壬戌浙江乡试同年齿录》、梁枚乡试履历(《清代朱卷集成》册252)、梁枚会试履历(《清代朱卷集成》册42)、《光绪三年丁丑科会试同年齿录》均作道光丁未年七月一日。《清代人物生卒年表》据《光绪三年丁丑科会试同年齿录》作道光二十七年(1847)。

⑧ 《日记》光绪十六年二月二十四日:"闻仁和人工部郎中蔡世傑病故。前数日钱塘梁员外有常卒。"据此,暂作光绪十六年(1890)。唐风《庸谨堂文存》之《梁先生传》仅载其卒于光绪十五年(1889)。

续表

姓名	字	号	籍贯	生卒(农历)	生卒(公历)	文献来源
梁于渭	鸿飞	杭叔	广东番禺	道光二十七年十二月二十三日	1848 年 1 月 28 日	《光绪十一年乙酉科顺天乡试同年齿录》①
				民国六年	1917 年	林亚杰、朱万章《广东绘画研究文集》②
廖光			江西	?		《日记》光绪九年二月十六日
				?		
廖鹤年	翰昌	云鳖	广东番禺	道光二十年十一月十日	1840 年 12 月 3 日	《同治四年乙丑科会试同年齿录》③
				光绪七年	1881 年	《番禺县续志》卷 22《人物·国朝》④
廖平⑤	季平 旭陔 勖斋	四益 四译 五译 六译	四川井研	咸丰二年二月九日	1852 年 3 月 29 日	廖宗泽《六译文先生年谱》《六译先生行述》(廖幼平《廖季平年谱》)⑥
				民国二十一年五月二日	1932 年 6 月 5 日	同上⑦

① 《光绪十五年己丑科会试同年齿录》与《光绪十一年乙酉科顺天乡试同年齿录》同。

② 《广东绘画研究文集》中邓庆燊《梁于渭生平考述》载其卒于民国九年六月二日至四日之间。据此，暂作民国六年(1917)。《清代人物生卒年表》据《中国美术家人名辞典》作民国元年(1912)。

③ 《番禺县续志》载其同治四年年甫二十，又载其光绪初元为三十六岁。《同治四年乙丑科会试同年齿录》作道光二十五年十一月十日。据此三者，姑定其生于道光二十年十一月十日。《清代人物生卒年表》据《番禺县续志》作道光二十六年(1846)。

④ 《番禺县续志》仅载其光绪辛巳卒。《清代人物生卒年表》据《番禺县续志》作光绪二十七年(1901)。

⑤ 初名登廷。

⑥ 《大公报》(天津版)民国二十一年八月一日(公历)第一万零四百二十八号之《大公报文学副刊》第二百三十九期侯堮《廖季平先生评传》与《年谱》、《行述》同。章炳麟《太炎文录续编》卷 5 下《清故龙安府学教授廖君墓志铭》作民国二十一年六月(当为公历)，年八十二。据此逆推，其当生于咸丰元年(1851)。《清代人物生卒年表》据章炳麟《墓志铭》作咸丰元年(1851)。

⑦ 《大公报》(天津版)民国二十一年八月一日(公历)第一万零四百二十八号之《大公报文学副刊》第二百三十九期侯堮《廖季平先生评传》与《年谱》、《行述》同。章炳麟《太炎文录续编》卷 5 下《清故龙安府学教授廖君墓志铭》仅作民国二十一年六月。

续表

姓名	字	号	籍贯	生卒(农历)	生卒(公历)	文献来源
廖寿丰	谷似 谷士 暗斋	止斋	福建永定	道光十六年二月十六日	1836年4月1日	廖寿图《嘉定廖氏宗谱》卷3《迁嘉始祖瀛海公以下世纪表》①
				光绪二十七年三月十九日	1901年5月7日	同上②
廖寿恒	澥生	仲山 抑斋	福建永定	道光十九年六月十四日	1839年7月24日	廖寿图《嘉定廖氏宗谱》卷3《迁嘉始祖瀛海公以下世纪表》③
				光绪二十九年八月十五日	1903年10月5日	同上④
廖廷相	子亮	泽群	广东南海	道光二十四年四月十五日	1844年5月31日	《同治庚午科大同年齿录》⑤
				光绪二十四年	1898年	《列传》(《清国史》册11页967—968)⑥
廖锡纶			广东惠州	?		《日记》光绪二年九月二十二日
				?		
林灿垣⑦	瑞山		湖北武昌	道光二十五年	1845年	中国第一历史档案馆《光绪宣统两朝上谕档》册3页154
				?		

① 《嘉定廖氏宗谱》卷4廖世荫《先考谷以府君行述》、《两浙盐务同官录》、《咸丰戊午科直省同年录》均与《嘉定廖氏宗谱》同。《嘉定廖氏宗谱》卷4俞樾《谷似公墓志铭》载其光绪二十七年三月十九日卒,年六十六。据此逆推,其生年与《嘉定廖氏宗谱》同。

② 《嘉定廖氏宗谱》卷4冯煦《仲山公墓志铭》与《嘉定廖氏宗谱》同。

③ 《嘉定廖氏宗谱》卷4俞樾《谷似公墓志铭》及廖世荫《先考谷似府君行述》与《嘉定廖氏宗谱》同。

④ 《申报》光绪二十九年十月十七日第一万一千零三号之光绪二十九年九月二十二日《京报全录·恩寿跪奏》、《嘉定廖氏宗谱》卷4冯煦《仲山公墓志铭》均与《嘉定廖氏宗谱》同。

⑤ 《光绪二年丙子恩科会试同年齿录》作道光己酉年四月十五日。《清国史》之《列传》仅有去世年。

⑥ 《列传》仅作光绪二十四年冬。《申报》光绪二十五年二月一日第九千三百零三号《珠海春涛》:"广东访事友人云,去岁广雅书院山长廖泽群太史已归道山,现经督宪谭制军聘定邓镜蓉太史主讲席。"据此二者,暂作光绪二十四年(1898)。

⑦ 本名步青。

续表

姓名	字	号	籍贯	生卒(农历)	生卒(公历)	文献来源
林国柱①	智海 薇卿	笃甫 瑾生	浙江萧山	道光二十六年 二月二十六日	1846 年 3 月 23 日	林凤岐《萧山东门林氏宗谱》卷 5《系表》②
				光绪二十一年 闰五月一日	1895 年 6 月 23 日	同上
林启	迪臣		福建侯官	道光十九年 八月二十二日	1839 年 9 月 29 日	郑晓沧《戊戌前后在浙江兴学与林启的贡献》(《浙江文史资料选辑(第一辑)》)
				光绪二十六年 四月二十四日	1900 年 5 月 22 日	同上③
林庆衍	祁生		浙江温州	咸丰二年	1852 年	《林氏宗谱》之《三房一》
				光绪十六年	1890 年	同上
林蘧卿			?	?		《日记》咸丰四年三月二十日
				?		
林壬	二有 韦生	又晴	福建诏安	道光二十八年 三月十五日	1848 年 4 月 18 日	周跃红、陈宝钧《诏安县志》卷 38《人物》④
				光绪十三年	1887 年	同上⑤
林绍年⑥	赞虞	健斋	福建闽县	道光二十九年 九月十三日	1849 年 10 月 28 日	林葆恒《凤池林氏族谱》之《第十二世》⑦
				民国五年 九月六日	1916 年 10 月 2 日	同上⑧

① 原名以仕。

② 《同治庚午科大同年齿录》《同治庚午科浙江乡试同年齿录》《同治十年辛未科会试同年齿录》均与《萧山东门林氏宗谱》同。

③ 谭献著;徐彦宽辑《复堂日记续录》:"(光绪二十六年)四月廿四日:'林杭州太守卒官。'"据此,其出生年月日与郑晓沧《戊戌前后在浙江兴学与林启的贡献》同。刘树堂《奏为杭州府知府林启因病出缺事》(中国第一历史档案馆藏)、《申报》光绪二十六年四月二十九日第九千七百三十七号《太守骑箕》均与郑晓沧《戊戌前后在浙江兴学与林启的贡献》同。

④ 《诏安县志》仅作 1848 年。《光绪三年丁丑科会试同年齿录》《同治癸酉科明经通谱》均作道光三十年三月十五日。据此三者,定其生于道光二十八年三月十五日。《清代人物生卒年表》作道光三十年(1850)。

⑤ 《清代人物生卒年表》缺。

⑥ 乳名潮,原名资举。

⑦ 《林文直公行述》(《上海图书馆藏赴闻集成》册 12)与《凤池林氏族谱》同。林纾《畏庐三集》之《清林文直公墓志铭》载其(民国)丙辰年九月六日卒,年六十八。据此逆推,其生年亦与《凤池林氏族谱》同。

⑧ 《林文直公行述》(《上海图书馆藏赴闻集成》册 12)、林纾《畏庐三集》之《清林文直公墓志铭》均与《凤池林氏族谱》同。

续表

姓名	字	号	籍贯	生卒(农历)	生卒(公历)	文献来源
林式恭①	曙新 蔼人	石珊	浙江萧山	嘉庆十九年 正月二日	1814 年 1 月 22 日	林凤歧《萧山东门墙林氏宗谱》卷 5《系表》②
				同治十年 八月二十六日	1871 年 10 月 10 日	同上③
林寿图④	恭三	颖叔 黄鹄山人	福建闽县	道光元年 四月二十三日	1821 年 5 月 24 日	林寿图《黄鹄山人诗初钞》⑤
				光绪二十三年 十月二十一日	1897 年 11 月 15 日	《申报》光绪二十三年十一月四日第八千八百四十三号《寿夭各别》⑥
林向滋	泽田	荫萱	直隶天津	咸丰七年 十月一日	1857 年 11 月 16 日	《光绪十九年癸巳恩科顺天乡试同年齿录》⑦
				?		
林孝恂⑧	伯颖		福建闽县	咸丰二年	1852 年	《申报》民国三年九月二十一日(公历)第一万四千九百四十九号《讣》⑨
				民国三年 七月十四日	1914 年 9 月 3 日	同上

① 原名凤辉，又名继宣。

② 林凤歧《萧山东门墙林氏宗谱》卷 2 王文韶《诰授朝议大夫晋封通奉大夫赏戴花翎赐进士出身贵州铜仁府知府蔼人林公暨德配诰赠恭人晋赠夫人郑夏太夫人副室谢孺人家传》仅作嘉庆十九年正月。《道光丙午浙江乡试同榜年齿录》作嘉庆乙卯年正月二日。《咸丰三年癸丑科会试同年齿录》作嘉庆戊寅年正月二日。

③ 曾璧光《题报铜仁府知府林式恭病故日期事》(中国第一历史档案馆藏)与《宗谱》同。林凤歧《萧山东门墙林氏宗谱》卷 2 王文韶《诰授朝议大夫晋封通奉大夫赏戴花翎赐进士出身贵州铜仁府知府蔼人林公暨德配诰赠恭人晋赠夫人郑夏太夫人副室谢孺人家传》作(同治)壬申秋。

④ 初名英奇。

⑤ 《道光二十三年癸卯科直省同年全录》《道光二十五年会试齿录》均作道光癸未年四月二十四日。林寿图《黄鹄山人诗初钞》卷 10《东坡密州诗云龙钟三十九劳生已强半余生距今已三十九矣辄用以自警》作于咸丰己未；卷 15《闰四月十三日邀曼叔集欧斋为谢荫青观察补作生日曼叔蔚青妹婿也》中云“君家豫章我闽峤，我生道光君嘉庆”。据此四者，定其生于道光元年四月二十四日。《碑传集补》卷 17 谢章铤《赏四品顶戴团练大臣前陕西山西布政使林公墓志铭》仅载其卒年七十七。《清代人物生卒年表》据《闽侯县志》作嘉庆十四年(1809)。

⑥ 《赏四品顶戴团练大臣前陕西山西布政使林公墓志铭》仅载其卒年七十七。《清代人物生卒年表》据《闽侯县志》“乙酉议和成奉旨送部引荐病不赴卒年七十有七”作光绪十一年(1885)，误。因其子林师尚于光绪二十年(1894)年中式优贡，其朱卷履历(《清代朱卷集成》册 380)填“严侍下”。据此可知，林寿图光绪二十年仍在世。故《清代人物生卒年表》误。“乙酉议和成奉旨送部引荐病不赴卒年七十有七”断句当为“乙酉议和成，奉旨送部引荐，病不赴。卒年七十有七”，而非“乙酉议和成，奉旨送部引荐，病不赴，卒，年七十有七”。

⑦ 《光绪乙未科会试同年齿录》与《光绪十九年癸巳恩科顺天乡试同年齿录》同。

⑧ 原名孝纯。

⑨ 《讣》：“先考清赐进士出身通议大夫补用道浙江候补道伯颖府君痛于民国三年九月三日午时寿终于京寓，享寿六十有三。”据此逆推，其生年当为咸丰二年(1852)。林纾《畏庐续集》中作于(民国)甲寅年六月的《晋安耆年会序》：“林孝恂，字伯颖，年六十三岁。”据此逆推，其生年亦为咸丰二年(1852)。《光绪九年癸未科会试同年齿录》仅作年三十。据此逆推，其当生于咸丰四年(1854)。

续表

姓名	字	号	籍贯	生卒(农历)	生卒(公历)	文献来源
林颐山	晋霞	蒙溪	浙江慈溪	道光二十七年二月二十九日	1847年4月14日	林耘堂《慈溪林氏宗谱》卷4《慈支礼行十四公后裔希周公世系表》①
				光绪三十三年十一月四日	1907年12月8日	同上②
林兆翰	墨青		直隶天津	同治二年正月十四日	1863年3月3日	王守恂《天津林先生墓志铭》③
				民国二十二年三月二十三日	1933年4月17日	同上④
麟书	厚甫	芝庵	满洲正蓝旗	道光九年三月十三日	1829年4月16日	《中国少数民族古籍集成·爱新觉罗宗谱》册50页332—335⑤
				光绪二十四年闰三月一日	1898年4月21日	同上
麟肃	毅庵		满洲正蓝旗	道光二十八年七月十一日	1848年8月9日	《中国少数民族古籍集成·爱新觉罗宗谱》册50页336—337
				光绪十九年五月二十八日	1893年7月11日	同上
麟趾	伯仁		满洲正黄旗	咸丰元年	1851年	《光绪元年顺天文乡试录》
				?		

① 林颐山《鸣荫楼文存》卷首附杨敏曾《林晋霞先生传》:"卒于光绪丁未年,年六十一。"林颐山《蒙溪遗稿》卷首亦有传:"公讳颐山,字晋霞,别号蒙溪……壬辰成进士,以知县即用……丁未,礼部尚书溥良奏调礼学馆总纂,时公已得喘疾……十一月四日卒,年六十有一岁。"据此二者逆推,其生年均与《慈溪林氏宗谱》同。《光绪辛卯科浙江乡试同年齿录》、林颐山会试履历(《未刊清代朱卷集成》册23)、《光绪十八年壬辰科会试同年齿录》均作道光庚戌年二月二十九日。

② 林颐山《蒙溪遗稿》卷首《传》与《慈溪林氏宗谱》同。林颐山《鸣荫楼文存》卷首附杨敏曾《林晋霞先生传》仅作光绪丁未年(1907)。

③ 《益世报》(天津版)民国二十二年四月二十三日(公历)第六千零九十二号《林墨青逝世》:"……竟于阴历本月二十三日晨八时,在本市西门内神机库私邸病殁,享年七十一寿。"据此逆推,其生年与《天津林先生墓志铭》同。

④ 《益世报》(天津版)民国二十二年四月二十三日(公历)第六千零九十二号《林墨青逝世》与《天津林先生墓志铭》同。

⑤ 《己酉科直省乡试同年录》《咸丰三年癸丑科会试同年齿录》《己酉科顺天乡试同年齿录》均与《中国少数民族古籍集成·爱新觉罗宗谱》同。

续表

姓名	字	号	籍贯	生卒(农历)	生卒(公历)	文献来源
灵杰	卫生 蔚生		满洲正蓝旗	嘉庆十八年 七月三十日	1813年 8月25日	《中国少数民族古籍集成·爱新觉罗宗谱》册42页11—13
				光绪七年 二月二十三日	1881年 3月22日	同上①
凌绂曾②	初平 别驾 公初	复初	浙江归安	道光二十三年 六月十三日	1843年 7月10日	《凌氏宗谱》卷下之《凌氏世表》
				光绪三十年 六月六日	1904年 7月18日	同上③
凌行均	听五	韵士 龙士 芸士	浙江鄞县	道光十一年 九月三日	1831年 10月8日	《咸丰乙卯直省乡试同年齿录》④
				光绪十二年 二月十五日	1886年 3月20日	姚吉成、左登华《游百川奏折整理与研究》册上页177⑤
凌行堂	仲升	湖荪 子廉	浙江鄞县	道光十三年 十月二十二日	1833年 12月3日	《咸丰戊午科浙江乡试同年齿录》⑥
				同治八年	1869年	戴枚《鄞县志》卷44《人物传十九》(附沈淮后)⑦
凌忠镇	定甫	芑孙	浙江鄞县	道光二十年 十月二十日	1840年 11月13日	《咸丰九年己未恩科浙江乡试同年齿录》⑧
				?		

① 《申报》光绪七年四月十一日第二千八百七十八号之光绪七年三月二十八日《京报全录·周恒祺跪奏》与《中国少数民族古籍集成·爱新觉罗宗谱》同。

② 原名燿曾。

③ 周馥《奏为海阳县知县凌绂曾因病出缺事》(中国第一历史档案馆藏)与《宗谱》同。

④ 《咸丰五年乙卯科浙江乡试同年齿录》、凌行均会试履历(《清代朱卷集成》册22)、凌行均乡试履历(《清代朱卷集成》册246)、《咸丰九年己未科会试同年齿录》均与《咸丰乙卯直省乡试同年齿录》同。

⑤ 《清代人物生卒年表》缺。

⑥ 凌行堂会试履历(《清代朱卷集成》册22)、凌行堂乡试履历(《清代朱卷集成》册246)、《咸丰戊午科直省同年录》均与《咸丰戊午科浙江乡试同年齿录》同。

⑦ 《鄞县志》载其年三十七卒,姑再据《咸丰戊午科浙江乡试同年齿录》推,暂定其卒于同治八年(1869)。

⑧ 凌忠镇乡试履历(《清代朱卷集成》册249)与《咸丰九年己未恩科浙江乡试同年齿录》同。《同治七年戊辰科会试同年齿录》《重订戊辰同年齿录》均作道光丁未年十月二十日。《清代人物生卒年表》作道光二十七年(1847)。

续表

姓名	字	号	籍贯	生卒(农历)	生卒(公历)	文献来源
刘秉璋①	希之	仲良	安徽庐江	道光六年四月十四日	1826年5月20日	刘体智《刘氏宗谱》卷12《大德公房文庄公世系传》②
				光绪三十一年七月二十三日	1905年8月23日	同上③
刘成诵④	子彦	濬泉 蔼亭	直隶乐亭	道光二十四年七月五日	1844年8月18日	《光绪元年顺天乡试同年齿录》
				?		
刘崇礼			越缦邑人	?		《日记》光绪十九年六月二十五日
				?		
刘传福	康百	雅宾 雅彬	江苏吴县	道光二十六年十月六日	1846年11月24日	叶昌炽《奇觚庼诗集》卷下《和刘雅宾七十述怀诗韵》⑤
				民国十年	1921年	《申报》民国十年十二月二十日(公历)第一万七千五百四十一号《无锡·王省长过境》⑥

① 谱名景贤。

② 《咸丰元年顺天乡试齿录》、刘体智《刘氏宗谱》卷49刘体乾《诰授光禄大夫诰授振威将军太子少保兵部尚书兼都察院右都御史四川总督先考仲良府君行状》均与《刘氏宗谱》同。刘体智《刘氏宗谱》卷49中俞樾《文庄公墓志铭》、王闿运《皇授光禄大夫太子少保四川总督兼巡抚刘公神道碑铭并序》均载其光绪三十一年年八十薨于里第。据此二者逆推,其生年均亦与《刘氏宗谱》同。

③ 刘体智《刘氏宗谱》卷49中刘体乾《诰授光禄大夫诰授振威将军太子少保兵部尚书兼都察院右都御史四川总督先考仲良府君行状》、俞樾《文庄公墓志铭》,以及《申报》光绪三十一年十二月十九日第一万一千七百六十三号之光绪三十一年十月一日二日《京报汇录·两江总督周等为勋臣在籍病故胪陈功绩折》均与《刘氏宗谱》同。刘体智《刘氏宗谱》卷49王闿运《皇授光禄大夫太子少保四川总督兼巡抚刘公神道碑铭并序》仅作光绪三十一年(1905)。

④ 《日记》光绪十六年八月二日:"午后诣刑部山西司会审强盗郭焕章等六人,其三人强劫宁河县芦台镇孙姓一家,所得不过一二千钱之物。其三人强劫采育镇曹家坟院一家,所得不过三四千钱之物。然皆结伙五人以上,手皆持械,已按律当斩。愚民迫于饥寒,深可闵也。劫曹家坟院之盗张彝,南皮人,年四十余,独翻供言未尝持械,不肯画招,向余求哀,言家有老母七十余岁待以养。刑部司官以其先已供认,又提督衙门捕获送部,在彼已先有供。今日会审复翻异,呼同犯者两盗证之,皆言不枉。张彝固不承,乃呼杖。余见其已病甚,止之,且谕以汝已先供认,又众证确凿,不承,徒自苦耳。彝遂伏罪画供。然此心殊怦怦也。刑部司官张云岩主事(闻锦),湖南人,甲戌进士。王濬泉,直隶人,丙子进士。日昳散。"越缦言为王濬泉,误。检《光绪元年顺天乡试同年齿录》及《大清搢绅全书》(光绪十六年春)册1《京师刑部》,当为刘成诵。

⑤ 刘传福乡试履历(《清代朱卷集成》册150)、刘传福会试履历(《清代朱卷集成》册36)、《同治十三年甲戌科会试同年齿录》均作道光二十七年十月六日。叶昌炽《奇觚庼诗集》卷下《和刘雅宾七十述怀诗韵》排在乙卯之后,丙辰之前,故此诗作于民国四年。据此四者,定其生于道光二十六年十月六日。《清代人物生卒年表》作道光二十七年(1847)。

⑥ 《无锡·王省长过境》:"王省长因其座师苏州刘雅宾氏之丧,特于十九日晚乘车赴苏,次日始有电传至锡,谓王省长于二十日亲诣刘宅吊奠毕,即乘下午三点十七分之快车返宁。"据此,暂作民国十年(1921)。《清代人物生卒年表》缺。

续表

姓名	字	号	籍贯	生卒(农历)	生卒(公历)	文献来源
刘凤翰	艺林	笙樵	直隶天津	咸丰五年八月二十七日	1855年10月7日	章钰《清故中宪大夫四品衔山西候补同知壶关县知县刘君墓志铭》①
				民国二十一年八月十九日	1932年9月19日	同上
刘福升	仲受	介臣	浙江余姚	道光三十年七月二十六日	1850年9月2日	《余姚开原刘氏宗谱五编》卷11《东新宅世表·大七房四房·外四房·廷煋公支·庆升公下》②
				?		
刘恭冕	叔俛	勉斋	江苏宝应	道光四年九月七日	1824年10月28日	刘秉钧《刘氏家谱》卷1《家传》③
				光绪九年六月	1883年	刘岳云《族兄叔俛事略》(刘文兴《清刘楚桢先生宝楠年谱》)④
刘桂文	云坳	月生	四川双流	道光十七年三月十三日	1837年4月17日	乔树楠《皇清诰授朝议大夫广西梧州府知府刘君墓志铭》⑤
				光绪二十三年九月十六日	1897年10月11日	同上⑥
刘家立	建伯	耴翁	直隶宛平⑦	道光二十五年	1845年	程发轫《六十年来之国学》册4之于大成《六十年来之淮南子学》
				民国十二年	1923年	同上

① 《光绪甲午恩科会试同年齿录》作咸丰丁巳年八月二十七日。

② 《同治庚午科大同年齿录》与《余姚开原刘氏宗谱五编》同。《同治庚午科浙江乡试同年齿录》作咸丰癸丑年七月吉日吉时。

③ 《光绪己卯科直省同年齿录》与《刘氏家谱》同。

④ 《事略》仅作光绪九年六月。此暂作光绪九年(1883)。

⑤ 《光绪三年丁丑科会试同年齿录》作道光癸卯年三月十三日。

⑥ 《申报》光绪二十三年十二月二十七日第八千八百九十六号之光绪二十三年十二月十一日《京报全录·史念祖跪奏》与《墓志铭》同。

⑦ 祖籍江苏丹徒。

续表

姓名	字	号	籍贯	生卒(农历)	生卒(公历)	文献来源
刘家荫①	荃荪	樾仲	直隶宛平②	道光二十九年十一月十五日	1849年12月28日	《同治癸酉科顺天乡试同年齿录》
				?		
刘嘉琛	幼樵 淮输	尽南	直隶天津	咸丰十一年正月八日	1861年2月17日	《光绪十一年乙酉科顺天乡试同年齿录》③
				民国二十五年六月二十六日	1936年8月12日	《益世报》(天津报)民国二十五年八月十七日(公历)第七千二百八十六号《刘嘉琛逝世》④
刘嘉瑞	纪禾	辑廷 芰汀	直隶天津	咸丰十年正月十八日	1860年2月9日	《光绪十七年辛卯科顺天乡试同年齿录》
				?		
刘建勋		哲庵	浙江山阴	嘉庆二十二年	1817年	刘应桂《水澄刘氏家谱》之《年表五编》
				同治十一年	1872年	同上
刘锦棠⑤	毅斋		湖南湘乡	道光二十四年五月一日	1844年6月16日	刘国安《湘乡城江刘氏续修族谱》卷15《忠锡公兄弟派下世系》
				光绪二十年七月十日	1894年8月10日	同上⑥
刘良荃		觉岸	江西南丰	道光十六年	1836年	《申报》光绪元年四月十七日第九百三十九号之光绪元年四月初二日《京报全录·李鹤年、王凯泰跪奏》
				?		

① 越缦写为嘉荫。

② 祖籍江苏丹徒。

③ 《大公报》(天津版)民国三十五年十二月十一日(公历)第一万五千四百八十五号之斗瞻《天津刘幼樵先生行实》(下)载其民国二十五年八月十二日(公历)卒,年七十六。据此逆推,其生年与《光绪十一年乙酉科顺天乡试同年齿录》同。《光绪乙未科会试同年齿录》与《光绪十一年乙酉科顺天乡试同年齿录》同。

④ 《大公报》(天津版)与《益世报》同。

⑤ 谱名显谟,职名锦棠。

⑥ 《申报》光绪二十年九月十二日第七千七百十三号之光绪二十年九月三日《京报全录·吴大澂跪奏》与《湘乡城江刘氏续修族谱》同。

续表

姓名	字	号	籍贯	生卒(农历)	生卒(公历)	文献来源
刘纶襄①	蓉芳 蓉舫 坎方 次方	个臣 菊溪 竹溪	山东沂水	道光十九年 八月十一日	1839 年 9 月 18 日	《咸丰辛酉科山东拔贡齿录》②
				光绪三十四年 十一月十五日	1908 年 12 月 8 日	庞守民、田相余《商略黄昏雨——刘纶襄传》③
刘履泰	阶六 镜湖		河南商丘	嘉庆二十四年 六月二十日	1819 年 8 月 10 日	《商丘刘氏家乘》卷 1④
				同治十年 二月三日	1871 年 3 月 23 日	同上⑤
刘名誉	与言 嘉树		广西临桂	咸丰十一年 十一月二十九日	1861 年 12 月 30 日	《光绪六年庚辰科会试同年齿录》⑥
				?		
刘齐昂	本藏	岵农	福建侯官	道光八年 十一月二十四日	1828 年 12 月 30 日	《咸丰壬子科直省举贡同年录》
				?		
刘齐浔	本咸	子澂 荫男	福建侯官	道光二十四年 十二月四日	1845 年 1 月 11 日	《同治十年辛未科会试同年齿录》⑦
				光绪二十六年 十月二十五日	1900 年 12 月 16 日	许应骙《奏报广东廉州新府知府刘齐浔在籍病故事》(中国第一历史档案馆藏)⑧
刘启翰	幹卿		江西新昌	道光二十六年	1846 年	翁万戈辑《内政 · 宫廷》(下)页 859
				?		

① 原名中策，一作中澂。

② 庞守民、田相余《商略黄昏雨——刘纶襄传》作道光二十三年夏。刘纶襄《刘氏族谱》无出生年月日。刘海波提供《刘氏族谱》作光绪三十四年十一月卒，年六十五。家谱提供者言此族谱中信息为刘纶襄后裔提供，其后裔不能言明六十五是虚岁还是实岁。《光绪二年丙子恩科会试同年齿录》作道光壬寅年八月十一日。《清代人物生卒年表》作道光二十二年(1842)。

③ 《清代人物生卒年表》缺。

④ 《刘履泰会试朱卷》《己酉科直省乡试同年录》均作道光辛巳年六月二十日。《咸丰三年癸丑科会试同年齿录》年、月、日空缺。《商丘刘氏家乘》卷 5 刘霖甫所撰《进士阶六公传》无出生年月日。

⑤ 《商丘刘氏家乘》卷 5 刘霖甫所撰《进士阶六公传》仅作(同治)辛未二月。

⑥ 《光绪己卯科直省同年齿录》与《光绪六年庚辰科会试同年齿录》同。

⑦ 刘齐浔会试履历(《清代朱卷集成》册 35)与《同治十年辛未科会试同年齿录》同。

⑧ 《清代人物生卒年表》缺。

续表

姓名	字	号	籍贯	生卒(农历)	生卒(公历)	文献来源
刘容伯			直隶大兴	?		《日记》光绪十八年九月九日
				?		
刘师洛①	筱坪 少瓶 少苹		福建建瓯	嘉庆十八年 二月四日	1813年 3月6日	《咸丰元年辛亥恩科直省同年全录》
				?		
刘世安	文思	静皆	汉军镶黄旗	咸丰二年 九月十七日	1852年 10月29日	《光绪十五年己丑科会试同年齿录》②
				光绪二十四年 三月二十九日	1898年 4月19日	保年《奏闻差满学政刘世安请假省亲假期未满旋即病故事》(台北故宫博物院《宫中档光绪朝奏折》第136156号)③
刘书瀛	仙洲		直隶南皮	?		王德乾《南皮县志》卷8《文献志二·仕进》④
				光绪元年 二月十日	1875年 3月17日	《日记》光绪元年二月十二日⑤
刘树屏⑥	葆良 保良	补臣	江苏阳湖	咸丰七年 九月九日	1857年 10月26日	刘树屏《毗陵西关刘氏宗谱》卷13《少林公派茂林公支本城世表》⑦
				民国六年	1917年	《大公报》(天津版)民国七年五月二十四日(公历)第五千六百二十五号《恕讣不周》⑧

① 原名公渊。

② 《光绪壬午科各省乡试同年齿录》与《光绪十五年己丑科会试同年齿录》同。

③ 《清代人物生卒年表》缺。

④ 《刘氏族谱》无出生年月日。

⑤ 《日记》光绪元年二月十二日:“闻刘仙洲以前日病卒。镌山师无它子,又尚无孙,可哀也。”《刘氏族谱》无去世年月日。

⑥ 原名景琦。

⑦ 《光绪乙酉科选十八省拔贡明经通谱》、《光绪十六年庚寅恩科会试同年齿录》、刘树屏拔贡履历(《清代朱卷集成》册387)、刘树屏乡试履历(《清代朱卷集成》册179)、刘树屏会试履历(《清代朱卷集成》册70)均与《毗陵西关刘氏宗谱》同。

⑧ 《恕讣不周》仅载其“去夏疾终京邸”。此暂作民国六年(1917)。《清代人物大事纪年》仅作民国六年(1917)。

续表

姓名	字	号	籍贯	生卒(农历)	生卒(公历)	文献来源
刘树堂	景韩	琦甫	云南保山①	道光十二年七月六日	1832年8月1日	《刘景韩讣告》(《上海图书馆藏赴闻集成》册3)②
				光绪三十年十一月三日	1904年12月9日	同上③
刘嵩龄	鹤庄	祝岑	直隶任丘④	道光二十年九月三日	1840年9月28日	《同治庚午科大同年齿录》⑤
				光绪十九年	1893年	《日记》光绪十九年三月二十五日⑥
刘廷枚⑦	赞虞	叔涛 迈皋 迈泉	江苏吴县	嘉庆二十四年八月十一日	1819年9月29日	刘传祁《叔涛府君行状》⑧
				光绪十一年五月五日	1885年6月17日	同上⑨
刘焞	拙庵		江苏上元	?		《日记》光绪八年九月十六日
				?		

① 祖籍安徽宣城。

② 《安徽宦浙同官录》与《刘景韩讣告》同。《日记》光绪十年四月二十二日:"刘景韩、周玉山两观察来,俱久谈。刘,云南保山人,年五十四。周,安徽建德人,年四十八。"据此逆推,其生年与《刘景韩讣告》同。

③ 《申报》光绪三十一年二月二十一日第一万一千四百七十号《扬州》:前浙江巡抚刘景韩中丞树堂悬车后寄寓城东关街某宅,去冬因病逝世。兹由公子择期本月十三日辰刻发引,舁灵柩至天宁寺暂厝。"据此,仅知其卒于光绪三十年(1904)冬。

④ 原籍山西洪洞。

⑤ 《同治九年庚午科顺天乡试同年齿录》与《同治庚午科大同年齿录》同。

⑥ 《日记》光绪十九年三月二十五日:"庚午同年刘鹤庄典籍(嵩龄)开吊,送奠仪四千。"《申报》光绪十九年三月二十九日第七千二百零五号之光绪十九年三月二十一日《京报全录》:"光绪十九年三月分缺单……小京官内阁典籍刘嵩龄故。"据此二者,其当卒于光绪十九年三月二十五日之前。此暂作光绪十九年(1893)。

⑦ 越缦于光绪十四年十一月十二日载其去河东馆拜刘祭酒夫人七十寿,其子雅彬留观剧。据刘传福(雅彬)会试履历(《清代朱卷集成》册36),刘雅彬之父刘廷标,庠生。其本生父刘廷枚,咸丰二年(1852)举人,同治七年(1868)进士。故此处刘祭酒当为刘廷枚。

⑧ 《重订戊辰同年齿录》与《行状》同。刘廷枚会试履历(《清代朱卷集成》册31)作道光丁亥年八月十一日。刘廷枚《慊斋诗钞》卷上《和陈培之倬农部同年四十述怀原韵》之三:"阳生缇室已蓬蓬,匏系惭余作寓公。桂子光阴三月后(余生日在中秋节),梅花消息九门中。"卷下《戊辰元日》:"天鸡晓唱岁华新,我已平头五十人。"卷下《六十述怀》之二:"同是韶光周甲子,寿人有术让彭宜(亲家彭芍亭京兆奉诏办理,资遣灾民。今年亦六十初度)。"而彭祖贤生于嘉庆二十四年闰四月二十九日(彭文杰《彭氏宗谱》卷2《小传》)。据此四者,其当生于嘉庆二十四年八月十五日。但诗中之"中秋节",或为泛指。

⑨ 《申报》光绪十一年六月九日第四千四百零五号之光绪十一年五月二十九日《京报全录·刘秉璋跪奏》与《行状》同。《申报》光绪十一年五月十一日第四千三百七十八号之《浙水官报》作光绪十一年五月初六日寅刻。《申报》光绪十一年二月二十三日第四千三百零二号《冰鉴光韬》作光绪十一年二月十六日,当误。据《申报》光绪十一年四月二十一日第四千三百五十八号《学宪抵禾》,其于光绪十一年四月仍在世。

续表

姓名	字	号	籍贯	生卒(农历)	生卒(公历)	文献来源
刘锡鸿①	羽高	云生	广东番禺	道光五年六月二十六日	1825年8月10日	《己酉科直省乡试同年录》
				?		
刘霞士			直隶宛平②	?		《日记》光绪十九年正月十一日
				?		
刘庠	慈民 钝叟	矩室	江西南丰	道光四年八月十一日	1824年10月3日	刘廉《刘氏族谱》③
				光绪二十七年正月一日	1901年2月19日	王耕心《龙宛居士集》卷5《刘慈民先生墓志铭》
刘祥			越缦邑人	?		《日记》光绪十九年六月二十五日
				?		
刘心源④	亚甫	冰若 幼丹 夔叟 龙江先生	湖北嘉鱼	道光二十八年八月七日	1848年9月4日	刘琼《特授少卿追赠中卿刘府君行述》⑤
				民国四年八月十五日	1915年9月23日	同上⑥
刘学恺			福建⑦	?		《日记》光绪九年四月二十日
				?		

---

① 原名锡仁。

② 祖籍江苏丹徒。

③ 刘孚京《南丰刘先生文集》之《伯父慈民先生七十寿序》载："往者，光绪九年，孚京在覃怀依卓氏姑家居，是时，伯父年六十。"王耕心《龙宛居士集》卷5《刘慈民先生墓志铭》载其卒于光绪二十七年正月戊辰，享年七十八岁。《咸丰元年辛亥恩科直省同年全录》作道光丙戌年八月十一日。据此三者，亦可定其生于道光四年八月十一日。

④ 谱名文申，考名崧毓，官名心源。

⑤ 《光绪二年丙子恩科会试同年齿录》与《特授少卿追赠中卿刘府君行述》同。《申报》民国四年十月二十六日(公历)第一万五千三百四十一号《赞助共和人又弱一个》载其民国四年十月十八日(公历)卒，年六十八。据此逆推，其生年与《特授少卿追赠中卿刘府君行述》同。

⑥ 《清代人物生卒年表》据《中南西南地区省市图书馆馆藏古籍稿本提要》经部作民国六年(1917)，脚注载一作民国四年(1915)。《中华民国史事纪要》(初稿)作民国四年十月二十七日(公历)。《申报》民国四年十月二十六日(公历)第一万五千三百四十一号《赞助共和又弱一个》作民国四年十月十八日(公历)。

⑦ 《申报》光绪九年四月六日第三千六百十九号。

续表

姓名	字	号	籍贯	生卒(农历)	生卒(公历)	文献来源
刘一桂	沚芬	抑圭 紫荎	浙江慈溪	道光二十七年 八月一日	1847 年 9 月 9 日	《光绪二年丙子恩科会试同年齿录》①
				?		
刘有铭	缄三	镌山 蔗圃	直隶南皮	嘉庆十年 五月十一日	1805 年 6 月 8 日	《道光二十七年会试齿录》②
				光绪二年 闰五月十九日	1876 年 7 月 10 日	《日记》光绪二年闰五月二十一日③
刘余庆	善初	芷庭 小苹	陕西长安	道光二年 四月十八日	1822 年 6 月 7 日	杨鼎昌《清故通议大夫盐运使衔湖南常德府知府随带加三级善初刘君墓志铭》④
				光绪八年 八月十七日	1882 年 9 月 28 日	同上⑤
刘岳云	芾青 佛青	震庵 致庵	江苏宝应	道光二十九年 七月二十五日	1849 年 9 月 11 日	唐文治《清故资政大夫花翎二品衔浙江补用道绍兴府知府刘公神道碑铭并序》⑥
				民国六年 八月二十三日	1917 年 10 月 8 日	同上⑦

① 刘一桂会试履历(《清代朱卷集成》册 41)与《光绪二年丙子恩科会试同年齿录》。

② 《刘有铭乡试朱卷》《道光甲辰恩科直省同年录》均与《道光二十七年会试齿录》同。《刘氏族谱》仅作嘉庆十年(1805)。《日记》同治九年九月二十三日:"复见正考官刘镌山先生。刘,字缄三,南皮人,道光丁未翰林,年六十五矣!矍矍忠厚人也。"据此,其当生于嘉庆十一年(1806)。《日记》同治十三年三月三十日:"又刘老师五月十一日七十寿辰,公送屏障,付分资八千。"据此,其当生于嘉庆十年(1805)。《清代人物生卒年表》据《南皮县志》卷 8《文献志二·仕绩》"光绪二年卒,年七十有一"作嘉庆十一年(1806)。

③ 《日记》光绪二年闰五月二十一日:"得绂丈书,言刘镌山师于前日暴卒,闻之惊痛,即作复。"

④ 《咸丰六年丙辰科会试同年齿录》与《墓志铭》同。

⑤ 《清代人物生卒年表》缺。

⑥ 刘岳云乡试履历(《清代朱卷集成》册 168)、刘岳云会试履历(《清代朱卷集成》册 59)、《光绪己卯科直省同年齿录》均与《清故资政大夫花翎二品衔浙江补用道绍兴府知府刘公神道碑铭并序》同。章梫《清故资政大夫浙江绍兴府知府刘公暨配陶夫人墓志铭并序》载其卒于(民国)丁巳年八月二十三日,年六十九。据此逆推,其生年与《清故资政大夫花翎二品衔浙江补用道绍兴府知府刘公神道碑铭并序》同。冯煦《清授资政大夫二品衔浙江补用道绍兴府知府刘君墓志铭并序》无出生年月日。

⑦ 《清故资政大夫花翎二品衔浙江补用道绍兴府知府刘公神道碑铭并序》作宣统丁巳年八月二十三日。宣统丁巳年八月二十三日,即民国六年八月二十三日。章梫《清故资政大夫浙江绍兴府知府刘公暨配陶夫人墓志铭并序》与《清故资政大夫花翎二品衔浙江补用道绍兴府知府刘公神道碑铭并序》同。冯煦《清授资政大夫二品衔浙江补用道绍兴府知府刘君墓志铭并序》无去世年月日。

续表

姓名	字	号	籍贯	生卒(农历)	生卒(公历)	文献来源
刘槱寿	子鹤	仲平 声野	直隶天津	同治六年 八月七日	1867年 9月4日	《刘槱寿乡试朱卷》①
				?		
刘曾枚	幼仙	条甫 君符	直隶南皮	同治四年 六月十五日	1865年 8月6日	《光绪乙亥年恩赐荫生同官齿录》②
				?		
刘兆霁③	振生④ 梦岩		浙江山阴	道光十六年	1836年	刘应桂《水澄刘氏家谱》之《年表五编》
				光绪十九年	1893年	同上
刘遵敏⑤		达夫	江苏阳湖	道光十一年 十一月十一日	1831年 12月14日	刘树屏《毗陵西关刘氏宗谱》卷13《少林公派茂林公支本城世表》
				光绪十九年 十月二十三日	1893年 11月30日	同上
柳芳	仲平	馨士	广东番禺	咸丰六年 十二月十日	1857年 1月5日	《光绪六年庚辰科会试同年齿录》
				?		
柳元俊	轶凡	琳轩	浙江会稽	咸丰三年 四月一日	1853年 5月8日	柳东甸《会稽张家沥柳氏宗谱》卷3《行传》⑥
				光绪二十年 八月二十一日	1894年 9月20日	同上

① 《光绪甲午恩科会试同年齿录》与《刘槱寿乡试朱卷》同。

② 《刘氏族谱》无出生年月日。

③ 原名锡麟。

④ 越缦于光绪十一年九月十五日及光绪十一年十月十九日分别记为“振之”“振轩”。据此二日日记内容及《水澄刘氏家谱》，此当为误记。

⑤ 名凤书。

⑥ 柳元俊乡试履历(《未刊清代朱卷集成》册63)、《光绪十一年乙酉科顺天乡试同年齿录》均与《会稽张家沥柳氏宗谱》同。

续表

姓名	字	号	籍贯	生卒(农历)	生卒(公历)	文献来源
龙继栋[①]	松岑 松琴	槐庐	广西临桂	道光二十五年	1845年	缪荃孙《艺风堂文续集》卷1《前户部候补主事龙君墓志铭》[②]
				光绪二十六年正月	1900年	同上
娄保泰	安之	亭庭	浙江会稽	道光十年八月七日	1830年9月23日	《咸丰乙卯直省乡试同年齿录》
				?		
娄奎垣[③]	秉衡 炳衡 秋瀌		浙江会稽	道光九年三月四日	1829年4月7日	《日记》光绪十四年三月三日[④]
				?		
娄奎照			浙江会稽	?		《日记》光绪十八年九月二十四日
				?		
娄俪生			浙江会稽	?		《日记》光绪十九年六月六日
				?		
娄云楣			浙江萧山	?		《日记》同治二年十一月八日
				?		
楼观[⑤]	晓沧		浙江诸暨	道光二十八年正月七日	1848年2月11日	楼锦荣《枫江楼氏宗谱》卷16《贤三房世系传》[⑥]
				光绪十二年六月二十八日	1886年7月29日	同上

① 原名维栋。

② 龙维栋乡试履历(《清代朱卷集成》册346)载其现年十五岁。据此逆推,其当生于道光二十八年(1848)。

③ 改名金垣。

④ 《日记》光绪十四年三月三日载其光绪十四年三月四日为其六十寿辰。据此逆推,其当生于道光九年三月四日。《娄奎垣乡试朱卷》《同治庚午科大同年齿录》《同治九年庚午科顺天乡试同年齿录》均作道光癸巳年三月四日。

⑤ 谱名海鸿。

⑥ 楼观拔贡履历(《清代朱卷集成》册399)与《枫江楼氏宗谱》同。《光绪乙酉科选十八省拔贡明经通谱》中其字号、出生年月日空缺。

续表

姓名	字	号	籍贯	生卒(农历)	生卒(公历)	文献来源
楼藜然①	晖阁	祥庵 蔷庵	浙江诸暨	咸丰四年 十一月十七日	1855年 1月5日	楼际霖《先父蔷庵府君行述》(楼效吕《诸暨凤仪楼氏宗谱》册8)②
				民国九年 八月十八日	1920年 9月29日	同上③
楼启宇④	午庄 裴庄	芸皋 云皋 粲华 铁汉	浙江义乌	道光十一年 十二月十八日	1832年 1月20日	楼杏春《黄东楼氏宗谱》卷9⑤
				光绪二十一年 十一月二十五日	1896年 1月9日	德寿《题报石城县知县楼杏春病故日期事》(中国第一历史档案馆藏)⑥
楼守愚⑦	木安 墨斋		浙江诸暨	同治五年 九月十七日	1866年 10月25日	《诸暨楼氏宗谱》之《第二十一世·名字行传》⑧
				民国七年	1918年	蔡元培《木安先生家传》(高平叔《蔡元培全集》卷6)⑨

① 谱名兆福。

② 《诸暨凤仪楼氏宗谱》册37《第三十七世珂五百一至九百行传》与《行述》同。《诸暨凤仪楼氏宗谱》册8孙智敏《楼蔷庵先生传》无出生年月日。

③ 《诸暨凤仪楼氏宗谱》册37《第三十七世珂五百一至九百行传》与《行述》同。《诸暨凤仪楼氏宗谱》册8孙智敏《楼蔷庵先生传》无去世年月日,仅载其卒年年六十七。

④ 榜名杏春。

⑤ 楼杏春会试履历(《清代朱卷集成》册36)、《咸丰戊午科直省同年录》、《同治十三年甲戌科会试同年齿录》、《咸丰戊午科浙江乡试同年齿录》均与《黄东楼氏宗谱》同。楼杏春《粲花馆诗钞》之《呜呼余明年春秋三十有三矣犹忆……》(壬戌除夕)。据此逆推,其生年亦与《黄东楼氏宗谱》同。楼古春《粲花馆诗钞》卷首黄侗《小传》仅载其去世年月。

⑥ 楼杏春《粲花馆诗抄》卷首黄侗《小传》仅作光绪乙未年十一月。《清代人物生卒年表》作光绪二十一年(1895)。

⑦ 谱名亿铨。

⑧ 《光绪戊子科浙江乡试同年齿录》、楼守愚乡试履历(《清代朱卷集成》册275)均与《诸暨楼氏宗谱》同。楼守愚会试履历(《清代朱卷集成》册81)、《光绪甲午恩科会试同年齿录》均作同治辛未年九月十七日。《清代人物生卒年表》据楼守愚会试履历作同治十年(1871)。高叔平《蔡元培全集》卷6《木安先生家传》载其民国七年卒,年五十二。据此逆推,其当生于同治六年(1867)。蔡元培《木安先生家传》中"五十二"或为实岁。

⑨ 《家传》仅载其卒于民国七年。据此,暂作民国七年(1918)。《清代人物生卒年表》缺。

续表

<table>
<tr><th>姓名</th><th>字</th><th>号</th><th>籍贯</th><th>生卒(农历)</th><th>生卒(公历)</th><th>文献来源</th></tr>
<tr><td rowspan="2">楼誉普[①]</td><td rowspan="2">绎甫
启赉
广侯</td><td rowspan="2">豫斋
玉圃</td><td rowspan="2">浙江嵊县</td><td>道光八年
七月二十三日</td><td>1828 年
9 月 1 日</td><td>钱钟岳《楼誉谱公家传》[②]</td></tr>
<tr><td>光绪九年
九月二十九日</td><td>1883 年
10 月 29 日</td><td>《日记》光绪九年九月三十日[③]</td></tr>
<tr><td rowspan="2">楼允占</td><td rowspan="2">上层</td><td rowspan="2">莲舫</td><td rowspan="2">浙江山阴</td><td>道光七年
八月二十三日</td><td>1827 年
10 月 13 日</td><td>《仙岩楼氏宗谱》之《三十一世行传・楷字行・中》</td></tr>
<tr><td>同治元年</td><td>1862 年</td><td>同上[④]</td></tr>
<tr><td rowspan="2">卢庆云[⑤]</td><td rowspan="2">幹廷</td><td rowspan="2">杏樵</td><td rowspan="2">直隶大兴[⑥]</td><td>道光三年
十月七日</td><td>1843 年
11 月 28 日</td><td>周之贞、周朝槐《顺德县志》卷 20《列传》[⑦]</td></tr>
<tr><td>光绪二十八年</td><td>1902 年</td><td>同上</td></tr>
<tr><td rowspan="2">卢煦春</td><td rowspan="2">子馥</td><td rowspan="2">和卿</td><td rowspan="2">广西临桂</td><td>咸丰元年
八月二十九日</td><td>1851 年
9 月 24 日</td><td>《光绪六年庚辰科会试同年齿录》[⑧]</td></tr>
<tr><td>?</td><td></td><td></td></tr>
<tr><td rowspan="2">鲁琪光</td><td rowspan="2">芝友</td><td rowspan="2">瀫珊
佛衫</td><td rowspan="2">江西南丰</td><td>道光六年
六月二十二日</td><td>1826 年
7 月 26 日</td><td>鲁之泗《鲁佐文公家庙九修宗谱》之《礼房》卷 3《爱泉公支下汇川公各支》[⑨]</td></tr>
<tr><td>光绪二十一年
六月十日</td><td>1895 年
7 月 31 日</td><td>同上[⑩]</td></tr>
</table>

① 原名咏。

② 《咸丰戊午科浙江乡试同年齿录》《咸丰戊午科直省同年齿录》均作道光癸巳年七月二十三日。楼誉普会试履历(《清代朱卷集成》册 25)作道光乙未年七月二十三日。《楼誉谱公家传》载其(光绪)九年九月卒,年五十有四。据此四者,定其生于道光八年七月二十三日。《清代人物生卒年表》据楼誉普会试履历作道光十五年(1835)。

③ 《楼誉谱公家传》仅作(光绪)九年九月。《清代人物生卒年表》缺。

④ 《仙岩楼氏宗谱》载其同治壬戌于本邑小南门御贼阵亡。据此,暂作同治元年(1862)。

⑤ 原名国桢。

⑥ 原籍广东顺德。

⑦ 《光绪己卯科直省同年齿录》与《光绪六年庚辰科会试同年齿录》均作咸丰三年十月七日。《顺德县志》卷 20《列传》载其光绪壬寅卒,年六十。据此三者,定其生于道光二十三年十月七日。

⑧ 《光绪己卯科直省同年齿录》与《光绪六年庚辰科会试同年齿录》同。

⑨ 鲁琪光会试履历(《清代朱卷集成》册 32)、《同治七年戊辰科会试同年齿录》、《重订戊辰同年齿录》均作道光丁亥年六月二十二日。《清代人物生卒年表》据《中国美术家人名辞典》作道光八年(1828)。

⑩ 《清代人物生卒年表》缺。

续表

姓名	字	号	籍贯	生卒(农历)	生卒(公历)	文献来源
鲁叔容	绶昌		浙江会稽	?		绍兴县修志委员会《民国绍兴县志资料第一辑》册15《人物列传第二编》
				?		
鲁燮光	瑶仙	尧仙 卓叟	浙江萧山①	嘉庆十九年八月	1814年	王堃《自怡轩对联缀语》②
				?		
鲁燮元	蓉生		浙江山阴	嘉庆十四年	1809年	李慈铭著;刘再华点校《越缦堂诗文集》册上③
				咸丰十一年	1861年	张景祁《浙江忠义录》之《表五下绅士表下》④

① 原籍浙江山阴。

② 刘九洲《董其昌〈天马赋〉三件》鲁燮光之《题跋》:"光绪乙未清明日卓叟识时年八十。"据此逆推,其当生于嘉庆二十一年(1816)。金德鉴《烂喉丹痧辑要》之鲁燮光《序》:"光绪己丑春仲山阴七十五叟鲁燮光书。"据此逆推,其当生于嘉庆二十年(1815)。王堃《自怡轩对联缀语》:"越中鲁瑶仙大令,少与余为文字交,官山西知县卅年,有政声,始于去年解组归田。秋间话旧里门,今年八月,为大令古稀寿辰,寄祝一联,尚工切可存。其句云:'晋甸奏肤公,三异绍著循声,名宦无虚,汾水棠甘遗惠泽;壮年同角艺,七旬重逢故土,过江不远,稽山椿荫耿灵光。'"文中载"去年解组归田",再据吴剑杰《张之洞年谱长编》(上卷)中光绪八年九月四日:"和顺县知县鲁燮光因追催该县光绪五年钱粮尾欠,辄派家丁下乡按户追呼,勒索川资,立逼花户即日以贱价售产,以致顷刻之间,房产荡尽。买补仓谷,分派各里,家丁从中舞弊,勒令按斗折价,中多浮收。平日信任子侄干预公事,抑勒骡行,支应扰累。此外控案累累,民怨鼎沸,当经委员查明属实。相应请旨,将鲁燮光即行革职,以儆昏贪。"及张之洞《张文襄公全集·公牍·公牍二十五》卷111之写于光绪八年十一月十九日的《批前和顺县鲁燮光禀后任不接交代请檄调核算》可知,《自怡轩对联缀语》中之"去年"即光绪八年,"今年八月,为大令古稀寿辰"之"今年"即为光绪九年。光绪九年八月为其古稀寿辰,据此逆推,其当生于嘉庆十九年(1814)八月。此据《自怡轩对联缀语》及《张之洞年谱长编》。

③ 《越缦堂诗文集》中《癸丑上元后二日与鲁蓉生燮元孙子九垓陈闲谷煌王平子章皆昆弟之好即送子九之吴门平子之姚江二首》云:"生能并世关天意,交到忘年总宿缘。"诗句下小字注:"蓉生年四十五,子九年四十四。"据此逆推,其当生于嘉庆十四年(1809)。

④ 《表五下绅士表下》仅作咸丰十一年八月。此暂作咸丰十一年(1861)。据《民国绍兴县志资料第一辑》册15《人物列传第二编》中鲁燮元小传记载,辛酉绍兴城陷,徐虔复亦死。徐虔复家族家谱(徐遇春《管溪徐氏宗谱》卷5《仕三之派》)中载徐虔复于咸丰十一年十月二十三日卒。据此,亦仅知其卒于咸丰十一年十月二十三日之前。

续表

姓名	字	号	籍贯	生卒(农历)	生卒(公历)	文献来源
鲁宗璥	毅持	艺墀[①]	江西南丰	道光十八年二月二十八日	1838年3月23日	鲁之泗《鲁佐文公家庙九修宗谱》之《礼房》卷3《爰泉公支下楫川公支下》[②]
				光绪二十一年四月二十四日	1895年5月18日	同上
陆宝霖[③]	子珍	肖岩 樵仙	浙江会稽	咸丰六年十一月三日	1856年11月30日	《光绪乙亥恩科顺天乡试同年齿录》
				?		
陆宝忠	定生	伯葵	江苏太仓	道光三十年七月六日	1850年8月13日	陆宝忠自订、陈宗彝续《陆文慎公年谱》[④]
				光绪三十四年四月二十九日	1908年5月28日	同上
陆琸[⑤]	珠浦	滋圃	浙江鄞县	同治十二年八月一日	1873年9月22日	陆澍咸优贡履历(《清代朱卷集成》册332)
				?		
陆长俊	迈千	季良	江苏太仓	同治十二年三月二日	1873年3月29日	陆长俊乡试履历(《清代朱卷集成》册192)[⑥]
				?		
陆承宗	松之		湖南长沙[⑦]	道光二十九年	1849年	陆承宗会试履历(《清代朱卷集成》册67)
				?		

① 越缦写为艺芸。

② 《同治十年辛未科会试同年齿录》作道光辛丑年二月二十八日。王蕴藻《广东同官录》仅作道光辛丑年(1841)。

③ 一作葆龄,又作宝琳、葆霖。

④ 《光绪二年丙子恩科会试同年齿录》、《光绪乙亥恩科顺天乡试同年齿录》、陆宝忠乡试履历(《清代朱卷集成》册112)、陆宝忠会试履历(《清代朱卷集成》册39)均与《陆文慎公年谱》同。

⑤ 榜名澍咸,原名琸,谱名修琸。

⑥ 陆增炜《平原宗谱》卷11《世系考·二十世》无出生年月日。

⑦ 原籍浙江萧山。

续表

姓名	字	号	籍贯	生卒(农历)	生卒(公历)	文献来源
陆光祖①			湖北沔阳	道光二十年	1840 年	《咸丰九年己未恩科十八省乡试同年录》②
				?		
陆和钧③	掌衡 和伯	菊生 菊笙 鞠生	浙江萧山	道光四年 八月十日	1824 年 10 月 2 日	《道光甲辰恩科直省同年录》
				同治三年	1864 年	许善长《碧声吟馆谭尘》卷 1《陆菊笙》④
陆继煇	樾士	蔚庭 蔚亭	江苏太仓	道光二十年 十二月二十日	1841 年 1 月 12 日	陆增炜《平原宗谱》卷 1《世系考·十九世》⑤
				光绪三十一年 十月十日	1905 年 11 月 6 日	同上⑥
陆懋修⑦	勉旃	九芝	江苏元和	嘉庆二十三年 七月十四日	1818 年 8 月 15 日	陆懋修《岭上白云集》⑧
				光绪十二年 十二月十五日	1887 年 1 月 8 日	《申报》光绪十三年二月十日第四千九百八十三号之光绪十三年正月二十三日《京报全录·张曜跪奏》⑨

① 越缦于同治十二年七月十六日所载之"湖北人陈提牢锦、陆提牢某",据《大清搢绅金书》(同治十年冬、同治十二年冬),陆提牢某即咸丰九年举人、十年进士陆光祖。

② 《咸丰十年庚申恩科会试同年录》载其本年二十一岁。据此逆推,其生年与据《咸丰九年己未恩科十八省乡试同年录》逆推同。

③ 原名秉铨。

④ 《陆菊笙》:"甲子夏设帐顺德会馆,得暑疾,半刻即告殂。"据此,暂作同治三年(1864)。

⑤ 《陆蔚庭讣告》(《上海图书馆藏赴闻集成》册 6)、《同治庚午科大同年齿录》均与《平原宗谱》同。陆增炜《平原宗谱》卷 17 恽彦彬《蔚庭公墓志铭》作乙巳十月卒,年六十六。据此逆推,其生年与《平原宗谱》同。《同治十年辛未科会试同年齿录》、陆继煇会试履历(《清代朱卷集成》册 32)、陆继煇乡试履历(《清代朱卷集成》册 153)均作道光壬寅年十二月二十日。《清代人物生卒年表》据《江苏艺文志·苏州卷》作道光十九年(1839)。

⑥ 《陆蔚庭讣告》(《上海图书馆藏赴闻集成》册 6)、《申报》光绪三十一年十月十八日第一万一千七百零三号《汝宁府陆太守因病出缺》均与《平原宗谱》同。陆增炜《平原宗谱》卷 17 恽彦彬《蔚庭公墓志铭》仅作(光绪)乙巳年十月。

⑦ 又名剑芝。

⑧ 陆懋修《岭上白云集》卷 3《寄妇侄程小倬廷梁莺湖》:"道光己亥岁,我始登君庭。我年二十二,君时方六龄。"卷 8 丁卯作《七月十四日为余五十初度之辰抒摭所欲言者得诗一十二章非曰自寿聊纪半生情事云尔》。卷 12《丙戌元旦试笔》:"今年喜遇岁朝春(道光九年元日立春时,余年仅十二岁,今再遇之),艮地风来景倍新。"据此三者逆推,其当生于嘉庆二十三年七月十四日。

⑨ 陆懋修《岭上白云集》卷末陆润庠《跋》:"先君子手定《岭上白云集》十二卷,《窳翁文钞》四卷。今岁丁酉冬,始刊竣。距先君子殁已十一年矣。"据此,仅知其卒于光绪十二年(1886)。《清代人物生卒年表》作光绪十二年(1886)。

续表

姓名	字	号	籍贯	生卒(农历)	生卒(公历)	文献来源
陆润庠	云洒	凤石	江苏元和	道光二十一年五月四日	1841年6月22日	吴郁生《赐进士及第诰授光禄大夫太保晋赠太傅东阁大学士陆文端公行状》(《碑传集补》卷2)①
				民国四年八月十八日	1915年9月26日	同上②
陆善格	宝臣	信天	奉天锦县	道光二十八年十二月五日	1848年12月30日	王文藻《锦县志》卷15《人物上》③
				民国八年六月二十六日	1919年7月23日	同上④
陆士冀⑤	冀良		浙江山阴	道光元年九月一日	1821年9月26日	陆遵《山阴梅湖陆氏宗谱》卷5《行传》
				?		
陆寿臣⑥	廉史 莲诗 莲史	枚生	浙江山阴	道光十七年正月二日	1837年2月6日	《日记》光绪十六年十一月三日⑦
				光绪十六年十一月二日	1890年12月13日	同上⑧
陆寿民⑨	一鹤 一谔		浙江山阴	道光二十二年	1842年	《光绪元年乙亥恩科浙江乡试题名录》
				?		

① 陆润庠乡试履历(《清代朱卷集成》册109)作道光壬寅年五月四日。陆润庠会试履历(《清代朱卷集成》册36)、《同治十三年甲戌科会试同年齿录》、《同治庚午科大同年齿录》与《行状》同。

② 《时报》民国四年九月二十八日(公历)第四千零四十五号《国内专电》、《申报》民国四年九月二十九日(公历)第一万五千三百十四号《陆润庠讣音》均与《行状》同。《清代人物生卒年表》作嘉庆二十年(1815),此当为1915年之误。

③ 《光绪丙子科顺天乡试同年齿录》《光绪六年庚辰科会试同年齿录》均作道光己酉年十二月五日。《锦县志》载其(民国)己未六月二十六日以疾卒,年七十二。据此三者,定其生于道光二十八年十二月五日。《清代人物生卒年表》据《光绪六年庚辰科会试同年齿录》作道光三十年(1850)。

④ 《清代人物生卒年表》缺。

⑤ 官名煦。

⑥ 谱名政绶。

⑦ 《同治癸酉科浙江乡试同年齿录》、陆寿臣乡试履历(《清代朱卷集成》册261)均作道光辛丑年正月二日。陆寿臣会试履历(《清代朱卷集成》册58)、《光绪十二年丙戌科会试同年齿录》均作咸丰辛亥年正月二日。《日记》光绪十六年十一月三日载其卒于光绪十六年十一月二日,年五十四岁。据此五者,定其生于道光十七年正月二日。《清代人物生卒年表》据《光绪十二年丙戌科会试同年齿录》作咸丰元年(1851)。

⑧ 《清代人物生卒年表》缺。

⑨ 谱名政缙。

续表

姓名	字	号	籍贯	生卒(农历)	生卒(公历)	文献来源
陆树藩	纯伯	毅轩	浙江归安	同治四年 五月二十四日	1865 年 6 月 17 日	陆树堂《月河陆氏支谱》之《世系表》①
				民国十五年 六月十三日	1926 年 7 月 22 日	同上
陆廷黻②	已云	屿孙 渔笙	浙江鄞县	道光十五年 四月十五日	1835 年 5 月 12 日	陆廷黻《镇亭山房诗集》卷 14《乙未四月望日生日感事示崇实书院及门诸子》③
				民国十年 六月	1921 年	高振霄《家传》(林葆恒编,张璋整理《词综补遗》卷 93 页 3498—3499)④
陆湘泉⑤			越缦乡人	?		《日记》光绪七年二月十一日
				光绪十年	1884 年	《日记》光绪十年六月十三日
陆心源	子稼	存斋 澄斋 潜园老人	浙江归安	道光十四年 十月十六日	1834 年 11 月 16 日	陆树堂《月河陆氏支谱》之《世系表》⑥
				光绪二十年 十一月九日	1894 年 12 月 5 日	同上⑦
陆学源	仲敏 仪程	笃斋	浙江归安	咸丰四年 十二月十五日	1855 年 2 月 1 日	陆树堂《月河陆氏支谱》之《世系表》
				光绪二十六年 正月十日	1900 年 2 月 9 日	同上

① 《光绪己丑科浙江乡试同年齿录》作同治戊辰年五月二十四日。

② 谱名家铭。

③ 陆廷黻会试履历(《清代朱卷集成》册 34)、陆廷黻副贡履历(《清代朱卷集成》册 354)、《同治十年辛未科会试同年齿录》、《同治丁卯科并补行甲子科浙江乡试同年齿录》均作道光癸卯年四月十五日。陆廷黻《镇亭山房诗集》卷 14《乙未四月望日生日感事示崇实书院及门诸子》:"甲子平头又一年,生逢四月月初圆。"据此五者,定其生于道光乙未年四月十五日。

④ 《家传》仅作辛酉年六月。再据《家传》载其卒年八十七,故辛酉六月当为民国辛酉年六月。此暂作民国十年(1921)。

⑤ 越缦一作芗泉。

⑥ 《咸丰九年己未恩科浙江乡试同年齿录》与《月河陆氏支谱》同。俞樾《春在堂杂文·六编》卷 4《广东高廉道陆君墓志铭》载其卒于(光绪)二十二年十一月辛巳,年六十一。据此逆推,其生年亦与《月河陆氏支谱》同。

⑦ 《广东高廉道陆君墓志铭》与《月河陆氏支谱》同。

续表

姓名	字	号	籍贯	生卒(农历)	生卒(公历)	文献来源
陆元鼎	春江	少徐 子鼒	浙江仁和	道光十九年 三月二十九日	1839年 5月12日	《陆元鼎讣告》(《上海图书馆藏赴闻集成》册5)①
				宣统元年 十二月二十三日	1910年 2月2日	同上②
陆增祥	魁仲 若侯	星农 亦文 八琼老人	江苏太仓	嘉庆二十一年 九月四日	1816年 10月24日	陆增炜《平原宗谱》卷10《世系考·十八世》③
				光绪八年 六月十三日	1882年 7月27日	同上④
陆钟岱	天池		直隶宛平⑤	咸丰十一年 五月十六日	1861年 6月23日	《光绪十一年乙酉科顺天乡试同年齿录》⑥
				民国四年 三月二日	1915年 4月15日	《政府公报》民国四年十一月一日第一千二百五十一号《财政部呈热河财政分厅厅长陆钟岱在职病故据情拟请照章给恤文并批令》⑦

① 吴庆坻《补松庐文稿》卷4《诰授光禄大夫候补三品京堂前江苏巡抚陆公神道碑并序》、陈豪《诰授光禄大夫头品顶戴三品京堂开缺江苏巡抚陆公行状》均作宣统元年十二月二十三日卒，春秋七十有一。据此二者逆推，其生年亦均与《陆元鼎讣告》同。《同治四年补行辛酉科并壬戌浙江乡试同年齿录》作道光癸卯年三月二十九日。《同治十三年甲戌科会试同年齿录》《江宁同官录》均作道光乙巳年三月二十九日。

② 增韫《奏为代递在籍病故大员陆元鼎遗折》(台北故宫博物院《军机处档折件》第186786号)、《申报》宣统二年正月四日第一万三千二百九十四号《杂记·春老之热心竟千古矣》、《时报》宣统元年十二月二十六日第二千零三十一号《杭州通信·陆元鼎辞世》、吴庆坻《补松庐文稿》卷4《诰授光禄大夫候补三品京堂前江苏巡抚陆公神道碑并序》、陈豪《诰授光禄大夫头品顶戴三品京堂开缺江苏巡抚陆公行状》均与《陆元鼎讣告》同。

③ 陆增炜《平原宗谱》卷17俞樾《星农公墓志铭》作光绪八年六月丁卯卒，年六十七。据此逆推，其生年与《平原宗谱》同。《道光甲辰恩科直省同年录》、陆增祥乡试履历(《清代朱卷集成》册138)、《道光庚戌科会试同年齿录》均作嘉庆戊寅九月四日。陆增祥会试履历(《清代朱卷集成》册15)无履历，只存试卷。陆增炜《平原宗谱》卷18陆继德《星农公行述》无出生年月日。

④ 陆增炜《平原宗谱》卷17俞樾《星农公墓志铭》与《平原宗谱》同。陆增炜《平原宗谱》卷18陆继德《星农公行述》无去世年月日。

⑤ 祖籍浙江萧山。

⑥ 《光绪十五年己丑科会试同年齿录》作同治丁卯年五月十六日。《清代人物生卒年表》作同治六年(1867)。

⑦ 《清代人物生卒年表》缺。

续表

姓名	字	号	籍贯	生卒(农历)	生卒(公历)	文献来源
路朝霖	覃叔	访岩	贵州毕节	道光二十二年四月二十二日	1842年5月31日	路朝霖《毕节路氏长房族谱》①
				?		
罗大春②	景山		浙江衢州③	道光十三年六月十九日	1833年8月4日	罗大春《思痛录》
				光绪十七年八月十三日	1891年9月15日	卞宝第《卞制军奏议》卷10《奏为总兵因病出缺请旨简员补放以重职守恭折》④
罗惇衍	兆蕃	椒生	广东大良	嘉庆十九年八月一日	1814年9月14日	罗褧《皇清诰授光禄大夫经筵讲官户部尚书兼署工部尚书管理三库事务武英殿总裁署翰林院掌院学士谕赐祭葬予谥文恪显考椒生府君年谱》⑤
				同治十三年四月二十一日	1874年6月5日	同上⑥
罗清源			直隶天津	?		《日记》光绪十三年七月二十七日
				?		
骆葆庆	云孙	筠生 元邃	浙江诸暨	道光十六年十月十九日	1836年11月27日	《枫桥骆氏宗谱》之《清字行传》⑦
				光绪二十三年九月十二日	1897年10月7日	同上

① 《光绪二年丙子恩科会试同年齿录》作咸丰壬子年四月二十二日。《清代人物生卒年表》据《光绪二年丙子恩科会试同年齿录》作咸丰二年(1852)。

② 原名大经。

③ 原籍贵州施秉。

④ 《申报》光绪十七年八月十七日第六千六百十四号《将星遽陨》与《奏为总兵因病出缺请旨简员补放以重职守恭折》同。

⑤ 《乙未科会试同年齿录》与《年谱》同。《道光甲午科直省同年录》《会试同年齿录道光乙未科》均作嘉庆丁丑八月一日。

⑥ 瑞麟《奏报前任户部尚书罗惇衍在籍病故该家属呈递遗折事》(台北故宫博物院《军机处档折件》第116446号)、张兆栋《题报前任户部尚书罗惇衍在籍病故日期事》(中国第一历史档案馆藏)均与《年谱》同。

⑦ 《同治丁卯科并补行甲子科浙江乡试同年齿录》作道光庚子年十月十九日。

续表

姓名	字	号	籍贯	生卒(农历)	生卒(公历)	文献来源
骆腾衢	予瑶	啸圃 筱圃 篠圃 国博	浙江诸暨	道光二十八年十二月一日	1848年12月26日	《枫桥骆氏宗谱》之《鉴字行传》①
				民国八年七月一日	1919年6月4日	同上
骆文蔚	豹占	越樵 月樵 菉观	浙江诸暨	嘉庆十九年正月二十四日	1814年2月13日	《枫桥骆氏宗谱》之《基字行传》②
				同治四年二月二十日	1865年3月17日	同上③
吕桂芬	长庚	子香	浙江新昌	道光二十年七月九日	1840年8月6日	《吕氏友睦宗谱》卷21《睦字名宦祠下四房昌德祠下大房派·廿五世至廿九世》④
				光绪三十四年十二月三十日	1909年1月21日	同上
吕懋蕃⑤	椒生 焦生	锡之	江苏阳湖	道光二十四年九月五日	1844年10月16日	吕伟孙《毗陵吕氏族谱》卷10中《三分世表·第十五世至十九世居郡城》⑥
				?		
吕珮芬⑦	晓初 筱苏	季兰 筱云	安徽旌德	咸丰五年三月二十七日	1855年5月12日	吕吉甫《清资政大夫总理永定河道吕公行状》⑧
				民国二年九月三日	1913年10月2日	同上⑨

① 《光绪丙子科顺天乡试同年齿录》与《枫桥骆氏宗谱》同。

② 骆文蔚会试履历(《清代朱卷集成》册17)、《道光二十三年癸卯科直省同年全录》、《咸丰壬子恩科会试同年齿录》均作嘉庆己卯年正月二十四日。《清代人物生卒年表》据《咸丰壬子恩科会试同年齿录》作嘉庆二十四年(1819)。

③ 《清代人物生卒年表》缺。

④ 吕桂芬乡试履历(《清代朱卷集成》册262)作道光壬寅年七月九日。

⑤ 谱名懋光。

⑥ 吕懋光乡试履历(《清代朱卷集成》册122)与《毗陵吕氏族谱》同。

⑦ 越缦写为佩芬。派名烈芙。

⑧ 吕珮芬乡试履历(《清代朱卷集成》册157)、《光绪六年庚辰科会试同年齿录》均作咸丰乙卯年三月二十七日。《清资政大夫总理永定河道吕公行状》、《大中华》民国五年第二卷第八期马通伯《吕珮芬君家传》、《广清碑传集》卷17陈宝琛《吕君弢庐墓志铭》均载其卒于民国二年九月三日,年五十九。据此五者,亦可定其生于咸丰乙卯年三月二十七日。

⑨ 《大中华》民国五年第二卷第八期马通伯《吕珮芬君家传》、《广清碑传集》卷17陈宝琛《吕君弢庐墓志铭》均与《行状》同。

续表

姓名	字	号	籍贯	生卒(农历)	生卒(公历)	文献来源
吕渭英	永年	文起 文溪	浙江永嘉	咸丰五年 十月二十二日	1855年 12月1日	吕人坝口述[①]
				民国十六年 四月三日	1927年 5月3日	符璋著;陈光熙点校《符璋日记》册下页1071
吕锡时	钦若	福卿 肖隅	浙江新昌	道光十五年 闰六月十二日	1835年 8月6日	《吕氏友睦宗谱》卷25《睦字归厚祠功十三公五房贤廿五公派》[②]
				民国三年 十二月二十六日	1914年 1月21日	同上
吕耀斗	庭芷 定子	鹤园	江苏阳湖	道光八年 九月二十一日	1828年 10月29日	吕志良、储永明《吕氏宗谱》卷9《世表·廿六世至三十一世·二分居南庄迁常城》[③]
				光绪二十一年 七月九日	1895年 8月28日	同上[④]
吕元恩	璧传	辑五	广东新会	道光二十七年 正月七日	1847年 2月21日	《光绪六年庚辰科会试同年齿录》
				光绪十八年 六月一日	1892年 6月24日	《申报》光绪十八年七月二十六日第六千九百七十号之光绪十八年七月十八日《京报全录·希元跪奏》[⑤]
马宝田	心培	稼门 润林	浙江秀水	道光十七年 十一月二十日	1837年 12月17日	《同治丁卯科并补行甲子科浙江乡试同年齿录》
				?		

① 《吕渭英乡试朱卷》作咸丰丁巳年十月二十二日。

② 《同治丁卯科并补行甲子科浙江乡试同年齿录》作道光乙未年六月十二日。

③ 吕耀斗会试履历(《清代朱卷集成》册16)、《道光庚戌科会试同年齿录》均作道光庚寅年九月二十一日。朱彭寿《清代人物大事纪年》作道光戊子年(1828)。吕志良、储永明《吕氏宗谱》卷27上陈允豫《舅氏吕庭芷先生事述》作道光七年(1827)。

④ 中国第一历史档案馆《光绪朝朱批奏折》第10辑《内政·职官》(页854)与《宗谱》同。朱彭寿《清代人物大事纪年》、吕志良、储永明《吕氏宗谱》卷27上陈允豫《舅氏吕庭芷先生事述》述均仅作光绪二十一(乙未)年。

⑤ 《清代人物生卒年表》缺。

续表

<table>
<tr><th>姓名</th><th>字</th><th>号</th><th>籍贯</th><th>生卒(农历)</th><th>生卒(公历)</th><th>文献来源</th></tr>
<tr><td rowspan="2">马宝瑛[①]</td><td rowspan="2">仁玉</td><td rowspan="2">芸苔
玉芝</td><td rowspan="2">浙江山阴</td><td>道光十四年十一月十二日</td><td>1834年12月12日</td><td>《同治庚午科浙江乡试同年齿录》[②]</td></tr>
<tr><td>?</td><td></td><td></td></tr>
<tr><td rowspan="2">马炳荣</td><td rowspan="2">春圃</td><td rowspan="2"></td><td rowspan="2">浙江会稽</td><td>?</td><td></td><td>王肇赐、徐道昌《新淦县志》卷6《职官志·文职》</td></tr>
<tr><td>?</td><td></td><td></td></tr>
<tr><td rowspan="2">马步青</td><td rowspan="2">蒲卿</td><td rowspan="2"></td><td rowspan="2">浙江会稽</td><td>?</td><td></td><td>《日记》同治九年十月二日</td></tr>
<tr><td>?</td><td></td><td></td></tr>
<tr><td rowspan="2">马步元[③]</td><td rowspan="2">梅生</td><td rowspan="2">退斋</td><td rowspan="2">山东安丘</td><td>道光二十七年九月二十二日</td><td>1847年10月30日</td><td>《虎林马氏杉树底支谱》[④]</td></tr>
<tr><td>民国十四年五月</td><td>1925年</td><td>马庆蕴口述[⑤]</td></tr>
<tr><td rowspan="2">马楚卿</td><td rowspan="2"></td><td rowspan="2"></td><td rowspan="2">?</td><td>?</td><td></td><td>《日记》咸丰六年六月十一日</td></tr>
<tr><td>咸丰六年</td><td>1856年</td><td>《日记》咸丰六年六月十一日</td></tr>
<tr><td rowspan="2">马传庚</td><td rowspan="2">虞飏
虞旸</td><td rowspan="2"></td><td rowspan="2">浙江会稽</td><td>道光十一年</td><td>1831年</td><td>马家鼎《后序》(陆贽著;汪铭谦编,马传庚评点《唐陆宣公奏议读本》卷3)[⑥]</td></tr>
<tr><td>光绪二年</td><td>1876年</td><td>同上[⑦]</td></tr>
</table>

① 原名祖望,小名元福。

② 马宝瑛乡试履历(《清代朱卷集成》册258)、《同治庚午科大同年齿录》均与《同治庚午科浙江乡试同年齿录》同。

③ 本名调元。

④ 会试第十七房马步元会试履历(《未刊清代朱卷集成》册20)、《光绪十五年己丑科会试同年齿录》、《同治癸酉科名经通谱》、《马步元会试朱卷》、《光绪十一年乙酉科顺天乡试同年齿录》均与《虎林马氏杉树底支谱》同。中国人民政治协商会议山东省安丘市委员会学宣文史委员会《安丘文史资料》第17辑中马鄂泽《先父马步元生平事略》作道光二十七年九月十六日。

⑤ 《虎林马氏杉树底支谱》仅作民国十四年□月□日。马鄂泽《先父马步元生平事略》与马庆蕴口述同。《清代人物生卒年表》缺。

⑥ 《后序》载:"公与余辛卯同日生。"据此,其当生于道光十一年(1831)。

⑦ 《后序》载"公于丙子捐馆,忽忽已三十三矣",而序尾落款"光绪二十有六年庚子仲冬会稽马家鼎梅卿谨叙"。故《后序》中"三十三"当为"二十三"。

续表

姓名	字	号	籍贯	生卒(农历)	生卒(公历)	文献来源
马传焘	寿臣		浙江会稽	咸丰十年 八月十九日	1860 年 10 月 3 日	马荫棠《会稽吴融马氏分支谱》卷 7《子渊公支·朴园公派》①
				民国十七年 九月二十三日	1928 年 11 月 4 日	王积文《寿臣公传》(马荫棠《会稽吴融马氏分支谱》卷 3)
马传煦	春旸	蔼臣 念庵 琴士	浙江会稽	道光四年 十月十三日	1824 年 12 月 3 日	马荫棠《会稽吴融马氏分支谱》卷 7《子渊公支·朴园公派》②
				光绪三十二年	1906 年	朱寯瀛《晚香斋文存》卷 1《记马春旸先生轶事》③
马赓良④	幼眉 元雅	鸥堂	浙江会稽	道光十五年 正月二十一日	1835 年 2 月 18 日	马绸章《效学楼述文》卷 2《先府君行述》
				光绪十五年 正月十三日	1889 年 2 月 12 日	同上
马吉樟	积生	子诚 坚壮翁	河南安阳	咸丰九年 八月五日	1859 年 9 月 1 日	马恒毅、马恒谷《安阳马积生先生讣告附哀启、行状》⑤
				民国二十年 十月十七日	1931 年 11 月 26 日	同上

① 马荫棠《会稽吴融马氏分支谱》卷 3 王积文《寿臣公传》仅作咸丰庚申年八月。

② 《己酉科直省乡试同年录》作道光丙戌年十月十三日。《咸丰九年己未科会试同年齿录》、马传煦会试履历(《清代朱卷集成》册 21)均作道光乙酉年十月十三日。《清代人物生卒年表》据《咸丰九年己未科会试同年齿录》作道光五年(1825)。

③ 《记马春旸先生轶事》作“今岁丙午,先生年八十三,竟以旧史官卒于里第”。据此,其当卒于光绪三十二年(1906)。

④ 法名松寿。

⑤ 《光绪六年庚辰科会试同年齿录》作同治壬戌年八月五日。

续表

姓名	字	号	籍贯	生卒(农历)	生卒(公历)	文献来源
马家鼎	调生	梅卿	浙江会稽	道光十一年	1831年	马家鼎《后序》(陆贽著;汪铭谦编,马传庚评点《唐陆宣公奏议读本》卷3)①
				光绪二十七年二月二十四日	1901年4月12日	周铭旂《梅卿公传》(马荫棠《会稽吴融马氏分支谱》卷3)②
马良骏③	穆皆	叔良 鹿思	浙江山阴	道光二十三年闰七月二十六日	1843年9月19日	《同治庚午科浙江乡试同年齿录》④
				光绪十六年闰二月二日	1890年3月22日	《日记》光绪十六年闰二月四日
马枚	清渠		浙江海宁	道光十一年	1831年	《同治元年壬戌科各省乡试同年录》
				?		
马丕瑶	玉山	莲溪 静庵	河南安阳	道光十一年正月四日	1831年2月16日	马吉樟《安阳蒋村马氏宗谱》卷2《东支世记一》⑤
				光绪二十一年九月八日	1895年10月25日	同上⑥

① 绍兴县修志委员会《民国绍兴县志资料第一辑》册15《人物列传第二编》缪荃孙《马家鼎墓志铭》载其卒于光绪二十七年二月,卒年七十一。马荫棠《会稽吴融马氏分支谱》卷3周铭旂《梅卿公传》载其道光己酉年年十九岁。据此二者逆推,其生年亦均为道光十一年(1831)。马荫棠《会稽吴融马氏分支谱》卷7《子渊公支·朴园公派》无出生年月日。

② 绍兴县修志委员会《民国绍兴县志资料第一辑》册15《人物列传第二编》缪荃孙《马家鼎墓志铭》仅作光绪二十七年二月。马荫棠《会稽吴融马氏分支谱》卷7《子渊公支·朴园公派》无去世年月日。

③ 谱名霞锦。

④ 《同治庚午科大同年齿录》与《同治庚午科浙江乡试同年齿录》同。

⑤ 马吉樟、马吉梅、马吉森等《马公玉山府君行状》、《同治元年壬戌科会试同年齿录》均与《安阳蒋村马氏宗谱》同。《续碑传集》卷32李秉衡《皇清诰授光禄大夫头品顶戴广东巡抚马公神道之碑》载其(光绪)二十一年九月乙巳疾笃,口授遗疏,遂不起。春秋六十有五。据此逆推,其生年亦与《安阳蒋村马氏宗谱》同。

⑥ 马吉樟、马吉梅、马吉森等《马公玉山府君行状》、《续碑传集》卷32李秉衡《皇清诰授光禄大夫头品顶戴广东巡抚马公神道之碑》均与《安阳蒋村马氏宗谱》同。

续表

姓名	字	号	籍贯	生卒(农历)	生卒(公历)	文献来源
马氏			浙江会稽	道光四年九月十八日	1824年11月8日	《日记》光绪十四年四月二十八日
				光绪十四年四月二十八日	1888年6月7日	同上
马文华	蔚廷	焕卿 瀛仙	浙江仁和	道光十三年四月十日	1833年5月28日	马文华乡试履历(《清代朱卷集成》册103)①
				?		
马锡康②	尔侯	声甫	浙江山阴	道光十三年正月十日	1833年3月1日	马锡康《山阴朱咸马氏宗谱》之《三房德先分良臣派》③
				?		
马锡祺	雪棋	介臣	浙江会稽	道光三十年十二月十一日	1851年1月12日	《同治癸酉科顺天乡试同年齿录》
				?		
马新贻	谷山	燕门 铁舫	山东菏泽	道光元年十月九日	1821年11月3日	马新祐《特赠太子太保兵部尚书兼都察院右都御史两江总督马端敏公年谱》④
				同治九年七月二十七日	1870年8月23日	同上
马星联⑤	莲生	梅荪	浙江山阴	咸丰六年六月二十九日	1856年7月30日	马星联乡试履历(《清代朱卷集成》册263)
				?		
马星缦	纠生		浙江山阴	?		《日记》光绪十七年十二月十一日
				?		

① 《咸丰戊午科直省同年录》与马文华乡试履历同。

② 谱名正鏻。

③ 马锡康乡试履历(《清代朱卷集成》册271)、《光绪壬午科浙江乡试同年齿录》均作道光乙巳年正月十日。

④ 《道光二十七年会试齿录》与《年谱》同。

⑤ 别名逸臣。

续表

姓名	字	号	籍贯	生卒(农历)	生卒(公历)	文献来源
马彦森①	晋三 晋珊	蔚林	浙江临海	道光十七年 十月七日	1837年 11月4日	马凭楫《临海马氏宗谱》之《宿仙大房派图传》②
				光绪十三年 五月十九日	1887年 7月9日	同上③
毛澂④	稚澥 菽畇 澍云	翰丰	四川仁寿	道光二十四年 九月九日	1844年 10月20日	《光绪六年庚辰科会试同年齿录》⑤
				光绪三十二年 六月五日	1906年 7月25日	《仁寿文史》第1辑⑥
毛绳武			河南武陟	?		《日记》光绪六年十一月十日
				?		
毛松年⑦	声溢 萱荫	季卿	湖南长沙	道光十一年 九月十日	1831年 10月15日	毛拔《毛氏族谱》卷9《大江房悦道支世编》⑧
				光绪二年 三月十七日	1876年 4月11日	同上⑨

① 谱名国梁，原名既闲。

② 马凭楫《临海马氏宗谱》卷8中牟育《诰授中宪大夫礼部祠祭司蔚马君行状》、赵亮熙《礼部祠祭司主事马君墓表》均与《临海马氏宗谱》同。马凭楫《临海马氏宗谱》卷8叶书《礼部祠祭司主事马君墓志铭》作道光丁酉年十一月七日。《同治癸酉科浙江乡试同年齿录》《光绪三年丁丑科会试同年齿录》均作道光庚子年十月七日。马彦森会试履历(《清代朱卷集成》册44)中缺履历，只存试卷。马彦森乡试履历(《未刊清代朱卷集成》册52)作道光己亥年十月七日。《清代人物生卒年表》据《光绪三年丁丑科会试同年齿录》作道光二十年(1840)。

③ 《日记》光绪十三年六月二十三日与《临海马氏宗谱》同。马凭楫《临海马氏宗谱》卷8中牟育《诰授中宪大夫礼部祠祭司蔚马君行状》、叶书《礼部祠祭司主事马君墓志铭》、赵亮熙《礼部祠祭司主事马君墓表》均作光绪丁亥年四月十九日。《清代人物生卒年表》缺。

④ 原名席丰。

⑤ 《仁寿文史》第1辑载其卒于光绪三十二年六月五日，年六十三。据此逆推，其生年与《光绪六年庚辰科会试同年齿录》同。但《仁寿文史》第1辑其生年作道光二十三年(1843)。

⑥ 杨士骧《奏为历城县知县毛澂病故遗缺系省会外拣员请补事》(中国第一历史档案馆藏)与《仁寿文史》同。生中克《滕县续志稿》仅载其光绪三十二年任知县，卒于官。又载萧滕骧于光绪三十二年代理滕县知县。故仅知毛澂卒于光绪三十二年(1906)。

⑦ 谱名世洋。

⑧ 《同治庚午科大同年齿录》《同治十年辛未科会试同年齿录》均作道光庚子年九月十日。《清代人物生卒年表》据《同治十年辛未科会试同年齿录》作道光二十年(1840)。

⑨ 《日记》光绪二年四月八日与《毛氏族谱》同。《清代人物生卒年表》缺。

续表

姓名	字	号	籍贯	生卒(农历)	生卒(公历)	文献来源
毛益之			?	?		《日记》同治七年七月六日
				?		
茅立仁[1]	孟渊		浙江山阴	道光二十年六月二十四日	1840年7月22日	《光绪乙酉科浙江乡试同年齿录》[2]
				?		陈祖培《越缀四种·文烬》卷1《茅孟渊先生传》[3]
茅善培	笃甫		浙江山阴	同治元年十二月四日	1863年1月22日	《茅善培乡试朱卷》[4]
				?		
茅湘	畹生		浙江山阴	?		《茅立仁乡试朱卷》
				?		
梅巧玲[5]	筱波 雪芬	慧仙 梅道人 蕉园居士	江苏泰州[6]	道光二十二年八月二十一日	1842年9月25日	朱书绅《同光朝名伶十三绝传略》
				光绪八年十月十七日	1882年11月27日	同上
孟淮			越缦邑人	?		《日记》咸丰五年八月二日
				?		
孟继坡	肖瞻		直隶天津	?		《日记》光绪十四年八月四日
				?		

① 原名立本。

② 《茅立仁乡试朱卷》与《光绪乙酉科浙江乡试同年齿录》同。

③ 《越缀四种》之《文烬》卷1《茅孟渊先生传》仅载其卒年八十三。若据同年齿录中生年推，其当卒于民国十一年(1922)。但陈祖培《越缀四种》印于1920年，故其不可能卒于民国十一年(1922)。即以茅立仁于1920年卒，其生年亦不为道光二十年。故《光绪乙酉科浙江乡试同年齿录》中所载出生年为官年。其卒年亦待考。

④ 茅善培乡试履历(《未刊清代朱卷集成》册72)与《茅善培乡试朱卷》同。

⑤ 名恺，小名阿昭，正名芳普，一名芳。

⑥ 原籍江苏吴县。

续表

姓名	字	号	籍贯	生卒(农历)	生卒(公历)	文献来源
孟继埙	治卿 志青		直隶天津	道光二十一年二月八日	1841年2月28日	秦国经《清代官员履历档案全编》册6页239—240①
				光绪二十六年闰八月十三日	1900年10月6日	《新闻报》光绪二十六年闰八月十七日第二千三百七十九号《鄂臬出缺》②
孟继壎	畹清		直隶天津	?		王守恂、高凌雯《天津县新志》卷23之2《文艺二》
				?		
孟庆纶			越缦邑人	?		《日记》同治四年八月二十六日
				?		
孟庆增	益甫		越缦邑人	?		《日记》光绪十三年五月二十七日
				?		
孟润奎③	峄苏	聿孙	浙江会稽	同治十年二月二十五日	1871年4月14日	《光绪十九年癸巳恩科顺天乡试同年齿录》
				?		
孟沅	兰艇 南汀	芷乡 芷伯	浙江山阴	道光七年正月八日	1827年2月3日	《咸丰壬子科浙江乡试同年齿录》④
				?		
縻宗彝			浙江上虞	乾隆五十五年	1790年	《日记》咸丰十年四月二十六日⑤
				?		

① 孟继埙乡试履历(《未刊清代朱卷集成》册50)、《同治癸酉科顺天乡试同年齿录》均作道光甲辰年二月八日。《清代官员履历档案全编》载其光绪二十三年为五十七岁。据此三者,定其生于道光二十一年二月八日。《清代人物生卒年表》据《清代官员履历档案全编》作道光二十一年(1841)。

② 《鄂臬出缺》:"署湖北臬司本任武昌县盐法道孟志青廉访继埙于十三日子时在臬署任所病故。遗缺派委何人,尚未奉有明文。俟续探再登可也。"《清代人物生卒年表》缺。

③ 原名德生。

④ 《咸丰壬子科直省举贡同年录》作道光甲申年正月八日。

⑤ 《日记》咸丰十年四月二十六日:"同居上虞人縻姓者来,其人曾任西城指挥,年七十一矣!"据此逆推,其当生于乾隆五十五年(1790)。

续表

姓名	字	号	籍贯	生卒(农历)	生卒(公历)	文献来源
绵森			满洲正蓝旗	嘉庆元年 十月十五日	1796年 11月14日	《中国少数民族古籍集成·爱新觉罗宗谱》册43页775—776
				同治七年 六月三日	1868年 7月22日	同上
缪巩	坚士 次封		江苏溧阳	咸丰元年 五月二十五日	1851年 6月24日	缪庆龄《缪氏宗谱》卷9《下集·甓桥夫忠公支·廿七世至三十一世》①
				光绪十三年 五月六日	1887年 6月26日	同上
缪焕章②	仲英	云樵	江苏江阴	嘉庆十七年 十一月二日	1812年 12月5日	缪锡畴《兰陵缪氏世谱》卷11《世表第三之八·老五房之四二房》
				光绪十六年 十月二十日	1890年 12月1日	同上
缪嘉蕙	素筠 素耘		云南昆明	道光二十二年	1842年	方树梅《缪嘉蕙传》(卞孝萱、唐文权《民国人物碑传集》卷11)
				民国七年	1918年	同上
缪清濂	云舫		越缦乡人	?		厝诵清《补读斋日记》咸丰八年六月二十日
				?		
缪荃孙③	炎之	筱珊 小山 小珊 晓珊 筱珊 艺风老人	江苏江阴	道光二十四年 八月九日	1844年 9月20日	缪禄保《诰授中宪大夫四品卿衔学部候补参议翰林院编修显考艺风府君行述》④
				民国八年 十一月一日	1919年 12月22日	同上⑤

① 缪巩乡试履历(《清代朱卷集成》册167)作咸丰癸丑年五月二十五日。

② 原名步青。

③ 派名长桢。

④ 缪锡畴《兰陵缪氏世谱》卷11《世表第三之八·老五房之四二房》、《清代人物大事纪年》均与《行述》同。《碑传补》卷9夏桐孙《缪艺风先生行状》作(民国八年)十一月一日卒,年七十六。据此逆推,其生年亦与《行述》同。卞孝萱、唐文权《民国人物碑传集》卷8柳诒征《缪荃孙传》作(民国)己未冬十月卒,年七十有六。据此逆推,其生年亦与《行述》同。缪荃孙会试履历(《清代朱卷集成》册39)、《光绪二年丙子恩科会试同年齿录》均作道光庚戌年八月九日。

⑤ 《碑传补》卷9夏桐孙《缪艺风先生行状》、《清代人物大事纪年》与《行述》同。卞孝萱、唐文权《民国人物碑传集》卷7柳诒征《缪荃孙传》作(民国)己未冬十月。

续表

姓名	字	号	籍贯	生卒(农历)	生卒(公历)	文献来源
缪彝①	恒庵		江苏溧阳	道光二十六年二月十七日	1846年3月14日	缪庆龄《缪氏宗谱》卷9《下集・甓桥夫忠公支・廿七世至三十一世》②
				宣统元年闰二月七日	1909年3月28日	《缪恒庵讣告》(《上海图书馆藏赴闻集成》册10)
缪祐孙	孚民 稚鹄	櫾岑 柚岑 柚膡 右臣	江苏江阴	道光二十九年正月二十二日	1849年2月14日	《兰陵缪氏世谱》卷18《世表第三之十五・老五房之七二房下》③
				光绪二十年八月六日	1894年9月5日	同上④
缪梓⑤	可培	南卿 碧崖	江苏溧阳	嘉庆十二年二月二十六日	1807年4月3日	缪庆龄《缪氏宗谱》卷9《下集・甓桥夫忠公支・廿七世至三十一世》⑥
				咸丰十年二月二十七日	1860年3月19日	同上⑦
闵荷生	殿香 少窗 仲坚	介甫	江西奉新⑧	道光二十六年十月十四日	1846年12月2日	孙雄《漫社三集》之《特别社友题名》⑨
				民国二十五年	1936年	《赵慈庚数学教育文集》之《闵嗣鹤教授生平事略》

① 谱名奉玺。

② 《缪恒庵讣告》(《上海图书馆藏赴闻集成》册10)与《缪氏宗谱》同。

③ 缪祐孙乡试履历(《清代朱卷集成》册117)、缪祐孙会试履历(《清代朱卷集成》册61)、《光绪十二年丙戌科会试同年齿录》、《光绪八年壬午科顺天乡试同年齿录》、《缪祐孙会试朱卷》均作咸丰辛亥年正月二十二日。《清代人物生卒年表》据《光绪十二年丙戌科会试同年齿录》作咸丰元年(1851)。

④ 朱彭寿《清代人物大事纪年》与《世谱》同。《清代人物生卒年表》缺。

⑤ 谱名植伦。

⑥ 《道光戊子科直省同年录》与《缪氏宗谱》同。

⑦ 陈继聪《忠义纪闻录》卷26《张锡庚缪梓列传》中仅作(咸丰)十年春。董沛《正谊堂文集》卷19《按察使衔署两浙盐运使分巡金衢严道赠太常寺卿世袭骑都尉谥武烈缪公墓志铭》中前文作咸丰十一年二月壬戌,后文作卒时为二月二十七日。若为咸丰十一年,则二月壬戌不是二月二十七日。结合《忠义纪闻录》与《缪氏宗谱》,《墓志铭》前文当为误。

⑧ 《日记》光绪十年十月十八日:"有嘉兴人闵荷生来请见,不知谁何也。"《日记》光绪十年十二月二十九日:"下午答谢书玉、介唐、敦夫、蓴庭、郑德霖、正甫,答诣桂卿及闵同年荷生。夜归。"《日记》光绪十七年五月初十日:"同年闵户部(荷生)丧耦,送奠仪四千。"再据《同治庚午科大同年齿录》、《光绪六年庚寅科会试同年齿录》、《大清搢绅全书》(光绪十七年春),闵荷生当为江西奉新人。

⑨ 《同治庚午科大同年齿录》作道光二十七年十月十四日。《特别社友题名》载其癸亥年年七十八。据此二者,定其生于道光二十六年十月十四日。闵荷生会试履历(《清代朱卷集成》册41)、《光绪二年丙子科会试同年齿录》均作咸丰壬子年十月十四日。《清代人物生卒年表》据《光绪二年丙子科会试同年齿录》作咸丰二年(1852)。

续表

姓名	字	号	籍贯	生卒(农历)	生卒(公历)	文献来源
闵致庠	景养	经园 荷塘	朝鲜	朝鲜纯祖乙酉年十一月二十九日	1826 年 1 月 7 日	《骊兴闵氏派谱》
				朝鲜高宗太皇帝辛巳九月八日	1881 年 10 月 30 日	同上
莫峻	望嵩	孟高 坚卿	浙江上虞[1]	咸丰元年十月十九日	1851 年 12 月 11 日	《光绪二年丙子恩科会试同年齿录》
				光绪十七年	1891 年	《日记》光绪十七年六月九日[2]
莫让仁[3]	子嘉 子任	小堂	广西永宁	嘉庆二十四年七月十二日	1819 年 9 月 1 日	《道光己酉科各省选拔同年明经通谱》
				?		
莫文泉	逢源	枚士 枚叔	浙江归安	道光十七年七月三日	1837 年 8 月 3 日	吕公望《莫枚士先生事略》(《浙江中医杂志》1988 年第 7 期)[4]
				光绪三十三年	1907 年	同上
莫元邃	意溇 意楼 薏楼 诚一		浙江会稽	道光四年九月十日	1824 年 10 月 31 日	莫寿恒《莫氏家谱》卷 3《世表·万全公支》
				光绪十三年九月四日	1887 年 10 月 20 日	同上
莫增奎[5]	厚甫	星五[6]	浙江山阴	嘉庆二十年七月二十八日	1815 年 9 月 1 日	《己酉科直省乡试同年录》
				?		

---

① 原籍浙江会稽。

② 《日记》光绪十七年六月九日:"近日上虞莫坚卿比部(峻)亦咳血亡。莫本会稽人,丙子进士,甫官印结局三日而死。"据此,暂定其卒于光绪十七年(1891)。《清代人物生卒年表》缺。

③ 改名大猷。

④ 《同治庚午科大同年齿录》作道光丁酉年七月三日。莫文泉乡试履历(《清代朱卷集成》册 258)、《同治庚午科浙江乡试同年齿录》均作道光己亥年七月四日。吕公望《莫枚士先生事略》载其光绪三十三年卒,年七十一。莫文泉《神农本经校注》卷首莫文泉《神农本经校注序》:"今年八八,精力难继。"并题款曰:"光绪庚子孟冬苕川迂叟自叙。"据此五者,定其生于道光十七年七月三日。

⑤ 原名堃。

⑥ 《日记》咸丰三年五月十六日:"……晤莫星石孝廉……"《日记》同治二年五月七日:"莫星五孝廉(增奎)来。"《日记》同治三年二月十七日:"星五来,言明日之官陕西。"再据《己酉科直省乡试同年录》,"星石"当为"星五"之误。

续表

姓名	字	号	籍贯	生卒(农历)	生卒(公历)	文献来源
牟荫乔	樾瞻	梓南 采珊	山东福山	道光十八年 四月二日	1838 年 4 月 25 日	《同治十三年甲戌科会试同年齿录》
				光绪二十年 八月二十八日	1894 年 9 月 27 日	《申报》光绪二十一年二月二十一日第七千八百六十六号之光绪二十一年二月一日《京报全录 · 张联桂跪奏》①
讷清阿②	澂之		满洲正红旗	道光十四年	1834 年	《日记》光绪十九年九月二十九日③
				光绪十九年 九月二十五日	1893 年 11 月 3 日	同上
倪承宽	越湖		浙江会稽	道光七年	1827 年	秦国经《清代官员履历档案全编》册 26 页 379
				?		
倪春潮			越缦邑人	?		《日记》咸丰四年闰七月三日
				?		
倪杰	轶凡 震林	叶帆	浙江会稽	嘉庆五年 十一月十九日	1801 年 1 月 3 日	《道光己丑科会试同年齿录》④
				?		

① 王陵基《福山县志稿》卷 7 之 2《宦绩》仅作(光绪)二十年。

② 越缦于光绪十七年八月六日写为“讷尔清阿”。

③ 《日记》光绪十九年九月二十九日:“昨闻讷澂之侍御于二十五日暴疾卒,今日欲往吊之,以风甚、仆人又病,不果。澂之长者,年甫六十,身弱多病,无兄弟子女,只一老妻,茕茕相依。”据此逆推,其当生于道光十四年(1834)。

④ 《道光戊子科直省同年录》、倪杰会试履历(《清代朱卷集成》册 8)均作嘉庆甲子年十一月十九日。《清代人物生卒年表》作嘉庆九年(1804)。

续表

姓名	字	号	籍贯	生卒(农历)	生卒(公历)	文献来源
倪人垓	十京	子九 紫玖	安徽望江	道光十一年 二月十六日	1831 年 3 月 29 日	倪文蔚《倪氏家谱》卷 7《恩公裔之仁公股应星公二房系》①
				光绪八年 二月四日	1882 年 3 月 22 日	《申报》光绪八年二月十九日第三千二百零五号《江苏督辕抄》②
倪茹	儒粟		浙江钱塘	?		《日记》光绪十三年三月二十六日
				光绪二十六年	1900 年	俞樾著;赵一生主编《俞樾全集》册 18《春在堂楹联》卷 4③
倪孺人			浙江会稽	嘉庆十年 正月十一日	1805 年 2 月 10 日	《日记》同治五年八月十七日
				同治五年 八月十七日	1866 年 9 月 25 日	同上
倪氏			浙江会稽	乾隆四十二年 十一月十七日	1777 年 12 月 16 日	《日记》同治五年十一月十七日
				道光二十二年 十月二日	1842 年 11 月 4 日	《日记·大事记》道光二十二年

① 《江宁同官录》与《倪氏家谱》同。

② 《江苏督辕抄》:"(二月)初四日,县丞倪□禀知知府倪人垓病故。"据此,其当卒于光绪八年二月四日。倪文蔚《倪氏家谱》卷 15《子九从父传》作卒年年五十一,再据《恩公裔之仁公股应星公二房系》中生年推,其当卒于光绪七年(1881)。

③ 《春在堂楹联》卷 4 载其:"今年闰八月卒于沪上。"《俞樾全集》册 27《春在堂日记》光绪十八年三月二十三日载其仍在世。又同治元年闰八月后,清及民国仅光绪二十六年为闰八月。故其当卒于光绪二十六年闰八月。此暂作光绪二十六年(1900)。

续表

姓名	字	号	籍贯	生卒(农历)	生卒(公历)	文献来源
倪文蔚	茂甫 楙甫	豹臣 豹岑	安徽望江	道光三年 十月二日	1823年 11月4日	倪文蔚《倪氏家谱》卷7《恩公裔之仁公股应星公二房系》①
				光绪十六年 六月十三日	1890年 7月29日	《万国公报》光绪十六年六月第十九册《豫抚出缺》②
倪文英	季雄	粲甫	安徽望江	道光十五年 九月二十七日	1835年 11月17日	倪文蔚《倪氏家谱》卷7《恩公裔之仁公股应星公二房系》
				?		
倪埙	小舫 筱舫		浙江会稽	道光八年	1828年	王时敏《王奉常书画题跋》之倪埙《序》③
				?		
倪一桂	广平	香雨	浙江会稽	?		《日记》同治二年九月二十五日
				?		
倪允嘉			浙江会稽	?		《日记》咸丰四年四月二十八日
				?		
倪植	葆卿 晓芸	修伯	浙江会稽	道光五年 九月十一日	1825年 10月22日	《道光二十三年癸卯科直省同年全录》④
				?		

① 王蕴藻《广东同官录》、《清代人物大事纪年》均与《倪氏家谱》同。秦树声《乖庵文录》卷上《倪中丞神道碑铭》:"……抵署无何卒,春秋六十有八,时光绪十六年六月十三日也。"张謇《清故光禄大夫振威将军河南巡抚兼提督衔倪公墓志铭》载其卒于(光绪)十六年六月,年六十八。倪文蔚《两疆勉斋古今体诗存》卷4《乙酉七夕》:"我年六十三,一年一七夕。"《乙酉监临广东秋试提调华尧封前辈示以仲秋望月有感二律次韵奉和》:"翻云覆雨纷纷是,难得相知到白头(公年七十有五,蔚亦六十三矣)。"据此四者逆推,其生年均与《倪氏家谱》同。《道光己酉科各省选拔同年明经通谱》《咸丰元年辛亥恩科直省同年全录》《咸丰壬子恩科会试同年齿录》均作道光丙戌年十月二日。

② 《申报》光绪十六年七月二十四日第六千二百四十五号之光绪十六年七月十二日《京报全录·廖寿丰跪奏》、《清代人物大事纪年》、秦树声《乖庵文录》卷上《倪中丞神道碑铭》均与《豫抚出缺》同。

③ 倪埙《序》:"宣统二年庚戌,会稽倪埙小舫,年八十三,人日雪后为烟客题跋序。"据此逆推,其当生于道光八年(1828)。

④ 《道光二十三年癸科浙江乡试同年齿录》与《道光二十三年癸卯科直省同年全录》同。

续表

姓名	字	号	籍贯	生卒(农历)	生卒(公历)	文献来源
聂济时	畏三	楫臣	江西万年	道光二十九年三月十七日	1849年4月9日	《光绪己卯科直省同年齿录》①
				?		
钮玉庚	润生	韵笙 品珊	浙江会稽	道光二十三年九月二日	1843年10月24日	《同治四年乙丑科会试同年齿录》②
				光绪七年	1881年	《日记》光绪七年十一月十一日③
欧阳晖④	吉士	仲孙	江西宜黄	道光四年十月二十日	1824年12月10日	欧阳竟无、欧阳格《南岳欧阳善一公宗谱》之《凤五三公派》⑤
				光绪二年二月三十日	1876年3月25日	同上
潘彬⑥	质臣	文轩	江西铅山	咸丰元年十月二十一日	1851年12月13日	《光绪丙子恩科会试同年齿录》⑦
				?		
潘承翰		少梅	浙江仁和	?		
				同治十年七月十五日	1871年8月30日	俞樾著;赵一生主编《俞樾全集》册27之《春在堂日记》同治十年七月二十六日⑧

① 《光绪六年庚辰科会试同年齿录》、《聂济时乡试朱卷》、聂济时会试履历(《清代朱卷集成》册49)均与《光绪己卯科直省同年齿录》同。

② 《日记》光绪七年十一月十一日:"是日,闻学士钮□□以瘵死,□□本吾郡城诸善弄人,其父游幕山东,遂入大兴籍,甫逾冠,入翰林,大考前列,擢庶子,主考山东,又视学其地。佻儇不学,贪慕酒色,日逐狎游,唱簧腔,坊曲皆呼为小钮儿。今死时年止三十九,亦少年得意者之戒也。"据此逆推,其生年与《同治四年乙丑科会试同年齿录》同。

③ 《日记》光绪七年十一月十一日:"是日,闻学士钮□□以瘵死,□□本吾郡城诸善弄人,其父游幕山东,遂入大兴籍,甫逾冠,入翰林,大考前列,擢庶子,主考山东,又视学其地。佻儇不学,贪慕酒色,日逐狎游,唱簧腔,坊曲皆呼为小钮儿。今死时年止三十九,亦少年得意者之戒也。"据此,其当卒于光绪七年十一月十一日或之前。光绪七年十一月十一日,公历为1881年12月31日。此暂作光绪七年(1881)。《清代人物生卒年表》缺。

④ 谱名为铁。

⑤ 《己酉科直省乡试同年录》作道光辛卯年十月二十日。

⑥ 谱名之煌。

⑦ 许应鑅《浙江同官录》作咸丰二年十月二十一日。

⑧ 《日记》同治十年十月二十八日:"得潘凤洲太翁之讣及哀启。"据此,仅知其卒于同治十年十月二十八日或之前。

续表

姓名	字	号	籍贯	生卒(农历)	生卒(公历)	文献来源
潘存[①]	仲模	存之 孺初	海南文昌	嘉庆二十三年 十二月十七日	1819 年 1 月 12 日	《海南潘氏族谱》之《至中派文镆支实录》[②]
				光绪十九年 六月八日	1893 年 7 月 20 日	同上
潘观保	玉生	辛芝 辛之	江苏吴县	道光八年 六月十九日	1828 年 7 月 30 日	潘志晖《大阜潘氏支谱》正编卷 6《敷九公四房贡湖公支》[③]
				光绪二十年 五月八日	1894 年 6 月 11 日	同上[④]
潘鸿	仪甫	凤洲	浙江钱塘	道光二十四年 五月一日	1844 年 6 月 16 日	《同治庚午科浙江乡试同年齿录》[⑤]
				?		
潘良骏[⑥]	伯驯 伯循	汉耿	浙江山阴	道光二十年 九月十八日	1840 年 10 月 13 日	《日记》光绪十七年六月九日[⑦]
				光绪十七年 六月十九日	1891 年 7 月 24 日	同上
潘少彭			安徽泾县	?		《日记》光绪十七年三月十九日
				?		
潘士林	简庭 骏声	日章	浙江会稽	咸丰十年 六月二十七日	1860 年 8 月 13 日	《光绪辛卯科浙江乡试同年齿录》
				?		

① 谱名有佳,榜名杏卿。

② 《咸丰元年辛亥恩科直省同年全录》与《海南潘氏族谱》同。

③ 《咸丰八年戊午科顺天乡试同年齿录》与《大阜潘氏支谱》同。潘志晖《大阜潘氏支谱》附编卷 9 朱以增《潘君辛芝家传》载其卒于光绪二十五年五月八日,年六十有七。据此逆推,其生年亦与《大阜潘氏支谱》同。

④ 潘志晖《大阜潘氏支谱》附编卷 9 朱以增《潘君辛芝家传》与《大阜潘氏支谱》同。

⑤ 《同治庚午科大同年齿录》与《同治庚午科浙江乡试同年齿录》同。

⑥ 谱名诠,改名通。

⑦ 潘通会试履历(《清代朱卷集成》册 45)、《光绪三年丁丑科会试同年齿录》、《同治丁卯科并补行甲子科浙江乡试同年齿录》均作道光丙午年九月十八日。《日记》光绪十五年九月二十日:"昨日为伯循五十生日,今日补送食礼四事,并作书致之。得复。"《日记》光绪十七年六月九日:"闻潘伯循今日申刻病殁邑馆中,年五十二。"据此五者,定其生于道光庚子年九月十八日。越缦言九月十九日为其生日,疑为误记。

续表

姓名	字	号	籍贯	生卒(农历)	生卒(公历)	文献来源
潘树孳	字甫	孟多	江苏吴县	光绪十三年八月三日	1887年9月19日	潘志晖《大阜潘氏支谱》正编卷6《敷九公四房贡湖公支》
				光绪二十七年五月二日	1901年6月17日	同上
潘衍桐①	菶廷 峄琴	孝则	广东南海	道光二十一年八月十三日	1841年9月27日	《翰林院侍读学士潘君传》(《碑传集三编》卷10)②
				光绪二十五年八月二十一日	1899年9月25日	《申报》光绪二十五年九月三日第九千五百十二号《粤省官场纪事》③
潘衍鋆④	达廷	任卿 霖庵	广东南海	道光十八年五月七日	1838年6月28日	吴道镕《澹庵文存》卷2《清资政大夫陕西潼商道潘君墓志铭》⑤
				光绪八年十二月十三日	1883年1月21日	同上⑥
潘曾绶⑦	若甫 崧甫	绂庭 小轩	江苏吴县	嘉庆十五年五月六日	1810年6月7日	《大阜潘氏支谱》正编卷6《敷九公四房贡湖公支》⑧
				光绪九年正月二十三日	1883年3月2日	同上⑨

① 原名汝桐。

② 潘衍桐会试履历(《清代朱卷集成》册29)、《同治七年戊辰科会试同年齿录》、《重订戊辰同年齿录》均作道光甲辰年八月十三日。《传》载其卒于光绪二十五年,年五十九。据此四者,定其生于道光二十一年八月十三日。

③ 《传》仅作光绪二十五年(1899)。

④ 原名汝楠。

⑤ 《同治四年乙丑科会试同年齿录》作道光辛丑年五月七日。《墓志铭》载其卒于光绪壬午年十二月十三日,卒年四十五。据此二者,定其生于道光十八年五月七日。

⑥ 《申报》光绪九年二月十一日第三千五百六十五号之光绪九年正月二十九日《京报全录·冯誉骥跪奏》与《墓志铭》同。

⑦ 原名曾鉴。

⑧ 潘志晖《大阜潘氏支谱》附编卷9李慈铭《诰封光禄大夫四品卿衔内阁侍读追赠三品衔潘公墓志铭》、《道光庚子恩科直省同年谱》、潘曾绶编;潘祖荫、潘祖同补编《潘绂庭自订年谱》均与《大阜潘氏支谱》同。潘志晖《大阜潘氏支谱》附编卷9赵之谦《诰封光禄大夫赠三品衔内阁侍读潘公墓志铭》作卒于光绪九年正月甲辰,年七十四。据此逆推,其生年亦与《大阜潘氏支谱》同。

⑨ 潘曾绶编;潘祖荫、潘祖同补编《潘绂庭自订年谱》、《日记》光绪九年正月二十三日,以及潘志晖《大阜潘氏支谱》附编卷9中李慈铭《诰封光禄大夫四品卿衔内阁侍读追赠三品衔潘公墓志铭》、赵之谦《诰封光禄大夫赠三品衔内阁侍读潘公墓志铭》均与《大阜潘氏支谱》同。

续表

姓名	字	号	籍贯	生卒(农历)	生卒(公历)	文献来源
潘曾玮	宝臣	玉泉 玉泠 季玉	江苏吴县	嘉庆二十三年 十二月三十日	1819 年 1 月 25 日	潘曾玮、潘祖谦、潘祖畴、潘祖颐等《养闲年谱》①
				光绪十一年 十二月二十八日	1886 年 2 月 1 日	同上②
潘曾莹	申甫	星斋	江苏吴县	嘉庆十三年 十一月四日	1808 年 12 月 20 日	《大阜潘氏支谱》卷 6《敷九公四房贡湖公支》③
				光绪四年 三月三日	1878 年 4 月 5 日	同上④
潘自彊⑤	师键	惕吾 荻渔	浙江泰顺	道光十四年 五月九日	1834 年 6 月 15 日	潘志晖《潘氏族谱》⑥
				光绪六年 正月十一日	1880 年 2 月 20 日	同上⑦
潘祖保	子厚	味琴	江苏吴县	道光十五年 正月十三日	1835 年 2 月 10 日	潘志晖《大阜潘氏支谱》正编卷 6《敷九公四房贡湖公支》
				光绪四年 八月四日	1878 年 8 月 31 日	同上

① 潘志晖《大阜潘氏支谱》中卷 6《敷九公四房贡湖公支》及附编卷 9《诰授荣禄大夫布政使衔记名道刑部郎中显考季玉府君行述》均与《养闲年谱》同。

② 潘志晖《大阜潘氏支谱》中卷 6《敷九公四房贡湖公支》及附编卷 9《诰授荣禄大夫布政使衔记名道刑部郎中显考季玉府君行述》均与《养闲年谱》同。

③ 潘志晖《大阜潘氏支谱》附编卷 9 潘祖同、祖喜《诰授光禄大夫赐进士出身吏部左侍郎加五级先考星斋府君暨诰封一品夫人先妣陆太夫人行述》、《道光甲午科直省同年全录》、《道光二十一年辛丑恩科会试齿录》、潘曾莹《赐锦堂经进文钞》卷首俞樾《吏部左侍郎潘公墓志铭》、潘曾沂《小浮山人年谱》均与《大阜潘氏支谱》同。潘曾莹《赐锦堂经进文钞》卷首李鸿章《前工部侍郎潘公神道碑》载其卒于光绪四年三月，年七十有一。潘曾莹《赐锦堂经进文钞》卷首敖册贤《星斋先生家传》载其卒于光绪四年三月三日，年七十有一。据此二者逆推，其生年亦均与《大阜潘氏支谱》同。

④ 潘志晖《大阜潘氏支谱》附编卷 9 潘祖同、祖喜《诰授光禄大夫赐进士出身吏部左侍郎加五级先考星斋府君暨诰封一品夫人先妣陆太夫人行述》、《日记》光绪四年三月三日，以及潘曾莹《赐锦堂经进文钞》卷首中俞樾《吏部左侍郎潘公墓志铭》、敖册贤《星斋先生家传》，均与《大阜潘氏支谱》同。潘曾莹《赐锦堂经进文钞》卷首李鸿章《前工部侍郎潘公神道碑》仅作光绪四年三月。

⑤ 小名永昌。

⑥ 潘自彊会试履历(《清代朱卷集成》册 22)、潘自彊乡试履历(《清代朱卷集成》册 248)均作道光壬寅年五月九日。《咸丰戊午科浙江乡试同年齿录》《咸丰戊午科直省同年录》其字号、出生年月日均空。《清代人物生卒年表》据潘自彊会试履历作道光二十二年(1842)。

⑦ 《清代人物生卒年表》缺。

续表

姓名	字	号	籍贯	生卒(农历)	生卒(公历)	文献来源
潘祖年	仲午	西园	江苏吴县	同治九年 十月二十三日	1870 年 11 月 15 日	潘志晖《大阜潘氏支谱》正编卷 6《敷九公四房贡湖公支》①
				民国十四年 正月十二日	1925 年 2 月 4 日	同上②
潘祖同	桐生	谱琴 岁可老人	江苏吴县	道光九年 六月十三日	1829 年 7 月 13 日	《大阜潘氏支谱》正编卷 6《敷九公四房贡湖公支》③
				光绪二十八年 十一月二十三日	1902 年 12 月 22 日	同上④
潘祖喜	歌起	怡琴	江苏吴县	道光十三年 八月十七日	1833 年 9 月 30 日	《大阜潘氏支谱》正编卷 6《敷九公四房贡湖公支》⑤
				光绪十九年 二月二十一日	1893 年 4 月 7 日	同上
潘祖荫	东镛	伯寅 郑庵 凤笙	江苏吴县	道光十年 十月六日	1830 年 11 月 20 日	《大阜潘氏支谱》正编卷 6《敷九公四房贡湖公支》⑥
				光绪十六年 十月三十日	1890 年 12 月 11 日	《日记》光绪十六年十月三十日⑦

① 潘祖年《潘文勤公年谱》与《大阜潘氏支谱》同。

② 潘祖年《潘文勤公年谱》与《大阜潘氏支谱》同。

③ 潘祖同《竹山堂诗补》附录章炳麟《清故翰林院庶吉士潘君墓志铭》载其卒于光绪二十八年十一月，春秋七十有四。据此逆推，其生年亦与《大阜潘氏支谱》同。《咸丰六年丙辰科会试同年齿录》作道光庚寅年六月十三日。

④ 《顺天时报》光绪二十八年十二月八日第二百五十八号《山长作古》："学古堂山长潘谱琴太史日前偶患小恙，不料药石无灵，遽于本月二十三日寅刻在城东南石子街府第逝世。"据此，其去世年月日亦与《大阜潘氏支谱》同。潘祖同《竹山堂诗补》附录章炳麟《清故翰林院庶吉士潘君墓志铭》仅作光绪二十八年十一月。

⑤ 《咸丰六年丙辰科会试同年齿录》作道光庚寅年六月十三日。

⑥ 《道光己酉直省乡试同年录》、《咸丰壬子恩科会试同年齿录》、潘祖年《潘文勤公年谱》均与《大阜潘氏支谱》同。潘志晖《大阜潘氏支谱》附编卷 9 李慈铭《诰授光禄大夫太傅工部尚书潘文勤公墓志铭》仅作道光庚寅年(1830)。

⑦ 潘祖年《潘文勤公年谱》、潘志晖《大阜潘氏支谱》附编卷 9 李慈铭《诰授光禄大夫太傅工部尚书潘文勤公墓志铭》均与《日记》光绪十六年十月三十日同。《大阜潘氏支谱》卷 6《敷九公四房贡湖公支》作光绪十六年十月三日。

续表

姓名	字	号	籍贯	生卒(农历)	生卒(公历)	文献来源
潘祖桢	子固	幹臣	江苏吴县	道光二十一年十月三日	1841年11月15日	潘志晖《大阜潘氏支谱》正编卷6《敷九公四房贡湖公支》①
				咸丰七年正月九日	1857年2月3日	同上②
潘遵祁	觉夫	顺之 西圃 西京	江苏吴县	嘉庆十三年五月十二日	1808年6月5日	《大阜潘氏支谱》正编卷6《敷九公四房贡湖公支》③
				光绪十八年六月二十一日	1892年7月14日	同上④
庞鸿书	仲劬	劬庵	江苏常熟	道光二十八年八月十五日	1848年9月12日	庞钟璐《海虞庞氏家谱》卷10⑤
				民国四年七月九日	1915年8月19日	金兆蕃《安乐乡人文》卷6《庞劬庵先生神道碑》
庞鸿文	伯絅 伯褧	絅堂	江苏常熟	道光二十五年八月二十七日	1845年9月28日	庞钟璐《海虞庞氏家谱》卷10⑥
				宣统元年七月七日	1909年8月22日	《庞絅堂讣告》(《上海图书馆藏赴闻集成》册9)⑦

① 潘志晖《大阜潘氏支谱》附编卷9中潘曾莹《亡儿祖桢小传》、潘祖同《弟祖桢事略》,以及潘曾玮《养闲年谱》均与《大阜潘氏支谱》同。

② 潘志晖《大阜潘氏支谱》附编卷9中潘曾莹《亡儿祖桢小传》、潘祖同《弟祖桢事略》,以及潘曾玮《养闲年谱》均与《大阜潘氏支谱》同。

③ 《道光二十三年癸卯科直省同年全录》《道光二十五年会试齿录》《道光丁酉科明经通谱》均与《大阜潘氏支谱》同。潘志晖《大阜潘氏支谱》附编卷9俞樾《西圃潘君家传》载其光绪十八年六月丁未卒于里第,年八十有五。据此逆推,其生年亦与《大阜潘氏支谱》同。

④ 潘志晖《大阜潘氏支谱》附编卷9俞樾《西圃潘君家传》与《大阜潘氏支谱》同。

⑤ 《光绪六年庚辰科会试同年齿录》仅作年三十一岁。据此逆推,其当生于道光三十年(1850)。庞鸿书乡试履历(《未刊清代朱卷集成》册54)作道光庚戌年八月十五日。

⑥ 《庞絅堂讣告》(《上海图书馆藏赴闻集成》册9)、《同治庚午科大同年齿录》均与《海虞庞氏家谱》同。《光绪二年丙子恩科会试同年齿录》作道光丁未八月二十七日。《广清碑传集》卷16《庞鸿文传》载其宣统元年卒,年六十五。据此逆推,其生年亦与《海虞庞氏家谱》同。

⑦ 钱钟联《广清碑传集》卷16《庞鸿文传》仅作宣统元年(1909)。

续表

姓名	字	号	籍贯	生卒(农历)	生卒(公历)	文献来源
庞际咸①	子舟 毅斋	濬卿 俊卿 顺卿	直隶宁津	嘉庆二十三年十一月二十三日	1818年12月20日	庞际云《叙》(庞际咸《庞濬卿遗文初编》卷首)②
				?		
庞际云③	致福	省三 省山	直隶宁津	道光元年十月二日	1821年10月27日	庞际云《叙》(庞际咸《庞濬卿遗文初编》卷首)④
				光绪十二年八月十九日	1886年9月16日	《申报》光绪十二年十月七日第四千八百六十八号之光绪十二年九月二十八日《京报全录·张凯嵩跪奏》⑤
庞玺	次符 次封	印山	山西代州	道光二十五年十月九日	1845年11月8日	张友桐《西陉草堂文集》卷6《诰授中宪大夫平凉府知府庞公神道碑》⑥
				民国三年九月二十一日	1914年11月8日	同上
佩芳			?	?		《日记》咸丰十一年二月十二日
				同治二年十月	1863年	《日记》同治二年十一月七日⑦
彭登焯	昭衡	少华	湖南衡阳	道光元年七月二十二日	1821年8月19日	《彭氏六修族谱》卷2《黄子堂应宗公派下齿录》
				光绪三十一年十一月十八日	1905年12月14日	同上

① 一作际盛,原名文龙。

② 《咸丰元年辛亥恩科直生同年全录》作道光辛巳年十一月二十三日。庞际云《叙》载:"仲氏濬卿,讳际咸,生于嘉庆戊寅。"据此二者,定其生于嘉庆戊寅年十一月二十三日。

③ 原名震龙。

④ 《道光二十三年癸卯科直省同年全录》《咸丰壬子恩科会试同年齿录》均作道光癸未年十月二日。《江南宁属同官录》作道光辛巳年十月二日。《庞濬卿遗文初编》之庞际云《叙》载:"仲氏濬卿,讳际咸,生于嘉庆戊寅,长余三岁。"据此四者,定其生于道光元年十月二日。《清代人物生卒年表》据《咸丰壬子恩科会试同年齿录》作道光三年(1823)。

⑤ 《日记》光绪十二年九月十二日:"邸抄,以广东按察使于荫霖为云南布政使(本任庞际云故)。"据此,其当卒于光绪十二年九月十二日之前。《清代人物生卒年表》缺。

⑥ 《同治十三年甲戌科会试同年齿录》与《神道碑》同。

⑦ 《日记》同治二年十一月七日"酒间,松庭言佩芳前月以饥寒死,尚着纱裙也,殊为惨黯。"据此,其当卒于同治二年十月。此暂作同治二年(1863)。

续表

姓名	字	号	籍贯	生卒(农历)	生卒(公历)	文献来源
彭鸿翊[①]	之屏	春波	湖北黄陂	咸丰六年 五月十一日	1856年 6月13日	《光绪九年癸未科会试同年齿录》
				?		
彭献庚	少白		河南罗山	?		《大清搢绅全书》(光绪十三年冬)册1《刑部》
				?		
彭祖贤	兰耆	芍庭	江苏长洲	嘉庆二十四年 闰四月二十九日	1819年 6月21日	彭文杰《彭氏宗谱》卷2《小传》[②]
				光绪十一年 十月十二日	1885年 11月18日	同上[③]
皮宗瀚	筱舲 啸舲	筱霖	湖南善化	道光五年 三月十九日	1825年 5月6日	皮宗石《长沙皮氏族谱》卷9《仲永公宗卉仙公房谱》[④]
				光绪七年 十二月十七日	1882年 2月5日	同上
朴凤彬	汉泗	绮园	朝鲜	朝鲜宪宗四年	1838年	董寿平、李豫编《清季洪洞董氏日记六种》册6页62
				?		
朴珪寿	桓卿 瓛卿	桓斋 瓛斋	朝鲜	朝鲜纯祖七年 九月二十七日	1807年 10月27日	金允植《节录瓛斋先生行状草》(朴珪寿《瓛斋集》卷1)
				朝鲜高宗二年 十二月二十七日	1877年 2月9日	同上

① 原名鸿翰,一名国梁。

② 《续碑传集》卷28卫荣光《诰授光禄大夫头品顶戴兵部侍郎右副都御史湖北巡抚彭公墓志铭》、《咸丰元年恩荫童年齿录》均与《彭氏宗谱》同。

③ 《申报》光绪十一年十二月二日第四千五百七十五号之光绪十一年十一月十三日《京报全录·裕禄跪奏》、《续碑传集》卷28卫荣光《诰授光禄大夫头品顶戴兵部侍郎右副都御史湖北巡抚彭公墓志铭》均与《彭氏宗谱》同。

④ 《咸丰乙卯直省乡试同年齿录》与《长沙皮氏族谱》同。《咸丰九年己未科会试同年齿录》作道光戊子年三月十九日。

续表

姓名	字	号	籍贯	生卒(农历)	生卒(公历)	文献来源
平步青	景荪 庆荪 敬荪	蔚庐 栋山 平子 侣霞 三壶佚史	浙江山阴	道光十二年二月八日	1832 年 3 月 9 日	《咸丰乙卯直省乡试同年齿录》①
				光绪二十一年	1895 年	《民国绍兴县志资料第一辑》册 15《人物列传第二编》②
平成	萱阶 缦云	纲侯	浙江山阴	咸丰七年九月二十四日	1857 年 11 月 10 日	《光绪辛卯科浙江乡试同年齿录》
				?		
平履和	蔼如		直隶大兴③	道光十三年三月八日	1833 年 4 月 27 日	《江南宁属同官录》
				?		
濮丙鑅	蓉江		浙江山阴	?		《大清搢绅全书》(同治二年夏)册 2《直隶·顺天府》
				?		
濮庆孙	寿君	秋农	浙江钱塘④	嘉庆十八年八月七日	1813 年 9 月 1 日	《道光二十三年癸卯科直省同年全录》⑤
				光绪四年十二月	1878 年	《日记》光绪五年正月二十六日⑥
濮诒孙	少霞		浙江钱塘⑦	嘉庆十三年	1808 年	俞樾著;赵一生主编《俞樾全集》册 18《春在堂楹联》卷 2⑧
				光绪四年	1878 年	同上⑨

① 平步青《安越堂外集》卷 7《栋山樵传》载其辛卯二月年六十。据此逆推,其生年与《咸丰乙卯直省乡试同年齿录》同。《咸丰五年乙卯科浙江乡试同年齿录》与《咸丰乙卯直省乡试同年齿录》同。《同治元年壬戌科会试同年齿录》作道光丙申年二月八日。

② 《人物列传第二编》仅作(光绪)乙未年(1895)。

③ 祖籍浙江山阴。

④ 祖籍浙江山阴。

⑤ 《道光庚戌科会试同年齿录》作嘉庆乙亥年八月七日。

⑥ 《日记》光绪五年正月二十六日:"晡后出城唁紫泉。紫泉尊人寿君太守以去冬署顺德府,十二月卒于任。"据此,其当卒于光绪四年十二月,公历范围为 1878 年 12 月 24 日—1879 年 1 月 21 日。此暂作光绪四年(1878)。

⑦ 祖籍浙江钱塘。

⑧ 《春在堂楹联》卷 2《濮少霞观察七十寿联》(少霞旧宦蜀,光绪三年正月其生日也)。据此逆推,其当生于嘉庆十三年正月。此暂作嘉庆十三年(1808)。

⑨ 《春在堂楹联》卷 2《濮少霞观察挽联》载其卒于光绪四年二月。此暂作光绪四年(1878)。

续表

姓名	字	号	籍贯	生卒(农历)	生卒(公历)	文献来源
濮子潼	止潜	紫泉 霞孙	浙江钱塘①	道光二十六年 九月十六日	1846年 11月4日	《同治庚午科大同年齿录》②
				宣统元年 四月二十三日	1909年 6月10日	《申报》宣统元年五月二日第一万三千六十四号《恕讣不周》③
普涵斋			?	?		《日记》光绪十年九月九日
				?		
戚人铣	振南	润如 溥如	浙江德清	道光十九年 三月十九日	1839年 5月2日	《同治四年补行辛酉科并壬戌浙江乡试同年齿录》④
				光绪十七年	1891年	朱彭寿《清代人物大事纪年》页1640⑤
戚扬⑥	显臣 升淮 升槐 圣怀		浙江山阴	咸丰七年 五月十七日	1857年 6月8日	朱彭寿著;何双生点校《历代史料笔记丛刊·安乐康平室随笔》卷6⑦
				民国三十二年 十月二十六日	1943年 11月23日	《诗巢壬社社友录》⑧

① 祖籍浙江钱塘。

② 朱彭寿《清代人物大事纪年》载其于宣统元年四月二十三日卒,年六十四。据此逆推,其生年与《同治庚午科大同年齿录》同。濮子潼会试履历(《清代朱卷集成》册43)、《光绪三年丁丑科会试同年齿录》均作道光己酉年九月十六日。《同治九年庚午科顺天乡试同年齿录》作道光戊申年九月十六日。《清代人物生卒年表》据《光绪三年丁丑科会试同年齿录》作道光二十九年(1849)。

③ 《清代人物大事纪年》与《恕讣不周》同。《大公报》(天津版)宣统元年五月初日第二千四百八十四号《江苏》作宣统元年四月二十五日。《清代人物生卒年表》缺。

④ 《同治七年戊辰科会试同年齿录》《重订戊辰同年齿录》《清代人物大事纪年》均与《同治四年补行辛酉科并壬戌浙江乡试同年齿录》同。

⑤ 《清代人物生卒年表》缺。

⑥ 谱名继奏。

⑦ 《光绪戊子科浙江乡试同年齿录》作咸丰戊午年五月十七日。戚扬会试履历(《清代朱卷集成》册63)、《光绪十五年己丑科会试同年齿录》均作咸丰庚申年五月十七日。《安乐康平室随笔》载:"江西候补道、侯官沈鲁青观察璘庆;江苏松江府知府、山阴戚升淮太守杨,现均八十三(丁巳生)。……按此书于己卯年撰成,上年庚辰之冬排印成书,故上列诸公年龄皆以己卯年为准,庶与本书吻合也。辛巳花朝承幹谨识。"《绍兴文史资料选辑》第5辑朱仲华《忆同学罗家伦》:"一九三六年,其父七十寿辰的那一年,罗氏父子曾来绍兴,并参加绍兴'西园诗巢'。当时适值诗巢成员朱仲华四十岁……李镜燧(槐青)七十岁,戚扬(升槐)八十岁。罗家伦亦撰诗词为之祝寿。"据此五者,定其生于咸丰七年五月十七日。《清代人物生卒年表》据《光绪十五年己丑科会试同年齿录》作咸丰十年(1860)。

⑧ 《萧山戚氏宗谱》作1945年秋。《清代人物生卒年表》缺。

续表

姓名	字	号	籍贯	生卒(农历)	生卒(公历)	文献来源
祁世长	子禾	念慈 敏斋	山西寿阳	道光五年 六月二十九日	1825年 8月13日	祁师曾《皇清诰授光禄大夫经筵讲官工部尚书兼管顺天府府尹事务予谥文恪子禾太府君行述》(祁寯藻等《寿阳祁氏遗稿》册2)①
				光绪十八年 八月五日	1892年 9月25日	《日记》光绪十八年八月五日②
祁颂威③	景颐 君肙		山西寿阳	同治九年	1870年	陈灨一《甘簃文集剩稿》卷下《祁君肙先生暨德配段夫人合葬墓表》④
				民国二十五年 三月十九日	1936年 4月10日	同上
祁征祥	子聘	星皆	云南海通⑤	道光二十八年 十一月六日	1848年 12月1日	《光绪六年庚辰科会试同年齿录》
				光绪十七年 六月七日	1891年 7月12日	《申报》光绪十七年十一月十日第六千六百九十六号之光绪十七年十一月三日《京报全录·卞宝第跪奏》⑥
奇克坦泰		叙五	满洲镶白旗	嘉庆十九年 二月三日	1814年 2月22日	《苏省同官录》
				光绪元年 四月	1875年	朱彭寿《清代人物大事纪年》页1557

① 《咸丰元年辛亥恩科直省同年全录》、祁世长会试履历(《清代朱卷集成》册22)、《祁世长乡试朱卷》、《续碑传集》卷15王先谦《诰授光禄大夫经筵讲官工部尚书兼管顺天府事务祁文恪公神道碑》均与《行述》同。祁寯藻编,祁世长续编《观斋行年自记》仅作道光乙酉年六月。《咸丰元年恩荫同年齿录》作道光庚寅年六月二十九日。

② 《申报》光绪十八年八月十八日第六千九百九十二号《凤阙祥云》与《日记》同。《续碑传集》卷15王先谦《诰授光禄大夫经筵讲官工部尚书兼管顺天府事务祁文恪公神道碑》与《行述》均作光绪十八年八月六日。

③ 原名师曾,易名颂威。

④ 祁师曾《皇清诰授光禄大夫经筵讲官工部尚书兼管顺天府府尹事务予谥文恪子禾太府君行述》祁寯藻等(《寿阳祁氏遗稿》册2):"(光绪)己卯正月补礼部左侍郎,四月先府君以咳血殁……先府君故病且殆,不孝师曾年甫十岁……"墓表载其(民国)丙子年三月十九日卒,年六十有七。据此二者逆推,其生年均为同治九年(1870)。

⑤ 原籍山西祁县。

⑥ 《清代人物生卒年表》缺。

续表

姓名	字	号	籍贯	生卒(农历)	生卒(公历)	文献来源
启续	迪斋	绍伯	满洲正白旗	道光二十年十一月九日	1840年12月2日	《八旗奉直宦浙同官录》
				?		
钱宝廉[①]	平玉 平甫	湘吟	浙江嘉善	道光五年五月二十六日	1825年7月11日	《道光二十三年癸卯科直省同年全录》[②]
				光绪七年十二月十九日	1882年2月7日	《日记》光绪七年十二月二十日
钱保衡[③]	平伯 心余 贞木 玉持	秋访 少蓴 秋舫	浙江会稽[④]	道光八年三月二十三日	1828年5月6日	许应鑅《江苏同官录》[⑤]
				?		
钱鼎铭	新之	调甫 定舫	江苏太仓	道光五年七月七日	1825年8月20日	钱溯耆、钱溯时《诰授光禄大夫振威将军谕赐祭葬特恩荫恤赏戴花翎兵部侍郎都察院右副都御史巡抚河南等处地方督理河道兼管提督节制各镇并驻防满营官兵加二级道光丙午科举人显考调甫府君行述》[⑥]
				光绪元年五月二十一日	1875年6月24日	同上[⑦]

① 原名宝衡,后改名鋑。

② 钱鋑会试履历(《清代朱卷集成》册16)、钱鋑乡试履历(《清代朱卷集成》册240)、《道光庚戌科会试同年齿录》均作道光乙酉年五月二十六日。

③ 榜名葆鋆,原名桢。

④ 郑钟祥《常昭合志稿》卷19《职官》作浙江钱塘人。误。

⑤ 《咸丰元年辛亥恩科直省同年全录》《咸丰元年辛亥恩科浙江乡试同年齿录》均作道光壬辰年三月二十三日。钱保衡会试履历(《清代朱卷集成》册26)、《同治四年乙丑科会试同年齿录》均作道光丙申年三月二十三日。

⑥ 钱鼎铭乡试履历(《清代朱卷集成》册139)与《行述》同。钱宝琛撰;钱鼎铭续编《颐寿老人年谱》:"(道光)乙酉四十一岁……是年子鼎铭生。"据此,其生年亦与《行述》同。方濬颐《二知轩文存》卷33《河南巡抚钱公行状》载其光绪元年五月二十日卒,年五十一。据此逆推,其生年亦与《行述》同。钱泰阶《彭城世谱》卷11《叔弢公后六房美瞻公支》作道光四年七月七日。《清代人物生卒年表》据方濬颐《行状》作道光四年(1824)。

⑦ 钱泰阶《彭城世谱》卷11《叔弢公后六房美瞻公支》、钱鼎铭《钱敏肃公奏疏》卷首沈葆桢、吴元炳《请予谥建祠疏》均与《行述》同。方濬颐《二知轩文存》卷33《河南巡抚钱公行状》作光绪元年五月二十日。

续表

姓名	字	号	籍贯	生卒(农历)	生卒(公历)	文献来源
钱桂森①	辛白 辛伯 馨伯	樨庵 犀庵	江苏泰州	道光七年 八月二十二日	1827年 10月12日	钱桂蟾《吴越钱氏宗谱》卷11《同祖支·文迎公》②
				光绪二十八年 十一月十一日	1902年 12月10日	翁同龢著;陈义杰点校《翁同龢日记》册5页3424③
钱继曾④	金谷	秋槎 绳其	浙江上虞	道光二十七年 六月二十一日	1847年 8月1日	钱镕《上虞通明钱氏宗谱》卷6《世录五》⑤
				宣统元年 十月二十一日	1909年 12月3日	同上
钱骏祥⑥	念萱	新甫	浙江嘉兴	道光二十八年 四月二十六日	1848年 5月28日	孙雄《清授光禄大夫头品顶戴日讲起居注官翰林院侍读嘉兴钱公行状》⑦
				民国十九年 四月八日	1930年 5月8日	同上
钱青⑧		秋菱 荇香	北京	咸丰五年 八月四日	1855年 9月14日	周明道《道咸以来梨园系年小录》
				?		
钱仁俊			越缦邑人	?		《日记》光绪十七年六月一日
				?		

① 原名桂枝。

② 《己酉科直省乡试同年录》《道光庚戌科会试同年齿录》均与《吴越钱氏宗谱》同。《清代人物大事纪年》作道光丁亥八月二十一日。

③ 《清代人物大事纪年》与《翁同龢日记》同。

④ 谱名允明。

⑤ 钱继曾乡试履历(《清代朱卷集成》册266)、《光绪丙子科浙江乡试同年齿录》均作道光戊申年六月二十一日。

⑥ 原名贻元,谱名颐仁。

⑦ 钱骏祥乡试履历(《清代朱卷集成》册118)、《钱骏祥乡试朱卷》、《光绪十五年己丑科会试同年齿录》、《同治庚午科大同年齿录》、《光绪十一年乙酉科顺天乡试同年齿录》均作道光庚戌年四月二十六日。

⑧ 小字桂蟾。

续表

姓名	字	号	籍贯	生卒(农历)	生卒(公历)	文献来源
钱荣祖[①]	万青 藩卿 蕃卿	梦莲 稚川	浙江会稽	道光二十八年 十二月九日	1849 年 1 月 3 日	《同治癸酉科浙江乡试同年齿录》[②]
				?		
钱世叙[③]	蓉堂	蓉塘	浙江上虞	道光三年 八月二十三日	1823 年 9 月 27 日	钱良猷《续辑上虞通明钱氏衍庆谱》卷 5《世纪》[④]
				同治三年 九月十四日	1864 年 10 月 14 日	同上
钱溯耆	籥龢 听邠	伊臣	江苏太仓	道光二十四年 十月七日	1844 年 11 月 16 日	钱泰阶《彭城世谱》卷 11《叔弢公后六房美瞻公支》[⑤]
				民国六年 四月二十八日	1917 年 6 月 17 日	秦绥章《钱溯耆墓志铭》
钱锡晋	庶康 驷门	梦昂	河南祥符	咸丰七年 五月二十五日	1857 年 6 月 16 日	《光绪六年庚辰科会试同年齿录》[⑥]
				?		
钱恂[⑦]	念劬		浙江归安	咸丰三年 十二月十二日	1854 年 1 月 10 日	钱恂《吴兴钱氏家乘》卷 3《第六世至第九世世传》[⑧]
				民国十六年 正月二十三日	1927 年 2 月 24 日	同上
钱以銮	介甫 介夫		浙江仁和	?		《日记》咸丰九年四月四日
				?		

① 原名荣。

② 钱荣祖乡试履历(《清代朱卷集成》册 260)与《同治癸酉科浙江乡试同年齿录》同。

③ 旧谱作世祚。

④ 《咸丰九年己未恩科浙江乡试同年齿录》中字号、出生年月日空缺。《清代人物生卒年表》缺。

⑤ 秦绥章《钱溯耆墓志铭》、《同治庚午科大同年齿录》均与《彭城世谱》同。钱溯耆优贡履历(《清代朱卷集成》册 370)作道光丙午年十月七日。

⑥ 钱锡晋会试履历(《清代朱卷集成》册 50)与《光绪六年庚辰科会试同年齿录》同。

⑦ 初名学嘉。

⑧ 《清代人物生卒年表》据曹述敬编《钱玄同年谱》作咸丰三年(1853)。

续表

姓名	字	号	籍贯	生卒(农历)	生卒(公历)	文献来源
钱应溥	子密		浙江嘉兴	道光四年五月八日	1824 年 6 月 4 日	钱仪吉、钱骏祥《庐江钱氏年谱》之续编》卷 5①
				光绪二十七年十二月十九日	1902 年 1 月 28 日	同上
钱振常②	篴仙		浙江吴兴	道光五年四月二十五日	1825 年 6 月 11 日	钱恂《吴兴钱氏家乘》卷 3③
				光绪二十四年八月九日	1898 年 9 月 24 日	同上④
乔保安	翼廷	静之	汉军镶黄旗	道光二十六年正月十八日	1846 年 2 月 13 日	《同治庚午科大同年齿录》⑤
				光绪十六年	1890 年	《日记》光绪十六年三月二十八日⑥
乔保衡	亦香	仲钧	直隶天津	咸丰九年正月二十一日	1859 年 2 月 23 日	翁斌孙著;张剑整理《翁斌孙日记》民国八年正月二十一日⑦
				?		
乔保元	子嘉		直隶天津	?		王守恂、高凌雯《天津县新志》卷 20 之 2《荐绅二 · 表一下》
				?		

① 《道光己酉科各省选拔同年明经通谱》《道光三十年庚戌科拔贡朝考同年齿录》均作道光丙戌年五月八日。

② 初名福宗。

③ 钱振常乡试履历(《清代朱卷集成》册 254)、《同治丁卯科并补行甲子科浙江乡试同年齿录》均作道光己丑年四月二十五日。《同治十年辛未科会试同年齿录》、钱振常会试履历(《清代朱卷集成》册 34)均作道光丙申年四月二十五日。

④ 《申报》光绪二十四年八月十八日第九千一百四十九号《苏省官报》与《吴兴钱氏家乘》同。

⑤ 《光绪六年庚辰科会试同年齿录》《同治九年庚午科顺天乡试同年齿录》均与《同治庚午科大同年齿录》同。

⑥ 《日记》光绪十六年三月二十八日:"庚辰同年乔保安户部病殁京邸。赙以二千。"据此,其当卒于光绪十六年三月二十八日或之前。此暂作光绪十六年(1890)。《清代人物生卒年表》缺。

⑦ 《翁斌孙日记》民国八年正月二十一日:"晴。晨作各处书。午后三钟至谢受之,遇吴彭秋,同往祝乔亦香寿(六十一),晚饭后始归(朱伯勋自京来,即住亦香家)。"据此逆推,其当生于咸丰九年正月二十一日。此据《翁斌孙日记》。《申报》宣统二年二月十五日第一万三千三百三十四号《都察院互选当选人名单》载其本年四十七岁。据此逆推,其当生于同治三年(1864)。《光绪十七年辛卯科顺天乡试同年齿录》作同治三年正月二十一日。

续表

姓名	字	号	籍贯	生卒(农历)	生卒(公历)	文献来源
乔峰	有三		山西祁县	?		《大清搢绅全书》(咸丰十年春)册1《京师·户部》
				?		
乔瑞淇	玉笙 澳生	愚安	直隶天津	咸丰十一年九月五日	1861年10月8日	《光绪十七年辛卯科顺天乡试同年齿录》
乔松年	健侯	鹤侪	山西徐沟	嘉庆二十年六月十九日	1815年7月25日	方濬颐《二知轩文存》卷32《太子少保东河总督乔公墓志铭》①
				光绪元年二月十四日	1875年3月21日	同上
秦宝珉②	湘臣 湘丞 秋岳	石君 大浮山人	江苏无锡	同治元年正月十日	1862年2月8日	秦光磊、秦敦世《锡山秦氏宗谱》卷8中《以时第二支灯岩公派·廿一世至廿五世》③
				民国三十二年九月二十六日	1943年10月24日	杨寿楠《清授通议大夫吏部考功司郎中秦君墓志铭》④
秦炳文⑤	艺庭	砚云 谊亭	江苏无锡	嘉庆八年七月四日	1803年8月20日	秦光磊、秦敦世《锡山秦氏宗谱》卷8中《以新第三支亦仙公派》⑥
				同治十二年九月八日	1873年10月28日	同上⑦

① 乔松年乡试履历(《清代朱卷集成》册96)、《会试同年齿录道光乙未科》均作嘉庆庚辰年六月十九日。《乙未科会试同年齿录》《道光甲午科直省同年录》均作嘉庆丁丑年六月十九日。

② 原名宝璐,榜名宝珉,后改名敦世。

③ 秦宝珉乡试履历(《清代朱卷集成》册173)、杨寿枬《清授通议大夫吏部考功司郎中秦君墓志铭》均与《锡山秦氏宗谱》同。

④ 《墓志铭》载:“君生于同治元年壬戌正月十日,以民国三十二年十月二十八日即癸未九月二十六日没于燕京寓庐,春秋八十有二。”此当为杨寿楠误记。(民国)癸未九月二十六日,公历为民国三十二年十月二十四日。公历民国三十二年十月二十八日,当为(民国)癸未九月三十日。此暂据前者。

⑤ 原名炳甲,又名熚。

⑥ 《秦谊亭讣闻》(《上海图书馆藏赴闻集成》册1)、秦炳文乡试履历(《清代朱卷集成》册137)、《道光庚子恩科直省同年谱》、秦兰枝《锡山秦氏宗谱》卷8中《世系》均与秦光磊、秦敦世《锡山秦氏宗谱》同。

⑦ 《秦谊亭讣闻》(《上海图书馆藏赴闻集成》册1)、秦兰枝《锡山秦氏宗谱》卷8中《世系》均与秦光磊、秦敦世《锡山秦氏宗谱》同。

续表

姓名	字	号	籍贯	生卒(农历)	生卒(公历)	文献来源
秦炳直	子质	习冠	湖南湘潭	咸丰三年	1853年	《申报》民国十七年九月二十五日(公历)第一万九千九百四十六号《秦炳直鬻字》①
				民国二十四年十二月十七日	1936年1月11日	郑逸梅《人物和集藏》页369②
秦达章③	斐伯	伯周 槐青 淮清	浙江会稽	同治六年七月十四日	1867年8月13日	《光绪辛卯科浙江乡试同年齿录》④
				?		
秦德埏⑤	芝孙	海樵 啸琯	浙江会稽	光绪八年五月九日	1882年6月24日	秦基《会稽秦氏宗谱》之《世表》⑥
				光绪三十一年四月十日	1905年5月13日	同上
秦赓彤⑦	汝采 幼溪	临士 麟士	江苏无锡	嘉庆十二年正月十三日	1807年2月19日	秦光磊、秦敦世《锡山秦氏宗谱》卷8中《以时第二支灯岩公派》
				光绪十年四月六日	1884年4月30日	同上
秦观光	诗舟		越缦邑人	?		孙德祖《寄龛诗质》卷2《九日偕李爱伯慈铭王眉叔诒寿秦秋伊树铦诗舟观光胡梅卿寿谦梅仙寿颐陶仲彝载铭子珍方琦心云祖望登曹山分得联字》
				?		

① 《秦炳直鬻文字》:"盖已七十六矣。"据此逆推,其当生于咸丰三年(1853)。《申报》民国二十一年七月二十五日(公历)第二万一千三百号《短讯》载其本年八十岁。据此逆推,其生年亦为咸丰三年(1853)。

② 《人物和藏集》之《柬帖》:"又秦子质讣告,子质名炳直,卒于乙亥十二月十七日,有书名。"

③ 小名闳。

④ 秦达章乡试履历(《清代朱卷集成》册284)、秦达章会试履历(《清代朱卷集成》册83)、《光绪乙未科会试同年齿录》均与《光绪辛卯科浙江乡试同年齿录》同。

⑤ 原名堮。

⑥ 《光绪己卯科直省同年齿录》与《会稽秦氏宗谱》同。

⑦ 原名勋,又名丽昌。

续表

姓名	字	号	籍贯	生卒(农历)	生卒(公历)	文献来源
秦广绶			直隶大兴	?		梁成久、陈景棻《海康县续志》卷17《职官·文职官表》
				?		
秦基[①]	幼珊	厚孙 梦艘	浙江会稽	咸丰五年八月二十一日	1855年10月1日	秦基《会稽秦氏宗谱》之《世表》
				?		
秦金鉴[②]	厚斋	友芝 慎甫	浙江会稽	嘉庆十二年三月四日	1807年4月11日	秦曾熙《皇清赐进士出身诰授通奉大夫晋封荣禄大夫赏戴花翎署福建按察使盐运使衔兴泉永兵备道显考友芝府君年谱》[③]
				同治四年七月二十八日	1865年9月17日	同上[④]
秦树敏[⑤]	秋伊 秋渔	娱园 勉钼	浙江会稽	道光十二年正月四日	1832年2月5日	《同治癸酉科浙江乡试同年齿录》[⑥]
				光绪十三年九月	1887年	《日记》光绪十三年十一月十九日[⑦]
秦文澂	远帆		浙江会稽	?		秦达章会试履历(《清代朱卷集成》册83)
				?		

① 原名均。

② 原名如梓,又名际昌。

③ 秦基《会稽秦氏宗谱》与《年谱》同。《道光二十年庚子科会试同年齿录》仅作(嘉庆)庚午年(1810)。《道光甲午科直省同年录》作嘉庆庚午年三月四日。

④ 秦基《会稽秦氏宗谱》与《年谱》同。

⑤ 初名树铦。

⑥ 秦树铦乡试履历(《清代朱卷集成》册261)与《同治癸酉科浙江乡试同年齿录》同。

⑦ 《日记》光绪十三年十一月十九日:"得心云十月十五日里中书,言秦秋伊于九月中卒。"据此,暂作光绪十三年(1887)。

续表

<table>
<tr><th>姓名</th><th>字</th><th>号</th><th>籍贯</th><th>生卒(农历)</th><th>生卒(公历)</th><th>文献来源</th></tr>
<tr><td rowspan="2">秦缃业</td><td rowspan="2">应华</td><td rowspan="2">澹如</td><td rowspan="2">江苏无锡</td><td>嘉庆十八年
二月二十四日</td><td>1813 年
3 月 26 日</td><td>秦光简、秦光儒《诰授资政大夫三品顶戴历署浙江盐运使金衢严道显考澹如府君行状》①</td></tr>
<tr><td>光绪九年
十月十二日</td><td>1883 年
11 月 11 日</td><td>同上②</td></tr>
<tr><td rowspan="2">秦云</td><td rowspan="2">佩芬</td><td rowspan="2">山阴女史</td><td rowspan="2">浙江仁和</td><td>道光十三年
十一月一日</td><td>1833 年
12 月 11 日</td><td>丁南生《萧山丁氏家谱》卷 6《相六房佾大房世系》</td></tr>
<tr><td>光绪元年
正月十一日</td><td>1875 年
2 月 16 日</td><td>同上</td></tr>
<tr><td rowspan="2">秦曾熙③</td><td rowspan="2">镜珊</td><td rowspan="2">筱芝
小芝</td><td rowspan="2">浙江会稽</td><td>道光十五年
七月十五日</td><td>1835 年
9 月 7 日</td><td>秦基《会稽秦氏宗谱》之《世表》</td></tr>
<tr><td>光绪六年
八月四日</td><td>1880 年
9 月 8 日</td><td>同上④</td></tr>
<tr><td rowspan="2">秋寿南⑤</td><td rowspan="2">研孙</td><td rowspan="2">益山
星侯</td><td rowspan="2">浙江山阴</td><td>道光三十年
八月十五日</td><td>1850 年
9 月 20 日</td><td>郭延礼《秋瑾年谱》⑥</td></tr>
<tr><td>光绪二十七年
十月十六日</td><td>同上</td><td></td></tr>
</table>

① 《锡山秦氏宗谱澹如公支家谱》、秦光磊、秦敦世《锡山秦氏宗谱》卷 8 中《以时第二支灯岩公派》均与《行状》同。秦缃业《虹桥老屋遗稿》卷首孙衣言《秦澹如墓志铭》载其以光绪九年十月十二日卒于家，年七十一。据此逆推，其生年亦与《行状》同。

② 《锡山秦氏宗谱澹如公支家谱》、秦光磊、秦敦世《锡山秦氏宗谱》卷 8 中《以时第二支灯岩公派》、秦缃业《虹桥老屋遗稿》卷首孙依言《秦澹如墓志铭》均与《行状》同。《申报》光绪九年十一月二十日第三千八百四十号《老成凋谢》仅载其月初卒于省寓。

③ 乳名元发。

④ 《申报》光绪七年三月二日第二千八百四十号之光绪七年二月十日《京报全录·刘坤一、吴元炳跪奏》与《会稽秦氏宗谱》同。

⑤ 原名官谦。

⑥ 秋寿南乡试履历(《清代朱卷集成》册 260)、《同治癸酉科浙江乡试同年齿录》均与《秋瑾年谱》同。

续表

姓名	字	号	籍贯	生卒(农历)	生卒(公历)	文献来源
裘性宗①	近父 近吾	禾村 宣桥	浙江慈溪	道光二年 九月十五日	1822 年 10 月 30 日	裘松堂《慈溪横山裘氏宗谱》卷 15《世系图表的德六府君后·民户良西雷房裕宗祠下西房一派》②
				光绪十一年 八月六日	1885 年 9 月 14 日	同上
屈元炘	景承	星阶	浙江桐乡	道光二十五年 七月二十九日	1845 年 8 月 31 日	《同治癸酉科明经通谱》③
				?		
瞿鸿禨	子九 子玖	止庵 西崖老人	湖南善化	道光三十年 六月十五日	1850 年 7 月 23 日	瞿宣颖《长沙瞿氏家乘》卷 3《宗支录·世系纪》④
				民国七年 三月十五日	1918 年 4 月 25 日	同上⑤
瞿廷韶	赓甫 耕莆	舜石	江苏武进	道光十八年 十月二十三日	1838 年 12 月 9 日	瞿世琬、瞿世璟《赓甫公行述》(瞿树承《瞿氏宗谱》卷 12)⑥
				光绪二十九年 六月四日	1903 年 7 月 27 日	同上⑦

① 一名魁然。《日记》同治十三年三月十四日:"辰刻入闱,坐西场藏字舍,邻号有山东人吴仲颐工部,子苾阁学之子也。又鄞人□禾村言十年前曾识予于旅舍。"据裘松堂《慈溪横山裘氏宗谱》及《咸丰乙卯科直省乡试同年齿录》,鄞人□禾村即裘性宗。

② 《咸丰乙卯科直省乡试同年齿录》《咸丰五年乙卯科浙江乡试同年齿录》均作道光辛卯年九月十三日。

③ 屈元炘乡试履历(《清代朱卷集成》册 260)、《同治癸酉科浙江乡试同年齿录》均与《同治癸酉科明经通谱》同。

④ 瞿宣颖《长沙瞿氏家乘》卷 5 中余肇康《清诰授光禄大夫经筵讲官军机大臣协办大学士外务部尚书文慎瞿公行状》、冯煦《清诰授光禄大夫特谥文慎协办大学士军机大臣外务部尚书善化瞿公神道碑》,以及瞿鸿禨、瞿宣颖《止庵年谱》,均与《长沙瞿氏家乘》同。瞿宣颖《长沙瞿氏家乘》卷 5 陈三立《诰授光禄大夫特谥文慎协办大学士军机大臣外务部尚书善化瞿公墓志铭》载其(民国)戊午年三月十五日卒,年六十九。据此逆推,其生年与《长沙瞿氏家乘》同。《同治十年辛未科会试同年齿录》、瞿鸿禨会试履历(《清代朱卷集成》册 35)均作咸丰癸丑年六月十五日。《同治庚午科大同年齿录》作咸丰庚戌年六月十五日。咸丰无庚戌,当为误刻。

⑤ 瞿宣颖《长沙瞿氏家乘》卷 5 中余肇康《清诰授光禄大夫经筵讲官军机大臣协办大学士外务部尚书文慎瞿公行状》、冯煦《清诰授光禄大夫特谥文慎协办大学士军机大臣外务部尚书善化瞿公神道碑》、陈三立《诰授光禄大夫特谥文慎协办大学士军机大臣外务部尚书善化瞿公墓志铭》,以及瞿鸿禨、瞿宣颖《止庵年谱》,均与《长沙瞿氏家乘》同。

⑥ 《同治九年庚午科顺天乡试同年齿录》、《同治庚午科大同年齿录》、《楚省八旗奉直同官录》、《瞿廷韶讣告》(《上海图书馆藏赴闻集成》册 5)均与《行述》同。

⑦ 《瞿廷韶讣告》(《上海图书馆藏赴闻集成》册 5)、《申报》光绪二十九年七月二十七日第一万零九百二十五号之光绪二十九年七月五日《京报全录·端方跪奏》、《新闻报》光绪二十九年六月七日第三千七百四十号《鄂藩出缺述电》均与《瞿氏宗谱》同。

续表

姓名	字	号	籍贯	生卒(农历)	生卒(公历)	文献来源
瞿元霖[①]	仲望	春皆 春陔 天逸老人	湖南善化	嘉庆十九年 十一月八日	1814年 12月19日	瞿宣颖《长沙瞿氏家乘》卷3《宗支录·世系纪》[②]
				光绪八年 三月二十六日	1882年 5月13日	同上[③]
全国泰	芷庵	季安	浙江山阴	咸丰十一年 五月二十一日	1861年 6月28日	《光绪己丑科浙江乡试同年齿录》
				?		
全楙绩	庶熙	益三	浙江山阴	道光二十五年 七月十三日	1845年 8月5日	叶尔恺《头品顶戴依博德恩巴图鲁贵州按察使山阴全公庶熙暨夫人施氏合葬墓志铭》
				民国五年 九月十日	1916年 10月6日	同上
全沛丰[④]	鲸波		浙江山阴	咸丰元年 十一月二日	1851年 12月23日	《光绪辛卯科浙江乡试同年齿录》[⑤]
				?		
全锡祥	云轩		浙江山阴	?		《大清搢绅全书》(光绪十七年春)册2《江苏·两淮盐运衙门》
				?		

① 原名明纬。

② 瞿宣颖《长沙瞿氏家乘》卷5郭嵩焘《皇清诰授奉政大夫刑部主事晋封资政大夫翰林院侍讲学士瞿公墓志铭》与《长沙瞿氏家乘》同。瞿宣颖《长沙瞿氏家乘》卷5谭钟麟《诰封资政大夫原任刑部主事瞿君墓表》载其光绪壬午三月二十六卒,年六十九。据此逆推,其生年亦与《长沙瞿氏家乘》同。《咸丰元年辛亥恩科直省同年全录》作嘉庆己卯年十一月八日。

③ 瞿宣颖《长沙瞿氏家乘》卷5中郭嵩焘《皇清诰授奉政大夫刑部主事晋封资政大夫翰林院侍讲学士瞿公墓志铭》、谭钟麟《诰封资政大夫原任刑部主事瞿君墓表》,以及《申报》光绪十年九月二十三日第四千一百六十号之光绪十年九月十五日《京报全录·庞际云片》,均与《长沙瞿氏家乘》同。

④ 原名灏。

⑤ 全沛丰乡试履历(《清代朱卷集成》册284)与《光绪辛卯科浙江乡试同年齿录》均作咸丰癸亥年十一月二日。咸丰无癸亥,当为误刻。疑为咸丰辛亥年十一月二日,或同治癸亥年十一月二日。此姑作咸丰辛亥年十一月二日。

续表

姓名	字	号	籍贯	生卒(农历)	生卒(公历)	文献来源
任塍	似庄	秋田	浙江会稽	道光十六年十二月二日	1837年1月8日	《日记》光绪十年五月二十九日①
				光绪二十五年七月二十二日	1899年8月27日	陈庆均《时行轩日记》册6②
任道镕	筱沅 砺甫	小园 寄翁 寄鸥	江苏宜兴	道光三年十一月十日	1823年12月11日	任承弼《宜兴筱里任氏家谱》卷5之10《大分南门世表六》③
				光绪三十二年正月二十四日	1906年2月17日	同上④
任棻	友芗 友香		浙江会稽	?		任塍乡试履历(《清代朱卷集成》册268)
				?		
任基	福生		浙江会稽	?		任塍乡试履历(《清代朱卷集成》册268)
				?		
任康	午庄		浙江会稽	?		任塍乡试履历(《清代朱卷集成》册268)
				?		
任起元	理君		浙江山阴	?		任燕誉乡试履历(《清代朱卷集成》册261)
				咸丰十一年九月二十九日	1861年11月1日	张景祁《浙江忠义录》之《表五下绅士表下》

① 《日记》光绪十年五月二十九日:"作书致秋田。得复。秋田今年四十九,尚无子,以今日纳姬。"任塍《倚柁吟遗稿》之《戊子八月九日生子以产于黔命之曰黔口占二律》:"推算行年说竟符,今朝庭舍乃悬弧(娄秉衡比部推星命谓五十三始有子)。"《光绪己卯科直省同年齿录》、《光绪六年庚辰科会试同年齿录》、任塍乡试履历(《清代朱卷集成》册268)均作道光庚子年十二月二日。据此五者,定其生于道光十六年十二月二日。《清代人物生卒年表》据任塍《倚柁吟遗稿》作道光十六年(1836)。但因其生于十二月二日,故公历应为1837年1月8日。

② 《时行轩日记》光绪二十五年七月二十四日:"谈及任秋田先生之夫人亦又去世,一以二十二日去世,一以二十三日去世,可谓夫唱妇随速耳,九原又成伉俪也。"《清代人物生卒年表》作光绪二十六年(1900)。

③ 《显考筱沅府君行述》(《上海图书馆藏赴闻集成》册2)与《宜兴筱里任氏家谱》同。俞樾《春在堂杂文补遗》卷6《浙江巡抚任公墓志铭》载其光绪三十二年正月壬辰卒,年八十四。据此逆推,其生年亦与《宜兴筱里任氏家谱》同。《道光己酉科各省选拔同年明经通谱》作道光乙酉年十一月十日。

④ 《显考筱沅府君行述》(《上海图书馆藏赴闻集成》册2)、《申报》光绪三十二年正月二十九日第一万一千七百九十七号《前浙抚病故苏州》均与《宜兴筱里任氏家谱》同。

续表

姓名	字	号	籍贯	生卒(农历)	生卒(公历)	文献来源
任熊	渭长 湘浦	不舍	浙江萧山	道光三年 六月十二日	1823年 7月19日	任丙炎《萧山任氏家乘》卷13《二十二世》①
				咸丰七年 十月八日	1857年 11月23日	同上②
任燕誉	彤臣 桐琛 珊楼	仲谦	浙江山阴	咸丰元年 十月六日	1851年 11月28日	《同治癸酉科浙江乡试同年齿录》③
				光绪二十三年 六月十六日	1897年 7月15日	许振祎《题报阳春县知县(任)燕誉病故日期事》(中国第一历史档案馆藏)
任有容			浙江钱塘	?		《日记》同治九年九月二十日
				?		
任原增			浙江会稽	?		《日记》同治九年六月二十四日
				?		
荣溥			满洲镶白旗	?		《大清搢绅全书》(同治十年冬)册1《京师·户部》
				?		
荣升	莲昉		满洲镶蓝旗	?		《大清搢绅全书》(光绪十九年冬)册1《京师·各道》
				?		

① 周闲《范湖草堂遗稿》卷1《任处士传》作咸丰七年十月七日卒,年三十五。据此逆推,其生年亦与《萧山任氏家乘》同。

② 周闲《范湖草堂遗稿》卷1《任处士传》作咸丰七年十月七日。

③ 任燕誉乡试履历(《清代朱卷集成》册261)与《同治癸酉科浙江乡试同年齿录》同。

续表

姓名	字	号	籍贯	生卒(农历)	生卒(公历)	文献来源
容山	峻峰		蒙古镶红旗	道光十九年	1839 年	秦国经《清代官员履历档案全编》册 3 页 678、册 4 页 728①
				光绪十九年	1893 年	《日记》光绪十九年八月十一日②
如格	椠庵		满洲正蓝旗	?		《大清搢绅全书》(光绪十九年夏)册 1《京师·各道》
				?		
如山	冠九 贯九		满洲镶蓝旗	嘉庆十六年十一月五日	1811 年 12 月 20 日	《道光乙未恩科直省同年录》③
				?		
茹某			浙江山阴	?		《日记》咸丰五年二月三日
				?		
茹念馨④	子芗 芝香		浙江山阴	道光元年四月十日	1821 年 5 月 11 日	茹鲁《桃源寨下茹氏宗谱》卷 4⑤
				光绪十七年	1891 年	《日记》光绪十八年八月九日⑥
儒芳⑦	兰阶	心芝 馨之	满洲镶白旗	道光二十八年二月二十日	1848 年 3 月 24 日	《光绪六年庚辰科会试同年齿录》
				光绪十二年	1886 年	《日记》光绪十三年闰四月十九日

① 册 3 载其年四十四时于本年四月二十四日由兵部引见。据册 4 可知,"本年"为光绪八年。据此二者逆推,其当生于道光十九年(1839)。

② 《日记》光绪十九年八月十一日:"是日阅邸钞,见正蓝旗汉军副都统容山病故。此人辛卯乡闱为左翼弹压,与共事十余日,年仅四十余,状貌丰颀,公事亦颇明白。"据此,其当卒于光绪十九年八月十一日或之前。此暂作光绪十九年(1893)。

③ 秦国经《清代官员履历档案全编》载其同治六年为五十七岁。据此逆推,其生年亦为嘉庆十六年(1811)。

④ 更名连。

⑤ 《日记》光绪十八年八月九日:"以昔岁辛卯秋卒,年七十二。"据此逆推,其当生于嘉庆二十五年(1820)。

⑥ 《日记》光绪十八年八月九日:"以昔岁辛卯秋卒,年七十二。"据此,暂作光绪十七年(1891)。

⑦ 据会试同年齿录,其为李佳氏。不知越缦为何言其姓顾,待考。

续表

姓名	字	号	籍贯	生卒(农历)	生卒(公历)	文献来源
阮福昌	晓林 少伯	孝遴 小莲 小林 东生	浙江会稽	道光十八年 十一月十九日	1839 年 1 月 4 日	《咸丰九年己未恩科浙江乡试同年齿录》①
				光绪四年	1878 年	《日记》光绪四年八月十七日②
阮汝昌③	酉生 桓森	寿鹤	江苏奉贤	?		徐蜀《国家图书馆古籍艺术类编》册 25 页 649
				?		
阮世泾④	晴船 秦川 雨农	甫农 诗渔	浙江会稽	道光七年 闰五月二十三日	1827 年 7 月 16 日	阮彬华《越州阮氏宗谱》卷 8《表七・理二房世系・廿二十一至廿五世》⑤
				光绪二年 六月十日	1876 年 7 月 30 日	同上
阮世森	祖棠	水三	浙江会稽	道光十九年 五月二十二日	1839 年 7 月 2 日	阮彬华《越州阮氏宗谱》卷 8《表七・理二房世系・廿二十一至廿五世》⑥
				光绪二十九年 七月二日	1903 年 8 月 24 日	同上
阮泰恩⑦	贤翘	楷云	浙江温岭	道光六年 十一月十五日	1826 年 12 月 13 日	《泽国阮氏宗谱》卷 3《二房居后炉》
				光绪三年 八月三日	1877 年 9 月 9 日	同上

① 阮彬华《越州阮氏宗谱》卷 11《表十・理三房世系三・十六世至二十世》中无出生年月日。

② 《日记》光绪四年八月十七日:"得敦夫之兄益夫八月一日书,言阮孝林福昌物故……今年甫过四十。"据此,暂作光绪四年(1878)。

③ 越缦一作其昌,当为误记。据《日记》同治十三年九月五日、《日记》光绪十一年十二月十二日内容,此二人当为同一人。

④ 原名宝霖,榜名宝森,又名星骐。

⑤ 阮宝霖乡试履历(《清代朱卷集成》册 244)、《咸丰元年辛亥恩科直省同年全录》、《咸丰元年辛亥恩科浙江乡试同年齿录》均与《越州阮氏宗谱》同。

⑥ 《江宁同官录》与《越州阮氏宗谱》同。

⑦ 谱名孔植。

续表

姓名	字	号	籍贯	生卒(农历)	生卒(公历)	文献来源
瑞常	芝生	西樵 西桥	蒙古镶红旗	嘉庆十年 三月八日	1805 年 4 月 7 日	《重订壬午乡试齿录》①
				同治十一年 三月十六日	1872 年 4 月 23 日	翁同龢著;陈义杰点校《翁同龢日记》册 2 页 909②
瑞霖	辑五		满洲镶红旗	道光二十九年	1849 年	秦国经《清代官员履历档案全编》册 6 页 595—596
				?		
瑞璋	弗侯		满洲正红旗	道光十八年	1838 年	秦国经《清代官员履历档案全编》册 5 页 629—631
				?		
萨廉	立甫	检斋 简斋 少鹤	满洲镶蓝旗	道光二十四年 十一月十六日	1844 年 12 月 25 日	《光绪丙子科顺天乡试同年齿录》③
				宣统元年 十一月	1909 年	朱彭寿《清代人物大事纪年》④
桑安			直隶宛平⑤	道光二十一年	1841 年	《日记》光绪六年九月二日⑥
				光绪六年	1880 年	同上
桑苞			越缦乡人	?		《日记》光绪十六年十一月三日
				?		

① 《道光十二年恩科会试同年齿录》与《重订壬午乡试齿录》同。《清代人物生卒年表》缺。

② 《翁同龢日记》同治十一年三月十七日:"闻瑞芝生师于昨日逝矣!"

③ 《光绪六年庚辰科会试同年齿录》、萨廉乡试履历(《清代朱卷集成》册 115)、萨廉会试履历(《清代朱卷集成》册 47)均与《光绪丙子科顺天乡试同年齿录》同。

④ 《清代人物大事纪年》作宣统元年十一月。公历范围为 1909 年 12 月 13 日—1910 年 1 月 10 日。此暂作宣统元年(1909)。

⑤ 祖籍浙江山阴。

⑥ 《日记》光绪六年九月二日:"桑伯侪尚书之孙通判安病故来讣,送奠分四千。通判为尚书长孙,早孤,今年四十矣! 颇工时文,而竟不得一举以殁,乡人多惜之者。"据此逆推,其当生于道光二十一年(1841)。

续表

姓名	字	号	籍贯	生卒(农历)	生卒(公历)	文献来源
桑宝	洪甫	铁珊	直隶宛平①	咸丰十年五月十四日	1860年7月2日	《光绪乙亥年恩赐荫生同官齿录》②
				?		
桑彬	叔雅		直隶宛平③	道光八年十二月三日	1829年1月7日	《日记》光绪十七年七月十四日④
				光绪十七年七月七日	1891年8月11日	同上
桑炳			直隶宛平⑤	?		《桑文恪公传》附(《中华历史人物别传集》册85页487)
				同治十一年	1872年	《日记》同治十一年正月二十一日⑥
桑宷			直隶宛平⑦	咸丰三年	1853年	《光绪二十年京察满汉司员履历册》
				光绪三十四年九月六日	1908年9月30日	宝棻《奏陈宁武知府桑宷病故开缺(折片)》(台北故宫博物院《军机处档折件》第169155号)
桑春荣	子春 百侪	百生 百斋	直隶宛平⑧	嘉庆六年八月二十七日	1801年10月4日	李焜瀛《诰授光禄大夫太子少保刑部尚书桑文恪公家传》⑨
				光绪八年十月二十二日	1882年12月2日	同上

① 祖籍浙江山阴。

② 《湖北省浙江同官录》仅作咸丰庚申年□月□日。

③ 祖籍浙江山阴。

④ 《日记》光绪十七年七月十四日:"以候选知府终,年六十四。"《日记》光绪十三年十二月三日:"出城拜桑叔雅六十寿,馈以银二两、酒两坛,其家有软舞剧筵,固留饮,辞之归。"据此二者,定其生于道光八年十二月三日。

⑤ 祖籍浙江山阴。

⑥ 《日记》同治十一年正月二十一日:"桑柏斋侍郎之子主事炳开吊,送分子三千。"《日记》载桑家于同治十一年正月二十一日开吊,故其卒当在同治十年末或同治十一年正月。据此,暂作公历1872年。

⑦ 祖籍浙江山阴。

⑧ 祖籍浙江山阴。

⑨ 《重订壬午乡试齿录》《道光十二年恩科会试同年齿录》均作嘉庆壬戌年七月二十七日。《道光二十九年滇黔同官录》作嘉庆辛酉七月二十七日。《清代人物生卒年表》缺。

续表

姓名	字	号	籍贯	生卒(农历)	生卒(公历)	文献来源
桑杰			直隶宛平[①]	?		《日记》光绪七年七月十一日
				?		
桑寯	鉴舫		直隶宛平	道光二十七年二月二十五日	1847 年 4 月 10 日	《同治庚午科大同年齿录》
				?		
沙中金	宝谷	竹轩	浙江鄞县	道光十六年十一月二十七日	1837 年 1 月 3 日	沙中金乡试履历(《清代朱卷集成》册 257)[②]
				?		
单崇恩	俊卿	镜清	浙江山阴	咸丰五年八月二十一日	1855 年 10 月 1 日	《光绪戊子科浙江乡试同年齿录》[③]
				?		
单春泩[④]	荇洲	杏驺	浙江山阴	咸丰八年九月二十六日	1858 年 11 月 1 日	单春泩乡试履历(《清代朱卷集成》册 278)
				?		
单恩溥	吉甫	第花 棣华 棣花	浙江萧山	道光十七年七月二十九日	1837 年 8 月 29 日	单世熊《萧山西河单氏家谱》卷 8《世系 · 岐生公次子有庵公派》[⑤]
				光绪二十年九月二十九日	1894 年 10 月 27 日	同上
单文楷	子型	少帆	浙江山阴	道光十五年五月九日	1835 年 6 月 4 日	《咸丰戊午科浙江乡试同年齿录》[⑥]
				光绪十八年	1892 年	余绍宋《龙游县志》卷 11《职官表 · 学官》[⑦]

① 祖籍浙江山阴。

② 《同治庚午科大同年齿录》与沙中金乡试履历同。

③ 单崇恩乡试履历(《清代朱卷集成》册 277)与《光绪戊子科浙江乡试同年齿录》同。

④ 谱名明鸿。

⑤ 单恩溥乡试履历(《清代朱卷集成》册 105)、《同治元年壬戌恩科顺天乡试齿录》均作道光庚子年七月二十九日。

⑥ 《咸丰戊午科直省同年录》与《咸丰戊午科浙江乡试同年齿录》同。

⑦ 《龙游县志》载其光绪十八年十一月卒于官。光绪十八年十一月,公历范围为 1892 年 12 月 19 日—1893 年 1 月 17 日。此暂作光绪十八年(1892)。

续表

姓名	字	号	籍贯	生卒(农历)	生卒(公历)	文献来源
单信钫	勉斋		浙江山阴	?		单春泩乡试履历(《清代朱卷集成》册 278)
				?		
单叶封			浙江山阴	?		《日记》咸丰四年三月十五日
				?		
善承	守斋		满洲镶红旗	?		《大清搢绅全书》(光绪十七年春)册 2《河南·陈州府》
				?		
尚贤	亚珍 颂叔	宝庭 雅真 颂臣	蒙古正白旗	道光二十五年十一月二十一日	1845 年 12 月 19 日	《同治十三年甲戌科会试同年齿录》①
				?		
邵虎文	炳孚		山东招远②	?		《大清搢绅全书》(光绪十九年冬)册 1《京师》
				?		
邵积诚	允朴	实孚	福建侯官	道光二十四年二月二十四日	1844 年 4 月 11 日	邵循恕《先祖邵积诚公事略》(中国人民政治协商会议全国委员会文史资料委员会《文史资料选辑》第 146 辑页 190—195)③
				宣统元年	1909 年	同上④

① 尚贤会试履历(《清代朱卷集成》册 37)、《同治庚午科大同年齿录》均与《同治十三年甲戌科会试同年齿录》同。

② 《大清搢绅全书》(光绪十四年夏)册 1《京师》作浙江山阴。

③ 邵积诚会试履历(《清代朱卷集成》册 31)、《同治七年戊辰科会试同年齿录》、《重订戊辰同年齿录》均作道光丙午年二月二十四日。事略仅作道光甲辰年(1844)。据此四者,定其生于道光甲辰年二月二十四日。《清代人物生卒年表》据《同治七年戊辰科会试同年齿录》作道光二十六年(1846)。

④ 《清代人物生卒年表》缺。

续表

姓名	字	号	籍贯	生卒(农历)	生卒(公历)	文献来源
邵松年	伯英	息庵	江苏常熟	道光二十八年十二月十四日	1849年1月8日	邵松年《虞阳邵氏宗谱》之《虞阳世系表中上·孝》①
				民国十二年十二月三十日	1924年2月4日	王庆芝《涵春馆诗稿二编》卷5《挽邵息庵丈》②
邵文煦	毓亭	铭轩 茗仙	浙江余姚	道光六年正月四日	1826年2月10日	《咸丰元年辛亥恩科直省同年全录》③
				光绪四年	1878年	《申报》光绪四年八月十三日第一千九百五十六号④
邵勋⑤	飏圃		浙江余姚	?		邵是同《余姚邵氏宗谱》卷18《二十一至二十五世》
				?		
邵友濂⑥	小村 筱村 攸枝		浙江余姚	道光二十年十二月十八日	1841年1月10日	《同治四年补行辛酉科并壬戌浙江乡试同年齿录》⑦
				光绪二十七年五月八日	1901年6月23日	《申报》光绪二十七年五月十日第一万零一百二十三号《寓公作古》⑧

① 邵幹珊《虞山邵氏宗谱》、《同治庚午科大同年齿录》、《同治九年庚午科顺天乡试同年齿录》、邵松年乡试履历(《清代朱卷集成》册108)、邵松年会试履历(《清代朱卷集成》册53)均与邵松年《虞阳邵氏宗谱》同。

② 《挽邵息庵丈》云:"大除一夕催归骑,偏靳春元甲子年。"据此,邵松年卒于民国癸亥除夕,公历为1924年2月4日。《新闻报》民国十三年二月十日(公历)第一万一千零七十一号《巨绅邵松年四日作古》亦作1924年2月4日(公历)。《清代人物生卒年表》据《民国人物大辞典》作民国十二年(1923)。

③ 《咸丰元年辛亥恩科浙江乡试同年齿录》与《咸丰元年辛亥恩科同年全录》同。邵是同《余姚邵氏宗谱》无出生年月日。

④ 《申报》光绪四年八月十三日第一千九百五十六号之光绪四年七月二十九日《京报全录·恭亲王等片》:"查军机章京刑部员外即邵文煦现在病故,所遗章京一缺应以额外行走之起居注候补主事李芳柳充补。"《申报》光绪四年三月二十一日第一千八百三十七号之光绪四年三月九日《京报全录·恭亲王等片》:"查军机章京工部候补主事祝□城现在丁忧,所遗章京一缺应以额外行走之刑部候补主事邵文煦充补谨奏。奉旨,知道了,钦此。"据此二者,其当卒于光绪四年三月二十一日与光绪四年七月二十九日之间。此暂作光绪四年(1878)。邵是同《余姚邵氏宗谱》无去世年月日。

⑤ 原名汝节。

⑥ 原名维诞。

⑦ 邵是同《余姚邵氏宗谱》卷5《贻编》吴郁生《中丞小村邵公家传》载其辛丑五月卒,年六十有二。据此逆推,其生年与《同治四年补行辛酉科并壬戌浙江乡试同年齿录》同。但因其生于十二月十八日,故公历应为1841年1月10日。《清代人物生卒年表》据《清代人物传稿》作道光二十年(1840)。

⑧ 朱彭寿《清代人物大事纪年》与《寓公作古》同。《中丞小村邵公家传》仅作辛丑五月。

续表

姓名	字	号	籍贯	生卒(农历)	生卒(公历)	文献来源
邵曰濂①	子长 薇塍	莲伯	浙江余姚	道光四年 十二月二十七日	1825 年 2 月 14 日	《日记》光绪十三年四月二十七日②
				光绪十三年 四月八日	1887 年 4 月 30 日	同上③
沈百镛④	稼村	伯墉 寿孟	浙江会稽	道光十九年 十月十七日	1839 年 11 月 22 日	《同治丁卯科并补行甲子科浙江乡试同年齿录》
				?		
沈宝琛⑤	乙斋 一斋	莪园	浙江嵊县⑥	同治六年 七月二十七日	1867 年 8 月 26 日	《光绪己丑科浙江乡试同年齿录》⑦
				宣统二年	1910 年	《申报》宣统二年十一月十八日第一万三千六百零三号《恕赴不周》⑧
沈宝枏	杞邻	叔香 粟香	浙江桐乡	道光三年 九月十二日	1823 年 10 月 15 日	《同治二年癸亥恩科会试同年齿录》⑨
				同治五年	1866 年	陈树楠、诸可权《续辑咸宁县志》卷 3《名宦表》⑩

① 原名维城。

② 《咸丰壬子科直省举贡同年录》作道光戊子年十二月二十七日。《同治七年戊辰科会试同年齿录》、《重订戊辰同年齿录》、邵曰濂会试履历(《清代朱卷集成》册 30)均作道光丁酉年十二月二十七日。《日记》光绪十三年四月二十七日:"余姚邵子长太常以初八日卒,今日开吊,书番布一联挽之云:'览揆恰齐辰,长我五年推早达;闭门有同癖,与君一面了前缘'。子长本名维城,故漕运总督文靖公(灿)之子,其生日与余同,今年六十四也。并赙以票钱十千。"据此五者,定其生于道光四年十二月二十七日。邵是同《余姚邵氏宗谱》卷 16《亚三房》及《贻编》卷 5《子长邵公传》无出生年月日。《清代人物生卒年表》作道光十八年(1838)。

③ 邵是同《余姚邵氏宗谱》卷 16《亚三房》及《贻编》卷 5《子长邵公传》无去世年月日。《清代人物生卒年表》缺。

④ 原名墉。

⑤ 谱名谋昌,原名荣昌。

⑥ 祖籍浙江山阴。

⑦ 《山阴浦阳沈氏西分宗谱》卷 10《行传 · 大房谋行》中无出生年月日。

⑧ 《恕赴不周》:"诰授中议大夫晋封通奉大夫赐进士出身兵部主事武选司司务厅坐办分省即用道护理安徽徽宁池太广兵备道特授芜湖县知县历署合肥宣城等县知县沈乙斋观察在上海贵州路北永平里寓次病故,择于十一月十九日辰刻领帖,未刻发引,暂殡于西门外斜桥永锡堂。凡在寅乡年世姻谊,恐未周知,特此奉闻。沈颐寿堂账房谨启。"据此,其当卒于宣统二年十一月十九日之前。宣统二年十一月十九日,公历为 1910 年 12 月 20 日。此暂作宣统二年(1910)。

⑨ 《道光甲辰恩科直省同年录》与《同治二年癸亥恩科会试同年齿录》同。沈家诒《柞溪沈氏思源堂宗谱》册上《端书公第一子尔昭公支第九十九世》中无出生年月日。

⑩ 《续辑咸宁县志》载其同治五年三月任职,逾四月积劳病卒。据此,暂作同治五年(1866)。《清代人物生卒年表》缺。

续表

姓名	字	号	籍贯	生卒(农历)	生卒(公历)	文献来源
沈宝森[①]	晓湖		浙江山阴	道光六年十月二十三日	1826年11月22日	绍兴县修志委员会《民国绍兴县志资料第一辑》册15《人物列传第二编》[②]
				光绪十八年正月四日	1892年2月2日	《日记》光绪十八年三月三日[③]
沈宝书	柱臣		浙江山阴	?		《日记》同治九年十一月三十日
				?		
沈宝源[④]	校亭		浙江山阴	?		《日记》同治九年十一月三十日
				?		
沈丙莹	晶如	菁士	浙江归安	嘉庆十五年十月二十八日	1810年11月24日	《皇清诰授中宪大夫道衔军功随带加二级贵州安顺府知府沈公墓志铭》[⑤]
				同治九年十一月三日	1870年12月24日	同上

① 谱名鉴居。

② 《咸丰壬子科浙江乡试同年齿录》、《咸丰壬子科直省举贡同年录》、沈宝森乡试履历(《清代朱卷集成》册245)均作道光戊子年十月二十三日。

③ 《清代人物生卒年表》据沈宝森《因树书屋诗稿》卷首连蘅《序》"今先生归道山六载矣……光绪丁酉小春下浣后学连蘅谨识于枕湖楼之职忧居"作光绪十七年(1891)。

④ 一作宝沅。

⑤ 《道光壬辰科直省同年录》作嘉庆壬申年十月二十八日。《墓志铭》载其卒于同治九年十一月三日,卒年六十一。据此二者,定其生于嘉庆十五年十月二十八日。沈镜源《蓼庵手述》之《自叙行略》载沈菁士生时,沈镜源为四十五岁。沈镜源二十三岁戊申受知朱文正公。据此逆推,其生年亦与据《墓志铭》逆推同。《道光二十五年会试齿录》载其本年二十九岁。据此逆推,其当生于嘉庆二十二年(1817)。

续表

姓名	字	号	籍贯	生卒(农历)	生卒(公历)	文献来源
沈秉成①	玉材	仲復 听蕉 耦园	浙江归安	道光二年 九月十日	1822年 10月24日	《竹溪沈氏家乘》卷3《谱牒十九世》②
				光绪二十年 七月十八日	1894年 8月18日	《申报》光绪二十年七月二十一日第七千六百六十三号《老成凋谢》③
沈成烈	伊言 尹言	啸梅 筱嵋	浙江萧山	道光八年 十一月六日	1828年 12月12日	沈梅超《萧山里庄沈氏宗谱》卷13《行传·大实公派》④
				光绪十一年 六月十日	1885年 7月21日	同上
沈成枚	吉臣	棣梅	浙江萧山	道光四年 正月八日	1824年 2月7日	沈梅超《萧山里庄沈氏宗谱》卷13《行传·大实公派》⑤
				光绪二十六年 六月二十三日	1900年 7月19日	同上
沈昉⑥	寄凡 寄帆		浙江山阴	道光三年 八月四日	1823年 9月8日	《苏省同官录》
				?		

① 原名秉煇。

② 严辰《墨花吟馆诗钞》卷6《题沈仲复前辈秉成织帘读书图》:"嗟我与君皆壬午,三十九年读书苦。生年月日时略同,虞山蒙叟今再睹。"据此,其生年亦与《家乘》同。《己酉科直省乡试同年录》、《咸丰六年丙辰科会试同年齿录》、沈秉成会试履历(《清代朱卷集成》册20)均作道光辛卯年九月十日。《清代人物生卒年表》据俞樾《春在堂杂文六编》卷4《安徽巡抚沈公墓志铭》"(光绪二十一年)七月丙辰卒于耦园,年七十有三"作道光三年(1823)。

③ 翁同龢著;陈义杰点校《翁同龢日记》册5光绪二十年七月十六日:"闻沈仲复于本月十九日卒于吴门。"据此,其当卒于光绪二十年七月十九日。俞樾《春在堂杂文六编》卷4《安徽巡抚沈公墓志铭》作光绪二十一年七月十八日。《清代人物生卒年表》据俞樾《安徽巡抚沈公墓志铭》作光绪二十一年(1895)。

④ 沈成烈乡试履历(《清代朱卷集成》册249)、《咸丰九年己未恩科浙江乡试同年齿录》、《同治四年乙丑科会试同年齿录》与《萧山里庄沈氏宗谱》同。

⑤ 《咸丰元年辛亥恩科直省同年全录》《咸丰元年辛亥恩科浙江乡试同年齿录》均作道光丁亥年正月初八日。

⑥ 一名宗昉。

续表

姓名	字	号	籍贯	生卒(农历)	生卒(公历)	文献来源
沈镐[1]	宇辉	愚亭	江苏震泽	嘉庆三年十二月二十日	1799年1月25日	金福曾《吴江县续志》卷22《文苑下·人物七》[2]
				同治四年	1865年	翁同龢著;陈义杰点校《翁同龢日记》册1页396、页399[3]
沈拱枢[4]	庶庭	丹卿	浙江海盐	道光二年五月十一日	1822年6月29日	沈守谦《沈氏谱牒》之《世系》
				光绪十三年二月四日	1887年2月26日	同上
沈桂芬	步云 金生	经笙	直隶宛平[5]	嘉庆二十二年九月五日	1817年10月15日	《沈桂芬传包》(台北故宫博物院故传010059)之《讣闻》[6]
				光绪六年十二月三十日	1881年1月29日	同上[7]
沈鹤书	云帆		浙江会稽	?		绍兴县修志委员会《民国绍兴县志资料第一辑》册15《人物列传第二编》
				?		

① 原名光昌。

② 《道光二十三年癸卯科直省同年全录》《道光二十七年会试齿录》均作嘉庆辛未十二月二十日。《文苑下·人物七》载其成进士年五十。据此三者,定其生于嘉庆三年十二月二十日。沈镐乡试履历(《清代朱卷集成》册138)中履历缺,只存试卷。《清代人物生卒年表》据《道光二十七年丁未科会试庚戌拔贡覆试齿录》作嘉庆十六年(1811)。

③ 《翁同龢日记》册1同治四年五月二日:"吊沈愚亭之丧。"《翁同龢日记》册1同治四年五月十九日:"吊沈愚亭。"据此二者,其当卒于同治四年五月二日或前几日。此暂作同治四年(1865)。《清代人物生卒年表》缺。

④ 原名毓淮。越缦于同治四年十一月七日所记之"山阴学博沈君",据《大清搢绅全书》(同治四年秋),即为"沈拱枢"。

⑤ 祖籍江苏吴江。

⑥ 《续碑传集》卷6《沈桂芬传》载其光绪七年正月卒,年六十四。据此逆推,其当生于嘉庆二十三年(1818)。《道光二十三年癸卯科直省同年全录》、沈桂芬会试履历(《清代朱卷集成》册15)、《道光二十七年会试齿录》均作嘉庆己卯年九月五日。

⑦ 殷兆镛《齐庄中正堂诗钞》卷16辛巳所作《哭宫太傅沈文定协揆》:"人间正除夕,天上賈台星。"辛巳为光绪七年,故诗中所言除夕当为光绪六年除夕。此与《讣闻》及《日记》光绪六年十二月三十日所载同。郭嵩焘著;湖南人民出版社校点《郭嵩焘日记》卷4之光绪七年正月二十九日日记亦作光绪六年除夕。《续碑传集》卷6《沈桂芬传》作光绪七年正月。《清史稿》之《德宗本纪》作光绪七年辛巳春正月甲子朔。《清史稿》之《军机大臣年表二》作光绪六年十二月癸亥(二十九日)。

续表

姓名	字	号	籍贯	生卒(农历)	生卒(公历)	文献来源
沈鸿寿			浙江会稽	?		张以诚《阳江志》卷23《职官志三》
				?		
沈怀祖①	素庭	芋荪	浙江会稽	道光六年十一月十六日	1826年12月14日	绍兴县修志委员会《民国绍兴县志资料第一辑》册15《人物列传第二编》
				咸丰八年四月五日	1858年5月17日	同上
沈家本	子惇	寄簃	浙江归安	道光二十年七月二十二日	1840年8月19日	王式通《吴兴沈公子惇墓志铭》(《碑传集补》卷6)②
				民国二年五月五日	1913年6月9日	同上③
沈家霦④	子文		浙江归安	咸丰四年十二月三十日	1855年2月16日	《光绪壬午科浙江乡试同年齿录》⑤
				光绪十一年	1885年	《日记》光绪十一年十月四日⑥
沈晋藩	恒农		浙江仁和	?		沈家本、荣铨《重修天津府志》卷14《职官》
				?		
沈晋祥	梅孙		浙江归安	道光十六年七月十八日	1836年8月29日	《沈晋祥讣告》(《上海图书馆藏赴闻集成》册4)
				宣统元年闰二月五日	1909年3月26日	同上

① 更名玉书。

② 《时报》民国二年六月二十八日(公历)第三千二百三十八号《沈子惇先生事略补志》:"嘉兴沈子惇先生于本月九日卒于金井胡同寓第,年七十四。"据此逆推,其生年与《墓志铭》同。

③ 《碑传集补》卷6王式通《墓志铭》作民国二年六月九日,再据《时报》民国二年六月二十八日(公历)第三千二百三十八号《沈子惇先生事略补志》可知,民国二年六月九日当为公历。

④ 一作家彬。

⑤ 沈家霦乡试履历(《清代朱卷集成》册270)与《光绪壬午科浙江乡试同年齿录》同。

⑥ 《日记》光绪十一年十月四日:"沈子敦(家本)为其弟举人家彬开吊,送奠分四千。"据此,其当卒于光绪十一年十月四日之前。此暂作光绪十一年(1885)。

续表

姓名	字	号	籍贯	生卒(农历)	生卒(公历)	文献来源
沈景修①	勉之 蒙叔	梦粟 蒙庐 汲民 寒柯	浙江秀水	道光十五年 三月八日	1835年 4月5日	沈庚藻《显考蒙叔府君行述》②
				光绪二十五年 十月十九日	1899年 11月21日	同上③
沈镜蓉④	紫蕖	蒲陬 蒲洲 步驺 余白	浙江会稽	咸丰七年 五月十一日	1857年 6月2日	沈福灏《山阴浦阳沈氏西分宗谱》卷1《世系·六房启行》⑤
				民国十五年 正月十八日	1926年 3月2日	《申报》民国十五年三月三日(公历)第一万九千零三十五号《浙省教育厅人员之更动》⑥
沈筤生			浙江山阴	?		《日记》咸丰五年二月十二日
				?		
沈麟书			浙江会稽	?		《日记》同治七年七月二十二日
				?		
沈茂荫⑦	槐堂		浙江萧山	道光十一年 九月五日	1831年 10月10日	沈梅超《萧山里庄沈氏宗谱》卷12《昌兴公派行传》
				光绪二十五年 七月七日	1899年 8月12日	同上

① 谱名维銮。

② 《清代人物大事纪年》与《行述》同。据沈景修《蒙庐诗存》卷3(光绪)甲申所作《五十初度述怀》逆推,其生年与《行述》同。谭献《复堂文续》卷5《沈府君墓志铭》作光绪二十五年十月卒,年六十有五。据此逆推,其生年亦与《行述》同。沈景修拔贡履历(《清代朱卷集成》册395)作道光戊戌年三月八日。

③ 谭献著;徐彦宽辑《复堂日记续录》光绪二十五年十月廿三日与《行述》同。谭献《复堂文续》卷5《墓志铭》仅作光绪二十五年十月。

④ 谱名启瀛。

⑤ 沈镜蓉乡试履历(《清代朱卷集成》册273)、《光绪乙酉科浙江乡试同年齿录》均与《山阴浦阳沈氏西分宗谱》同。

⑥ 《浙省教育厅人员之更动》:"浙江教育厅第一科长沈镜蓉二日因病出缺。"

⑦ 谱名汝刚。

续表

姓名	字	号	籍贯	生卒(农历)	生卒(公历)	文献来源
沈铭常①	蘅甫		浙江萧山	道光十一年七月十八日	1831年8月25日	沈荇《萧山长巷沈氏宗谱》卷12《二房驾山公派·粮长三十一世至三十五世》
				光绪二年九月十日	1876年10月26日	同上
沈铭恕②	宽甫 宽夫	黍崖	浙江萧山	道光十三年九月六日	1833年10月18日	沈荇《萧山长巷沈氏宗谱》卷12《二房驾山公派·粮长三十一世至三十五世》③
				光绪七年六月二十四日	1881年7月19日	同上④
沈能虎	子梅	铁侪	浙江海宁	道光二十年四月十八日	1840年5月19日	《沈子梅讣告》(《上海图书馆藏赴闻集成》册5)⑤
				宣统元年十一月六日	1909年12月18日	同上
沈其霖	雨岩	庚生	浙江山阴	嘉庆九年	1804年	邱捷点注《杜凤治日记》册10页5448、5468⑥

① 学名祖荫。

② 原名祖培,改名藻芬。

③ 沈祖培乡试履历(《清代朱卷集成》册246)、《咸丰乙卯科直省乡试同年齿录》、《咸丰五年乙卯科浙江乡试同年齿录》均作道光丙申年九月六日。

④ 庆裕《题报署灌阳县事凌云县知县沈藻芬在任病故日期事》(中国第一历史档案馆藏)与《宗谱》同。

⑤ 《苏省同官录》作道光二十二年四月十八日。

⑥ 《杜凤治日记》光绪八年三月二十七日、四月十三日日记均载其本年七十九。据此逆推,其当生于嘉庆九年(1804)。

续表

姓名	字	号	籍贯	生卒(农历)	生卒(公历)	文献来源
沈荣	春生		浙江会稽	道光十二年	1832年	《咸丰戊午科浙江乡试录》①
				?		刘秉璋《为四十六次查明浙江阵亡被戕殉难官绅举贡生监军营病故人员各衔名开单恳恩分别旌恤恭折仰祈圣鉴事》(台北故宫博物院《月折档光绪九年四月上》故枢 00391/603001014－020号)②
沈镕经	雪仲	芸阁	浙江乌程	道光十四年九月二十七日	1834年10月29日	朱彭寿《清代人物大事纪年》③
				光绪十一年十月十九日	1885年11月25日	同上④
沈士鑅	伯钧	声甫 少潜	直隶天津⑤	咸丰二年十月二十七日	1852年12月8日	朱彭寿《清代人物大事纪年》⑥
				民国十年六月二十二日	1921年7月26日	高凌雯《沈士鑅墓表》⑦
沈守诚		实甫	浙江海盐	道光二十四年九月八日	1844年10月19日	沈守谦《沈氏家谱》之《世系》
				民国九年	1920年	沈宪辰《海盐沈氏谱牒》

① 检《咸丰戊午科浙江乡试录》,山阴、会稽中试者沈姓唯有沈荣。故越缦日记中所言中试者沈春生即沈荣。《咸丰戊午科浙江乡试同年齿录》《咸丰戊午科直省同年录》其履历中仅有其名,字号、出生年月日均空缺。

② 刘秉璋所附清单中未载明沈荣殉难日期,仅言其为戊午科举人。其卒或为咸丰末,或为同治初。待考。

③ 据谭献《复堂文续》卷4《皇清诰授资政大夫广东布政使司布政使沈公行状》仅知其卒于光绪十一年十一月十六日之后,卒年五十二。据此逆推,其生年与《清代人物大事纪年》同。沈镕经会试履历(《清代朱卷集成》册31)、《重订戊辰同年齿录》均作道光乙巳年九月二十七日。《同治丁卯科并补行甲子科浙江乡试同年齿录》作道光丁酉年九月二十七日。

④ 彭玉麟著;梁绍辉整理《彭玉麟》册上之《会稽已故藩司优恤折》、《申报》光绪十一年十月二十五日第四千五百三十九号《粤藩出缺》、《益闻录》光绪十一年十月二十六日《粤藩出缺》均与《清代人物大事纪年》同。据谭献《复堂文续》卷4《皇清诰授资政大夫广东布政使司布政使沈公行状》仅知其卒于光绪十一年十一月十六日之后几日。

⑤ 祖籍浙江德清。

⑥ 《光绪六年庚辰科会试同年齿录》作咸丰甲寅年十月二十七日。《清代人物大事纪年》载其卒于民国十年六月,卒年七十。高凌雯《沈士鑅墓表》载其(民国)辛酉年六月二十二日卒,春秋七十。据此三者,定其生于咸丰壬子年十月二十七日。《清代人物生卒年表》据《光绪六年庚辰科会试同年齿录》作咸丰四年(1854)。

⑦ 《清代人物大事纪年》仅作民国十年六月。《清代人物生卒年表》缺。

续表

姓名	字	号	籍贯	生卒(农历)	生卒(公历)	文献来源
沈守廉		洁斋	浙江海盐	道光二十二年十一月一日	1842年12月2日	沈守谦《沈氏家谱》之《世系》
				?		
沈守谦	庚吉	退庵	浙江海盐	道光二十六年九月十八日	1846年11月6日	沈守谦《沈氏家谱》之《世系》
				民国五年	1916年	沈宪辰《海盐沈氏谱牒》
沈寿慈①	季荂	端崖	浙江会稽	咸丰二年七月十六日	1852年8月30日	《同治癸酉科浙江乡试同年齿录》②
				?		
沈书贤	书蕉 登府	稼村 稼材 素庵	浙江慈溪	道光八年十一月五日	1828年12月11日	《慈溪师桥沈氏宗谱》册7《师桥沈氏支部明十房行传第二十四世至二十五世》③
				光绪七年正月七日	1881年2月5日	同上
沈廷傑	彦卿		越缦乡人	?		《日记》同治二年十月十九日
				?		
沈同祖	子彭		浙江会稽	?		周奎吉会试履历(《清代朱卷集成》册65)
				?		
沈维诚④	立山 诵莪	汉卿 翰青	直隶宛平⑤	道光二十九年四月十三日	1849年5月5日	《竹溪沈氏家乘》⑥
				民国十年六月二十一日	1921年7月25日	同上⑦

① 原名兆塄。

② 沈寿慈乡试履历(《清代朱卷集成》册259)与《同治癸酉科浙江乡试同年齿录》同。

③ 《咸丰戊午科直省同年录》《咸丰戊午科浙江乡试同年齿录》均作道光癸巳年十一月五日。

④ 原名茂枫。

⑤ 祖籍浙江湖州。

⑥ 沈维诚乡试履历(《清代朱卷集成》册113)、沈维诚乡试履历(《清代朱卷集成》册45)、《光绪丁丑科会试同年齿录》均与《竹溪沈氏家乘》同。

⑦ 《竹溪沈氏家乘》中补记。《清代人物生卒年表》缺。

续表

姓名	字	号	籍贯	生卒(农历)	生卒(公历)	文献来源
沈维善①	伯翔	湘秋 紫莼	浙江会稽	道光二十七年 九月二十五日	1847年 11月2日	《光绪丙子科浙江乡试同年齿录》②
				光绪二十二年	1896年	陈庆均《时行轩为山人日记》册3③
沈文荧④	心灿	敬轩 梅史	浙江余姚	道光十二年 十二月二十四日	1833年 2月13日	沈尌《姚江梅川沈氏宗谱》卷10《世系表》⑤
				光绪十一年 十二月二十六日	1886年 1月30日	同上
沈彦模	子范		浙江归安	道光二十八年 六月十二日	1848年 7月12日	《光绪丙子科浙江乡试同年齿录》⑥
				光绪十八年 十月四日	1892年 11月22日	刘秉璋《题报会理州知州沈彦模病故日期事》(中国第一历史档案馆藏)⑦
沈耀奎	星垣		直隶天津	同治九年	1870年	《光绪二十年顺天文乡试录》
				?		
沈永泉	松亭 松庭		浙江山阴	道光二年	1822年	秦国经《清代官员履历档案全编》册27页389
				?		

① 谱名福皆。

② 沈维善乡试履历(《清代朱卷集成》册265)作道光己酉年九月二十五日。《光绪十二年丙戌科会试同年齿录》作咸丰甲寅年九月二十五日。《清代人物生卒年表》据《光绪十二年丙戌科会试同年齿录》作咸丰四年(1854)。

③ 《时行轩为山人日记》光绪二十二年五月十三日:“途遇程君玉书,谈及沈伯庠庶常已归道山,其为丁其封翁忧于正月返里,不到半年,亦遽去世。”据此,暂定其卒于光绪二十二年(1896)。《清代人物生卒年表》缺。

④ 谱名士鍏。

⑤ 《咸丰壬子科浙江乡试同年齿录》《咸丰九年己未恩科浙江乡试同年齿录》均作道光甲午年十二月二十四日。

⑥ 沈彦模乡试(《清代朱卷集成》册266)与《光绪丙子科浙江乡试同年齿录》同。

⑦ 《日记》光绪十九年二月八日:“诣沈子敦,唁其弟子范州牧(彦模)之丧。”据此,仅知其卒于光绪十九年二月八日或之前。

续表

姓名	字	号	籍贯	生卒(农历)	生卒(公历)	文献来源
沈瑜宝	润祥	子美 子瑞	浙江嘉兴	道光二十六年 十月十六日	1846 年 12 月 4 日	沈子旬《师桥沈氏嘉兴分支家谱》①
				光绪十八年 十二月九日	1893 年 1 月 26 日	同上②
沈裕谦			浙江山阴	?		《日记》同治二年七月一日
				光绪二十九年	1903 年	《大公报》(天津版)清光绪二十九年七月十日第四百三十号《保定・藩辕牌示》③
沈豫立			河南祥符④	同治九年 三月二十四日	1870 年 4 月 24 日	《皇太后万寿甲午年恩赐荫生同官齿录》
				?		
沈豫善			河南祥符⑤	?		《皇太后万寿甲午年恩赐荫生同官齿录・沈豫立》
				?		
沈元溥	春敷 春圃	云樵	江苏吴江	嘉庆二十五年 三月十六日	1820 年 4 月 28 日	《咸丰元年辛亥恩科直省同年全录》
				?		
沈元豫	立凡 茹生	顺生	浙江会稽	同治三年 五月十三日	1864 年 6 月 16 日	《光绪戊子科浙江乡试同年齿录》
				?		

---

① 《同治庚午科大同年齿录》与《师桥沈氏嘉兴分支家谱》同。沈璋宝、沈瑜宝乡试履历(《清代朱卷集成》册 259)作道光丁未年十月十六日。沈瑜宝会试履历(《清代朱卷集成》册 64)、《光绪十五年己丑科会试同年齿录》均作咸丰辛亥十月十六日。《清代人物生卒年表》据《光绪十五年己丑科会试同年齿录》作咸丰元年(1851)。

② 《清代人物生卒年表》缺。

③ 《保定・藩辕牌示》:"又迁安县沙河堡巡检沈裕谦病故遗缺,饬委候补州判李振荣署。"据此,其当卒于光绪二十九年七月十日之前。此暂作光绪二十九年(1903)。

④ 祖籍浙江会稽。

⑤ 祖籍浙江会稽。

续表

姓名	字	号	籍贯	生卒(农历)	生卒(公历)	文献来源
沈源深	叔眉 叔美 惺甫		河南祥符①	道光二十三年 六月十五日	1843年 7月12日	朱彭寿《清代人物大事纪年》
				光绪十九年 四月二十日	1893年 6月4日	《申报》光绪十九年五月十八日第七千二百五十三号《遗爱在人》②
沈曾棨③	戟庭	子承	浙江嘉兴	道光二十二年 六月七日	1842年 7月14日	沈宗源、沈祥熙《嘉兴沈氏宗支谱》
				光绪二十九年 四月二十七日	1903年 5月23日	同上
沈曾桐	子封	同叔 檗宧 柏颐 广岩老人	浙江嘉兴	咸丰三年 九月十二日	1853年 10月14日	沈宗源、沈祥熙《嘉兴沈氏宗支谱》④
				民国十年 四月十六日	1921年 5月19日	同上
沈曾樾	子林	季荫 茝葰	浙江嘉兴	咸丰五年 十月二十一日	1855年 11月30日	沈宗源、沈祥熙《嘉兴沈氏宗支谱》
				民国十年 四月二十一日	1922年 5月17日	同上
沈曾植	子培	巽斋 乙庵 薏庵 寐叟	浙江嘉兴	道光三十年 二月二十九日	1850年 4月11日	沈宗源、沈祥熙《嘉兴沈氏宗支谱》⑤
				民国十一年 十月三日	1922年 11月21日	同上⑥

① 祖籍浙江会稽。

② 《清代人物大事纪年》作光绪十九年五月。

③ 初名曾庆。

④ 沈曾桐乡试履历(《清代朱卷集成》册118)、沈曾桐会试履历(《清代朱卷集成》册58)均作咸丰乙卯年九月十二日。

⑤ 王蘧常《清末沈寐叟先生曾植先生年谱》与《嘉兴沈氏宗支谱》同。《碑传集三编》卷8谢凤孙《学部尚书沈公墓志铭》作宣统壬戌年十月三日,年七十有三。据此逆推,其生年亦与《嘉兴沈氏宗支谱》同。沈曾植乡试履历(《清代朱卷集成》册109)、沈曾植会试履历(《清代朱卷集成》册46)、《光绪六年会试同年齿录》、《同治癸酉科顺天乡试同年齿录》均作咸丰壬子年二月二十九日。

⑥ 王蘧常《清末沈寐叟先生曾植先生年谱》与《嘉兴沈氏宗支谱》同。《碑传集三编》卷8谢凤孙《学部尚书沈公墓志铭》作宣统壬戌年十月三日。宣统无壬戌年,壬戌年实为民国十一年(1922)。此为谢凤孙以晚清遗老自居之笔。

续表

姓名	字	号	籍贯	生卒(农历)	生卒(公历)	文献来源
沈璋宝	步欧	达夫	浙江嘉兴	道光二十四年六月二十二日	1844 年 8 月 5 日	沈子旬《师桥沈氏嘉兴分支家谱》①
				光绪十七年十月二十二日	1891 年 11 月 23 日	同上②
沈兆庆③	占祥	鹭芗 露芗	浙江萧山	嘉庆十一年八月十日	1806 年 9 月 21 日	沈荇《萧山长巷沈氏宗谱》卷 12《二房驾山公派・粮长三十一世至三十五世》
				光绪十二年十二月二十八日	1887 年 1 月 21 日	同上
沈芷秋④		丽华主人	江苏吴县	道光二十七年十二月十一日	1848 年 1 月 16 日	周明泰《道咸以来梨园系年小录》
				?		
沈孳梅	瘦生		浙江山阴	?		绍兴县修志委员会《民国绍兴县志资料第一辑》册 15《人物列传第二编》
				光绪十一年二月	1885 年	《日记》光绪十一年五月六日⑤
沈祖煌	秋舲	蔚闻	浙江山阴	?		熊灿《扶沟县志》卷 5《官师表》
				?		

① 沈璋宝、沈瑜宝乡试履历(《清代朱卷集成》册 259)、《同治庚午科大同年齿录》、许应鑅《浙江同官录》均与《师桥沈氏嘉兴分支家谱》同。《清代人物生卒年表》据沈璋宝《警庵文存》卷首沈曾植《沈达夫先生墓志铭》"癸未得君书……越九年,太夫人卒于乌程官舍,君扶柩归里,积毁摧伤,神形俱瘁,逾祥而卒,年四十八"得其生于道光十六年(1836),卒于光绪九年(1883)。《清代人物生卒年表》实以(光绪)癸未作为其卒年而逆推,故误。

② 《清代人物生卒年表》作光绪九年(1883),误。

③ 官名守谦。

④ 名全珍,以字行。

⑤ 《日记》光绪十一年五月六日:"得僧慧四月九日书,知沈瘦生于二月中病殁,并寄其去年九月二十日手书,为之惨然。"据此,暂作光绪十一年(1885)。

续表

姓名	字	号	籍贯	生卒(农历)	生卒(公历)	文献来源
沈祖懋	懋哉	念农 恬翁	浙江仁和	嘉庆十八年 五月二十五日	1813 年 6 月 23 日	《道光乙未恩科直省同年录》①
				同治九年 四月	1870 年	谭献《复堂类集》文 3《四品衔国子监司业加五级沈先生行状》
沈祖宪②	吕生		浙江会稽	咸丰三年 四月十四日	1853 年 5 月 21 日	沈元泰《会稽中望坊沈氏家谱》卷 4《中望太二房世系》③
				?		
沈祖燕④	翼孙 忠唐	缴生 钟堂 守园居士	浙江萧山	同治元年 正月七日	1862 年 2 月 5 日	《光绪乙酉科浙江乡试同年齿录》⑤
				?		
升泰	竹珊		蒙古正黄旗	道光十八年	1838 年	秦国经《清代官员履历档案全编》册 4 页 751—752
				光绪十八年 八月四日	1892 年 9 月 24 日	《光绪朝朱批奏折》第 116 辑页 491—492⑥

① 沈祖懋会试履历(《清代朱卷集成》册 10)与《道光乙未恩科直省同年录》同。谭献《复堂类集》文 3 所撰行状仅作同治九年四月卒。据此不能推知其生年。

② 谱名裔兴。

③ 《光绪己卯科直省同年全录》作咸丰乙卯年四月十四日。

④ 谱名思昌。

⑤ 沈祖燕乡试履历(《清代朱卷集成》册 274)与《光绪乙酉科浙江乡试同年齿录》同。《光绪十五年己丑科会试同年齿录》作同治丙寅年正月七日。《清代人物生卒年表》据《光绪十五年己丑科会试同年齿录》作咸丰十年(1860)。

⑥ 光绪十八年八月十日,驻藏帮办大臣奎焕奏:“窃奴才于光绪十八年八月八日,据边务营务处记名总兵张腾蛟、驻防靖两营游击何长荣等申报:办理藏印边务驻藏办事大臣副都统衔升泰,于光绪十八年七月三十日,在边突患喉痛之症,兼受瘴疠,边荒僻壤,水土本属恶劣,更兼医、药两缺,当在营中遍觅稍知医理者诊视,拟方煎服,总无大效。八月三日,病势陡增,且兼气喘。该大臣恐将不起,口授遗折,犹以边务为念,语不及私。延至初四日申时,在仁进岗行营因病出缺。等情具报前来。”故,升泰卒于光绪十八年八月四日申时。贺文宣《清朝驻藏大臣大事记》:“(光绪十八年)八月十一日丙寅,驻藏大臣升泰卒于边;命帮办大臣奎焕速赴仁岗接办商约事宜。”其实,此为清政府接到升泰病故电报的日期,并非升泰病故的真实日期。

续表

姓名	字	号	籍贯	生卒(农历)	生卒(公历)	文献来源
盛炳纬①	星旋 省传	耒农 养园	浙江镇海	咸丰五年 三月十六日	1855 年 5 月 1 日	盛钟襄《慈镇盛氏七修宗谱》卷 15《南泉公支世略》②
				民国十九年 六月六日	1930 年 7 月 1 日	《申报》民国十九年七月二日(公历)第二万零五百六十七号《报丧》③
盛昱	伯希 伯熙 伯兮 伯羲 伯韫	韵莳	满洲镶白旗	道光三十年 二月二十九日	1850 年 4 月 11 日	杨钟羲《意园事略》(盛昱《意园文略》附)④
				光绪二十五年 十二月二十日	1900 年 1 月 20 日	同上⑤
盛植型	钧士	心竹 蓉舟 蓉洲	浙江镇海	道光九年 十二月三日	1829 年 12 月 28 日	盛钟襄《慈镇盛氏七修宗谱》卷 15《南泉公支世略》⑥
				光绪十三年 正月十七日	1887 年 2 月 9 日	同上⑦
师长杓	伯骏	茂昭 叠华	陕西韩城	嘉庆二十二年 八月十一日	1817 年 9 月 21 日	《道光甲辰恩科直省同年录》⑧
				?		

① 原名炳耀。

② 盛炳纬《养园剩稿》卷首陈三立《前江西学政翰林院编修盛君家传》载其庚午七月卒，享年七十有六。据此逆推，其生年与《慈镇盛氏七修宗谱》同。盛炳纬会试履历(《清代朱卷集成》册 50)、盛炳纬乡试履历(《清代朱卷集成》册 268)、《光绪己卯科直省同年齿录》均作咸丰己未年三月十六日。

③ 盛炳纬《养园剩稿》卷首陈三立《前江西学政翰林院编修盛君家传》仅作庚午七月。

④ 《清代人物大事纪年》《同治庚午科大同年齿录》均与盛昱《意园文略》附杨钟羲《意园事略》同。《中国少数民族古籍集成·爱新觉罗宗谱》(册 44 页 299—230)作道光庚戌年正月十三日。《同治九年庚午科顺天乡试同年齿录》作道光庚戌年正月初十日。

⑤ 《清代人物大事纪年》《爱新觉罗宗谱》均与盛昱《意园文略》附杨钟羲《意园事略》同。

⑥ 陈三立《湖北安襄郧荆兵备道盛公家传》载其丁亥正月卒，年五十有九。据此逆推，其生年亦与《慈镇盛氏七修宗谱》同。《咸丰五年乙卯科浙江乡试同年齿录》、盛植型会试履历(《清代朱卷集成》册 20)、《咸丰五年乙卯科直省乡试同年齿录》、《咸丰六年庚辰科会试同年齿录》均作道光癸巳年十二月三日。《清代人物生卒年表》据《咸丰六年庚辰科会试同年齿录》作道光十四年(1834)。

⑦ 《申报》光绪十三年四月二日第五千零三十四号之光绪十三年三月二十五日《京报全录·裕禄等片》、《字林沪报》光绪十三年二月十日第一千六百二十三号《襄道出缺》均与《慈镇盛氏七修宗谱》同。陈三立《湖北安襄郧荆兵备道盛公家传》仅作丁亥正月。《清代人物生卒年表》缺。

⑧ 《咸丰三年癸丑科会试同年齿录》与《道光甲辰恩科直省同年录》同。

续表

姓名	字	号	籍贯	生卒(农历)	生卒(公历)	文献来源
施补华①	均甫	岘佣	浙江乌程	道光十五年正月二十六日	1835年2月23日	《同治庚午科浙江乡试同年齿录》②
				光绪十六年三月五日	1890年4月23日	《日记》光绪十六年三月十二日③
施典章④	鼎臣	子谦	四川泸州⑤	咸丰五年十月一日	1855年11月10日	施藻章《从堂兄章传》(施祚芬、施绪礼《施氏宗谱》卷7)⑥
				宣统三年闰六月八日	1911年8月2日	同上⑦
施鉴	周樽	晓峰	浙江嘉善	?		程兼善《枫泾小志》卷6《人物》
				?		
施茂椿⑧	子相 兆林	北林	浙江金华	嘉庆十六年十月二十五日	1811年12月10日	朱志伊《皇清诰授奉直大夫户部主事加一级贵州清吏司行走施公之墓碣》(《墨池施氏宗谱》)⑨
				同治五年二月五日	1866年3月21日	同上

① 原名份,以字行。

② 《同治庚午科大同年齿录》与《同治庚午科浙江乡试同年齿录》同。施补华《泽雅堂文集》卷10《别弟文》:"道光二十又九年,吾父弃养,吾年十五岁。"施补华《泽雅堂诗二集》卷16《丙戌生日作》:"五十又加二。"据此二者逆推,其生年亦均与《同治庚午科浙江乡试同年齿录》同。《清代人物生卒年表》据《续碑传集》卷39杨岘《山东候补道施君墓志铭》"闰二月病作,医不得其要,遽卒,年五十有五"作道光十六年(1836)。

③ 据杨岘《山东候补道施君墓志铭》,仅知其卒于光绪十六年闰二月或之后。

④ 派名缵封,又名崇封。

⑤ 原籍湖北麻城。

⑥ 《光绪二年丙子科会试同年齿录》《关中同官录》均作咸丰丁巳年十月一日。《清代人物生卒年表》据《光绪二年丙子科会试同年齿录》作咸丰七年(1857)。

⑦ 《新闻报》宣统三年闰六月九日第六千六百零五号《施典章急病身故》:"四川铁路前驻沪总理施典章……遂将施抬送至和康里施之家内,未几身死。宝明府即函请本县田大令于昨午前往相验,无讹,命家属收敛。"据此,其亦卒于宣统三年闰六月八日。《清代人物生卒年表》缺。

⑧ 原名琢章。

⑨ 《己酉科直省乡试同年录》作嘉庆丙子年十月二十五日。

续表

姓名	字	号	籍贯	生卒(农历)	生卒(公历)	文献来源
施培曾	廷扬	翰臣	直隶宛平①	道光十二年四月一日	1832年4月30日	《江宁同官录》
				光绪二十三年十月七日	1897年11月1日	《申报》光绪二十四年二月二日第八千九百二十六号之光绪二十四年正月十二十三日《京报全录·松椿片》
施启宗②	敏仙		直隶宛平③	道光二十一年	1841年	秦国经《清代官员履历档案全编》册26页612④
				光绪十九年十一月十六日	1893年12月23日	《申报》光绪二十年二月二十五日第七千五百二十号之光绪二十年二月十七日《京报全录·谭钟麟跪奏》
施儒龄	与九		浙江会稽	?		《大清搢绅全书》(光绪十一年冬)册2《山西·隰州府》
				?		
施山	寿伯 愚海	骈蕖 望云	浙江会稽	道光十五年六月十五日	1835年7月10日	施烇《通雅堂诗笺注》十卷续集二卷附录一卷⑤
				光绪七年九月十八日	1881年11月9日	同上⑥
施善昌⑦	少钦		江苏吴江	道光八年十一月十八日	1828年12月24日	施肇会《笠泽施氏支谱》
				光绪二十二年三月二十四日	1896年5月6日	同上

① 祖籍浙江会稽。

② 谱名培启,官名启宗。

③ 祖籍浙江会稽。

④ 施聘三《会稽长乐施氏宗谱》无出生年月日。秦国经《清代官员履历档案全编》(册27页522)载其光绪八年四十岁。据此逆推,其当生于道光二十三年(1843)。

⑤ 施山《通雅堂诗钞》卷8有诗《生日作》:"由来身世惭无补,不信讴歌竟有神。"其下注:"命书食神主讴歌,余生乙未癸未癸卯乙卯,食神六见。"据此,其亦生于道光乙未年六月十五日。

⑥ 绍兴县修志委员会《民国绍兴县志资料第一辑》册15《人物列传第二编》载其卒年四十八。再据其生于道光乙未年六月十五日推,其当卒于光绪八年(1882)。《清代人物生卒年表》缺。

⑦ 又名邦庆。

续表

姓名	字	号	籍贯	生卒(农历)	生卒(公历)	文献来源
施彦曾			浙江乌程	?		《日记》光绪十六年十月二日
				?		
施亿承①	儆斋 小瑛	海门	浙江萧山	嘉庆七年 九月三十日	1802 年 10 月 26 日	《道光甲辰恩科直省同年录》
				?		
施友三②			浙江山阴	?		《日记》同治四年八月一日
				?		
石鸿韶	晋卿		广西象州	咸丰二年 三月十五日	1852 年 5 月 3 日	《象州大井石氏宗谱》③
				民国十二年	1923 年	同上④
石鸣韶	琴西 虞琴		山西介休	嘉庆二十二年 六月十日	1817 年 7 月 23 日	《咸丰戊午科直省同年全录》
				光绪八年 二月十三日	1882 年 3 月 31 日	《申报》光绪八年七月十七日第三千三百五十一号之光绪八年七月六日《京报全录·岑毓英跪奏》
时小福⑤	赞卿	琴香	江苏苏州	道光二十六年 九月九日	1846 年 10 月 28 日	周明泰《道咸以来梨园系年小录》
				光绪二十六年 五月十三日	1900 年 6 月 9 日	同上

① 更名本。

② 一作友山。

③ 《光绪六年庚辰科会试同年》作咸丰甲寅年三月十五日。《光绪己卯年直省同年齿录》作咸丰癸丑年三月十五日。《象州大井石氏宗谱》仅作咸丰壬子年。据此三者,定其生于咸丰壬子年三月十五日。《清代人物生卒年表》据《光绪六年庚辰科会试同年》作咸丰四年(1854)。

④ 来宾市文学艺术界联合会《麒麟山周边古迹与民俗》中梁国庆、赖明宗所撰《石鸿韶墓》作民国十二年十一月二十二日。若民国十二年十一月二十二日为农历,其公历为 1923 年 12 月 29 日。此暂作民国十二年(1923)。《清代人物生卒年表》缺。

⑤ 正名庆,小名阿庆。

续表

姓名	字	号	籍贯	生卒(农历)	生卒(公历)	文献来源
史慈济[①]	韵梅	宝卿	浙江山阴	道光二十二年十二月十七日	1843 年 1 月 17 日	史基美《史氏谱录续编》之《酒务桥本支世系·五十九世》[②]
				光绪六年六月二日	1880 年 7 月 8 日	同上
史恩济[③]	杏生	北覃	浙江山阴	道光十七年二月十三日	1837 年 3 月 19 日	史基美《史氏谱录续编》之《酒务桥本支世系·五十九世》
				光绪十四年八月二日	1888 年 9 月 7 日	同上
史恩绪	少梁 仪畴	润笙	直隶宛平[④]	道光二十三年三月二十七日	1843 年 4 月 26 日	史福田《溧阳史氏宗谱埭夏支》[⑤]
				光绪四年四月十八日	1878 年 5 月 19 日	同上
史贤			河北阜城	?		《日记》光绪三年十二月二十一日
				?		
史映奎[⑥]	子庄 珊源 珊园	星垣	江苏溧阳	道光七年十月二十九日	1827 年 12 月 17 日	史福田《溧阳史氏宗谱埭夏支》[⑦]
				光绪十六年九月三日	1890 年 10 月 16 日	同上
史致炜[⑧]	慕韩		江苏溧阳	嘉庆十九年十二月十六日	1815 年 1 月 25 日	史福田《溧阳史氏宗谱埭夏支》
				同治七年九月十八日	1868 年 11 月 2 日	同上

① 原名讲学。

② 《同治庚午科大同年齿录》与《史氏谱录续编》同。《同治庚午科浙江乡试同年齿录》作道光丁未年十二月二十七日。

③ 原名安济。

④ 祖籍江苏溧阳。

⑤ 《同治九年庚午科顺天乡试同年齿录》与《溧阳史氏宗谱埭夏支》同。史恩绪乡试履历(《清代朱卷集成》册 108)作道光丁未年三月二十七日。

⑥ 原名文灿。

⑦ 《咸丰元年辛亥恩科直省同年全录》作道光戊子年十月二十九日。

⑧ 原名学晃。据《溧阳史氏宗谱埭夏支》,越缦于同治四年十一月十五日日记中"炜"前脱"致"字。

续表

姓名	字	号	籍贯	生卒(农历)	生卒(公历)	文献来源
世春	敬生		满洲镶红旗	道光二十四年	1844 年	秦国经《清代官员履历档案全编》册 5 页 385—386
				光绪二十年四月二十日	1894 年 5 月 24 日	《申报》光绪二十年四月三十日第七千五百八十四号《粮道出缺》
世杰	振之	芸圃	满洲镶黄旗	道光三十年十二月九日	1851 年 1 月 10 日	《两浙盐务同官录》
				光绪二十七年四月三日	1901 年 5 月 20 日	《同文沪报》光绪二十七年四月六日第六千七百六十四号《浙臬出缺》①
释彻凡②	寄云 寄凡		浙江上虞	嘉庆十一年二月八日	1806 年 3 月 27 日	《日记》咸丰五年二月八日③
				?		
寿昌			汉军正白旗	?		《大清搢绅全书》(光绪十九年冬)册 1《京师·通政司大理寺》
				光绪二十四年	1898 年	《申报》光绪二十四年十一月一日第九千二百二十号之光绪二十四年十月十七日《京报全录·宫门抄》④
寿怀庚			浙江山阴	?		《日记》同治九年九月十六日
				?		
寿庆慈⑤	云嵋 醒山	省三	浙江山阴	咸丰四年九月十七日	1854 年 11 月 7 日	寿嘉兴《山阴华舍寿氏宗谱》卷 8《行传》⑥
				民国四年六月十八日	1915 年 7 月 29 日	同上

① 《申报》光绪二十七年四月九日第一万零九十三号《浙臬出缺》、《申报》光绪二十七年六月十一日第一万零一百五十四号《奏疏汇录·余联沅跪奏》均与《同文沪报》光绪二十七年四月六日第六千七百六十十四号同。

② 俗姓谢。

③ 《日记》咸丰五年二月八日:"上午附周雪鸥、沈寄凡舟诣小云栖寿凡公五十。"据此逆推,其生年为嘉庆十一年(1806)。

④ 《京报全录·宫门抄》:"十月十七日。寿昌递遗折。"据此,暂作光绪二十四年(1898)。

⑤ 谱作钦慈,谱名学曾。

⑥ 寿庆慈乡试履历(《清代朱卷集成》册 267)、《光绪丙子科浙江乡试同年齿录》均作咸丰甲寅九月十七日。

续表

姓名	字	号	籍贯	生卒(农历)	生卒(公历)	文献来源
寿煊[①]	荫余		浙江诸暨	嘉庆六年正月七日	1801年2月19日	寿长森《暨阳墨城寿氏宗谱》卷15《产字行传》
				?		
寿源清[②]	渭渔	玉溪	浙江山阴	道光十一年五月十六日	1831年6月25日	《咸丰戊午科浙江乡试同年齿录》[③]
				?		
舒普		平之	满洲正蓝旗	?		《大清搢绅全书》(光绪十九年夏)册1《京师·鸿胪寺》
				光绪二十二年	1896年	吏部《为大理寺少卿舒普病故出缺三德升补奉旨事致军机处咨文》[④]
司马士容			?	道光四年	1824年	《日记》光绪十六年八月一日[⑤]
				光绪十六年八月一日	1890年9月14日	同上[⑥]
司小虎	守谦		?	?		《日记》光绪十九年五月九日
				?		

① 原名康榕。

② 改名祝尧,学名瑛,谱名绍瑛。

③ 寿源清乡试履历(《清代朱卷集成》册247)、《咸丰戊午科直省同年录》均与《咸丰戊午科浙江乡试同年齿录》同。

④ 此咨文仅载舒普病故一缺,于光绪二十二年八月九日奉旨三德补授。再据《申报》光绪二十二年二月十六日第八千二百四十号之光绪二十二年二月八日《京报全录·宫门抄》:"舒普由口外赐奠回京请安。"可知其卒于光绪二十二年二月八日至八月九日之间。此暂作光绪二十二年(1896)。

⑤ 《日记》光绪十六年八月一日:"厨人司马士容今早殁……今年六十有七矣!"据此逆推,其当生于道光四年(1824)。

⑥ 《日记》光绪十六年八月一日:"厨人司马士容今早殁……今年六十有七矣!"

续表

姓名	字	号	籍贯	生卒(农历)	生卒(公历)	文献来源
斯秉镕①	式金	青鲁 青路 青炉	浙江诸暨	道光二十年 四月二日	1840 年 5 月 3 日	斯苻逊《暨阳上林斯氏宗谱》卷 54《下宅派康字行》
				光绪十二年 八月三十日	1886 年 9 月 27 日	同上
姒锡章②	继先 焕臣		浙江会稽	同治五年 七月十九日	1866 年 8 月 28 日	姒锡章副贡履历(《清代朱卷集成》册 365)③
				民国十九年	1930 年	《广智星期报》中华民国二十年二月一日(公历)(广字第一百零七号)④
松安			满洲镶蓝旗	道光二十年 三月十七日	1840 年 4 月 18 日	《中国少数民族古籍集成·爱新觉罗宗谱》册 53 页 473—474
				光绪二十四年 十月六日	1898 年 11 月 19 日	同上⑤
松淮⑥	寿泉		满洲镶蓝旗	道光十三年 八月十日	1833 年 9 月 23 日	中国第一历史档案馆《光绪宣统两朝上谕档》册 19 页 8
				光绪三十三年 十月三日	1907 年 11 月 8 日	《政治官报》光绪三十三年十月五日第十六号《电报奏咨类》⑦

① 一讳春镕，榜讳之荣。

② 谱名德龄。

③ 姒锡章乡试履历(《清代朱卷集成》册 284)、姒锡章副贡履历(《清代朱卷集成》册 365)均作同治七年七月十九日。姒承家《禹迹寻踪》作 1866 年。据此三者，定其生于同治五年七月十九日。

④ 《广智星期报》中华民国二十年二月一日(公历)广字第一百零七号中有林兆翰为姒锡章所撰挽联。据此，仅知其卒于民国十九年十二月十四日(农历)之前。此暂作民国十九年(1930)。姒承家《禹迹寻踪》作 1930 年，并言是据当时天津《大公报》刊登的讣告。但笔者在天津《大公报》中未曾检索到讣告。

⑤ 《申报》光绪二十四年十一月二十五日第九千二百四十四号之光绪二十四年十一月七日《京报全录·毓崑、载迁跪奏》与《中国少数民族古籍集成·爱新觉罗宗谱》同。

⑥ 越缦于光绪十六年九月二十日写为“凇桂”。据《大清搢绅全书》(光绪十六年春)，当为“松淮”。

⑦ 吴丰培、曾国庆《清代驻藏大臣传略》仅作光绪三十三年(1907)。

续表

姓名	字	号	籍贯	生卒(农历)	生卒(公历)	文献来源
松龄[①]	怡园 颐园		满洲镶红旗[②]	?		《日记》光绪十八年十一月一日
				?		
宋秉谦	占六	益亭	云南石屏	道光二十七年八月二十九日	1847年10月7日	《光绪六年庚辰科会试同年齿录》
				光绪十一年	1885年	《日记》光绪十一年三月二十七日[③]
宋晋	锡蕃 祐生	雪帆	江苏溧阳	嘉庆七年十二月二十六日	1803年1月19日	宋文蔚《崇仁里宋氏宗谱》卷6《养浩轩后》[④]
				同治十三年九月二十二日	1874年10月31日	同上[⑤]
宋寿崑[⑥]	宾谷	奏云	浙江山阴	咸丰十一年五月十七日	1861年6月24日	《光绪十四年戊子科顺天乡试同年齿录》[⑦]
				?		
宋淑信	孟芳 中孚	莲塘	河南禹州	道光十七年正月二十一日	1837年2月25日	《同治癸酉科明经通谱》[⑧]
				?		
宋维泰	伯仁	仁甫	山西汾阳	道光二年十月二十三日	1822年12月6日	《道光二十三年癸卯科直省同年全录》
				?		
宋文滨	来南	桂孙 仰周	直隶天津	同治六年十月五日	1867年10月31日	《光绪十五年己丑恩科顺天乡试同年齿录》
				?		

① 本姓李。越缦一作松林。据《大清搢绅全书》(光绪二十八年秋)、《大清搢绅全书》(光绪十七年春),“松林”当为“松龄”。

② 据《日记》光绪十八年是一月一日,其祖籍浙江山阴。

③ 《日记》光绪十一年三月二十七日:“庚辰同年户部宋秉谦主事卒,赙以十二千。”据此,其当卒于光绪十一年三月二十七日或之前。此暂作光绪十一年(1885)。《清代人物生卒年表》缺。

④ 宋文蔚《溧阳宋少司农年谱》、方濬颐《二知轩文存》卷33《户部左侍郎宋公墓志铭》、宋晋乡试履历(《清代朱卷集成》册136)均与《崇仁里宋氏宗谱》同。《道光二十四年甲辰科会试同年齿录》作嘉庆壬申年十二月二十六日。

⑤ 宋文蔚《溧阳宋少司农年谱》与《宗谱》同。《户部左侍郎宋公墓志铭》作同治十三年九月十二日。

⑥ 谱名佳彻。

⑦ 宋寿崑乡试履历(《清代朱卷集成》册120)与《光绪十四年戊子科顺天乡试同年齿录》同。

⑧ 《光绪六年庚辰科会试同年齿录》与《同治癸酉科明经通谱》同。

续表

姓名	字	号	籍贯	生卒(农历)	生卒(公历)	文献来源
宋学沂[①]	楔春	薇川[②]	浙江山阴	道光二十年十一月六日	1840 年 11 月 29 日	宋汝楫《山阴江头宋氏世谱》卷 22《谦十五房·馨字支谱录》[③]
				?		
宋荫培[④]	赓棠	南卿 樾轩	云南石屏[⑤]	咸丰元年闰八月二十三日	1851 年 10 月 17 日	《光绪六年庚辰科会试同年齿录》[⑥]
				?		
宋育仁	芸子 子晟	芸岩 复庵	四川富顺	咸丰八年十一月二十三日	1858 年 12 月 27 日	宋维彝《宋育仁先生讣告》[⑦]
				民国二十年十月二十六日	1931 年 12 月 5 日	同上[⑧]
宋祖骏	伟度		江苏长洲	?		《日记》同治十三年五月四日
				?		
苏廷魁[⑨]	德辅	赓堂	广东高要	嘉庆五年八月十四日	1800 年 10 月 2 日	《乙未科会试同年齿录》[⑩]
				光绪四年二月十九日	1878 年 3 月 22 日	《申报》光绪四年五月二十二日第一千八百八十九号之光绪四年五月十一日《京报全录·刘坤一、张兆栋跪奏》[⑪]

① 原名增祐。

② 越缦于同治九年十月十三日所写“薇香”，据《同治丁卯科并补行甲子科浙江乡试同年齿录》及《日记》同治十年二月二十七日，“薇香”当为“薇川”之误。

③ 《同治丁卯科并补行甲子科浙江乡试同年齿录》作道光壬寅年十二月六日。

④ 一名荫东。

⑤ 原籍浙江浦江。

⑥ 《光绪元年乙亥恩科带补壬戌恩科云南乡试同年齿录》、宋荫培会试履历(《清代朱卷集成》册 48)均与《光绪六年庚辰科会试同年齿录》同。

⑦ 《宋氏家谱》、宋育仁乡试履历(《清代朱卷集成》册 332)、《光绪己卯科直省同年齿录》均与《宋育仁先生讣告》同。《碑传集三编》卷 35 萧月高《宋芸子先生传》载：“(民国)辛未通志稿成，力瘁而卒，时年七十有四。”据此逆推，其生年亦与《宋育仁先生讣告》同。宋维彝《先府君行状》无出生年月日。

⑧ 《碑传集三编》卷 35 萧月高《宋芸子先生传》仅作(民国)辛未年(1931)。宋维彝《先府君行状》无去世年月日。

⑨ 一作廷奎。

⑩ 《辛巳各省同年全录》《会试同年齿录道光乙未科》均与《乙未科会试同年齿录》同。《苏河督年谱》仅作嘉庆五年庚申(1800)。

⑪ 马呈图《宣统高要县志》卷 18 下《人物篇一·列传二·清》仅作光绪四年(1878)。

续表

姓名	字	号	籍贯	生卒(农历)	生卒(公历)	文献来源
苏玉霖		器之	广西郁林	道光四年十二月二十二日	1825年2月9日	《淮泗苏氏族谱》之《泗川后长房》①
				光绪二十六年五月六日	1900年6月2日	同上
素麟			满洲正黄旗	道光十五年	1835年	秦国经《清代官员履历档案全编》册4页72—73
				?		
孙宝琦	慕韩		浙江仁和	同治六年三月二十二日	1867年4月26日	《光绪大婚己丑年恩赐荫生同官齿录》②
				民国十九年十二月十六日	1931年2月3日	沈卫《前国务总理杭县孙公墓志铭》(卞孝萱、唐文权《辛亥人物碑传集》卷7)③
孙宝仁		子静	浙江会稽	道光二十一年闰三月十二日	1841年5月2日	孙梁盛《余姚孙境宗谱》卷26《恒四公二房·迺恒四公次子归隐公三子一川公之后》
				宣统二年九月六日	1910年10月8日	同上

① 《光绪九年癸未科会试同年齿录》作道光庚子年十二月二十二日。《清代人物生卒年表》据《光绪九年癸未科会试同年齿录》作道光二十一年(1841)。

② 《清代人物大事纪年》载其民国十九年十二月卒,卒年六十四。据此逆推,其生年与《光绪大婚己丑年恩赐荫生同官齿录》同。叶尔恺《孙宝琦神道碑》仅作同治丁卯年三月。卞孝萱、唐文权《辛亥人物碑传集》卷7沈卫《前国务总理杭县孙公墓志铭》载其民国二十年二月三日(公历)卒,年六十五。据此逆推,其生年亦为同治六年(1867)。

③ 《墓志铭》作民国二十年二月三日。叶尔恺《孙宝琦神道碑》仅作(民国)庚午年十二月,卒年六十四。《大晶报》民国二十年二月六日(公历)第三百二十七期《孙宝琦先生逝世》作民国二十年二月三日(公历)。《清代人物大事纪年》作民国十九年十二月,卒年六十四。据《大晶报》,《墓志铭》所载民国二十年二月三日,当为公历;《清代人物大事纪年》所载当为农历。《清代人物生卒年表》据杨恺龄《孙慕韩先生碑铭手札集》作民国十九年(1930)。

续表

姓名	字	号	籍贯	生卒(农历)	生卒(公历)	文献来源
孙宝瑄	仲玙		浙江钱塘	同治十三年 正月十六日	1874年 3月4日	叶景葵《序》(孙宝瑄《忘山庐日记》)①
				民国十一年	1922年	顾廷龙《叶景葵杂著》②
孙宝义③	子宜 紫霓	熹荪 咏裳	浙江会稽	道光二十九年 正月十四日	1849年 2月6日	孙仰唐《余姚孙境宗谱》卷25《恒四公二房·迺恒四公次子归隐公三子一川公之后》④
				?		
孙葆田	仲恒 仲垣	佩南	山东荣成	道光二十年 十一月二十六日	1840年 12月19日	《同治庚午科大同年齿录》⑤
				宣统三年 正月一日	1911年 1月30日	毛承霖《孙佩南先生传略》(《碑传集三编》卷39)⑥
孙道复	贻珊	小篔	浙江会稽	?		孙德祖《寄龛文存》卷3《叔父贻珊公家传》
				?		
孙道乾	保元 瘦梅	葆园 梅叟 贻研	浙江会稽	?		孙德祖《寄龛文存》卷3《季父葆园公家传》
				?		
孙德祖	彦清 岘卿	寄龛	浙江会稽	道光二十年 八月二十五日	1840年 9月20日	孙德祖《寄龛诗质》卷9《自题四十二岁小影》⑦
				光绪三十四年	1908年	马刷章《效学楼述文》卷2《先友记略》

① 叶景葵《序》仅作同治甲戌年(1874)。孙宝瑄《忘山庐日记》光绪二十四年正月十六日:"晚成生日自述五古一首,并赠宋子燕生。录之云:'行年二十五,读书渐未多。'"孙宝瑄《忘山庐日记》光绪二十三年正月十六日:"余生日,自述七古一首。"据此三者,定其生于同治十三年正月十六日。

② 叶景葵《序》仅载其民国初歿于宁波海关监督任,年五十有□。顾廷龙《叶景葵杂著》之《卷庵书跋》中《忘山庐日记》载其民国初歿于海关任,年四十九。再据其生年,其当卒于民国十一年(1922)。

③ 原名星华。

④ 孙咏裳乡试履历(《清代朱卷集成》册265)、《光绪丙子科浙江乡试同年齿录》均与《余姚孙境宗谱》同。

⑤ 孙葆田会试履历(《清代朱卷集成》册36)、《清代人物大事纪年》均与《同治庚午科大同年齿录》同。《碑传集三编》卷39毛承霖《孙佩南先生传略》载其(宣统)辛亥正月朔日卒,年七十二。据此逆推,其生年亦与《同治庚午科大同年齿录》同。《同治十三年甲戌科会试同年齿录》作道光壬寅年十一月二十六日。

⑥ 《清史稿》卷479作宣统元年(1909)。

⑦ 《同治丁卯科并补行甲子科浙江乡试同年齿录》作道光癸卯八月二十五日。孙德祖在《自题四十二岁小影》自言四十二岁时为辛巳年。据此二者,定其生于道光二十年八月二十五日。

续表

姓名	字	号	籍贯	生卒(农历)	生卒(公历)	文献来源
孙福宝			越缦乡人	?		《日记》光绪九年十一月二十三日
				?		
孙馥生			浙江会稽	?		《日记》咸丰四年五月二日
				?		
孙垓①	子九	少楼 退宜	浙江会稽	嘉庆十五年	1810年	李慈铭著;刘再华点校《越缦堂诗文集》之《癸丑上元后二日与鲁蓉生燮元孙子九垓陈闲谷煌王平子章皆昆弟之好即送子九之吴门平子之姚江二首》②
				光绪十一年七月	1885年	李慈铭著;刘再华点校《越缦堂诗文集》之《九哀赋》③
孙鸿恩			山东朝城	道光十七年	1837年	《光绪二十年京察满汉司员履历册》
				?		
孙楫	济川 子舟	驾航	山东济宁	道光七年十二月十八日	1828年2月3日	王蕴藻《广东同官录》④
				光绪二十四年六月十八日	1898年8月5日	朱彭寿《清代人物大事纪年》⑤

① 初名念祖。

② 《越缦堂诗文集》之《癸丑上元后二日与鲁蓉生燮元孙子九垓陈闲谷煌王平子章皆昆弟之好即送子九之吴门平子之姚江二首》诗云:"生能并世关天意,交到忘年总宿缘。"诗句下小字注:"蓉生年四十五,子九年四十四。"据此逆推,其生年当为嘉庆十五年(1810)。《越缦堂诗文集》之《九哀赋》:"会稽孙子九秀才垓卒于乙酉七月,年七十六。"据此逆推,其生年亦为嘉庆十五年(1810)。《清代人物生卒年表》据马绸章《效学楼述文》卷2《先友记略》"长先子二十二岁"作嘉庆十八年(1813)。

③ 《九哀赋》:"会稽孙子九秀才垓卒于乙酉七月,年七十六。"据此,其卒年为光绪十一年(1885)。马绸章《效学楼述文》卷2《先友记略》仅作光绪十一年(1885)。

④ 翁同龢著;陈义杰点校《翁同龢日记》册1同治五年十二月十八日:"拜孙驾航四十寿。"翁同龢著;陈义杰点校《翁同龢日记》册5光绪二十二年十二月十八日:"祝孙驾航七十寿,未入。"据此二者逆推,其出生年月日与王蕴藻《广东同官录》同。孙楫《郛亭词集》有"光绪丁酉重阳前四日,七十一叟孙楫自题"。据此逆推,其生年亦与《广东同官录》同。孙沂、孙序东《济宁孙氏曲阜分支家考》仅作道光七年(1827)。孙辑乡试履历(《清代朱卷集成》册101)、《咸丰元年恩荫同年齿录》、《咸丰元年辛亥恩科直省同年录》均作道光庚寅年十二月十八日。《清代人物生卒年表》据《清代官员履历档案全编》册26作道光十年(1830)。

⑤ 《济宁孙氏曲阜分支家考》作光绪二十五年(1899)。《清代人物生卒年表》据宣统《山东通志》补遗作光绪二十七年(1901)。

续表

姓名	字	号	籍贯	生卒(农历)	生卒(公历)	文献来源
孙家笃	稚材	斐生	安徽寿州	道光九年十月二十六日	1829年11月22日	孙传栋《寿州孙氏支谱》卷5
				同治十二年九月三日	1873年10月23日	同上
孙家谷	贻卿	稼生 幼勤	安徽寿州	道光三年十一月六日	1823年12月7日	孙传栋《寿州孙氏支谱》卷5①
				光绪十四年七月十七日	1888年8月24日	同上
孙家穆	筱漪		安徽寿州	道光十三年二月二十五日	1833年4月14日	孙传栋《寿州孙氏支谱》卷5②
				光绪十三年九月二十四日	1887年11月9日	同上③
孙家鼐	燮臣 燮君	质生 容卿	安徽寿州	道光七年三月十二日	1827年4月7日	孙传栋《寿州孙氏支谱》卷5④
				宣统元年十月十七日	1909年11月29日	同上⑤
孙橘堂	苏亭	筱陆	山东宁海	道光三十年五月二十九日	1850年7月8日	《光绪丙子科顺天乡试同年齿录》⑥
				光绪二十三年	1897年	于清泮《牟平县志》卷9之王塄《孙奎杰墓志铭》⑦
孙霖	叶舟		浙江诸暨	?		《日记》光绪十四年十月二十日
				?		

① 《咸丰六年丙辰科会试同年齿录》《道光己酉科各省选拔同年明经通谱》均作道光乙酉年十一月六日。

② 《同治庚午科大同年齿录》与《寿州孙氏支谱》同。《同治十年辛未科会试同年齿录》、孙家穆会试履历(《清代朱卷集成》册33)均作道光辛丑年二月二十五日。《同治九年庚午科顺天乡试同年齿录》作道光乙未年二月二十五日。

③ 《清代人物生卒年表》缺。

④ 《太傅孙文正公讣告》(《上海图书馆藏赴闻集成》册2)与《寿州孙氏支谱》同。孙家鼐会试履历(《清代朱卷集成》册22)、孙家鼐乡试履历(《清代朱卷集成》册101)、《咸丰元年辛亥恩科直省同年全录》、《道光己酉科各省选拔同年明经通谱》均作道光己丑年三月十二日。

⑤ 《太傅孙文正公讣告》(《上海图书馆藏赴闻集成》册2)与《寿州孙氏支谱》同。

⑥ 《清代人物生卒年表》缺。

⑦ 王塄《孙奎杰墓志铭》:"光绪十八年壬辰,赵太恭人弃养。越五年,户部公谢世。"据此,其当卒于光绪二十三年(1897)。

续表

姓名	字	号	籍贯	生卒(农历)	生卒(公历)	文献来源
孙禄增	复初 叔茀	镜江 子墨	浙江归安	道光二十九年 六月十一日	1849年 7月30日	孙宪章《菱湖孙氏族谱》册13《性十五世》①
				光绪二十年 七月十日	1894年 8月10日	同上
孙履晋			直隶天津	?		《日记》光绪十年十二月二十二日
				?		
孙明义			安徽舒城	?		《日记》光绪十七年七月二十一日
				?		
孙铭恩	书常	兰检	江苏通州	嘉庆十五年 正月十五日	1810年 2月18日	孙登瀛《显考兰检府君行述》②
				咸丰四年 五月十五日	1854年 6月10日	同上③
孙模④	仪生 谊卿		浙江山阴	咸丰六年 三月二十一日	1856年 4月25日	孙炳如《山阴亭川孙氏宗谱》卷4⑤
				?		
孙娘			浙江钱塘	?		《日记》咸丰四年三月二十五日
				?		
孙盼云	芷依		江苏苏州	?		曹惆生《中国音乐舞蹈戏曲人名词典》
				?		

① 《同治庚午科大同年齿录》《同治庚午科浙江乡试同年齿录》均与《菱湖孙氏族谱》同。《同治十年辛未科会试同年齿录》作咸丰壬子年六月十一日。

② 《乙未科会试同年齿录》《道光甲午科直省同年全录》均与《行述》同。孙铭恩会试履历(《清代朱卷集成》册9)作嘉庆壬申正月十五日。《清代人物生卒年表》据《历代人物生卒年表补》作嘉庆十四年(1809)。

③ 《清代人物生卒年表》据《历代人物生卒年表补》作咸丰三年(1853)。

④ 原名国琛。

⑤ 孙模乡试履历(《清代朱卷集成》册272)、《光绪乙酉科浙江乡试同年齿录》均与《山阴亭川孙氏宗谱》同。

续表

姓名	字	号	籍贯	生卒(农历)	生卒(公历)	文献来源
孙锵鸣	绍甫 韶甫 克昌	蕖田 止园 止庵	浙江瑞安	嘉庆二十二年正月六日	1817年2月21日	孙衣言《盘谷孙氏族谱》卷2《礼庵公房·内四房吉生公派下》①
				光绪二十六年十二月十三日	1901年2月1日	缪荃孙《艺风堂文漫存·乙丁稿》卷2《清故侍郎衔翰林院侍读学士孙先生墓碑》②
孙清士	诗农	吉人	云南呈贡	道光十四年七月二十三日	1834年8月27日	《同治庚午科大同年齿录》③
				光绪十七年九月二十二日	1891年10月24日	刘秉璋《题报达县知县孙清士病故日期事》(中国第一历史档案馆藏)④
孙清彦	子康		浙江余姚	道光五年十二月十四日	1826年1月21日	孙仰唐《余姚孙境宗谱》卷25《恒四公二房二十六世至三十世之图》
				光绪九年七月十六日	1883年8月18日	同上
孙庆咸⑤	伟卿 暨宸	际辰 珊球 杉麓	浙江山阴	嘉庆十六年九月二日	1811年10月18日	《道光甲辰恩科直省同年录》⑥
				?		

① 《清代人物大事纪年》与《盘谷孙氏族谱》同。缪荃孙《艺风堂文漫存乙丁稿》卷2《清故侍郎衔翰林院侍读学士孙先生墓碑》作(光绪庚子)十二月十三日卒,年八十有四。据此逆推,其生年亦与《盘谷孙氏族谱》同。《道光乙未恩科直省同年录》作嘉庆己卯正月六日。《道光二十一年辛丑恩科会试齿录》作嘉庆辛巳年正月六日。

② 任道镕《奏报前翰林侍读学士孙锵鸣在籍病故日期》(台北故宫博物院《军机处档折件》第147321号)与《墓碑》同。

③ 《同治九年庚午带补戊午科己未恩科云南乡试同年齿录》与《同治庚午科大同年齿录》同。

④ 《日记》光绪十八年二月十七日:"庚午同年四川达县令孙清士卒。云南呈贡人,丙子进士。送奠分四千。"据此,其当卒于光绪十八年二月十七日之前。

⑤ 原名光烈。

⑥ 《咸丰壬子恩科会试同年齿录》作嘉庆丙子年九月二日。《清代人物生卒年表》据《咸丰壬子恩科会试同年齿录》作嘉庆二十一年(1816)。

续表

姓名	字	号	籍贯	生卒(农历)	生卒(公历)	文献来源
孙人凤	翔伯	补笙	浙江钱塘	嘉庆十年 十二月十二日	1806年 1月31日	《日记》同治三年十二月十二日①
				同治六年	1867年	王诒寿《缦雅堂诗》卷7《哭孙翔伯文》②
孙汝梅③	问羹	春山	直隶大兴④	道光十六年 十一月十八日	1836年 12月25日	《光绪六年庚辰科会试同年齿录》⑤
				光绪十五年	1889年	《日记》光绪十五年七月十五日⑥
孙尚绂	紫佩 子佩	丽亭	河北海兴	道光十一年 七月十二日	1831年 8月19日	《咸丰元年恩荫同年齿录》⑦
				?		
孙绍棠			越缦邑人			《日记》光绪十七年二月二十四日
				?		
孙氏			越缦乡人	?		《日记》咸丰八年五月二十二日
				咸丰八年 五月二十一日	1858年 7月1日	同上⑧

① 《日记》同治三年十二月十二日："返寓小食后，着衣冠诣孙子受，贺其封君六十寿辰，晤芍农、鼎丞，小坐而别。"据此逆推，其当生于嘉庆乙丑年十二月十二日。孙人凤《复见心斋诗草》卷6《张仲甫舍人先生应昌属题乙丑重游泮水诗册》："我生岁乙丑，先生芹入手。"据此，只能得其生于嘉庆十年(1805)，而不能得其具体月日。《清代人物生卒年表》据孙人凤《复见心斋诗草》卷6《题宜梦香兆兰采芝图》"生同乙丑长同乡，江海归来两鬓霜"亦如此。其实，据孙人凤《复见心斋诗草》卷1《三十自述二首》第一首："转瞬光阴三十年，生朝犹说育蚕天(吾乡以十二月十二为蚕生日)。"亦可知其出生月日为十二月十二日。

② 王诒寿《缦雅堂诗》卷7《哭孙翔伯文》作于同治丁卯年(1867)。孙人凤《复见心斋诗草》目录后孙诒经识语："先大夫澹于名利，授徒四十年，暇独以吟咏自娱。丁卯岁见背后，命弟诒绅持遗稿求山阴王眉叔广文删订。"据此，其亦卒于同治六年(1867)。

③ 原名燕诒。

④ 祖籍浙江余姚。

⑤ 孙汝梅会试履历(《清代朱卷集成》册46)与《光绪六年庚辰科会试同年齿录》同。孙汝梅《读雪斋金文目手稿》卷首朱寯瀛《孙君汝梅传》载其光绪十五年六月卒，年五十四。据此逆推，其生年亦与《光绪六年庚辰科会试同年齿录》同。

⑥ 《日记》光绪十五年七月十五日："庚辰同年孙兵部汝梅病故，送奠分六千。"据此，其当卒于光绪十五年七月十五日或之前几日。孙汝梅《读雪斋金文目手稿》卷首朱寯瀛《孙君汝梅传》亦仅作光绪十五年六月。此暂作光绪十五年(1889)。

⑦ 《赵毛陶孙氏家谱》中无出生年月日。

⑧ 《日记》咸丰八年五月二十二日："闻闲谷母夫人于昨夜病卒来赴，仲弟往唁。"

续表

姓名	字	号	籍贯	生卒(农历)	生卒(公历)	文献来源
孙氏			浙江会稽	道光二十三年	1843 年	孙念祖《王烈妇传》(王继香《会稽王氏清芬录》)①
				咸丰十一年 七月十六日	1861 年 8 月 21 日	李慈铭《王秀才继本暨其妻孙烈妇墓表》(王继香《会稽王氏清芬录》)
孙式烈②	午楼		浙江会稽	道光二十六年 正月四日	1846 年 1 月 30 日	孙秉彝《绍兴孙氏宗谱》卷 10《书常公讳建功支派 · 五伦公四子绪仔公之后》③
				宣统元年 十二月二十四日	1910 年 2 月 3 日	同上④
孙寿昶	吉生		浙江山阴	?		绍兴县修志委员会《民国绍兴县志资料第一辑》册 15《人物列传第二编》
				?		
孙寿祺			越缦邑人	?		《日记》光绪十七年二月二十四日
				?		
孙嵩年	叔泰		浙江钱塘	咸丰十一年	1861 年	秦国经《清代官员履历档案全编》册 7 页 168
				?		

① 《王烈妇传》作卒年十九。李慈铭《王秀才继本暨其妻孙烈妇墓表》载其咸丰十一年七月十六日卒。据此二者逆推,其当生于道光二十三年(1843)。

② 名祖华,原名祖英。

③ 孙祖英乡试履历(《清代朱卷集成》册 269)、《光绪己卯科直省同年齿录》、《光绪己卯科浙江乡试同年齿录》均与《绍兴孙氏宗谱》同。孙祖华会试履历(《未刊清代朱卷集成》册 18)、《光绪九年癸未科会试同年齿录》均作咸丰壬子年正月四日。《清代人物生卒年表》作咸丰二年(1852)。

④ 《清代人物生卒年表》缺。

续表

姓名	字	号	籍贯	生卒(农历)	生卒(公历)	文献来源
孙廷翰①	运章 文榮	文卿 问青	浙江诸暨	咸丰十一年 十月十日	1861 年 11 月 12 日	何宗海《诸暨孙氏宗谱》卷 6《行传》②
				民国七年 正月十七日	1918 年 2 月 27 日	同上③
孙廷璐	琴士		浙江余姚	嘉庆二十三年	1818 年	秦国经《清代官员履历档案全编》册 25 页 459④
				?		
孙廷璋⑤	幼康 仲嘉	莲士	浙江会稽	道光五年 十二月十六日	1826 年 1 月 23 日	《日记》同治五年十一月一日⑥
				同治五年 十月十七日	1866 年 11 月 23 日	同上⑦
孙同康⑧	师郑 伯元	君培 寅生	江苏昭文	同治五年 七月十七日	1866 年 8 月 26 日	孙炳黄《孙师郑先生讣告》⑨
				民国二十四年 五月二十九日	1935 年 6 月 29 日	同上⑩

① 原名起焕。

② 《光绪乙酉科浙江乡试同年齿录》、孙廷翰乡试履历(《清代朱卷集成》册 272)、何宗海《诸暨孙氏宗谱》卷 2 郭传治《问清公家传》均与《诸暨孙氏宗谱》同。孙廷翰会试履历(《清代朱卷集成》册 64)、《光绪十五年己丑科会试同年齿录》均作同治丙寅年十月十日。《清代人物生卒年表》据《光绪十五年己丑科会试同年齿录》作同治五年(1866)。

③ 何宗海《诸暨孙氏宗谱》卷 2 郭传治《问清公家传》与《诸暨孙氏宗谱》同。《清代人物生卒年表》据《中国美术家人名辞典》作民国六年(1917)。

④ 孙梁盛《余姚孙境宗谱》卷 26《恒四公二房 · 迺恒四公次子归隐公三子一川公之后》无出生年月日。

⑤ 原名淳溥。

⑥ 《己酉科直省乡试同年录》作道光辛卯年十二月十六日。《日记》同治五年十一月一日:"友人孙莲士以前月十七日殁……年仅四十二而死。"据此二者,定其生于道光五年十二月十六日。孙梁盛《余姚孙境宗谱》卷 26《恒四公二房 · 迺恒四公次子归隐公三子一川公之后》无出生年月日。《清代人物生卒年表》据李慈铭《越缦堂文集》卷 8《陈寿祺工星諴孙廷璋三子传》"孙子长予四岁"作道光五年(1825)。但因其生于十二月十六日,故公历应为 1826 年 1 月 23 日。

⑦ 《日记》同治五年十一月一日:"友人孙莲士以前月十七日殁……年仅四十二而死。"孙梁盛《余姚孙境宗谱》卷 26《恒四公二房 · 迺恒四公次子归隐公三子一川公之后》无去世年月日。

⑧ 一名雄。

⑨ 孙同康会试履历(《清代朱卷集成》册 79)、孙雄《旧京诗存》卷 3《社友十二人》、《光绪甲午恩科会试同年齿录》均与《孙师郑先生讣告》同。孙雄《旧京诗存》卷 5《徐少达前辈继室张夫人事略邮示为赋挽诗七律四章》"贱子孤生得秋气"句后亦注"余生于同治丙寅七月十七日"。

⑩ 徐兆玮著;李向东、包岐峰、苏醒等点校《徐兆玮日记》民国二十四年七月七日(公历):"阅五日《新生报》,知孙师郑于六月二十九日病没旧都。"此与《孙师郑先生讣告》同。《申报》民国二十四年八月九日(公历)第二万二千三百七十四号《孙师郑病故北平》:"常熟孙师郑先生,偶患湿热,竟以夏历乙亥五月二十九日申时,考终北平西砖胡同寓庐。"故《徐兆玮日记》及《孙师郑先生讣告》中六月二十九日都为公历。民国二十四年五月二十九日,公历为民国二十四年六月二十九日。

续表

姓名	字	号	籍贯	生卒(农历)	生卒(公历)	文献来源
孙咸寿			?	?		《日记》光绪七年十一月八日
				?		
孙衍模	叔棱	作三	浙江归安	道光十七年九月十二日	1837年10月11日	《同治庚午科大同年齿录》
				?		
孙衣言①	绍闻 克绳	琴西 遁叟 逊学老人	浙江瑞安	嘉庆二十年八月十七日	1815年9月19日	孙衣言《盘谷孙氏族谱》卷2《礼庵公房·内四房吉生公派下》②
				光绪二十年十月二十日	1894年11月17日	《申报》光绪二十一年四月二十二日第七千九百二十六号之光绪二十一年四月十三日《京报全录·廖寿丰片》③
孙诒经	子授	孟常 景坡	浙江钱塘	道光六年八月十日	1826年9月11日	《咸丰乙卯直省乡试同年齿录》④
				光绪十六年十一月六日	1890年12月17日	孙宝瑄《忘山庐日记》⑤

① 一名克绳。

② 孙延钊撰;徐和雍、周立人整理《孙衣言孙诒让父子年谱》均与《盘谷孙氏族谱》同。《道光庚戌科会试同年齿录》《道光甲辰恩科直省同年录》《孙衣言乡试朱卷》均作嘉庆丁丑年八月十七日。

③ 孙延钊撰;徐和雍、周立人整理《孙衣言孙诒让父子年谱》与《京报全录·廖寿丰片》同。

④ 《碑传集三编》卷5鲁燮光《诰授光禄大夫户部左侍郎孙公神道碑》仅作道光丙戌八月。《忘山庐日记》光绪二十七年八月十日:"家祭,先人生忌也。"据此二者,其出生年月日与《咸丰乙卯直省乡试同年齿录》同。《咸丰五年乙卯科浙江乡试同年齿录》与《咸丰乙卯直省乡试同年齿录》同。《续碑传集》卷13谭献《户部左侍郎孙公墓志铭》载其光绪十六年十一月六日卒,年六十有五。据此逆推,其生年亦与《咸丰乙卯直省乡试同年齿录》同。

⑤ 《忘山庐日记》光绪十九年十一月六日:"余兄弟晨诣长椿寺作佛事永日,盖先子忌日也。岁月不居,忽已三年。追忆庚寅岁之今日,作何情状,不胜悲感。"据此,其当卒于光绪十六年十一月六日。《益闻录》光绪十六年十一月九日《司农出缺》与据《忘山庐日记》逆推同。《碑传集三编》卷5鲁燮光《诰授光禄大夫户部左侍郎孙公神道碑》仅作光绪庚寅十一月。北京市档案馆编《那桐日记》册上作光绪十六年十一月初五日晚。

续表

姓名	字	号	籍贯	生卒(农历)	生卒(公历)	文献来源
孙诒让①	仲容 仲颂 德涵	籀庼	浙江瑞安	道光二十八年八月十九日	1848年9月16日	孙衣言《盘谷孙氏族谱》卷2《礼庵公房·内四房吉生公派下》②
				光绪三十四年五月二十二日	1908年6月20日	《申报》光绪三十四年五月二十四日第一万二千七百十三号《专电·公电(温州)》③
孙翼谋④	鼎铭 砚诒 谷庭	谷廷 谷亭	福建侯官	道光二年五月二十九日	1822年7月17日	许应鑅《浙江同官录》⑤
				光绪十五年四月二十三日	1889年5月22日	《申报》光绪十五年七月二日第五千八百四十六号之光绪十五年六月二十一日《京报全录·吕世田跪奏》⑥
孙瑛	渔笙		浙江镇海	道光十二年四月二十八日	1832年5月27日	孙瑛副贡履历(《清代朱卷集成》册364)⑦
				?		
孙毓芳⑧	稚香	石湖 少山	浙江会稽	道光九年六月四日	1829年7月4日	《咸丰元年辛亥恩科浙江乡试同年齿录》⑨
				?		

① 一名德函。

② 孙延钊撰;徐和雍、周立人整理《孙衣言孙诒让父子年谱》、《同治丁卯科并补行甲子科浙江乡试同年齿录》均与《盘谷孙氏族谱》同。

③ 孙延钊撰;徐和雍、周立人整理《孙衣言孙诒让父子年谱》与《专电·公电(温州)》同。

④ 原名亦谋,又作贻谋。

⑤ 《道光庚子恩科直省同年谱》作道光癸未年五月二十九日。《皖江同官录》作道光丙戌年五月二十九日。

⑥ 《日记》光绪十五年五月九日:"邸钞,以署安徽巡抚候补三品京堂陈彝为顺天府府尹,以顺天府府尹高万鹏为湖南布政使。陈彝未到任以前,仍著高万鹏署理。(本任湖南按察使孙翼谋病故)"据此,仅知其卒于光绪十五年五月九日之前。

⑦ 《光绪丙子科浙江乡试同年齿录》与孙瑛副贡履历同。

⑧ 一作毓方。

⑨ 《咸丰元年辛亥恩科直省同年全录》与《咸丰元年辛亥恩科浙江乡试同年齿录》同。

续表

姓名	字	号	籍贯	生卒(农历)	生卒(公历)	文献来源
孙毓汶	汇溪	莱山 迟庵	山东济宁	道光十四年 六月二十日	1834年 7月26日	《咸丰六年丙辰科会试同年齿录》①
				光绪二十五年 三月七日	1899年 4月16日	朱彭寿《清代人物大事纪年》②
孙源	槎侯	雨田 予恬 肖南	浙江山阴	道光十二年 三月三日	1832年 4月3日	《咸丰乙卯直省乡试同年齿录》③
				?		
孙子与			安徽来安	?		《道光己酉科各省选拔同年明经通谱·孙玉堂》
				?		
孙宗谷	君贻		湖南善化	道光二十八年	1848年	中国第一历史档案馆《光绪宣统两朝上谕档》册3页154
				?		
谭鳌	理堂	海容	湖南华容	咸丰九年 十月二十日	1859年 11月14日	谭天民《谭鳌传略》(湖南省华容县政协文史资料研究委员会《华容文史资料第1辑》)
				民国二十九年	1940年	同上
谭宝琦	云雏	子韩	浙江山阴	道光十六年 四月十二日	1836年 5月26日	《同治四年补行辛酉科并壬戌浙江乡试同年齿录》④
				?		

① 孙玉庭《自记年谱》仅作道光甲午年(1834)。《清代人物生卒年表》据《清代人物传稿》下四、《清史稿》卷436作道光十三年(1833)。

② 戴逸、李文海《清通鉴》册19《德宗景皇帝·光绪二十五年》:“(三月)初九日,孙毓汶卒。”章开沅《清通鉴》册4《德宗景皇帝·光绪二十五年》:“丙辰(初九日),赐前兵部尚书军机大臣孙毓汶及恤典如例,寻谥文恪。”《申报》光绪二十五年三月二十一日第九千三百五十二号之光绪二十五年三月初九日《京报全录·宫门抄》:“孙毓汶递遗折。”据后二者,戴逸、李文海《清通鉴》所载误。

③ 《咸丰五年乙卯科浙江乡试同年齿录》与《咸丰乙卯直省乡试同年齿录》同。

④ 谭宝琦乡试履历(《清代朱卷集成》册250)与《同治四年补行辛酉科并壬戌浙江乡试同年齿录》同。

续表

姓名	字	号	籍贯	生卒(农历)	生卒(公历)	文献来源
谭承祖	继贤	砚孙 研孙	江西南丰	道光十三年 十二月十四日	1834 年 1 月 23 日	谭承元《南丰谭氏续修族谱》之《龙川公支·智房·鼬公》①
				光绪十四年 十月十一日	1888 年 11 月 14 日	同上②
谭继洵③	子实	敬甫 剑芙	湖南浏阳	道光三年 九月二十九日	1823 年 11 月 1 日	谭传赞《敬甫公传》(贾维、谭志宏《谭继洵集》册下)④
				光绪二十六年 九月十二日	1900 年 11 月 3 日	同上⑤
谭其文	和伯		江西南丰	咸丰五年 四月二十七日	1855 年 6 月 11 日	谭承元《南丰谭氏续修族谱》之《龙川公支·智房·鼬公》
				光绪三十四年 七月十一日	1908 年 8 月 7 日	同上⑥
谭廷彪	云史		浙江山阴	嘉庆十五年	1810 年	《日记》光绪十六年正月八日⑦
				光绪十五年 十一月	1889 年	同上⑧

① 谭承祖会试履历(《清代朱卷集成》册 32)作道光丙申年十二月十四日。《清代人物生卒年表》据《同治七年戊辰科会试同年齿录》作道光十七年(1837)。笔者于《同治七年戊辰科会试同年齿录》中未检阅到其履历,后于《重订戊辰同年齿录》中检阅到为道光丙申年十二月十四日。道光丙申年十二月十四日,公历为 1837 年 1 月 20 日。

② 张之洞《题报广东韶州府知府谭承祖病故日期事》(中国第一历史档案馆藏)与《族谱》同。《清代人物生卒年表》缺。

③ 初名继淳。

④ 《己酉科直省同年录》与《传》同。

⑤ 《奏为前任湖北巡抚谭继洵在籍病故事》(中国第一历史档案馆藏)、《申报》光绪二十七年二月二日第一万零二十七号《奏疏汇录·俞廉三片》均与谭传赞《传》同。《清代人物生卒年表》缺。

⑥ 张人骏《奏报广东平远知县谭其文病故(折片)》(台北故宫博物院《军机处档折件》第 167359 号)作光绪三十四年七月十二日。

⑦ 《日记》光绪十六年正月八日:"同邑谭署正廷彪出殡,赙以十千。署正,故刑部尚书廷襄之弟,以去年十一月卒,年八十岁。其人长者,远胜其兄。"据此逆推,其当生于嘉庆十五年(1810)。

⑧ 《日记》光绪十六年正月八日:"同邑谭署正廷彪出殡,赙以十千。署正,故刑部尚书廷襄之弟,以去年十一月卒,年八十岁。"光绪十五年十一月,公历为 1889 年 11 月 23 日—12 月 21 日。此暂作光绪十五年(1889)。

续表

姓名	字	号	籍贯	生卒(农历)	生卒(公历)	文献来源
谭献[1]	仲修 仲仪 涤生	复堂 半厂	浙江仁和	道光十二年 十二月十七日	1833 年 2 月 6 日	《同治丁卯科并补行甲子科浙江乡试同年齿录》[2]
				光绪二十七年 六月	1901 年	《申报》光绪二十七年六月二十八日第一万零一百七十一号《之江秋浪》[3]
谭鑫振	贡珊 贡三	丽生 荔荪	湖南衡山	道光二十四年 十一月二十五日	1845 年 1 月 3 日	徐琪《丽生翁墓志铭》(《白石谭氏九修族谱》卷 36《轸派绪公房墓志铭》)[4]
				光绪七年 四月二十四日	1881 年 5 月 21 日	同上[5]
谭钟麟[6]	崇德 云觐 文卿	云卿	湖南茶陵	道光二年 三月十九日	1822 年 4 月 10 日	陈寿纶《文勤公墓表》(《石床谭氏族谱》卷 9)[7]
				光绪三十一年 三月十二日	1905 年 4 月 16 日	同上[8]

---

① 原名定献，初名廷献，一作献纶。

② 《碑传集补》卷 51 谭献所作《谕子书一》载“丁卯乡试获举，年已三十六矣”。据此逆推，其当生于道光壬辰年(1832)。此与《同治丁卯科并补行甲子科浙江乡试同年齿录》生年同。《碑传集补》卷 51 夏寅官所作《谭献传》载谭献卒于光绪辛丑年，年七十二。据此逆推，谭献当生于道光十年(1830)。《清代人物生卒年表》据夏寅官所作《谭献传》及《谕子书一》作道光十二年(1832)，但据《同治丁卯科并补行甲子科浙江乡试同年齿录》，其生于十二月十七日，故其生当为公历 1833 年 2 月 6 日。

③ 《之江秋浪》：“杭州访事人云，诂经精舍山长谭仲修太守于本月某日仙逝。”据此，暂作光绪二十七年(1901)。

④ 《光绪六年庚辰科会试同年齿录》、《同治庚午科大同年齿录》、《白石谭氏九修族谱》卷 36 郭嵩焘《丽生翁墓表》均与《白石谭氏九修族谱》卷 36 徐琪《丽生翁墓志铭》同。

⑤ 《白石谭氏九修族谱》卷 36 郭嵩焘《丽生翁墓表》、《日记》光绪七年五月十五日均与《白石谭氏九修族谱》卷 36 徐琪《丽生翁墓志铭》同。

⑥ 原名二监。

⑦ 《咸丰六年丙辰科会试同年齿录》、《己酉科直省乡试同年录》、冼为霖《关中同官录》《石床谭氏族谱》卷 11 谭延闿、谭泽闿、谭宝箴《先府君文勤公行状》均与《墓表》同。《石床谭氏族谱》卷 9 王闿运《文勤公神道碑》载其光绪三十一年三月乙酉卒，年八十有四。据此逆推，其生年与《墓表》同。

⑧ 《申报》光绪三十一年八月二十一日第一万一千六百四十七号之光绪三十一年四月二十二日二十三日《京报汇录·湖南巡抚端奏为在籍大员因病身故代递遗折》、《石床谭氏族谱》卷 9 王闿运《文勤公神道碑》、《石床谭氏族谱》卷 11 谭延闿、谭泽闿、谭宝箴《先府君文勤公行状》均与《墓表》同。

续表

姓名	字	号	籍贯	生卒(农历)	生卒(公历)	文献来源
檀玑	汝衡 霍樵	斗生 补圆	安徽望江	咸丰元年 九月五日	1851年 10月28日	檀家珍、檀百熙《檀氏家乘》之《西庄三十·杰房》
				民国十一年 五月五日	1922年 5月31日	同上
檀崖	阁臣	者山①	安徽望江	道光八年 十二月二十三日	1829年 1月27日	檀家珍、檀百熙《檀氏家乘》之《西庄三十·杰房》
				光绪十五年 六月七日	1889年 7月4日	同上②
汤鼎熺③	章甫 彰甫	茳埒	浙江萧山	道光十六年 正月七日	1836年 2月23日	汤舜仁《萧山汤氏宗谱》④
				宣统元年 闰二月十六日	1909年 4月6日	同上
汤鼎煊⑤	屏翰	味斋 薇卿 拙园	浙江萧山	道光十八年 二月十三日	1838年 3月8日	汤舜仁《萧山汤氏宗谱》⑥
				民国六年 十二月二十五日	1918年 2月6日	同上⑦
汤纪尚⑧	伯述		浙江萧山	道光三十年 三月十八日	1850年 4月29日	汤聘之《萧山夏孝汤氏家谱》卷9《忠二房世系纪·二十七世》
				光绪二十六年 四月十三日	1900年 5月11日	同上
汤钱年	殷献	少彭	江西安仁	道光十四年 五月二十七日	1834年 7月3日	《画桥汤氏宗谱》卷2《中房华公位下可拔公世系》
				光绪二十年 三月二十七日	1894年 5月2日	同上

① 越缦于光绪十五年八月二日写为“斗山”。

② 《申报》光绪十五年八月十四日第五千八百八十七号之光绪五年八月七日《京报全录·李鸿章片》与《檀氏家乘》同。

③ 谱名烈彰,又名鼎煌。

④ 《同治癸酉科浙江乡试同年齿录》与《萧山汤氏宗谱》同。

⑤ 谱名烈维。

⑥ 《同治癸酉科浙江乡试同年齿录》《同治十三年甲戌科会试同年齿录》均与《萧山汤氏宗谱》同。

⑦ 《清代人物生卒年表》缺。

⑧ 原名学彭。

续表

姓名	字	号	籍贯	生卒(农历)	生卒(公历)	文献来源
汤某①	作孚	守瓶	浙江湖州	嘉庆二十四年十二月十三日	1820年1月28日	《咸丰戊午科浙江乡试同年齿录》
				?		
汤绳和	春谷	小亭	浙江钱塘	道光二十三年五月十日	1843年6月7日	《光绪六年庚辰科会试同年齿录》②
				?		
汤似瑄③	伯温 小舫	学庵 薛庵	直隶清苑④	道光九年十月二十四日	1829年11月20日	汤成烈《汤氏家乘》卷4《世表十一世至十五世》⑤
				光绪三十四年十月十五日	1908年11月8日	岑春蓂《奏陈常德知府病故出缺(折片)》(台北故宫博物院《军机处档折件》第169182号)⑥
汤寿潜⑦	孝起 翼仙 蛰仙		浙江萧山	咸丰六年六月二日	1856年7月3日	《天乐汤氏宗谱》卷12《行传·第三十三世·登》⑧
				民国六年四月十七日	1917年6月6日	同上⑨

① 疑为汤锡龄。《日记》咸丰六年四月六日:"诣青田湖黄神庙行香,是日湖中竞渡。赵君云绂来请至学署填册,遂同坐舟进城。韵珊亦帅其徒赵美堂来。午偕诸君饮于酒楼,夜宴于会稽学。时署训导者湖州汤某,侩也,诛索甚苦,众皆怒。予与论二赵贽数,至夜分不得当,遂相争。众随而大诟之,乃匿不出矣!是夜雨声苦甚,与韵珊倚篷假寐少时。"据李昱《归安县志》卷32《选举·举人》及《咸丰戊午科浙江乡试同年齿录》,汤锡龄,字作孚,号守瓶。清湖州归安人。咸丰八年(1858)副榜。

② 汤绳和乡试履历(《清代朱卷集成》册268)、汤绳和会试履历(《清代朱卷集成》册47)、《光绪己卯科直省同年齿录》均与《光绪六年庚辰科会试同年齿录》同。

③ 原名世瑄。

④ 原籍江苏武进。

⑤ 《咸丰壬子科直省举贡同年录》《咸丰九年己未科会试同年齿录》均与《汤氏家乘》同。

⑥ 《清代人物生卒年表》缺。

⑦ 谱名登瀛,乡榜名震,小名丙僧。

⑧ 《光绪己卯科浙江乡试同年齿录》《光绪戊子科浙江乡试同年齿录》《汤震乡试朱卷》均与《天乐汤氏宗谱》同。《光绪十八年壬辰科会试同年齿录》、汤寿潜会试履历(《清代朱卷集成》册73)均作咸丰十年六月二日。

⑨ 《民国日报》民国六年六月九日(公历)第七百九十一号与《天乐汤氏宗谱》同。

续表

姓名	字	号	籍贯	生卒(农历)	生卒(公历)	文献来源
汤孙敬	心一	宾樵	江西萍乡	道光十四年四月十九日	1834年5月27日	《高陇(彭高)汤氏四修族谱》卷11《孟冬位下齿录·四十二世》
				咸丰十年五月十四日	1860年7月2日	同上①
汤学淳②	古如 古孺		浙江萧山	道光四年八月六日	1824年9月28日	汤聘之《萧山夏孝汤氏家谱》卷9《忠二房世系纪·二十七世》
				同治十二年正月二日	1873年1月30日	同上
汤兆禧	曰丞		江西南丰	道光四年八月二十三日	1824年10月15日	《咸丰元年辛亥恩科直省同年全录》
				?		
唐椿森③	益龄	晖庭 晖亭	广西宣化	道光二十二年九月二十七日	1842年10月30日	张益桂、张阳江《桂林历史人物录》④
				光绪三十四年	1908年	同上
唐登瀛			贵州贵筑	道光二十四年	1844年	《同治元年壬戌科各省乡试同年录》⑤
				?		
唐骅路	开甫	子涵 念青	河南河内⑥	道光二十八年十一月二十九日	1848年12月24日	《光绪六年庚辰科会试同年齿录》⑦
				?		

① 《高陇(彭高)汤氏四修族谱》作咸丰九年庚申五月十四日。疑为咸丰十年庚申五月十四日。据《日记》,越缦于咸丰九年八月还与其会面。另,咸丰九年为己未而非庚申,故《高陇(彭高)汤氏四修族谱》误载。

② 原名学海。

③ 原名锡琼。

④ 《同治癸酉科明经通谱》作道光庚戌年九月二十七日。《光绪二年丙子科会试同年齿录》作道光己酉年九月二十七日。《清代人物大事纪年》作道光二十七年九月二十七日。《桂林历史人物录》作道光二十年。据此四者,定其生于道光二十二年九月二十七日。

⑤ 《同治十三年甲戌科同年官职录》载其同治十三年为三十一岁。据此逆推,其生年亦为道光二十四年(1844)。

⑥ 原籍江苏华亭。

⑦ 唐骅路会试履历(《清代朱卷集成》册50)与《光绪六年庚辰科会试同年齿录》同。

续表

姓名	字	号	籍贯	生卒(农历)	生卒(公历)	文献来源
唐壬森①	叔未 学庭	根石 耕石	浙江兰溪	嘉庆十年 闰六月十六日	1805年 8月10日	《兰江东鲁唐氏族谱》卷14《在城前后宅行传》②
				光绪十七年 五月四日	1891年 6月10日	同上③
唐廷纶④	言如 寿怡 仲怡	雪航 雪酣	浙江钱塘	嘉庆六年 正月二日	1801年 2月14日	孙延钊《清代浙人名号年居事物录》(丙)⑤
				同治八年	1869年	同上
唐选皋⑥	直夫	慕陶	贵州贵筑⑦	道光二十八年 十月二十一日	1848年 11月16日	《光绪二年丙子恩科会试同年齿录》⑧
				光绪二十六年 十月二十日	1900年 12月11日	赵熙《光禄大夫唐公墓志铭》(冯楠《贵州通志·人物志》页856)⑨
唐樾森	东瀛	茂廷 幼光	广西宣化	同治十二年 九月十八日	1873年 11月7日	《光绪十七年辛卯科顺天乡试同年齿录》
				?		
陶词光⑩	敷皋	肖珍	浙江会稽	同治六年	1867年	《日记》光绪十年十二月二十四日⑪
				?		

① 原名未,又名楷。

② 秦簧、唐壬森《光绪兰溪县志》卷首唐壬森《序》:“光绪十四年岁次戊子春月赐进士出身诰授资政大夫前都察院左副都御史加四级邑人唐壬森撰时年八十有四。”据此逆推,其生年与《兰江东鲁唐氏族谱》同。《道光二十七年会试齿录》、唐壬森会试履历(《清代朱卷集成》册15)均作嘉庆乙亥年六月十六日。《兰江东鲁唐氏族谱》中李鸿章所作《副宪唐根石先生家传》中仅有卒年,不能推知其生年。

③ 《申报》光绪十七年八月二十日第六千六百十七之光绪十七年八月十日《京报全录·松骏片》与《兰江东鲁唐氏族谱》同。《兰江东鲁唐氏族谱》中李鸿章所作《副宪唐根石先生家传》仅作光绪十七年(1891)。《清代人物生卒年表》缺。

④ 越缦于咸丰四年六月二十五日所记之“府学唐老师”,据《大清搢绅全书》(甲寅春季),即为“唐廷纶”。

⑤ 《道光戊子科直省同年录》《道光十六年会试同年齿录》均作嘉庆乙丑年正月二日。《清代浙人名号年居事物录》(丙)仅作1801年。据此三者,定其生于嘉庆六年正月二日。

⑥ 原名家驹。越缦于光绪八年五月十四日、光绪九年九月八日均写为“唐远皋”。据《光绪二年丙子恩科会试同年齿录》及《同治庚午科大同齿录》,“唐远皋”当为“唐选皋”之误。

⑦ 原籍湖南清泉。

⑧ 《同治庚午科大同年齿录》与《光绪二年丙子恩科会试同年齿录》同。冯楠《贵州通志·人物志》之赵熙《光禄大夫唐公墓志铭》载其卒于光绪庚子年十月二十日,年五十三。据此逆推,其生年亦与《光绪二年丙子恩科会试同年齿录》同。

⑨ 《清代人物生卒年表》缺。

⑩ 据陶方琦会试履历(《清代朱卷集成》册40),又名辉光。

⑪ 《日记》光绪十年十二月二十四日:“子缜今年四十,有七子,长者年十九矣,俱在南中。”据此,其当生于同治六年(1867)。陶在铭《会稽陶氏族谱》卷10《世系五》无出生年月日。

续表

姓名	字	号	籍贯	生卒(农历)	生卒(公历)	文献来源
陶方琯	伯瑛 伯英	星璠 樗亭	浙江会稽	道光二十二年 六月二十四日	1842 年 7 月 31 日	《同治丁卯科并补行甲子科浙江乡试同年齿录》[1]
				?		
陶方琦	子珍 子缜 汉瓌 仲珣	湘湄 兰当	浙江会稽	道光二十五年 十月二十八日	1845 年 11 月 27 日	朱彭寿《清代人物大事纪年》[2]
				光绪十年 十二月二十四日	1885 年 2 月 8 日	《日记》光绪十年十二月二十四日[3]
陶福基[4]	觉林	湘帆	浙江会稽	?		陶在铭《会稽陶氏族谱》卷 8《世系三上》
				?		
陶家垚[5]	吉生	蔚皋	浙江会稽	咸丰十一年 三月六日	1861 年 4 月 15 日	《光绪己丑科浙江乡试同年齿录》
				?		
陶搢绶	笏卿	联三	浙江会稽[6]	道光二十三年 二月十七日	1843 年 3 月 17 日	陶搢绶乡试履历(《清代朱卷集成》册 309)[7]
				?		

① 陶方琯乡试履历(《清代朱卷集成》册 254)与《同治丁卯科并补行甲子科浙江乡试同年齿录》同。

② 《日记》光绪十年十二月二十四日:"上午,子缜家人来,告以已刻化去矣！不及握手一诀,哀哉！子缜今年四十,有七子,长者年十九矣,俱在南中。随至北者,惟一妾及所生三子两女,皆孩提也。"谭献《复堂文续》卷 4《陶编修传》载其光绪十年十二月卒,年甫四十。据此二者逆推,其生年均与《清代人物大事纪年》同。陶方琦乡试履历(《清代朱卷集成》册 254)、《同治丁卯科并补行甲子科浙江乡试同年齿录》均作道光丁未年十月二十八日。陶方琦会试履历(《清代朱卷集成》册 40)、《光绪二年丙子恩科会试同年齿录》均作道光己酉年十月二十八日。

③ 《日记》光绪十年十二月二十四日:"上午,子缜家人来,告以已刻化去矣!"《清代人物生卒年表》据谭献《复堂文续》卷 4《亡友传》"光绪十年服除赴都,数月卒于邸……年甫四十",并脚注其卒于光绪十年十二月,公历为 1885 年。但据《亡友传》并不能知其卒于光绪十年十二月。其所据当为谭献《复堂文续》卷 4《陶编修传》。

④ 原名福顺。

⑤ 一作家尧,原名家兰。

⑥ 寄籍江西南昌。

⑦ 《光绪二年丙子恩科会试同年齿录》作道光丁未年二月十七日。《清代人物生卒年表》据《光绪二年丙子恩科会试同年齿录》作道光二十七年(1847)。

续表

姓名	字	号	籍贯	生卒(农历)	生卒(公历)	文献来源
陶景崧[1]	伯忱		浙江会稽	?		《日记》光绪十八年八月九日
				?		
陶濬宣[2]	文冲	心云 东湖居士	浙江会稽	道光二十六年十一月十五日	1847年1月1日	《出版序言》(《陶馨远藏陶濬宣先生遗墨珍本》)[3]
				民国元年八月二十五日	1912年10月5日	同上[4]
陶联琇	云石	秀充 琇莹	浙江会稽	咸丰元年九月二十六日	1851年11月18日	陶联琇乡试履历(《清代朱卷集成》册271)[5]
				?		
陶良翰[6]	凯臣 颂申	海琴 镜轩 邵庵	浙江会稽	嘉庆二十年七月一日	1815年8月5日	陶在铭《诰授朝议大夫貤赠荣禄大夫福建兴化府知府海琴公传》(陶在铭《会稽陶氏族谱》卷19《南长房列传续》)[7]
				同治九年	1870年	《日记》同治九年闰十月二日[8]

① 本名家桢,改名诚。

② 原名祖望。

③ 《光绪丙子科浙江乡试同年齿录》作道光己酉年十一月十五日。《序》作一八四七年(道光廿六年)农历十一月。一八四七当为误写。据此二者,定其生于道光二十六年十一月十五日。《清代人物生卒年表》据徐世昌《清儒学案》作道光二十九年(1849)。

④ 《清代人物生卒年表》据徐世昌《清儒学案》作民国四年(1915)。

⑤ 陶联琇会试履历(《清代朱卷集成》册80)作咸丰戊午年九月二十六日。《清代人物生卒年表》作咸丰八年(1858)。

⑥ 原名庆襄,又改名洪庚。

⑦ 《传》载其卒年五十六岁,再据《日记》同治九年闰十月二日逆推,定其生于嘉庆乙亥年七月一日。《道光二十三年癸卯科直省同年录》、陶良翰乡试履历(《清代朱卷集成》册99)均作嘉庆庚辰七月一日。

⑧ 《日记》同治九年闰十月二日:"夜作书致梅仙,为陶子珍之父海琴太守明日受吊,托付致烛楮。"据此,其当卒于同治九年闰十月二日之前。此暂作同治九年(1870)。

续表

姓名	字	号	籍贯	生卒(农历)	生卒(公历)	文献来源
陶模	方之	子方 方沚	浙江秀水	道光十五年 八月十九日	1835年 10月10日	陶葆廉《皇清诰授光禄大夫赠太子少保予谥勤肃头品顶戴兵部尚书都察院右都御史两广总督显考方之府君行述》①
				光绪二十八年 九月九日	1902年 10月10日	同上②
陶琴			越缦乡人	?		《日记》同治十年七月五日
				?		
陶庆仍③	恩言 华庚 卿承	安轩	浙江会稽	嘉庆二十年 二月十四日	1815年 3月24日	孙德祖《寄龛文存》卷2《皇清诰授朝议大夫赠中议大夫陶公墓表》④
				光绪五年 闰三月二十八日	1879年 5月18日	《日记》光绪五年七月二十四日⑤
陶荣⑥	欣皆	晦同	浙江会稽	同治元年	1862年	《光绪十一年乙酉科顺天文乡试录》⑦
				?		
陶森⑧	桢甫	柏甫 百甫	浙江会稽	?		陶在铭《会稽陶氏族谱》卷9《世系四》
				?		

① 《同治七年戊辰科会试同年齿录》《重订戊辰年同年齿录》《同治丁卯科并补行甲子科浙江乡试同年齿录》均与《行述》同。陈豪《赐进士出身诰授光禄大夫赠太子少保头品顶戴兵部尚书都察院右都御史两广总督陶勤肃公墓志铭》载其光绪二十八年九月九日卒,年六十八。据此逆推,其生年与《行述》同。《关中同官录》仅作道光乙未年(1835)。

② 《申报》光绪二十八年十月十四日第一万零六百二十三号《李兴锐跪奏》、陶模《陶勤肃公奏议遗稿》卷首陈豪《赐进士出身诰授光禄大夫赠太子少保头品顶戴兵部尚书都察院右都御史两广总督陶勤肃公墓志铭》、赵尔巽《皇清诰授光禄大夫赠太子少保予谥勤肃两广总督陶公神道碑》均与《行述》同。《清史稿》卷447作光绪二十七年(1901)。《大公报》(天津版)光绪二十八年十二月二十五日第二百二十号作光绪二十八年九月十日。

③ 原名庆纶。

④ 《道光丙午科顺天乡试齿录》作道光癸未年二月十四日。《墓表》载其光绪五年闰月某日卒,年六十有五。据此二者,定其生于嘉庆二十年二月十四日。

⑤ 《墓表》仅作光绪五年闰月。

⑥ 谱名仁荣。

⑦ 《光绪十一年乙酉科顺天文乡试录》载其本年二十四岁。据此逆推,其当生于同治元年(1862)。陶在铭《会稽陶氏族谱》卷8《世系三中》无出生年月日。

⑧ 原名明幹。

续表

姓名	字	号	籍贯	生卒(农历)	生卒(公历)	文献来源
陶绶青①	霞臣	梅史	浙江会稽	?		陶在铭《会稽陶氏族谱》卷8《世系三上》
				咸丰十一年	1861年	绍兴县修志委员会《民国绍兴县志资料第一辑》册15《人物列传第二编》②
陶绶荣	锦楼	兰台	浙江会稽	?		陶在铭《会稽陶氏族谱》卷8《世系三上》
				?		
陶闻远③	实庵	南常 葭生	浙江会稽	咸丰六年十一月十八日	1856年12月15日	《光绪辛卯科浙江乡试同年齿录》④
				?		
陶夑咸⑤	琴子		浙江会稽	?		陶在铭《会稽陶氏族谱》卷10《世系五》
				同治八年	1869年	黄炳堃《希古堂词存》卷上《一萼红》⑥
陶誉光	彦声	少湄	浙江会稽	同治十年	1871年	秦国经《清代官员履历档案全编》册6页773⑦
				?		
陶在和	甄伯		浙江会稽	?		陶在铭《会稽陶氏族谱》卷10《世系五》
				?		

① 原名绶英。

② 《人物列传第二编》载其咸丰辛酉寇难。公历或为1862年，此暂作咸丰十一年(1861)。

③ 原名佩贤，本名在恒。

④ 陶闻远乡试履历(《清代朱卷集成》册283)与《光绪辛卯科浙江乡试同年齿录》同。

⑤ 谱名廷栋。

⑥ 《一萼红》一阕序云："庚申辛酉间，余与陶琴子夑咸、蔡蘋南忠沼同宦长沙，相与倚声，互为顾误。嗣蘋南改官吾粤，湘中寓公，其以填词竞美者，余与琴子而已。迨己巳冬，琴子物化。未几，蘋南亦客死三水。朋辈落落，按拍何人，檀板玉笙，伤心萧索，为填此解，以志凄楚。"据此，其卒年或为同治八年(1869)，或为公历1870年。此暂作同治八年(1869)。

⑦ 陶在铭《会稽陶氏族谱》卷10《世系五》无出生年月日。

续表

姓名	字	号	籍贯	生卒(农历)	生卒(公历)	文献来源
陶在铭	仲彝 仲渊		浙江会稽	道光二十四年 五月二十二日	1844 年 7 月 7 日	许应鑅《江苏同官录》①
				民国五年 三月五日	1916 年 4 月 9 日	陈庆钧《时行轩日记》册 29②
陶喆甡	浚愚	仲明	直隶天津③	咸丰十年	1860 年	《光绪十九年癸巳恩科顺天乡试同年齿录》④
				光绪二十七年	1901 年	《天津县新志》卷 21 之 4《人物四》
陶祖培	麓玖	少篔 少云 寿庵	浙江会稽	道光二十四年 九月十四日	1844 年 10 月 25 日	《同治庚午科浙江乡试同年齿录》⑤
				?		
滕希甫	正臣	春轩	江西婺源	道光六年 十月二十九日	1826 年 11 月 28 日	《咸丰乙卯科直省乡试同年齿录》⑥
				?		
田宝祺	祥伯	春农	浙江山阴	咸丰八年 十一月十八日	1858 年 12 月 22 日	《光绪戊子科浙江乡试同年齿录》
				?		
田大年⑦	汉川 子腴	云畊	浙江萧山	道光十一年 三月六日	1831 年 4 月 17 日	《山阴天乐欢坛田氏宗谱》册 23《高四公派行传章》
				光绪十三年 十一月二十八日	1888 年 1 月 11 日	同上

① 朱罗《晴山日记》癸巳年五月二十二日:"晴。热甚。陶师五十寿。与杨小轩同拜寿,并至后堂见师母。晚席同坐七人。"据此逆推,其出生年月日与《江苏同官录》同。

② 《时行轩日记》民国五年四月九日(公历):"闻陶仲彝姻丈于前日下半日逝世。"据此,其当卒于民国五年四月七日,农历为民国五年三月五日。

③ 祖籍浙江会稽。

④ 陶喆甡乡试履历(《未刊清代朱卷集成》册 75)与《光绪十九年癸巳恩科顺天乡试同年齿录》同,均仅作咸丰庚申年(1860)。《天津县新志》卷 21 之 4《人物四》作二十七年卒,年四十有二。据此逆推,其生年与《光绪十九年癸巳恩科顺天乡试同年齿录》同。

⑤ 《同治庚午科浙江乡试同年齿录》作道光丙午年九月十四日。

⑥ 《同治七年戊辰科会试同年齿录》《重订戊辰同年齿录》均与《咸丰乙卯科直省乡试同年齿录》同。

⑦ 原名大江。

续表

姓名	字	号	籍贯	生卒(农历)	生卒(公历)	文献来源
田福畴[①]	砚畦 念诒	米山 谷孙	浙江山阴	嘉庆二十年 四月四日	1815年 5月12日	田绳祖《山阴天乐欢潭田氏宗谱》册30《高十一公派行传新》[②]
				同治元年 七月一日	1862年 7月27日	同上
田晋蕃	馥舆	杏村	浙江山阴	道光二十五年 正月三日	1845年 2月9日	《同治丁卯科并补行甲子科浙江乡试同年齿录》[③]
				光绪二十九年 七月二日	1903年 8月24日	陈庆均《时行轩日记》册11[④]
田人熙	子清		浙江萧山	嘉庆二十三年 正月二十一日	1818年 2月25日	田增鑫《萧山田氏宗谱》册5
				咸丰十年 十二月十八日	1861年 1月28日	同上
田兆瀛	小洲		山东黄县	道光六年	1826年	《咸丰戊午科直省同年录》[⑤]
				?		
田征祥[⑥]	冬芳	东房	浙江上虞	道光十六年 二月十二日	1836年 3月28日	张美翊《上虞乡永丰田氏宗谱》卷8《顺三支秉二房世系世表》
				宣统三年 十二月十日	1912年 1月28日	同上
廷俊			满洲镶红旗	?		《日记》光绪十年正月六日
				?		

① 原名仓。
② 《咸丰元年辛亥恩科直省同年全录》《咸丰元年辛亥恩科浙江乡试同年齿录》均作嘉庆己卯年四月四日。
③ 田晋蕃乡试履历(《清代朱卷集成》册255)与《同治丁卯科并补行甲子科浙江乡试同年齿录》同。
④ 《时行轩日记》光绪二十九年七月二日:"黎明即起,遣人至后观巷问田杏村舍人,卯刻弃世矣!"
⑤ 《咸丰戊午年直省同年录》仅作道光丙戌年,月、日空缺。
⑥ 仕名其年。

续表

姓名	字	号	籍贯	生卒(农历)	生卒(公历)	文献来源
廷恺	元友	寿峰	满洲镶白旗	道光九年正月六日	1829年2月9日	《咸丰元年辛亥恩科直省同年全录》①
				光绪十六年十二月十九日	1891年1月28日	《申报》光绪十六年十二月二十五日第六千三百九十三号《闽事汇登》②
廷彦	子俊		满洲镶红旗	?		《大清搢绅全书》(同治九年秋)册1《京师·户部》
				光绪十五年七月九日	1889年8月5日	《申报》光绪十五年七月十八日第五千八百六十二号《丁沽零语》
童春③	祝三 琢山	竹珊 杉斋	浙江慈溪	道光十年十二月四日	1831年1月17日	《咸丰乙卯直省乡试同年齿录》④
				光绪十五年六月十七日	1889年7月14日	王家振《西江文稿》卷26《童琢珊传》⑤
童福承⑥	启山 叔和	觐扬 起山	浙江山阴⑦	嘉庆十五年五月十八日	1810年6月19日	《道光丁酉科明经通谱》⑧
				?		
童迴	有时	心田	江苏上海	同治三年	1864年	《日记》光绪十九年四月十九日⑨
				?		

① 廷恺乡试履历(《清代朱卷集成》册101)与《咸丰元年辛亥恩科直省同年全录》同。

② 《申报》光绪十七年五月八日第六千五百十七号之《三山杂识》:"原任福州府廷寿峰太守恺正月间在署病逝。"据此,其当卒于光绪十七年正月。

③ 谱名仁钜。

④ 童春会试履历(《清代朱卷集成》册59)、《咸丰五年乙卯科浙江乡试同年齿录》均与《咸丰乙卯直省乡试同年齿录》同。《西江文稿》卷26《童琢珊传》载其卒于光绪己丑年六月十七日,年六十。据此逆推,其生年与《咸丰乙卯科直省乡试同年齿录》同。

⑤ 《清代人物生卒年表》缺。

⑥ 原名炳荣,一作丙荣,一名光烈。

⑦ 寄籍直隶大兴。

⑧ 《道光二十五年会试齿录》作嘉庆十九年五月十八日。

⑨ 《日记》光绪十九年四月十九日载其自言光绪十九年为三十岁。据此逆推,其当生于同治三年(1864)。童迴乡试履历(《清代朱卷集成》册190)无出生年月日。

续表

姓名	字	号	籍贯	生卒(农历)	生卒(公历)	文献来源
童祥熊①	小镕	次山	浙江鄞县	道光二十四年九月二十三日	1844年11月3日	《同治庚午科大同年齿录》②
				民国三年	1914年	童教英《童书业传》页13③
童学琦	越钟	亦韩 斗槎	浙江新昌	同治七年十二月二十九日	1869年2月10日	《浙江省新闻志》④
				民国二十八年六月十五日	1939年7月31日	唐樟荣口述⑤
童毓英⑥	可庵 子俊		江西南昌⑦	道光七年十月二十四日	1827年12月12日	《同治元年壬戌科会试同年齿录》⑧
				光绪二十五年	1899年	江召棠《南昌县志》卷35《人物六》⑨
图麟	石卿		满洲镶红旗	?		《光绪二年丙子恩科会试同年齿录·莫峻》
				?		

---

① 谱名坚国。

② 童祥熊乡试履历(《清代朱卷集成》册258)与《同治庚午科大同年齿录》同。童恩《皇清诰授通议大夫通政使司副使显考萼君府君年谱》仅作道光二十四年九月。中国人民政治协商会议天津市委员会文史资料研究委员会编《天津文史资料选辑》第35辑陈隽如《记清季遗老率真会》引劳乃宣《十老图跋》云:"癸丑民国二年之冬,避地青岛,吕镜宇尚书,周玉山、赵次珊、张安圃三制军,刘云樵、李惺园两封翁,童次山观察,皆在焉。甲寅之春,陆凤石相国自部门来,王石坞观察自福山来,与余十人皆老寿:周七十八,陆七十四,吕、刘皆七十三,王及余皆七十二,赵、童、李皆七十一,张六十九。因相约为十老之会。二月乙巳,饮于周宅,并摄影,各赋一诗。"据此逆推,其生年与《同治庚午科大同年齿录》同。童祥熊会试履历(《清代朱卷集成》册55)、《光绪九年癸未科会试同年齿录》均作咸丰甲寅年九月二十三日。《清代人物生卒年表》据《同治九年癸未科会试同年齿录》作咸丰四年(1854),其所据文献名中的"同治"当为"光绪"之误。

③ 《清代人物生卒年表》缺。

④ 《光绪己丑科浙江乡试同年齿录》作同治己巳年十二月二十九日。《浙江省新闻志》作同治七年(1868)。据此二者,定其生于同治七年十二月二十九日。

⑤ 唐樟荣先生曾任职于新昌史志办,笔者致电请教,言其去世年月日为童学琦后裔提供。

⑥ 谱名均。

⑦ 祖籍浙江仁和。

⑧ 童毓英会试履历(《清代朱卷集成》册24)、童毓英乡试履历(《清代朱卷集成》册306)、《咸丰乙卯直省乡试同年齿录》均与《同治元年壬戌科会试同年齿录》同。

⑨ 《南昌县志》载其七十三卒。若再据《同治元年壬戌科会试同年齿录》顺推,姑定其卒于光绪二十五年(1899)。《清代人物生卒年表》缺。

续表

姓名	字	号	籍贯	生卒(农历)	生卒(公历)	文献来源
屠福谦	时斋 地珊		浙江会稽	?		《日记》光绪十三年二月五日
				光绪十九年 十一月十三日	1893年 12月20日	德馨《题报奉新县知县屠福谦病故日期事》(中国第一历史档案馆藏)①
屠寄②	敬山 师虞 竟山	归甫 归父	江苏武进	咸丰六年 四月十五日	1856年 5月18日	《武进文史资料第二辑》之屠孝实、屠孝宦、屠孝密《屠敬山先生年谱》③
				民国十年 八月十五日	1921年 9月16日	同上
屠梦岩			浙江会稽	嘉庆十一年	1806年	《日记》同治八年三月四日④
				同治八年 二月三十日	1869年 4月11日	同上
屠石麟	虞田		浙江山阴	道光三年 十月八日	1823年 11月10日	《咸丰乙卯直省乡试同年齿录》⑤
				?		
屠寿田⑥	子畴 紫畴		浙江会稽	道光二十五年	1845年	《光绪十一年乙酉恩科浙江乡试题名录》
				?		

① 《申报》光绪二十年十二月十六日第七千八百零六号之光绪二十年十一月二十八日《京报全录·德馨跪奏》:"为知县员缺遵照部咨按班按换请补恭折具奏,仰祈圣鉴事,窃照南昌府属之奉新县屠福谦病故……"据此,仅知其卒于光绪二十年十一月二十八日之前。绍兴县修志委员会《民国绍兴县志资料第一辑》册15《人物列传第二编》仅作光绪十九年(1893)。

② 初名庚。

③ 屠亮《屠氏兰陵葛桥支谱》卷5《葛桥支世表·二十一世至二十五世》与《年谱》同。《光绪十八年壬辰科会试同年齿录》、屠寄会试履历(《未刊清代朱卷集成》册24)均作咸丰己未年四月十五日。屠寄乡试履历(《清代朱卷集成》册118)作咸丰旃蒙单阏之岁四月十五日(咸丰乙卯年四月十五日)。

④ 《日记》同治八年三月四日:"得皋步屠梦岩姑夫讣。姑夫今年六十有四,以前月晦日卒。"据此逆推,其当生于嘉庆十一年(1806)。

⑤ 《咸丰五年乙卯科浙江乡试同年齿录》与《咸丰乙卯直省乡试同年齿录》同。

⑥ 本名铣庚,又名寿恬。

续表

姓名	字	号	籍贯	生卒(农历)	生卒(公历)	文献来源
万本敷	子章 子守	葵生	江西德化	咸丰八年 五月九日	1858 年 9 月 11 日	《世耕堂万氏宗谱》卷 3①
				光绪十八年 三月十一日	1892 年 4 月 7 日	同上
万本敦	子厚	薇生	江西德化	咸丰元年 四月三十日	1851 年 5 月 30 日	《世耕堂万氏宗谱》卷 3
				光绪二十八年 十一月十四日	1902 年 12 月 13 日	同上②
万秉鉴	郎亭		江西南城	?		《大清搢绅全书》(光绪十一年冬)册 1《户部·京师》
				?		
万培因③	厚臣	莲初	福建崇安	道光十七年 四月五日	1837 年 5 月 9 日	《咸丰乙卯直省乡试同年齿录》④
				光绪二十六年 八月八日	1900 年 9 月 1 日	奎俊《奏为四川臬司万培因病故请旨迅赐简放事》(中国第一历史档案馆藏)⑤
万培曾⑥	省吾	珠湖	福建崇安	道光八年	1828 年	秦国经《清代官员履历档案全编》册 26 页 465
				同治元年	1862 年	陈寿祺《陈比部遗集·纂喜堂诗钞》之《珠湖死百日矣予具杯酒祭于殡宫抚棺一恸再以四十字纪之》⑦

① 《光绪乙亥年恩赐荫生同官齿录》与《世耕堂万氏宗谱》同。秦国经《清代官员履历档案全编》(册 27 页 525)载其光绪八年为二十五岁。据此逆推,其生年与《宗谱》同。

② 许应骙《奏为福建泉州府知府万本敦在任病故请开缺》(台北故宫博物院《军机处档折件》第 154068 号)与《宗谱》同。《申报》光绪二十八年十一月二十九日第一万六百六十八号《厦岛官场纪事》载其卒于光绪二十八年十一月十三日。

③ 一作培英。

④ 《咸丰六年丙辰科会试同年齿录》《咸丰九年己未科会试同年齿录》均与《咸丰乙卯直省乡试同年齿录》同。

⑤ 《清代人物生卒年表》缺。

⑥ 原名巩。《日记》咸丰十一年三月三日:"福建人万珠湖郎中培因来。"此为越缦误记,当为"福建人万珠湖郎中培曾来"。

⑦ 《珠湖死百日矣予具杯酒祭于殡宫抚棺一恸再以四十字纪之》之前有三首注明日期的诗,分别为《八月八日奉母亲妻子航海北还》《六月十九日迎老母挈妻子辈自绍兴至海上悲喜交集来龙钟横集洗觯上寿得诗四章》《四月二日附夷舶浮海南旋问道寻亲感赋长句》,之后有日期的诗为《冬至日家祭志痛》。五首诗均为(同治)壬戌年所作,故万培曾当卒于同治壬戌年冬至日与八月八日之间某日。同治壬戌年冬至日为同治元年十一月二日,公历为 1862 年 12 月 22 日。此暂作同治元年(1862)。

续表

姓名	字	号	籍贯	生卒(农历)	生卒(公历)	文献来源
万青藜①	文甫	照斋 藕舲	江西德化	嘉庆十二年 十二月二十三日	1808 年 1 月 20 日	《世耕堂万氏宗谱》卷3②
				光绪九年 二月二十五日	1883 年 4 月 2 日	同上③
万锡珩④	润甫	佩珊	湖北黄冈	道光十九年 十月二十二日	1839 年 11 月 27 日	万盛琪《万氏宗谱》卷 2《一分统纲之子方杰后纪 · 正记湾》⑤
				光绪元年 八月二十九日	1875 年 9 月 28 日	同上⑥
汪鸿基			浙江桐乡	?		《大清搢绅全书》(光绪二十五年夏)册 1《兵部》⑦
				?		
汪鸣皋	洛雅	慈鹤	浙江仁和⑧	道光十年 八月八日	1830 年 9 月 24 日	《同治四年补行辛酉科并壬戌浙江乡试同年齿录》
				?		
汪鸣銮	嘉乐	柳门 郎亭	浙江钱塘⑨	道光十九年 六月一日	1839 年 7 月 11 日	叶昌炽《诰授光禄大夫前吏部右侍郎郎亭汪公墓志铭》(汪源渠《汪氏谱略》)⑩
				光绪三十三年 七月六日	1907 年 8 月 14 日	同上⑪

① 谱名人炳。

② 《万青藜传包》(台北故宫博物院故传 009501 号)之《讣闻》与《宗谱》同。《道光丁酉科明经通谱》作嘉庆戊辰年十二月二十三日。《道光二十年庚子科会试齿录》仅作(嘉庆)戊辰年(1808)。

③ 《万青藜传包》(台北故宫博物院故传 009501 号)之《讣闻》与《宗谱》同。

④ 原名鸣珂,派名诵芳。

⑤ 万鸣珂乡试履历(《清代朱卷集成》册 316)作道光癸卯年十月二十二日。《同治十三年甲戌科会试同年齿录》作道光丁未年十月二十二日。《清代人物生卒年表》据《同治十三年甲戌科会试同年齿录》作道光二十七年(1847)。

⑥ 《清代人物生卒年表》缺。

⑦ 《大清搢绅全书》(光绪二十五年夏)载其为乙酉举人,误。

⑧ 原籍安徽休宁。

⑨ 原籍安徽休宁。

⑩ 《申报》光绪三十三年七月初九日第一万二千四百十号《致仕侍郎作古》载其卒于光绪三十三年七月六日,年七十九。据此逆推,其生年与《墓志铭》同。《同治四年乙丑科会试同年齿录》、《同治三年甲子科顺天乡试齿录》、汪鸣銮会试履历(《清代朱卷集成》册 26)、汪鸣銮乡试履历(《清代朱卷集成》册 105)均作道光辛丑年六月一日。

⑪ 《申报》光绪三十三年七月初九日第一万二千四百十号《致仕侍郎作古》与《墓志铭》同。

续表

姓名	字	号	籍贯	生卒(农历)	生卒(公历)	文献来源
汪蓉照	韵珊 蕴珊 均珊		浙江山阴	?		堵焕辰乡试履历(《清代朱卷集成》册 280)
				?		
汪汝纶	念甫 少牧 綍卿	练浦 砚圃	浙江钱塘①	道光十七年九月十四日	1837 年 10 月 13 日	《光绪九年癸未科会试同年齿录》②
				?		
汪韶年	箫九		浙江钱塘	咸丰四年六月十二日	1854 年 7 月 6 日	汪玉年《杭州汪氏振绮堂小宗谱》卷 3《九十三世》
				光绪三十年五月二十七日	1904 年 7 月 10 日	同上
汪世金	见山 缄三	砺臣 芙汀	浙江萧山	道光七年五月二十日	1827 年 6 月 14 日	《咸丰戊午科浙江乡试同年齿录》
				光绪九年九月二日	1883 年 10 月 2 日	顾廷龙、戴逸主编《李鸿章全集》册 18《奏议十八》之《题报独石口抚民同知汪世金病故开缺事》
汪守正③	子常		浙江钱塘	道光九年五月十日	1829 年 6 月 11 日	汪玉年《杭州汪氏振绮堂小宗谱》卷 3《九十二世》
				光绪二十年十月二十九日	1894 年 11 月 26 日	同上
汪受礽④	叔颐	蔼夫 鞠侯	浙江鄞县⑤	道光二十二年九月七日	1842 年 10 月 10 日	《光绪六年庚辰科会试同年齿录》⑥
				?		

① 原籍安徽休宁。

② 汪汝纶会试履历(《清代朱卷集成》册 54)与《光绪九年癸未科会试同年齿录》同。《同治丁卯科并补行甲子科浙江乡试同年齿录》作道光戊戌年九月十六日。

③ 原名曾守。

④ 原名忠录。

⑤ 祖籍安徽歙县。

⑥ 《同治庚午科大同年齿录》、汪受礽会试履历(《清代朱卷集成》册 48)均与《光绪六年庚辰科会试同年齿录》同。

续表

姓名	字	号	籍贯	生卒(农历)	生卒(公历)	文献来源
汪绶之	若卿 芍卿	茹香 佩珊	浙江钱塘	道光七年 三月八日	1827 年 4 月 3 日	汪立元《汪芍卿行状》①
				光绪二十三年 十一月二十六日	1897 年 12 月 19 日	同上②
汪树堂③			浙江余杭	道光三十年	1850 年	秦国经《清代官员履历档案全编》册 27 页 348
				?		
汪树廷			浙江余杭	?		《日记》光绪十五年三月二十八日
				光绪十五年	1889 年	《日记》光绪十五年三月二十八日④
汪望庚	又青 佑青 蔓仙		浙江萧山	咸丰五年 正月二十九日	1855 年 3 月 17 日	《同治癸酉科浙江乡试同年齿录》⑤
				?		
汪文枢	冠中	幹廷 诏书	江西乐平⑥	道光十七年 正月二十四日	1837 年 2 月 28 日	《同治七年戊辰科会试同年齿录》⑦
				光绪二十年 十二月十六日	1895 年 1 月 11 日	杨昌濬《题报甘省灵台县知县汪文枢病故日期事》(中国第一历史档案馆藏)⑧

① 《咸丰五年乙卯科浙江乡试同年齿录》与《咸丰五年乙卯科直省乡试同年齿录》均作道光八年三月八日。

② 德寿《题报准升宁都直隶州知州汪绶之病故日期事》(中国第一历史档案馆藏)与《行状》同。《申报》光绪二十四年三月二十七日第八千九百八十号《豫章客述》:"江西访友人云,原任宁都直隶州汪芍卿直事绶之去冬因病出缺,上月十三日为出殡之期。"据此,仅知其卒于光绪二十三年(1897)冬。

③ 一作树棠。

④ 《日记》光绪十五年三月二十八日:"汪署正树廷病殁,其兄树堂为之开吊,送奠分四千二。汪,故左都汪文端子也。其妹为孙毓文尚书继室,故树廷依之。今年二月间,孙氏家鬼病大作,汪夫人及一女一妇两孙旬日间暴亡,署正及两仆皆死,此求系援之祸矣!"据此,暂作光绪十五年(1889)。

⑤ 汪望庚乡试履历(《清代朱卷集成》册 259)与《同治癸酉科浙江乡试同年齿录》同。

⑥ 原籍安徽婺源。

⑦ 《重订戊辰同年齿录》与《同治七年戊辰科会试同年齿录》同。

⑧ 《申报》光绪二十一年六月十九日第八千零十一号之光绪二十一年六月八日《京报全录·杨昌濬跪奏》:"为拣员请署知县缺以裨地方,恭折仰祈圣鉴事。窃据署甘肃藩司联、臬司裕祥详称灵台知县汪文枢病故。"据此,仅知其卒于光绪二十一年六月八日之前。《清代人物生卒年表》缺。

续表

姓名	字	号	籍贯	生卒(农历)	生卒(公历)	文献来源
汪锡智	启臣 起臣		安徽怀宁	?		《大清搢绅全书》(光绪十六年春)册 2《直隶·天津府》
				光绪十八年 正月二十六日	1892 年 2 月 24 日	顾廷龙、戴逸主编《李鸿章全集》册 20《奏议二十》页 362①
汪洵②	子渊	渊若	江苏阳湖	道光二十六年 闰五月十四日	1846 年 7 月 7 日	汪兆翔、汪霖龙《武进汪氏合谱》卷 8《八十六世至九十世》③
				民国四年 四月五日	1915 年 5 月 18 日	《申报》民国四年五月二十三日(公历)第一万五千一百八十五号《恕报不周》④
汪以庄	齐临	次潭	浙江桐乡	?		汪澄之《汪氏支谱》卷 2《世系·九十世》
				光绪二十六年 七月十六日	1900 年 8 月 10 日	赵尔巽《清史稿》卷 495《列传第二八二·忠义九》
汪曰桢	仲维 刚木	谢城 薪甫	浙江乌程	嘉庆十七年 四月十三日	1812 年 5 月 23 日	《咸丰壬子科浙江乡试同年齿录》⑤
				光绪八年	1882 年	蒋锡礽《汪谢城先生传》(周庆云《浔溪文征》卷 13)⑥

① 《题报天津分司运同汪锡智病故开缺事》:"兹据长芦盐运使季邦桢详,天津分司运同汪锡智于光绪十八年正月二十六日病故。"

② 原名学溥,又名学瀚。

③ 汪学瀚乡试履历(《清代朱卷集成》册 164)、汪学瀚会试履历(《清代朱卷集成》册 75)均与《武进汪氏合谱》同。《清代人物生卒年表》据《毗邻名人疑年录》作道光二十四年(1844)。

④ 汪兆翔,汪霖龙《武进汪氏合谱》卷 8《统宗世表·八十六世至九十世》作民国乙巳年四月五日,卒年七十。若为民国乙巳年卒,再据合谱生年,其当卒年八十四,而非卒年七十。汪兆翔,汪霖龙《武进汪氏合谱》卷 7 谢恩灏《汪公学瀚家传》:"乙卯五月,公七旬初度,寓沪诸友方谋祝嘏称觞,公已先期谢宾客也。"据此,其卒年与《合谱》同。故《合谱》中民国乙巳年四月五日当为民国乙卯年四月五日。谢恩灏《汪公学瀚家传》中"五月",当为公历 5 月。

⑤ 汪曰桢《玉鉴堂诗集》卷 6《同治壬申元日余生于嘉庆壬申时年六十有一矣》。据此诗题逆推,其生年与《咸丰壬子科浙江乡试同年齿录》同。《清代人物生卒年表》据《畴人传》作嘉庆十八年(1813)。

⑥ 《畴人传三编》卷 6 诸可宝撰《汪曰桢》载其光绪七年卒于官,年六十九。《清代人物大事纪年》仅作光绪七年,并言其卒年七十。《日记》光绪七年八月二十六日:"是日《邸钞》,会稽教谕选钱塘举人王彦起。盖汪谢城已卒矣!"此仅为越缦推测,亦不能定其卒年。周庆云《南浔志》载其光绪壬午卒于官,年七十有一。周庆云《浔溪文征》卷 13 蒋锡礽《汪谢城先生传》载其卒于光绪壬午年某月某日,年七十有一。此暂据《南浔志》及《浔溪文征》作光绪八年(1882)。《清代人物生卒年表》作光绪七年(1881)。

续表

姓名	字	号	籍贯	生卒(农历)	生卒(公历)	文献来源
汪曾唯①	子用	梦师	浙江钱塘	道光九年二月六日	1829年3月10日	汪玉年《杭州汪氏振绮堂小宗谱》卷3《九十二世》
				光绪二十四年十月四日	1898年11月17日	同上②
汪朝模	达士	范卿	江苏长洲③	道光二十九年二月一日	1849年2月23日	汪朝模会试履历(《清代朱卷集成》册43)④
				?		
汪致炳	虎文	朗斋	四川资阳	道光二十三年九月二十二日	1843年11月13日	汪海澜《清翰林汪致炳事略》(中国人民政治协商会议四川省资阳县委员会文史资料研究委员会《资阳文史资料》第1辑)⑤
				光绪三十年正月五日	1904年2月20日	同上
汪宗沂⑥	仲伊	咏村	安徽歙县	道光十七年十一月十四日	1837年12月11日	《叙天伦录》《鉴云公支谱》⑦
				光绪三十二年十月十四日	1906年11月29日	同上⑧
王柏心	子寿	冬寿 螺洲	湖北监利	嘉庆四年十月二十七日	1799年11月24日	郭嵩焘《皇清诰授奉直大夫刑部主事王公墓志铭》(王柏心《百柱堂全集》卷52《附录》)⑨
				同治十二年五月十三日	1873年6月7日	同上

① 原名曾矩。

② 谭献著;徐彦宽辑《复堂日记续录》:"(光绪二十四年)十月四日:'子用家来报丧。久病果不能起,又失一友。'"据此,其去世年月日与《杭州汪氏振绮堂小宗谱》同。

③ 祖籍安徽休宁。

④ 汪朝模乡试履历(《清代朱卷集成》册152)、《同治庚午科大同年齿录》、《光绪三年丁丑科会试同年齿录》均与汪朝模会试履历同。

⑤ 《光绪六年庚辰科会试同年齿录》与《事略》同。

⑥ 原名恩沂。

⑦ 汪宗沂乡试履历(《清代朱卷集成》册163)、《光绪六年庚辰科会试同年齿录》、刘师培《左庵集》卷6《汪仲尹先生小传》与《叙天伦录》《鉴云公支谱》同。

⑧ 刘师培《左庵集》卷6《汪仲尹先生小传》与《叙天伦录》《鉴云公支谱》同。

⑨ 《道光二十四年会试齿录》作嘉庆丁卯年十月二十七日。《道光二十三年癸卯科直省同年全录》作嘉庆辛酉年十月二十七日。

续表

<table>
<tr><th>姓名</th><th>字</th><th>号</th><th>籍贯</th><th>生卒(农历)</th><th>生卒(公历)</th><th>文献来源</th></tr>
<tr><td rowspan="2">王邦鼎</td><td rowspan="2">铁珊</td><td rowspan="2">惕三</td><td rowspan="2">江苏泰兴</td><td>道光二十一年七月十四日</td><td>1841 年 8 月 30 日</td><td>王承福、王邦庆《王氏族谱》卷 3《长房君正公支·第十世·年表》①</td></tr>
<tr><td>光绪二十三年十二月二十九日</td><td>1898 年 1 月 21 日</td><td>同上②</td></tr>
<tr><td rowspan="2">王宝善</td><td rowspan="2">楚臣</td><td rowspan="2"></td><td rowspan="2">江苏上海</td><td>?</td><td></td><td>吴馨《上海县续志》卷 17《选举表下》</td></tr>
<tr><td>?</td><td></td><td></td></tr>
<tr><td rowspan="2">王必达</td><td rowspan="2">质夫</td><td rowspan="2">霞轩</td><td rowspan="2">广西临桂③</td><td>道光元年四月八日</td><td>1821 年 5 月 9 日</td><td>端木埰《皇清诰授资政大夫甘肃安肃兵备道调补广东惠潮嘉兵备道临桂王公神道碑铭》(王必达《养拙斋诗》之《附录》)</td></tr>
<tr><td>光绪七年十二月二十日</td><td>1882 年 2 月 8 日</td><td>同上④</td></tr>
<tr><td rowspan="2">王炳经</td><td rowspan="2">子康</td><td rowspan="2"></td><td rowspan="2">浙江萧山</td><td>?</td><td></td><td>《大清搢绅全书》(光绪十七年春)册 1《京师·兵部》</td></tr>
<tr><td>?</td><td></td><td></td></tr>
<tr><td rowspan="2">王炳燮⑤</td><td rowspan="2">璞臣
朴臣</td><td rowspan="2">娶斋
绸斋</td><td rowspan="2">江苏元和⑥</td><td>道光二年十一月三十日</td><td>1823 年 1 月 11 日</td><td>王懋弟《金源山头王氏宗谱》卷 2 下《漳溪派郁斋公支下世系》⑦</td></tr>
<tr><td>光绪五年三月十五日</td><td>1879 年 4 月 6 日</td><td>同上⑧</td></tr>
</table>

① 《光绪六年庚辰科会试同年齿录》与《王氏族谱》同。《同治庚午科大同年齿录》作道光癸卯年七月十四日。

② 《清代人物生卒年表》缺。

③ 祖籍浙江山阴。

④ 谭钟麟《奏为惠潮嘉道王必达病故出缺请简》(台北故宫博物院《军机处档折件》第 121946 号)与《神道碑铭》同。《清代人物生卒年表》此条脚注:"王必达卒于光绪七年十二月二十日。公历为 1882 年 2 月 8 日。"但其表格中仍录为光绪七年(1881)。

⑤ 谱名延瓒,一名炳。

⑥ 祖籍安徽婺源。

⑦ 据王炳燮《毋自欺室文集》卷 7《先妣单太孺人行述》"年二十二不孝炳始生"及"吾母生于嘉庆辛酉八月二十九日"推,其生年与《金源山头王氏宗谱》同。据王炳燮《毋自欺室文集》卷 7《先妣单太孺人行述》"妹玉英少不孝三岁,适婺源俞承源。素英又少三岁"及卷 4《题四妹素英遗像》"生戊子十月"推,其生年亦与《金源山头王氏宗谱》同。王炳燮会试履历(《清代朱卷集成》册 40)、《光绪二年丙子恩科会试同年齿录》均作道光甲申年十一月三十日。《清代人物生卒年表》据王炳燮《毋自欺室文集》卷 7《竹雏公墓志铭》"公为某季父行而少于某十年"及"公生于道光十一年十月十九日"作道光元年(1821)。

⑧ 王炳燮《毋自欺室文集》目录后王屋识语"戊寅随侍津邑……不幸越岁而卒"。据此,其卒年与《金源山头王氏宗谱》同。

续表

姓名	字	号	籍贯	生卒(农历)	生卒(公历)	文献来源
王崇烈	汉辅 云台 火传		山东福山	同治九年 七月十五日	1870 年 8 月 11 日	王崇焕《清王文敏公懿荣年谱》①
				民国八年	1919 年	烟台地方史志办公室《王懿荣世家人物传记》
王传璨②	流谦 子恒		福建闽县	道光六年 五月十三日	1826 年 6 月 18 日	王孝绮《西清王氏重修族谱》之《圣谋公世系》③
				光绪八年 七月二十六日	1882 年 9 月 8 日	同上④
王德容⑤	九如	有堂	浙江会稽	道光八年 正月二十日	1828 年 3 月 5 日	《咸丰戊午科浙江乡试同年齿录》⑥
				?		
王定安	仲颣	文白 鼎臣 鼎丞	湖北东湖	道光十四年 八月二日	1834 年 9 月 4 日	王定安《塞垣集》卷 1《壬午塞上除夕和东坡除夕赠段屯田韵》⑦
				光绪二十二年 三月二十九日	1896 年 5 月 1 日	《申报》光绪二十二年五月三十日第八千三百四十三号之光绪二十二年五月十八日《京报全录·福润跪奏》⑧

① 《光绪二十年甲午科顺天乡试同年齿录》、王崇烈乡试履历(《清代朱卷集成》册 126)均与《清王文敏公懿荣年谱》同。

② 乳名兑。

③ 张佩纶《涧于集》文上《中宪大夫刑部奉天司主事王君墓志铭》载其光绪八年七月卒,年五十有七。据此逆推,其生年与《西清王氏重修族谱》同。

④ 张佩纶《涧于集》文上《中宪大夫刑部奉天司主事王君墓志铭》仅作光绪八年七月。

⑤ 原名寿朋。

⑥ 《咸丰戊午科直省同年录》与《咸丰戊午科浙江乡试同年齿录》同。

⑦ 《王定安优选贡卷》作道光丙申年八月二日。《壬午塞上除夕和东坡除夕赠段屯田韵》:"龙钟四十九。"据此二者,定其生于道光十四年八月二日。

⑧ 《申报》光绪二十二年四月二十六日第八千三百一十号《宜昌问俗》作光绪二十二年三月二十七日。王定安《塞垣集》卷末王邕《跋》作光绪二十四年(1898)。《清代人物生卒年表》据王邕《跋》作光绪二十四年(1898)。

续表

姓名	字	号	籍贯	生卒(农历)	生卒(公历)	文献来源
王恩溥[1]	止轩	浣溪	浙江诸暨	同治八年 四月十三日	1869 年 5 月 24 日	王念学《牛皋岭下王氏宗谱》之《第十三世·行传》[2]
				民国五年 正月二十三日	1916 年 2 月 25 日	同上
王恩溎	香溪	筠生 石珊	直隶天津	咸丰八年 五月十二日	1858 年 6 月 22 日	《光绪十五年己丑恩科顺天乡试同年齿录》
				光绪二十六年	1900 年	章用秀《天津书法三百年》之《谨严端庄"南北王"》
王恩元	耀晖	葆堂 孝同	浙江上虞	咸丰八年 十月五日	1858 年 11 月 10 日	王恩元优贡履历(《清代朱卷集成》册 377)[3]
				光绪二十九年 三月二十三日	1903 年 4 月 20 日	《朱鄂生日记》光绪二十九年三月二十四日[4]
王棻[5]	子庄	耘轩 云酣	浙江黄岩	道光八年 十一月六日	1828 年 12 月 12 日	《柔桥王氏家谱》卷 4《世系传下十世三房》[6]
				光绪二十五年 十月二十日	1899 年 11 月 22 日	同上[7]
王福			越缦邑人	?		《日记》光绪十九年二月十一日
				?		

① 谱名泽溥,原名监水。

② 《光绪己丑科浙江乡试同年齿录》作同治壬申年四月十三日。

③ 王恩元乡试履历(《清代朱卷集成》册 289)与王恩元优贡履历同。

④ 《朱鄂生日记》光绪二十三年三月二十四日:"晴。大姊七点半到姚,容色凄惨。八点钟登轮东下。八哥同书方与二哥拟电沪问葆病,又得王宝藩来电,云葆戌正故。"据此,其当卒于光绪二十三年三月二十三日。

⑤ 小名居焕。

⑥ 《柔桥王氏家谱》附编《文艺上》喻长霖《钦赐内阁中书衔同治丁卯举人王子庄先生墓志铭》仅作道光八年(1828)。附编《文艺上》於昕《子庄先生别传》及王舟瑶《王子庄先生传》均载其光绪己亥年卒,年七十二。据此二者逆推,其生年亦与《柔桥王氏家谱》同。

⑦ 《柔桥王氏家谱》附编《文艺上》之《墓志铭》、《别传》、《传》均仅作光绪己亥年(1899)。

续表

姓名	字	号	籍贯	生卒(农历)	生卒(公历)	文献来源
王福厚	仲宽	星槎 谷臣	浙江会稽	咸丰四年 四月六日	1854年 5月2日	《绍兴新河王氏族谱》卷3《世系三》①
				民国二年 七月十八日	1913年 8月19日	同上
王淦	渠源		浙江上虞	?		王恩元乡试履历(《清代朱卷集成》册377)
				?		
王耿光②	星元	赓廷 赓亭 岱清	浙江会稽	道光九年 六月十一日	1829年 7月11日	《绍兴新河王氏族谱》卷2《世系二》③
				光绪十三年 正月一日	1887年 1月24日	同上
王恭和	伯沄	南沄	浙江黄岩	光绪四年 八月二十八日	1878年 9月24日	王舟瑶《黄岩西桥王氏谱》卷2《世系表四北街房》
				光绪二十九年 三月二十三日	1903年 4月20日	同上
王观光④	扬廷 利宾 扬庭	霞舲	浙江会稽	道光十一年 三月四日	1831年 4月15日	《绍兴新河王氏族谱》卷2《世系二》⑤
				光绪二年 四月九日	1876年 5月2日	同上
王会澧⑥	晓湖	新建	浙江山阴	同治四年 闰五月七日	1865年 6月29日	《光绪戊子科浙江乡试同年齿录》⑦
				?		

① 《光绪己卯科浙江乡试同年齿录》《光绪己卯科直省同年全录》均作咸丰丙辰年四月六日。
② 原名大椿，又名觐光。
③ 《同治三年甲子科顺天乡试齿录》、许应鑅《浙江同官录》均作道光壬辰六月十一日。
④ 原名大年。
⑤ 《咸丰乙卯直省乡试同年齿录》《咸丰五年乙卯科浙江乡试同年齿录》均作道光甲午三月四日。
⑥ 谱名炘。
⑦ 王会澧乡试履历(《清代朱卷集成》册275)与《光绪戊子科浙江乡试同年齿录》同。

续表

姓名	字	号	籍贯	生卒(农历)	生卒(公历)	文献来源
王季烈	晋余	君九 螾庐	江苏长洲	同治十二年 九月七日	1873 年 10 月 27 日	王季烈《莫厘王氏家谱》卷 11《世系表丁之三光化公后公似公支》①
				1952 年 2 月 1 日	1952 年 2 月 25 日	孙宝田《旅大文献征存续编》
王继本	根仙		浙江会稽	道光二十三年 六月十一日	1843 年 7 月 8 日	李慈铭《王秀才继本暨其妻孙烈妇墓表》(王继香《会稽王氏清芬录》)
				咸丰十一年 六月十九日	1861 年 7 月 26 日	同上
王继谷	艺林 子诒	漱六道人	浙江会稽	咸丰二年	1852 年	连蘅《王孝子事略》(王继香《会稽王氏清芬录》)②
				光绪六年 四月五日	1880 年 5 月 13 日	同上③
王继香	书林 子献 止轩 芝仙	蓼斋 醉庵 兰祖 梦白	浙江会稽	道光二十六年 二月十八日	1846 年 3 月 15 日	《光绪十五年己丑科会试同年齿录》④
				光绪三十一年 五月二十五日	1905 年 6 月 27 日	陈庆均《时行轩日记》册 13⑤
王继业	子虞		浙江会稽	同治九年	1870 年	《日记》光绪十五年三月二十五日
				?		
王家埙⑥	埙伯		浙江湖州	同治二年 十月十日	1863 年 11 月 20 日	王树荣《王氏族谱》卷 9《世表》
				民国三年 五月二十五日	1914 年 6 月 18 日	同上

① 王季烈乡试履历(《清代朱卷集成》册 201)、王季烈会试履历(《清代朱卷集成》册 90)、《光绪甲辰恩科会试同年齿录》、孙宝田《旅大文献征存续编》均与《莫厘王氏家谱》同。

② 王继香《会稽王氏清芬录》中俞樾《王孝子传》、冯可镛《王孝子诔》、连蘅《王孝子事略》亦均载其卒年二十九岁。据此三者逆推,其生年亦均为咸丰二年(1852)。

③ 王继香《会稽王氏清芬录》中马赓良《王孝子墓志铭》作光绪六年夏四月;冯可镛《王孝子诔》作光绪六年四月六日。据《事略》《墓志铭》《诔》内容,其实于四月五日夜投湖,六日晨被发现。故定其卒于光绪六年四月五日。

④ 王继香会试履历(《未刊清代朱卷集成》册 19)与《光绪十五年己丑科会试同年齿录》同。《同治四年补行辛酉科并壬戌浙江乡试同年齿录》、王继香乡试履历(《清代朱卷集成》册 251)均作道光己酉年二月十八日。

⑤ 《时行轩日记》光绪三十一年六月七日:"今日于田宅闻徐佩之舅氏于前日在沪上寓所逝世,又闻王芝轩太守于前月廿五日在河南厘局差次逝世。"

⑥ 越缦于光绪十二年十二月二十三日唁王兰之子王念祖。据王树荣《王氏族谱》、《王兰会试履历》(《清代朱卷集成》册 49),王兰仅有一子曰"家埙"。"念祖"或为"家埙"之字、号、小名,或为越缦误记。

续表

姓名	字	号	籍贯	生卒(农历)	生卒(公历)	文献来源
王嘉猷①			浙江会稽	?		王庆埏会试履历(《清代朱卷集成》册76)
				?		
王建辰	寅生		浙江山阴	?		《日记》同治六年十月二十六日
				光绪十年	1884年	《日记》光绪十一年四月十一日②
王建基			山西	嘉庆十三年	1808年	《日记》同治十三年三月八日③
				?		
王金映④	镜清	晴舫	湖南长沙	道光十七年十二月二十八日	1838年1月23日	《同治庚午科大同年齿录》⑤
				?		
王经	仲书		浙江山阴	道光二十九年十二月二日	1850年1月14日	《长桥王氏家谱》
				光绪十五年六月二十日	1889年7月17日	同上
王景澄⑥	祖恩 清如	镜溪	江西萍乡	嘉庆十七年四月五日	1812年5月15日	王增曙《宗闾王氏族谱》卷3《三房万二公中五代世系》⑦
				光绪十七年九月二十日	1891年10月22日	同上⑧

① 更名启昆。

② 《日记》光绪十一年四月十一日:"得王氏妹正月十七日书,言妹夫王寅生于去年九月间病殁。"据此,暂作光绪十年(1884)。

③ 《日记》同治十三年三月八日:"辰刻入闱,先点京官坐西场生字舍。邻舍有山西人王建基,丁酉举人,年六十七矣!"据此逆推,其当生于嘉庆十三年(1808)。

④ 越缦写为金彝。派名志临。

⑤ 《光绪二年丙子科会试同年齿录》仅作年三十六岁。据此逆推,其当生于道光二十一年(1841)。《清代人物生卒年表》据《光绪二年丙子科会试同年齿录》作道光二十一年(1841)。

⑥ 乳名祖恩,乡试名澄,殿试名景淳,致仕后改名景澄。

⑦ 许应鑅《浙江同官录》、《宗闾王氏九修族谱》卷3《三房万二公中五代世系》、王选《宗闾王氏族谱》卷8《三房万二公中五代世系》、喻兆蕃《钦加二品衔赏戴花翎前署两浙江南都转盐运使司盐运使浙江补用道王公清如墓志铭》均与王增曙《宗闾王氏族谱》同。《道光丁酉科明经通谱》、朱彭寿《清代人物大事纪年》、王景淳会试履历(《清代朱卷集成》册13)均作嘉庆甲戌年四月十五日。《清代人物生卒年表》据王景淳会试履历作嘉庆十九年(1814)。

⑧ 崧骏《题报浙江候补道王景澄病故日期事》(中国第一历史档案馆藏)、《宗闾王氏九修族谱》卷3《三房万二公中五代世系》、喻兆蕃《钦加二品衔赏戴花翎前署两浙江南都转盐运使司盐运使浙江补用道王公清如墓志铭》均与王增曙《宗闾王氏族谱》同。《清代人物生卒年表》缺。

续表

姓名	字	号	籍贯	生卒(农历)	生卒(公历)	文献来源
王镜澜	存观	月波 月坡	浙江仙居	嘉庆二十三年 六月二十五日	1818年 7月27日	《赵王合谱》卷33《世传·西庵四房四三间门楼东门头》①
				光绪十六年 十月一日	1890年 11月12日	同上②
王玖龄③	月宾	友松	直隶大兴④	道光二十二年 九月二十四日	1842年 10月27日	王玖龄乡试履历(《清代朱卷集成》册105)
				?		
王凯泰⑤	幼轩	补帆	江苏宝应	道光三年 四月九日	1823年 5月19日	王蔗原《宝应白田王氏小湖公本支世系》⑥
				光绪元年 十月二十三日	1875年 11月20日	俞樾《春在堂杂文续编》卷1《赠太子少保谥文勤福建巡抚王公神道碑》⑦
王闿运	壬秋 壬父	湘绮	湖南湘潭	道光十二年 十一月二十九日	1833年 1月19日	王代功《湘绮府君年谱》
				民国五年 九月二十四日	1916年 10月20日	同上⑧
王堃	至元	芷汀 芷江	直隶宛平⑨	嘉庆十六年 五月七日	1811年 6月27日	《道光甲午科直省同年全录》⑩
				?		

① 《道光己酉科各省选拔同年明经通谱》作道光乙酉年六月二十五日。《清代人物生卒年表》据王镜澜《留余斋诗集》卷4《丙子除夕感怀》"五十九年如一日,来朝便作杖乡人"作嘉庆二十二年(1817),实误。其光绪丙子年为五十二岁,据此逆推,其生年亦为嘉庆二十三年(1818)。

② 《清代人物生卒年表》缺。

③ 改名鹏运。

④ 祖籍浙江山阴。

⑤ 原名敦敏。

⑥ 俞樾《春在堂杂文续编》卷1《神道碑》载其光绪元年十月二十三日,卒年五十三。据此逆推,其生年与《宝应白田王氏小湖公本支世系》同。《道光庚戌科会试同年齿录》作道光乙酉年四月九日。

⑦ 《申报》光绪二年正月六日第一千一百五十二号之光绪元年十二月二日《京报全录·沈葆桢跪奏》与《神道碑》同。

⑧ 《清代人物生卒年表》据《湘绮府君年谱》作1716年,当为输入错误。

⑨ 祖籍浙江仁和。

⑩ 《乙未科会试同年齿录》《会试同年齿录道光乙未科》均与《道光甲午科直省同年全录》同。

续表

姓名	字	号	籍贯	生卒(农历)	生卒(公历)	文献来源
王兰	秋佩 九滋	者香 醉香 吉士	浙江归安	道光十五年 三月十五日	1835 年 4 月 12 日	王树荣《王氏族谱》卷 9《世表》①
				光绪十二年 十二月十九日	1887 年 1 月 12 日	同上②
王兰娣	纕男		四川卢沟桥	同治七年 二月十六日	1868 年 3 月 9 日	《日记》光绪十三年四月二十日
				?		
王联璧	佩之 星瑞 琳枝	蓝生	山东高密	道光二十八年 五月五日	1848 年 6 月 5 日	《光绪三年丁丑科会试同年齿录》③
				光绪三十四年 十月四日	1908 年 10 月 28 日	庞鸿书《奏报黎平府知府王联璧在任病故等由》(台北故宫博物院《军机处档折件》第 175740 号)④
王濂	兰篪 廉泉		直隶吴桥	咸丰二年 十月二十日	1852 年 12 月 1 日	《光绪六年庚辰科会试同年齿录》
				?		
王麟书	元椒	元薮 松溪	浙江钱塘	道光八年 十二月二十九日	1829 年 2 月 2 日	《同治庚午科浙江乡试同年齿录》⑤
				光绪十三年 正月七日	1887 年 1 月 30 日	《日记》光绪十三年三月二日⑥
王龄⑦	九亭 九如 啸篁		浙江萧山	道光六年 十月二十一日	1826 年 11 月 20 日	《苏省同官录》
				?		

① 施补华《泽雅堂文集》卷 8《刑部主事王君墓志铭》载其(光绪十二年)十二月某日卒,年五十二。据此逆推,其生年与《王氏族谱》同。《同治庚午科大同年齿录》作道光戊戌年三月十八日。《同治庚午科浙江乡试同年齿录》、王兰会试履历(《清代朱卷集成》册 49)、王兰乡试履历(《清代朱卷集成》册 258)均作道光戊戌年三月十一日。

② 《清代人物生卒年表》据施补华《泽雅堂文集》卷 8《刑部主事王君墓志铭》"(光绪十二年)十二月某日卒年五十二"作光绪十二年(1886)。据王树荣《王氏族谱》,因其卒于十二月十九日,故公历应为 1887 年 1 月 12 日。

③ 《同治庚午科大同年齿录》与《光绪三年丁丑科会试同年齿录》同。李泰运《皇清诰授通议大夫晋授通奉大夫三品衔在任候补道黎平府知府王公墓志铭》载其光绪三十四年卒,年六十一。据此逆推,其生年亦与《光绪三年丁丑科会试同年齿录》同。

④ 墓志铭仅作光绪三十四年(1908)。《清代人物生卒年表》缺。

⑤ 《同治十三年甲戌科会试同年齿录》与《同治庚午科浙江乡试同年齿录》同。越缦言其生与其同岁,疑误记。

⑥ 《日记》光绪十三年三月二日:"得爽秋书,言王松溪同年于今年人日逝世。松溪,杭人之最谨笃者,以江西县令请老归数年矣。其生与余同岁。"

⑦ 原名锡龄。

续表

姓名	字	号	籍贯	生卒(农历)	生卒(公历)	文献来源
王履咸[①]	泽山 临甫 菱圃	子谦 六虚 浦外散人	浙江萧山	咸丰五年 正月三日	1855年 2月19日	王辅唐《苎萝王氏宗谱》卷24《森十二房花厅五房》[②]
				民国二十五年 三月十五日	1936年 4月16日	同上
王履元	季欢		浙江会稽	?		程仪洛乡试履历(《清代朱卷集成》册265)
				?		
王冕藻	春亭		浙江萧山	?		张宗海、杨士龙《民国萧山县志稿》卷19《人物六》
				同治元年 四月二十四日	1862年 5月22日	张景祁《浙江忠义录》之《表五下绅士表下》
王培庚	少村		越缦邑人	?		《日记》光绪十二年二月十五日
				?		
王鹏九	逸轩 翼骞		浙江归安[③]	?		《大清搢绅全书》(光绪十一年冬)册1《京师·户部》
				?		
王鹏运	半塘	幼霞 幼遐 鹜翁 半塘僧鹜 半塘老人	广西临桂[④]	道光二十九年 十一月十九日	1850年 1月1日	《皇清诰授通议大夫礼科给事中显考王公幼霞府君之墓》[⑤]
				光绪三十年 六月二十三日	1904年 8月4日	同上

① 原名礼贤,谱名金标。

② 《光绪乙酉科浙江乡试同年齿录》、王履咸乡试履历(《清代朱卷集成》册274)、《光绪十六年庚寅科会试同年齿录》均与《苎萝王氏宗谱》同。

③ 原籍江苏。

④ 祖籍浙江山阴。

⑤ 《同治庚午科大同年齿录》与《皇清诰授通议大夫礼科给事中显考王公幼霞府君之墓》同。

续表

姓名	字	号	籍贯	生卒(农历)	生卒(公历)	文献来源
王绮	仲昭		浙江山阴	?		《日记》同治六年十月二十九日
				?		
王器成	公辅	晚愚	海南定安	道光七年十月一日	1827年11月19日	《福岭王氏家谱》之《世表第九世》①
				光绪十九年正月二十七日	1893年3月15日	同上②
王清林			河北阜平	?		沈家本、荣铨《重修天津府志》卷14《职官》
				?		
王庆勋	叔彝 菽畦		江苏上海	嘉庆十九年十月七日	1814年11月18日	王师曾《续修王氏家谱》卷1《世传》
				同治六年十月二十三日	1867年11月18日	同上
王庆埏③	履安 少蔚		浙江会稽	咸丰七年五月二十六日	1857年6月17日	《光绪戊子科浙江乡试同年齿录》④
				光绪二十六年八月二十二日	1900年9月15日	《申报》光绪二十六年闰八月七日第九千八百六十三号《吴门官报》
王庆禔⑤			直隶宝坻	道光十六年	1836年	《光绪六年庚辰科会试同年全录》
				光绪十八年	1892年	《日记》光绪十八年二月二十六日⑥

① 翁同龢著;陈义杰整理《翁同龢日记》册5光绪十七年七月初八日:“方写字而门人王器成公辅,行二,来,年六十三矣,服阕。”据此逆推,其当生于道光九年(1829)。《光绪六年庚辰科会试同年齿录》仅作年四十五。据此逆推,其生年当为道光十六年(1836)。《咸丰壬子科直省举贡同年录》作道光己丑年十月一日。《清代人物生卒年表》据《光绪六年庚辰科会试同年齿录》作道光十六年(1836)。

② 翁同龢著;陈义杰整理《翁同龢日记》册5光绪十九年二月二十四日:“庚辰门人王公辅器成卒,年六十八矣。”据此,仅知其卒于光绪十九年二月二十四日之前。《清代人物生卒年表》缺。

③ 谱名坦。

④ 王庆埏会试履历(《清代朱卷集成》册76)、《光绪十八年壬辰科会试同年齿录》均与《光绪戊子科浙江乡试同年齿录》同。

⑤ 《越缦堂日记》《畿辅通志》《顺天府志》均作王庆禔。《光绪六年庚辰科会试同年齿录》作王庆褆。

⑥ 《日记》光绪十八年二月二十六日:“顺天王同年庆禔卒于晋州学正署。送奠分四千。此君己未举人,庚辰会试中式,癸未殿试三甲,不知何以尚官学正。”据此,其当卒于光绪十八年二月二十六日或之前。此暂作光绪十八年(1892)。

续表

姓名	字	号	籍贯	生卒(农历)	生卒(公历)	文献来源
王仁东	旭庄 勖専 刚侯	完巢	福建闽县	咸丰二年 十一月四日	1852 年 12 月 14 日	王孝绮《西清王氏重修族谱》之《圣谋公世系》①
				民国七年 五月十七日	1918 年 6 月 25 日	同上②
王仁堪	可庄 忍庵	公定	福建闽县	道光二十九年 三月七日	1849 年 3 月 30 日	王孝绮《西清王氏重修族谱》之《圣谋公世系》③
				光绪十九年 十月二十日	1893 年 11 月 27 日	同上④
王荣甲⑤			浙江会稽	?		王继香乡试履历(《清代朱卷集成》册 251)
				?		
王荣祖⑥	渭渔	秋笙	浙江会稽	咸丰十年 八月七日	1860 年 9 月 21 日	《光绪己丑科浙江乡试同年齿录》
				?		
王榕吉	子莪	荫堂	山东长山	嘉庆十五年 二月二日	1810 年 3 月 6 日	《道光二十四年甲辰科会试同年齿录》⑦
				同治十三年 九月十六日	1874 年 10 月 25 日	《日记》同治十三年九月二十八日⑧

① 王仁东乡试履历(《清代朱卷集成》册 115)、《光绪丙子科顺天乡试同年齿录》均作咸丰甲寅年十一月四日。《清代人物生卒年表》据张謇《张季子诗录》卷 4《王司直属寿其季父旭庄太守仁东》作咸丰二年(1852),其卷 4 当为卷 9 之误。

② 《清代人物生卒年表》据王仁东《完巢剩稿》王荇芬跋"《完巢剩稿》一卷,先君殁后四载始为搜辑而敬梓之者也"及"辛酉十月女荇芬谨识"作民国六年(1917)。

③ 王仁堪《王苏州遗书》卷首王孝绮、王孝绳等《先公年谱》与《西清王氏重修族谱》同。王仁堪乡试履历(《清代朱卷集成》册 108)、《同治庚午科大同年齿录》、《同治庚午科顺天乡试同年齿录》均作咸丰辛亥年三月七日。《光绪三年丁丑科会试同年齿录》作道光辛亥年三月七日。道光无辛亥年,误。

④ 《申报》光绪二十年正月八日第七千四百七十四号《苏台官辙》、王仁堪《王苏州遗书》卷首王孝绮、王孝绳等《先公年谱》均与《西清王氏重修族谱》同。

⑤ 原名英涛。

⑥ 谱名国幹。

⑦ 王遂善《古愚轩文集》之《诰授光禄大夫大理寺卿长山王公神道碑铭》作十二年卒官,年六十五。据此逆推,其生年与《道光二十四年甲辰科会试同年齿录》同。王榕吉《长山王荫堂先生遗著》卷首龚自闳《皇清诰授光禄大夫赏戴花翎大理寺卿前护理山西巡抚王公墓志铭》中只载其去世年月日,无出生年月日和卒岁。

⑧ 王榕吉《长山王荫堂先生遗著》卷首龚自闳《皇清诰授光禄大夫赏戴花翎大理寺卿前护理山西巡抚王公墓志铭》与《日记》同。王遂善《古愚轩文集》之《诰授光禄大夫大理寺卿长山王公神道碑铭》作仅作(同治)十二年。

续表

姓名	字	号	籍贯	生卒(农历)	生卒(公历)	文献来源
王汝济	博航	竹友	汉军镶黄旗	道光二十六年十月二十二日	1846年12月10日	《同治癸酉科明经通谱》
				光绪二十二年	1896年	《申报》光绪二十二年五月十七日第八千三百三十号之光绪二十二年五月七日《京报全录·恭亲王等片》①
王汝霖	叔雨	少梅 肖梅	浙江钱塘	道光九年正月十五日	1829年2月18日	《同治庚午科浙江乡试同年齿录》②
				光绪四年三月十八日	1878年4月20日	刘秉璋《题报题补弋阳县知县王汝霖病故日期事》(中国第一历史档案馆藏)③
王尚炯④	魏卿 润生	少愚	浙江会稽	道光十九年十一月二十二日	1839年12月27日	《绍兴新河王氏族谱》卷4《坤房两化公派下季房世系》⑤
				同治十年五月一日	1871年6月18日	同上
王尚焜⑥	鹿亭		浙江会稽	道光十年八月三日	1830年9月19日	《绍兴新河王氏族谱》卷4《坤房两化公派下季房世系》
				同治五年九月五日	1866年10月13日	同上
王升⑦	长荣		河北阜城	?		《日记》光绪三年十二月二十一日
				?		

① 《京报全录·恭亲王等片》:"查军机章京太常寺卿王汝济、兵部郎中胡宝铎先后病故。"《申报》光绪二十二年三月二十日第八千二百七十四号之光绪二十二年三月十一日《京报全录·宫门钞》:"王汝济续假十日。"据此二者,其当卒于光绪二十二年三月十一日至光绪二年五月初七日之间。此暂作光绪二十二年(1896)。

② 《同治庚午科大同年齿录》与《同治庚午科浙江乡试同年齿录》同。《同治十三年甲戌科会试同年齿录》作道光己亥年正月十五日。《清代人物生卒年表》据《同治十三年甲戌科会试同年齿录》作道光十九年(1839)。

③ 《清代人物生卒年表》缺。

④ 改名福琦。

⑤ 《同治丁卯科并补行甲子科浙江乡试同年齿录》作道光辛丑年十一月二十二日。

⑥ 改名福琛。

⑦ 本名昌。

续表

姓名	字	号	籍贯	生卒(农历)	生卒(公历)	文献来源
王师曾	鲁堂 鲁生	省斋 少沂	山东聊城①	道光九年 五月二十日	1829年 6月21日	《咸丰元年辛亥恩科直省同年全录》②
				?		
王世经			浙江山阴	?		王万怀乡试履历(《清代朱卷集成》册282)
				?		
王世远③	修身 莲峰		陕西平利	嘉庆十七年 二月四日	1812年 3月16日	《道光甲辰恩科直省同年录》④
				?		
王式曾	钰如		四川阆中	?		《大清搢绅全书》(同治十三年秋)册1《京师·户部》
				?		
王守基⑤	子贞	少芳 嵩坡	河南密县	道光三年 三月六日	1823年 4月16日	《咸丰壬子恩科会试同年齿录》⑥
				同治十二年 六月	1873年	《日记》同治十二年八月二十九日⑦
王寿彭	介眉	桂臣	直隶天津	嘉庆二年 五月十九日	1797年 6月13日	《道光壬辰科直省同年全录》⑧
				?		

① 原籍浙江会稽。

② 王师曾会试履历(《清代朱卷集成》册21)、《咸丰九年己未科会试同年齿录》均作道光甲午年五月二十日。《清代人物生卒年表》据《咸丰九年己未科会试同年齿录》作道光九年(1829),误。

③ 一作思远。

④ 《道光庚戌科会试同年齿录》与《道光甲辰恩科直省同年录》同。

⑤ 原名窗。

⑥ 《道光二十三年癸卯科直省同年全录》中未见其履历。《清代人物生卒年表》缺。

⑦ 《日记》同治十二年八月二十九日:"闻前日顺天同考官李君廷箫以风疾出闱,此君湖北人,癸丑庶常,改户部主事,入直军机,擢员外,记名御史。近日甫升云南司郎中(补王守基缺。王,山东人,壬子进士,深晓户部务,著有论盐务、漕务、铜政等文数十篇。伯寅侍郎方为之梓行,而遽病卒。伯寅近刻诸书,无见在人著述,独王君无恙。而忽刻其书,乃甫授梓而遽殁,此亦奇事也)。"王守基《盐法议略》卷首潘祖荫于同治癸酉九月所作《序》:"今年六月卒,年六十余矣。"据此二者,王守基当卒于同治十二年六月。此暂作同治十二年(1873)。

⑧ 《道光十二年壬辰科直省乡试同年录》作嘉庆丁巳年五月十九日。

续表

姓名	字	号	籍贯	生卒(农历)	生卒(公历)	文献来源
王寿仁	彦依	则荣	直隶天津	咸丰七年八月五日	1857年9月22日	《光绪十七年辛卯科顺天乡试同年齿录》
				?		
王受豫①	树勋	孙 也孙	浙江上虞	咸丰九年二月十八日	1859年3月22日	《光绪乙亥制科同年齿录》
				?		
王绶	彭年	颏仙	浙江山阴	道光二十四年十月二十日	1844年11月29日	《长桥王氏家谱》
				光绪元年二月十八日	1875年3月25日	同上
王思沂	瑞卿 仰曾 步曾	与轩	浙江归安	道光二年五月二十一日	1822年7月9日	王树荣《王氏族谱》卷6《世表》②
				光绪十一年八月十一日	1885年9月19日	同上③
王颂蔚④	笔佣	芾卿 蒿隐	江苏长洲	道光二十八年十一月十四日	1848年12月9日	王季烈《莫厘王氏家谱》卷11《世系表丁之三光化公后公似公支》⑤
				光绪二十一年七月一日	1895年8月20日	同上⑥
王廷训⑦	子卿 子清 子敬	莪子 耶溪外史	浙江会稽	道光十八年	1838年	黄涌泉《赵之谦绘画代笔考——兼谈王廷训》(《西泠艺报》1990年11月25日,第59期)
				光绪二十年	1894年	同上

① 原名懋祖。越缦于光绪七年十月二十日日记中空出其名字。据《光绪乙亥制科同年齿录》及《王恩元乡试履历》(《清代朱卷集成》册289),所空出名字为“受豫”。

② 《咸丰三年癸丑科会试同年齿录》、《道光二十三年癸卯科直省同年全录》、王思沂乡试履历(《清代朱卷集成》册241)均作道光甲申年五月二十一日。《皖江同官录》作道光丙戌年五月二十一日。《清代人物生卒年表》据《咸丰三年癸丑科会试同年齿录》作道光四年(1824)。

③ 《清代人物生卒年表》缺。

④ 原名叔炳。

⑤ 王颂蔚乡试履历(《清代朱卷集成》册165)、王季烈《莫厘王氏家谱》卷15王季烈《芾卿公事略》均与《莫厘王氏家谱》同。王颂蔚会试履历(《清代朱卷集成》册47)、《光绪六年庚辰科会试同年齿录》均作道光庚戌年十月十四日。王季烈《莫厘王氏家谱》卷15叶昌炽《墓志铭》中无出生年月日与卒岁。

⑥ 王季烈《莫厘王氏家谱》卷15王季烈《芾卿公事略》、叶昌炽《墓志铭》均与《莫厘王氏家谱》同。

⑦ 一名廷勋。

续表

姓名	字	号	籍贯	生卒(农历)	生卒(公历)	文献来源
王同	肖兰	同伯 吕庐老人	浙江仁和	道光十九年 十一月三日	1839年 12月8日	王佩智《西泠印社缘何根植孤山南麓》之《王同书法“惜食·求名”联》①
				光绪二十九年 六月二十五日	1903年 8月17日	《申报》光绪二十九年七月七日第一万零九百零五号《主政仙游》②
王同愈	文若 胜之 栩缘		江苏元和	咸丰五年 十二月十七日	1856年 1月24日	顾廷龙《王同愈集》之《附录》之《清江西提学使胜之王公行状》③
				民国三十年 三月十一日	1941年 4月7日	同上
王彤④	少白	际云	江苏震泽	道光十九年 三月九日	1839年 4月22日	许应鑅《浙江同官录》
				?		
王万怀	叔霖 师二	儒舲	浙江山阴	咸丰八年 四月十一日	1858年 5月24日	《广仓学会杂志》民国六年第二期卷首《王万怀小像》⑤
				?		
王维龄⑥	秀俊	菊人	浙江黄岩	嘉庆二十四年 二月二十六日	1819年 3月21日	王舟瑶《黄岩西桥王氏谱》卷11《家传二·二十六世菊人公》
				光绪十八年 十月二十九日	1892年 12月17日	同上

① 《同治丁卯科并补行甲子科浙江乡试同年齿录》作道光辛丑年十一月三日。《光绪三年丁丑科会试同年齿录》作道光甲辰年十一月三日。《王同书法“惜食·求名”联》右边书“光绪己亥小阳春月书予寿祺作座右铭”,左边书款:同伯氏识于吕庐时年六十有一。据此三者,定其生于道光十九年十一月三日。王寿祺、王寿抟、王绮《吕庐老人行述》无出生年月日。

② 王寿祺、王寿抟、王绮《吕庐老人行述》无去世年月日,仅载其卒年六十有五。再据《王同书法“惜食·求名”联》,仅可定其卒于光绪二十九年(1903)。

③ 王同愈乡试履历(《清代朱卷集成》册119)作咸丰己未年十二月十七日。王同愈会试履历(《清代朱卷集成》册61)、《光绪十五年己丑科会试同年齿录》均作咸丰庚申年十二月十七日。

④ 一作王桐。

⑤ 王万怀乡试履历(《清代朱卷集成》册282)、《光绪辛卯科浙江乡试同年齿录》均作咸丰己未年四月十一日。《王万怀小像》下载其六十岁。据此三者,定其生于咸丰戊午年四月十一日。

⑥ 一讳广良。

续表

姓名	字	号	籍贯	生卒(农历)	生卒(公历)	文献来源
王文韶	耕娱 赓虞	夔石 球石	浙江仁和[①]	道光十年 十月二十一日	1830年 12月5日	王钰孙《先祖考太保文勤公夔石太府君手订履历》[②]
				光绪三十四年 十一月二十二日	1908年 12月15日	同上[③]
王锡康	念鲁	子蕃	浙江会稽	?		柯愈春《清人诗文集总目提要》
				?		
王先谦	益吾	逸梧 葵园	湖南长沙	道光二十二年 七月一日	1842年 8月6日	王祖陶、王祖恩《先府君葵园公行状》(《葵园年刊第一集》)[④]
				民国六年 十一月二十六日	1918年 1月8日	同上[⑤]
王贤			浙江山阴	?		王肇赐、徐道昌《新淦县志》卷6《职官志·文职》
				?		
王儆	镜逸	蒲生	山西平定	道光十九年	1839年	《光绪六年庚辰科会试同年齿录》[⑥]
				?		

① 祖籍浙江上虞。

② 《申报》光绪三十四年十一月二十五日第一万二千八百八十九号《仁和王相国薨逝》载其卒于光绪三十年十一月二十二日，享年七十九。据此逆推，其生年与《手订履历》同。王文韶乡试履历(《清代朱卷集成》册244)、《咸丰壬子恩科会试同年齿录》均作道光壬辰年十月二十一日。《咸丰元年辛亥恩科直省同年全录》作仅道光壬辰年(1832)。《云南同官录》作道光庚寅年十月二十一日。

③ 《申报》光绪三十四年十一月二十五日第一万二千八百八十九号《仁和王相国薨逝》与《手订履历》同。

④ 《同治四年乙丑科会试同年齿录》、《葵园年刊第一集》之拙修《葵园年略》均与《行状》同。《葵园年刊第一集》中之彭清藜《王葵园先生家传》、吴庆坻《王葵园先生墓志铭》、颜昌晓《王葵园先生墓表》均载其卒于民国六年十一月二十六日，年七十六。《葵园年刊第一集》之黄兆枚《王葵园先生墓碑》载其卒于民国六年十一月，年七十有六。据后四者逆推，其生年亦均与《行状》同。

⑤ 《葵园年刊第一集》中之拙修《葵园年略》、彭清藜《王葵园先生家传》、吴庆坻《王葵园先生墓志铭》、颜昌晓《王葵园先生墓表》均与《行状》同。《葵园年刊第一集》之黄兆枚《王葵园先生墓碑》仅作民国六年十一月。

⑥ 《光绪六年庚辰科会试同年齿录》仅作年四十二。据此逆推，其当生于道光十九年(1839)。

续表

姓名	字	号	籍贯	生卒(农历)	生卒(公历)	文献来源
王新荣	锦堂	芝圃	山西汾阳	道光元年九月十一日	1821年10月6日	《己酉科直省乡试同年录》①
				?		
王星諴②	平子		浙江山阴	道光十一年七月二十八日	1831年9月4日	王宝辰《王氏世系表元编》
				咸丰九年九月十一日	1859年10月6日	同上
王修植③	苑生 畹生 菀生	俨庵居士	浙江定海	咸丰十年五月二十七日	1860年7月15日	《光绪乙酉科十八省优贡同年齿录》④
				光绪二十八年九月二十二日	1902年10月23日	《大公报》(天津版)清光绪二十八年九月二十四日第一百三十一号《中外近事·哲人其萎》⑤
王彦澂⑥	琴泉 质甫		浙江黄岩	道光二十五年二月一日	1845年3月8日	王舟瑶《黄岩西桥王氏谱》卷2《世系表四·北街房》⑦
				光绪三十年九月二十日	1904年10月28日	同上
王彦威⑧	弢甫 弢夫 渠城	藜庵	浙江黄岩	道光二十二年十二月十二日	1843年1月12日	王舟瑶《黄岩西桥王氏谱》卷2《世系表四·北街房》⑨
				光绪三十年五月八日	1904年6月21日	同上⑩

① 《王新荣朱卷》作道光癸未年九月十一日。

② 谱名小山,本名于迈,又名章,更名孟调。

③ 谱名宗根。

④ 《光绪十六年庚寅恩会试同年齿录》《光绪乙酉科浙江乡试同年齿录》均与《光绪乙酉科十八省优贡同年齿录》同。

⑤ 《中外近事·哲人其萎》:"前北洋大学堂总办王菀生观察修植前月由沪来津,寓四明王宅,遽于前日逝世,闻者哀之。"据此,其当卒于光绪二十八年九月二十二日。

⑥ 小字士澄。

⑦ 《江宁同官录》作(道光)己酉年二月一日。

⑧ 小字士廉,小名宝摩,原名禹堂。

⑨ 《同治庚午科浙江乡试同年齿录》与《黄岩西桥王氏谱》同。黄秉义著;周兴禄整理《黄秉义日记》册1光绪三十年五月十四日载其卒于光绪三十年五月八日,年六十三。据此逆推,其生年亦与《黄岩西桥王氏谱》同。《同治庚午科大同年齿录》作道光丙午年十二月十二日。

⑩ 《时报》光绪三十年五月十二日第二十二号《太常出缺》、黄秉义著;周兴禄整理《黄秉义日记》册1光绪三十年五月十四日均与《黄岩西桥王氏谱》同。

续表

姓名	字	号	籍贯	生卒(农历)	生卒(公历)	文献来源
王彦武[①]	呈甫[②]		浙江黄岩	咸丰元年 六月十三日	1851年 7月11日	王舟瑶《黄岩西桥王氏谱》卷2《世系表四·北街房》
				光绪二十六年 八月十三日	1900年 9月6日	同上
王燕宾			浙江山阴	嘉庆十五年	1810年	《道光辛卯恩科各直省同年录》[③]
				?		
王耀绂	霞西		浙江上虞	?		王恩元乡试履历(《清代朱卷集成》册289)
				?		
王耀兴	诚斋		直隶宛平	?		《大清搢绅全书》(光绪二十四年秋)册4《江苏·总漕部运衙门》
				?		
王仪恂	遂岑		山东济宁	?		《大清搢绅全书》(同治四年秋)册1《京师·户部》
				?		
王诒寿	眉子 眉叔	笙月 访梅	浙江山阴	道光十年	1830年	孙德祖《寄龛文存》卷2《王眉叔小传》[④]
				光绪七年 二月十五日	1881年 3月14日	同上[⑤]

① 小字士骥。

② 越缦作清夫。清夫疑为呈甫之近音。检王氏谱,王彦甫兄弟五人。彦成,小字士镜,字稚季,又字季侯。光绪三十年卒;彦载,一讳元祁,小字士镛,字序东,又字笙甫。光绪二十二年卒;彦澂,小字士澄,字琴泉,一字质甫。光绪三十年卒。

③ 《道光辛卯恩科各直省同年录》仅作嘉庆庚午年(1810)。

④ 《王眉叔小传》载其光绪七年小花朝日卒,年五十有二。据此逆推,其当生于道光十年(1830)。

⑤ 《清代人物生卒年表》据马绸章《效学楼述文》之《老友记略》作光绪六年(1880)。

续表

姓名	字	号	籍贯	生卒(农历)	生卒(公历)	文献来源
王懿荣①	正孺 廉生 莲生		山东福山	道光二十五年六月八日	1845年7月12日	王崇焕《清王文敏公懿荣年谱》②
				光绪二十六年七月二十一日	1900年8月15日	同上③
王荫棠④	柏亭	芾南	安徽盱眙⑤	道光五年六月十五日	1825年7月30日	王如铉《润东顺江洲王氏十二修族谱》卷11《东分年表二十六世》⑥
				光绪二年六月二十一日	1876年8月10日	同上
王英澜	紫生	杏泉 老波 景瑗	浙江会稽	嘉庆二十三年五月二十一日	1818年6月24日	李慈铭《诰授奉政大夫同知衔候选知县鄞学教谕王君墓志铭》(王继香《会稽王氏清芬录》)
				光绪五年十月二日	1879年11月5日	同上⑦
王英淇	竹泉 青士		浙江会稽	道光二十三年十月十六日	1843年12月7日	《同治丁卯科并补行甲子科浙江乡试同年齿录》
				?		
王颖	栗夫		浙江山阴	?		《日记》光绪三年十一月二十二日
				?		

① 派名贻椝。

② 陈代卿《慎节斋文存》卷上《清故团练大臣赠侍郎衔赐文敏国子监祭酒王公家传》载其卒于光绪二十六年七月二十二日,年五十六。据此逆推,其生年与《清王文敏公懿荣年谱》同。孙葆田《校经室文集》卷4《国子监祭酒王文敏公神道碑铭》仅载其卒于光绪二十六年七月二十二日,年五十余。故不能推知其生年。

③ 陈代卿《慎节斋文存》卷上《清故团练大臣赠侍郎衔赐文敏国子监祭酒王公家传》与《清王文敏公懿荣年谱》同。孙葆田《校经室文集》卷4《国子监祭酒王文敏公神道碑铭》、朱彭寿《清代人物大事纪年》均作光绪二十六年七月二十二日。

④ 谱名大柏。

⑤ 祖籍江苏镇江。

⑥ 《咸丰乙卯科顺天乡试齿录》《咸丰乙卯科直省乡试同年齿录》均与《润东顺江洲王氏十二修族谱》同。

⑦ 《日记》光绪五年十一月三十日作光绪五年十一月三日。

续表

姓名	字	号	籍贯	生卒(农历)	生卒(公历)	文献来源
王应孚	信甫	仲甫	直隶故城	道光三年二月二十三日	1823年4月4日	《道光己酉科各省选拔明经通谱》
				光绪十三年九月九日	1887年10月25日	《申报》光绪十三年十月八日第五千二百四十五号《浔阳琐语》①
王应泰			浙江会稽	?		《大清搢绅全书》(光绪十七年春)册1《京师·兵马司》
				光绪二十一年	1895年	《申报》光绪二十二年正月二十日第八千二百十四号之光绪二十二年正月四日五日《京报全录·王文韶片》②
王泳	春泉		越缦乡人	?		屠诵清《补读斋日记》咸丰八年五月五日
				?		
王咏霓③	子裳 子常 旃夫 旃甫 皋立	六潭 鹤叟	浙江黄岩	道光十九年十一月六日	1839年12月11日	《徐山王氏宗谱》卷3《兆桥大房世系传》④
				民国五年九月二十日	1916年10月16日	同上⑤
王余庆	积成		浙江山阴	咸丰三年	1853年	寿怀鉴《序》(王余庆《求志斋余墨》卷首)⑥
				光绪二十年	1894年	同上

① 《日记》光绪十三年十月十六日:"邸钞,前江西南康府知府曹秉濬授九江府知府。(本任王应孚病故)"据此,仅知其卒于光绪十三年十月十六日之前。

② 《京报全录·王文韶片》载其上年积劳病故。据此,暂定其卒于光绪二十一年(1895)。

③ 原名仙骥,又名霓。

④ 《同治丁卯科并补行甲子科浙江乡试同年齿录》、《光绪六年庚辰科会试同年齿录》、《同治庚午科大同年齿录》、《同治庚午科浙江乡试同年齿录》、王咏霓乡试履历(《清代朱卷集成》册363)均与《徐山王氏宗谱》同。徐礼邦提供王敏先生影印资料《先祖父王公咏霓传略》作民国五年卒,年七十八。据此逆推,其生年亦与《徐山王氏宗谱》同。《清代人物生卒年表》据杨晨《崇雅堂文稿》卷2《王六潭太守传》"民国乙卯冬卒,年七十八"作道光十八年(1838)。

⑤ 《清代人物生卒年表》据杨晨《崇雅堂文稿》卷2《王六潭太守传》"民国乙卯冬卒"作民国四年(1915)。徐礼邦提供王敏先生影印资料《先祖父王公咏霓传略》作民国五年(1916)。《清代人物生卒年表》作民国四年(1915)。

⑥ 《序》载其光绪甲午年卒,年四十有二。据此逆推,其当生于咸丰三年(1853)。

续表

姓名	字	号	籍贯	生卒(农历)	生卒(公历)	文献来源
王雨安[①]	雨庵	子仁	浙江山阴	嘉庆十八年三月七日	1813 年 4 月 7 日	《长桥王氏家谱》
				光绪五年十一月十五日	1879 年 12 月 27 日	同上
王玉森	梅舫		河北大城	道光十七年	1837 年	《同治六年顺天文乡试录》
				?		
王玉藻	笏轩	蓉轩 蓉舫	浙江山阴	道光二年十一月二十二日	1823 年 1 月 3 日	许应鑅《浙江同官录》[②]
				?		
王毓芝	鹤田	静庵	直隶新城	道光三十年十月二十四日	1850 年 11 月 27 日	《光绪六年庚辰科会试同年齿录》[③]
				?		
王豫生[④]			浙江山阴	咸丰三年八月九日	1853 年 9 月 11 日	王贻善、王宝辰《王氏世系表元编》
				光绪三年五月十六日	1877 年 6 月 26 日	同上
王元灏	善泉	珊圃 彬圃	浙江会稽	道光二年四月十七日	1822 年 6 月 6 日	《咸丰乙卯科直省乡试同年齿录》[⑤]
				?		
王元辛[⑥]	少篁	镜仙	浙江会稽	道光十年七月十七日	1830 年 9 月 3 日	《咸丰乙卯科直省乡试同年齿录》[⑦]
				?		

① 官名澍。
② 《同治庚午科大同年齿录》作道光壬寅年十一月二十三日。
③ 《清代人物生卒年表》据《光绪六年庚辰科会试同年齿录》作咸丰元年(1851),误。
④ 谱名廷梁。
⑤ 《咸丰五年乙卯科浙江乡试同年齿录》与《咸丰乙卯科直省乡试同年齿录》同。
⑥ 原名蓉照。
⑦ 《咸丰五年乙卯科浙江乡试同年齿录》与《咸丰乙卯科直省乡试同年齿录》同。

续表

姓名	字	号	籍贯	生卒(农历)	生卒(公历)	文献来源
王綷	德仔	莘钼 星钼	江苏无锡	道光十三年十月四日	1833年11月15日	王綷乡试履历(《清代朱卷集成》册104)①
				光绪六年四月	1880年	薛福成《庸庵文编》卷4《诰授奉直大夫户部云南司主事王君墓志铭》②
王赞元	梦襄	莲伯	浙江会稽	嘉庆二十年正月一日	1815年2月9日	绍兴县修志委员会《民国绍兴县志资料第一辑》册15《人物列传第二编》③
				同治十二年	1873年	同上
王朝瀚④	季昌	月江 澄甫	浙江秀水	道光十九年十月二十日	1839年11月25日	《同治丁卯科并补行甲子科浙江乡试同年齿录》
				?		
王兆兰	沁亭 心亭	兰阶	直隶宛平	道光十一年五月十二日	1831年6月21日	《咸丰乙卯直省乡试同年齿录》
				?		
王拯⑤	少鹤 翼之	定甫 龙壁山人	广西马平⑥	嘉庆二十年三月四日	1815年4月13日	王安中《王氏家谱》⑦
				同治十三年八月十六日	1874年9月26日	同上⑧

① 王綷会试履历(《清代朱卷集成》册24)、《同治元年壬戌恩科顺天乡试齿录》均与王綷乡试履历同。薛福成《庸庵文编》卷4《诰授奉直大夫户部云南司主事王君墓志铭》载其于光绪四年四月某日卒,年四十八。据此逆推,其生年与王綷乡试履历同。

② 《墓志铭》仅载其卒于光绪六年四月。此暂作光绪六年(1880)。

③ 《咸丰壬子科浙江乡试同年齿录》作嘉庆己卯年正月一日。《民国绍兴县志资料第一辑》载其同治十二年卒,年五十有九。据此二者,定其生于嘉庆二十年正月一日。

④ 榜名朝清。

⑤ 原名锡振。

⑥ 祖籍浙江山阴。

⑦ 《道光二十一年辛丑恩科会试同年齿录》与《王氏家谱》同。《道光丁酉科明经通谱》作嘉庆二十二年三月四日。

⑧ 《清代人物生卒年表》据《中南、西南地区省市图书馆馆藏古籍稿本提要》集部作光绪二年(1876)。《郭嵩焘日记》同治十三年十一月九日:"张月卿过谈,语及王少鹤凶耗,为之凄然,不能自已。"据此,可知其不可能卒于光绪二年(1876)。

续表

姓名	字	号	籍贯	生卒(农历)	生卒(公历)	文献来源
王之杰	卓人	梅亭	浙江诸暨	道光十二年十一月五日	1832 年 12 月 26 日	王念学《牛皋岭下王氏宗谱》之《第十二世·行传》
				光绪二十八年八月二十四日	1902 年 9 月 25 日	同上
王忠廉①	莲塘		浙江山阴②	道光二年正月三日	1822 年 1 月 25 日	《绍兴新河王氏族谱》卷 3《世系三·坤房两化公派下仲房世系》
				同治十一年十二月十一日	1873 年 1 月 9 日	同上
王舟瑶③	星垣 玫伯	默庵	浙江黄岩	咸丰八年十一月四日	1858 年 12 月 8 日	王舟瑶、王敬礼《墨庵居士自定年谱》④
				民国十四年二月五日	1925 年 2 月 27 日	同上⑤
王祖杰	伯刚		浙江会稽	同治十二年	1873 年	《日记》光绪十五年三月二十五日⑥
				光绪二十八年	1902 年	陈庆均《时行轩日记》册 9⑦
王祖彝	涵之		浙江会稽	?		《日记》光绪十五年九月二十三日
				?		

① 改名宗濂。

② 寄籍山西汾阳。

③ 幼名绍庭。

④ 王舟瑶《黄岩西桥王氏谱》卷 4《世系表七·仙浦房之南门房》、《碑传集三编》卷 35 汪兆镛《二品衔广东候补道员王君家传》均与《墨庵居士自定年谱》同。《碑传集补》卷 53 章梫《诰授资政大夫广东候补道王君墓志铭》载其卒于民国四年二月五日,年六十八。据此逆推,其生年亦与《墨庵居士自定年谱》同。

⑤ 《碑传集补》卷 53 章梫《诰授资政大夫广东候补道王君墓志铭》与《墨庵居士自定年谱》同。《碑传集三编》卷 35 汪兆镛《二品衔广东候补道员王君家传》仅作(民国)乙丑年二月。

⑥ 《日记》光绪十五年三月二十五日:"今继业年二十,祖杰年十七,复同游泮,故曰《小竹林试草》,嘱余叙其事。"据此逆推,其当生于同治十二年(1873)。

⑦ 《时行轩日记》光绪二十八年七月一日:"今年壮年能才如王君伯刚茂才于五月间殂谢……"据此,其当卒于光绪二十八年五月。此暂作光绪二十八年(1902)。

续表

姓名	字	号	籍贯	生卒(农历)	生卒(公历)	文献来源
王祖源①	廉堂 莲塘 淑周	渊慈 渔秋	山东福山	道光二年 十月三日	1822 年 11 月 16 日	王崇焕《清王文敏公懿荣年谱》②
				光绪十二年 二月十四日	1886 年 3 月 19 日	同上
王佐③	定伯	济卿 寄庼	浙江上虞	咸丰三年 二月二十九日	1853 年 4 月 7 日	《光绪己丑恩科浙江乡试同年齿录》④
				民国二十年 三月一日	1931 年 4 月 18 日	《申报》民国二十年五月四日(公历)第二万零八百六十二号《上虞王寄庼先生讣告》
韦悰芸			?	?		《日记》咸丰十年十一月二十日
				?		
魏福瀛	仙槎		越缦邑人	?		孙德祖《寄龛诗质》卷 8《魏仙槎福瀛旧曾同事兰舟徐先生元余犹丱角魏亦妙龄二十四年一弹指顷京华重聚相看如梦同醉无多又当别去怆然赋赠》
				?		
魏亨埰⑤	采臣 仲荣	鹭香	直隶昌黎	嘉庆十二年 八月八日	1807 年 9 月 9 日	《道光丙午科顺天乡试齿录》⑥
				?		

① 榜名伯濂,原名星源。

② 《道光己酉科各省选拔同年明经通谱》与《清王文敏公懿荣年谱》同。

③ 谱名朝佐,一名士济,小名铋官。

④ 《上虞王寄庼先生讣告》载其卒于民国二十年四月十八日(公历),享年七十九。据此逆推,其生年与《光绪己丑恩科浙江乡试同年齿录》同。

⑤ 《日记》同治十三年九月十日:"赵心泉招饮广和居。心泉长者,而所交多市侩及满洲人,予作书辞之,心泉必欲致予往,不得已赴之。则湖南人李篁轩,直隶人魏某、樊某、杨某,皆伧楚也。李、樊、魏、杨皆同司……魏官署正,亦为仓监督,故尚书元烺之子。"陶宗奇《昌黎县志》卷 7《人物志中》:"魏亨埰,举人,父元烺,兵部尚书。荫员外郎,恩郎中。"据此二者,魏某即为魏亨埰。

⑥ 《咸丰元年恩荫同年齿录》与《道光丙午科顺天乡试齿录》同。

续表

姓名	字	号	籍贯	生卒(农历)	生卒(公历)	文献来源
魏龙常[①]	纫芝	铁三 铁珊 匏公 大获生	浙江山阴	咸丰十年 八月五日	1860 年 9 月 19 日	徐沅《魏铁珊传》(《民国绍兴县志资料第一辑》册 15《人物列传第二编》)[②]
				民国十六年 九月十五日	1927 年 10 月 10 日	《晨报·星期画报》民国十一年十一月六日(公历)第一百零七号[③]
魏迺勷	次皋	吟舫	山东德州	道光二十三年 七月二日	1843 年 7 月 28 日	《同治七年戊辰科会试同年齿录》[④]
				光绪二十六年	1900 年	魏迺勷《延寿客斋遗稿》魏宗蘧、魏宗莲等书后[⑤]
温绍棠	厳村	棣华 麟和	山西太谷	道光二十二年 七月二十八日	1842 年 9 月 2 日	温绍棠会试履历(《清代朱卷集成》册 27)
				?		
温忠翰	西林	味秋 鹤皋 鹤峰	山西太谷	道光十年 七月三日	1830 年 8 月 20 日	温忠翰《红叶庵文存》[⑥]
				光绪十六年	1890 年	徐士銮《跋》(《味秋书札》卷末)[⑦]

① 谱名祖荃,更名鍼。

② 《光绪乙酉科浙江乡试同年齿录》作同治癸亥年八月五日。《民国绍兴县志资料第一辑》册 15 徐沅撰《魏铁珊传》载其于(民国)丁卯年九月卒,年六十八。据此二者,定其生于咸丰庚申年八月五日。《民国绍兴县志资料第一辑》册 15 陈毅撰《魏铁珊墓志铭》仅载其去世年月日,无享寿,故不能推知其生年。

③ 《民国绍兴县志资料第一辑》册 15 陈毅撰《魏铁珊墓志铭》与《晨报》同。《民国绍兴县志资料第一辑》册 15 徐沅《魏铁珊传》仅作(民国)丁卯年九月。

④ 《重订戊辰同年齿录》《同治元年壬戌科顺天乡试齿录》均与《同治七年戊辰科会试同年齿录》同。

⑤ 魏迺勷《延寿客斋遗稿》魏宗蘧、魏宗莲等书后:"己亥春季,先大夫以病旋里,逾年拳匪乱作,两宫出狩。先大夫西望涕零,忧伤愤恨,病遂不起。"据此,其当卒于光绪二十六年(1900)。

⑥ 温忠翰会试履历(《清代朱卷集成》册 24)、《同治元年壬戌科会试同年齿录》均作道光十五年七月三日。《咸丰戊午科直省同年录》作道光癸巳年七月三日。《红叶庵文存》卷 1《刻先大夫遗集既成敬谨书后》:"越己亥疾益笃,因自订《诗余》一卷付梓,而以全集命诸兄藏之,即于是年六月弃养。忠翰年甫十龄,茫然无所识。"《红叶庵文存》卷 2《伯姊墓碑记》:"姊之生也,道光戊子年八月五日,庶母范太安人出,长余二岁。"据此四者,定其生于道光十年七月初三日。

⑦ 徐士銮《跋》:"尚未书成,讵已丑冬杪喘疾大作,入春遽归道山。"

续表

姓名	字	号	籍贯	生卒(农历)	生卒(公历)	文献来源
文纲	博雅	纪廷	满洲正红旗	道光六年 七月二十六日	1826 年 8 月 29 日	《中国少数民族古籍集成·爱新觉罗宗谱》册 47 页 328—329
				光绪十七年 三月八日	1891 年 4 月 16 日	同上①
文惠	华甫		满洲镶白旗	道光十五年	1835 年	秦国经《清代官员履历档案全编》册 4 页 751—752
				光绪十六年 五月十一日	1890 年 6 月 27 日	《申报》光绪十六年五月二十七日第六千一百八十八号《江省官场杂记》②
文杰	显侯		满洲正蓝旗	道光十九年	1839 年	秦国经《清代官员履历档案全编》册 4 页 525
				?		
文敬	云庄	笏山	满洲镶蓝旗	道光十年	1830 年	《咸丰乙卯科直省乡试同年齿录》
				光绪十六年	1890 年	《日记》光绪十六年十二月二十二日③
文良	冶庵 冶轩		满洲镶红旗	嘉庆二十五年	1820 年	秦国经《清代官员履历档案全编》册 3 页 477—478
				光绪十年	1884 年	《日记》光绪十年正月六日④

① 《日记》光绪十七年三月二十一日："同年贵给事(贤)之弟娶妇，英兵部(文)之弟、前浙江金衢严道英□病故，兵科文纪廷给事纲病故，各送礼钱四千。"据此，仅知其卒于光绪十七年三月二十一日或之前。

② 《江省官场杂记》："原任赣南道文华甫观察惠于本月十一日因病出缺。"德馨《题报分巡吉南赣宁兵备道文惠病故日期事》(中国第一历史档案馆藏)与《江省官场杂记》同。

③ 《日记》光绪十六年十二月二十二日："觉罗给事钰昌病故，送奠分四千。近日掌吏科文给事文敬甫卒，今兵科钰给事继之，年皆六十余。"据此，其当卒于光绪十六年十二月二十二日或前几日。此暂作光绪十六年(1890)。

④ 《日记》光绪十年正月六日载其于是日开吊。据此，仅知其卒于光绪十年正月六日之前。光绪九年十二月四日，公历为 1884 年 1 月 1 日。再结合开吊习俗，姑定其卒于公历 1884 年。

续表

姓名	字	号	籍贯	生卒(农历)	生卒(公历)	文献来源
文庆祥[①]	缦华	裔生	直隶固安	道光七年二月八日	1827年3月5日	《道光己酉科顺天选拔贡同年齿录》[②]
				光绪二十五年	1899年	《申报》光绪二十五年八月十六日第九千四百九十五号《北通州官场纪事》[③]
文硕	俶南		满洲正蓝旗	道光十七年	1837年	《光绪壬午年京察三四五六品京堂各官之宗人府府丞吴廷芬等五十八员带领引见清单》(台北故宫博物院《军机处档折件》第121713号)[④]
				?		
文廷式	道希	芸阁	江西萍乡	咸丰六年十一月二十六日	1856年12月23日	《萍乡湘东县城文氏四修族谱》卷3《湘东县城齿次》[⑤]
				光绪三十年八月二十四日	1904年10月3日	同上[⑥]
文秀	锦如		满洲正黄旗	?		《大清搢绅全书》(光绪十七年)册1《京师·提督衙门》
				光绪二十八年十月十二日	1902年11月11日	《申报》光绪二十八年十二月二十三日第一万零六百九十二号之光绪二十八年十二月六日《京报全录·德济跪奏》

① 改名镛。

② 《咸丰五年乙卯科直省乡试同年齿录》《道光己酉科各省选拔同年明经通谱》均与《道光己酉科顺天选拔贡同年齿录》同。

③ 《北通州官场纪事》："北通州访事人云，前江西盐法道文裔生观察告病归田，侨寓城内天恩胡同，上月某日溘然仙逝。"据此，仅知其卒于光绪二十五年七月。此暂作光绪二十五年(1899)。

④ 清单载其光绪八年为四十六岁。据此逆推，其当生于道光十七年(1837)。

⑤ 《光绪八年壬午科顺天乡试同年齿录》、《皇清诰授中宪大夫晋封资政大夫翰林侍读学士文公墓志铭》、钱萼孙《文芸阁先生年谱》均与《萍乡湘东县城文氏四修族谱》同。

⑥ 《皇清诰授中宪大夫晋封资政大夫翰林侍读学士文公墓志铭》、钱萼孙《文芸阁先生年谱》均与《萍乡湘东县城文氏四修族谱》同。

续表

姓名	字	号	籍贯	生卒(农历)	生卒(公历)	文献来源
文郁	秋澜 式周	熙廷 砚田	满洲正蓝旗	道光十一年 正月二十二日	1831 年 3 月 6 日	《日记》光绪十七年八月十五日①
				?		
翁斌孙	韬夫	人豪	江苏常熟	咸丰十年 二月十三日	1860 年 3 月 5 日	翁同驿《海虞翁氏族谱》之《老大房·十七世》②
				民国十一年 十一月二十三日	1923 年 1 月 9 日	言敦源《清故直隶提法使翁公墓志铭》
翁庆龙③	述曾	巳兰	浙江余姚	道光六年 三月三日	1826 年 4 月 9 日	许应鑅《江苏同官录》④
				光绪十八年 十月	1892 年	《日记》光绪十九年二月二十三日
翁寿钱⑤	铿伯	述堂 述唐	湖南湘潭⑥	道光二十八年 七月十八日	1848 年 8 月 16 日	翁键《湘潭翁氏族谱》卷 12《齿录》⑦
				?		
翁同龢	叔平 切夫	声甫 松禅 瓶庵居士	江苏常熟	道光十年 四月二十七日	1830 年 5 月 19 日	翁之廉《翁同龢讣告》⑧
				光绪三十年 五月二十一日	1904 年 7 月 4 日	同上⑨

① 《咸丰二年壬子科顺天乡试同年齿录》作道光壬辰年正月二十二日。《日记》光绪十七年八月十五日:"为文式周侍御以紫笔画雁来红两株并题一绝句云:'夕阳叶叶战西风,镜里朱颜对映同。也与黄花争晚节,一年一度醉秋红。'跋云:'式周前辈年六十一,余年六十三,光绪辛卯同监顺天乡试。绘此以为它年白头,扶杖同入耆英图画之券。'"据此二者,定其生于道光辛卯年正月二十二日。

② 翁斌孙会试履历(《清代朱卷集成》册 43)、翁斌孙乡试履历(《清代朱卷集成》册 163)均与《海虞翁氏族谱》同。《清故直隶提法使翁公墓志铭》作民国十一年十一月二十三日卒,年六十三。据此逆推,其生年亦与《海虞翁氏族谱》同。

③ 初名琳。

④ 《日记》光绪十九年二月二十三日:"翁庆麟来,巳兰之从弟也。始传巳兰讣,以去年十月卒于扬州,迄未补一官,年六十七,亦无子。"据此逆推,其生年与《江苏同官录》同。

⑤ 派名崇纂。越缦于同治十三年六月十八日写为"翁学钱"。据《大清搢绅全书》(同治十三年冬)及《湘潭翁氏族谱》,"翁学钱"当为"翁寿钱"之误。

⑥ 原籍福建龙岩。

⑦ 《同治十三年甲戌科会试同年齿录》《云南同官录》均作咸丰壬子年七月十八日。《清代人物生卒年表》据《同治十三年甲戌科会试同年齿录》作咸丰二年(1852)。

⑧ 翁同驿《海虞翁氏族谱》之《老大房》、《道光己酉科各省选拔同年明经通谱》、《道光三十年庚戌科拔贡朝考同年齿录》、《咸丰六年丙辰科会试同年齿录》、《咸丰二年壬子科顺天乡试齿录》、孙雄《旧京文存》卷 1《清故户部尚书协办大学士翁文恭公别传》均与《翁同龢讣告》同。

⑨ 恩寿《奏为护谴大员之前协办大学士户部尚书翁同龢在籍病故》(台北故宫博物院《军机处档折件》第 162213 号)与《讣告》同。孙雄《旧京文存》卷 1《清故户部尚书协办大学士翁文恭公别传》仅作(光绪)三十年五月。

续表

姓名	字	号	籍贯	生卒(农历)	生卒(公历)	文献来源
翁学涵[1]	守约	蕙舫	浙江余姚	嘉庆十四年二月四日	1809年3月19日	翁鉴明《余姚东门翁氏家乘》卷5《本支世系》[2]
				同治六年三月二十六日	1867年4月30日	同上
翁在瑺	庆麟	咏笙	浙江余姚	咸丰十一年十月十四日	1861年11月16日	翁鉴明《余姚东门翁氏家乘》卷5《本支世系》
				光绪二十一年十二月二十八日	1896年2月11日	同上
翁在玑	若衡	馥生	浙江余姚	道光七年	1827年	秦国经《清代官员履历档案全编》册26页304[3]
				?		
翁曾桂	子馨	小山 筱珊	江苏常熟	道光十七年七月三十日	1837年8月30日	翁同龢《海虞翁氏族谱》之《老大房》[4]
				光绪三十二年八月九日	1906年9月26日	《翁筱珊讣闻》(《上海图书馆藏赴闻集成》册4)[5]
翁曾源	仲渊	寔斋 竹泉	江苏常熟	道光十四年五月二十二日	1834年6月28日	翁同龢《海虞翁氏族谱》之《老大房》
				光绪十三年七月十三日	1887年8月31日	翁同龢著;陈义杰点校《翁同龢日记》册4页2132[6]

① 原名孝瀚。

② 《道光丁酉科明经通谱》与《余姚东门翁氏家乘》同。

③ 翁鉴明《余姚东门翁氏家乘》卷5《本支世系》无出生年月日。

④ 《翁筱珊讣闻》(《上海图书馆藏赴闻集成》册4)与《海虞翁氏族谱》同。

⑤ 《清代人物生卒年表》据《海虞翁氏族谱》(同治十三年刻本)作光绪三十二年(1906),误。此版族谱中无其去世年月日。

⑥ 《翁同龢日记》光绪十三年七月二十日:“仲侄竟于十三日寅刻长逝矣。”《清代人物生卒年表》据《海虞翁氏族谱》(同治十三年刻本)作光绪十三年(1887),误。此版族谱中无其去世年月日。

续表

姓名	字	号	籍贯	生卒(农历)	生卒(公历)	文献来源
倭仁	迟亭 艮斋 艮峰	立厓	蒙古正红旗	嘉庆九年 十月五日	1804 年 11 月 6 日	《辛巳各省同年全录》①
				同治十年 四月二十一日	1871 年 6 月 8 日	翁同龢著;陈义杰点校《翁同龢日记》册 2 页 852—853②
吴宝俭	礼园		江苏泰兴	道光二十七年	1847 年	朱铭盘《桂之华轩文集》卷 3《清故署荆门州知州知府用湖北候补同知吴君志》③
				光绪十二年 七月二十一日	1886 年 8 月 20 日	同上
吴宝清			江苏泰兴	?		谭廷《诰授光禄大夫吏部左侍郎吴公行状》(吴存义《榴实山庄文稿》卷首)
				?		
吴宝恕④	翰文	子实 洁斋 桂诜	江苏吴县	道光十二年 八月十九日	1832 年 9 月 13 日	吴榛礼《吴氏支谱》卷 3《介庵公后旋玉公支·十一世十五世》⑤
				光绪十六年 四月二十五日	1890 年 6 月 12 日	同上
吴炳和	协甫	少宣	安徽盱眙	咸丰二年 五月二十六日	1852 年 7 月 13 日	吴棠《重修盱眙吴氏族谱》⑥
				?		

① 《辛巳各省同年全录》与《道光己丑科会试同年齿录》同。

② 《翁同龢日记》(同治十年)四月二十一日:"下值忽闻艮峰相国于辰刻薨。"《中国教会新报》同治十年五月二十一日第一百四十四卷《大学士倭仁卒》作同治十年四月二十二日。

③ 志载其卒于光绪十二年七月壬子,春秋四十。据此逆推,其当生于道光二十七年(1847)。

④ 原名春生。

⑤ 《同治七年戊辰科会试同年齿录》《重订戊辰同年齿录》均与《吴氏支谱》同。

⑥ 《光绪乙亥年恩赐荫生同官齿录》与《重修盱眙吴氏族谱》同。

续表

姓名	字	号	籍贯	生卒(农历)	生卒(公历)	文献来源
吴承恩	丕叔	子福	河南固始	道光四年十二月六日	1825年1月24日	吴元炳《固始吴氏一线谱》卷2下《廷瑞公次子》①
				光绪十一年十二月三日	1886年1月7日	刚毅《题报署平定州本任沁州知州吴承恩病故日期事》(中国第一历史档案馆藏)
吴承潞	子彦	广庵 慎思 慎思主人	浙江归安	道光十五年七月十六日	1835年9月8日	《同治四年乙丑科会试同年齿录》②
				光绪二十四年七月九日	1898年8月25日	俞樾《春在堂杂文六编》卷5《福建布政使吴君墓志铭》③
吴承志④	逊斋	祁甫	浙江钱塘	道光二十四年二月十日	1844年3月28日	《同治庚午科大同年齿录》⑤
				民国六年正月六日	1917年1月28日	吴宗炎《吴祁甫先生行述》(《教育杂志(平阳)》民国六年二月一日[公历]第十七期)⑥

① 《己酉科直省乡试同年录》仅作道光乙酉年,月日空缺。

② 《江南宁属同官录》、许应鑅《江苏同官录》与《同治四年乙丑科会试同年齿录》同。《墓志铭》作(光绪)二十四年七月庚申卒于江苏臬使之署,年六十有四。据此逆推,其生年与《同治四年乙丑科会试同年齿录》同。《咸丰九年己未科浙江乡试同年齿录》作道光丙申年七月十六日。

③ 《申报》光绪二十四年九月四日第九千一百六十四号之光绪二十四年八月二十二日《京报全录·奎俊跪奏》与《墓志铭》同。

④ 原名培元。

⑤ 吴承志乡试履历(《清代朱卷集成》册265)与《同治庚午科大同年齿录》同。吴宗炎《吴祁甫先生行述》(《教育杂志(平阳)》民国六年二月一日[公历]第十七期)无生年或享寿。

⑥ 王理孚《平阳县志》卷27《职官志》与《行述》同。

续表

姓名	字	号	籍贯	生卒(农历)	生卒(公历)	文献来源
吴传绖[①]	笏山		安徽怀宁	道光十七年	1837年	秦国经《清代官员履历档案全编》册27页149[②]
				光绪十六年十二月十六日	1891年1月25日	《日记》光绪十六年十二月十六日[③]
吴琮[④]	炳让 玉叔 胡来	玉粟	浙江仙居	道光十五年十月二十七日	1835年12月16日	《厚仁吴氏宗谱》(民国丁亥年)卷33[⑤]
				光绪八年二月二十四日	1882年4月11日	同上
吴存义	和甫	荔裳	江苏泰兴[⑥]	嘉庆七年三月八日	1802年4月9日	《道光壬辰科直省同年全录》[⑦]
				同治七年九月十一日	1868年10月26日	曾国藩《曾国藩全集》册10《奏稿》之《代递吏部左侍郎吴存在义遗折片》[⑧]

① 《日记》光绪十六年十二月十六日:"庚午同年刑部吴笏山员外(传绖,本名传缙)病故,送奠分四千。此君以仓监督得京察,记名道府数年矣!向来仓监督皆七八品杂流京官为之,满员间有部曹,大率潦倒冗散。汉员皆不屑也。近渐有捐班部郎,绝无科甲。自庚午同年董户部汝观与吴君始,皆以举人为之。至去年吏部郎中王琛,河南人,壬戌庶常也,以记名御史被劾撤销,遂就仓监督。此亦可以观世变矣!"据吴传绂会试履历(《清代朱卷集成》册41)、《同治庚午科大同年齿录》、朱之英《怀宁县志》卷15《选举表》、《大清搢绅全书》(光绪十六年春)册1《京师·刑部》,吴传绖当为同治元年举人,其兄吴传绂(字仲先,号麟州)为同治庚午举人。又据顾廷龙、戴逸《李鸿章全集》册19《奏议十九》之《题报刺强县知县吴传绂病故开缺事》,知吴传绂已于光绪十一年正月十一日病故。故越缦所记之人当为吴传绖,其为同治元年举人。

② 秦国经《清代官员履历档案全编》载其同治十一年为三十六岁。据此逆推,其当生于道光十七年(1837)。

③ 《日记》光绪十六年十二月十六日:"庚午同年刑部吴笏山员外(传绖,本名传缙)病故,送奠分四千。"据此,姑定其卒于光绪六年十二月十六日。

④ 讳熙尚。

⑤ 《厚仁吴氏宗谱》(咸丰辛酉年)26与《厚仁吴氏宗谱》(民国丁亥年)卷33同。

⑥ 原籍安徽休宁。

⑦ 吴存义乡试履历(《清代朱卷集成》册136)与《道光壬辰科直省同年全录》同。谭献《复堂类集》文三《诰授资政大夫封光禄大夫吏部左侍郎吴公行状》载其卒于同治七年九月,年六十七。据此逆推,其生年与《道光壬辰科直省同年全录》同。

⑧ 谭献《诰授资政大夫封光禄大夫吏部左侍郎吴公行状》仅作同治七年九月。

续表

姓名	字	号	籍贯	生卒(农历)	生卒(公历)	文献来源
吴大澂	恒轩 止敬	清卿	江苏吴县	道光十五年 五月十一日	1835年 6月6日	吴大根《皋庑吴氏家乘》卷6《敬支》①
				光绪二十八年 正月二十七日	1902年 3月6日	《申报》光绪二十八年正月三十日第一万三百七十四号《故抚骑箕》②
吴大衡	运斋 正之	谊卿 谊清	江苏吴县	道光十七年 十二月二十二日	1838年 1月17日	吴大根《皋庑吴氏家乘》卷6《敬支》③
				光绪二十二年 十一月二十六日	1896年 12月30日	《申报》光绪二十二年十二月十一日第八千五百三十号《麋台望雪》④
吴凤藻	翔士 实士	蓉圃 桐花	浙江钱塘	道光六年 正月二十七日	1826年 3月5日	朱彭寿《清代人物大事纪年》⑤
				光绪元年	1875年	《日记》光绪元年五月十一日⑥
吴观礼	子俊 子进 子仪	圭庵 定生 莤畯	浙江仁和⑦	道光十二年 十二月三十日	1833年 2月19日	朱彭寿《清代人物大事纪年》⑧
				光绪四年 五月二十二日	1878年 6月22日	同上⑨

① 吴本庆《皋庑吴氏石斋公支谱》、顾廷龙《吴窸斋先生年谱》、《清代人物大事纪年》均与《皋庑吴氏家乘》同。吴大澂会试履历(《清代朱卷集成》册28)、《同治七年戊辰科会试同年齿录》、《重订戊辰同年齿录》均作道光丁酉年五月十一日。

② 吴本庆《皋庑吴氏石斋公支谱》、《清代人物大事纪年》、顾廷龙《吴窸斋先生年谱》均与《故抚骑箕》同。

③ 吴本庆《皋庑吴氏石斋公支谱》、吴大衡会试履历(《清代朱卷集成》册42)、《光绪三年丁丑科会试同年齿录》、吴本齐《清故诰封资政大夫分省补用先考府君墓志铭》均与《皋庑吴氏家乘》同。吴大衡乡试履历(《清代朱卷集成》册144)作道光己亥年十二月二十二日。

④ 吴本庆《皋庑吴氏石斋公支谱》、吴本齐《清故诰封资政大夫分省补用先考府君墓志铭》均与《麋台望雪》同。《清代人物生卒年表》缺。《苏州史志资料选辑(第28辑)》之吴本齐撰,陈逸清点注之《墓志铭》作光绪二十二年十一月二十四日,笔者疑其将篆书"六"误识为"四"。

⑤ 吴凤藻乡试履历(《清代朱卷集成》册242)、《咸丰三年癸丑科会试同年齿录》、《己酉科直省乡试同年录》均作道光戊子年五月二十七日。《清代人物生卒年表》据《咸丰三年癸丑科会试同年齿录》作道光八年(1828)。

⑥ 《日记》光绪元年五月十一日:"闻吴蓉圃于数日前卒,为之叹怅。"据此,其当卒于光绪元年五月十一日之前,此暂作光绪元年(1875)。《清代人物生卒年表》缺。

⑦ 原籍安徽休宁。

⑧ 《己酉科直省乡试同年录》、《同治十年辛未科会试同年齿录》、吴观礼会试履历(《清代朱卷集成》册33)、吴观礼乡试履历(《清代朱卷集成》册242)均与《清代人物大事纪年》同。

⑨ 翁同龢著;陈义杰点校《翁同龢日记》册3光绪四年五月二十三日与《清代人物大事纪年》同。《清代人物生卒年表》缺。

续表

姓名	字	号	籍贯	生卒(农历)	生卒(公历)	文献来源
吴光奎	炳星	聚垣 聚堂	四川綦江	道光十二年 正月九日	1832年 2月10日	《同治庚午科大同年齿录》①
				光绪二十四年	1898年	戴纶喆《四川綦江续志》卷3《人物上·列传》②
吴光梁	松塘 松堂		浙江山阴	?		《大清搢绅全书》(光绪十年春)册2《江苏·两淮盐院·淮安府》
				光绪二十四年 八月二日	1898年 9月17日	《申报》光绪二十四年八月十九日第九千一百五十号《委署参军》③
吴恒	仲英	颂音 鹤翁	浙江仁和	道光六年 九月二十二日	1826年 10月22日	朱景彝《外舅仁和吴公仲英先生家传》(吴恒、朱景彝《吴氏吉光集》)
				光绪二十一年 十一月十九日	1896年 1月3日	同上
吴怀珍	子珍 聘士	漱岩 瘦岩	浙江钱塘	道光七年 十一月十八日	1828年 1月4日	《咸丰壬子科浙江乡试同年齿录》④
				咸丰九年	1859年	《日记》咸丰九年十月十九日⑤
吴焕采	文渊 子白	兰石 兰史	安徽泾县	道光十三年 七月六日	1833年 8月20日	《同治庚午科大同年齿录》⑥
				光绪二十年 八月二十八日	1894年 9月27日	《申报》光绪二十七年八月七日第一万零二百零九号《奏疏汇录·李鸿章跪奏》

① 《同治九年庚午科顺天乡试同年齿录》作道光甲午年正月初九日。

② 《人物上·列传》载其卒年六十七。若再据《同治庚午科大同年齿录》逆推,其当卒于光绪二十四年(1898)。

③ 《委署参军》:"扬州访事友人云,两淮盐运司经厅吴松堂参君于本月二日因病出缺。"

④ 吴怀珍《待堂文》之《守经堂诗序》:"句无寿子家先生,长怀珍者且三十年。"《暨阳墨城寿氏宗谱》卷13《度字行传》载寿子家生于乾隆甲寅年九月二十九日。据此二者,吴怀珍当生于道光四年(1824)年之前。此姑据《咸丰壬子科浙江乡试同年齿录》。

⑤ 《日记》咸丰九年十月十九日:"昨闻吴瘦岩殁于某编修家。"据此,其当卒于咸丰九年十月十九日或之前。此暂作咸丰九年(1859)。

⑥ 《同治九年庚午科顺天乡试同年齿录》作道光丁酉年七月六日。

续表

<table>
<tr><th>姓名</th><th>字</th><th>号</th><th>籍贯</th><th>生卒(农历)</th><th>生卒(公历)</th><th>文献来源</th></tr>
<tr><td rowspan="2">吴讲</td><td rowspan="2">介唐</td><td rowspan="2">省斋</td><td rowspan="2">浙江山阴</td><td>道光十六年三月三日</td><td>1836 年 4 月 18 日</td><td>《日记》光绪十三年四月三日①</td></tr>
<tr><td>光绪二十二年</td><td>1896 年</td><td>《蔡元培日记》光绪二十二年四月十九日②</td></tr>
<tr><td rowspan="2">吴金辂</td><td rowspan="2">子重
小补</td><td rowspan="2"></td><td rowspan="2">江西南丰</td><td>道光二十五年</td><td>1845 年</td><td>中国第一历史档案馆《光绪宣统两朝上谕档》册 4 页 248③</td></tr>
<tr><td>光绪四年</td><td>1878 年</td><td>中国第一历史档案馆《光绪宣统两朝上谕档》册 4 页 247—248④</td></tr>
<tr><td rowspan="2">吴景祺</td><td rowspan="2">季卿
仰云</td><td rowspan="2"></td><td rowspan="2">浙江余杭</td><td>道光十九年八月二日</td><td>1839 年 9 月 9 日</td><td>秦国经《清代官员履历档案全编》册 6 页 466—467⑤</td></tr>
<tr><td>?</td><td></td><td></td></tr>
<tr><td rowspan="2">吴景萱⑥</td><td rowspan="2">怀北</td><td rowspan="2">硕卿
俊卿</td><td rowspan="2">江苏吴县</td><td>道光十六年十二月十五日</td><td>1837 年 1 月 21 日</td><td>吴臻礼《吴氏支谱》卷 3《介庵公后旋玉公支·十一世至十五世》⑦</td></tr>
<tr><td>光绪三十一年四月二十四日</td><td>1905 年 5 月 27 日</td><td>同上</td></tr>
</table>

① 《同治丁卯科并补行甲子科浙江乡试同年齿录》《同治十三年甲戌科会试同年齿录》均作道光辛丑三月三日。《日记》光绪十三年四月三日:"是日与介唐通谱,结兄弟之好。介唐少于余七岁,必欲师事余,固辞不得,乃请以兄礼见施。今午先书兰牒一通,往诣不值。夜初过我,仍取帛二端见诒(二丈为一端,二端为一匹,亦谓之两)。"《日记》光绪十一年三月三日:"上午诣介唐拜其五十之寿。"据此四者,定其生于道光十六年三月三日。《清代人物生卒年表》据《同治十三年甲戌科会试同年齿录》作道光二十一年(1841)。

② 《蔡元培日记》光绪二十二年四月十九日:"吴介唐学士之丧,至自京师,殡于下方桥旧宅,往吊。"据此,其当卒于光绪二十二年四月十九日之前。此暂作光绪二十二年(1896)。《清代人物生卒年表》缺。

③ 第七百四十四则:"兵部候补郎中吴金辂,江西举人,年三十四岁。(病故)"据此逆推,其当生于道光二十五年(1845)。

④ 第七百四十二则:"光绪四年八月十八日奉旨:'孟继埙、王汝济、吴引孙、金保泰、胡泰福、季邦桢、谢元麒、胡仁耀、王儆、沈恩嘉、黄河清、徐迪新、陈芾棠、徐树钧、易俊、吴金辂、陈邦瑞、顾璜、胡宝铎、黄思永,俱著记名以军机章京补用。钦此。'"第七百四十四则:"兵部候补郎中吴金辂,江西举人,年三十四岁。(病故)"据此二者,其当卒于光绪四年八月十八日左右。此暂作光绪四年(1878)。

⑤ 《同治癸酉科明经通谱》作道光辛丑年八月二日。秦国经《清代官员履历档案全编》:"吴景祺,现年六十岁,系浙江余杭县人……本年(光绪二十四年)五月二十六日奉旨补授安徽徽宁池太广道。"据此二者,定其生于道光十九年八月二日。

⑥ 原名曼生。

⑦ 王蕴藻《广东同官录》与《吴氏支谱》同。

续表

姓名	字	号	籍贯	生卒(农历)	生卒(公历)	文献来源
吴颎炎[①]	应祥 亮公 子廉	溦夫	浙江诸暨	道光二十五年二月二十八日	1845年4月4日	《孝义吴氏宗谱》之《行传·炯字第》[②]
				民国八年八月五日	1919年9月28日	同上
吴均金[③]	冰人	慎生	江苏长洲	道光八年十月二十日	1828年11月26日	《同治庚午科大同年齿录》
				?		
吴沛霖			江苏常州	?		《日记》咸丰十年十一月二十八日
				?		
吴品珩[④]	韵玱	佩葱 荆璧 逸园 定农	浙江东阳	咸丰六年九月十一日	1856年10月9日	吴昌良《吴品珩讣闻》[⑤]
				民国十七年闰二月十九日	1928年4月9日	同上[⑥]
吴清彦	仪潞 靖伯	小帆 小舫	江苏吴县	道光四年九月七日	1824年10月28日	吴臻礼《吴氏支谱》卷3《介庵公后旋玉公支·惇献公分支·十一世至十五世》[⑦]
				同治四年七月二十五日	1865年9月14日	同上

① 谱名瑞,学名志濂,一名祥,又名忠怀。

② 吴颎炎乡试履历(《清代朱卷集成》册263)作道光戊申年二月二十八日。

③ 榜名鋆。

④ 谱名世箱,乳名祖俭。

⑤ 吴秉荣《延陵垕石吴氏宗谱》卷25《世行传·济字行》、吴士鉴《清故诰授荣禄大夫赏戴花翎安徽布政使吴公墓志铭》均与《吴品珩讣闻》同。吴品珩会试履历(《清代朱卷集成》册58)、《光绪十二年丙戌科会试同年齿录》均作咸丰己未年九月十一日。吴品珩乡试履历(《清代朱卷集成》册271)、吴品珩副贡履历(《清代朱卷集成》册364)、《光绪丙子科浙江乡试同年齿录》均作咸丰丁巳年九月十一日。《清代人物生卒年表》据《光绪十二年丙戌科会试同年齿录》作咸丰九年(1859)。

⑥ 吴士鉴《清故诰授荣禄大夫赏戴花翎安徽布政使吴公墓志铭》与《吴品珩讣闻》同。《清代人物生卒年表》缺。

⑦ 《己酉科直省乡试同年录》与《吴氏支谱》同。

续表

<table>
<tr><th>姓名</th><th>字</th><th>号</th><th>籍贯</th><th>生卒(农历)</th><th>生卒(公历)</th><th>文献来源</th></tr>
<tr><td rowspan="2">吴庆坻</td><td rowspan="2">稼如
敬彊</td><td rowspan="2">子修</td><td rowspan="2">浙江钱塘</td><td>道光二十八年
十二月二十九日</td><td>1849 年
1 月 23 日</td><td>吴庆坻乡试履历(《清代朱卷集成》册 265)①</td></tr>
<tr><td>民国十三年
三月十一日</td><td>1924 年
4 月 14 日</td><td>姚诒庆《湖南提学使吴府君墓志铭》(《碑传集三编》卷 20)②</td></tr>
<tr><td rowspan="2">吴庆焘</td><td rowspan="2">子余</td><td rowspan="2"></td><td rowspan="2">浙江会稽</td><td>?</td><td></td><td>《大清搢绅全书》(同治四年秋)册 1《京师·国子监》</td></tr>
<tr><td>?</td><td></td><td></td></tr>
<tr><td rowspan="2">吴善城</td><td rowspan="2">书堂</td><td rowspan="2">建侯</td><td rowspan="2">浙江山阴</td><td>道光八年
九月二十一日</td><td>1828 年
10 月 29 日</td><td>《同治元年壬戌科顺天乡试齿录》</td></tr>
<tr><td>?</td><td></td><td></td></tr>
<tr><td rowspan="2">吴绍吉</td><td rowspan="2">子嘉</td><td rowspan="2">夔堂</td><td rowspan="2">江苏沭阳</td><td>嘉庆十一年
三月二十四日</td><td>1806 年
5 月 12 日</td><td>《道光丁酉科明经通谱》③</td></tr>
<tr><td>?</td><td></td><td>吴洽民《沭阳虞溪吴氏家谱》④</td></tr>
<tr><td rowspan="2">吴升照⑤</td><td rowspan="2">子艾</td><td rowspan="2">少旃</td><td rowspan="2">安徽歙县</td><td>嘉庆二十四年
五月二十七日</td><td>1819 年
7 月 18 日</td><td>《道光庚子恩科直省同年谱》⑥</td></tr>
<tr><td>咸丰十年</td><td>1860 年</td><td>《日记》咸丰十年七月二十日</td></tr>
<tr><td rowspan="2">吴士鉴⑦</td><td rowspan="2">絅斋</td><td rowspan="2">公詧
含嘉
式溪
式溪居士</td><td rowspan="2">浙江钱塘</td><td>同治七年
七月十七日</td><td>1868 年
9 月 3 日</td><td>吴秉澂《清故光禄大夫头品顶戴翰林院侍读先考絅斋府君行状》⑧</td></tr>
<tr><td>民国二十二年
六月十二日</td><td>1933 年
8 月 3 日</td><td>同上</td></tr>
</table>

① 《光绪丙子科浙江乡试同年齿录》、吴庆坻会试履历(《清代朱卷集成》册 57)、朱彭寿《清代人物大事纪年》均与吴庆坻乡试履历同。《碑传集三编》卷 20 姚诒庆《湖南提学使吴府君墓志铭》作甲子年三月十一日卒,年七十有七。据此逆推,其生年与吴庆坻乡试履历同。

② 章钰《四当斋集》卷 7《仁和吴子修年丈哀词》仅作后宣统辛亥之十三年甲子三月。

③ 吴洽民《沭阳虞溪吴氏家谱》无出生年月日。

④ 吴洽民《沭阳虞溪吴氏家谱》无去世年月日。

⑤ 越缦于咸丰十年七月二十日日记中载吴某为歙县尚书吴椿之子,为举人、中书舍人。据《道光二十年庚子恩科顺天乡试同年齿录》《道光庚子恩科直省同年谱》中吴升照履历,以及《大清搢绅全书》(咸丰十年春)册 1《京师·内阁》,吴某当为吴升照。

⑥ 《道光二十年庚子恩科顺天乡试同年齿录》与《道光庚子恩科直省同年谱》同。

⑦ 原籍安徽休宁。

⑧ 吴士鉴乡试履历(《清代朱卷集成》册 279)、吴士鉴会试履历(《清代朱卷集成》册 74)、吴士鉴《含嘉室自订年谱》、《光绪十八年壬辰科会试同年齿录》均与《行状》同。

续表

姓名	字	号	籍贯	生卒(农历)	生卒(公历)	文献来源
吴士麟	仁瑞		浙江山阴	?		《日记》光绪十四年六月七日
				?		
吴式芬	子苾	诵孙	山东无棣	嘉庆元年二月二十四日	1796年4月1日	《无棣吴氏族谱》卷1《十七世至廿一世》①
				咸丰六年十月八日	1856年11月5日	同上②
吴寿昌	延龄 菊朋	仁山	广东四会	道光十一年二月十日	1831年7月23日	许应鑅《浙江同官录》③
				?		
吴树德④	葆初	懋亭 云笠	陕西城固	道光十八年九月十日	1838年10月27日	《光绪六年庚辰科会试同年齿录》
				?		
吴树棻⑤	移香 移仙 簃香	郁卿	山东历城	咸丰四年五月十五日	1854年6月10日	《光绪乙亥恩科顺天乡试同年齿录》⑥
				光绪三十二年四月一日	1906年4月24日	樊增祥《樊山续集》卷24⑦
吴澍霖⑧	允坚 清来	监唐 鉴堂	湖北武昌	道光二年五月四日	1822年6月22日	《道光甲辰恩科直省同年录》
				光绪二十三年	1897年	《永顺文史资料》(第一辑)⑨

① 彭蕴章《归朴庵丛稿续编》卷4《内阁学士兼礼部侍衔吴公墓志铭》与《无棣吴氏族谱》同。《乙未科会试同年齿录》《重订壬午乡试齿录》均作嘉庆戊午年二月二十四日。

② 彭蕴章《归朴庵丛稿续编》卷4《内阁学士兼礼部侍衔吴公墓志铭》与《无棣吴氏族谱》同。

③ 吴大猷《窑村吴氏族谱》之《十六世至二十世长房》无出生年月日。

④ 派名贵华。

⑤ 又作吴树芬。

⑥ 《光绪六年庚辰科会试同年齿录》、吴树棻乡试履历(《清代朱卷集成》册114)、《光绪丙子科顺天乡试同年齿录》均与《光绪乙亥恩科顺天乡试同年齿录》同。《关中同官录》仅作咸丰甲寅年。

⑦ 《吴移香观察挽词》:"春到尽头花散雨,生天不是病维摩。(三月晦日君犹夜宴,比晓,无疾而逝)"此诗排在《改岁》之后,又《樊山续集》卷24起至乙巳年十月,讫丙午十月。故其当卒于光绪三十二年四月一日。《清代人物生卒年表》缺。

⑧ 越缦作汝霖。《日记》光绪元年八月四日:"上午入署,为押送书吏入闱事,晤赵心泉及商丘吴主事协中(字时斋,乙丑进士),武昌吴主事汝霖(字允坚,壬戌进士),奉新余主事九谷(字□□,己未进士),皆年五十余矣!"据《道光甲辰恩科直省同年录》及《大清搢绅全书》(光绪二年夏)册1《京师·户部》,当为越缦误记。

⑨ 《申报》光绪二十三年十一月十九日第八千八百五十八号之光绪二十三年十一月八日《京报全录·陈宝箴跪奏》载其于光绪二十三年八月左右卸事。《永顺县志》卷16《职官志·知府》载其卸事后卒于道。据此二者,亦可定其卒于光绪二十三年(1897)。

续表

姓名	字	号	籍贯	生卒(农历)	生卒(公历)	文献来源
吴思权	平一		甘肃会宁	乾隆四十七年	1782 年	乔晓军《中国美术家人名辞典》(补遗一编)
				咸丰元年	1851 年	《吴思权墓碑》①
吴思树	念之	小棠	江苏吴县	乾隆五十七年六月十一日	1792 年 7 月 29 日	吴榛礼《吴氏支谱》卷 3《介庵公后旋玉公支·十一世至十五世》②
				同治二年八月二十四日	1863 年 10 月 6 日	同上③
吴思藻	百一	瓣香 泮香	浙江乌程	道光十八年六月三日	1838 年 7 月 23 日	《同治庚午科浙江乡试同年齿录》④
				?		
吴思钊	勉斋⑤		浙江山阴⑥	?		《大清搢绅全书》(同治四年)册 3《河南·怀庆府》
				?		
吴淞	半江	达臣	安徽泾县	道光十年九月六日	1830 年 10 月 22 日	《同治庚午科大同年齿录》⑦
				?		

---

① 墓碑无碑文,墓碑正中仅作“皇清诰授奉政大夫赐进士出身浙江温州府同知显祖考吴公之墓”,旁边小字作“咸丰元年畅月谷旦”。即咸丰元年十一月某吉日。据此,吴思权当卒于咸丰元年十一月之前。此姑作咸丰元年(1851)。

② 《道光乙酉科各省乡试齿录》与《吴氏支谱》同。吴榛礼《吴氏支谱》卷 11 罗惇衍《诰授朝议大夫同知衔乐昌知县随带加一级吴县吴公传》仅作同治癸亥年卒,年七十二。据此逆推,其生年与《吴氏支谱》同。

③ 吴榛礼《吴氏支谱》卷 11 罗惇衍《诰授朝议大夫同知衔乐昌知县随带加一级吴县吴公传》仅作同治癸亥年(1863)。

④ 《同治庚午科大同年齿录》与《同治庚午科浙江乡试同年齿录》同。

⑤ 《日记》同治三年八月一日:“贺吴勉斋新选河南原武知县,并晤松堂,小坐。”《大清搢绅全书》仅作吴思钊,直隶大兴人,三年七月选,无字号记载,与《日记》相符。故勉斋当为吴思钊。

⑥ 《大清搢绅全书》载其为直隶大兴人,三年七月选。因其与吴松堂为兄弟,故其祖籍当为浙江山阴。待考。

⑦ 《同治九年庚午科顺天乡试同年齿录》与《同治庚午科大同年齿录》同。

续表

姓名	字	号	籍贯	生卒(农历)	生卒(公历)	文献来源
吴唐林	子高	壬林 苍篆 西臣	江苏阳湖	道光十五年 四月二十六日	1835年 5月23日	吴晋《薛墅吴氏宗谱》卷8《世表·十六世至二十世大河头分》①
				光绪十六年 九月十五日	1890年 10月28日	同上②
吴廷芬	诵清	蕙吟 小杏	安徽休宁	道光十年 九月五日	1830年 10月21日	唐宸《晚清重臣吴廷芬神道碑拓本考释》(《历史档案》2017年第4期)③
				光绪三十三年 十一月四日	1907年 12月8日	同上④
吴文塄			浙江钱塘	道光二十二年 五月十日	1842年 6月18日	吴振棫《花宜馆诗钞》卷10《五月十日长孙文塄生喜而有作》⑤
				光绪二十九年 十二月	1904年	吴士鉴《含嘉室自订年谱》⑥
吴文焕			?	?		《日记》光绪十四年十一月二十一日
				?		
吴西川	蜀江	梅龙	直隶秦州	道光十一年 五月十三日	1831年 6月22日	任其昌《敦素堂文集》卷4《翰林院编修吴君蜀江墓志铭》⑦
				光绪元年 十二月二十三日	1876年 1月19日	《日记》光绪二年二月二十四日⑧

① 许应鑅《浙江同官录》、吴唐林乡试履历(《清代朱卷集成》册104)、吴晋《薛墅吴氏宗谱》卷8吴礼绅《皇清诰授资政大夫二品顶戴浙江补用道晋壬府君行述》均与《薛墅吴氏宗谱》同。

② 吴晋《薛墅吴氏宗谱》卷8吴礼绅《皇清诰授资政大夫二品顶戴浙江补用道晋壬府君行述》与《薛墅吴氏宗谱》同。

③ 吴廷芬会试履历(《清代朱卷集成》册23)作道光癸巳年九月五日。《清代人物生卒年表》作道光十三年(1833)。

④ 《清代人物生卒年表》缺。

⑤ 《花宜馆诗钞》卷10起(道光)己亥至(道光)壬寅终,《五月十日长孙文塄生喜而有作》排在壬寅元旦后,故其当生于道光壬寅年五月十日。

⑥ 《含嘉室自订年谱》载其卒于光绪二十九年十二月,其公历范围为1904年1月17日—2月15日,故其卒年为公历1904年。

⑦ 《同治十年辛未科会试同年齿录》作道光戊戌年五月十三日。《墓志铭》载其道光辛卯生,(光绪)乙亥卒,年四十五。据此二者,定其生于道光辛卯年五月十三日。

⑧ 《日记》光绪二年二月二十四日:"甘肃同年吴蜀江编修开吊,赙以四千。此君以去年祭灶日暴殁,今闻其实以缢死也。"据此,其当卒于光绪元年十二月二十三日。《清代人物生卒年表》据任其昌《敦素堂文集》卷4《翰林院编修吴君蜀江墓志铭》"乙亥卒于京寓"作光绪元年(1875)。但因其卒于十二月二十三日,故公历应为1876年1月19日。

续表

姓名	字	号	籍贯	生卒(农历)	生卒(公历)	文献来源
吴协心	镜如	瑹印	江苏宜兴	道光十一年四月二十五日	1831年6月5日	《六科吴氏宗谱》卷20①
				?		
吴协中	寅恭	时斋	河南商丘	道光八年五月二十九日	1828年7月10日	《同治四年乙丑科会试同年齿录》
				?		
吴荫培	树百	颖芝 岳云 云庵	江苏吴县	咸丰元年正月二十六日	1851年2月26日	曹元弼《皇清诰授资政大夫二品衔记名提学使贵州镇远府知府前翰林院撰文吴公神道碑》(钱仲联《广清碑传集》卷16)②
				民国十九年十二月十九日	1931年2月6日	同上
吴引孙③	福茨	仲申	江苏吴县	咸丰元年六月十六日	1851年7月14日	吴引孙《吴引孙自述年谱》④
				民国十年	1921年	吴萱口述⑤

① 《同治庚午科大同年齿录》作道光甲午年四月二十五日。《六科吴氏宗谱》卷20吴协心《先考森斋府君述》载:“六曰森斋府君,与府君同出钱宜人。季曰尔敬府君,皆从府君学。府君幼秉庭训,亲师取友。十一岁,钱宜人谢世。”而“府君生于嘉庆三年九月十八日”,故钱宜人于嘉庆十三年去世。吴协心《叔父讷斋公传》载:“叔父行六,讳侃墉,字尔邻,自号讷斋,与先子同出钱宜人。宜人之殁,叔父才五岁。”故讷斋生于嘉庆九年(1804)。而“叔父长余二十七岁”,故吴协心生于道光十一年(1831)。综上,定其生于道光十一年四月二十五日。

② 《同治庚午科大同年齿录》与《神道碑》同。《光绪十六年庚寅恩科会试同年齿录》、吴荫培会试履历(《清代朱卷集成》册67)、吴荫培乡试履历(《清代朱卷集成》册153)均作咸丰癸丑年正月二十六日。

③ 乳名豫庆,学名引孙。

④ 《同治癸酉科明经通谱》、吴引孙拔贡履历(《清代朱卷集成》册385)、吴引孙乡试履历(《未刊清代朱卷集成》册57)、《光绪己卯科直省同年齿录》、《安徽宦浙同官录》均作咸丰癸丑年六月十六日。《清代人物生卒年表》据蔡贵华《吴道台鲜为人知,测海楼书去人空》作道光二十八年(1848)。

⑤ 吴萱口述为民国十年夏。据此,暂作民国十年(1921)。《清代人物生卒年表》据蔡贵华《吴道台鲜为人知,测海楼书去人空》作民国六年(1917)。据袁开昌《养生三要》卷首吴引孙《序》落款,知其民国八年五月仍在世,不可能于民国六年去世。

续表

姓名	字	号	籍贯	生卒(农历)	生卒(公历)	文献来源
吴毓春[①]	养如	雨轩	山东历城	道光九年十二月十七日	1830年1月11日	《咸丰壬子科直省举贡同年录》[②]
				光绪十七年	1891年	《日记》光绪十七年四月一日[③]
吴筠孙	叔坚	竹楼	江苏仪征	咸丰十一年二月十九日	1861年3月29日	吴萱口述[④]
				民国六年十二月二十二日	1918年2月3日	同上[⑤]
吴曾荫	高伯		江苏吴县	咸丰五年九月二十一日	1855年10月31日	吴臻礼《吴氏支谱》卷3下《惇献公后聚廛公支·棣华公支·十六世至二十世》
				同治十年四月二十日	1871年6月7日	同上
吴兆鑅[⑥]	宏斋	仲龄 仲霖 宝三	直隶大兴[⑦]	道光二十八年二月十九日	1848年3月23日	《同治庚午科大同年齿录》[⑧]
				?		

① 原名汝亭。

② 《日记》光绪十七年四月一日:"雨亭名毓春,历城人,壬子举人,壬戌进士,今年六十三岁。其生早余十日,为己丑、丁丑、丁丑、甲辰,与余差一字耳。而早登科场,两子贵达,何也(余丁亥日,亥为官贵,丑则比知耳)?"据此,其出生年月与《咸丰壬子科直省举贡同年录》同。

③ 《日记》光绪十七年四月一日:"付李侍御郎驺从饭钱八千余,客车饭钱十五千,司厨赏十四千。庚辰同年吴树棻编修之父雨亭郎中奠仪四千。"据此,其当卒于光绪十七年四月一日或之前。此暂作光绪十七年(1891)。

④ 吴筠孙乡试履历(《未刊清代朱卷集成》册65)、吴筠孙会试履历(《清代朱卷集成》册82)、《光绪甲午恩科会试同年齿录》均作同治壬戌年二月十九日。《清代人物生卒年表》据吴筠孙会试履历作同治元年(1862)。

⑤ 《申报》民国七年二月二十日(公历)第一万六千一百六十六号《九江·新道尹已视事》:"浔阳道尹出缺后,延至去腊二十六夜,始由省委督署秘书长傅春官代理。傅未到任以前,着由九江关监督景叙堂护理。景监督因传道尹来浔在即,故未接任。傅于去腊二十七日乘车抵浔,旋于二十八日亥时在小乔巷公馆内接篆,逐日尚在该处办公(因故道尹灵柩及其家属尚在署未搬出)。闻署内人员全行更换,日内当可发表。"《申报》民国七年二月十七日(公历)第一万六千一百六十三号《赣局之面面观》:"至于四道尹,浔阳道吴筠孙最近病故,代理者为傅春官。赣南为邵启贤,庐陵为赵毓奎,豫章为何刚德。"据此二者,仅知其卒于民国六年十二月二十六日(农历)之前。《清代人物生卒年表》缺。

⑥ 榜名兆镕。

⑦ 原籍江苏镇江。

⑧ 《同治九年庚午科顺天乡试同年齿录》与《同治庚午科大同年齿录》同。

续表

姓名	字	号	籍贯	生卒(农历)	生卒(公历)	文献来源
吴兆基	贞甫	翠峰 粹峰	浙江秀水	道光七年 七月五日	1827年 8月26日	《吴兆基乡试朱卷》①
				光绪十八年 正月十九日	1892年 2月17日	胡聘之《题报署崞县事宁武县知县吴兆基病故日期事》(中国第一历史档案馆藏)
吴兆泰	星阶	仲履	湖北麻城	咸丰元年 九月五日	1851年 10月28日	湖北省地方志编纂委员会《湖北省志人物志稿》卷4②
				宣统二年 三月七日	1910年 4月16日	《申报》宣统二年三月二十三日第一万三千三百七十二号③
吴志道			浙江钱塘	?		《大清搢绅全书》(光绪二十七年冬)册4《广东·琼州府》
				?		
吴钟骏	逦声 吹声	崧甫 姓舫	江苏吴县	嘉庆四年 七月十五日	1799年 8月15日	吴臻礼《吴氏支谱》卷3《介安公后旋玉公支·惇献公分支·十一世至十五世》④
				咸丰三年 六月六日	1853年 7月11日	同上⑤

① 《光绪丙子科浙江乡试同年齿录》与《吴兆基乡试朱卷》同。《光绪六年庚辰科会试同年齿录》作道光己亥年七月五日。《清代人物生卒年表》据《光绪六年庚辰科会试同年齿录》作道光十九年(1839)。

② 《光绪二年丙子恩科会试同年齿录》作咸丰甲寅年九月五日。《湖北省志人物志稿》作咸丰元年(1851)。据此二者,定其生于咸丰元年九月五日。《清代人物生卒年表》据《光绪二年丙子恩科会试同年齿录》作咸丰四年(1854)。

③ 《申报》宣统二年三月十三日第一万三千三百六十二号《湘鄂拒款余谈二则》作宣统二年三月六日。《湖北省志人物志稿》作1910年3月。《清史稿》卷445仅作宣统二年(1910)。

④ 吴清彦《皇清赐进士及第诰授光禄大夫谕赐祭葬礼部左侍郎福建学政加十二级纪录九次显考姓舫府君行略》与《吴氏支谱》同。《重订壬午乡试齿录》《道光十二年恩科会试同年齿录》均作嘉庆辛酉年七月十五日。

⑤ 吴清彦《皇清赐进士及第诰授光禄大夫谕赐祭葬礼部左侍郎福建学政加十二级纪录九次显考姓舫府君行略》与《吴氏支谱》同。

续表

姓名	字	号	籍贯	生卒(农历)	生卒(公历)	文献来源
吴重憙	仲怿 仲颐 仲饴	石莲 甦园	山东无棣	道光十八年 二月七日	1838 年 3 月 2 日	吴式楷、吴保昌《无棣吴氏族谱》卷 1《十七世至廿一世》①
				民国七年 六月二十二日	1918 年 7 月 29 日	同上②
吴祖椿③	庄寿	柚农 幼农	四川华阳④	道光二十二年 十二月二日	1843 年 1 月 2 日	吴祖椿乡试履历(《清代朱卷集成》册 332)⑤
				?		
伍锡钊	拔轩	梦兰	江西安福	道光十二年 正月二十六日	1832 年 2 月 27 日	伍有德《伍氏族谱内集·七房司公派系图》之《七房司公派世系二图》⑥
				?		
伍兆鳌	纶才	展峰 古峰	江西安福	道光二十八年 十一月四日	1848 年 11 月 29 日	伍兆鳌《木屑集·石樵文稿》卷 7《先府君先妣行实》⑦
				?		
武汝绳			河北正定	?		沈家本、荣铨《重修天津府志》卷 14《职官》
				?		

① 章钰《四当斋集》卷 8《海丰吴抚部墓志铭并序》与《无棣吴氏族谱》同。

② 章钰《四当斋集》卷 8《海丰吴抚部墓志铭并序》与《无棣吴氏族谱》同。

③ 原名树年。

④ 原籍浙江归安。

⑤ 吴祖椿会试履历(《清代朱卷集成》册 43)、《光绪三年丁丑科会试同年齿录》均作道光丁未年十二月二日。《清代人物生卒年表》据《光绪三年丁丑科会试同年齿录》作道光二十七年(1847)。

⑥ 《咸丰乙卯直省乡试同年齿录》作道光十八年正月十五日。

⑦ 《光绪六年庚辰科会试同年齿录》作咸丰壬子年十一月四日。《同治癸酉科明经通谱》作道光戊申年十一月四日。据《先府君先妣行实》,伍兆鳌生八岁而丧父,其父卒于咸丰乙卯年八月七日(1855 年 9 月 17 日)。其母年四十二而生伍兆鳌,伍兆鳌年十七而丧母,其母生于嘉庆丁卯年四月四日(1807 年 5 月 11 日),卒于同治甲子年正月十四日(1864 年 2 月 21 日)。据此三者,定其生于道光二十八年十一月四日。《清代人物生卒年表》据《光绪六年庚辰科会试同年齿录》作咸丰二年(1852)。

续表

姓名	字	号	籍贯	生卒(农历)	生卒(公历)	文献来源
锡龄	遐庵 与九	鹤亭	满洲镶蓝旗	嘉庆二十四年五月四日	1819 年 6 月 25 日	《中国少数民族古籍集成·爱新觉罗宗谱》册 52 页 660—661[①]
				咸丰六年十月十日	1856 年 11 月 7 日	同上
锡缜[②]	渌矼 子墨	厚安 厚庵	满洲正蓝旗	道光三年三月一日	1823 年 4 月 11 日	《道光甲辰恩科直省同年录》[③]
				光绪十三年十二月	1888 年	朱彭寿《清代人物大事纪年》[④]
席姬			?	同治二年二月九日	1863 年 3 月 27 日	《日记》光绪四年四月二十一日[⑤]
				?		
禧晟[⑥]	豫峰		满洲正白旗	道光十三年九月十四日	1833 年 10 月 26 日	荣绣《黑龙江卫善堂果氏宗谱》之《果氏长房宗谱长房·十二世》
				同治十一年五月二十五日	1872 年 6 月 30 日	同上
夏敦复	厚庵		浙江仁和	咸丰二年十月六日	1852 年 11 月 17 日	夏敦复《皇清诰授光禄大夫毓庆宫行走吏部右侍郎先考子松府君年谱》
				?		

① 《道光二十一年辛丑恩科会试齿录》与《中国少数民族古籍集成·爱新觉罗宗谱》同。

② 原名锡淳,一作锡纯。

③ 《咸丰六年丙辰科会试同年齿录》与《道光甲辰恩科直省同年录》同。《清代人物生卒年表》据鄂恒《大小雅堂诗集》锡缜《序》亦作道光三年(1823)。《大小雅堂诗集》为承龄著,其中并无锡缜《序》。锡缜《求是山房遗集》目录后有锡缜《序》:"右舅氏鄂松亭先生《求是山房诗文遗集》……道光六年丙戌科进士……二十五岁入翰林时,缜甫四岁。"据此,其生年确为道光三年(1823)。

④ 《翁同龢日记》册 4 光绪十三年十二月九日:"同年锡厚安缜逝世,竟未一吊,欲往未果。"《清代人物大事纪年》仅作光绪十三年十二月。据此二者,亦仅知其卒于光绪十三年十二月,公历为 1888 年 1 月 8 日—2 月 5 日,故其卒在公历 1888 年。《清代人物生卒年表》缺。

⑤ 《日记》光绪四年四月二十一日:"此婢京师人,以癸亥二月九日生(癸亥、乙卯、乙酉、丁丑),年六岁卖于齐氏。"

⑥ 又名禧安。

续表

姓名	字	号	籍贯	生卒(农历)	生卒(公历)	文献来源
夏同善	舜乐	子松	浙江仁和	道光十一年二月十九日	1831年4月1日	夏敦复《皇清诰授光禄大夫毓庆宫行走吏部右侍郎先考子松府君年谱》①
				光绪六年七月二十四日	1880年8月29日	同上②
夏衔③	伯仁	冰夫 彬甫	江苏娄县	道光二十九年九月二十二日	1849年11月6日	《光绪三年丁丑科会试同年齿录》④
				?		
夏献烈	承佑	小笠	江西新建	道光元年四月二十七日	1821年5月28日	钱宝廉《小笠公传》(夏献云《新建夏氏家乘》)⑤
				同治九年十二月十七日	1871年2月6日	顾廷龙、戴逸《李鸿章全集》册17《奏议十七》页136⑥
夏献蓉	芙初	镜人	江西新建	嘉庆二十五年七月二十五日	1820年9月2日	《咸丰壬子科直省举贡同年录》⑦
				?		
夏献馨	菊人	兰庄 蓝庄	江西新建	道光十一年九月四日	1831年10月9日	吴郁生《夏公兰庄传》(《碑传集三编》卷19)⑧
				光绪七年四月二十四日	1881年5月21日	同上

① 《咸丰乙卯直省乡试同年齿录》《咸丰五年乙卯科浙江乡试同年齿录》均与《年谱》同。《年谱》附录张謇《清故吏部侍郎仁和夏公神道碑铭》作光绪六年七月二十四日卒,年五十。《年谱》附录谭廷献《清故光禄大夫吏部右侍郎江苏学政夏公墓志铭》作(光绪)六年七月卒,年五十。据此二者逆推,其生年均与《年谱》同。《咸丰六年丙辰科会试同年齿录》作道光乙未年二月十九日。

② 《申报》光绪六年七月三十日第二千六百三十九号《学宪出缺》、《申报》光绪六年九月四日第二千六百七十二号之光绪六年八月二十三日《京报全录·吴元炳跪奏》、《益闻录》光绪六年八月七日第六十六号《学宪出缺》、《年谱》附录张謇《清故吏部侍郎仁和夏公神道碑铭》均与《年谱》同。《年谱》附录谭廷献《清故光禄大夫吏部右侍郎江苏学政夏公墓志铭》仅作(光绪)六年七月。

③ 本姓吴。

④ 夏衔乡试履历(《清代朱卷集成》册159)、夏衔会试履历(《清代朱卷集成》册45)均与《光绪三年丁丑科会试同年齿录》同。

⑤ 《道光庚戌科会试同年齿录》作道光丙戌年四月二十七日。《小笠公传》载其(庚午)腊月卒于任,年五十岁。据此二者,定其生于道光元年四月二十七日。

⑥ 《小笠公传》仅作(庚午)腊月。

⑦ 夏献蓉会试履历(《清代朱卷集成》册20)、《咸丰壬辰科会试同年齿录》均与《咸丰壬子科直省举贡同年录》同。

⑧ 《咸丰六年庚辰科会试同年齿录》《清代人物大事纪年》均作道光壬辰年九月四日。

续表

姓名	字	号	籍贯	生卒(农历)	生卒(公历)	文献来源
夏震川①	伯静 伯定 子仁	涤庵 灵峰	浙江富阳	咸丰三年 十二月十八日	1854 年 1 月 16 日	《富春灵峰夏氏族谱》卷 17《象山公房世传·第二十二世贤字行》②
				民国十九年 五月一日	1930 年 5 月 28 日	同上③
夏之森	晓岩		浙江嘉善	同治五年 二月二十七日	1866 年 4 月 12 日	《光绪十六年庚寅恩科会试同年齿录》④
				光绪二十八年 十一月	1902 年	朱彭寿《清代人物大事纪年》⑤
夏宗彝	槐青 怀清	子允	浙江会稽	道光二十八年 五月十三日	1848 年 6 月 13 日	夏致绩、夏象贤等《哀启》⑥
				民国八年 四月十七日	1919 年 5 月 16 日	同上
祥麟	仁趾		满洲正黄旗	道光二十三年 四月二十一日	1843 年 5 月 20 日	张剑《祥麟年谱简编》⑦
				光绪三十二年	1906 年	同上⑧
向光谦	尔牧 子识 子尊 子牧	梅修	湖南桃源	道光七年 十二月五日	1828 年 1 月 21 日	向治榘《向氏族谱》卷 4《万分·上志公一支》⑨
				光绪十二年 十二月二日	1886 年 12 月 26 日	同上

① 谱名荣尊,后改名震武。

② 《文澜学报》民国二十四年第一期周钟岳《灵峰夏先生墓表》、《国风》民国二十二年第二卷第二期王展成《夏灵峰先生行实》均与《富春灵峰夏氏族谱》同。《同治癸酉科浙江乡试同年齿录》、夏震武乡试履历(《清代朱卷集成》册 259)均作咸丰丙辰年十二月十八日。

③ 《文澜学报》民国二十四年第一期周钟岳《灵峰夏先生墓表》、《国风》民国二十二年第二卷第二期王展成《夏灵峰先生行实》均与《富春灵峰夏氏族谱》同。

④ 夏之森会试履历(《清代朱卷集成》册 68)、《夏之森乡试朱卷》均与《光绪十六年庚寅恩科会试同年齿录》同。

⑤ 《清代人物大事纪年》仅作光绪二十八年十一月。光绪二十八年十一月,公历范围为 1902 年 11 月 30 日—1902 年 12 月 29 日。此暂作光绪二十八年(1902)。

⑥ 许应鑅《江苏同官录》作道光戊申年五月十三日。

⑦ 《同治庚午科大同年齿录》作道光丁未年四月二十一日。

⑧ 《祥麟年谱简编》:"中国第一历史档案馆藏《奏为自报病危事》:'前任察哈尔都统奴才祥麟跪奏为病已迫危,微命难延,伏枕哀鸣,叩谢天恩,恭折仰祈圣鉴事。窃奴才满洲世仆……二十二年十一月简放察哈尔都统,二十六年在任染患痰疾,屡治罔效,恩准开缺回旗调理。原冀赶紧医痊,再图报效,多延一日,衰朽之躯即多尽一日犬马之力。无如奴才年逾六旬,气血两亏,非药饵所能奏效。本年正月陡发痰疾,眩晕大作,延至二月初五日奄奄一息,自顾万无生理。从此长辞盛世,不得再觐天颜,五内如焚,倍加依恋圣恩未报,感愧殊深。惟有严嘱奴才之孙兵部学习主事魁莹勤奋供职,以冀仰答高厚鸿慈于万一。所有奴才病势不起,沥陈依恋感激下忱,谨据遗折叩谢天恩,伏乞皇太后皇上圣鉴谨奏。光绪三十二年二月初七日。'"据此,仅知其卒于光绪三十二年二月初七日或之后。此暂作光绪三十二年(1906)。

⑨ 《道光己酉科明经通谱》与《向氏族谱》同。

续表

<table>
<tr><th>姓名</th><th>字</th><th>号</th><th>籍贯</th><th>生卒(农历)</th><th>生卒(公历)</th><th>文献来源</th></tr>
<tr><td rowspan="2">向学荣</td><td rowspan="2">巨川
阆珊</td><td rowspan="2">蕖村
蕖川</td><td rowspan="2">浙江镇海</td><td>道光五年
十二月四日</td><td>1826 年
1 月 11 日</td><td>向道衍《镇海向氏家谱》之《世次传三·笃行》①</td></tr>
<tr><td>光绪十五年
六月十四日</td><td>1889 年
7 月 11 日</td><td>同上</td></tr>
<tr><td rowspan="2">萧鉴②</td><td rowspan="2">勉斋</td><td rowspan="2"></td><td rowspan="2">浙江山阴</td><td>?</td><td></td><td>萧庆铃乡试履历(《清代朱卷集成》册 287)</td></tr>
<tr><td>?</td><td></td><td></td></tr>
<tr><td rowspan="2">萧韶</td><td rowspan="2">喜笙</td><td rowspan="2">杞山
光甫</td><td rowspan="2">湖南清泉</td><td>道光九年
二月十一日</td><td>1829 年
3 月 15 日</td><td>郭嵩焘《养知斋书屋文集》卷 21《诰授荣禄大夫萧公墓志铭》③</td></tr>
<tr><td>光绪十四年
九月二十二日</td><td>1888 年
10 月 26 日</td><td>《字林沪报》光绪十四年九月二十六日第二千二百二十二号《江藩出缺》④</td></tr>
<tr><td rowspan="2">萧世本</td><td rowspan="2">鞠初</td><td rowspan="2">廉甫</td><td rowspan="2">四川富顺</td><td>道光十五年
十二月一日</td><td>1836 年
1 月 18 日</td><td>《咸丰戊午科直省同年录》⑤</td></tr>
<tr><td>光绪十四年
四月十八日</td><td>1888 年
5 月 28 日</td><td>顾廷龙、戴逸《李鸿章全集》册 19《奏议十九》之《题报署正定府知府萧世本病故事》⑥</td></tr>
</table>

① 许应鑅《浙江同官录》与《镇海向氏家谱》同。

② 原名明检。

③ 王蕴藻《广东同官录》作道光乙未年二月十一日。《墓志铭》仅作道光九年(1829)。据此二者,定其生于道光九年二月十一日。

④ 《申报》光绪十四年十月二十九第五千六百十三号之光绪十四年十月十九日《京报全录·曾国荃跪奏》与《江藩出缺》同。《日记》光绪十四年十月二日:"邸钞,以甘肃按察使方汝翼为江西布政使。(本任布政使萧韶行至江宁病故)"据此,仅知其卒于光绪十四年十月二日之前。《墓志铭》仅作光绪十四年(1888)。

⑤ 《曾国藩全集》(修订版)之《奏稿之十二》之《萧世本请补天津县缺折》载其同治九年为三十六岁。据此逆推,其生年与《咸丰戊午科直省同年录》同。《清代人物生卒年表》缺。

⑥ 邱晋成《叙州府志》卷 34《人士》与《题报署正定府知府萧世本病故事》同。《申报》光绪十四年五月五日第五千四百四十二号《津沽杂录》:"升任天津府萧廉甫太守世本,籍隶西蜀,以名翰苑现宰官身,旋以卓异洊升知府,办理厘捐各局事务,措置裕如,商民均深感戴。前年奉委署理正定府篆务,一麾出守,方冀宏此远谟,讵意噩耗传来,竟于上月出缺。官民均惋惜之。"据此,仅知其卒于光绪十四年四月。《清史》卷 478《列传二百六十四·循吏四》作光绪十三年(1887)。

续表

姓名	字	号	籍贯	生卒(农历)	生卒(公历)	文献来源
啸云			?	?		《日记》咸丰八年四月六日
				?		
谢昌玉	杰生		河南怀庆①	?		《日记》咸丰十年十二月十三日
				?		
谢昌运②	黼廷 蕺愚	涵史	浙江山阴	咸丰九年五月二十六日	1859年6月26日	谢昌运乡试履历(《清代朱卷集成》册277)
				?		
谢福恒	星桥		浙江山阴	?		朱秉成会试履历(《清代朱卷集成》册64)
				?		
谢辅坫	恺宾	崇甫 鞠堂 菊堂	浙江镇海	嘉庆十三年十月十一日	1808年11月28日	董沛《正谊堂文集》卷15《工部营缮司主事谢先生墓碣》③
				同治七年五月十二日	1868年7月1日	同上④
谢辅濂	孟莲	廉始	浙江镇海	道光八年正月十五日	1828年2月29日	洪锡范、盛鸿焘《镇海县志》卷27《人物传六》⑤
				?		
谢辅缨	簪珊	七瑚 尺瑚 榭仙	浙江镇海	嘉庆二十一年十二月十四日	1817年1月30日	《咸丰壬子科浙江乡试同年齿录》⑥
				?		

① 祖籍浙江余姚。

② 改名宗诚,谱名恩溥。

③ 《咸丰九年己未科会试同年齿录》、《道光二十三年癸卯科直省同年全录》、谢辅坫会试履历(《清代朱卷集成》册22)均作嘉庆甲戌年十月十一日。《道光癸卯科浙江乡试朱卷第十三房同门姓氏》《道光二十三年癸卯科浙江乡试同年齿录》均作嘉庆己巳年十月十一日。《清代人物生卒年表》据《咸丰九年己未科会试同年齿录》作嘉庆十四年(1809)。

④ 《清代人物生卒年表》缺。

⑤ 谢辅濂会试履历(《清代朱卷集成》册51)、《光绪九年癸未科会试同年齿录》、《光绪癸未科会试第五房同门姓氏》均作道光戊戌年正月十五日。《人物传六》载其中进士时年龄为五十六。据此四者,定其生于道光戊子年正月十五日。《清代人物生卒年表》据《同治癸未科会试同年齿录》作道光十八年(1838)。其中"同治"当为"光绪"之误。

⑥ 谢辅缨乡试履历(《清代朱卷集成》册245)与《咸丰壬子科浙江乡试同年齿录》同。

续表

姓名	字	号	籍贯	生卒(农历)	生卒(公历)	文献来源
谢恭寿[1]			浙江会稽	?		《大清搢绅全书》(光绪十六年春)册2《直隶·天津府》
				?		
谢隽杭	梦浙	澹卿 南州 南川	山东福山	道光二十一年闰三月三日	1841年4月23日	谢缉熙《福山谢氏家乘》[2]
				民国七年三月二十七日	1918年5月7日	同上[3]
谢兰生[4]	善膺 畹季	厚庵 巽行	江苏江阴	嘉庆九年八月二十一日	1804年9月24日	谢锡平《毗陵谢氏宗谱》卷38《本支世表·能二公派中三房分》[5]
				光绪十四年三月四日	1888年4月14日	同上[6]
谢乃元	绍枢		贵州贵筑[7]	同治六年	1867年	《光绪戊子科贵州乡试录》
				?		
谢启华	辛实	质士 春谷	广西桂林[8]	道光二十八年十二月二日	1848年12月7日	那桐著;北京档案馆编《那桐日记》册下光绪二十三年十二月初二日[9]
				?		

① 更名传勋。据《申报》光绪十五年四月十八日第五千七百七十三号《京邸琅函》,其因避慈禧徽号而改名。

② 《光绪己卯科直省同年齿录》、谢隽杭乡试履历(《未刊清代朱卷集成》册57)、《光绪六年庚辰科会试同年齿录》均与《福山谢氏家乘》同。《同治癸酉科明经通谱》作道光辛丑年三月三日。

③ 《清代人物生卒年表》缺。

④ 原名仁溢。

⑤ 谢兰生《厚庵自叙年华录》、谢兰生《毗陵谢氏宗谱》卷32《能二公派中三房》均与谢锡平《毗陵谢氏宗谱》同。

⑥ 《清代人物年表》据《毗邻名人疑年录》作光绪二十四年(1898)。

⑦ 原籍浙江会稽。

⑧ 原籍江西新建。

⑨ 《那桐日记》载其五十寿辰为光绪二十三年十二月初二日。据此逆推,定其生于道光二十八年十二月二日。《光绪六年庚辰科会试同年齿录》《同治癸酉科明经通谱》均作道光三十年十二月二日。《清代人物生卒年表》作咸丰元年(1851)。

续表

姓名	字	号	籍贯	生卒(农历)	生卒(公历)	文献来源
谢汝翼			?	?		《日记》光绪十九年六月十七日
				?		
谢维藩①	翊天 廷翊	麟伯 颖床 衡长 振士	湖南巴陵②	道光十四年七月九日	1834年8月13日	陆襄钺《原任山西学政翰林院编修谢君行略》(谢维藩《雪青阁集》卷首)③
				光绪四年四月二十六日	1878年5月27日	同上④
谢文翘	楚材	秀山 岫珊	云南恩安	道光二十八年九月二十四日	1848年10月20日	《光绪六年庚辰科会试同年齿录》⑤
				民国十年	1921年	国家文物局;云南省文化厅《中国文物地图集·云南分册》⑥
谢希铨	绍辛 丽泉	什珊	江西崇仁	道光二十四年三月十五日	1844年5月2日	《光绪二年丙子科会试同年齿录》
				?		
谢锡昌⑦	益亭 颩亭		江苏江阴	道光十九年八月十七日	1839年9月24日	谢兰生《毗陵謝氏宗谱》卷32《能二公派中三房》
				光绪二年九月六日	1886年10月3日	同上

① 谱名祖勋,以字行。

② 寄籍甘肃皋兰。

③ 《同治元年壬戌科会试同年齿录》、谢仲先《谢氏族谱》之《显琦与玱玙五代孙祖沠下子孙世系图·巴陵长安桥世系》、《咸丰乙卯科直省乡试同年齿录》均与《行略》同。谢维藩《雪青阁诗集》卷首陆襄钺《诰授奉政大夫翰林院编修前提督山西学政谢君墓志铭》载其光绪四年四月二十六日卒,年四十五。据此逆推,其生年亦与《行略》同。

④ 谢维藩《雪青阁诗集》卷首陆襄钺《诰授奉政大夫翰林院编修前提督山西学政谢君墓志铭》与《行略》同。

⑤ 卢金锡、杨履乾、包鸣泉《昭通县志稿》卷7《人物·名贤》载其卒年七十四。再据《中国文物地图集·云南分册》载其卒于1921年逆推,其生年与《光绪六年庚辰科会试同年齿录》同。《光绪元年乙亥恩科带补壬戌恩科云南乡试同年齿录》作咸丰辛亥年九月二十四日。

⑥ 《清代人物生卒年表》缺。

⑦ 初名昌燕。

续表

姓名	字	号	籍贯	生卒(农历)	生卒(公历)	文献来源
谢锡蕃[1]	玉生	晋三	浙江余姚	道光四年三月十七日	1824年4月15日	谢元寿《四门谢氏大房谱》卷6下[2]
				光绪十九年正月八日	1893年2月24日	同上[3]
谢永祜	青芸		湖南浏阳	道光九年	1829年	左宗棠撰;刘泱泱校点《左宗棠全集·奏稿三》[4]
				光绪十二年四月七日	1886年5月10日	《申报》光绪十二年六月二十五日第四千七百六十九号之光绪十二年六月十七日《京报全录·谭钟麟片》
谢裕楷	景周	端甫	陕西安康	道光二十四年七月二十三日	1844年9月5日	《安康谢氏族谱》卷6[5]
				光绪二十四年闰三月二十四日	1898年5月14日	同上[6]
谢元洪[7]	苞庭 复所	文戊 文楙 若冲	浙江山阴	同治元年正月九日	1862年2月17日	讣告(《越铎》民国十五年六月十七日[公历])[8]
				民国十五年三月四日	1926年4月15日	同上

① 谱名永言。

② 《咸丰五年乙卯科浙江乡试同年齿录》《咸丰乙卯直省乡试同年齿录》《咸丰九年己未科会试同年齿录》均作道光丙戌三月十七日。《清代人物生卒年表》据《咸丰九年己未科会试同年齿录》作道光六年(1826)。

③ 《清代人物生卒年表》缺。

④ 《奏稿三》中《请以谢永祜等补授副将参将折》载其同治五年为三十八岁。据此逆推,其当生于道光九年(1829)。

⑤ 《光绪九年癸未科会试同年齿录》与《安康谢氏族谱》同。张亨嘉《诰授朝议大夫赏戴花翎顺天西路同知在任候补知府谢公墓志铭》(国家图书馆藏)载其卒于光绪二十四年闰三月二十四日,年五十五。据此逆推,其生年亦与《安康谢氏族谱》同。《清代人物生卒年表》据《同治九年癸未科会试同年齿录》作道光二十四年(1844),其中"同治"当为"光绪"之误。

⑥ 荣禄《题报西路同知谢裕楷病故日期事》(中国第一历史档案馆藏)、张亨嘉《诰授朝议大夫赏戴花翎顺天西路同知在任候补知府谢公墓志铭》(国家图书馆藏)均与《安康谢氏族谱》同。《清代人物生卒年表》缺。

⑦ 乡榜名昌期,原名恩培。

⑧ 谢昌期乡试履历(《清代朱卷集成》册284)、谢昌期会试履历(《清代朱卷集成》册79)、《光绪辛卯科浙江乡试同年齿录》均作同治丁卯年正月初九日。

续表

姓名	字	号	籍贯	生卒(农历)	生卒(公历)	文献来源
谢钺①	惺斋 心斋	铁崖 士昆 华伯	浙江山阴	道光十年 正月十八日	1830年 2月11日	《咸丰壬子科浙江乡试同年齿录》②
				光绪十年 十二月四日	1885年 1月19日	《日记》光绪十一年正月十七日③
谢增	孟余 梦渔	晋斋 蕡洲 蕡香	江苏仪征④	嘉庆十六年 七月二十四日	1811年 9月11日	《日记》光绪五年五月六日⑤
				光绪五年 四月十三日	1879年 6月2日	同上⑥
谢祖荫⑦	小崑	缵臣	浙江山阴	咸丰六年	1856年	翁万戈辑《内政·宫廷》(下)页865
				?		
谢祖源	星海 悔斋		直隶丰宁	道光十六年 九月二十六日	1836年 11月4日	《光绪二年丙子恩科会试同年齿录》⑧
				光绪十七年 七月十八日	1891年 8月22日	《申报》光绪十七年十二月十九日第六千七百三十五号之光绪十七年十月二日《京报全录·昆冈、钱应溥跪奏》⑨

① 原名机。

② 《咸丰乙卯直省乡试同年齿录》《咸丰九年己未科会试同年齿录》《咸丰五年乙卯科浙江乡试同年齿录》均与《咸丰壬子科浙江乡试同年齿录》同。《清代人物生卒年表》据《咸丰九年己未科会试同年齿录》作道光七年(1827)。但笔者检《咸丰九年己未科会试同年齿录》,载其生于道光庚寅年正月十八日。

③ 《申报》光绪十一年四月一日第四千三百三十八号之光绪十一年三月二十一日《京报全录·张之洞等片》与《日记》光绪十一年正月十七日同。《清代人物生卒年表》缺。

④ 祖籍安徽歙县。

⑤ 《道光庚戌科会试同年齿录》《清代人物大事纪年》均作嘉庆癸酉七月二十四日。《日记》光绪五年五月六日:"其讣云年六十九,闻其实已七十外也。"据此三者,暂定其生于嘉庆十六年七月二十四日。谢增乡试履历(《清代朱卷集成》册135)作嘉庆癸酉年七月二十五日。

⑥ 《清代人物大事纪年》仅作光绪五年(1879)。

⑦ 一作祖应。

⑧ 《日记》光绪十七年八月十九日:"近日闻河南彰德府知府谢祖源亦暴卒于任。祖源字星海,会稽人,久居京师,入直隶丰宁籍,丙子进士,由编修改御史,截取得知府。今年七月间,所属临漳县知县连英忽病风杀其妻,又欲杀典史。祖源饬内黄县知县吴湞庚率吏兵急驰至县,收缚之。巡抚裕宽大怒,严檄诃责,以为糊涂妄为,将按劾。祖源忧愤甚,遽发病死,或言其实吞金自尽也,年五十六。吾越士大夫不竞,中外一辙,盖地运使然矣!"据此逆推,其生年与《光绪二年丙子恩科会试同年齿录》同。《咸丰戊午科直省同年录》作道光戊戌年九月二十六日。

⑨ 据《日记》光绪十七年八月十九日,仅知其卒于光绪十七年七月至八月之间。《清代人物生卒年表》缺。

续表

姓名	字	号	籍贯	生卒(农历)	生卒(公历)	文献来源
兴恩	耀廷	承斋 诚斋	内务府正白旗	道光六年 十月七日	1826年 11月6日	《己酉科直省乡试同年录》①
				光绪九年 三月三十日	1883年 5月6日	崇绮《奏为侍郎兴恩因病出缺恭折奏闻请旨简放事》(台北故宫博物院《宫中档光绪朝奏折》第149407号)
荥阳氏			浙江山阴	道光十六年 四月十三日	1836年 5月27日	《日记》册2页1034②
				?		
熊镜心		龙沙 龙砂	江西南昌	嘉庆十六年	1811年	《道光丁酉科十八省试同年录》
				?		
熊昭镜	定庵 蓉塘		湖北天门	道光十五年	1835年	《申报》光绪三年正月十日第一千四百七十九号之光绪二年十二月五日《京报全录·刘长佑跪奏》③
				光绪十二年 十一月二十五日	1886年 12月20日	裕禄《奏为新授浙江盐运使熊昭镜途经湖北病故请旨简放事》(中国第一历史档案馆藏)④
秀林	芷芳	茂斋	满洲镶黄旗	?		《大清搢绅全书》(光绪十六年春)册1《京师各道》
				?		

① 《咸丰二年壬子科会试同年齿录》与《己酉科直省乡试同年录》同。

② 长妹八字为:"丙申、癸巳、乙丑、乙酉。"据此,其当生于道光十六年四月十三日。

③ 《京报全录·刘长佑跪奏》载其本年四十二岁。据此逆推,其当生于道光十五年(1835)。

④ 《日记》光绪十二年五月三日:"邸钞,以山东登莱道方汝翼为甘肃按察使,云南迤西道熊昭镜升浙江盐运使。(先授运使彭名湜,未抵任,病故。熊昭镜,湖北天门人。监生赀郎,蚩蚩之氓耳,不知何以致此)"《日记》光绪十二年十二月二十三日:"邸钞,命翰林侍读学士梁燿枢为山东学政(陆润庠丁父忧)。前两淮盐运使德寿补浙江盐运使。(本授熊昭镜,未至任死)"据此二者,仅知其卒于光绪十二年五月三日至光绪十二年十二月二十三日之间。

续表

姓名	字	号	籍贯	生卒(农历)	生卒(公历)	文献来源
徐宝谦[1]	子牧 子尊 嘉斋 鹗昂	亚陶 迓祹 桐隐 语溪老人	浙江石门	嘉庆二十二年四月二十九日	1817年6月13日	徐益藩《崇德徐氏家谱》之《西支七世》[2]
				光绪二十三年六月十七日	1897年7月16日	同上
徐彬	蔼如	蔚轩 蔚轩	汉军正蓝旗	嘉庆二十一年九月十八日	1816年11月7日	徐桐、徐彬《先恭勤公年谱》[3]
				光绪二年	1876年	《日记》光绪二年六月十一日[4]
徐炳[5]		逸仙 亦仙 棣香	江苏吴县	道光二十年九月二十四日	1840年10月19日	周明泰《道咸以来梨园系年小录》
				?		
徐成立	永亭		江苏武进	?		《爵秩全函》(光绪二十八年春)册1《京师·五城》
				?		
徐承焯	鸿士 梦孚	茳耜 耿斋 览山	汉军正蓝旗	道光二十三年八月六日	1843年9月29日	徐桐《味道腴轩自纪年谱》[6]
				光绪十七年	1891年	《日记》光绪十七年十月三日[7]

① 初名荐谦。

② 《咸丰元年辛亥恩科直省同年全录》与《崇德徐氏家谱》同。徐宝谦会试履历(《清代朱卷集成》册50)、《光绪六年庚辰科会试同年齿录》均作道光丁亥年四月二十九日。

③ 《道光庚子恩科直省同年谱》作嘉庆戊寅年九月十八日。《先恭勤公年谱》作嘉庆二十一年九月。据此二者,定其生于嘉庆二十一年九月十八日。

④ 《日记》光绪二年六月十一日:"徐荫轩师之兄蔚轩太守(名□,庚子举人,官福宁府知府)开吊,送奠分六千。"据此,其当卒于光绪二年六月十一日之前。此暂作光绪二年(1876)。

⑤ 一作荔芗,又名馥。

⑥ 徐桐、徐彬《先恭勤公年谱》、徐桐《味道腴轩自纪年谱》均仅作道光二十三年八月。《光绪丙子科顺天乡试同年齿录》《光绪乙亥年恩赐荫生同官齿录》均作道光丙午年八月六日。据此四者,定其生于道光二十三年八月六日。

⑦ 《日记》光绪十七年十月三日:"徐荫轩协揆第四子鸿士兵部(承焯)病故,今日开吊,送奠分十六千,(丙子[己亥]举人,年四十九),荫翁五子丧其三矣!"据此,其当卒于光绪十七年十月三日前。此暂作光绪十七年(1891)。越缦于此日日记中不确其为哪年举人。据《光绪丙子科顺天乡试同年齿录》,其应为光绪丙子举人。

续表

姓名	字	号	籍贯	生卒(农历)	生卒(公历)	文献来源
徐承燮			汉军正蓝旗	道光二十七年十月	1847年	徐桐《味道腴轩自纪年谱》①
				光绪十七年六月	1891年	《日记》光绪十七年九月十二日②
徐承宣	嗣谷 启丰	心耕 星庚	浙江上虞	咸丰七年四月二十三日	1857年5月16日	徐绍谦《管溪徐氏真七支续谱》卷3《谦一房下十九世》③
				光绪二十四年四月十二日	1898年5月31日	同上④
徐承煊	云士 芸士		汉军正蓝旗	道光十九年十月	1839年	徐桐、徐彬《先恭勤公年谱》⑤
				光绪十年十二月二十日后	1885年	徐桐《味道腴轩自纪年谱》⑥
徐承煜	楠士		汉军正蓝旗	道光二十一年八月	1841年	徐桐、徐彬《先恭勤公年谱》⑦
				光绪二十七年正月八日	1901年2月26日	朱彭寿《清代人物大事纪年》⑧
徐承祖	孙麒		江苏六合	道光二十二年七月二十三日	1842年8月28日	徐鼒《清敝帚斋主人徐鼒自订年谱》
				?		
徐澄泰⑨	希郭	寿岩	浙江德清	道光十二年七月四日	1832年7月30日	徐松、徐寿臣《德清徐氏宗谱》之《十五世支派》⑩
				光绪十七年九月六日	1891年10月8日	同上

① 徐桐、徐彬《先恭勤公年谱》作道光二十七年九月。

② 《日记》光绪十七年九月十二日："徐荫轩协揆第六子承燮，浙江候补同知，以六月中殁于浙。今日来讣，送奠钱十二千。"据此，暂作光绪十七年(1891)。

③ 徐承宣乡试履历(《清代朱卷集成》册277)、徐承宣会试履历(《清代朱卷集成》册83)、《光绪戊子科浙江乡试同年齿录》均作咸丰庚申年四月二十三日。《清代人物生卒年表》据徐承宣会试履历作咸丰二年(1852)。

④ 《清代人物生卒年表》缺。

⑤ 徐桐《味道腴轩自纪年谱》与《先恭勤公年谱》同。

⑥ 《味道腴轩自纪年谱》作光绪十年十二月立春日后。即公历1885年2月4日后。此暂作光绪十一年(1885)。

⑦ 徐桐《味道腴轩自纪年谱》与《先恭勤公年谱》同。

⑧ 章开沅《清通鉴》册4《德宗景皇帝・光绪二十七年》、《申报》光绪二十七年九月十三日第一万零二百四十四号《照登中外和约十二款译汉全文》均与《清代人物大事纪年》同。

⑨ 榜名泰。

⑩ 《同治庚午科大同年齿录》作道光乙未年七月四日。

续表

姓名	字	号	籍贯	生卒(农历)	生卒(公历)	文献来源
徐德廣	念輿 棣蘼	研畬 念畬 念心 敬庵	江西龙南	道光二十一年八月二日	1841年9月16日	《龙南关西徐氏七修族谱》①
				同治十二年十一月七日	1873年12月26日	同上
徐鼎琛②	式斋	少川	浙江会稽	道光二十四年五月三日	1844年6月18日	《同治四年补行辛酉科并壬戌浙江乡试同年齿录》③
				?		
徐鼎之	聘唐 品堂		福建浦城	?		《大清搢绅全书》(同治十二年北京)册1《京师·兵部》
				?		
徐定超	伯超	班侯	浙江永嘉	道光二十五年八月二日	1845年9月3日	徐思藩、徐士贵《枫林徐氏宗谱》之《贞二房》④
				民国六年十一月二十三日	1918年1月5日	《申报》民国七年一月六日(公历)第一万六千一百二十八号《普济轮船失事》⑤
徐尔谷⑥	铭叔	显民	浙江山阴	同治四年三月十二日	1865年4月7日	陈庆均《时行轩山人日记》册13⑦
				民国十三年	1924年	陈庆均《杂著》⑧

① 《皖江同官录》与《龙南关西徐氏七修族谱》。

② 谱名玉如。

③ 徐鼎琛乡试履历(《清代朱卷集成》册251)、徐鼎琛会试履历(《清代朱卷集成》册32)、《同治七年戊辰科会试同年齿录》、《重订戊辰同年齿录》均与《同治四年补行辛酉科并壬戌浙江乡试同年齿录》同。

④ 《枫林徐氏族谱》与《枫林徐氏宗谱》同。徐定超会试履历(《清代朱卷集成》册51)、《光绪九年癸未科会试同年齿录》均作咸丰壬子年八月二日。徐定超乡试履历(《清代朱卷集成》册267)作道光戊申年八月二日。

⑤ 《普济轮船失事》:"昨日(即五号)黎明三时余,本埠招商局开往温州之普济轮船级福州回沪之新丰轮船,忽在吴淞口外互撞,普济全船覆没。"《申报》民国七年十二月二十二日(公历)第一万六千四百七十一号《徐翰青死耗之两消息》:"去年招商局轮船普济被新丰撞沉吴淞口外,温州巨绅徐班侯老夫妇亦被于难,尸骨迄今未被捞获。"据此二者,定其卒于民国六年十一月二十三日(农历)。徐思藩、徐士贵《枫林徐氏宗谱》之《贞二房》作民国六年十二月二十三日。《清代人物生卒年表》据陈继达主编《监察御史徐定超》作民国七年(1918)。

⑥ 一名维新。

⑦ 《时行轩山人日记》光绪三十一年三月十二日:"晚前坐舆至水澄巷徐宅免强一应酬,同胡梅森先生公饯显民观察北行兼其四十寿也。前日早约,所以只得免强应酬也。餐后即旋家。"据此逆推,其当生于同治四年三月十二日。

⑧ 《杂著》中有《甲子四月挽中表徐显民观察》。据此,定其卒于民国十三年(1924)。

续表

姓名	字	号	籍贯	生卒(农历)	生卒(公历)	文献来源
徐棻	芸渠	养心居士	湖南长沙	嘉庆十七年三月十九日	1812 年 4 月 29 日	徐芝年《徐氏族谱》卷 8《洪卷·文公世纪会公支》
				光绪二十二年正月十八日	1896 年 3 月 1 日	同上
徐抚辰			浙江山阴	?		《日记》光绪十七年三月六日
				?		
徐国安			浙江会稽	?		《日记》同治七年六月十四日
				?		
徐翰臣	薇垣		浙江仁和	道光二十年五月一日	1840 年 5 月 31 日	《同治四年补行辛酉科并壬戌浙江乡试同年齿录》
				?		
徐济川	楫安	丙楼	浙江山阴	道光二十九年四月二十八日	1849 年 5 月 20 日	《同治四年补行辛酉科并壬戌浙江乡试同年齿录》
				?		
徐家鼎	象三	铸庵 伯子 梅生	安徽太湖	道光二十年十二月十日	1841 年 1 月 2 日	《徐氏宗谱》卷 5《徐家宕富股维高世系》①
				光绪十八年十一月七日	1892 年 12 月 25 日	同上②
徐家铭③	新臣 晋侯	桐阁	安徽太湖	道光二十四年三月二十一日	1844 年 5 月 8 日	《徐氏宗谱》卷 5《徐家宕富股维高世系》④
				光绪二十年正月八日	1894 年 2 月 13 日	同上

① 徐家鼎会试履历(《清代朱卷集成》册 31)、《同治七年戊辰科会试同年齿录》、《重订戊辰同年齿录》均与《徐氏宗谱》同。《同治三年甲子科顺天乡试同年齿录》作道光癸卯年十二月十日。

② 《清代人物生卒年表》缺。

③ 榜名家升。

④ 《同治庚午科大同年齿录》作道光甲辰年三月二十日。

续表

姓名	字	号	籍贯	生卒（农历）	生卒（公历）	文献来源
徐锦荣	小池		浙江山阴	?		史久晋乡试履历（《清代朱卷集成》册253）
				?		
徐堪先			浙江上虞	?		厉式金、汪文炳《香山县志续编》卷8《职官表》
				?		
徐珂	仲玉 仲可 中可		浙江杭县	同治八年 十一月十二日	1869年 12月14日	徐恩绶《武林江浒徐氏本支谱系》①
				民国十七年 二月十一日	1928年 4月1日	同上②
徐夔		俞臣 渔城 渔臣	湖南长沙	嘉庆八年 八月十日	1803年 9月25日	徐芝年《徐氏族谱》卷8《洪卷·文公世纪会公支》③
				光绪五年 三月十四日	1879年 4月5日	同上④
徐麟光⑤	石甫		驻防正黄旗	道光二十四年	1844年	翁万戈辑《内政·宫廷》(下)页852⑥
				?		
徐銮	鸣玉	金坡	浙江嘉兴	道光十三年 八月三日	1833年 9月16日	《同治庚午科浙江乡试同年齿录》⑦
				光绪八年 五月一日	1882年 6月16日	彭祖贤《题报候补知县徐銮病故日期事》（中国第一历史档案馆藏）

① 《民国人物碑传集》卷11夏敬观《徐仲可墓志铭》载其民国十七年二月十一日卒，年六十。据此逆推，其生年与《武林江浒徐氏本支谱系》同。

② 《民国人物碑传集》卷11夏敬观《徐仲可墓志铭》与《武林江浒徐氏本支谱系》同。

③ 李鸿章《李文忠公遗集》卷3《诰封光禄大夫兵部左侍郎徐公墓志铭》、俞樾《春在堂杂文三编》卷2《光禄大夫渔臣徐公家传》均载其光绪五年三月十四日卒，年七十有七。据此二者逆推，其生年均与《徐氏族谱》同。

④ 李鸿章《李文忠公遗集》卷3《诰封光禄大夫兵部左侍郎徐公墓志铭》、俞樾《春在堂杂文三编》卷2《光禄大夫渔臣徐公家传》均与《徐氏族谱》同。

⑤ 原名受麟。

⑥ 徐同善《东海徐氏家谱》无出生年月日。

⑦ 《同治庚午科大同年齿录》与《同治庚午科浙江乡试同年齿录》同。

续表

姓名	字	号	籍贯	生卒(农历)	生卒(公历)	文献来源
徐培芝①			汉军正蓝旗	咸丰八年六月	1858 年	徐桐《味道腴轩自纪年谱》
				?		
徐琪	涵哉	花农	浙江仁和	道光二十九年十二月二十九日	1850 年 2 月 10 日	徐琪《诵芬咏烈编》卷 68《世次谱第二》②
				民国七年十一月五日	1918 年 12 月 7 日	徐正雄口述
徐虔复	葆意 宝彝 葆衣		浙江上虞	道光三年十月二十日	1823 年 11 月 22 日	徐遇春《管溪徐氏宗谱》卷 5《仕三之派》③
				咸丰十一年十月二十三日	1861 年 11 月 25 日	同上④
徐庆安	静江	樾波 月波	浙江山阴	道光十九年十一月一日	1839 年 12 月 6 日	徐庆安乡试履历(《清代朱卷集成》册 263)
				?		
徐庆宸	芸台		越缦邑人	?		叶金诏乡试履历(《清代朱卷集成》册 261)
				?		
徐壽立⑤	吉皆	仲远 望致道人	湖南长沙	咸丰七年闰五月八日	1857 年 6 月 29 日	徐芝年《徐氏族谱》之《洪卷之八·文公世纪会公支·省城学士桥》
				?		
徐仁杰			浙江山阴⑥	光绪元年	1875 年	秦国经《清代官员履历档案全编》册 28 页 271
				?		

① 初名鼎梅。

② 徐琪乡试履历(《清代朱卷集成》册 263)作咸丰辛亥年十二月二十九日。徐琪会试履历(《清代朱卷集成》册 46)作咸丰戊午年十二月二十九日。《清代人物生卒年表》据徐琪乡试履历作咸丰二年(1852)。

③ 谭献《复堂文续》卷 5《徐君墓志铭》、管遇春《管溪徐氏宗谱》卷 44 马赓良《副贡生宝彝徐公传》均无生年。《清代人物生卒年表》据《两浙辅轩续录》卷 41《徐虔复》中孙德祖曰“年甫四十”作道光二年(1822)。

④ 管遇春《管溪徐氏宗谱》卷 44 马赓良《副贡生宝彝徐公传》仅作咸丰辛酉年十月。谭献《复堂文续》卷 5《徐君墓志铭》作咸丰九年十月。《清代人物生卒年表》载此墓志在卷 15。

⑤ 原名谦立。

⑥ 寄籍直隶。

续表

姓名	字	号	籍贯	生卒(农历)	生卒(公历)	文献来源
徐仁铸①	砚甫 研芙	诵涵 缦愔	直隶宛平②	同治六年 八月二十八日	1867年 9月25日	《义兴洑溪徐氏家乘》卷7《复斋公世传》③
				光绪二十六年 十二月二十六日	1901年 2月14日	同上④
徐荣⑤	南荣 铁孙 铁生 庆人	药垣 容庵 梅田生	汉军正黄旗	乾隆五十七年 十一月十九日	1793年 1月1日	铭岳《徐公传略》(徐荣《怀古田舍诗节钞》卷首)⑥
				咸丰五年 二月三日	1855年 3月20日	同上
徐三庚	袖海 辛谷 亦穰	金罍 井罍 西庄山民 井罍山民 金罍道士 金罍野逸	浙江上虞	道光六年 四月十八日	1826年 5月24日	《西山徐氏宗谱》卷3《里墙门派行传》⑦
				光绪十六年 二月十六日	1890年 3月6日	同上⑧

① 原名同孙。

② 祖籍江苏宜兴。

③ 《光绪十四年戊子科顺天乡试同年齿录》、徐仁铸会试履历(《清代朱卷集成》册66)均与《义兴洑溪徐氏家乘》同。《清代人物生卒年表》据《疑年录汇编》卷13作同治二年(1863)。

④ 《清代人物生卒年表》据《疑年录汇编》卷13作光绪二十六年(1900)。

⑤ 原名鉴。

⑥ 《传略》载其生于乾隆五十年壬子十一月十九日,卒于咸丰乙卯年二月三日。又载其卒年六十四。据此,《徐公传略》中生年、卒年、享寿三者矛盾。《嘉庆丙子科全省同年齿录》《清代人物大事纪年》均作乾隆壬子十一月十九日。《怀古田舍诗节钞》中《月下看梅花作》之小注"嘉庆甲子,年十三岁,受业于冯芗林师……"据前四者,其当生于乾隆壬子十一月十九日。《传略》中乾隆五十年壬子十一月十九日当为乾隆五十七年壬子十一月十九日。《道光十六年会试同年齿录》作年四十七。据此逆推,其当生于乾隆五十五年(1791)。《清代人物生卒年表》据铭岳《传略》作乾隆五十六年(1792),误。

⑦ 曲彦斌《石韵卮言——印人印语谈薮》之《徐三庚的读书印及其他》中自刻印:"徐三庚于道光丙戌岁后浴佛十日生。"据此,其出生年月日与《西山徐氏宗谱》同。刘永明《增补徐三庚印谱》中"光煜长乐"印:"光绪辛巳花朝,坐似鱼室,适素兰初放,红梅大开,对周觯秦权作此,盛称得意,愿子厚弟保藏之,勿为它人所攫也。褎兄时年五十有六。"据此逆推,其生年亦与《西山徐氏宗谱》同。《西山徐氏宗谱》卷1褚成博《三庚公传》无生年。

⑧ 《徐三庚と日中の书法交流展图录》中徐三庚给日本弟子秋山碧城所书文凭:"本立而道生。文字之道,独不然乎。日本俭为秋山纯自丁亥春从予肄业,于今既三年矣。专习篆隶六朝,后潜心篆刻。迄无荒谬废弛等情,已上其堂极其奥。所谓根本先立者,其进有不测者焉。予门非鲜,谙练精熟。如俭为者,盖不易得。况俭为异域之人,以身委道,涉海远来,不胜欣喜。予爱其心志之切,嘉其慧学之熟,立此文凭以与焉。然俭为犹富春秋,能不安于今日,益期他年闻达,潜精积思,庶几凌驾古人。是予所企望也。光绪十五年十月日,立文凭,徐三庚。介绍,岸田吟香。"据此可知,徐三庚在光绪十五年十月还在世。故《西山徐氏宗谱》中光绪十五年二月十六日疑为光绪十六年二月十六日,此姑作光绪十六年二月十六日。《西山徐氏宗谱》卷1褚成博《三庚公传》无卒年。

续表

姓名	字	号	籍贯	生卒(农历)	生卒(公历)	文献来源
徐绍谦	福荃 福铨	税竺 绥竹	浙江上虞	同治四年 二月四日	1865 年 3 月 1 日	徐绍谦《管溪徐氏真七支续谱》卷 3《谦一房下十九世》①
				?		
徐绅	蔼卿		浙江钱塘	嘉庆十二年	1807 年	《日记》咸丰六年二月四日②
				?		
徐升鼎			?	?		《日记》光绪二年闰五月十八日
				?		
徐时霖			越缦邑人	?		《日记》光绪十九年二月二十七日
				?		
徐氏			浙江余姚	道光十年	1830 年	《日记》光绪十五年九月十八日③
				?		
徐寿春④	仙樵	介亭	贵州黔西	道光七年 正月二十二日	1827 年 2 月 17 日	《咸丰壬子科直省举贡同年录》
				?		

① 《光绪己丑科浙江乡试同年齿录》作同治戊辰年二月四日。

② 《日记》咸丰六年二月四日："府学训徐老师五十生日，下柬来请，不赴，以钱四百为寿。"据此逆推，其当生于嘉庆十二年(1807)。据《大清搢绅全书》(咸丰四年春)册 2《浙江》，此徐老师当为徐绅。

③ 《日记》光绪十五年九月十八日："河南申镜汀侍郎之子妇余姚徐主事文藻之女也，早寡无子，继其族子为嗣，居京师，今年六十矣，借先贤祠演戏为寿，来请饮。"据此逆推，其当生于道光十年(1830)。

④ 一作寿椿，后更名皋。

续表

姓名	字	号	籍贯	生卒(农历)	生卒(公历)	文献来源
徐树观①	丽滋	子美	浙江余姚②	道光二十一年六月六日	1841年7月23日	徐鼎镐《余姚徐氏三续增修谱》卷10《茂九房下昭·廿一世至廿五世》
				光绪十六年	1890年	《日记》光绪十六年三月三十日③
徐树钧	衡士 叔衡	叔鸿 寿鸿	湖南长沙	道光二十二年九月十三日	1842年10月16日	徐芝年《徐氏族谱》卷8《洪卷·文公世纪会公支》④
				宣统二年四月七日	1910年5月15日	同上⑤
徐树兰	仲佳 仲嘉 仲凡		浙江山阴	道光十八年四月二十六日	1838年5月19日	绍兴县修志委员会《民国绍兴县志资料第一辑》册15《人物列传第二编》⑥
				光绪二十八年五月十日	1902年6月15日	同上⑦
徐树铭	伯澄	寿蘅 澄园 鼎勋	湖南长沙	道光四年六月五日	1824年7月1日	徐芝年《徐氏族谱》卷8《洪卷·文公世纪会公支》⑧
				光绪二十六年四月二十三日	1900年5月21日	同上

① 谱名树兑。

② 越缦作浙江上虞。误。

③ 《日记》光绪十六年三月三十日："上虞徐户部树观病故，送奠分四千。"据此，暂定其卒于光绪十六年(1890)。

④ 《徐叔鸿讣告》(《上海图书馆藏赴闻集成》册7)与《徐氏族谱》同。徐树钧《宝鸭斋集》卷首中冯廷桂《诰授资政大夫二品衔江苏淮扬海兵备道兼按察使司徐公墓表》、孔宪教《诰授资政大夫二品衔江苏淮扬海兵备道兼按察使司徐公行状》均载其咸丰丁巳年十五。据此逆推，其当生于道光二十三年(1843)。孔宪教《诰授资政大夫二品衔江苏淮扬海兵备道兼按察使司徐公行状》又载其卒于宣统四月庚辰，享年六十九。据此推，其生年又与《徐氏族谱》同。《咸丰乙卯科直省乡试同年齿录》作道光癸卯年九月十三日。《清代人物生卒年表》据冯廷桂《墓表》作道光二十三年(1843)。

⑤ 《徐叔鸿讣告》(《上海图书馆藏赴闻集成》册7)、徐树钧《宝鸭斋集》卷首中冯廷桂《诰授资政大夫二品衔江苏淮扬海兵备道兼按察使司徐公墓表》、孔宪教《诰授资政大夫二品衔江苏淮扬海兵备道兼按察使司徐公行状》均与《徐氏族谱》同。

⑥ 徐树兰乡试履历(《清代朱卷集成》册114)、《光绪丙子科顺天乡试同年齿录》均作道光戊申年四月二十六日。《人物列传第二编》载其光绪壬寅年五月十日卒，年六十五。据此三者，定其生于道光十八年四月二十四六日。《清代人物生卒年表》据《文献家通考》作道光十七年(1837)。

⑦ 陈庆均《时行轩日记》册9光绪二十八年五月十日："闻徐仲凡舅氏业于夜半寿终。"据此，《时行轩日记》与《人物列传第二编》同。

⑧ 《道光甲辰恩科直省同年录》《道光二十七年会试齿录》均作道光甲申年六月五日。

续表

姓名	字	号	籍贯	生卒(农历)	生卒(公历)	文献来源
徐嗣龙①	叔臤	乂臣 谊臣	浙江山阴	?		《大清搢绅全书》(光绪十九年冬)册1《京师·光禄寺》
				民国二年二月三十日	1913年4月6日	陈庆均《时行轩日记》册24②
徐同善	子取	公可 震禅 清环道人	汉军正黄旗	道光四年十二月二十日	1825年2月7日	徐同善《谭风月轩诗钞》之《难易集》③
				光绪十五年八月八日	1889年9月2日	徐同善《东海徐氏家谱》④
徐桐	豫如 琴甫	荫轩 仲琴	汉军正蓝旗	嘉庆二十四年四月九日	1819年5月2日	徐桐《味道腴轩自纪年谱》⑤
				光绪二十六年七月	1900年	朱彭寿《清代人物大事纪年》⑥
徐维则⑦	仲咫	以悫 贻孙	浙江会稽	同治五年七月十七日	1866年8月26日	徐维则《先考培之府君年谱》⑧
				民国十一年	1922年	《浙江绍兴栖凫东海堂徐氏宗谱》
徐文濬⑨	哲甫 雨人		浙江山阴	道光二十三年五月四日	1843年6月1日	徐澍咸《山阴安昌徐氏宗谱》卷6《行传·大房起达公派·十一世》⑩
				?		

① 原名维威。

② 陈庆均《时行轩日记》册24民国二年四月八日(公历):"下半日坐舆至水澄巷吊徐谊臣君丧。谊臣君于前日辰刻逝世。"

③ 《难易集》起于壬戌十一月六日,其于《癸亥元旦》前所作诗《余生于立春后三日今岁立春恰符生年感赋四律》:"四十此生朝,春光依样描。"故此诗当作于同治壬戌。据此逆推,其当生于道光四年十二月二十七日。

④ 《东海徐氏家谱》补记为:"光绪十五年八月八日。"

⑤ 《己酉科直省乡试同年录》《清代人物大事纪年》均与《味道腴轩自纪年谱》同。徐桐、徐彬《先恭勤公年谱》仅作嘉庆二十四年四月。《己酉科顺天乡试同年齿录》《道光庚戌科会试同年齿录》《道光丁酉科明经通谱》均作嘉庆庚辰年四月九日。

⑥ 《清代人物大事纪年》作光绪二十六年七月□日。据此,暂作光绪二十六年(1900)。

⑦ 小名演郎,小字印僧。

⑧ 徐维则乡试履历(《清代朱卷集成》册280)、《光绪己丑科浙江乡试同年齿录》均作同治五年七月十七日。徐维则《先考培之府君年谱》仅作同治五年七月。据此三者,定其生于同治五年七月十七日。

⑨ 学名沛霖,榜名澍咸。

⑩ 《光绪壬午科浙江乡试同年齿录》作道光乙巳年五月四日。

续表

姓名	字	号	籍贯	生卒(农历)	生卒(公历)	文献来源
徐用仪	吉甫	筱云 小云	浙江海盐	道光六年 九月二十二日	1826 年 10 月 22 日	徐丙奎《海盐丰山徐氏重修家乘》卷 12 下《近臣公世系》①
				光绪二十六年 七月十七日	1900 年 8 月 11 日	同上②
徐友兰③	兑父	叔佩 佩之 泽吟	浙江会稽	道光二十三年 七月十日	1843 年 8 月 5 日	徐维则《先考培之府君年谱》④
				光绪三十一年 六月六日	1905 年 7 月 8 日	同上
徐元钊⑤	孟甫	吉孙 遏园 孟勉 周园	浙江会稽	咸丰十一年 四月十五日	1861 年 5 月 24 日	陈玉堂《中国近现代人物名号大辞典》⑥
				民国五年	1926 年	绍兴县修志委员会《民国绍兴县志资料第一辑》册 15《人物列传第二编》
徐兆丰	乃秋	梦鱼 髯叟 香雪翁	江苏江都	道光十五年 十一月十四日	1836 年 1 月 2 日	徐诵芳《皇清诰授资政大夫二品顶戴赏戴花翎福建延建邵兵备道显考乃秋府君行述》⑦
				光绪三十四年 四月十四日	1908 年 5 月 13 日	同上⑧

① 钱应溥《诰授光禄大夫太子少保兵部尚书筱云徐公家传》,以及徐丙奎《海盐丰山徐氏重修家乘》卷 4 下中汤寿潜《诰授光禄大夫太子少保兵部尚书忠愍徐公神道碑》、俞樾《诰授光禄大夫太子少保兵部尚书徐公墓志铭》均载其卒于光绪二十六年七月十七,年七十有五。据此三者逆推,其生年均与《海盐丰山徐氏重修家乘》同。

② 钱应溥《诰授光禄大夫太子少保兵部尚书筱云徐公家传》,以及徐丙奎《海盐丰山徐氏重修家乘》卷 4 下中汤寿潜《诰授光禄大夫太子少保兵部尚书忠愍徐公神道碑》、俞樾《诰授光禄大夫太子少保兵部尚书徐公墓志铭》均与《海盐丰山徐氏重修家乘》同。

③ 谱名栽兰,原名树萱。

④ 《清代人物生卒年表》据《文献家通考》作道光二十二年(1842)。

⑤ 谱名维康。越缦于光绪十二年五月十二日写为"锡康"。据光绪十二年九月二十八日所记内容,"锡康"或为"维康"之误。

⑥ 《光绪戊子科浙江乡试同年齿录》作同治乙丑年四月十五日。《中国近现代人物名号大辞典》作咸丰十一年(1861)。据此二者,定其生于咸丰十一年四月十五日。

⑦ 《同治十三年甲戌科会试同年齿录》与《行述》同。徐兆丰《香雪巢诗钞》卷 7《生朝志感》自注:十一月十四日。徐兆丰《香雪巢诗续钞》之《自题三十岁小像(并序)》并序载其同治三年为三十岁。据此二者推,其出生年月日亦与《行述》同。

⑧ 松寿《奏报福建延建邵道徐兆丰病故》(台北故宫博物院《军机处档折件》第 165099 号)与《行述》同。

续表

姓名	字	号	籍贯	生卒(农历)	生卒(公历)	文献来源
徐致祥	季和	霭如	江苏嘉定	道光十八年 十月十一日	1838 年 11 月 27 日	孙葆田《校经室文集》卷 4《兵部右侍郎徐公神道碑》
				光绪二十五年 四月六日	1899 年 5 月 15 日	同上①
徐智光②	垂章	焕庭 上陂居士	浙江上虞	同治四年 十二月二十四日	1866 年 2 月 9 日	《上虞兰皋徐氏宗谱》卷 4《惟能公派廿一世至廿五世传》③
				?		
徐作梅	宝和	岭香	浙江上虞	道光九年 九月二十六日	1829 年 10 月 23 日	徐遇春《管溪徐氏宗谱》卷 5《仕三之派》④
				光绪四年 十月十一日	1878 年 11 月 5 日	同上⑤
许柏身	耔人 厚子	少愚	浙江仁和	道光二年 正月二日	1822 年 1 月 24 日	许引之《高阳许氏家谱》卷 2⑥
				光绪十九年 八月九日	1893 年 9 月 18 日	同上
许秉璋⑦	少筠		广东番禺	咸丰九年 十月十八日	1859 年 11 月 12 日	《光绪丙子科顺天乡试同年齿录》
				?		

① 《申报》光绪二十五年四月十七日第九千三百七十八号《皖省官场纪事》与《神道碑》同。

② 原名焕，谱名垒。

③ 《光绪己丑科浙江乡试同年齿录》《光绪十五年浙江乡试第十六房同门姓氏》均与《上虞兰皋徐氏宗谱》同。

④ 《咸丰九年己未恩科浙江乡试同年齿录》中其字、号及出生年月日空缺。徐作梅会试履历(《清代朱卷集成》册31)作道光辛卯年九月二十六日。《清代人物生卒年表》据徐作梅会试履历作道光十一年(1831)。徐遇春《管溪徐氏宗谱》卷 44 朱葆儒《司马岭香公传》无出生年月日。

⑤ 徐遇春《管溪徐氏宗谱》卷 44 朱葆儒《司马岭香公传》无去世年月日，仅载其卒年六十。《清代人物生卒年表》缺。

⑥ 许应鑅《江苏同官录》与《高阳许氏家谱》同。

⑦ 一作炳章。

续表

姓名	字	号	籍贯	生卒(农历)	生卒(公历)	文献来源
许炳㷶	期泰 寿民	少荀	广东番禺	道光十七年 十月五日	1837 年 11 月 2 日	许炳㷶乡试履历《清代朱卷集成》册 341)①
				光绪十年	1884 年	俞樾著;赵一生主编《俞樾全集》册 18《春在堂楹联》卷 2②
许承宽			越缦乡人	?		《日记》同治六年十一月二十九日
				?		
许德裕	益甫	荫堂 韵堂	浙江德清	道光十九年 二月十八日	1839 年 4 月 1 日	《德清许氏族谱》之《六支》③
				光绪三十二年 十二月十二日	1907 年 1 月 25 日	同上④
许福桢	翰卿 翰青	汉骞 兰石	浙江山阴	咸丰六年 十一月十二日	1856 年 12 月 9 日	《光绪乙酉科选十八省拔贡明经通谱》⑤
				民国三年 六月十七日	1913 年 6 月 10 日	陈庆均《时行轩日志》册 24⑥
许庚身	星叔 恂叔	吉珊 吉三 恒安	浙江仁和	道光五年 六月十四日	1825 年 7 月 29 日	《高阳许氏家谱》卷 2⑦
				光绪十九年 十一月三十日	1894 年 1 月 6 日	同上⑧

① 俞樾著;赵一生主编《俞樾全集》册 18《春在堂楹联》卷 2 中《许寿民太守挽联》前有序,言其卒年甫四十八。再据其卒年逆推,其生年与许炳㷶乡试履历同。

② 《春在堂楹联》卷 2《许寿民太守挽联》前为《恽小山太守挽联》,后为《王晓莲挽联》。据恽祖祁《恽氏家乘》卷 41《石桥湾魁元公支》,其卒于光绪甲申年元月三日。据《申报》光绪十年六月二十八日第四千零七十六号《方伯寿终》,王晓莲卒于光绪十年六月二十六日。故暂定许寿民卒于光绪十年(1884)。

③ 许德裕乡试履历(《清代朱卷集成》册 258)作道光辛丑年二月十八日。《清代人物生卒年表》据许德裕乡试履历作道光二十一年(1841)。

④ 《清代人物生卒年表》缺。

⑤ 《光绪己丑科浙江乡试同年齿录》与《光绪乙酉科选十八省拔贡明经通谱》同。

⑥ 《时行轩日志》民国二年六月十七日(公历):"早餐下坐舆至薛家弄吊许翰青君首七。"据此,其当卒于民国二年六月十日(公历)。

⑦ 冯煦《蒿庵类稿》卷 26《许恭慎师墓志铭并序》与《高阳许氏家谱》同。冯煦《蒿庵类稿》卷 24《诰授光禄大夫太子少保军机大臣兵部尚书恭慎许公行状》中无出生年月日及享寿。

⑧ 《申报》光绪十九年十二月二十四日第七千四百六十五号《凤城纪事》、冯煦《蒿庵类稿》卷 26《许恭慎师墓志铭并序》与《高阳许氏家谱》同。冯煦《蒿庵类稿》卷 24《诰授光禄大夫太子少保军机大臣兵部尚书恭慎许公行状》仅作光绪十九年十一月。《清史稿》卷 439 仅作光绪十九年(1894)。

续表

姓名	字	号	籍贯	生卒(农历)	生卒(公历)	文献来源
许赓飏①	虞臣	鹤巢 鹤樵 续之	江苏吴县	道光七年 五月十一日	1827 年 6 月 5 日	许赓飏乡试履历(《清代朱卷集成》册 144)②
				光绪二十年	1894 年	翁同龢著;陈义杰点校《翁同龢日记》册 5 页 2665、2717③
许溎祥④	贡之	子颂 仲行 狷叟 茶禅	浙江海宁	道光二十一年 八月二十日	1841 年 10 月 4 日	许溎祥《狷叟诗删存》卷首《狷叟生传》⑤
				民国十三年 九月	1924 年	许闻渊《先祖子颂公学行吏治述略》⑥
许灏	秋芦	景商 又伯	浙江钱塘	道光五年 七月二十四日	1825 年 9 月 6 日	《钱塘许氏家谱》之《老四房十二世》
				同治九年 九月二十三日	1970 年 10 月 17 日	同上
许郊	子社		浙江钱塘	道光七年	1827 年	丁丙《松梦寮诗稿》卷 5⑦
				光绪二十年	1894 年	俞樾著;赵一生主编《俞樾全集》册 18《春在堂楹联》卷 3⑧

① 原名玉椽,一作玉瑑。

② 朱彭寿《清代人物大事纪年》仅作道光七年(1827)。许玉瑑《诗契斋诗钞》卷 5《六十初度及门诸君偕诸同乡张乐设宴翌日赋酬并寄舍弟》作于光绪丙戌。据此逆推,其生年亦为道光七年(1827)。

③ 许玉瑑《诗契斋诗钞》卷末潘祖年《跋》:"癸巳夏,哲人其萎,著述散佚。"据此,其当卒于光绪十九年(1893)。据《翁同龢日记》光绪二十年正月初九日及七月初九日日记,其当卒于此段时间。此暂作光绪二十年(1894)。朱彭寿《清代人物大事纪年》作光绪二十年六月。

④ 原名诵禾。

⑤ 许溎祥乡试履历(《清代朱卷集成》册 274)、《光绪乙酉科浙江乡试同年齿录》均作道光丁未年八月二十日。《同治庚午科浙江乡试同年齿录》《同治庚午科大同年齿录》均作道光壬寅年八月二十日。《狷叟生传》曰:"宣统辛亥后十二年岁次壬戌八十二老人许溎祥述。"据此四者,定其生于道光二十一年八月二十日。

⑥ 《先祖子颂公学行吏治述略》仅作民国十三年九月。此暂作民国十三年(1924)。《清代人物生卒年表》据许溎祥《介庵骈体文剩》许省诗《跋》作民国十二年(1923),误。检《介庵骈体文剩》许省诗跋,其中并无许溎祥去世信息。其去世信息在《介庵骈体文剩》许正邦所撰跋中:"呜呼,先季父之殁,忽忽八稔矣。"《介庵骈体文剩》刊于民国壬申,据此逆推,其当卒于民国十三年(1924)而非民国十二年(1923)。吴兴包公超所作《秋灯蛩语图》后有许溎祥所作三题跋。分别为"宣统辛亥后十三年,岁在甲子,海昌许溎祥子颂甫,作于海上寄庐,时年八十有四""同治辛未冬至日撰,宣统辛亥后十三年,中元甲子七月十八日溎祥手录,时年八十有四。原名诵禾""甲子八月三日,八四老人又记。悼亡诗稿遗佚,不能录,四日又记"。据此三者,亦知其民国十三年八月三日前仍存世,故《清代人物生卒年表》误。

⑦ 丁丙于光绪庚寅年(1890)作《许子社郊今岁六十有四自号八八翁金谨斋镌印为寿余亦赋此以祝》。据此逆推,其当生于道光七年(1827)。

⑧ 《春在堂楹联》卷 3《许子社明经挽联》:"子社于今年元旦作五言绝句一首,句首冠以'甲午大吉'四字,和者甚众。大吉竟无凭,空流传甲午元旦;旧游能有几,又凋零丁卯诗人。"据此,其当卒于光绪二十年(1894)。

续表

姓名	字	号	籍贯	生卒(农历)	生卒(公历)	文献来源
许景澄①	拱辰	竹篔 竹筠	浙江嘉兴	道光二十五年 九月二十二日	1845 年 10 月 22 日	高树《许文肃公年谱》②
				光绪二十六年 七月三日	1900 年 7 月 28 日	同上③
许俊魁	梦馥 梅轩 幼芗 梅仙 眉仙 汝权	小农	浙江山阴	道光五年 十一月二十八日	1826 年 1 月 6 日	许在衡《山阴碧山许氏宗谱》卷 20④
				同治元年 六月十八日	1862 年 7 月 14 日	同上
许令芬⑤			江苏吴县	?		杜松柏《清诗话访佚初编》八之王蕴章《然脂余韵》卷 1
				?		
许乃普	季鸿 经厓	滇生	浙江钱塘	乾隆五十二年 五月四日	1787 年 6 月 18 日	许引之《高阳许氏家谱》卷 2⑥
				同治五年 十月三十日	1866 年 12 月 6 日	同上
许彭寿⑦		仁山	浙江钱塘	道光元年 七月二十九日	1821 年 8 月 26 日	许引之《高阳许氏家谱》卷 2⑧
				同治五年 九月十九日	1866 年 10 月 27 日	同上⑨

① 原名癸身。

② 《同治七年戊辰科会试同年齿录》《重订戊辰同年齿录》均与《年谱》同。许景澄会试履历(《清代朱卷集成》册 28)、《同治丁卯科并补行甲子科浙江乡试同年齿录》均作道光丁未年九月二十二日。俞樾《春在堂杂文补遗》卷 5《故吏部左侍郎许公神道碑》载其卒于光绪二十六年七月三日,年五十六。据此逆推,其生年与《年谱》同。俞樾《春在堂杂文补遗》卷 5《吏部左侍郎许公墓志铭》仅载其光绪二十六年七月三日卒,无出生年月日或享寿。

③ 俞樾《春在堂杂文补遗》卷 5 中《吏部左侍郎许公墓志铭》、《故吏部左侍郎许公神道碑》均与《年谱》同。

④ 《咸丰元年辛亥恩科直省同年全录》《咸丰元年辛亥恩科浙江乡试同年齿录》均作道光庚寅年十一月二十八日。

⑤ 一作灵芬,又作靡芬。

⑥ 《丙子科全省同年齿录》与《高阳许氏家谱》同。

⑦ 原名寿身。

⑧ 《道光甲辰恩科直省同年录》《道光二十七年会试齿录》均与《高阳许氏家谱》同。

⑨ 《清代人物生卒年表》缺。

续表

姓名	字	号	籍贯	生卒(农历)	生卒(公历)	文献来源
许钤身	星祥	仲韬	浙江钱塘	道光二十三年六月九日	1843年7月6日	许引之《高阳许氏家谱》卷2[1]
				光绪十六年九月二十九日	1890年11月11日	同上[2]
许庆恩	培之	银槎	浙江钱塘	道光七年八月十日	1827年9月30日	许郊《天籁集补序》(许之叙校刻、郑旭坦辑《天籁集》卷首);丁丙《松梦寮诗稿》卷5《许子社郊今岁六十有四自号八八翁金谨斋镌印为寿余亦赋此以祝》[3]
				?		
许礽庆[4]	笈云 心舆 轸君 量伯	寿平	浙江山阴	咸丰九年七月十三日	1859年8月11日	许在衡《山阴碧山许氏宗谱》卷21[5]
				?		
许延祺	维伯	小莱 晓雷	浙江乌程	道光十八年十二月二十二日	1839年2月5日	《同治庚午科大同年齿录》[6]
				?		

① 《咸丰元年恩荫同年齿录》作道光庚子年六月九日。

② 《申报》光绪十六年十二月三日第六千三百七十一号之光绪十六年十一月十五日《京报全录·刚毅跪奏》与《高阳许氏家谱》同。

③ 《同治丁卯科并补行甲子科浙江乡试同年齿录》作道光己酉年八月十日。许郊《天籁集补序》:"《天籁集》者,钱塘郑旭旦编次,余从弟彝伯为付梨枣也。彝伯与从兄培之暨余皆同岁生。"据丁丙作于光绪丙寅年的《许子社郊今岁六十有四自号八八翁金谨斋镌印为寿余亦赋此以祝》,知其生年为道光七年(1827),且与此诗中的"道光丁亥承平日,翁之降生惟八月"相符。据此三者,许庆恩当生于道光丁亥年八月十日。

④ 名寿衡,庠名景衡,榜名在衡。

⑤ 《光绪己卯科直省同年齿录》《光绪十五年己丑科会试同年齿录》均与《山阴碧山许氏宗谱》同。

⑥ 许延祺副贡履历(《清代朱卷集成》册363)、许延祺乡试履历(《清代朱卷集成》册260)、《同治庚午科浙江乡试同年齿录》均作道光庚子年十二月二十二日。

续表

姓名	字	号	籍贯	生卒(农历)	生卒(公历)	文献来源
许叶芬	麐簃	许斋 少翯	直隶宛平	咸丰二年 八月十九日	1852年 10月2日	《光绪十四年戊子科顺天乡试同年齿录》①
				光绪二十五年 八月二十六日	1899年 9月30日	《申报》光绪二十五年十月二十七日第九千五百六十五号之光绪二十五年十月十八日《京报全录·刘坤一、鹿传霖跪奏》②
许绎③	怡卿	雪润	浙江余杭	道光二十三年 二月十三日	1843年 3月13日	《同治庚午科浙江乡试同年齿录》④
				?		
许应鑅⑤	昌言	星台	广东番禺	嘉庆二十五年 十一月十一日	1820年 12月16日	俞樾《清诰授荣禄大夫护理浙江巡抚浙江布政使许墓碣铭》⑥
				光绪十七年 五月四日	1891年 6月10日	《日记》光绪十七年五月二十六日⑦

① 《光绪十五年己丑科会试同年齿录》与《光绪十四年戊子科顺天乡试同年齿录》同。

② 缪荃孙、冯煦、庄蕴宽、吴廷燮等纂;江苏省地方志编纂委员会办公室点校整理《江苏省通志稿·职官志》卷23《清光绪宣统》与《京报全录·刘坤一、鹿传霖跪奏》同。《清代人物生卒年表》缺。

③ 原名悦堂。

④ 《同治庚午科大同年齿录》与《同治庚午科浙江乡试同年齿录》同。

⑤ 原名应麟。

⑥ 许应鑅《江苏同官录》与《墓碣铭》同。《申报》光绪十七年五月二十日第六千五百二十九号《故藩仙逝》载其卒于光绪十七年五月四日,享年七十二。据此逆推,其生年与《墓碣铭》同。《道光二十三年癸卯科直省同年全录》作道光辛巳年十一月十一日。《咸丰三年癸丑科会试同年齿录》作道光丁亥年十一月十一日。《清代人物生卒年表》据《咸丰三年癸丑科会试同年齿录》作道光七年(1827)。

⑦ 《申报》光绪十七年五月二十日第六千五百二十九号《故藩仙逝》与日记同。《墓碣铭》载:"光绪辛卯奉旨入都,四(三)月□□□……寿七十有二。"其中"都"后字辨识不清。《清代人物生卒年表》缺。

续表

姓名	字	号	籍贯	生卒(农历)	生卒(公历)	文献来源
许应骙	昌德	筠庵	广东番禺	道光十年三月二十二日	1830年4月14日	朱彭寿《清代人物大事纪年》[①]
				光绪三十二年六月二日	1906年7月22日	《时报》光绪三十二年六月五日第七百六十一号《电报一》[②]
许有麟	石卿	祥伯 黻廷	浙江仁和	道光十五年三月六日	1835年4月3日	《钱塘许氏家谱》之《老二中丞房第三支十二世》[③]
				?		
许棫[④]	梦西	太眉 三橿翁	江苏阳湖	嘉庆五年八月二十九日	1800年10月17日	许祖坚《夫椒许氏世谱》卷5《默斋公派大小南墅世表》[⑤]
				光绪七年正月二日	1881年1月31日	同上[⑥]
许泽新	润田 味余	颖初	贵州贵阳[⑦]	咸丰七年七月十八日	1857年9月6日	《光绪三年丁丑科会试同年齿录》
				?		

① 翁同龢著;陈义杰点校《翁同龢日记》册4光绪十五年三月二十二日:“出城拜客,祝许筠庵六十寿,于粤东馆。”据此逆推,其出生年月日与《清代人物大事纪年》同。《己酉科直省乡试同年录》作道光壬辰年三月二十二日。《道光庚戌科会试同年齿录》作道光癸巳年三月二十二日。《清代人物生卒年表》缺。

② 《清代人物大事纪年》、《申报》光绪三十二年六月十三日第一万一千九百五十八号《前尚书许应骙逝世》与《电报一》同。《清代人物生卒年表》据《清季重要职官年表》人名录作光绪二十九年(1903)。

③ 《咸丰乙卯科直省乡试同年齿录》《咸丰乙卯科顺天乡试齿录》《湖北省浙江同官录》《同治七年戊辰科会试同年齿录》《重订戊辰同年齿录》均与《钱塘许氏家谱》同。《清代人物生卒年表》据《同治七年戊辰科会试同年齿录》作道光十五年(1835)。

④ 谱名南棫,小字南月。

⑤ 许棫《东夫山堂诗选》卷首陆鼎翰《许梦西先生事略》载其光绪七年卒,年八十二。据此逆推,其生年与《夫椒许氏世谱》同。

⑥ 许棫《东夫山堂诗选》卷首陆鼎翰《许梦西先生事略》作光绪七年(1881)。

⑦ 原籍安徽泗州。

续表

姓名	字	号	籍贯	生卒(农历)	生卒(公历)	文献来源
许增	益斋	迈孙	浙江仁和	道光四年	1824年	吴海林、李延沛《中国历史人物生卒年表》①
				光绪二十九年	1903年	同上
许振祎	伟人 玮纫	仙屏 仙坪	江西奉新	道光七年 十一月十日	1827年 12月27日	许恩缉《皇清诰授光禄大夫头品顶戴赏戴花翎兵部侍郎都察院右副都御史广东巡抚显考仙屏府君行述》②
				光绪二十五年 二月二日	1899年 3月13日	同上③
许宗衡④	枕星	海秋	江苏上元	嘉庆十六年 十一月二十四日	1812年 1月8日	《咸丰壬子恩科会试同年齿录》⑤
				同治八年 九月	1869年	潘祖荫《序》(许宗衡《玉井山馆笔记》卷首)⑥
薛葆梴	慕韩 慕庐	理园	安徽全椒	咸丰四年 六月十日	1854年 6月28日	薛荫桢《福星薛氏家谱》卷6《图谱六》⑦
				光绪二十九年 十一月二十九日	1904年 1月16日	同上

① 许增《娱园丛刻·娱园丛刻总目》之《总目序》:“同治甲子奉母还杭州,遂不复问人世间事。日与声应气求之士,里巷往还,推襟送抱,聊浪湖山,忽忽七十之年已至矣。息影空斋,百念灰冷。特前贤矩矱,师友绪余,夙昔所涉猎而肆习之者,不能恝然。养闲余日,写付梓人,都成三十余种,借以流布艺林,传之好事。小名狼藉,政欲附骥以达千里也。惜炳烛之光,挈衾待尽,不获遂我初愿,为足慨矣。光绪癸巳八月仁和许增迈孙识,时年政七十。”《夏星》民国三年第一卷第二期《娱园日记》:“日记从道光己亥客怀宁始(时年十六岁),阅今将六十年。作辍不定,约数十册,不自收拾,无从检点,亦既云烟视之矣。今日从故纸中见此册,是五十九岁尽一年之事,首尾无缺,中多逸事,不忍屏弃,姑留此,以见当日朋好交际之盛。今已落落如晨星矣,阅之泫然。光绪丙申四月二十三日榆翁七十三岁题记。”据此二者逆推,其生年均与《中国历史人物生卒年表》同。

② 《罗塘许氏族志》卷□《高冈东房再□公支振字派》与《行述》同。《罗塘许氏族志》卷11刘可毅《清诰授光禄大夫头品顶戴兵部侍郎都察院右副都御使广东巡抚许公墓志铭》:“二十四年裁巡抚缺归奉新,明年二月喘疾复作,薨,春秋七十有三。”据此逆推,其生年与《行述》同。《咸丰乙卯直省乡试同年齿录》作道光壬辰年十一月十日。《道光己酉科各省选拔同年明经通谱》作道光庚寅年十一月十日。

③ 《罗塘许氏族志》与《行述》同。《墓志铭》仅作光绪二十五年二月。

④ 乡榜名鲲。

⑤ 许宗衡《玉井山馆笔记》之《旧游日记》:“嘉庆丁丑,外王父孙松溪先生官淮南批验大使,因僦屋金陵城北莲花桥,余母孙太恭人挈余居之,时年七岁。”据此逆推,其生年与《咸丰壬子恩科会试同年齿录》同。《清代人物生卒年表》据《咸丰壬子恩科会试同年齿录》作嘉庆十六年(1811)。但因其生于十一月二十四日,故公历应为1812年1月8日。

⑥ 潘祖荫《序》:“己巳九月,许丈海秋遽賔于我园。”据此,暂作同治八年(1869)。

⑦ 《光绪壬午科各省乡试同年齿录》作咸丰丙辰年六月十日。

续表

姓名	字	号	籍贯	生卒(农历)	生卒(公历)	文献来源
薛葆元①	子初	梅仙 梅轩 梅宣 眉骞 清渠 臞卿 雪溪寄客	浙江山阴	道光二十八年六月二十二日	1848年7月22日	薛培《松林薛氏宗谱》卷15《东房松筠支派镜舟六子七房敦字行》②
				光绪四年六月二十一日	1878年7月20日	同上③
薛福成	叔耘	庸庵	江苏无锡	道光十八年三月十八日	1838年4月12日	《薛氏锡山支谱》卷5《敏昌公支燊公派世系表》④
				光绪二十年六月十九日	1894年7月21日	同上⑤
薛光藻⑥	春岩		浙江山阴	嘉庆二十年五月六日	1815年6月12日	薛培《松林薛氏宗谱》卷8《东房德趾支派星占三子三房善字行》
				同治四年七月五日	1865年8月25日	同上
薛光泽⑦	春渊		浙江山阴	道光十五年正月十五日	1835年2月12日	薛培《松林薛氏宗谱》卷8《东房德趾支派星占六子三房善字行》
				光绪二十六年十一月四日	1900年12月25日	同上

① 谱名兆复。

② 《光绪丙子科浙江乡试同年齿录》作道光庚戌年六月二十二日。

③ 《薛氏宗谱》之《东房敦十七世尊七房凤书六子》作光绪四年戊寅六月二十三日。

④ 薛福成《庸庵文编》卷首《事实》、《碑传集补》卷13夏寅官《薛福成传》、许应鑅《浙江同官录》均与《薛氏锡山支谱》同。

⑤ 薛福成《庸庵文编》卷首《事实》、《碑传集补》卷13夏寅官《薛福成传》均与《薛氏锡山支谱》同。《申报》光绪二十年六月二十一日第七千六百三十四号《使星韬采》:"前出使英法义比四国大臣薛叔耘星使于前日雇就官舫,拟即锦旋。不料将晚忽患时疫。夫人与三公子即延医诊治,而病势略不稍瘥。夫人见势不佳,饬定禀报江海关道宪黄观察,急乘舆前往,半途闻星使已于亥刻骑箕仙逝,遂即折回。"据此逆推,其去世年月日与《薛氏锡山支谱》同。

⑥ 原名师增。

⑦ 原名师唐。

续表

姓名	字	号	籍贯	生卒(农历)	生卒(公历)	文献来源
薛浚	伯涵	小云	陕西长安	道光二十一年八月二十九日	1841年10月13日	《咸丰戊午科直省同年录》①
				?		
薛鸣凤②	竺君		浙江山阴	道光十一年八月二十日	1831年9月25日	薛济清、薛启文《会稽薛氏族谱》
				咸丰十一年十月三日	1861年11月5日	同上
薛时雨	慰农 澍生	叔耕 慰根 慰耕 味羹 桑根老农	安徽全椒	嘉庆二十三年十月二十七日	1818年11月25日	薛荫桢《福星薛氏家谱》卷6《图谱六》③
				光绪十一年正月二十二日	1885年3月8日	同上④
薛有三⑤	星占		浙江山阴	乾隆五十二年七月二十九日	1787年9月10日	薛培《松林薛氏宗谱》卷8《东云溪支派德趾子三房乐字行》
				咸丰十一年十月十三日	1861年11月15日	同上
薛沅⑥	仰衡	楚生 可庄	浙江山阴	道光二十九年正月十六日	1849年2月8日	薛培《松林薛氏宗谱》卷15《东房金波支派珊林子七房行字行》⑦
				光绪二十三年六月十九日	1897年7月18日	同上

① 《光绪六年庚辰科会试同年齿录》其出生年月日空缺。

② 原名葆安，一作保安。《会稽薛氏族谱》作汝安。

③ 《续碑传集》卷80顾云《桑根先生行状》与《福星薛氏家谱》同。《续碑传集》卷80谭献《薛先生墓志铭》载其光绪十一年正月二十二卒，年六十八。冯煦《蒿庵类稿》卷26《薛慰农先生墓表》载其光绪十一年正月，年六十八。据此二者逆推，其生年均与《福星薛氏家谱》同。《道光二十三年癸卯科直省同年全录》作嘉庆庚辰十月二十七日。《咸丰三癸丑科会试同年齿录》作道光甲申年十月二十七日。

④ 《续碑传集》卷80中谭献《薛先生墓志铭》、顾云《桑根先生行状》，以及谭献著；徐彦宽辑《复堂日记补录》光绪十一年二月二日与《福星薛氏家谱》同。冯煦《蒿庵类稿》卷26《薛慰农先生墓表》仅作光绪十一年正月。

⑤ 一作友三，原名槐。

⑥ 谱名磻客，原名钟望。

⑦ 《光绪戊子科浙江乡试同年齿录》、薛沅乡试履历(《清代朱卷集成》册276)均与《松林薛氏宗谱》同。

续表

姓名	字	号	籍贯	生卒(农历)	生卒(公历)	文献来源
薛允升	克猷	云阶	陕西长安	嘉庆二十五年十月一日	1820年11月6日	《薛允升讣告》(《上海图书馆藏赴闻集成》册1)①
				光绪二十七年九月三十日	1901年11月10日	同上②
薛珠婴	攸婳		浙江会稽	道光十年二月	1830年	李慈铭《越缦堂骈体文》卷4《外妹薛宜人权厝志》
				咸丰二年九月十五日	1852年10月27日	同上
严辰③	缁生 子钟	芝僧 桐溪达叟	浙江桐乡	道光二年八月三十日	1822年10月14日	严辰《青溪严氏家谱》卷5④
				光绪十九年	1893年	陈基《跋》(严辰《墨花吟馆病几续钞》卷末)⑤
严国泰				?		《日记》同治五年三月十八日
				?		

① 《碑传补》卷4孙家鼐《皇清诰授光禄大夫紫禁城骑马重赴鹿鸣筵宴刑部尚书云阶薛公墓志铭》与《薛允升讣告》同。薛允升《读例存疑》卷首《自序》题署"光绪二十六年岁次庚子长安薛允升云阶氏序于京都宣南之寓庐时年八十有一"。据此逆推,其生年与《讣告》同。《碑传补》卷4姚永仆《光禄大夫刑部尚书薛公状》无出生年月日及享寿。刘光蕡《烟霞草堂文集》卷4《刑部尚书薛公墓志铭(代)》内容与《碑传补》卷4孙家鼐《皇清诰授光禄大夫紫禁城骑马重赴鹿鸣筵宴刑部尚书云阶薛公墓志铭》内容完全一致。《道光庚子恩科直省同年谱》作道光甲申年十月一日。

② 《碑传补》卷4姚永仆《光禄大夫刑部尚书薛公状》仅作光绪二十七年九月。《碑传补》卷4孙家鼐《皇清诰授光禄大夫紫禁城骑马重赴鹿鸣筵宴刑部尚书云阶薛公墓志铭》作光绪二十七年九月二十九日。

③ 原名铣乡,小名联奎,乡榜名仲泽,教习榜名镛,会试后改名辰。

④ 《道光二十三年癸卯科直省同年全录》《咸丰九年己未科会试同年齿录》均作道光乙酉年八月三十日。严辰《桐溪达叟自编年谱》与《青溪严氏家谱》同。

⑤ 陈基《跋》:"……基之获侍也晚,惟此四卷得与校雠之役,间有怀疑,并待补者,以先生就医安庆,尚需请质。乃刻甫蒇工,而先生遽逝,遂成绝笔……乃暌违几杖,自夏徂秋,竟不得再睹颜色,何天之夺我知己之骤也?循览遗编,追维畴昔,不觉泪坠沾巾,因泚笔而跋其后。光绪十有九年岁再癸巳仲秋之月受业陆基谨跋。"据此,其当卒于光绪十九年夏至光绪十九年仲秋之月之间。此暂作光绪十九年(1893)。

续表

姓名	字	号	籍贯	生卒(农历)	生卒(公历)	文献来源
严嘉荣	怀庆	菊泉	浙江山阴	嘉庆十四年九月十五日	1809年10月23日	严寿鹤《先祖菊泉公事略》(《叒社》民国六年第四期)①
				光绪七年九月二十五日	1881年11月16日	同上②
严庆琳	宝山		浙江山阴	?		《大清搢绅全书》(光绪十七年春)册1《京师·五城》
				?		
严玉森	汝城	鹿溪 六溪 晦虚 恒斋 虚阁	江苏仪征	道光十八年三月二十九日	1838年4月23日	严谦润《虚阁先生年谱》③
				光绪二十六年十二月十八日	1901年2月6日	同上
严岳森④	蕴素	渔苔	浙江慈溪	嘉庆十六年十月十三日	1811年11月28日	《咸丰元年恩科浙江乡试同年齿录》⑤
				?		
言宝书⑥	葆舒	菊人	浙江会稽	咸丰五年九月十三日	1855年10月23日	邱捷点注《杜凤治日记》册10页5230—5231⑦
				?		

① 严嘉荣乡试履历(《清代朱卷集成》册237)、《道光乙未恩科直省同年录》均作嘉庆庚午年九月十五日。《事略》载其年二十七举于乡。据此三者,定其生于嘉庆十四年九月十五日。《日记》光绪七年六月二十四日:"得竹篔是月嘉兴书,并严菊泉师初十日书。菊泉师言今年七十三,犹能于红笺上作绳头楷书。每午饭后必行四五里,散步市中。余今年五十三,尚能灯下以朱笔细书,同人已诧为稀有。以视此老,真瞠乎后矣!"据此逆推,其生年亦为嘉庆十四年(1809)。

② 《日记》光绪八年二月二十六日:"是日见邸钞,嘉兴府学教授选庚辰同年富阳何镕。盖严菊泉师已殁矣!"据此,仅知其或卒于光绪八年二月二十六日之前。

③ 严玉森乡试履历(《清代朱卷集成》册110)、《同治癸酉科顺天乡试同年齿录》均与《虚阁先生年谱》同。

④ 原名守中。

⑤ 《咸丰元年辛亥恩科直省同年全录》与《咸丰元年恩科浙江乡试同年齿录》同。

⑥ 谱名良俊。

⑦ 言宝书乡试履历(《清代朱卷集成》册264)作咸丰戊午年九月十三日。

续表

姓名	字	号	籍贯	生卒(农历)	生卒(公历)	文献来源
言有章①	光甲	臁士 謇博	直隶宛平②	同治四年 十二月二十四日	1866 年 2 月 9 日	《常熟言氏家乘八十一世小传》(言有章《坚白室诗草》卷首)③
				光绪三十三年 八月十八日	1907 年 9 月 25 日	同上
阎敬铭④	丹初	芰航 荔门 约庵	陕西朝邑	嘉庆二十二年 九月十六日	1817 年 10 月 26 日	阎悌律《晚清重臣阎敬铭》⑤
				光绪十八年 二月九日	1892 年 3 月 7 日	《日记》光绪十八年三月二日⑥
颜培高	聚晖	平洲	广州连平	道光二年 正月二日	1822 年 1 月 24 日	颜培文《连平颜氏宗谱》之《深公支派·二房之长》
				?		
颜莹绶		佩臣	广州连平	道光五年	1825 年	颜培文《连平颜氏宗谱》之《淳公支派·二房之七》⑦
				?		
燕起烈⑧	佐武 训卿		湖南桃园	道光二十年 三月二十一日	1840 年 4 月 22 日	《燕甘州府君年谱》(燕起烈《燕甘州集》卷 9)
				光绪二十七年 六月二十九日	1901 年 8 月 13 日	同上⑨

① 谱名敦相,初名敦熿。

② 原籍江苏常熟。

③ 言有章优贡履历(《清代朱卷集成》册 369)与《小传》同。《清代人物生卒年表》据《江苏艺文志·苏州卷》作同治四年(1865)。

④ 原名居敬。

⑤ 《道光甲午科直省同年全录》《道光二十五年会试齿录》均作嘉庆戊寅年九月十六日。路德《柽华馆文集》卷首《阎敬铭识语》:"道光壬辰年,敬铭年十六。"据此三者,亦可定其生于嘉庆丁丑年九月十六日。

⑥ 《申报》光绪十八年三月二十一日第六千八百十八号之光绪十八年三月十四日《京报全录·鹿传霖跪奏》与《日记》同。《清代人物大事纪年》作光绪十八年二月七日。

⑦ 《宗谱》作道光乙酉□月□日□时。

⑧ 一作启烈。

⑨ 崧蕃《知府燕起烈病故出缺片》(台北故宫博物院《宫中档光绪朝奏折》第 145652 号)与《年谱》同。

续表

姓名	字	号	籍贯	生卒(农历)	生卒(公历)	文献来源
羊复礼	乾生 敦叔	辛楣 心梅 禔庵	浙江海宁	道光二十年 十一月七日	1840年 11月30日	《同治丁卯科并补行甲子科浙江乡试同年齿录》①
				光绪十九年 六月四日	1893年 7月16日	《申报》光绪十九年九月二十一日第七千三百七十四号之光绪十九年九月十三日《京报全录·张联桂跪奏》②
杨宝臣	湘芸 湘云 骧云 细芸	铁臣	福建邵武	嘉庆十一年	1806年	黄彭年《陶楼文钞》卷7《山西河东道杨公墓表》③
				光绪四年 正月一日	1878年 2月2日	同上
杨葆光	明生 古酝	苏庵	江苏娄县	道光十年 十一月十日	1830年 12月24日	《申报》民国元年九月十九日(公历)第一万四千二百一十七号《讣不周》④
				民国元年 四月二十九日	1912年 6月14日	同上⑤
杨秉璋	礼南	峩士 宜伯	安徽怀宁	道光十二年 七月七日	1832年 8月2日	《咸丰乙卯直省乡试同年齿录》⑥
				同治九年	1870年	翁同龢著;陈义杰点校《翁同龢日记》册2页788、页817⑦

① 羊复礼乡试履历(《清代朱卷集成》册256)与《同治丁卯科并补行甲子科浙江乡试同年齿录》同。

② 《日记》光绪十九年九月十一日:"昨夕见邸钞,广西抚张联桂奏报请补泗城府知府羊复礼病故,为之惊愕。辛楣三月间由黄兆怀观察附书来,言将榷税梧江。余于五月间复书,仍托黄君附去。"据此,仅知其卒于光绪十九年九月十一日之前。《清代人物生卒年表》缺。

③ 《墓表》载其光绪四年正月元日卒,年七十有三。据此逆推,其当生于嘉庆十一年(1806)。

④ 《松郡宦浙同官录》《浙江同官录》均与《讣不周》同。张锡恭《茹荼轩续集》卷6《杨苏庵大令家传》载其宣统壬子四月某日卒,年八十三。据此逆推,其生年与《讣不周》同。杨葆光《苏庵诗录》卷2中同治己巳作《荷花生日同人为豫祝生辰荡舟练湖采莲归而醵觞称庆即席成思律句征和别为之序》有句云:"生怜堕坠作文人,四十年华及此辰。"卷4《癸巳初春将游京师留别曲阿诸同好》末句有小注云:"己巳予年四十,同人觞于练湖。"杨葆光著;严文儒等校点《订顽日程》光绪十六年十一月十日记:"生日买裤,二仆来贺。"据此三者逆推,其出生年月日亦与《讣不周》同。

⑤ 张锡恭《茹荼轩续集》卷6《杨苏庵大令家传》家传仅作宣统壬子年四月。

⑥ 杨秉璋会试履历(《清代朱卷集成》册19)与《咸丰乙卯直省乡试同年齿录》同。

⑦ 《翁同龢日记》同治九年七月十二日:"杨礼南来谈良久。"《翁同龢日记》同治九年十一月十日:"吊杨礼南。"故其当卒于同治九年七月十二日至十一月十日之间。此暂作同治九年(1870)。《清代人物生卒年表》缺。

续表

姓名	字	号	籍贯	生卒(农历)	生卒(公历)	文献来源
杨昌濬	子源	石泉 镜涵 汲叟 天壶老人	湖南湘乡	道光六年 九月九日	1826 年 10 月 9 日	《湘乡桐瑞台杨氏族谱》卷 7 中《德道支祖祐派至二十世系图》①
				光绪二十三年 八月十五日	1897 年 9 月 11 日	《申报》光绪二十三年十月二十八日第八千八百三十八号之光绪二十三年十月十六日《京报全录·陈宝箴跪奏》②
杨晨③	定孚 蓉初	月河渔隐	浙江黄岩	道光二十五年 十月二十日	1845 年 11 月 19 日	杨晨辑;杨绍翰重订《路桥河西杨氏家谱》册上《世系传》④
				民国十一年 八月二十五日	1922 年 10 月 15 日	同上⑤
杨呈华			河北武邑	嘉庆六年	1801 年	《咸丰戊午科直省同年录》⑥
				?		
杨崇伊⑦	思大	正甫 莘伯	江苏常熟	道光三十年 二月十九日	1850 年 4 月 1 日	《常熟田庄杨氏世谱》⑧
				宣统元年 七月十六日	1909 年 8 月 31 日	同上⑨

① 《清代人物大事纪年》与《湘乡桐瑞台杨氏族谱》同。

② 欧阳中鹄《赠太子太傅杨尚书行述》、《湘乡桐瑞台杨氏族谱》均作光绪二十三年八月十六日。《清代人物大事纪年》仅作光绪二十三年十一月。

③ 原名保定。

④ 杨晨辑;杨绍翰重订《路桥河西杨氏家谱》册下中杨晨《月河渔桥自订年谱》、杨绍翰《先大夫给谏府君行述》、喻长霖《诰授中宪大夫刑科给事中杨公墓志铭》均与《路桥河西杨氏家谱》同。《光绪三年丁丑科会试同年齿录》作道光丁未年十月二十日。

⑤ 杨晨辑;杨绍翰重订《路桥河西杨氏家谱》册下中杨晨《月河渔桥自订年谱》、杨绍翰《先大夫给谏府君行述》、喻长霖《诰授中宪大夫刑科给事中杨公墓志铭》均与《路桥河西杨氏家谱》同。《清代人物生卒年表》据《中国历代人物年谱考录》正编卷 9 作光绪二十九年(1903)。

⑥ 《咸丰戊午科直省同年录》仅作嘉庆丙寅年,月、日空缺。《日记》光绪二年三月十一日:"晨入闱坐西商字号,临号生有武邑杨呈华,年七十六岁,戊午举人,现官抚宁教谕。"据此逆推,其亦生于嘉庆六年(1801)。

⑦ 谱名同梿。

⑧ 《同治庚午科大同年齿录》、《关中同官录》、《杨崇伊讣告》(《上海图书馆藏赴闻集成》册 12)均与《常熟田庄杨氏世谱》同。杨崇伊会试履历(《清代朱卷集成》册 46)、杨同梿乡试履历(《清代朱卷集成》册 151)、《光绪六年庚辰科会试同年齿录》均作咸丰壬子年二月二十九日。《清代人物生卒年表》据《光绪六年庚辰科会试同年齿录》作咸丰二年(1852)。

⑨ 《杨崇伊讣告》(《上海图书馆藏赴闻集成》册 12)与《常熟田庄杨氏世谱》同。《清代人物生卒年表》缺。

续表

姓名	字	号	籍贯	生卒(农历)	生卒(公历)	文献来源
杨传第	廷胪	汀鹭 莆泽	江苏阳湖	道光四年 五月十二日	1824 年 6 月 8 日	《己酉科顺天乡试同年齿录》①
				咸丰十一年 八月十三日	1861 年 9 月 17 日	《日记》咸丰十一年九月十二日②
杨典诰	伯康		广东大埔	道光二十六年	1846 年	《申报》宣统二年二月十五日第一万三千三百三十四号之《都察院互选人名单》
				?		
杨恩澍	笙吾 生吾		湖南湘潭	?		余丽元《石门县志》卷 6《文职表》
				?		
杨凤藻	兰坡		直隶天津③	同治六年	1867 年	《光绪十五年己丑恩科顺天乡试同年齿录》
				?		
杨福璋	小帆 佩莪	霞生	浙江山阴	咸丰六年 五月八日	1856 年 6 月 10 日	绍兴县修志委员会《民国绍兴县志资料第一辑》册 15《人物列传第二编》④
				民国十三年 九月	1924 年	同上

① 《己酉科直省乡试同年齿录》与《己酉科顺天乡试同年齿录》同。《清代人物生卒年表》缺。

② 《日记》咸丰十一年九月十二日:"八月五日……杨母吴氏,年七旬,大骂贼,被杀……即服药自尽,距母死八日。"故其当卒于咸丰十一年八月十三日。

③ 祖籍浙江山阴。

④ 《光绪壬午科浙江乡试同年齿录》作咸丰己未年五月八日。《绍兴县志资料第一辑》载其(民国)十三年九月卒,年六十九。据此二者,定其生于咸丰六年五月八日。

续表

姓名	字	号	籍贯	生卒(农历)	生卒(公历)	文献来源
杨福臻	骈卿	听梧	江苏高邮	道光十三年九月五日	1833年10月17日	《光绪六年庚辰科会试同年齿录》①
				?		胡为和《三续高邮州志》卷4《列传》②
杨国璋	达夫	璧人	广东大埔	道光二十九年六月二十一日	1849年8月9日	《光绪二年丙子恩科会试同年齿录》③
				民国八年正月	1919年	杨蔚然《百侯杨氏文萃》卷下《作者生平》④
杨和鸣	笙友	少怀	福建侯官	嘉庆二十年十月九日	1815年11月9日	《道光甲午科直省同年录》⑤
				同治元年	1862年	《日记》同治元年九月二日⑥
杨家骧	德生 蕑云	德孙	浙江慈溪	同治五年十二月十七日	1867年1月22日	杨增濂《慈溪赭山杨氏宗谱》卷9《世传五·二十九世》⑦
				民国十一年十二月三十日	1923年2月15日	同上⑧
杨家騋	仲渊	绳孙	浙江慈溪	咸丰元年闰八月二十四日	1851年10月18日	杨增濂《慈溪赭山杨氏宗谱》卷9《世传五·二十九世》⑨
				民国十一年七月二十二日	1922年9月13日	同上

① 杨福臻会试履历(《清代朱卷集成》册50)与《光绪六年庚辰科会试同年齿录》同。《清代人物生卒年表》据《江苏艺文志·扬州卷》作道光十六年(1836)。

② 《列传》仅作光绪末卒于家,年七十有三。再据杨福臻会试履历、《光绪六年庚辰科会试同年齿录》推,其当卒于光绪三十一年(1905)。但《申报》光绪二十二年三月二十三日第一万一千八百五十号《苏学务处批示汇志》:"又称杨福臻捐钱五百千文。"据此,其光绪三十二年仍在世。其卒年待考。《清代人物生卒年表》据《江苏艺文志·扬州卷》作光绪三十四年(1908)。

③ 杨蔚然《百侯杨氏文萃》卷下《作者生平》中无出生年月日及享寿。

④ 《作者生平》仅作(民国)己未年正月。《清代人物生卒年表》缺。

⑤ 杨和鸣乡试履历(《清代朱卷集成》册336)作道光乙亥年十月吉日。

⑥ 《日记》同治元年九月二日:"诣文昌馆吊杨子恂令叔笙友观察之丧(分资四千)。顺道访庭芷编修,沈愚亭驾部,俱不值。"据此,其当卒于同治元年九月二日之前。此暂作同治元年(1862)。

⑦ 杨家骧会试履历(《清代朱卷集成》册70)、《光绪十六年庚寅恩科会试同年齿录》均作同治辛未年十二月十七日。杨家骧乡试履历(《清代朱卷集成》册272)、《光绪乙酉科浙江乡试同年齿录》均作同治戊辰年十二月十七日。《清代人物生卒年表》据杨家骧会试履历作同治十年(1872)。

⑧ 《清代人物生卒年表》缺。

⑨ 《同治癸酉科浙江乡试同年齿录》作咸丰癸丑年八月二十四日。

续表

姓名	字	号	籍贯	生卒(农历)	生卒(公历)	文献来源
杨家騊[1]	寿生	寿孙	浙江慈溪	咸丰七年 正月八日	1857 年 2 月 2 日	杨增濂《慈溪赭山杨氏宗谱》卷 9《世传五·二十九世》[2]
				光绪二十九年 二月二十一日	1903 年 3 月 19 日	同上
杨家驺	菊生	鞠孙 劬孙	浙江慈溪	咸丰四年 九月五日	1854 年 10 月 26 日	杨增濂《慈溪赭山杨氏宗谱》卷 9《世传五·二十九世》[3]
				光绪二十八年 四月十日	1902 年 5 月 17 日	同上[4]
杨介慈			浙江山阴	?		《日记》咸丰九年二月六日
				?		
杨浚	昭铭	雪沧 冠悔道人	福建侯官	道光十年 十月八日	1830 年 11 月 22 日	杨浚《冠悔堂诗钞》卷 1《正月二十九日滋儿生》;杨浚《冠悔堂楹联》卷中《己丑六十自寿》[5]
				光绪十六年	1890 年	唐宝鉴《序》(杨浚《冠悔堂诗钞》卷首)[6]
杨联恩	溥泉	馨圃	直隶宛平[7]	?		杨联桂会试履历(《清代朱卷集成》册 28)
				?		

① 原名家騄。

② 《光绪乙酉科选十八省拔贡明经通谱》其出生年月日空缺。《光绪十五年己丑恩科顺天乡试同年齿录》、杨家騊乡试履历(《清代朱卷集成》册 121)均作咸丰庚申年正月八日。

③ 杨家驺优贡履历(《清代朱卷集成》册 376)作咸丰丙辰年九月五日。

④ 恩寿《奏为奉贤知县杨家驺病故请开缺》(台北故宫博物院《军机处档折》第 149957 号)、《申报》光绪二十八年四月二十五日第一万零四百五十八号《苏省官报》均与《慈溪赭山杨氏宗谱》同。

⑤ 《正月二十九日滋儿生》:"小同今合字於菟'句后注:余以庚寅生,今儿复生于甲寅。"《己丑六十自寿》注:"左文襄公生于十月七日,曾文正公生于十一日,予在初八日。兹当六十平头,撰此自寿,或老天将补蹉跎也。"据此二者,定其生于道光十年十月八日。林纾《健公诗影》第一帧郑贞衍题为"咸丰甲寅年,冠悔先生二十五岁小像"。据此逆推,其生年亦为道光十年(1830)。

⑥ 唐宝鉴《序》:"讵庚寅春别未半载而君竟以末疾捐馆于厦门讲舍矣!"据此,暂作光绪十六年(1890)。

⑦ 祖籍浙江仁和。

续表

姓名	字	号	籍贯	生卒(农历)	生卒(公历)	文献来源
杨模	范甫 铁峰	蛰庵	江苏无锡	咸丰二年 七月三日	1852 年 8 月 17 日	杨辑《鸿山杨氏宗谱》卷 6《新二派寺头分城支中》
				民国四年 正月十日	1915 年 2 月 23 日	同上
杨庆槐	晋堂	树人	浙江慈溪	嘉庆二年 三月十一日	1797 年 4 月 7 日	杨增濂《慈溪赭山杨氏宗谱》卷 8《世传四 · 二十七世》
				同治四年 六月二十一日	1865 年 8 月 12 日	同上
杨汝孙	娱卿	书成 约叟	江苏常熟	道光五年 十一月四日	1825 年 12 月 13 日	《常熟田庄杨氏世谱》
				光绪十九年 五月二十日	1893 年 7 月 3 日	同上
杨锐	退之 叔峤 公武 钝叔	蝉隐	四川绵竹	咸丰五年 六月十六日	1855 年 7 月 29 日	《光绪十一年乙酉科顺天乡试同年齿录》①
				光绪二十四年 八月十三日	1898 年 10 月 8 日	朱彭寿《清代人物大事纪年》
杨绍和	彦合 勰卿		山东聊城	道光十年 十二月二十二日	1831 年 2 月 4 日	张英麟《翰林侍讲学士杨公墓志铭》(陈庆藩、靳维熙《聊城县志》之《耆献文征》卷又下)②
				光绪元年 十二月二十二日	1876 年 1 月 18 日	同上
杨深秀③	蕿春 漪村 漪春	仪村	山西闻喜	道光二十九年 四月二日	1849 年 4 月 24 日	杨深秀会试履历(《未刊清代朱卷集成》册 21)④
				光绪二十四年 八月二十三日	1898 年 10 月 8 日	朱彭寿《清代人物大事纪年》

① 《清代人物大事纪年》仅作咸丰七年(1857)。《清代人物生卒年表》据杨锐《杨叔峤先生文集》卷首黄尚毅《杨叔峤先生事略》作咸丰七年(1857),但笔者在事略中未检阅到文献依据。

② 《同治四年乙丑科会试同年齿录》作道光戊戌年十二月二十二日。

③ 榜名毓秀。

④ 杨深秀《雪虚声堂诗钞》卷首武育元《序》:"同治甲戌夏五月始识杨君仪于都门,余时年二十三,君长于三岁。"卷1《壬戌元日》(十四岁)、《闻邑竹枝词》(乙丑十七岁作)。据此三者,其生年均与杨深秀会试履历同。《清代人物大事纪年》亦与杨深秀会试履历同。

续表

姓名	字	号	籍贯	生卒(农历)	生卒(公历)	文献来源
杨师震	渔蕡 渔菥		浙江山阴	?		孙垓《退宜堂诗集》卷4《杨渔菥茂才郭西草堂夜谭作》
				?		
杨守敬①	朋云	惺吾 心物	湖北宜都	道光十九年 四月十五日	1839年 5月27日	杨有鼎《和州杨氏家谱》卷7《第一百三十九图》②
				民国三年 十一月二十四日	1915年 1月9日	同上③
杨叔怿	叔一	豫庭 渔亭 甦吾	福建侯官	道光十年 五月八日	1830年 6月27日	杨叔怿《未能寡过斋诗稿》之《赠郭大谷式昌并贺长君春榆入词林之喜》④
				光绪二十四年	1898年	杨鉴《侯官杨公豫庭行略》(杨叔怿《未能寡过斋诗稿》卷首)⑤
杨澍先	雨苍	筱皆 小皆	湖南善化	道光二十七年 九月三日	1847年 10月11日	郭嵩焘《养知书屋文集》卷22《杨小皆墓志铭》⑥
				光绪七年	1881年	同上⑦

① 谱名开科,榜名恺,后更名守敬。

② 杨守敬、熊会贞《邻苏老人年谱》与《和州杨氏家谱》同。《申报》民国四年一月十七日(公历)第一万五千零六十六号《京尘中之名宿消息·杨守敬》载其卒于民国四年一月九日(公历),年七十六。据此逆推,其生年亦与《和州杨氏家谱》同。《杨恺乡试朱卷》作道光庚子年四月十五日。

③ 《申报》民国四年一月十七日(公历)第一万五千零六十六号《京尘中之名宿消息·杨守敬》,杨守敬、熊会贞《邻苏老人年谱》均与《和州杨氏家谱》同。

④ 《咸丰乙卯直省乡试同年齿录》作道光辛卯年五月八日。《赠郭大谷式昌并贺长君春榆入词林之喜》云:"谷斋于我为中表,少时同学共昏晓。庚寅之降年月同,生期只隔两日少。"据此二者,定其生于道光庚寅年五月八日。许应鑅《浙江同官录》亦作道光庚寅年五月初八日。

⑤ 《行略》载其年六十九卒,再据《赠郭大谷式昌并贺长君春榆入词林之喜》推,其当卒于光绪二十四年(1898)。

⑥ 杨澍先乡试履历(《清代朱卷集成》册326)、《光绪六年庚辰科会试同年齿录》均作咸丰三年九月三日。《墓志铭》载其年十六为县学生,凡十四年举于乡,又四年成进士,卒年三十五。据此三者,定其生于道光二十七年九月三日,卒于光绪七年(1881)。《清代人物生卒年表》作咸丰三年(1853)。

⑦ 《清代人物生卒年表》缺。

续表

姓名	字	号	籍贯	生卒(农历)	生卒(公历)	文献来源
杨泗孙①	钟鲁 中鲁	滨石 宾石	江苏常熟	道光三年 正月十五日	1823年 2月25日	《常熟田庄杨氏世谱》②
				光绪十五年 七月十九日	1889年 8月15日	同上③
杨崧年④		翰臣	福建侯官	道光二十八年	1848年	《同治庚午科大同年齿录》⑤
				?		
杨泰亨⑥	履安	理庵 问衢	浙江慈溪	道光六年 十月二十日	1826年 11月19日	杨增濂《慈溪赭山杨氏宗谱》卷8《世传四·二十八世》⑦
				光绪二十年 七月二日	1894年 8月2日	同上⑧
杨廷燮⑨	子明 绍志 伯志	晓峰 少怀	浙江新昌	道光十九年 三月二日	1839年 4月15日	杨士庸《彩燕杨氏思存祠宗谱》卷9《行传·六十世·都宪公下继彩公三房派》⑩
				光绪二十五年 七月二十日	1899年 8月25日	同上
杨同槱⑪	思重	调甫	江苏常熟	咸丰元年 闰八月二十日	1851年 10月14日	《常熟田庄杨氏世谱》
				民国十四年 十二月十七日	1926年 1月30日	孙雄《旧京文存》卷1《清故山东蒲台县知县杨君墓志铭》

① 原名英泗。

② 杨同升、杨同元《赐进士及第诰授资政大夫南书房行走太常寺卿加四级前日讲起居注官随带加三级先考滨石府君年状》、《道光丙午科顺天乡试齿录》、《咸丰壬子恩科会试同年齿录》均与《常熟田庄杨氏世谱》同。

③ 杨同升、杨同元《赐进士及第诰授资政大夫南书房行走太常寺卿加四级前日讲起居注官随带加三级先考滨石府君年状》与《常熟田庄杨氏世谱》同。

④ 一作松年。

⑤ 《日记》同治九年十月四日："杨豫庭来，言其子松年新中福建乡试，年仅二十一。"据此逆推，其当生于道光三十年(1850)。

⑥ 一名百祥。

⑦ 杨泰亨《饮雪轩诗集》卷首孙德祖《诰封通奉大夫原任翰林院检讨杨公墓表》载其光绪二十年秋七月卒，年六十有九。据此逆推，其生年与《慈溪赭山杨氏宗谱》同。杨泰亨乡试履历(《清代朱卷集成》册247)、《咸丰戊午科浙江乡试同年齿录》均作道光壬辰年十月二十日。《同治四年乙丑科会试同年齿录》作道光丙申年十月二十日。杨增濂《慈溪赭山杨氏宗谱》卷11周毓邠《翰林院检讨封通奉大夫理庵杨公传》无出生年月日，仅载其卒年六十九。

⑧ 杨泰亨《饮雪轩诗集》卷首孙德祖《诰封通奉大夫原任翰林院检讨杨公墓表》仅作光绪二十年秋七月。

⑨ 谱名美撰，乳名兆芝。

⑩ 《光绪壬午科浙江乡试同年齿录》作道光乙巳年三月二日。

⑪ 一作同鼎。

续表

姓名	字	号	籍贯	生卒(农历)	生卒(公历)	文献来源
杨维培	仙根	笃庵	福建侯官[①]	道光十一年三月十二日	1831年4月23日	《光绪六年庚辰科会试同年齿录》
				光绪十五年十二月五日	1889年12月26日	游智开《题报新安县知县杨维培病故日期事》(中国第一历史档案馆藏)[②]
杨文莹[③]	焕斋 粹伯	雪渔 静夫 幸草道人	浙江钱塘	道光十八年十月十一日	1838年11月27日	朱彭寿《清代人物大事纪年》[④]
				光绪三十四年	1908年	同上[⑤]
杨燮和	春生	寄生	浙江会稽	道光十四年二月三日	1834年3月12日	《同治丁卯科并补行甲子科浙江乡试同年齿录》
				光绪十年	1884年	绍兴县修志委员会《民国绍兴县志资料第一辑》册15《人物列传第二编》
杨宜治	伯平	虞裳	四川成都	道光二十三年六月二日	1843年6月29日	《同治丁卯科带补壬戌恩科四川乡试同年齿录》
				光绪二十四年	1898年	张荫桓著;任青、马忠文整理《张荫桓日记》[⑥]
杨颐	子异	蓉浦 蔗农	广东茂名	道光四年十月二十五日	1824年12月15日	王先谦《虚受堂文集》卷9《诰授光禄大夫兵部左侍郎杨公神道碑》[⑦]
				光绪二十五年二月二十九日	1899年4月9日	同上[⑧]

① 原籍福建连城。

② 《清代人物生卒年表》缺。

③ 原名文蓥。

④ 杨文莹会试履历(《清代朱卷集成》册42)、《光绪三年丁丑科会试同年齿录》均作道光癸卯年十月十一日。《同治四年补行辛酉科并壬戌浙江乡试同年齿录》作道光庚子年十月十一日。《清代人物大事纪年》仅作道光戊戌年(1838)。据此四者,定其生于道光戊戌年十月十一日。杨文莹《幸草亭诗钞》卷首有其七十岁遗像,此书卷末有吴庆坻《后序》:"庚戌假归,则君先二年卒。"据此二者,亦可定其生于道光十八年(1838)。

⑤ 杨文莹《幸草亭诗钞》卷末吴庆坻《后序》:"庚戌假归,则君先二年卒。"据此,其卒年与《清代人物大事纪年》同。

⑥ 《张荫桓日记》光绪二十四年四月六日:"杨虞裳遣马弁先送枢堂手笺,有传旨特派事件。"《张荫桓日记》光绪二十四年六月二十二日:"润台、植云先后来,言杨虞裳以蛊卒。"故其当卒于光绪二十四年四月六日至六月二十二日之间。此暂作光绪二十四年(1898)。

⑦ 《同治四年乙丑科会试同年齿录》《咸丰壬子科直省举贡同年录》均作道光辛卯年十月二十五日。

⑧ 《申报》光绪二十五年五月十日第九千四百号之光绪二十五年五月一日《京报全录·谭钟麟跪奏》与《神道碑》同。

续表

姓名	字	号	籍贯	生卒(农历)	生卒(公历)	文献来源
杨友声①	莺谷		浙江黄岩	道光四年八月十四日	1824 年 10 月 6 日	李文田《诰授奉政大夫晋封中宪大夫寿昌训导杨公墓表》(杨晨辑;杨绍翰重订《路桥河西杨氏家谱》册下)②
				光绪十六年九月二十一日	1890 年 11 月 3 日	同上③
杨越④	宁斋		浙江会稽	咸丰元年	1851 年	《光绪元年乙亥恩科浙江乡试题名录》
杨钟羲⑤	子晴 子勤 芷晴 子琴 梓勤 止庼	留垞 梓励 雪桥 雪樵	汉军正黄旗⑥	同治四年七月十一日	1865 年 8 月 31 日	杨钟羲《来室家乘》⑦
				民国二十九年七月八日	1940 年 8 月 11 日	同上⑧
杨仲愈⑨	仲一 去疾	子恂	福建侯官	道光十一年四月十二日	1831 年 5 月 23 日	杨叔怿《未能寡过斋诗稿》之《哭三弟仲愈即子恂》⑩
				光绪五年	1879 年	《日记》光绪五年八月二十九日

① 谱名逢乔。

② 杨晨辑;杨绍翰重订《路桥河西杨氏家谱》册上《世系传》作道光四年闰八月二十八日;册下杨晨《月河渔桥自订年谱》作道光甲申年八月。道光四年无闰八月,故《世系传》误。

③ 杨晨辑;杨绍翰重订《路桥河西杨氏家谱》册上《世系传》与《墓表》同。杨晨《月河渔桥自订年谱》仅作光绪十六年九月。

④ 一作杨樾。

⑤ 原名钟广,后改为钟羲,冠姓杨。

⑥ 先隶满洲正黄旗。

⑦ 杨钟广会试履历(《未刊清代朱卷集成》册 21)、《光绪十一年乙酉科顺天乡试同年齿录》均与《来室家乘》同。

⑧ 《清代人物生卒年表》据《中国历代人物年谱考录》正编卷 10 作民国二十八年(1939)。

⑨ 榜名仲愉。

⑩ 《咸丰元年辛亥恩科直省同年全录》作道光癸巳年四月十二日。《清代人物大事纪年》作道光庚寅年(1830)。《未能寡过斋诗稿》中光绪己卯年所作《哭三弟仲愈即子恂》:"三千里外离家死,四十九年避厄难(二伯父琴友公卒年亦四十九岁)。"据此三者,定其生于道光十一年四月十二日。

续表

姓名	字	号	籍贯	生卒(农历)	生卒(公历)	文献来源
杨宗佶[①]	吉人	紫芗	湖南平田	道光二十二年九月十九日	1842年10月22日	《欧阳宗谱》卷10《光榜公次子奇勷后派》[②]
				光绪四年六月十七日	1878年7月16日	同上
杨作霖	云程 云乘		浙江山阴	?		《日记》同治七年十一月二十二日
				光绪十一年	1885年	《日记》光绪十二年五二十日[③]
姚宝卿[④]			越缦邑人	?		释彻凡《募梅精舍诗存》卷3《姚葆卿上舍雨后见访》
				?		
姚宝勋	伯庸		浙江嘉兴	?		赵惟嵛《嘉兴县志》卷22《列传二》
				光绪十五年十二月二十三日	1890年1月13日	《申报》光绪十六年正月十一日第六千零二十五号《华屋山丘》[⑤]
姚炳勋			浙江会稽	道光二十三年	1843年	《光绪元年乙亥恩科浙江乡试题名录》
				光绪三十三年	1907年	洪锡范、盛鸿焘《镇海县志》卷17《职官表下》
姚恩衍	叔怡		浙江嘉兴	道光二十九年二月二十六日	1849年3月20日	李慈铭《越缦堂文集》卷9《姚叔怡墓志铭》
				光绪四年四月十六日	1878年5月17日	同上
姚桂芳	秋蘅		江苏苏州	?		曹惆生《中国音乐舞蹈戏曲人名词典》
				?		

① 原姓欧阳。

② 《同治元年壬戌恩科顺天乡试齿录》与《欧阳宗谱》同。

③ 《日记》光绪十二年五二十日："敦夫送来沈晓湖春分日书，言杨云程去求秋病殁。"据此，其当卒于光绪十一年秋。此暂作光绪十一年(1885)。

④ 一作葆卿(释彻凡《募梅精舍诗存》卷3《姚葆卿上舍雨后见访》)。

⑤ 《华屋山丘》载其卒于去年黄羊祭灶日。

续表

姓名	字	号	籍贯	生卒(农历)	生卒(公历)	文献来源
姚徽典①	复初	慎庵 慎五	湖南邵阳	道光十七年 八月十三日	1837 年 9 月 12 日	姚德允《邵陵姚氏族谱》卷 4 下《仕能孙德之曾孙正甫房·安儒房》
				光绪十年 七月二十五日	1884 年 9 月 14 日	同上
姚晋蕃	蕉石		浙江	?		《日记》光绪五年四月七日
				?		
姚觐元②	裕万	彦侍 彦士 复丁老人	浙江归安	道光三年 十二月二日	1824 年 1 月 2 日	姚莲槎《吴兴姚氏家乘》卷 8《谱牒》③
				光绪十六年 十月七日	1890 年 11 月 18 日	同上④
姚濬常	静庵	廉舫	浙江山阴	道光十二年 五月二日	1832 年 5 月 31 日	许应鑅《浙江同官录》
				?		
姚凯元⑤	禹畇	子湘	浙江归安	道光五年 三月十二日	1825 年 4 月 29 日	姚莲槎《吴兴姚氏家乘》卷 8《谱牒》
				光绪二十二年 十月二十三日	1896 年 11 月 27 日	同上⑥
姚礼泰	柽甫	叔来 石益	广州番禺	道光二十八年 正月二十五日	1848 年 2 月 29 日	姚礼泰乡试履历(《清代朱卷集成》册 109)⑦
				?		

① 派名德玥。

② 谱名经炳。

③ 《道光二十三年癸卯科直省同年全录》作道光丙戌年十二月二日。《清代人物生卒年表》据姚觐元《大叠山房文存》卷下《戊子生日偶存》作道光三年(1823)。但因其生于十二月二日,故公历应为 1824 年 1 月 2 日。

④ 崧骏《奏为布政使姚觐元病故片》(台北故宫博物院《宫中档光绪朝奏折》第 146217 号)、《申报》光绪十六年十月十四日第六千三百二十三号《苏省抚辕抄》均与《吴兴姚氏家乘》同。《清代人物生卒年表》缺。

⑤ 谱名经甸。

⑥ 《清代人物生卒年表》缺。

⑦ 《同治庚午科大同年齿录》《同治九年庚午科顺天乡试同年齿录》均与姚礼泰乡试履历(《清代朱卷集成》册 109)同。姚礼泰会试履历(《清代朱卷集成》册 38)、《同治十三年甲戌科会试同年齿录》均作咸丰元年正月二十五日。

续表

姓名	字	号	籍贯	生卒(农历)	生卒(公历)	文献来源
姚士璋①	厚栽	棫卿 公鳞	浙江仁和	道光二十八年八月十一日	1848年9月8日	《同治丁卯科并补行甲子科浙江乡试同年齿录》②
				?		
姚诒庆	翼堂	松生	浙江余杭	同治七年四月三日	1868年4月25日	姚诒庆乡试履历(《清代朱卷集成》册273)
				?		
姚虞卿③	榕生	二吉	安徽桐城	咸丰二年三月十九日	1852年5月7日	姚国桢《麻溪姚氏宗谱》卷6《珠树公二房开化公以下》
				民国四年六月八日	1915年6月8日	同上
姚镇奎	岱伯	伯联	浙江会稽	道光十五年十一月十日	1835年12月29日	《同治庚午科浙江乡试同年齿录》④
				?		
叶秉钧⑤	襄堂	湘塘 相盪 先天客	浙江余姚	咸丰二年八月二十八日	1852年10月11日	叶许芬《姚江叶氏再续谱》册下卷7《后陵公支礼房下斯胜房世系》⑥
				光绪三十四年十二月十四日	1909年1月5日	同上
叶昌炽	颂鲁	鞠常 缘裻 缘督	江苏长洲	道光二十九年九月十五日	1849年10月30日	曹元弼《叶侍讲墓志铭》(《碑传集三编》卷9)⑦
				民国六年九月二十二日	1917年11月6日	同上⑧

① 原名檦。

② 姚士璋会试履历(《清代朱卷集成》册63)、《光绪十五年己丑科会试同年齿录》均作咸丰五年八月十一日。

③ 原名喆。《日记》光绪十六年九月四日:“大兴县谢令裕楷,宛平县姚令际虞来谒见,谢之。”“宛平县姚令际虞”当为越缦误记。姚际虞,清湖南衡阳人,光绪十二年(1886)进士,曾官湖南长沙府教授。据《光绪十九年癸巳恩科顺天乡试是同年齿录》,此当为姚虞卿,其于光绪十九顺天乡试任供给官。

④ 《同治庚午科大同年齿录》与《同治庚午科浙江乡试同年齿录》同。

⑤ 小名联桂。

⑥ 《同治庚午科大同年齿录》与《姚江叶氏再续谱》同。

⑦ 叶昌炽乡试履历(《清代朱卷集成》册165)、叶昌炽乡试履历(《清代朱卷集成》册61)、《光绪十五年己丑科会试同年齿录》均与曹元弼《叶侍讲墓志铭》同。吴郁生《皇清诰授通议大夫翰林院侍讲叶公墓志铭》作道光二十八年己酉九月十五日。“二十八”当为“二十九”之误。

⑧ 曹元弼《叶侍讲墓志铭》作宣统丁巳年九月二十二日。宣统丁巳年九月二十二日,即民国六年九月二十二日。吴郁生《皇清诰授通议大夫翰林院侍讲叶公墓志铭》、《申报》民国七年一月一日(公历)第一万六千一百二十四号《讣告》均与曹元弼《叶侍讲墓志铭》同。

续表

姓名	字	号	籍贯	生卒(农历)	生卒(公历)	文献来源
叶大起	丸生	更端	四川华阳	道光二十五年十二月二十五日	1846 年 1 月 22 日	叶祖学、叶祖盘《蓉城叶氏宗族全谱》卷 5《佐公派·第七世》①
				光绪十三年九月二十二日	1887 年 11 月 7 日	同上②
叶金诏	予封	雨峰	浙江山阴	道光十九年十二月二十五日	1840 年 1 月 29 日	叶金诏乡试履历(《清代朱卷集成》册 261)③
				?		
叶覲光	绣圃		浙江萧山	?		《大清搢绅全书》(咸丰六年冬)册 1《京师·刑部》
				?		
叶庆增	至川 子川	莲舫	浙江慈溪	道光十九年八月十六日	1839 年 9 月 23 日	叶秉成《叶氏家乘》卷 15《密四派世传图·廿一世至廿五世》④
				宣统三年四月十四日	1911 年 5 月 12 日	同上⑤
叶意深⑥	仲俊 叔言 缦卿		浙江慈溪	道光二十六年闰五月二十日	1846 年 7 月 13 日	《慈溪石步叶氏宗谱》卷 20《行传·廿二十九世深行·棁十三支》⑦
				光绪二十五年二月三日	1899 年 3 月 14 日	同上
伊精额	兰田	芝山	满洲正红旗	?		《大清搢绅全书》(同治二年夏)册 1《京师·户部》
				?		

① 王蕴藻《广东同官录》仅作道光甲辰年,月日空缺。

② 吴大澂《题报长宁县知县叶大起病故日期事》(中国第一历史档案馆藏)与《全谱》同。

③ 许应鑅《浙江同官录》仅作道光己亥年十二月吉日。

④ 《同治癸酉科浙江乡试同年齿录》《光绪丙子恩科会试同年齿录》均与《叶氏家乘》同。

⑤ 《清代人物生卒年表》缺。

⑥ 原名望深,又名颂薰。

⑦ 《光绪乙酉科选十八省拔贡明经通谱》《光绪己丑科浙江乡试同年齿录》均与《慈溪石步叶氏宗谱》同。

续表

姓名	字	号	籍贯	生卒(农历)	生卒(公历)	文献来源
伊立勋	峻斋	熙绩	福建宁化	咸丰六年七月八日	1856年8月8日	伊象昂《伊氏族谱》卷10下《文谟公房贤派》①
				民国三十一年四月十四日	1942年5月28日	《茹经堂文集五编》卷6《汀州伊峻斋先生家传》
伊萨本	会庭	德辅	满洲镶红旗	?		《大清搢绅全书》(光绪十九年夏)册1《京师·户部》
				光绪十七年六月十六日	1891年7月21日	《日记》光绪十七年六月十九日②
宜垕	伯敦	渫泉	满洲正白旗	道光二十年六月十五日	1840年7月13日	《同治庚午科大同年齿录》③
				?		
宜霖	子望		满洲镶蓝旗	道光二十二年	1842年	《江宁同官录》
				?		
易俊	哲生	群辅 兰舫	湖北兴国	道光二十四年十月三日	1844年11月12日	湖北省地方志编纂委员会《湖北省志人物志稿》卷4页1613④
				光绪二十四年	1898年	同上
易棠	树甘	念园	湖南善化⑤	乾隆五十九年六月十二日	1794年7月8日	朱彭寿《清代人物大事纪年》⑥
				同治二年九月二十二日	1863年11月3日	恽世临《奏报前任陕甘总督易棠病故并代递遗折事》(台北故宫博物院《军机处档折件》第093505号)⑦

① 《茹经堂文集五编》卷6《汀州伊峻斋先生家传》与《伊氏族谱》同。

② 《日记》光绪十七年六月十九日:"掌浙江道伊御史伊萨本以十六日卒,今日来讣,送奠仪四千。"

③ 《同治九年庚午科顺天乡试同年齿录》与《同治庚午科大同年齿录》同。

④ 《同治癸酉科明经通谱》作道光二十七年十月三日。《湖北省志人物志稿》仅作道光二十四年(1844)。据此二者,定其生于道光二十四年十月三日。

⑤ 祖籍浙江山阴。

⑥ 《道光己丑科会试同年齿录》《道光戊子科直省同年录》均与《清代人物大事纪年》同。

⑦ 《清代人物大事纪年》仅作同治二年十一月。

续表

姓名	字	号	籍贯	生卒(农历)	生卒(公历)	文献来源
奕杕	子恃		满洲镶蓝旗	道光二十六年六月二十一日	1846年8月12日	《中国少数民族古籍集成·爱新觉罗宗谱》册43页231
				?		
奕福堃	尧封		浙江会稽	道光九年八月二日	1829年8月30日	奕福堃乡试履历(《清代朱卷集成》册106)
				?		
奕年	鹤楼		满洲镶蓝旗	道光五年十二月二十五日	1826年2月1日	《中国少数民族古籍集成·爱新觉罗宗谱》册43页235—237
				光绪二十五年五月二十六日	1899年7月3日	同上
奕涛	山来		浙江会稽	?		奕福堃乡试履历(《清代朱卷集成》册106)
				?		
殷鸿畴①	仲叙 萼庭 寿图		浙江苍南	道光十七年十二月九日	1838年1月4日	殷体瀛《金乡殷氏宗谱》之《汝南郡殷氏七房谱谍》
				光绪二十八年六月二十八日	1902年8月1日	同上
殷李尧	瀛琛 寅生	厚培	江苏昭文	道光二十二年十一月二十六日	1842年12月27日	殷李尧乡试履历(《清代朱卷集成》册157)②
				?		

① 一作宏畴,谱名可岐。

② 殷李尧《退晚堂诗草》之《访旧集》卷2《二月十九日第八子暾宝生》(作于光绪二十九年):"六十有二岁,还生第八儿。"据此逆推,其生年与殷李尧乡试履历同。殷李尧会试履历(《清代朱卷集成》册40)作道光甲辰年十一月二十六日。《光绪丙子恩科会试同年齿录》作道光甲辰年十一月日吉时。《清代人物生卒年表》据《光绪丙子恩科会试同年齿录》作道光二十五年(1845),但道光甲辰年十一月的公历范围为1844年12月10日—1845年1月7日,故《清代人物生卒年表》误。

续表

姓名	字	号	籍贯	生卒(农历)	生卒(公历)	文献来源
殷如璋	特夫	秋樵	江苏甘泉	道光七年十一月二十五日	1828年1月11日	朱彭寿《清代人物大事纪年》①
				光绪二十一年四月二十二日	1895年5月16日	《申报》光绪二十一年五月五日第七千九百三十八号《老成凋谢》
殷源②	筱谱 小谱	宿海	江苏吴县	道光十八年三月六日	1838年3月31日	殷文谟《江震殷氏族谱》卷5《世传·第九世》
				光绪元年十二月二十二日	1876年1月18日	同上
殷执中③		心斋	浙江苍南	道光十三年正月十七日	1833年3月8日	殷体瀛《金乡殷氏宗谱》之《汝南郡殷氏七房谱谍》
				光绪二十二年三月二十五日	1896年5月7日	同上
尹耕云	瞻甫	杏农 莘农	江苏桃源	嘉庆十九年三月二十一日	1814年5月10日	吴昆田《河陕汝道尹君墓表》(尹耕云《心白日斋集》卷首)④
				光绪三年九月十三日	1877年10月19日	《申报》光绪三年十一月二十一日第一千七百四十一号之光绪三年十一月三日《京报全录·李庆翱片》⑤
尹继美	巨禧	湜轩	江西永新	嘉庆二十一年四月二十九日	1816年5月25日	尹火发《永新环浒尹氏合修族谱》册上⑥
				光绪十二年	1886年	同上

① 殷如璋乡试履历(《清代朱卷集成》册105)、《同治十年辛未科会试同年齿录》、《同治三年甲子科顺天乡试同年齿录》均作道光戊子年十一月二十五日。

② 原名葆源。

③ 谱名可文。

④ 尹耕云乡试履历(《清代朱卷集成》册140)、《己酉科直省乡试齿录》、《道光己酉科各省选拔同年明经通谱》、《道光庚戌科会试同年齿录》均作嘉庆乙亥年三月二十一日。尹耕云《心白日斋集》卷首吴昆田《河陕汝道尹君墓表》载其年十四岁居父丧。尹耕云《心白日斋集》卷4《诰授光禄大夫山盱营守备显考荆门府君墓表》中载其父卒于道光七年丁亥七月十三日。据此六者，定其生于嘉庆甲戌年三月二十一日。《清代人物生卒年表》缺。

⑤ 尹耕云《心白日斋集》卷首吴昆田《墓表》仅作光绪三年(1877)。

⑥ 《咸丰乙卯直省乡试同年齿录》作嘉庆二十四年四月二十九日。《永新环浒尹氏合修族谱》仅作嘉庆二十一年(1816)。据此二者，定其生于嘉庆二十一年四月二十九日。《日记》同治三年三月九日："邸钞，诏江西举人尹继美调赴吏部带领引见，以太常寺王拯疏荐也。继美字湜轩，与余交好，年五十矣，颇读书为古学，而不适世用。"据此逆推，其当生于嘉庆二十年(1815)。

续表

姓名	字	号	籍贯	生卒(农历)	生卒(公历)	文献来源
尹锡纶[①]	仲俞	海航 嶰篁	湖南邵阳	道光十二年 七月九日	1832 年 8 月 4 日	尹荣舍《洞霞尹氏三修族谱》卷 39《相公五房陶裔道徽公派谱》[②]
				光绪十七年 十二月十一日	1892 年 1 月 10 日	同上[③]
隐松			?	?		《日记》同治九年四月九日
				同治八年 八月	1869 年	同上[④]
应宝时	心易	可帆 敏斋	浙江永康	道光元年 十月二十二日	1821 年 11 月 16 日	《芝英应氏宗谱》卷 21[⑤]
				光绪十六年 九月九日	1890 年 10 月 22 日	同上[⑥]
应大坤			浙江会稽	道光二十五年	1845 年	《光绪己卯科浙江乡试题名录》[⑦]
				?		
应振绪	缵夫	芬贻 复庵	浙江永康	道光十二年 九月一日	1832 年 9 月 24 日	《芝英应氏宗谱》卷 19《崇中》[⑧]
				民国三年 五月三日	1914 年 5 月 3 日	同上[⑨]

① 原名承纶，派名荣诏。

② 尹锡纶乡试履历(《未刊清代朱卷集成》册 46)仅作年三十二岁。据此逆推，其当生于道光二十五年(1845)。《光绪丙子科会试同年齿录》作道光丙申年七月九日。《清代人物生卒年表》据《光绪丙子科会试同年齿录》作道光十六年(1836)。

③ 《清代人物生卒年表》缺。

④ 《日记》同治九年四月九日："去秋八月夜归山寺，为其仇杀于门。"据此，暂作同治八年(1869)。

⑤ 《道光甲辰恩科直省同年录》与《芝英应氏宗谱》同。《清代人物生卒年表》缺。

⑥ 《申报》光绪十六年十月三日第六千三百十二号《武林即事》作光绪十六年重阳节前。

⑦ 《光绪己卯科直省同年齿录》中其字、号及出生年月日空缺。

⑧ 《同治四年补行辛酉科并壬戌浙江乡试同年齿录》作道光乙未年九月一日。应振绪乡试履历(《清代朱卷集成》册 252)中履历首页缺。《同治十三年甲戌科会试同年齿录》作道光壬寅年九月一日。《清代人物生卒年表》据《同治十三年甲戌科会试同年齿录》作道光二十二年(1842)。

⑨ 《清代人物生卒年表》缺。

续表

姓名	字	号	籍贯	生卒(农历)	生卒(公历)	文献来源
英廉①	岳峰		满洲镶红旗	道光七年	1827 年	秦国经《清代官员履历档案全编》册 27 页 75②
				光绪十七年三月六日	1891 年 4 月 14 日	耆庆《先考岳峰府君行述》③
英朴	月桥	厚之	满洲正蓝旗	?		《大清搢绅全书》(光绪十九年冬)册 1《京师·各道》
				?		
英文④	焕章		满洲镶红旗	道光二十九年九月二十五日	1849 年 11 月 9 日	《同治庚午科大同年齿录》
				光绪二十八年四月二十五日	1902 年 6 月 1 日	《申报》光绪二十八年十一月七日第一万零六百四十六号之光绪二十八年十月十九日《京报全录·俞廉三片》
游三立⑤		云九	江西奉新	同治四年正月二十八日	1865 年 2 月 23 日	《广平游氏宗谱》卷 6《长溪守高公支世系》⑥
				?		
于克勤	泽九		直隶天津	?		窦镇《国朝书画家笔录》卷 4《咸丰朝》
				?		
于民新	爱堂	子元 寅生	奉天铁岭	道光二十年十一月二十日	1840 年 12 月 13 日	《同治十三年甲戌科会试同年齿录》⑦
				?		

① 《日记》光绪十七年三月二十一日:"同年贵给事(贤)之弟娶妇,英兵部(文)之弟、前浙江金衢严道英□病故,兵科文纪廷给事纲病故,各送礼钱四千。"据褚成博乡试履历(《清代朱卷集成》册 269)及孔昭晙优贡履历(《清代朱卷集成》册 376),英□当为英廉。

② 《清代官员履历档案全编》(册 27 页 75)载其同治九年为四十四岁。据此逆推,其当生于道光七年(1827)。耆庆《先考岳峰府君行述》载其道光二十六年为十六岁。据此逆推,其当生于道光十一年(1831)。此据《清代官员履历档案全编》。

③ 据《日记》光绪十七年三月二十一日,仅知其卒于光绪十七年三月二十一日之前。

④ 越缦于光绪十七年三月二十一日日记载英文为英廉之兄。据《同治庚午科大同年齿录》中英文履历,英文当为英廉之弟。

⑤ 谱名九云,改名毅之。会试同年齿录作"去恶"。

⑥ 《光绪十六年庚寅恩科会试同年齿录》(天一阁藏本)作同治七年正月二十八日。

⑦ 《同治庚午科大同年齿录》《同治九年庚午科顺天乡试同年齿录》均与《同治十三年甲戌科会试同年齿录》同。

续表

姓名	字	号	籍贯	生卒(农历)	生卒(公历)	文献来源
于式枚①	晦若		广西贺县②	咸丰三年 六月二十六日	1853年 7月31日	严修、高凌霄、严仁曾《严修年谱》③
				民国四年 六月二十五日	1915年 8月5日	《大同月报》民国四年第一卷第九期
于式珍	席卿	继庭	直隶天津	咸丰九年 八月一日	1859年 8月28日	《光绪十一年乙酉科顺天乡试同年齿录》
				?		
于万川	印波	会一	直隶丰润	道光六年 正月六日	1826年 2月12日	《同治三年甲子科顺天乡试齿录》④
				?		
余彬⑤	文卿 质夫	汲斋	四川华阳⑥	道光二十九年 六月六日	1849年 7月25日	《光绪三年丁丑科会试同年齿录》⑦
				?		
余诚格	寿平 吾 去非	至斋 愧庵	安徽望江	咸丰六年 十二月七日	1857年 1月2日	余德炎《余氏宗谱》卷7《梁四公子容公股肇璠公支裔》⑧
				民国十五年 六月二十日	1926年 7月29日	《时报》民国十五年八月三日(公历)第七千九百十八号《余诚格逝世》⑨

① 小名穗生。

② 祖籍四川营山。

③ 《严修年谱》载严修撰于式枚挽联:"志节尤肖陶征士,两贤同命运,丑年生,卯年殁,寿六十三而终。"于式牧会试履历(《清代朱卷集成》册46)、《光绪六年庚辰科会试同年齿录》、《光绪己卯科直省同年齿录》均作咸丰六年十月二十六日。据此四者,定其生于咸丰癸丑年十月二十六日。

④ 《同治七年庚辰科会试同年齿录》、于万川会试履历(《清代朱卷集成》册30)、《重订戊辰同年齿录》均与《同治三年甲子科顺天乡试齿录》同。

⑤ 原名宗义。

⑥ 原籍浙江山阴。

⑦ 《同治庚午科大同年齿录》与《光绪三年丁丑科会试同年齿录》同。

⑧ 《光绪十五年己丑科会试同年齿录》、余诚格乡试履历(《清代朱卷集成》册118)、余诚格会试履历(《清代朱卷集成》册67)、《光绪十一年乙酉科顺天乡试同年齿录》均与《余氏宗谱》同。

⑨ 《益世报》(天津版)民国十五年八月八日(公历)第三千七百十六号《余诚格在皖逝世》与《余诚格逝世》同。《清代人物生卒年表》缺。

续表

姓名	字	号	籍贯	生卒(农历)	生卒(公历)	文献来源
余承普	博斋	晓云 筱云	浙江山阴	道光二年 正月二十一日	1822年 2月12日	《咸丰元年辛亥恩科直省同年全录》①
				?		
余恩照	藜轩	晖亭 辉亭 夔廷	浙江会稽	道光八年 正月二十八日	1828年 3月13日	余坚《会稽余氏支谱》卷9《第三十二世》②
				光绪五年 八月十九日	1879年 10月4日	《日记》光绪五年十一月三十日③
余和埙	子厚		湖南善化④	道光三十年	1850年	《申报》光绪十三年九月十二日第五千二百二十号《考取游历人员名单》
				?		
余九谷	稼甫	石孙 石生	江西奉新	道光十四年 八月五日	1834年 9月7日	《咸丰九年己未科会试同年齿录》⑤
				?		
余骏年		少南	陕西安康	道光二十九年	1849年	秦国经《清代官员履历档案全编》册28页72⑥
				光绪二十五年 十二月十四日	1900年 1月24日	《申报》光绪二十六年三月二十四日第九千七百零三号之光绪二十六年三月十七日《京报全录·何枢跪奏》

① 余承普乡试履历(《未刊清代朱卷集成》册42)、《咸丰元年辛亥恩科浙江乡试同年齿录》、许应鑅《浙江同官录》均与《咸丰元年辛亥恩科直省同年全录》同。

② 《咸丰乙卯直省乡试同年齿录》作道光辛卯正月二十八日。

③ 《日记》光绪五年十一月三十日:"《续伤逝》二首,有序。余于八月之末,著《伤逝诗》四章。逮九月至今,故乡人来,言余辉庭舍人以八月十九日殁于家。"

④ 越缦言其为同乡。

⑤ 《咸丰元年辛亥恩科直省同年全录》与《咸丰九年己未科会试同年齿录》同。

⑥ 秦国经《清代官员履历档案全编》载其光绪十七年为四十三岁。据此逆推,其当生于道光二十九年(1849)。

续表

姓名	字	号	籍贯	生卒(农历)	生卒(公历)	文献来源
余联沅①	应毕	晋珊 搢珊	湖北孝感	道光二十一年九月八日	1841年10月22日	余行海、余幼青《孝邑龙潭余氏家谱》卷18《亨祖积柳支十六世至二十世系》②
				光绪二十七年十一月十六日	1901年12月26日	《申报》光绪二十八年七月六日第一万零五百二十七号之光绪二十八年六月二十二日《京报全录·刘坤一跪奏》③
余烈	承谟	子骏	浙江金华	道光十年十二月十三日	1831年1月26日	《同治丁卯科并补行甲子科浙江乡试同年齿录》④
				?		
余文灿			越缦邑人	?		《日记》咸丰八年十一月二十九日
				?		
余熙春	海若	竹筠	贵州贵筑⑤	道光二十五年二月三十日	1845年4月6日	《光绪六年庚辰科会试同年齿录》⑥
				光绪十三年	1887年	《日记》光绪十三年十月五日⑦

① 派名统泗。

② 《光绪丁丑科会试同年齿录》作道光丙午年九月八日。《清代人物生卒年表》缺。

③ 刘坤一《刘忠诚公奏疏》卷37《前署浙江抚臣请恤折》与《京报全录·刘坤一跪奏》同。朱彭寿《清代人物大事纪年》作光绪二十七年十月十六日。

④ 余烈会试履历(《清代朱卷集成》册30)、《同治七年戊辰科会试同年齿录》均与《同治丁卯科并补行甲子科浙江乡试同年齿录》同。

⑤ 原籍湖北。

⑥ 《同治庚午科大同年齿录》与《光绪六年庚辰科会试同年齿录》同。

⑦ 《日记》光绪十三年十月五日:"付麟芝庵师嗣子娶妇同年公送礼物银一两,又庚辰同年余检讨熙春病故帮分一两,李进士文焕病故幛分一千。"据此,其当卒于光绪十三年十月五日或之前。此暂作光绪十三年(1887)。《清代人物生卒年表》缺。

续表

姓名	字	号	籍贯	生卒(农历)	生卒(公历)	文献来源
余撰	咏沂	子春 枳村	浙江龙游	道光元年 八月二日	1821 年 8 月 28 日	余绍宋《龙游高阶余氏宗谱》卷 3《行序》①
				光绪十三年 五月十九日	1887 年 7 月 9 日	同上②
俞炳煇	潞生	樟卿 鹿笙	安徽婺源	道光二十八年 二月二十八日	1848 年 4 月 1 日	俞炳煇会试履历(《清代朱卷集成》册 50)③
				光绪三十三年 二月二十八日	1907 年 4 月 10 日	周馥《奏报正任广东韶州府知府俞炳煇病故日期事并遗缺归部铨选事》(中国第一历史档案馆藏)④
俞长赞	仲思	子襄 子相 杍乡 芷湘	浙江会稽⑤	嘉庆二十一年 八月七日	1816 年 9 月 27 日	杨传第《汀鹭文钞》卷 3《诰授资政大夫内阁学士兼礼部侍郎衔河南学政加三级俞公行状》⑥
				咸丰二年 九月十三日	1852 年 10 月 25 日	同上⑦
俞功懋	策臣 幼山 幼珊	赤城 又山	浙江海盐	道光十一年 八月二十六日	1831 年 10 月 1 日	俞功懋《碧城杂著》卷 3《祭颜雪庐观察文》;颜家骥《跋》(颜宗仪《清邃堂遗诗》卷末)⑧
				光绪十六年	1890 年	柯愈春《清人诗文集总目提要》⑨

① 余撰乡试履历(《清代朱卷集成》册 241)、《道光二十三年癸卯科浙江乡试同年齿录》均与《龙游高阶余氏宗谱》同。《道光二十三年癸卯科直省同年全录》、余撰会试履历(《清代朱卷集成》册 17)、《咸丰壬子恩科会试同年齿录》均作道光乙酉年八月二日。《清代人物生卒年表》据《咸丰壬子恩科会试同年齿录》作道光五年(1825)。

② 《清代人物生卒年表》缺。

③ 《光绪六年庚辰科会试同年齿录》与俞炳煇会试履历同。

④ 《清代人物生卒年表》缺。

⑤ 寄籍直隶大兴。

⑥ 《道光乙未恩科直省同年录》《道光二十一年辛丑恩科会试齿录》均作嘉庆戊寅八月七日。《行状》作嘉庆二十一年八月。据此三者,定其生于嘉庆二十一年八月七日。

⑦ 陆应谷《奏为学臣俞长赞因病出缺由》(台北故宫博物院《军机处档折件》第 087055 号)与《行状》同。

⑧ 《祭颜雪庐观察文》载:"学士长余九岁。"颜家骥《跋》载:"咸丰壬子乡试至癸丑会试为卷首,时年三十一岁至三十二岁……以咸丰己未大考奉使滇南至庚申行次成都为卷二,时年三十八至三十九……"王蕴藻《广东同官录》作道光癸巳年八月二十六日。据此三者,定其生于道光元年八月二十六日。

⑨ 《清代诗文集总目提要》载其卒年六十,再据其生年,定其卒于光绪十六年(1890)。

续表

姓名	字	号	籍贯	生卒(农历)	生卒(公历)	文献来源
俞官圻①	覃伯 芷馨	子新 子欣	浙江山阴	咸丰八年 二月五日	1858 年 3 月 19 日	《光绪戊子科浙江乡试同年齿录》②
				?		
俞恒治	子安		直隶大兴③	嘉庆十二年	1807 年	《日记》光绪十年十二月十三日④
				光绪十年 十一月下旬	1885 年	《日记》光绪十年十二月十三日⑤
俞怀棠			浙江会稽	?		俞钧乡试履历(《清代朱卷集成》册 280)
				?		
俞觐光⑥	晓庐 文耿	三韭	浙江山阴	嘉庆十九年 九月十八日	1814 年 10 月 30 日	俞家冀《潭底俞氏家谱》卷 5 上⑦
				同治十年 八月十日	1871 年 9 月 24 日	同上
俞钧⑧	觐甫	稚山	浙江会稽	同治八年 七月五日	1869 年 8 月 12 日	《光绪己丑科浙江乡试同年齿录》
				?		
俞明震	恪士	启东	直隶宛平⑨	咸丰十年 五月九日	1860 年 6 月 27 日	朱彭寿《清代人物大事纪年》⑩
				民国七年 十一月二十二日	1918 年 12 月 24 日	陈诗《跋》(俞明震《觚庵诗存》卷末)⑪

① 谱名其铭,原名寿铭。

② 俞官圻乡试履历(《清代朱卷集成》册 276)、俞官圻会试履历(《未刊清代朱卷集成》册 22)、《光绪十六年庚寅恩科会试同年齿录》均与《光绪戊子科浙江乡试同年齿录》同。

③ 据《己酉科顺天乡试同年齿录》中俞奎垣履历,其原籍浙江德清。

④ 《日记》光绪九年九月二十五日后所录《邸钞》载其本年七十七。据此,其当生于嘉庆十二年(1807)。《日记》光绪十年十二月十三日载其去年年七十六。据此逆推,其当生于嘉庆十三年(1808)。此姑作嘉庆十二年(1807)。

⑤ 《日记》光绪十年十二月十三日作光绪十年十一月下旬。公历为 1885 年 1 月 6 日—1 月 15 日。据此,暂作光绪十一年(1885)。

⑥ 原名肇墀。

⑦ 俞觐光乡试履历(《清代朱卷集成》册 249)、《咸丰九年己未恩科浙江乡试同年齿录》均与《潭底俞氏家谱》同。

⑧ 谱名光耿,小字季连。

⑨ 祖籍浙江山阴。

⑩ 俞明震乡试履历(《清代朱卷集成》册 121)仅作年二十八。据此逆推,其当生于咸丰十一年(1861)。《光绪十四年戊子科顺天乡试同年齿录》《光绪十六年庚寅恩科会试同年齿录》均作咸丰辛酉年五月九日。

⑪ 《清代人物大事纪年》仅作民国七年(1918)。

续表

姓名	字	号	籍贯	生卒(农历)	生卒(公历)	文献来源
俞培元	魁三 葵山	小园 筱沅	直隶大兴①	道光十九年 五月十七日	1839 年 6 月 27 日	《同治十三年甲戌科会试同年齿录》②
				?		
俞启荪	兰卿		浙江山阴	道光二十四年 十月一日	1844 年 11 月 10 日	俞家冀《潭底俞氏家谱》卷 5 上
				民国十六年 十二月六日	1927 年 12 月 29 日	同上
俞庆恒③	星樵 午轩	拙庵 钝叟	浙江山阴	道光二十二年 五月二日	1842 年 6 月 10 日	绍兴县修志委员会《民国绍兴县志资料第一辑》册 15《人物列传第二编》④
				民国五年	1916 年	同上
俞士彦	德甫		浙江杭州	道光二年	1822 年	《日记》光绪十七年十一月二十四日⑤
				光绪十七年	1891 年	同上
俞寿彭	松坪	嵩屏 嵩坪	直隶大兴	道光十八年 十一月十八日	1839 年 1 月 3 日	《同治庚午科大同年齿录》⑥
				光绪四年	1878 年	《日记》光绪四年五月二十七日⑦
俞埙⑧	芗馥 伯谐	枚臣 梅臣 梅城	浙江新昌	道光十一年 七月二十三日	1831 年 8 月 30 日	俞华康《五峰西宅孔安祠俞氏史记》⑨
				民国十一年 四月十三日	1922 年 5 月 9 日	同上

① 原籍浙山阴。

② 俞培元会试履历(《清代朱卷集成》册 36)、俞培元乡试履历(《清代朱卷集成》册 106)均与《同治十三年甲戌科会试同年齿录》。

③ 谱名光奎。

④ 《光绪戊子科浙江乡试同年齿录》作道光乙巳年五月二日。《人物列传第二编》载其民国五年卒,年七十五。据此二者,定其生于道光二十二年五月二日。

⑤ 《日记》光绪十七年十一月二十四日载其卒于光绪十七年,卒年七十。据此逆推,其当生于道光二年(1822)。

⑥ 俞寿彭乡试履历(《未刊清代朱卷集成》册 47)、《同治九年庚午科顺天乡试同年齿录》均与《同治庚午科大同年齿录》同。

⑦ 《日记》光绪四年五月二十七日:"是日谢麟伯开吊,送奠分四千。又大兴同年俞嵩坪舍人(寿彭)病故,送障分一千二百。"据此,其当卒于光绪四年五月二十七日或之前。此暂作光绪四年(1878)。

⑧ 谱名德祖,原名昌言。

⑨ 《同治癸酉科浙江乡试同年齿录》作道光辛卯年七月二十三日。

续表

姓名	字	号	籍贯	生卒(农历)	生卒(公历)	文献来源
俞荫森	竹亭 竹庭 卓亭		浙江会稽	咸丰九年 四月十九日	1859年 5月21日	《蔡元培日记》光绪二十年七月十一日①
				光绪二十年 七月十一日	1894年 8月11日	同上②
俞樾	荫甫	绚岩 中山 曲园	浙江德清	道光元年 十二月二日	1821年 12月25日	俞樾《曲园自述诗》③
				光绪三十二年 十二月二十三日	1907年 2月5日	缪荃孙《艺风堂文续集》卷2《清诰授奉直大夫诰封资政大夫重宴鹿鸣翰林院编修俞先生行状》④
俞瞻淇⑤	天锡	竹甫	浙江诸暨	道光二十九年 十月二十七日	1849年 12月11日	俞汝谐《暨阳次峰俞氏宗谱》卷185《行传·三十世陞字一起至六百》⑥
				民国五年 正月二十八日	1916年 3月1日	同上

① 《光绪己丑科浙江乡试同年齿录》作咸丰辛酉年四月十九日。《蔡元培日记》光绪二十年七月十一日："俞竹庭同年病殁于邑馆，往哭之，视其袭殓。竹庭名荫森，三十后始娶，今年三十六矣。"据此二者，定其生于咸丰九年四月十九日。

② 《蔡元培日记》光绪二十年七月十一日："俞竹庭同年病殁于邑馆，往哭之，视其袭殓。竹庭名荫森，三十后始娶，今年三十六矣。"据此，其当卒于光绪二十年七月十一日或之前。此暂作光绪二十年(1894)。

③ 《清代人物大事纪年》与《曲园自述诗》同。缪荃孙《艺风堂文续集》卷2《清诰授奉直大夫诰封资政大夫重宴鹿鸣翰林院编修俞先生行状》载其光绪三十二年十二月二十三日，年八十六。据此逆推，其生年与《曲园自述诗》同。《申报》光绪三十二年十二月二十六日第一万二千一百四十六号《俞太史作古》："前河南学政俞曲园太史年已八十有四，近因各处灾荒赈款孔亟，特以书法助赈，四五日间共得洋银七百数元。廿二日两手忽觉麻木，顿患中风，遂于廿三日未刻作古。"据此逆推，其当生于道光三年(1823)。《道光庚戌科会试同年齿录》作道光乙酉年十二月二日。《道光丁酉科浙江乡试同年齿录》《道光甲辰恩科直省同年录》均作道光癸未年十二月二日。

④ 《清代人物大事纪年》、《申报》光绪三十二年十二月二十六日第一万二千一百四十六号《俞太史作古》均与《行状》同。

⑤ 谱名承恩。

⑥ 俞瞻淇乡试履历(《清代朱卷集成》册273)作咸丰辛亥年十月二十七日。《光绪乙酉科浙江乡试同年齿录》作咸丰丁亥年十月二十七日。

续表

姓名	字	号	籍贯	生卒(农历)	生卒(公历)	文献来源
俞振鸾	鸣斋		浙江余杭	道光二十八年	1848年	陈三立著;李开军校点《散原精舍诗文集》(增订本)册下《俞明斋先生及德配傅夫人墓志铭》①
				光绪二十七年	1901年	《申报》光绪二十七年九月二十二日附张之《闽中官报》②
俞正椿	乡圃 香圃		浙江山阴③	嘉庆十一年	1806年	《道光十七年丁酉科顺天文乡试录》④
				咸丰十一年 九月二十九日	1861年 11月1日	张景祁《浙江忠义录》之《表五上绅士表上》
俞钟颖	君实	又澜 祐莱 佑莱 幼莱 幼兰	江苏昭文	道光二十七年 十二月二十八日	1848年 2月2日	王庆芝《涵春馆诗稿三编》附录《庚申消寒雅集记》⑤
				民国十三年 二月三十日	1924年 4月30日	俞鸿筹著;潘悦整理《俞鸿筹日记》册上页11⑥
虞庆澜⑦	若采	映溪	江苏常州	嘉庆二十五年 正月二十一日	1820年 3月5日	《江南鹿野堂虞氏宗谱》⑧
				光绪十八年 七月二十四日	1892年 9月14日	同上

① 《俞鸣斋先生及德配傅夫人墓志铭》仅载其卒年五十四。再据《申报》光绪二十七年九月二十二日附张之《闽中官报》,可得其生于道光二十八年(1848)。

② 《闽中官报》:"……宁洋县俞振鸾病故……"据此,暂定其卒于光绪二十七年(1901)。

③ 寄籍直隶清苑。

④ 《道光十七年丁酉科顺天文乡试录》载其本年三十二岁。据此逆推,其当生于嘉庆十一年(1806)。

⑤ 《庚申消寒雅集记》:"与会者俞佑莱钟颖,年七十四;邵伯英松年,年七十三;杨调甫同槱,年七十;邹士希鲁望,年六十五;丁虞庵学恭,年六十一;王瑞峰庆芝,年五十七;李镜宇士玙,年五十四;陆圭如琦,年四十九;丁芝孙祖荫,年五十;瞿良士启甲,年四十八;丁序生学谦,年四十六;丁幼威崇庚,年三十。"俞钟颖拔贡履历(《清代朱卷集成》册384)作道光二十九年十二月二十八日。据此二者,定其生于道光二十七年十二月二十八日。《清代人物生卒年表》据《江苏艺文志·苏州卷》作道光二十七年(1847)。

⑥ 徐兆玮著;李向东、包岐峰、苏醒点校《徐兆玮日记》载:"(民国十三年)三月三日,闻俞佑莱丈逝世,与息庵前辈相后两月,老成凋谢,良用黯然。"而邵息庵卒于民国癸亥除夕。故仅能推知俞钟颖卒于民国十三年二月左右。

⑦ 谱名存礼。

⑧ 许应鑅《浙江同官录》与《江南鹿野堂虞氏宗谱》同。

续表

姓名	字	号	籍贯	生卒(农历)	生卒(公历)	文献来源
郁崑	漱山 铜士	秀山 秀珊	浙江萧山	道光十八年九月十四日	1838年10月31日	《咸丰九年己未恩科浙江乡试同年齿录》
				光绪六年四月	1880年	林国柱《郁漱山公配韩太夫人传赞》(《萧山郁氏宗谱》卷1)①
钰昌	相泉	玉堂	满洲正白旗	?		《大清搢绅全书》(光绪十六年春)册1《京师·兵科》
				光绪十六年十二月十七日	1891年1月26日	绍昌《为兵科给事中觉罗钰昌病故所遗族长一缺呈请宗人府派人员充当事》(中国第一历史档案馆藏)②
钰坤			满洲镶红旗	道光七年	1827年	中国第一历史档案馆《光绪朝朱批奏折》第一辑《内政·职官》页915③
				光绪二年二月十日	1876年3月5日	《申报》光绪二年五月八日第一千二百五十五号之光绪二年四月二十一日《京报全录·刘坤一等片》
裕德	荣俊	寿田	满洲正白旗	道光二十八年十月二十二日	1848年11月17日	熙明《裕德讣告》④
				光绪三十一年十月二十六日	1905年11月22日	同上⑤

① 《郁漱山公配韩太夫人传赞》:“不意光绪五年间,公染疾病,解组归都,卧床床褥。及六年四月间,鸾驭仙游。”据此,暂作光绪六年(1880)。

② 《日记》光绪十六年十二月二十二日:“觉罗给事钰昌病故,送奠分四千。近日掌吏科文给事文敬甫卒,今兵科钰给事继之,年皆六十余。”《申报》光绪十六年十一月二十五日第六千三百六十四号《保送京察衔名单》中有觉罗钰昌。据此二者,仅知其卒于光绪十六年十一月二十五日至十二月二十二日之间。

③ 《内政·职官》载其光绪元年为四十九岁。据此逆推,其当生于道光七年(1827)。

④ 《清代人物大事纪年》《同治庚午科大同年齿录》《同治九年庚午科顺天乡试同年齿录》均作道光二十七年十月二十二日。《清代人物生卒年表》缺。

⑤ 《清代人物大事纪年》与《裕德讣告》同。

续表

姓名	字	号	籍贯	生卒(农历)	生卒(公历)	文献来源
裕禄	子蕃	寿山	满洲正白旗	道光二十年十月十一日	1840年11月4日	《皖江同官录》①
				光绪二十六年七月二日	1900年7月27日	朱彭寿《清代人物大事纪年》
袁宝贵②		仁趾	湖北汉阳③	咸丰十年八月十五日	1860年9月29日	袁昌寿《上虞小越袁氏宗谱》卷18《鹤院派第廿九世至三十三世》
				?		
袁保恒	贞叔	少午 小午 筱坞 月卿	河南项城	道光六年八月二十四日	1826年9月25日	袁保龄《行状》(袁保恒《文诚公集》卷首)④
				光绪四年四月六日	1878年5月7日	吴汝纶《桐城吴先生文集》卷3《光禄大夫刑部侍郎袁文诚公神道碑》⑤
袁保龄	子久 子九 陆龛		河南项城	道光二十一年	1841年	朱彭寿《清代人物大事纪年》⑥
				光绪十五年七月二十日	1889年8月16日	《李文忠公奏稿》卷66《袁保龄请恤片(光绪十五年八月五日)》⑦

① 《清代人物生卒年表》缺。

② 谱名嘉麟，一名宝贵。越缦于光绪八年十月十六日所记之“袁庆麟”，据光绪八年十一月二十三日日记内容，“袁庆麟”与“袁嘉麟”或为同一人。

③ 祖籍浙江上虞。

④ 袁保恒乡试履历(《清代朱卷集成》册100)、《道光丙午科顺天乡试齿录》、《道光庚戌科会试同年齿录》均作道光戊子年七月十四日。《行状》仅载其于二十一岁时中乡举，二十五岁中进士。据此四者，定其生于道光六年七月十四日。吴汝纶《桐城吴先生文集》卷3《光禄大夫刑部左侍郎袁文诚公神道碑》载其光绪四年四月六日卒，年五十三。据此逆推，其生年亦为道光六年(1826)。

⑤ 《申报》光绪四年五月十二日第一千八百八十号之光绪四年五月一日《京报全录·李鹤年跪奏》与《神道碑》同。《清代人物生卒年表》载《清史稿》卷418本传作光绪三年(1877)，误。《清史稿》卷418本传仅作光绪四年(1878)。

⑥ 《阁学公集》卷首许贞幹《行状》载其于光绪十五年七月卒，年四十九。据此逆推，其生年与《清代人物大事纪年》同。

⑦ 李鸿章于光绪十五年八月五日所作《袁保龄请恤片》：“该员经营数年，遂成脾泻中风等症。兹于本年七月二十日病故，身后萧条，实堪悯惜。”据此，其当卒于光绪十五年七月二十日。《阁学公集》卷首许贞幹《行状》仅作光绪十五年七月。

续表

姓名	字	号	籍贯	生卒(农历)	生卒(公历)	文献来源
袁保庆	笃臣	延之	河南项城	道光五年十月二十日	1825年11月29日	王忠和《项城袁氏家传》①
				同治十二年六月二十一日	1873年7月15日	孙衣言《逊学斋文钞》卷5《袁笃臣墓表》②
袁秉桢③	榆笙 虞笙	星伯 钓叟	湖南长沙	道光二十二年二月三十日	1842年4月10日	袁潜修《石塘山袁氏六修族谱》卷8《崇九位下五封一支》
				光绪二十五年九月二十三日	1899年10月27日	同上
袁昶④	爽秋 磢秋 稚符 稚岩	重黎	浙江桐乡	道光二十六年八月八日	1846年9月27日	袁允棣《皇清诰授荣禄大夫二品衔总理各国事务大臣太常寺卿显考爽秋府君行略》⑤
				光绪二十六年七月三日	1900年7月28日	同上⑥
袁国均	雩瀛		江西赣县	?		《大清搢绅全书》(光绪二十六年)册1《京师·五城》
				?		

① 《咸丰乙卯直省乡试同年齿录》作道光戊子十月二十日。《项城袁氏家传》作道光五年(1825)。据此二者,定其生于道光乙酉十月二十日。孙衣言《逊学斋文钞》卷5《袁笃臣墓表》仅有去世年月日。《清代人物生卒年表》缺。

② 《申报》同治十二年八月二日第四百三十二号之同治十二年七月十日《京报全录·李宗羲片》作同治十二年六月二十三日。

③ 谱名槵泽,官名秉箴。

④ 原名振蟾。

⑤ 甘云鹏《潜庐续稿》卷8《清故太常寺卿袁忠节公墓志铭(代)》与《行略》同。陈三立著;李开军点校《散原精舍诗文集》册下《清故太常寺卿袁忠节公神道碑铭》载其光绪二十六年七月三日卒,年五十五。据此逆推,其生年与《行略》同。《光绪二年丙子恩科会试同年齿录》作咸丰壬子年八月八日。《同治丁卯科并补行甲子科浙江乡试同年齿录》作道光丁未年八月八日。章梫《一山文存》卷3《袁昶传》无生年及享寿。

⑥ 甘云鹏《潜庐续稿》卷8《清故太常寺卿袁忠节公墓志铭(代)》、章梫《一山文存》卷3《袁昶传》、陈三立著;李开军点校《散原精舍诗文集》册下《清故太常寺卿袁忠节公神道碑铭》均与《行略》同。

续表

<table>
<tr><th>姓名</th><th>字</th><th>号</th><th>籍贯</th><th>生卒(农历)</th><th>生卒(公历)</th><th>文献来源</th></tr>
<tr><td rowspan="2">袁甲三</td><td rowspan="2">新铭
新斋</td><td rowspan="2">午桥</td><td rowspan="2">河南项城</td><td>嘉庆十一年
正月二十七日</td><td>1806年
3月16日</td><td>倭仁《皇清诰授光禄大夫钦差大臣漕运总督赠都察院右都御史袁端敏公墓志》①</td></tr>
<tr><td>同治二年
六月二十四日</td><td>1863年
8月8日</td><td>同上②</td></tr>
<tr><td rowspan="2">袁鹏图③</td><td rowspan="2">德恩</td><td rowspan="2">海帆
云九</td><td rowspan="2">浙江天台</td><td>道光二十一年
十二月十一日</td><td>1842年
1月21日</td><td>《天台袁氏宗谱》卷7《朴庵公下四房毅斋公派系传》④</td></tr>
<tr><td>光绪十年
九月七日</td><td>1884年
10月25日</td><td>同上⑤</td></tr>
<tr><td rowspan="2">袁世勋⑥</td><td rowspan="2">敏孙</td><td rowspan="2"></td><td rowspan="2">河南项城</td><td>同治二年</td><td>1863年</td><td>秦国经《清代官员履历档案全编》册28页74⑦</td></tr>
<tr><td>?</td><td></td><td></td></tr>
<tr><td rowspan="2">苑棻池</td><td rowspan="2">香圃
秋舫</td><td rowspan="2">小洲</td><td rowspan="2">山东诸城</td><td>道光四年
八月一日</td><td>1824年
9月23日</td><td>《同治二年癸亥恩科会试同年齿录》⑧</td></tr>
<tr><td>?</td><td></td><td></td></tr>
</table>

① 《乙未科会试同年齿录》《道光甲午科直省同年全录》《清代人物大事纪年》均与《墓志》同。王轩《顾斋遗集》卷下《袁端敏公家传》载其于同治二年六月二十四日卒，卒年五十八。据此逆推，其生年与《墓志》同。《会试同年齿录道光乙未科》作嘉庆戊辰年正月二十七日。

② 王轩《顾斋遗集》卷下《袁端敏公家传》与《墓志》同。

③ 谱名声泽。

④ 《同治丁卯科并补行甲子科浙江乡试同年齿录》作道光甲辰年十二月十一日。袁鹏图乡试履历(《清代朱卷集成》册255)缺。袁鹏图会试履历(《清代朱卷集成》册46)、《光绪六年庚辰科会试同年齿录》均作道光丁未年十二月十一日。《清代人物生卒年表》据《光绪六年庚辰科会试同年齿录》作道光二十八年(1848)。

⑤ 张兆栋《题报建安县知县袁鹏图病故日期事》(中国第一历史档案馆藏)与《宗谱》同。袁鹏图《袁太史诗文遗钞》所附陶模《天台袁海帆太史墓志铭》："呕血越一昼夜而卒……光绪十九年九月初七日也，春秋四十有四。"《申报》光绪九年十一月九日第三千八百二十九号之光绪九年十月二十五日《京报全录 · 光绪九年十月分选单》载其举福建建安县知县。《国朝天台耆旧传》有其传，载其"出知建安县抵任四阅月卒"。故知其抵任当在光绪十年。又《申报》光绪十年十二月十七日第四千二百四十四号《八闽官场琐志》载其病故，遗缺以知县尹翼经补。综上，陶模所撰墓志中载其卒于光绪十九年九月初七日误。《清代人物生卒年表》缺。

⑥ 越缦于光绪十七年五月三日记其为袁希祖之孙。误。

⑦ 《申报》光绪四年五月十二日第一千八百八十号之光绪四年五月初一日《京报全录 · 李鹤年跪奏》载其本年年甫十六。据此逆推，其生年亦为同治二年(1863)。

⑧ 《咸丰乙卯科直省乡试同年齿录》与《同治二年癸亥恩科会试同年齿录》同。许应鑅《浙江同官录》作道光乙酉年八月初一日。

续表

姓名	字	号	籍贯	生卒(农历)	生卒(公历)	文献来源
恽彦彬[①]	次远	质夫 摛园 樗园	江苏阳湖	道光十八年 七月二十二日	1838 年 9 月 10 日	恽宝惠《恽氏家乘》正编卷 33《上店大分生于公三房之后》[②]
				民国九年 正月二十七日	1920 年 3 月 17 日	同上[③]
锟德	峻生	玉臣 玉亭	满洲镶黄旗	?		《大清搢绅全书》(光绪十七年夏)册 1《京师·各道》
				光绪十七年	1891 年	《日记》光绪十七年九月八日[④]
载崇			满洲正蓝旗	道光六年 五月二十六日	1826 年 7 月 1 日	《中国少数民族古籍集成·爱新觉罗宗谱》册 42 页 214—215
				光绪二年 三月五日	1876 年 3 月 30 日	同上
载存	寄凡	义门	满洲正蓝旗	道光十二年 十二月一日	1833 年 1 月 21 日	《中国少数民族古籍集成·爱新觉罗宗谱》册 42 页 474—475[⑤]
				光绪二十二年 六月一日	1896 年 7 月 11 日	同上
载龄	梦九	鹤峰 芷庵	满洲正蓝旗	嘉庆十七年 四月十二日	1812 年 5 月 22 日	《中国少数民族古籍集成·爱新觉罗宗谱》册 42 页 577—580[⑥]
				光绪九年 十一月十八日	1883 年 12 月 17 日	同上

① 原名昭。

② 《同治庚午科大同年齿录》、恽彦彬乡试履历(《清代朱卷集成》册 152)、恽彦彬会试履历(《清代朱卷集成》册 33)、《申报》民国九年十一月十六日(公历)第一万七千一百五十号《恽文简公第讣告》均与《恽氏家乘》同。

③ 《申报》民国九年十一月十六日(公历)第一万七千一百五十号《恽文简公第讣告》与《恽氏家乘》同。

④ 《日记》光绪十七年九月八日:"下午入署接见贵午樵总宪,奕、张两副都,受提塘官参谒。晡后答诣王星瑞侍御,出城送汪翰廷行,遂归。是日在台闻给事中锟德暴病卒,前日之争不可以已乎!左手据天下之图,右手刎其喉,愚者不为,况区区锥刀之末也。同道凤彦臣侍御叹曰:'锟君垂死,作此羞面见人事,贻笑台中,亦何苦矣!'"据此,其当卒于光绪十七年九月八日或之前几日。此暂作光绪十七年(1891)。

⑤ 《同治三年甲子科顺天乡试同年齿录》与《中国少数民族古籍集成·爱新觉罗宗谱》同。

⑥ 《道光二十一年辛丑恩科会试同年齿录》与《中国少数民族古籍集成·爱新觉罗宗谱》同。《辛卯恩科各直省同年录》仅作嘉庆壬申年(1812)。

续表

姓名	字	号	籍贯	生卒(农历)	生卒(公历)	文献来源
臧济臣	景傅	未斋	山东诸城	道光二十六年五月二十四日	1846年6月17日	臧济臣会试履历(《清代朱卷集成》册35)①
				宣统三年十二月二十四日后	1912年	《申报》民国元年三月九日(公历)第一万四千零二十四号《山东全体人民公布张广建吴炳湘罪状书》(续)②
臧均之③	器山 遵平	可园	山东诸城	?		臧翰、臧炅《臧氏族谱》卷3《惟一祖以下振鲁祖后世系》
				光绪四年六月二十五日	1878年7月24日	梅启照《题报嘉兴县知县臧均之病故日期事》(中国第一历史档案馆藏)④
臧灵芬			江苏苏州	道光二十六年	1846年	《日记》咸丰九年三月二十二日⑤
				?		
臧灵苕			江苏苏州	道光二十五年二月十二日	1845年3月19日	《日记》咸丰九年三月七日⑥
				?		
皂保	秀山 吟舫 荫方	潜斋 天瓶居士	满洲镶黄旗	嘉庆二十二年三月十八日	1817年5月3日	《道光二十五年会试齿录》⑦
				光绪八年三月	1882年	朱彭寿《清代人物大事纪年》⑧

① 《同治庚午科大同年齿录》《同治十年辛未科会试同年齿录》均与臧济臣会试履历同。

② 《山东全体人民公布张广建吴炳湘罪状书(续)》:"臧济臣以七十老绅,竟被抉眼洞腹而死,高等小学堂亦被围焚。城内前后被戕者五百余人,且将仁里、臧家庄等村焚屠一空……诸城之事,则在布共和以后。查宣布共和为十二月二十四日。诸城于三十日犹残杀不已。"据此,臧济臣当卒于宣统三年十二月二十四日之后。宣统三年十二月二十四日,公历为1912年2月11日。此暂作公历1912年。《清代人物生卒年表》缺。

③ 谱名伟观。

④ 赵惟崳、石中玉《嘉兴县志》卷18《名宦》载其光绪六年再任未期,疽发背卒。据此,仅知其卒于光绪六年或之前。

⑤ 《日记》咸丰九年三月二十二日:"遍询诸姬,始咙胡言苕娘数日前为有力者取去,不知所之矣! 此乃其妹,名灵芬,年十四,比苕娘稍稚而貌极类者也。"据此逆推,其当生于道光二十六年(1846)。

⑥ 《日记》咸丰九年三月七日:"是日早间叩问苕娘八字,为乙巳、己卯、癸卯、癸亥。"

⑦ 朱彭寿《清代人物大事纪年》与《道光二十五年会试齿录》同。《道光十七年丁酉科顺天文乡试录》载其本年二十二岁。据此逆推,其当生于嘉庆二十三年(1818)。《清代人物生卒年表》缺。

⑧ 《清代人物大事纪年》作光绪八年三月十□日。此暂作光绪八年(1882)。

续表

姓名	字	号	籍贯	生卒(农历)	生卒(公历)	文献来源
曾丙熙[①]	经郛		湖南邵阳	道光二十年七月九日	1840年8月6日	《曾氏通谱》卷77《逊公房玱公宸房朝淮支世系》[②]
				光绪二十八年二月十七日	1902年3月26日	同上[③]
曾炳章	士浒 士虎	辛庵	江苏常熟	咸丰三年九月三日	1853年10月5日	曾达文《海虞曾氏家谱》之《世系叙》
				民国六年九月二十五日	1917年11月9日	同上
曾福谦[④]	成垕	伯厚 景舆	福建闽县	咸丰元年四月九日	1851年5月9日	曾克耑《先大父行述》(曾福谦《梅月龛诗》卷末)[⑤]
				民国十一年十月一日	1922年11月19日	同上
曾国藩[⑥]	伯涵 小南	涤生 涤笙	湖南湘乡	嘉庆十六年十月十一日	1811年11月26日	曾昭楙《大界曾氏五修族谱》卷9下《贞桢房传字派齿录·家湘乡》[⑦]
				同治十一年二月四日	1872年3月12日	同上[⑧]

① 原名春华，派名开缉。

② 《同治癸酉科明经通谱》与《曾氏通谱》同。曾丙熙乡试履历(《清代朱卷集成》册114)作年三十二岁，七月九日。据此逆推，其当生于道光二十五年七月九日。

③ 《申报》光绪二十八年二月二十八日第一万零四百零二号《白下官场纪事》与《曾氏通谱》同。

④ 榜名宗鲁。

⑤ 《同治庚午科大同年齿录》作咸丰癸丑年四月九日。曾福谦会试履历(《清代朱卷集成》册60)、《光绪十二年丙戌科会试同年齿录》均作咸丰丁巳年四月九日。

⑥ 谱名传豫，初名子城。

⑦ 《道光甲午科直省同年录》与《大界曾氏五修族谱》同。

⑧ 《申报》同治十一年五月二十八日第五十五号之同治十一年五月九日《京报全录·何璟跪奏》与《大界曾氏五修族谱》同。

续表

姓名	字	号	籍贯	生卒(农历)	生卒(公历)	文献来源
曾朴①	孟朴	籀斋 铭珊 小木	江苏常熟	同治十一年 正月二十二日	1872 年 3 月 1 日	曾煦、曾照《曾朴讣告》②
				民国二十四年 五月二十三日	1935 年 6 月 23 日	同上③
曾寿麟④	仁夫	星坨 栗夫 钰堂 鉴湖吏隐	湖南邵阳	道光十年 十月八日	1830 年 11 月 22 日	《邵阳太平曾氏支谱》之《荣一公长子世瓒公房世系》⑤
				光绪十八年 五月九日	1892 年 6 月 3 日	同上⑥
曾永曦⑦	梅村	晴初	四川金堂	道光二十年 二月十六日	1840 年 3 月 19 日	曾淦修《曾秀清家系》
				光绪八年 正月十四日	1882 年 3 月 3 日	同上
曾永暄	袓亭	寅生	四川金堂	道光十年 十月十四日	1830 年 11 月 28 日	曾淦修《曾秀清家系》
				?		
曾元超⑧	蓉江	海珊	四川金堂	道光九年 正月二十六日	1829 年 3 月 1 日	曾淦修《曾秀清家系》
				光绪十一年 三月十八日	1885 年 5 月 2 日	同上

① 谱名璞华，一作朴华。越缦于光绪十五年八月二十五日所记之"曾君表之子璧华"，或为误记。据曾达文《海虞曾氏家谱》，曾君表有二子，一为璞华，一为珏华。

② 曾达文《海虞曾氏家谱》之《世系叙》与《曾朴讣告》同。曾朴乡试履历(《清代朱卷集成》册 185)、《光绪十七年辛卯科江南乡试同年齿录》均作光绪乙亥年正月二十二日。

③ 《申报》民国二十四年六月二十五日(公历)第二万二千三百二十九号《当代文坛巨擘曾孟朴病故》、徐兆玮著；李向东、包岐峰、苏醒等点校《徐兆玮日记》(册 6 页 3848)均与《曾朴讣告》同。《申报》民国二十四年九月二十一日(公历)第二万二千四百一十七号《发起曾公孟朴追悼会启事》作民国二十四年六月二十五日(公历)。

④ 谱名延权。越缦于光绪十五年四月二十六日所记之"曾星坨(寿椿)"，据《邵阳太平曾氏支谱》及曾寿麟乡试履历，此"寿椿"当为"寿麟"之误。

⑤ 曾寿麟乡试履历(《清代朱卷集成》册 324)、《曾寿麟乡试朱卷》均仅作年三十九岁。据此二者逆推，其当生于道光十五年(1835)。许应鑅《浙江同官录》作道光乙未年十月八日。

⑥ 刘树堂《题报海宁州知州曾寿麟病故日期事》(中国第一历史档案馆藏)与《支谱》同。

⑦ 《日记》同治三年七月五日："铺后诣德甫小坐，即赴心泉之招。同坐陈瑞山、丁兰如、周允臣、蜀人曾氏兄弟及不识姓名者刑部郎中一人。"检《大清搢绅全书》(同治五年夏)、《续金堂县志》及《曾秀清家系》，此曾氏兄弟即曾元超、曾永暄、曾永曦。

⑧ 一名永明。

续表

姓名	字	号	籍贯	生卒(农历)	生卒(公历)	文献来源
曾之撰①	圣舆	君表 君望	江苏常熟	道光二十二年 十二月二十八日	1843 年 1 月 28 日	曾达文《海虞曾氏家谱》之《世系叙》②
				光绪二十三年 七月二十一日	1897 年 8 月 18 日	同上
查丙章③	敩南	曜庭 曜南	直隶宛平	道光十一年 十二月五日	1832 年 1 月 7 日	查禄百《宛平查氏支谱》④
				光绪七年 闰七月五日	1881 年 8 月 29 日	同上
查光泰⑤	如江		浙江海宁	道光九年 六月二十九日	1829 年 7 月 29 日	查燕绪《海昌查氏宗谱》卷 4《世次三集之三·附卷五世次·四集少峰公派》
				光绪二十年 十一月十日	1894 年 12 月 6 日	同上⑥
查鸿翥	夔堂		安徽太湖	?		《大清搢绅全书》(光绪二十年秋)册 1《京师·五城》
				?		
查燕绪	贻美	翼甫 檵亭	浙江海宁	道光二十三年 八月二十日	1843 年 10 月 13 日	查燕绪《海昌查氏宗谱》卷 4《世次三集之十七·附卷五世次·四集存宇公派二》⑦
				民国六年	1917 年	吴德健《海宁查氏》

① 原名令章。

② 《同治庚午科大同年齿录》与《海虞曾氏家谱》同。曾之撰乡试履历(《清代朱卷集成》册 160)作道光甲辰年十二月二十八日。

③ 原名以昺,榜名丙旭。

④ 《同治三年甲子科顺天乡试齿录》作道光丙申年十二月五日。

⑤ 原名如济。

⑥ 李鸿章《题报天津分司运同查光泰病故日期事》(中国第一历史档案馆藏)与《宗谱》同。

⑦ 《光绪乙酉科浙江乡试同年齿录》、查燕绪乡试履历(《清代朱卷集成》册 274)均与《宗谱》同。

续表

姓名	字	号	籍贯	生卒(农历)	生卒(公历)	文献来源
查荫元[1]	履祥	石生 松斋	安徽婺源	道光十九年 七月二十三日	1839 年 8 月 31 日	查荫元《婺源查氏族谱》卷 4 之 5《安世公支·麻榨派世次》[2]
				光绪二十七年	1901 年	胡珠生《温州文史资料》(第八辑)页 389—390[3]
查毓琛[4]	履庚 理庚	墨荃 墨泉	安徽太湖[5]	道光十七年 十月二十三日	1837 年 11 月 20 日	《查氏族谱》[6]
				光绪十二年 十二月二十三日	1887 年 1 月 16 日	同上[7]
翟鸣球	献之		江西南昌	?		《大清搢绅全书》(同治六年)册 1《京师·工部》
				?		
翟鸣盛	和侪 鹤侪	凤阿	山东掖县	道光十五年 九月二十二日	1835 年 11 月 12 日	《同治庚午科大同年齿录》
				光绪十五年	1889 年	《日记》光绪十五年四月八日[8]

① 原名元熚,谱名上胥。

② 查荫元会试履历(《清代朱卷集成》册 48)、《光绪六年庚辰科会试同年齿录》、许应鑅《浙江同官录》均与《婺源查氏族谱》同。

③ 《清代人物生卒年表》缺。

④ 乡榜名琛。

⑤ 《日记》光绪十三年四月七日:"庚辰同年查刑部毓琛病故,今日开吊,送奠银二两。查,山东人,颇为考据之学。"越缦言其为山东人,误。

⑥ 《同治庚午科大同年齿录》、《光绪六年庚辰科会试同年齿录》、查毓琛乡试履历(《清代朱卷集成》册 150)均作道光癸卯年十月二十三日。《清代人物生卒年表》据《光绪六年庚辰科会试同年齿录》作道光二十三年(1843)。

⑦ 《清代人物生卒年表》缺。

⑧ 《日记》光绪十五年四月八日:"庚午同年翟鹤侪(鸣盛)卒于京,赙钱十千。"据此,其当卒于光绪十五年四月八日或之前。此暂作光绪十五年(1889)。

续表

姓名	字	号	籍贯	生卒（农历）	生卒（公历）	文献来源
詹鸿谟	黼廷 黼庭	黻臣 仲嘉	浙江仁和①	道光二十年 正月十日	1840 年 2 月 12 日	《同治丁卯科并补行甲子科浙江乡试同年齿录》②
				光绪二十六年 正月二十九日	1900 年 2 月 28 日	《申报》光绪二十六年五月三十日第九千七百六十七号之光绪十六年五月十四日《京报全录·鹿传霖、陆元鼎跪奏》③
詹树敏			浙江仁和	?		詹鸿谟会试履历（《清代朱卷集成》册 38）
				?		
詹仪桂	月塍 月楼		湖北钟祥	嘉庆二十三年	1818 年	《道光丙午科十八省乡试同年录》
				?		
张百熙	诒孙	野秋 冶秋 潜斋	湖南长沙	道光二十七年 四月六日	1847 年 5 月 19 日	张百均《赤山张氏谱》卷 10《世纪·第十八世渊房·雯若》④
				光绪三十三年 二月十七日	1907 年 3 月 30 日	同上⑤
张标云	小莪		广东大埔	咸丰六年	1856 年	翁万戈辑《内政·宫廷》（下）页 864
				?		

① 原籍安徽休宁。

② 《日记》光绪十五年正月初十日："比邻詹黼庭礼部夫妇五十寿，往拜不值，馈以桃面酒烛，张姬别送其夫人桃烛。"据此逆推，其出生年月日与《同治丁卯科并补行甲子科浙江乡试同年齿录》同。詹鸿谟会试履历（《清代朱卷集成》册 38）、《同治十三年甲戌科会试同年齿录》均作道光乙巳年正月十日。《清代人物生卒年表》据《同治十三年会试同年齿录》作道光二十五年（1845）。

③ 《清代人物生卒年表》缺。

④ 《同治庚午科大同年齿录》与《长沙赤山张氏谱》同。《同治十三年甲戌科会试同年齿录》作道光己酉年四月六日。

⑤ 《新民丛报》光绪三十二年第四年第十九号《记载·中国大事月表丁未二月》与《长沙赤山张氏谱》同。

续表

姓名	字	号	籍贯	生卒(农历)	生卒(公历)	文献来源
张彬[①]	黄楼	郁庵	直隶南皮	同治七年二月十一日	1868年3月4日	张厚光《南皮张氏四门第十八支家谱》[②]
				民国二十一年三月九日	1932年4月14日	同上
张炳琳[③]	玉彝	书城	湖北武昌	道光二十八年七月五日	1848年8月3日	《光绪二年丙子科会试同年齿录》
				?		
张昌言	蔼如	虞斋 沧筹	直隶南皮	咸丰十年八月十七日	1860年10月1日	《光绪甲午科顺天乡试同年齿录》
				?		
张昌棫			浙江会稽	?		《日记》光绪八年七月十五日
				?		
张淳	澄斋 朴人		浙江山阴	嘉庆元年十一月二十二日	1796年12月20日	宗稷辰《躬耻斋文钞》卷14《张澄斋哀辞》[④]
				道光二十六年二月	1846年	同上
张存浩	广川	梅坪	浙江山阴	嘉庆二十二年九月六日	1817年10月16日	张一鸣《山阴张氏宗谱》卷5《年表·十九世》[⑤]
				光绪四年十月二十六日	1878年11月20日	陈锦《勤余文牍续编》卷2《故奉政大夫张梅坪公传》

① 幼名鹤。

② 《光绪十五年己丑恩科顺天乡试同年齿录》与《南皮张氏四门第十八支家谱》同。

③ 原名金洛。

④ 《道光二十一年辛丑恩科会试齿录》作嘉庆庚午十一月二十二日。《哀辞》载其卒于道光二十六年二月，卒年五十一岁。据此二者，定其生于嘉庆元年十一月二十二日。《道光十二年壬辰科直省乡试同年录》仅作嘉庆丁卯年(1807)。

⑤ 陈锦《勤余文牍续编》卷2《故奉政大夫山阴张梅坪公传》与《山阴张氏宗谱》同。

续表

姓名	字	号	籍贯	生卒(农历)	生卒(公历)	文献来源
张大昌	小云	程伯 辰伯	浙江仁和	道光二十四年 正月三十日	1844年 3月18日	《光绪己丑科浙江乡试同年齿录》①
				光绪十九年	1893年	《杭州文献集成》册5页870②
张大仕③	煦林		直隶天津④	道光二十四年	1844年	王守恂、高凌雯《天津县新志》卷21之3《人物三》
				光绪二十二年	1896年	同上
张道⑤	伯几 少南		浙江钱塘	道光元年 十一月二十一日	1821年 12月25日	李慈铭《越缦山房丛稿》《张少南墓志铭》⑥
				同治元年 闰八月五日	1862年 9月28日	同上⑦
张德容	师宽 少薇	松坪	浙江衢州	嘉庆二十五年 九月三日	1820年 10月9日	《道光己酉科各省选拔同年明经通谱》⑧
				?		
张鼎华⑨	延秋 研樵 瘖子		广东番禺	道光二十六年 五月二十九日	1846年 6月22日	杨敬安《节庵先生遗稿》卷3《创建感旧园缘起小引》⑩
				光绪十四年 九月三日	1888年 10月7日	同上⑪

① 张大昌乡试履历(《清代朱卷集成》册280)、张大昌副贡履历(《清代朱卷集成》册364)均与《光绪己丑科浙江乡试同年齿录》同。

② 《杭州文献集成》(册5页870):"丁丙曰:……因于癸巳正月晦日……越五月……小云病甚,以所居湫隘且热,就余家朝阳晚翠轩养疴。才十日即逝世,经纪其丧……"据此,暂定其卒于光绪十九年(1893)。

③ 《清代诗文集总目提要》作大任。误。

④ 祖籍浙江山阴。

⑤ 原名炳杰。

⑥ 谭献《复堂类集》文二《张先生传》无出生年月日。

⑦ 谭献《复堂类集》文二《张先生传》无生卒年月日,仅载其卒年四十二。

⑧ 张德容会试履历(《清代朱卷集成》册18)、《咸丰壬子科直省举贡同年录》、《咸丰二年壬子科顺天乡试同年齿录》、《咸丰三年癸丑科会试同年齿录》均与《道光己酉科各省选拔同年明经通谱》同。

⑨ 原名兆鼎。

⑩ 张维屏《松心诗录十卷》附二编一卷之《戊午秋第九孙兆鼎年十三中北围副榜赋诗勉之并示四孙兆甲》。据此逆推,其生年与《创建感旧园缘起小引》同。

⑪ 《申报》光绪十四年十月四日第五千五百八十八号《珠江寒月》:"前月灾生二竖,殁于京邸寓中。"据此,仅知其卒于光绪十四年九月。

续表

姓名	字	号	籍贯	生卒(农历)	生卒(公历)	文献来源
张定邦			?	?		《日记》光绪十八年三月十日
				?		
张度	叔宪 吉人	辟非 抱蜀老人	浙江长兴	道光十年	1830 年	朱澂为张度手书册页①
				光绪二十一年八月	1895 年	同上②
张端本③	子颐 子翼 子颐	晓根	直隶大兴④	道光三十年十一月三日	1850 年 12 月 6 日	张其昆、张曜《清河张氏之贻谷堂之支谱》之《世表》⑤
				光绪三十二年三月十五日	1906 年 4 月 8 日	《为调补广东琼崖道张端本因病出缺并所遗缺请旨边远调繁难要缺一折事致军机处知会》(中国第一历史档案馆藏)
张端卿⑥	谨三	芝浦 芝圃 执甫	云南太和	道光十六年七月十五日	1836 年 8 月 26 日	冼为霖《关中同官录》⑦
				光绪十二年七月二十九日	1886 年 8 月 28 日	《申报》光绪十二年八月六日第四千八百零八号《续述皖抚出缺缘由》⑧
张恩捷	机堂	沐村	江苏高邮	道光十三年六月十日	1833 年 7 月 26 日	《扬州府宦浙同官录》
				?		

① 朱澂为张度手书册页:"邦宪先生家学渊源,少年即精于鉴别顾仅书画……乙未八月,先生遽归道山,年方六十有六。"据此逆推,其当生于道光十年(1830)。唐宴《涉江先生文钞》之《张叔宪别传》载其于光绪乙未卒,年六十六。据此逆推,其生年亦为道光十年(1830)。《清代人物大事纪年》作光绪二十二年卒,年六十七。据此逆推,其当生于道光九年(1829)。

② 《清代人物大事纪年》作光绪二十二年(1896)。

③ 原名昌谷。

④ 原籍浙江钱塘,祖籍浙江上虞。

⑤ 《光绪乙亥年恩赐荫生同官齿录》与《清河张氏之贻谷堂之支谱》同。

⑥ 原名景醇。

⑦ 张端卿会试履历(《清代朱卷集成》册 26)、《同治四年乙丑科会试同年齿录》、《同治三年甲子科顺天乡试齿录》均作道光庚子年七月十五日。

⑧ 《日记》光绪十二年八月十二日:"邸钞,护理安徽巡抚、安徽布政使张端卿病故。"据此,仅知其当卒于光绪十二年八月十二日之前。

续表

姓名	字	号	籍贯	生卒(农历)	生卒(公历)	文献来源
张凤冈			浙江山阴	道光十七年	1837年	《同治丁卯科补行甲子科浙江乡试同年录》
				?		
张赓飏	廷椿	汉卿 翰卿 翰臣	江西鄱阳	道光二十六年十月二十六日	1846年12月14日	《张翰卿讣告》(《上海图书馆藏赴闻集成》册10)①
				光绪三十二年八月十四日	1906年10月1日	同上②
张观钧	仲和	石台 贻山	山西浑源	道光七年四月十三日	1827年5月8日	《道光二十三年癸卯科直省同年全录》③
				光绪十一年	1885年	《日记》光绪十一年十二月五日④
张观岳	伯崧		山西浑源	?		张观准会试履历(《清代朱卷集成》册25)
				?		
张观准	叔平	儆台 莱山	山西浑源	道光十一年五月二十一日	1831年6月30日	《日记》光绪十四年八月二十一日⑤
				光绪十四年八月二日	1888年9月7日	同上⑥

① 《重订戊辰同年齿录》与《讣告》同。《同治七年戊辰科会试同年齿录》作道光戊申年十月二十六日。《清代人物生卒年表》据《同治七年戊辰科会试同年齿录》作道光二十六年(1846),误。《清代人物生卒年表》所据当为《重订戊辰同年齿录》。

② 中国第一历史档案馆《光绪朝朱批奏折》(第23辑页53)与《讣告》同。《清代人物生卒年表》缺。

③ 《道光二十五年会试齿录》载其本年十九岁。据此逆推,其生年与《道光二十三年癸卯科直省同年全录》同。

④ 《日记》光绪十一年十二月五日:"张子腾侍郎及浑源张观钧兵备俱今日受吊,皆送奠分四千。"据此,其受吊日的公历为1886年1月9日,故其去世日期可能在光绪十一年(1885),或为公历1886年。此暂作光绪十一年(1885)。

⑤ 张观准会试履历(《清代朱卷集成》册25)作道光癸巳年五月二十一日。《日记》光绪十四年八月二十一日:"张叔平于初二日卒来讣,以今日开吊,送奠分十二千,以疾作不往吊。叔平名观准,浑源州人,癸亥翰林,其人长者,而不饬簠簋,又滥于交游,兰艾不择。遭值非偶,免官禁锢,重遭祸变,身名扫地,竟偃蹇以死,年仅五十有八,亦可哀也。"据此二者,定其生于道光十一年五月二十一日。《清代人物生卒年表》据张观准会试履历作道光十三年(1833)。

⑥ 《清代人物生卒年表》缺。

续表

姓名	字	号	籍贯	生卒(农历)	生卒(公历)	文献来源
张冠杰[①]	穆庄 牧庄 孝仲	铁甫 星芝	浙江山阴	道光十四年 六月一日	1834年 7月7日	《咸丰乙卯直省乡试同年齿录》[②]
				光绪四年 五月六日	1878年 6月6日	《日记》光绪五年五月二十五日
张鸿远	子骏	致夫	河南中牟	道光四年 十一月三十日	1825年 1月18日	《清授中宪大夫张公鸿远事略》(萧德馨、熊绍龙《中牟县志》之《列传》)[③]
				光绪十五年	1889年	同上[④]
张华燕[⑤]	汝琛	觐侯	浙江山阴	同治四年 闰五月十四日	1865年 7月6日	《光绪二十年甲午科顺天乡试同年齿录》[⑥]
				?		
张家骧	子腾	芝孙 慕槎	浙江鄞县	道光七年 六月十八日	1827年 8月10日	《鄮西张氏信房支谱》[⑦]
				光绪十一年 十一月十一日	1885年 12月16日	同上[⑧]
张嘉禄	受百 稼麓	肖庵 啸庵 惕吾	浙江鄞县	道光二十五年 十二月十六日	1846年 1月13日	张存禄、张寿镛《甬上张氏宗谱》卷7《世略·后库营支》[⑨]
				光绪二十六年 二月二十六日	1900年 3月26日	同上[⑩]

① 一名锡申。

② 《咸丰五年乙卯科浙江乡试同年齿录》与《咸丰乙卯直省乡试同年齿录》同。

③ 张鸿远乡试履历(《清代朱卷集成》册222)作道光丁亥年十一月三十日,《事略》作道光甲申年。据此二者,定其生于道光四年十一月三十日。

④ 《事略》载其生于道光甲申年,卒年六十有六。据此逆推,其当生于光绪十五年(1889)。

⑤ 谱名复昌,原名汉卿,又名未。

⑥ 《湖北省浙江同官录》中其出生年月日空缺。

⑦ 《咸丰乙卯科直省乡试同年齿录》《咸丰五年乙卯科浙江乡试同年齿录》均作道光戊子年六月十七日。《同治元年壬戌科会试同年齿录》、张家骧会试履历(《清代朱卷集成》册24)均作道光辛卯年六月十七日。《清代人物生卒年表》据张家骧会试履历作道光十一年(1831)。

⑧ 《清代人物生卒年表》据《清史稿》卷441作光绪十年(1884)。王钟翰点校《清史列传》卷53《张家骧》仅作光绪十一年十一月。翁同龢著;陈义杰点校《翁同龢日记》册4作光绪十一年十一月十二日。

⑨ 张存禄、张寿镛《甬上张氏宗谱》卷21张寿镛《行状》与《甬上张氏宗谱》同。张存禄、张寿镛《甬上张氏宗谱》卷21金蓉镜《张嘉禄墓志铭》载其卒于光绪二十六年二月二十六日,年五十六。据此逆推,其生年与《甬上张氏宗谱》同。《光绪三年丁丑科会试同年齿录》作咸丰乙卯年十二月十八日。

⑩ 张存禄、张寿镛《甬上张氏宗谱》卷21中张寿镛《行状》、金蓉镜《张嘉禄墓志铭》均与《甬上张氏宗谱》同。

续表

姓名	字	号	籍贯	生卒(农历)	生卒(公历)	文献来源
张嘉言	拜廷 拜庭		浙江山阴	道光二十八年	1848 年	秦国经《清代官员履历档案全编》册 27 页 677
				光绪二十一年二月二十一日	1895 年 3 月 17 日	《益闻录》光绪二十一年三月九日第一千四百五十八号《邑宰出缺》
张检	士封 庚易 玉叔		直隶南皮	同治三年七月三十日	1864 年 8 月 31 日	张厚光《南皮张氏四门第十八支家谱》①
				民国八年八月十四日	1919 年 10 月 7 日	同上②
张建勋	季端	愉谷 愉庐	广西临桂③	道光二十八年六月十六日	1848 年 7 月 16 日	侯福兴《中国历代状元传略》④
				民国七年后	1918 年后	袁嘉谷《卧雪诗话》卷 8⑤
张金鉴			浙江山阴	道光十三年	1833 年	秦国经《清代官员履历档案全编》册 27 页 178
				?		
张晋鉴	月江		浙江上虞	咸丰三年	1853 年	《光绪十四年戊子科浙江乡试题名录》
				?		
张菁	伯莪		广东大埔	?		《大清搢绅全书》(光绪十三年冬)册 1《京师·兵部》
				?		

① 《光绪十四年戊子科顺天乡试同年齿录》、《光绪十六年庚寅恩科会试同年齿录》、叶尔恺《清故资政大夫二品衔前江西巡警道署提法使南皮张公墓志铭》均与《南皮张氏四门第十八支家谱》同。

② 叶尔恺《清故资政大夫二品衔前江西巡警道署提法使南皮张公墓志铭》与《南皮张氏四门第十八支家谱》同。

③ 祖籍湖南沅江。

④ 《光绪己卯科直省同年齿录》仅作咸丰乙卯年(1855)。《光绪十五年己丑科会试同年齿录》(哥伦比亚大学图书馆版)作咸丰丁巳年六月十六日。《光绪十五年张建勋会试复试卷》载其光绪五年中举时为二十六岁。据此逆推,其当生于咸丰四年(1854)。侯福兴《中国历代状元传略》作道光二十八年(1848)。据前四者,姑定其生于道光二十八年六月十六日。《清代人物生卒年表》据《光绪十五年己丑科会试同年齿录》作咸丰七年(1857)。笔者检《光绪十五年己丑科会试同年齿录》(哈佛大学汉和图书馆版),未见其履历。

⑤ 《卧雪诗话》卷 8 载其(民国)戊午年仍在世,卒年六十五。据此,侯福兴《中国历代状元传略》载其卒于民国二年(1913),当误。若以《中国历代状元传略》载其生于道光二十八年,《卧雪诗话》载其卒于民国七年后算,此与袁嘉谷言其卒年六十五不符。故其生卒年均待进一步考证。

续表

姓名	字	号	籍贯	生卒(农历)	生卒(公历)	文献来源
张景焘	鲁封	爱堂 藹塘	浙江会稽	嘉庆二年 正月十四日	1797年 2月10日	张景焘《登荣张氏族谱》卷5《世系》①
				光绪元年 八月	1875年	《日记》光绪二年二月二十五日②
张楷③	仲模	则轩 木皆	湖北蕲水	道光二十三年 六月二十七日	1843年 7月24日	张先甲《马驿垅张氏宗谱》卷15《仁分世传·孝字派世传》④
				光绪三十一年 十二月二十六日	1906年 1月20日	同上⑤
张克家	仲佳	志济	直隶天津	道光二十四年 十二月二十八日	1845年 2月4日	顾道馨《绿波集——顾道馨著述选粹》之《诗文有新意的张克家》⑥
				?		
张联第	擢甫 谷生	晓莲 小莲	江苏江都	道光十一年 正月八日	1831年 2月20日	《浦头张氏族谱》卷3《第十七世年表》⑦
				同治九年 四月九日	1870年 5月9日	同上
张联桂	丹叔	延秋 韬谷 韬叔	江苏江都	道光十八年 五月十二日	1838年 7月3日	《浦头张氏族谱》卷3《第十七世年表》⑧
				光绪二十三年 四月二十八日	1897年 5月29日	同上⑨

① 《张景焘乡试朱卷》与《登荣张氏族谱》同。

② 《日记》光绪二年二月二十五日:"是日杜君言张藹塘先生于去年八月病卒。"据此,暂作光绪元年(1875)。

③ 谱名孝楷。

④ 张光溶《马驿垅张氏宗谱》卷15《仁分世传·孝字派世传》、张先甲《马驿垅张氏宗谱》卷24张楷《蘧化纪年》均与张先甲《马驿垅张氏宗谱》卷15《仁分世传·孝字派世传》同。《同治十年辛未科会试同年齿录》作道光乙巳年六月二十八日。《清代人物生卒年表》据《同治十年辛未科会试同年齿录》作道光二十五年(1845)。

⑤ 张光溶《马驿垅张氏宗谱》卷15《仁分世传·孝字派世传》与张先甲《马驿垅张氏宗谱》卷15《仁分世传·孝字派世传》同。《清代人物生卒年表》据《清史稿》卷479作光绪二十九年(1904)。

⑥ 《光绪十七年辛卯科顺天乡试同年齿录》作同治六年十二月二十八日。《诗文有新意的张克家》作道光二十四年。据此二者,定其生于道光二十四年十二月二十八日。

⑦ 《咸丰八年戊午科顺天乡试同年齿录》《张联第乡试朱卷》均与《浦头张氏族谱》同。

⑧ 王蕴藻《广东同官录》与《浦头张氏族谱》同。俞樾《春在堂杂文六编》卷4《广西巡抚张君墓志铭》载其卒于光绪二十三年四月二十八日,年六十。据此逆推,其生年与《浦头张氏族谱》同。

⑨ 俞樾《春在堂杂文六编》卷4《广西巡抚张君墓志铭》、《申报》光绪二十三年五月七日第八千六百六十九号《邗沟题叶》、刘坤一《奏报前任广西巡抚张联桂在籍病故》(台北故宫博物院《军机处档折件》第140890号)均与《浦头张氏族谱》同。

续表

姓名	字	号	籍贯	生卒(农历)	生卒(公历)	文献来源
张茂贵	子和		江苏娄县	道光二十六年	1846年	张茂辰《先温和公年谱》
				光绪十九年	1893年	《申报》光绪十九年十二月三日第七千四百四十四号《福建官报》①
张楙②	白泉 北荃		直隶南皮	同治九年 正月七日	1870年 2月6日	张厚光《南皮张氏四门第十八支家谱》③
				民国二十年 十月二十九日	1931年 12月8日	同上
张梅岩④	鉴心		浙江会稽	嘉庆二十三年 十二月三日	1818年 12月29日	张景焘《登荣张氏族谱》卷5⑤
				?		
张明玉			?	?		《日记》光绪十八年三月十日
				?		
张鸣珂⑥	公束	玉珊 窳翁 寒松老人	浙江嘉兴	道光九年 十二月二十日	1830年 1月14日	朱彭寿《清代人物大事纪年》⑦
				光绪三十四年秋	1908年	吴受福《跋》(张鸣珂《寒松阁谈艺琐录》卷末)⑧

① 《申报》光绪十九年六月十三日第七千二百七十七号《福建官报》:"(光绪十九年六月)初三日新选漳平县张茂贵自京禀到。"《申报》光绪十九年十二月三日第七千四百四十四号《福建官报》:"(光绪十九年)十一月十五日……藩宪牌示照得漳浦县张茂贵在任病故。"据此二者,其当卒于光绪十九年六月三日至光绪十九年十一月十五日之间。此暂作光绪十九年(1893)。

② 幼名震。

③ 《光绪十五年己丑恩科顺天乡试同年齿录》与《南皮张氏四门第十八支家谱》同。

④ 一名馨,本名景照。

⑤ 许应鑅《浙江同官录》与《登荣张氏族谱》同。

⑥ 原名国检。

⑦ 张鸣珂《寒松阁谈艺琐录》卷首《自序》载其光绪戊申时年八十。据此逆推,其生年与《清代人物大事纪年》同。《清代人物生卒年表》据张鸣珂《寒松阁游艺琐录》吴受福《跋》作道光九年(1829)。其中《寒松阁游艺琐录》当为《寒松阁谈艺琐录》,且据吴受福跋并不能得其生于道光九年(1829)。

⑧ 《跋》作光绪三十四年秋。据此,暂作光绪三十四年(1908)。

续表

姓名	字	号	籍贯	生卒(农历)	生卒(公历)	文献来源
张清华[①]	伯堪	兰轩	广东番禺	道光十八年四月十六日	1838年5月9日	张维屏《松心诗集》之《癸集·草堂集》卷5[②]
				同治十二年	1873年	管林《广东历史人物辞典》
张权	君立	圣可 可园	直隶南皮	咸丰九年六月六日	1859年7月5日	张厚光《南皮张氏四门第十八支家谱》[③]
				民国十九年九月二十日	1930年10月11日	同上
张人骏[④]	揆士 万里 千里	安圃 健庵 湛存	直隶丰润	道光二十六年正月二十九日	1846年2月24日	张守中《方北集》之《张人骏年谱》[⑤]
				民国十六年正月七日	1927年2月18日	同上
张仁黼[⑥]	孟藻	邵予	河南固始[⑦]	道光二十八年十一月九日	1848年12月4日	《张仁黼讣告》[⑧]
				光绪三十四年八月二十五日	1908年9月20日	同上[⑨]
张珊[⑩]			浙江会稽	?		《日记》同治四年八月二十日
				?		

① 原名兆甲。

② 《同治四年乙丑科会试同年齿录》、张清华会试履历《清代朱卷集成》册27)、《咸丰乙卯直省乡试同年齿录》均作道光二十一年四月十六日。张维屏《松心诗集》之《癸集·草堂集》卷5(咸丰丙辰作)《小孙兆甲由举人捐输奉旨以主事用签掣工部六月十六日到部学习寄诗示之》中有句"汝年才十九"。据此四者,定其生于道光十八年四月十六日。

③ 《光绪十七年辛卯科顺天乡试同年齿录》与《南皮张氏四门第十八支家谱》同。

④ 幼名寿康。

⑤ 张人骏乡试履历(《清代朱卷集成》册106)、《同治三年甲子科顺天乡试同年齿录》均与《年谱》同。张人骏会试履历(《清代朱卷集成》册31)、《同治七年戊辰科会试同年齿录》均作道光己酉年正月二十九日。

⑥ 榜名世恩。

⑦ 原籍江苏上元。

⑧ 朱彭寿《清代人物大事纪年》与《张仁黼讣告》同。马其昶《抱润轩文集》卷19《清故吏部侍郎张公暨配胡夫人墓志铭》载其卒于光绪三十四年八月,年六十一。据此逆推,其生年与《张仁黼讣告》同。《同治庚午科大同年齿录》作道光戊申年十一月□□日。

⑨ 《政治官报》光绪三十四年九月二十三日第三百五十一号《护理河南巡抚朱寿镛奏前任吏部右侍郎张仁黼在籍病故折》、《清代人物大事纪年》均与《张仁黼讣告》同。《申报》光绪三十四年九月十二日第一万二千八百十六号《杂记·张侍郎在籍逝世》作光绪三十四年八月二十六日。马其昶《抱润轩文集》卷19《清故吏部侍郎张公暨配胡夫人墓志铭》仅作光绪三十四年八月。

⑩ 又名端。

续表

姓名	字	号	籍贯	生卒(农历)	生卒(公历)	文献来源
张善倬[①]	卓人	竹晨 静生	浙江鄞县	道光八年 三月九日	1828 年 4 月 22 日	《鄮西张氏信房支谱》[②]
				光绪二十年 十二月十九日	1895 年 1 月 14 日	同上
张盛藻[③]	君素	春陔	湖北枝江	嘉庆二十四年 三月三日	1819 年 3 月 28 日	《张氏族谱简表》[④]
				光绪二十二年 七月十一日	1896 年 8 月 19 日	同上[⑤]
张士珩[⑥]	楚宝	豸卿 弢楼	安徽合肥	咸丰七年 十二月十七日	1858 年 1 月 31 日	《合肥张氏族谱》卷 5 下《仲友公长房志成公支下必元公派图·九世至十三世》[⑦]
				民国六年 三月十二日	1917 年 3 月 12 日	同上[⑧]
张士鑣	文甫	砺吾	云南太和	咸丰五年 正月三日	1855 年 2 月 19 日	张耀曾《先考妣行状》[⑨]
				光绪二十八年 六月九日	1902 年 7 月 13 日	同上[⑩]

① 官名岳年。

② 冼为霖《关中同官录》与《鄮西张氏信房支谱》同。《咸丰壬子科浙江乡试同年齿录》《咸丰二年壬子科直省举贡同年录》均作道光庚寅年三月九日。

③ 原名志绣。

④ 《道光丁酉科明经通谱》与《张氏族谱简表》同。据张盛藻《笠杖集》卷 6 补刻《戊寅上巳六十自述》,其生年与《张氏族谱简表》同。张盛藻《笠杖集》卷 6《五老吟》序:"君素嘉庆己卯生,年七十二。"据此,其生年亦与《张氏族谱简表》同。《清代人物生卒年表》据《清代官员档案履历全编》册 27 作道光元年(1821)。

⑤ 《清代人物生卒年表》缺。

⑥ 《日记》光绪十六年五月十二日:"合肥张楚宝士瑜,李傅相之甥也,以道员居江苏,喜刻医方书,以药施人。比托孙仲容以《冶城竹居图》寄都乞题,持所刻李氏《本草纲目》四帙为赠,可谓好事矣!"据《合肥张氏族谱》,张士瑜,字瑾卿。为张士珩之兄。此为越缦误记,当作"合肥张楚宝士珩"。

⑦ 张士珩乡试履历(《清代朱卷集成》册 176)与《合肥张氏族谱》同。卞孝萱、唐文权《民国人物碑传集》卷 4 程先甲《清授光禄大夫四品卿衔张公墓表》载其卒于民国六年正月,年六十一。据此逆推,其生年与《合肥张氏族谱》同。《清代人物生卒年表》据马其昶《抱润轩文集》卷 19《四品卿衔张君墓志铭》"武昌事起……未几卒,年六十有一"作咸丰七年(1857)。但因其生于十二月十七日,故公历应为 1858 年 1 月 31 日。

⑧ 《申报》民国六年四月九日(公历)第一万五千八百五十七号《恕讣不周》与《合肥张氏族谱》同。卞孝萱、唐文权《民国人物碑传集》卷 4 程先甲《清授光禄大夫四品卿衔张公墓表》仅作民国六年正月。

⑨ 《光绪六年庚辰科会试同年齿录》《光绪己卯科直省同年齿录》均作咸丰己未年正月三日。《清代人物生卒年表》据《光绪六年庚辰科会试同年齿录》作咸丰九年(1859)。

⑩ 《清代人物生卒年表》缺。

续表

姓名	字	号	籍贯	生卒(农历)	生卒(公历)	文献来源
张守敬	筱云 小云		河南祥符	?		《大清搢绅全书》(同治五年夏)册1《京师·户部》
				?		
张寿荣[①]	东甫 鞠龄	蘧轩	浙江镇海	道光七年十月五日	1827年11月23日	张寿荣《舫庐文存内集》卷2《五十自叙》[②]
				?		
张爽斋[③]			越缦邑人	?		《日记》同治十年四月十三日
				?		
张天锡	纯甫		浙江会稽	?		《日记》咸丰六年十二月十八日[④]
				?		
张廷璜	渭臣	孟周	江苏吴江	嘉庆二十年十二月十一日	1816年1月9日	张晋昭《清河世系》之《世系事迹》[⑤]
				光绪七年八月五日	1881年9月27日	同上[⑥]
张廷燎	光宇	莲衢	河南舞阳	道光二十五年十二月六日	1846年1月3日	刘文明《舞阳张君墓志铭》[⑦]
				民国十三年九月十六日	1924年10月14日	同上[⑧]

① 原名成渠。

② 《五十自叙》:"丙子十月五日为菊龄子初度之辰。"据此逆推,其当生于道光丁亥年十月五日。《同治庚午科大同年齿录》作道光甲午年十月五日。

③ 据越缦于同治十年四月十三日所记,仅知其为同治十年前越缦同邑举人。再据黄安绶《国朝两浙科名录》,其中并无与"张爽斋"相同或音同之人。故"爽斋"当为字号。待考。

④ 此页在日记中的年月不详,载为"十八日辛丑",据日记内容及天干地支,当为咸丰六年十二月十八日。

⑤ 张晋昭《清河世系》之张晋昭《诰授奉政大夫覃恩晋授通议大夫赏戴花翎浙江补用同知前署山阴县特授西安县知县随带加三级显考梦周府君行述》与张晋昭《清河世系》之《世系事迹》与同。俞樾《春在堂杂文四编》卷3《西安知县张君墓碑》载其卒于光绪七年八月甲子,年七十六。据此逆推,其生年与《世系事迹》同。《清代人物生卒年表》据俞樾所撰墓碑作嘉庆二十年(1815)。但因其生于十二月十一日,故公历应为1816年1月9日。

⑥ 俞樾《春在堂杂文四编》卷3《西安知县张君墓碑》、张晋昭《清河世系》之张晋昭《诰授奉政大夫覃恩晋授通议大夫赏戴花翎浙江补用同知前署山阴县特授西安县知县随带加三级显考梦周府君行述》均与《世系事迹》同。

⑦ 《同治十三年甲戌科会试同年齿录》与《舞阳张君墓志铭》同。

⑧ 《清代人物生卒年表》缺。

续表

姓名	字	号	籍贯	生卒(农历)	生卒(公历)	文献来源
张桐	雨琴 誉琴		直隶南皮	道光十二年 闰九月十九日	1832年 11月11日	张厚光《南皮张氏四门第十八支家谱》①
				光绪十四年 八月十九日	1888年 9月24日	同上②
张文霖	均甫		江苏丹徒	?		《大清搢绅全书》(光绪七年)册1《京师·户部》
				光绪七年	1881年	《日记》光绪七年七月二十一日③
张文溶④	景韩		浙江会稽	道光二十三年 九月二十八日	1843年 11月19日	《日记》册2页1034⑤
				同治十二年 七月十四日	1873年 9月5日	《日记》同治十二年十月十八日
张文泗	斐如	子芳	浙江会稽⑥	道光六年 五月二十四日	1826年 6月29日	《咸丰壬子恩科会试同年齿录》⑦
				?		
张文元			浙江会稽	?		《日记》同治四年八月二十七日
				?		
张闻锦	素如	晴岩 秦嵒 琴嵒	湖南沅江	道光二十五年 十一月二十四日	1845年 12月22日	张闻铭《张氏三修族谱》卷4《联陞公位下派系表》⑧
				光绪二十一年 闰五月七日	1895年 6月29日	同上⑨

① 福楙《皇清诰授资政大夫二品顶戴盐运使衔署山东济东泰武临道南皮张君墓志铭》与《南皮张氏四门第十八支家谱》同。

② 福楙《皇清诰授资政大夫二品顶戴盐运使衔署山东济东泰武临道南皮张君墓志铭》与《南皮张氏四门第十八支家谱》同。

③ 《日记》光绪七年七月二十一日:"西邻张均甫户部(文霖)开吊,星伯侍郎之子也。送奠分四千。"据此,其当卒于光绪七年七月二十一日之前。此暂作光绪七年(1881)。

④ 一作文潮。

⑤ 张妹婿八字为"癸卯、癸亥、丁酉、癸卯"。

⑥ 寄籍广东番禺。

⑦ 《咸丰元年辛亥恩科直省同年全录》与《咸丰壬子恩科会试同年齿录》同。

⑧ 《同治庚午科大同年齿录》《同治十三甲戌科会试同年齿录》均与《张氏三修族谱》同。

⑨ 刘坤一《刘忠诚公奏疏》卷24《部员积劳病故请予优恤折》与《张氏三修族谱》同。

续表

姓名	字	号	籍贯	生卒(农历)	生卒(公历)	文献来源
张锡福			越缦乡人	?		《日记》光绪十六年八月十四日
				?		
张锡庚[①]	星白	秋舫	江苏丹徒	嘉庆四年二月十二日	1799年3月17日	张永清、张登元《京江张氏家乘》卷7《君表公一宗》[②]
				咸丰十一年十一月二十八日	1861年12月29日	朱彭寿《清代人物大事纪年》[③]
张锡銮	金波 金坡 金颇 今波 今颇		浙江钱塘	道光二十三年二月七日	1843年3月7日	朱彭寿《清代人物大事纪年》[④]
				民国十三年九月九日	1924年10月7日	《社会日报》民国十三年十月十九日(公历)第一千一百五十二号《张锡銮在津逝世》[⑤]
张宪周[⑥]		道东	山东郓城	同治元年二月九日	1862年3月9日	《张氏族谱》
				民国三年七月二十二日	1914年9月11日	同上
张孝谦	恒斋	巽之	河南商城	咸丰七年二月十三日	1857年3月8日	《张氏宗谱》之《玢公支下第五房世系考》[⑦]
				民国元年八月十二日	1912年9月22日	同上[⑧]

① 谱名长庚。

② 《清代人物大事纪年》作嘉庆六年二月十二日。陆心源《仪顾堂集》卷9《刑部右侍郎浙江学政丹徒张公权厝志》仅作嘉庆某年。

③ 陆心源《仪顾堂集》卷9《刑部右侍郎浙江学政丹徒张公权厝志》与《清代人物大事纪年》同。

④ 张锡銮《张都护诗存》之《除夕》(甲戌):"百年三十二,除夕身世空。"张锡銮《张都护诗存》之《马上小照》(甲辰):"六十二年鬓未霜,复驱匹马领边疆。"据此二者逆推,其生年均与《清代人物大事纪年》同。

⑤ 《张锡銮在津逝世》:"前奉天督军张锡銮于前日在津寓逝世。"《清代人物生卒年表》据《浙江人物简志(下)》作民国十一年(1922)。

⑥ 谱名梅亭,以字行。

⑦ 张孝谦会试履历(《清代朱卷集成》册66)、《光绪十五年己丑科会试同年齿录》均与《张氏宗谱》同。

⑧ 《清代人物生卒年表》缺。

续表

姓名	字	号	籍贯	生卒(农历)	生卒(公历)	文献来源
张星鉴	问月 纬余	南鸿	江苏新阳	嘉庆二十四年	1819 年	张星鉴《仰萧楼文集》之《自序》①
				光绪三年	1877 年	金吴澜、李福沂《昆新两县续修合志》卷 31《文苑二》②
张行孚	子中	马山	浙江安吉	道光十二年二月十九日	1832 年 3 月 20 日	《同治庚午科浙江乡试同年齿录》③
张兴留④	房猣 房农 缦甫	士端	山东平阴	道光四年三月三日	1824 年 4 月 1 日	《咸丰六年丙辰科会试同年齿录》⑤
				光绪二十年	1894 年	杨士骧《山东通志》卷 171《人物・国朝泰安府》⑥
张兴书			浙江归安	?		《光绪乙亥年恩赐荫生同官齿录・刘曾枚》⑦
				?		
张秀卿			?	?		《日记》咸丰十一年正月十五日
				?		

① 《自序》:"同治六年岁在丁卯夏六月南鸿氏张星鉴识于城西破屋时年四十九。"据此逆推,其当生于嘉庆二十四年(1819)。

② 《日记》光绪八年五月二十八日:"以丁丑岁卒于家,年六十余矣!"其生嘉庆二十四年,至卒年光绪丁丑年,享寿应为五十九。故《日记》载其"六十余"误。《清代人物生卒年表》缺。

③ 《同治庚午科大同年齿录》与《同治庚午科浙江乡试同年齿录》同。

④ 越缦于"留"字旁一"书"字。此人或为张兴书。

⑤ 《张氏族谱》无出生年月日。

⑥ 《张氏族谱》无去世年月日。

⑦ 《光绪乙亥年恩赐荫生同官齿录・刘曾枚》:"继母张氏,原任刑部主事讳震公女,四川候补同知名兴书公胞姊,诰封恭人。"

续表

姓名	字	号	籍贯	生卒(农历)	生卒(公历)	文献来源
张煦①	越春	庆云	浙江山阴	咸丰五年 十二月二十二日	1856年 1月29日	《光绪己丑科浙江乡试同年齿录》
				?		
张曜	亮臣	朗斋	直隶大兴②	道光十二年 闰九月十八日	1832年 11月10日	张其昆、张曜《清河张氏之贻谷堂之支谱》之《世表》③
				光绪十七年 七月十八日	1891年 8月22日	《日记》光绪十七年七月十九日④
张以培	栽生	厚斋	浙江会稽	嘉庆二十四年 二月二十四日	1819年 3月19日	张景焘《登荣张氏族谱》卷5《世系》
				?		
张以增	方生	存斋	浙江会稽	道光四年 十月十九日	1824年 12月9日	张景焘《登荣张氏族谱》卷5《世系》
				?		
张荫桓	皓峦	樵野	广东南海	道光十七年 正月四日	1837年 2月8日	张祖廉《户部侍郎张公神道碑铭》(《碑传集补》卷6)⑤
				光绪二十六年 七月二十六日	1900年 8月20日	同上⑥

① 原名承艺。

② 原籍浙江钱塘,祖籍浙江上虞。

③ 谭献《复堂文续》卷5《皇清诰授光禄大夫赠太子太保山东巡抚霍钦巴图鲁世袭一等轻车都尉张公神道碑》作光绪十七年七月卒,年六十。据此逆推,其生年与《清河张氏之贻谷堂之支谱》同。张怀恭、张铭《清勤果公张曜年谱》作道光壬辰年九月十八日。

④ 《申报》光绪十七年八月六日第六千六百零三号《上林秋雁》与《日记》同。张怀恭、张铭《清勤果公张曜年谱》作光绪十七年七月十九日。谭献《复堂文续》卷5《皇清诰授光禄大夫赠太子太保山东巡抚霍钦巴图鲁世袭一等轻车都尉张公神道碑》仅作光绪十七年七月。

⑤ 《清代人物大事纪年》与《神道碑铭》同。蔡乃煌《故光禄大夫尚书衔户部左侍郎南海张公事状》无出生年月日。

⑥ 《清代人物大事纪年》与《神道碑铭》同。蔡乃煌《故光禄大夫尚书衔户部左侍郎南海张公事状》无去世年月日,仅载其卒时六十四岁。

续表

姓名	字	号	籍贯	生卒(农历)	生卒(公历)	文献来源
张荫清	振镛	述堂	广东高要	咸丰四年八月十六日	1854年10月7日	《张氏族谱》之《二十一世·长房》
				光绪二十二年七月十二日	1896年8月20日	同上
张英麟①	振卿	枕清 菊坪	山东历城	道光十八年四月十四日	1838年5月7日	章梫《诰授光禄大夫建威将军太子太保都察院都御史历城张公墓志铭》②
				民国十五年十一月二十九日	1926年1月13日	同上③
张瀛	石洲 十洲	蘅塘	陕西蒲城	嘉庆二十二年五月二十九日	1817年7月13日	《道光庚戌科会试同年齿录》④
				光绪四年二月二十九日	1878年4月1日	《申报》光绪四年四月十五日第一千八百五十七号之光绪四年四月四日《京报全录·谭钟麟跪奏》⑤
张应昌⑥	仲甫 上之	寄庵	浙江归安	乾隆五十五年正月二十一日	1790年3月6日	朱彭寿《清代人物大事纪年》⑦
				同治十三年九月	1874年	《申报》同治十三年十月八日第七百八十四号之钱塘梦花仙子《武林竹枝词》⑧

① 越缦于光绪十五年十一月二十八日写为“振轩”。据其会试履历,当为误记。

② 张英麟会试履历(《清代朱卷集成》册28)作道光壬寅年四月十四日。《墓志铭》载其咸丰八年中举时为二十一岁,卒年八十八岁。据此二者,定其生于道光十八年四月十四日。《咸丰戊午科直省同年录》作道光戊戌年闰四月十四日。

③ 《时报》民国十五年一月二十二日(公历)第七千七百三十二号《张英麟逝世》与《墓志铭》同。《清代人物生卒年表》据《清史稿》卷441“乙丑冬卒,年八十有八”作民国十四年(1925)。但因其卒于十一月二十九日,故公历应为1926年1月13日。

④ 《己酉科直省乡试同年录》与《道光庚戌科会试同年齿录》同。

⑤ 《张瀛传包》(台北故宫博物院传011778号)与《京报全录·谭钟麟跪奏》同。

⑥ 榜名应升。

⑦ 张应昌《彝寿轩诗钞》卷4壬寅作《哭亡儿兴廉》:“余亦五十三,哭汝同一例。”卷6己酉作《六十生辰自述六十韵》。卷9戊午年所作《哭次儿兴厚》:“今我七十翁,汝又将我弃。”卷9己未作《七十感怀自述》:“瑶英算合庚先后,还怅添丁兆不灵(陆姬疑数年,仍不育。余庚戌生,姬庚辰生)。”据壬寅、己酉、己未所作诗逆推,其生年均与《清代人物大事纪年》同,且己未所作诗自注亦为庚戌生。戊午作《哭次儿兴厚》中“今我七十翁”之“七十”当作将七十岁,并非实指。

⑧ 钱塘梦花仙子《武林竹枝词》:“连天张姓本钟灵,齐道天边南极星。讵料一朝骑鹤背,鹿鸣两度话西泠。(张仲甫中翰于同治庚午重宴鹿鸣,今年九月仙去)”据此,可知其卒于同治十三年九月。此暂作同治十三年(1874)。《清代人物大事纪年》仅作同治十三年(1874)。

续表

姓名	字	号	籍贯	生卒(农历)	生卒(公历)	文献来源
张宇钟[1]	惺皆	重三 仲山 仲散	浙江山阴	咸丰七年 十一月二十三日	1858 年 1 月 7 日	张学醇《山阴小步张氏宗谱》之《行传・第十七世・睦字行》[2]
				?		
张玉纶	伯音		浙江会稽	?		《日记》光绪九年十月二十二日
				?		
张预	子虞 孟凯	腹卢 虞庵 昙民 南孙 慕陔	浙江钱塘	道光二十年 九月四日	1840 年 9 月 29 日	《同治丁卯科并补行甲子科浙江乡试同年齿录》[3]
				宣统二年 七月二十二日	1910 年 8 月 26 日	朱彭寿《清代人物大事纪年》[4]
张元普	伯施	少源 绍原 秋野	浙江仁和	道光十六年 六月二十三日	1836 年 8 月 5 日	《同治四年补行辛酉科并壬戌浙江乡试同年齿录》[5]
				?		
张筠	鉴泉	碧岑 弼臣 璧臣	浙江建德	道光二十六年 四月一日	1846 年 4 月 26 日	《关中同官录》[6]
				?		

① 原名克稽。

② 《光绪十七年辛卯科顺天乡试同年齿录》与《山阴小步张氏宗谱》同。

③ 《清代人物大事纪年》《光绪九年癸未科会试同年齿录》均与《同治丁卯科并补行甲子科浙江乡试同年齿录》同。唐文治《茹经堂文集三编》卷 8《张子虞先生墓表》仅作道光二十年某月某日。

④ 唐文治《茹经堂文集三编》卷 8《张子虞先生墓表》仅作宣统二年某月某日。

⑤ 《同治元年壬戌恩科顺天乡试齿录》《同治七年戊辰科会试同年齿录》《重订戊辰同年齿录》均与《同治四年补行辛酉科并壬戌浙江乡试同年齿录》同。

⑥ 《清代人物大事纪年》、张筠会试履历(《清代朱卷集成》册 51)、《光绪九年癸未科会试同年齿录》、《光绪乙亥恩科顺天乡试同年齿录》均作道光戊申年四月一日。《关中同官录》仅作道光丙午年(1846)。据此五者,定其生于道光丙午年四月一日。《清代人物生卒年表》据张筠会试履历作道光二十八年(1848)。

续表

姓名	字	号	籍贯	生卒(农历)	生卒(公历)	文献来源
张沄[①]	心如 澥云	竹汀 竺汀	湖南长沙	嘉庆七年 七月二十七日	1802年 8月24日	张百均《赤山张氏谱》卷9《世纪·第十八世渊房·雯若》[②]
				同治十三年 九月十八日	1874年 10月27日	同上[③]
张沄卿[④]	迪前	云舫 霁亭	云南太和	嘉庆二十四年 五月八日	1819年 6月29日	谢巍《中国历代人物年谱考录》正编卷9[⑤]
				光绪九年 十月二日	1883年 11月1日	同上[⑥]
张兆兰[⑦]	畹九	秋荪	江苏仪征	道光二十三年 七月二十日	1843年 8月15日	张集馨《道咸宦海见闻录》[⑧]
				光绪二十九年 四月	1903年	《大公报》(天津版)光绪二十九年五月七日第三百三十九号《中外近事·出殡盛志》[⑨]
张震	省堂		浙江新昌	?		《日记》光绪十七年十月十二日
				?		

① 原名延筠。

② 《道光甲辰恩科直省同年录》与《赤山张氏谱》同。

③ 《日记》同治十三年九月二十日与《赤山张氏谱》同。

④ 原名致徽。

⑤ 《道光二十三年癸卯科直省乡试同年全录》《咸丰壬子恩科会试同年齿录》《清代人物大事纪年》均作道光三年五月八日。《中国历代人物年谱考录》正编卷9作嘉庆二十四年(1819)。据此四者,定其生于嘉庆二十四年五月八日。

⑥ 《清代人物大事纪年》与《中国历代人物年谱考录》同。

⑦ 小名兰官。

⑧ 《道咸宦海见闻录》载:"(道光癸卯)七月二十日午时,大儿兰官生,邵夫人所出也。"《道咸宦海见闻录》附录之詹嗣贤《时晴斋主人年谱》:"(道光癸卯)七月,长子兆兰生,邵夫人出也。"《同治庚午科大同年齿录》、张兆兰乡试履历(《清代朱卷集成》册108)、《同治九年庚午科顺天乡试同年齿录》均作道光壬寅年七月二十日。

⑨ 《中外近事·出殡盛志》:"巡视五城御史张畹九上月病故,于初四日发引,经过顺治门大街,所有各水会局内文武职员水夫等均前往送葬,并大街一带各局设有路棚致祭,观者如睹。"据此,其当卒于光绪二十九年四月。此暂作光绪二十九年(1903)。《清代人物生卒年表》缺。

续表

姓名	字	号	籍贯	生卒(农历)	生卒(公历)	文献来源
张之洞	孝达 季湖	香涛	直隶南皮	道光十七年 八月三日	1837年 9月2日	张厚光《南皮张氏四门第十八支家谱》[①]
				宣统元年 八月二十一日	1909年 10月4日	同上[②]
张之万	子青	銮坡	直隶南皮	嘉庆十六年 七月八日	1811年 8月26日	张哲孙《状元宰相张之万》[③]
				光绪二十三年 五月十五日	1897年 6月14日	同上[④]
张之涌	闰涛 季仲		直隶南皮	道光二十九年 十月二十八日	1849年 12月12日	张厚光《南皮张氏四门第十八支家谱》
				同治十年 十月二十二日	1871年 12月4日	同上
张之渊	蓉江	叔子	直隶南皮	道光十五年 十月十八日	1835年 12月7日	张厚光《南皮张氏四门第十八支家谱》[⑤]
				光绪八年 八月二十五日	1882年 10月6日	同上
张仲炘[⑥]	慕京	稚山 次珊	湖北江夏	咸丰八年 十二月十九日	1859年 1月22日	《光绪三年丁丑科会试同年齿录》[⑦]
				民国八年	1919年	夏敬观《忍古楼诗》卷8《张次珊通政挽辞》[⑧]

① 《张之洞讣告》(《上海图书馆藏赴闻集成》册4)与《南皮张氏四门第十八支家谱》同。王德乾《南皮县志》卷12陈宝琛《诰授光禄大夫体仁阁大学士赠太保张文襄公墓志铭》载其卒于宣统元年八月丁酉,年七十有三。据此逆推,其生年与《南皮张氏四门第十八支家谱》同。《咸丰壬子科直省举贡同年录》《咸丰二年壬子科顺天乡试齿录》均作道光己亥八月三日。

② 《张之洞讣告》(《上海图书馆藏赴闻集成》册4)、王德乾《南皮县志》卷12陈宝琛《诰授光禄大夫体仁阁大学士赠太保张文襄公墓志铭》均与《南皮张氏四门第十八支家谱》同。

③ 《道光丁酉科明经通谱》《张之万会试朱卷》《清代人物大事纪年》《道光二十七会试齿录》均与《状元宰相张之万》同。《道光庚子科直省同年谱》作嘉庆□年,月日空缺。《张之万乡试朱卷》作嘉庆乙亥年七月八日。

④ 《清代人物大事纪年》与《状元宰相张之万》同。

⑤ 《楚省八旗奉直同官录》与《南皮张氏四门第十八支家谱》同。

⑥ 派名欣前。

⑦ 《清代人物生卒年表》据《光绪三年丁丑科会试同年齿录》作咸丰八年(1858)。但因其生于十二月十九日,故公历应为1859年1月22日。

⑧ 《张次珊通政挽辞》写于民国己未年,诗后注:"余昔与通政及郑叔问舍人同在长沙陈伯平中丞幕中,侍郎朱沤尹赋《枇杷词》,中丞与幕客共和之。未几,中丞以劾蔡乃煌,为枢府所抑。由是,朝廷纪纲大坏,中丞疾薨,前年郑殂,今通政又殁。当时幕客惟余存矣。"据此,其当卒于民国己未年(1919)。

续表

姓名	字	号	籍贯	生卒(农历)	生卒(公历)	文献来源
张竹舫	念慈		浙江山阴	?		姚融乡试履历(《清代朱卷集成》册 293)
				?		
张宗椿	寿全	时斋	四川永川	道光二十五年九月二十日	1845 年 10 月 20 日	《同治庚午科大同年齿录》
				光绪四年	1878 年	《日记》光绪四年四月三日①
张宗灏			越缦乡人	?		《日记》光绪八年四月二日
				?		
张祖继②	飏民 飏坪 瓠肥	老飏	直隶南皮	道光六年二月二十五日	1826 年 4 月 2 日	张燕溪《南皮张氏西门族谱》卷 3
				?		
章宝琛			直隶宛平	?		高士英、荣相鼎《濮州志》卷 3《官师志》
				?		
章炳			越缦乡人	?		《日记》光绪五年六月十二日
				?		
章埰	浚庵 俊庵		浙江山阴	?		陈廷璐乡试履历(《清代朱卷集成》册 265)
				?		
章传基	子莱		浙江会稽	?		章传坤乡试履历(《清代朱卷集成》册 253)
				?		

① 《日记》光绪四年四月三日:"付仆媪等印结随封钱六千,妙峰山香钱四千、甜水钱八千,同司廷恺郎中娶子妇贺分二千,同年张宗椿刑部挽障分一千,看花钱二千。星丈挽屏四幅,钱六千;挽联洋布八尺,钱四千八百;香烛纸镪等,钱三千六百。"据此,其当卒于光绪四年四月三日之前。此暂作光绪四年(1878)。

② 谱名英修。

续表

姓名	字	号	籍贯	生卒(农历)	生卒(公历)	文献来源
章传坤	厚甫	吉裳	浙江会稽	道光八年十二月二十二日	1829年1月26日	《同治四年补行辛酉科并壬戌浙江乡试同年齿录》①
				?		
章传坦	履吉		浙江会稽	?		言宝书乡试履历(《清代朱卷集成》册264)
				?		
章德藻	迈琼	端甫	浙江金华	道光二十八年二月八日	1848年3月12日	《同治十三年甲戌科会试同年齿录》②
				?		
章玗	石樵	蕴卿	安徽庐江	道光十八年九月十七日	1838年11月3日	《章氏家谱》卷16《罗家埠派玠公支下洁清波三公支下世系表》(章长越)③
				光绪十五年十一月二十四日	1889年12月16日	同上
章观光④	吉臣 绩臣	菊臣	浙江会稽	同治元年十二月二十六日	1863年2月13日	章锡光《俩山文集》卷2《西园记》⑤
				民国九年	1920年	倪文澜《跋》(章锡光《俩山遗集》卷末)⑥

① 章传坤乡试履历(《清代朱卷集成》册253)与《同治四年补行辛酉科并壬戌浙江乡试同年齿录》同。

② 章德藻会试履历(《清代朱卷集成》册37)与《同治十三年甲戌科会试同年齿录》同。

③ 《江宁同官录》与《章氏家谱》同。《同治庚午科大同年齿录》、《同治九年庚午科顺天乡试同年齿录》、章玗乡试履历(《清代朱卷集成》册107)均作道光辛丑年九月十七日。

④ 谱名达祺,改名锡光。

⑤ 章观光乡试履历(《清代朱卷集成》册281)、《光绪己丑科浙江乡试同年齿录》、《光绪甲辰恩科会试同年齿录》均作同治五年十二月二十六日。《西园记》:"光绪二十六年庚子八月,余春秋三十有九。"据此四者,定其生于同治元年十二月二十六日。

⑥ 倪文澜《跋》:"庚申秋,俩山先生归道山。"据此,暂作民国九年(1920)。

续表

姓名	字	号	籍贯	生卒(农历)	生卒(公历)	文献来源
章桂庆	莼邻 仲芬	芳轩 方轩	浙江会稽	道光十六年 八月十七日	1836 年 9 月 27 日	章倬汉《芳轩公行述》(章贻贤《章氏智九公分祠支谱》卷 5)①
				光绪二十年 二月二十五日	1894 年 3 月 31 日	同上
章华	朴存	子实	安徽庐江	嘉庆二十五年 八月九日	1820 年 9 月 15 日	《章氏家谱》卷 16《罗家埠派玠公支下洁清波三公支下世系表》
				同治元年 正月四日	1862 年 2 月 2 日	同上
章华国②	墨舫	莱荪	浙江会稽	道光二十二年 六月十六日	1842 年 7 月 23 日	《光绪己卯科浙江乡试同年齿录》③
				?		
章焕文	怀先		浙江会稽	?		章贻贤《章氏智九公分祠支谱》卷 3《开十八房之荇溪公派·二十一世至二十五世》
				?		
章勷			越缦邑人	?		《日记》光绪十九年七月十五日
				?		
章楷	式典	质夫 质敷	浙江青田	道光二十二年 十一月二十五日	1842 年 12 月 26 日	章冏《章楷讣告》④
				民国八年 八月二十六日	1919 年 10 月 19 日	同上⑤

① 《同治丁卯科并补行甲子科浙江乡试同年齿录》、章桂庆乡试履历(《清代朱卷集成》册 256)均作道光丙申年八月十七日。

② 谱名绳祖。

③ 《光绪己卯科直省同年全录》与《光绪己卯科浙江乡试同年齿录》同。

④ 《同治庚午科浙江乡试同年齿录》《同治庚午科大同年齿录》均作道光甲辰年十一月二十五日。

⑤ 《章楷讣告》载:"卒于民国八年十月十九日,即阴历己未八月二十七日。"民国八年十月十九日,当为农历己未八月二十六日。

续表

姓名	字	号	籍贯	生卒(农历)	生卒(公历)	文献来源
章乃畬	念兹	砚耔 研耔	浙江归安	道光十一年 六月七日	1831 年 7 月 15 日	章组佑《荻溪张章氏家乘》卷 8《谱牒七》①
				光绪十六年 三月十五日	1890 年 5 月 3 日	同上
章寿康②	硕卿		浙江会稽	道光二十七年	1847 年	《日记》光绪三年六月二十日③
				光绪三十二年	1906 年	缪荃孙《艺风堂文漫存·辛壬稿》卷 2《章硕卿传》④
章寿麟⑤	价人		湖南善化	道光十三年 三月十六日	1833 年 5 月 5 日	章士钊《章氏族谱》卷 3《二房系文祖支各代系注录》
				光绪十三年 八月十四日	1887 年 9 月 30 日	同上
章嗣衡⑥	仪贤 梓梁 莘农	子量 荔裳 星岳 芷梁	浙江会稽	嘉庆二十年 三月二十七日	1815 年 5 月 6 日	《道光甲午科直省同年录》⑦
				?		
章廷黻⑧	公冕	蕴白	浙江会稽	道光三十年 九月十五日	1850 年 10 月 19 日	章廷黼乡试履历(《清代朱卷集成》册 277)⑨
				?		

① 《咸丰乙卯科直省乡试同年齿录》《咸丰五年乙卯科浙江乡试同年齿录》均作道光甲午年六月七日。

② 原名贞。

③ 《日记》光绪三年六月二十日:"同县章石卿(寿康),本名贞,自蜀入都,以知县赴部来见,并赠所刻《绝妙好词笺》一部,《会稽三赋注》一部,《华阳国志》一部,《汉书地理志斠注》一部,《富顺石刻》三种。章君生长京师,后随其父富兴县丞任。幼喜买书,不肯为制艺应试。今年三十一。收藏旧籍,精椠极多,勤于校勘。恂恂谦谨,吾乡仅见之佳士也。"据此逆推,其当生于道光二十七年(1847)。缪荃孙《艺风堂文漫存·辛壬稿》卷 2《章硕卿传》载其光绪丙午卒,年止五十七。据此逆推,其当生于道光三十年(1850)。

④ 《传》仅作光绪丙午年(1906)。

⑤ 谱名永倜。

⑥ 原名汝衡。

⑦ 《道光二十四年甲辰科会试同年齿录》中其履历辨识不清。

⑧ 一作廷黼,原名拜赓,又名元黻,小字紫眉。

⑨ 章廷黼会试履历(《清代朱卷集成》册 85)、《章廷黻会试朱卷》均作咸丰丁巳年正月十五日。

续表

姓名	字	号	籍贯	生卒(农历)	生卒(公历)	文献来源
章廷爵[①]	曼白		浙江会稽	咸丰元年九月三十日	1851年11月22日	《光绪壬午科浙江乡试同年齿录》
				?		
章文澜	秋泉		浙江会稽	?		程仪洛乡试履历(《清代朱卷集成》册265)
				?		
章鋆			浙江会稽	?		《台湾文献史料丛刊》册36卢德嘉《凤山县采访册》之《戊部》页221—222
				?		
章献猷[②]	味三		浙江瑞安	同治四年九月十四日	1865年11月2日	《林损集》卷8《家书》页1673[③]
				?		
章耀廷	撷芳	黼卿	浙江归安	道光五年十二月五日	1826年1月12日	章组佑《荻溪章氏家乘》卷8上《谱牒七》[④]
				光绪十六年十二月二十三日	1891年2月1日	同上
章以咸[⑤]	修一	笛楼	浙江会稽	道光二十六年三月二十七日	1846年4月22日	章贻贤《偁山章氏智九公分祠支谱》卷3《开十五房之心斋公派·二十一世至二十五世》[⑥]
				?		

① 原名拜飏，又名元献，小字啸梅。

② 幼名福滋。

③ 林损写于民国二十三年(1934)的家书中言“章味三太姻丈，行年七十”。《章献猷乡试朱卷》作同治己巳年九月十四日。据此二者，定其生于同治四年九月十四日。

④ 《己酉科直省乡试同年录》作道光己丑年十二月五日。

⑤ 原名锡爵。

⑥ 《同治癸酉科浙江乡试同年齿录》、章以咸乡试履历(《清代朱卷集成》册259)均作道光丙午年三月二十七日。

续表

<table>
<tr><th>姓名</th><th>字</th><th>号</th><th>籍贯</th><th>生卒(农历)</th><th>生卒(公历)</th><th>文献来源</th></tr>
<tr><td rowspan="2">章鋆①</td><td rowspan="2">酡芝</td><td rowspan="2">采南</td><td rowspan="2">浙江鄞县</td><td>嘉庆二十五年
四月十一日</td><td>1820 年
5 月 22 日</td><td>章登梯、倪承灿《鄞县班竹系章氏宗谱》卷下《迁鄞宗派世传・四世至十一世》②</td></tr>
<tr><td>光绪元年
五月十日</td><td>1875 年
6 月 13 日</td><td>同上③</td></tr>
<tr><td rowspan="2">章之杰④</td><td rowspan="2">仲选
仲铣</td><td rowspan="2"></td><td rowspan="2">浙江会稽</td><td>同治六年
三月八日</td><td>1867 年
4 月 12 日</td><td>钱启中《清授资政大夫会稽章公墓志铭》⑤</td></tr>
<tr><td>民国十六年
十二月九日</td><td>1928 年
1 月 29 日</td><td>同上</td></tr>
<tr><td rowspan="2">章⑥志坚</td><td rowspan="2">卓如</td><td rowspan="2">若洲
芍洲
定之</td><td rowspan="2">江苏吴县</td><td>道光二十二年
八月二十六日</td><td>1842 年
9 月 30 日</td><td>章志坚会试履历(《清代朱卷集成》册 39)⑦</td></tr>
<tr><td>?</td><td></td><td></td></tr>
<tr><td rowspan="2">章倬汉⑧</td><td rowspan="2">水生
槎仙</td><td rowspan="2">少芳
抗庵</td><td rowspan="2">浙江会稽</td><td>同治五年
八月十二日</td><td>1866 年
9 月 20 日</td><td>《光绪己丑科浙江乡试同年齿录》⑨</td></tr>
<tr><td>?</td><td></td><td>章贻贤《章氏智九公分祠支谱》卷 3《开十八房之荇溪公派・二十一世至二十五世》⑩</td></tr>
</table>

① 谱名世鋆,榜名鋆。

② 章鋆《望云馆文诗稿》卷首刘秉璋《清故国子监祭酒广东学政章公墓志铭》、《清代人物大事纪年》均与《鄞县班竹系章氏宗谱》同。章鋆《望云馆文诗稿》卷首中孙德祖《国子监祭酒广东学政章公行状》、葛祥熊《祭酒章公家传》均载其卒于光绪元年五月十日,年五十六。据此逆推,其生年均与《鄞县班竹系章氏宗谱》同。《道光甲辰恩科直省同年录》道光辛巳年四月十一日。

③ 章鋆《望云馆文诗稿》卷首中孙德祖《国子监祭酒广东学政章公行状》、刘秉璋《清故国子监祭酒广东学政章公墓志铭》、葛祥熊《祭酒章公家传》,以及《申报》光绪元年六月五日第九百七十九号《广东学政开缺》均与《鄞县班竹系章氏宗谱》同。《申报》光绪元年五月二十二日第九百六十九号《广东提学出缺》载其卒于光绪元年四月三十日,并有按语言其去世日期恐为讹传。

④ 改名之节。

⑤ 《墓志铭》载其(民国)丁卯冬十二月初九日卒,年六十一。《光绪十四年戊子科顺天乡试同年齿录》作同治六年三月八日。据此二者,定其生于同治六年三月八日。

⑥ 越缦误作张。

⑦ 章志坚乡试履历(《清代朱卷集成》册 146)与章志坚会试履历(《清代朱卷集成》册 39)同。

⑧ 谱名康安。

⑨ 章贻贤《章氏智九公分祠支谱》卷 3《开十八房之荇溪公派・二十一世至二十五世》无出生年月日。

⑩ 章贻贤《章氏智九公分祠支谱》卷 3《开十八房之荇溪公派・二十一世至二十五世》无去世年月日。

续表

姓名	字	号	籍贯	生卒(农历)	生卒(公历)	文献来源
赵炳林	金缄		浙江秀水	?		《日记》光绪十八年十二月十八日
				?		
赵承恩			直隶天津	同治八年	1869 年	《光绪二十年顺天文乡试录》
				?		
赵光	仲明	退庵 蓉舫	云南昆明	嘉庆二年 四月二十八日	1797 年 5 月 24 日	赵廷璜《赵文恪公自订年谱》①
				同治四年 二月十九日	1865 年 3 月 16 日	同上
赵鸿仪	心泉 辛泉		奉天义州	嘉庆十三年 二月二十七日	1808 年 3 月 23 日	《日记》光绪三年二月二十七日②
				光绪十三年	1887 年	《申报》光绪十三年八月二十八日第五千二百零六号之光绪十三年八月二十一日《京报全录・光绪十三年八月分单缺》③
赵环庆④	子敦	再庵	安徽太湖	道光十八年 九月五日	1838 年 10 月 22 日	赵昀《赵氏宗谱》卷 9 之 3《久楠公下士傑公股象贤公后世系》⑤
				?		
赵炯	聪甫		福建侯官	?		刘国彬、刘锦堂《四续掖县志》卷 6《艺文》⑥
				?		

① 《嘉庆丙子科全省同年齿录》与《赵文恪公自订年谱》同。

② 《日记》光绪三年二月二十七日："赵心泉七十生日，馈酒两坛，楹联一副。"据此逆推，其当生于嘉庆十三年二月二十七日。

③ 《光绪十三年八月分单缺》："主事户部广西司赵鸿仪故。"据此，暂作光绪十三年(1887)。

④ 派名继厚。

⑤ 《同治庚午科大同年齿录》与《赵氏宗谱》同。《同治十年辛未科会试同年齿录》作道光甲辰年九月五日。赵环庆会试履历(《清代朱卷集成》册 35)作道光辛丑年九月五日。《清代人物生卒年表》据赵环庆会试履历作道光二十一年(1841)。

⑥ 《四续掖县志》载："……昌邑知县赵聪甫(炯)重先生学行……"

续表

姓名	字	号	籍贯	生卒(农历)	生卒(公历)	文献来源
赵亮熙	汝能	寅臣	四川宜宾	道光十五年八月二十一日	1835年10月12日	赵亮熙会试履历(《清代朱卷集成》册22)
				光绪三十年八月五日	1904年9月14日	符璋著;陈光熙点校《符璋日记》册上页162①
赵铭	新又	彝斋 桐孙	浙江秀水	道光八年九月十四日	1828年10月22日	朱彭寿《清代人物大事纪年》②
				光绪十五年七月十三日	1889年8月9日	《日记》光绪十五年九月二十九日③
赵琴	怡卿	子芸	浙江上虞	道光二十五年三月七日	1845年4月13日	许应鑅《浙江同官录》④
				光绪二十一年	1895年	《申报》光绪二十一年闰五月二十一日第七千九百八十四号《杭垣仕版》⑤
赵时俊	文圃	秀升	云南浪穹	道光十六年四月十二日	1836年5月26日	《咸丰乙卯科直省同年齿录》⑥
				?		
赵士琛	续廷	献夫 献甫	直隶天津	咸丰七年九月十九日	1857年11月5日	《光绪十八年壬辰科会试同年齿录》⑦
				?		

① 《申报》光绪三十年十月二十四日第一万一千三百六十号之光绪三十年十月八日《京报汇录·浙江巡抚聂奏报开缺知府病故日期片》与《符璋日记》同。《清代人物生卒年表》缺。

② 《日记》光绪十五年八月十八日载其长李慈铭一岁。据此逆推,其生年与《清代人物大事纪年》同。《同治庚午科大同年齿录》、《同治庚午科浙江乡试同年齿录》、赵铭乡试履历(《清代朱卷集成》册258)均作道光庚寅年九月十四日。

③ 《清代人物生卒年表》据赵铭《琴鹤山房遗稿》卷末金兆蕃《再跋》"壬戌九月距先生之卒三十年"作光绪十八年(1892)。

④ 赵琴乡试履历(《清代朱卷集成》册275)作道光戊申年三月七日。

⑤ 《杭垣仕版》:"上月浙省教职出缺者计有四员,惟海宁训导一缺因徐季和宗师按临杭郡教官有送考之职,先由首府陈六笙太守委仁和训导朱广文启淦暂为代理,兹于本月十由藩宪聂方伯札委大挑教职陈谆署理。又杭府教授陆柳浦广文去年病殁任所,曾由藩宪委张广文承炜署理,兹已由奉化教谕翁广文推升,其奉化遗缺委坐选镇海教谕谢光枢署理。又秀水训导赵琴病故遗缺,以大挑教职江振杰署理。又常山教谕以大挑教职章华国署理。均于初十日下委。"《大清搢绅全书》(光绪二十一年夏)册3《嘉兴府》载秀水县复设训导为赵琴。《大清搢绅全书》(光绪二十一年秋)册3《嘉兴府》载秀水县复设训导为赵琴。《大清搢绅全书》(光绪二十一年冬)册3《嘉兴府》载秀水县复设训导童汝淮。据此四者,定其卒于光绪二十一年(1895)。

⑥ 《清代人物生卒年表》据《中国美术家人名辞典》作道光十八年(1838)。

⑦ 《光绪十七年辛卯科顺天乡试同年齿录》、赵士琛会试履历(《清代朱卷集成》册77)均与《光绪十八年壬辰科会试同年齿录》同。

续表

姓名	字	号	籍贯	生卒(农历)	生卒(公历)	文献来源
赵书田①		舒恬 书田	浙江山阴	道光二十九年 十月六日	1849 年 11 月 20 日	《同治丁卯科并补行甲子科浙江乡试同年齿录》
				?		
赵舒翘	展如	琴舫 慎斋	陕西西安	道光二十八年 六月二十八日	1848 年 7 月 28 日	王仙洲《慎斋年谱》
				光绪二十七年 正月六日	1901 年 2 月 24 日	同上②
赵树吉	迪初 沅青 元卿 沅鹊		四川宜宾③	道光七年 十一月二十三日	1828 年 1 月 9 日	《宜宾赵氏家谱》之《二支》④
				光绪六年 三月五日	1880 年 4 月 13 日	同上⑤
赵天寿	菊仙		江苏长洲	?		曹惆生《中国音乐舞蹈戏曲人名词典》
				?		
赵文伟	星五 灵云	才石	广西永宁	道光二十五年 四月七日	1845 年 5 月 12 日	《同治癸酉科明经通谱》⑥
				?		
赵佑宸⑦	仲淳 粹甫 粹夫	蕊史 鹤生	浙江鄞县	嘉庆二十二年 正月五日	1817 年 2 月 20 日	赵毓麟《四明赵氏宗谱》卷 2《世系表三·仲房》⑧
				光绪十二年 八月十四日	1886 年 9 月 11 日	同上

① 谱名斌保。

② 《申报》光绪二十七年九月十三日第一万零二百四十四号《照登中外和约十二款译汉全文》与《慎斋年谱》同。章开沅《清通鉴》册 4《德宗景皇帝·光绪二十七年》作光绪二十七年正月七日。

③ 祖籍浙江鄞县。

④ 《道光庚戌科会试同年齿录》《己酉科直省乡试同年录》《清代人物大事纪年》均与《宜宾赵氏家谱》同。《清代人物生卒年表》据赵树吉《郘鄢山房诗存》卷 8 庚午所作《生日酬静安》注"余今岁亦四十有四矣"作道光七年(1827)。但因其生于十一月二十三日,故公历应为 1828 年 1 月 9 日。

⑤ 《清代人物生卒年表》缺。

⑥ 《光绪六年庚辰科会试同年齿录》与《同治癸酉科明经通谱》同。

⑦ 谱名有淳,官名佑宸。

⑧ 《江宁同官录》与《四明赵氏宗谱》同。赵有淳会试履历(《清代朱卷集成》册 19)、赵有淳优贡履历(《清代朱卷集成》册 257)、《咸丰六年丙辰科会试同年齿录》均作道光辛巳年正月五日。

续表

姓名	字	号	籍贯	生卒(农历)	生卒(公历)	文献来源
赵宇鼎[①]	子新	子薪	浙江余姚	道光十八年十二月十日	1839年1月24日	赵正标《姚江赵氏宗谱》卷6《雷山世系》[②]
				光绪十五年三月十五日	1889年4月14日	同上
赵增荣	鸿桥	笙陔	四川宜宾[③]	道光二十六年七月二十五日	1846年9月15日	《宜宾赵氏家谱》之《二支》[④]
				光绪十八年八月二十日	1892年10月12日	同上[⑤]
赵曾重	伯远 衡甫 恒甫	蘅浦 味琴	安徽太湖	道光二十七年五月二十三日	1847年7月5日	赵畇《赵氏宗谱》卷9之3《久楠公下士傑公股象贤公后世系》[⑥]
				民国元年七月	1912年	马其昶《抱润轩文集》卷16《赵编修墓表》[⑦]
赵之谦	益甫 㧑叔	铁三 泠君 憨寮 悲庵 梅庵 无闷	浙江会稽	道光九年七月九日	1829年8月8日	赵寿佺、赵寿佺、赵寿㑭《皇清诰授奉政大夫晋朝议大夫同知衔江西议叙知县先考㧑叔府君行略》[⑧]
				光绪十年十月一日	1884年11月18日	同上

① 一名甗。

② 《光绪乙酉科浙江乡试同年齿录》作道光庚子年十二月一日。

③ 原籍浙江鄞县。

④ 赵增荣会试履历(《清代朱卷集成》册37)、《同治十三年甲戌科会试同年齿录》均作道光二十七年七月二十五日。

⑤ 《日记》光绪十八年九月十日:"赵笙陔太守(增荣)开吊,送奠分四千。赵以御史久次,方选知江西南安府,引见未两旬而卒。余以未相识,故从薄送,旋闻其身后萧条,为之惨然。"据此,仅知其卒于光绪十八年九月十日之前。《清代人物生卒年表》缺。

⑥ 《同治庚午科大同年齿录》与《赵氏宗谱》同。赵畇编;赵继元等补《遂翁自订年谱》载:"丁未四十岁……五月,长孙曾重生,继元妇王氏出。"据此,其生年与《赵氏宗谱》同。马其昶《抱润轩文集》卷16《赵编修墓表》载其卒于壬子七月,年六十七。据此逆推,其生年当为道光二十六年(1846)。赵曾重乡试履历(《清代朱卷集成》册150)、赵曾重会试履历(《清代朱卷集成》册39)均作道光己酉年五月二十三日。

⑦ 《墓表》载其卒年六十七,误。据《赵氏宗谱》及《墓表》卒年,其享年应为六十六岁。

⑧ 《咸丰九年己未恩科浙江乡试同年齿录》作道光己丑年七月七日。

续表

姓名	字	号	籍贯	生卒(农历)	生卒(公历)	文献来源
赵宗建	次侯	小曼 次公	江苏常熟	道光八年 七月五日	1828年 8月15日	赵毅庵《暨阳章卿赵氏宗谱》卷11《常熟月坡公支·二十七世至三十一世》①
				光绪二十六年 五月二十六日	1900年 6月22日	翁同龢《清故太常寺博士赵君墓志铭》
郑昌运	雍仪	熙阶	江西武宁②	咸丰元年 四月十三日	1851年 5月13日	《光绪六年庚辰科会试同年齿录》
				光绪二十一年 七月十二日	1895年 8月31日	刘树堂《题报遂平县知县郑昌运病故日期事》(中国第一历史档案馆藏)③
郑崇鼒④	雨叔	莲卿 丈峰 霓桥	浙江鄞县	道光二十二年 十月九日	1842年 11月11日	《同治庚午科浙江乡试同年齿录》⑤
				?		
郑德霖	寿轩	雨卿	浙江萧山	道光二十三年 六月十六日	1843年 7月13日	郑舒耀《萧山郑氏宗谱》之《韶三房》
				?		
郑杲	东甫	曜堂	直隶迁安⑥	咸丰元年 八月十一日	1851年 9月6日	何家琪《天根文钞续集》之《郑杲传》⑦
				光绪二十六年 五月十四日	1900年 6月10日	同上
郑海槎			越缦邑人	?		《日记》同治五年正月二日
				?		

① 翁同龢《清故太常寺博士赵君墓志铭》无出生年月日及享寿。

② 原籍湖北兴国州。

③ 《清代人物生卒年表》缺。

④ 榜讳雩,原讳炎禧,谱名裕泰。

⑤ 《同治庚午科大同年齿录》与《同治庚午科浙江乡试同年齿录》同。

⑥ 寄籍山东即墨。

⑦ 《光绪六年庚辰科会试同年齿录》作咸丰壬子年八月十一日。《传》载其于光绪二十六年五月二十四日卒,年五十。据此二者,定其生于咸丰元年八月十一日。

续表

姓名	字	号	籍贯	生卒(农历)	生卒(公历)	文献来源
郑晖吉	达光	寅谷	浙江江山	道光十三年六月八日	1833年7月24日	《同治庚午科大同年齿录》
				?		
郑杰			?	?		《日记》同治六年正月二十四日
				?		
郑恺	清标	子霞	越缦邑人	道光二十一年六月五日	1841年7月22日	《日记》册2页1034①
				?		
郑琼诏	占科	九丹 苹野	福建侯官	嘉庆十八年九月二十七日	1813年10月20日	沈葆桢《清赐进士出身诰授资政大夫日讲起居注官翰林院侍读学士提督四川学政郑公事略》②
				同治元年八月四日	1862年8月28日	同上
郑士抡	从嘉 从佳	鹿门	浙江黄岩	道光二十六年八月二十二日	1846年10月11日	《同治庚午科大同年齿录》③
				光绪三十三年	1907年	黄秉义著;周兴禄整理《黄秉义日记》册2④
郑思贺	季荣	黼门	河南祥符⑤	咸丰六年五月二十二日	1856年6月24日	郑思贺乡试履历(《清代朱卷集成》册226)⑥
				民国八年七月六日	1919年8月1日	秦树声《陕西凤邠盐法道郑君墓志铭》⑦

① 郑妹婿八字为“辛丑、乙未、丁亥、癸卯”。

② 《道光甲午科直省同年录》作嘉庆丁丑九月二十七日。《道光二十年庚子科会试同年齿录》仅作(嘉庆)丁丑。《事略》载其以同治壬戌八月四日亥时卒于家,年五十。据此三者,定其生于嘉庆癸酉年九月二十七日。

③ 《同治庚午科大同年齿录》与《同治庚午科浙江乡试同年齿录》同。

④ 《黄秉义日记》光绪三十三年十一月二十五日:“言及五部郑鹿门明府于上春仙逝。”据此,其当卒于光绪三十三年正月。此暂作光绪三十三年(1907)。

⑤ 祖籍江苏吴县。

⑥ 《同治十三年甲戌科会试同年齿录》与郑思贺乡试履历同。秦树声《陕西凤邠盐法道郑君墓志铭》载其(民国)己未年七月六日卒,年六十六。据此逆推,其生年亦与郑思贺乡试履历同。

⑦ 《清代人物生卒年表》缺。

续表

姓名	字	号	籍贯	生卒(农历)	生卒(公历)	文献来源
郑思赞	廷襄 听湘	菊农 寅阶	河南祥符①	道光二十七年 六月十八日	1847年 7月29日	郑思赞乡试履历(《清代朱卷集成》册225)②
				?		
郑嵩龄	芝岩	洒舲	江苏上元③	道光八年 五月二十八日	1828年 7月9日	《重订戊辰同年齿录》④
				光绪二十七年 二月十四日	1901年 4月2日	《申报》光绪二十七年二月二十日第一万零四十五号《储宪出缺》⑤
郑文彩	霞轩	亮臣 龙章	直隶天津	同治二年 正月十日	1863年 2月27日	《光绪十四年戊子科顺天乡试同年齿录》
				?		
郑锡瀛⑥	东甫 东圃 东梧		贵州玉屏	?		寿丹墀乡试履历(《清代朱卷集成》册265)
				?		
郑贤坊	与仙	小渟 酡林 舵龄	浙江镇海	道光三年 六月二十一日	1823年 7月28日	董沛《正谊堂文集》卷20《朝议大夫直隶宣化府知府郑公行状》⑦
				光绪十三年 七月五日	1887年 8月23日	同上⑧

① 祖籍江苏吴县。

② 郑思赞会试履历(《清代朱卷集成》册41)作道光戊申年六月十八日。《清代人物生卒年表》据郑思赞会试履历作道光二十八年(1848)。

③ 原籍安徽歙县。

④ 《咸丰戊午科直省同年录》作道光庚寅年五月二十八日。《安徽宦浙同官录》中无出生年月日。《同治七年戊辰科会试同年齿录》作道光乙未年五月二十八日。《重订戊辰同年齿录》作道光戊子年五月二十八日。《清代人物生卒年表》据《同治七年戊辰科会试同年齿录》作道光八年(1828),误。即据《同治七年戊辰科会试同年齿录》,当为道光十五年(1835)。《清代人物生卒年表》或据《重订戊辰同年齿录》。

⑤ 《同文沪报》光绪二十七年二月十八日第六千七百十七号《粮道逝世》与《储宪出缺》同。《清代人物生卒年表》缺。

⑥ 一作锡皋。

⑦ 《咸丰元年辛亥恩科浙江乡试同年齿录》《咸丰元年辛亥恩科直省同年全录》均作道光乙酉年六月二十一日。郑贤坊会试履历(《清代朱卷集成》册31)、《重订戊辰同年齿录》均作道光癸巳年六月二十一日。《行状》与俞樾《春在堂杂文六编》卷3《宣化府知府郑君家传》均载其卒于丁亥七月五日,年六十五。据此六者,定其生于道光三年六月二十一日。

⑧ 俞樾《春在堂杂文六编》卷3《宣化府知府郑君家传》与《行状》同。

续表

姓名	字	号	籍贯	生卒(农历)	生卒(公历)	文献来源
郑贤升①	春海 月波		浙江萧山②	道光元年 五月八日	1821 年 6 月 7 日	郑舒耀《萧山郑氏宗谱》卷 5《韶三房下》③
				光绪七年 十二月二日	1882 年 1 月 21 日	同上
郑训承④	绎如	听篁 听槐	浙江乌程	嘉庆二十五年 七月二十八日	1820 年 9 月 5 日	《郑听篁讣告》(《上海图书馆藏赴闻集成》册 1)⑤
				光绪二十一年 七月六日	1895 年 8 月 25 日	同上⑥
郑贞本	则康	植卿	福建长乐	道光三十年 四月十六日	1850 年 5 月 27 日	《光绪六年庚辰科会试同年齿录》
				光绪十六年	1890 年	《日记》光绪十六年四月八日⑦
郑震⑧	雨辰 子雷	梅卿 云峰 憩孙	浙江鄞县	咸丰三年 四月二十七日	1853 年 6 月 3 日	《同治庚午科浙江乡试同年齿录》⑨
				?		
支恒荣	芰青 常华	继卿	江苏丹徒	道光二十八年 三月六日	1848 年 4 月 9 日	《支氏宗谱》卷 6《镇派西分四房世表》⑩
				民国三年 十二月二十五日	1915 年 2 月 8 日	同上⑪

① 原名锡淳,避讳改锡泰。

② 寄籍直隶大兴。

③ 《咸丰元年辛亥恩科直省同年全录》作道光丙戌年五月八日。

④ 原名训成。

⑤ 《重订戊辰同年齿录》与《郑听篁讣告》同。《道光甲辰恩科直省同年录》、郑训承会试履历(《清代朱卷集成》册28)、《同治七年戊辰科会试同年齿录》、《道光丁酉科浙江乡试同年齿录》均作道光二年七月二十八日。

⑥ 《清代人物生卒年表》缺。

⑦ 《日记》光绪十六年四月八日:"庚辰同年郑吏部贞本开吊,送奠分四千。"据此,其当卒于光绪十六年四月八日之前。此暂作光绪十六年(1890)。《清代人物生卒年表》缺。

⑧ 谱名裕康。

⑨ 《同治庚午科大同年齿录》与《同治庚午科浙江乡试同年齿录》同。

⑩ 《光绪丁丑科会试同年齿录》《同治庚午科大同年齿录》均作道光己酉年三月六日。

⑪ 《清代人物生卒年表》据李恩绶《丹徒县志摭余》卷 7《名贤宦绩 · 支恒荣》"甲寅冬卒,年六十七"作民国三年(1914)。但因其卒于十二月二十五日,故公历应为 1915 年 2 月 8 日。

续表

<table>
<tr><th>姓名</th><th>字</th><th>号</th><th>籍贯</th><th>生卒(农历)</th><th>生卒(公历)</th><th>文献来源</th></tr>
<tr><td rowspan="2">志锐</td><td rowspan="2">伯愚
廓轩</td><td rowspan="2">公颖
迂安</td><td rowspan="2">满洲镶红旗</td><td>咸丰元年
四月二十五日</td><td>1851年
5月25日</td><td>《清故伊犁将军文贞公行状》[①]</td></tr>
<tr><td>宣统三年
十一月二十日</td><td>1912年
1月8日</td><td>《申报》民国元年十月九日(公历)第一万四千二百三十七号《黄立中立功西域》[②]</td></tr>
<tr><td rowspan="2">治麟</td><td rowspan="2">安甫</td><td rowspan="2">舜臣
筱坪</td><td rowspan="2">满洲正黄旗</td><td>道光二十四年
四月十六日</td><td>1844年
6月1日</td><td>《光绪丙子科顺天乡试同年齿录》[③]</td></tr>
<tr><td>光绪十三年
五月二十日</td><td>1887年
7月10日</td><td>《日记》光绪十三年五月二十二日[④]</td></tr>
<tr><td rowspan="2">中岛雄[⑤]</td><td rowspan="2"></td><td rowspan="2"></td><td rowspan="2">日本静冈</td><td>嘉永六年</td><td>1853年</td><td>孔祥吉、村田雄二郎《中岛雄其人与〈往复文信目录〉》</td></tr>
<tr><td>明治四十三年
二月十七日</td><td>1910年
3月27日</td><td>同上</td></tr>
<tr><td rowspan="2">钟宝华[⑥]</td><td rowspan="2">焕文
在山
似山
莳山</td><td rowspan="2">次珊</td><td rowspan="2">浙江萧山</td><td>嘉庆二十五年
十月二日</td><td>1820年
11月7日</td><td>钟福球《钱清钟氏宗谱》卷11《世系》[⑦]</td></tr>
<tr><td>光绪四年
四月三十日</td><td>1878年
5月31日</td><td>同上[⑧]</td></tr>
<tr><td rowspan="2">钟宝英[⑨]</td><td rowspan="2">小泉</td><td rowspan="2">锦辉</td><td rowspan="2">浙江萧山</td><td>嘉庆二十三年
五月七日</td><td>1818年
6月10日</td><td>钟福球《钱清钟氏宗谱》卷11《中分成九房》</td></tr>
<tr><td>光绪三年
四月二十七日</td><td>1877年
6月8日</td><td>同上</td></tr>
</table>

① 《光绪六年庚辰科会试同年齿录》《清代人物大事纪年》均作咸丰三年四月二十五日。《清故伊犁将军文贞公行状》载其卒于宣统三年十一月十九日,年六十一。据此三者,定其生于咸丰元年四月二十五日。《碑传集补》卷34吴庆坻《志将军传》无出生年月日及享寿。

② 《碑传集补》卷34吴庆坻《志将军传》均作宣统三年十一月十九日。《清故伊犁将军文贞公行状》:"冬月十九日,派驻伊犁鄂将军首先倡变,以众胁公,欲举为都督。公誓众曰:'尔等所为,各行其是,我不能背朝廷,辱祖宗,速死愿耳。'众知公不可强,遂遇害。"据此,仅知其卒于宣统三年十一月十九日或之后。《清代人物大事纪年》作宣统三年十二月二十日。

③ 治麟会试履历(《清代朱卷集成》册43)与《光绪丙子科顺天乡试同年齿录》同。

④ 《治麟传包》(台北故宫博物院故传010756)与《日记》同。《清代人物生卒年表》缺。

⑤ 幼名太郎一。

⑥ 原名启桢。

⑦ 钟福球《钱清钟氏宗谱》卷4钟祖恩《资政大夫显考在山府君行述》与《钱清钟氏宗谱》卷11《世系》同。《道光丙午科浙江乡试同年齿录》作道光甲申年十月二日。《咸丰六年丙辰科会试同年齿录》作道光丁亥十月二日。

⑧ 钟福球《钱清钟氏宗谱》卷4钟祖恩《资政大夫显考在山府君行述》与《钱清钟氏宗谱》卷11《世系》同。

⑨ 原名孔阳,改名标。

续表

姓名	字	号	籍贯	生卒(农历)	生卒(公历)	文献来源
钟德祥	西耘 伯慈	大愚	广西宣化	道光十五年 十一月二十四日	1836 年 1 月 12 日	朱彭寿《清代人物大事纪年》①
				光绪三十年秋	1905 年	钟德祥著；雷达辑校《钟德祥集》之《前言》②
钟观豫	慎斋 润斋	官余 逸舫	浙江萧山	道光十五年 八月六日	1835 年 9 月 27 日	钟福球《钱清钟氏宗谱》卷 10《良十九房世系》③
				光绪二十年 四月十三日	1894 年 5 月 17 日	同上
钟华			满洲正蓝旗	?		《大清搢绅全书》(光绪十九年夏)册 1《京师各道》
				光绪二十四年 闰三月十五日	1898 年 5 月 5 日	文魁《为正蓝旗第五族浙江道监察御史宗室钟华病故日期出具图片事》(中国第一历史档案馆藏)
钟骏声	雨辰 雨人	澹夫 亦溪	浙江仁和	道光九年 五月十二日	1829 年 6 月 13 日	《咸丰戊午科直省同年录》④
				光绪六年 十二月	1881 年	《申报》光绪七年六月十三日第二千九百三十九号《灵輀回籍》⑤
钟濂	芝泉 稚泉	又溪	蒙古正蓝旗	道光二十三年 五月二十日	1843 年 6 月 17 日	《咸丰元年恩荫同年齿录》⑥
				光绪十一年 七月	1885 年	朱彭寿《清代人物大事纪年》

① 据钟德祥著；雷达辑校《钟德祥集》之《光绪二十一年苍龙在乙未，距仆始生之岁今六十一矣……》诗逆推，其生年与《清代人物大事纪年》同。《光绪二年丙子恩科会试同年齿录》作道光丁未十一月二十四日。《清代人物生卒年表》据《光绪二年丙子恩科会试同年齿录》作道光二十七年(1847)。

② 《清代人物生卒年表》缺。

③ 《咸丰戊午科浙江乡试同年齿录》《咸丰戊午科直省同年录》均与《钱清钟氏宗谱》同。

④ 钟骏声会试履历(《清代朱卷集成》册 23)、《清代人物大事纪年》均作道光癸巳年五月十二日。《咸丰戊午科浙江乡试同年齿录》作道光辛卯年五月十二日。《日记》光绪七年三月十九日载其与李慈铭同岁生。据此四者推，其出生年月日与《咸丰戊午科直省同年录》同。《清代人物生卒年表》据钟骏声会试履历作道光十三年(1833)。

⑤ 《灵輀回籍》："武林钟雨辰学士，在京供职多年，去腊病殁京邸。"据此，其当卒于光绪六年十二月。光绪六年十二月，公历范围为 1880 年 12 月 31 日—1881 年 1 月 29 日。此暂作公历 1881 年。《日记》光绪七年三月十九日："日加辰，出城诣逸梧祭酒，即归。复出吊钟雨辰学士之丧，送奠分六千。"据此，仅知其卒于光绪七年三月十九日或之前。

⑥ 《清代人物大事纪年》与《咸丰元年恩荫同年齿录》同。

续表

姓名	字	号	籍贯	生卒(农历)	生卒(公历)	文献来源
钟灵	秀之		满洲正蓝旗	咸丰七年	1857年	《光绪元年顺天文乡试录》
				?		
钟鸾藻[①]	仲龢	燕侯	浙江仁和	道光十五年八月一日	1835年9月22日	《同治庚午科大同年齿录》[②]
				光绪十三年十一月一日	1887年12月15日	刘秉璋《题报绵竹县知县钟鸾藻病故日期事》(中国第一历史档案馆藏)
钟佩芳			广州	?		《日记》光绪二年十二月十一日
				?		
钟佩贤	六英 录英 鹿因 肇阳	小舲	浙江山阴[③]	嘉庆二十四年十月二十七日	1819年12月14日	朱彭寿《清代人物大事纪年》[④]
				光绪二十八年十一月三十日	1902年12月29日	同上[⑤]
钟启元	葆田 宝恬		浙江海宁	道光十七年五月二十三日	1837年6月25日	王蕴藻《广东同官录》
钟尚贤	罢廉	铁凡 拮蘖 仲英	浙江山阴[⑥]	咸丰三年正月二十六日	1853年3月5日	《两浙盐务同官录》[⑦]
				光绪二十七年	1901年	钟炳亨《庙下钟氏宗谱》卷7《二分派老三房支》

① 原名济。

② 钟鸾藻乡试履历(《清代朱卷集成》册257)、《同治庚午科浙江乡试同年齿录》均作道光丁酉年八月一日。

③ 寄籍直隶宛平。

④ 《道光庚子恩科直省同年谱》与《清代人物大事纪年》同。钟炳亨《庙下钟氏宗谱》卷7《二分派老三房支》中无出生年月日。

⑤ 钟炳亨《庙下钟氏宗谱》卷7《二分派老三房支》无去世年月日。

⑥ 寄籍顺天宛平。

⑦ 钟炳亨《庙下钟氏宗谱》卷7《二分派老三房支》仅作咸丰癸丑年(1853)。

续表

姓名	字	号	籍贯	生卒(农历)	生卒(公历)	文献来源
钟寿康①	文叔	海生 归农	浙江会稽	同治二年 正月四日	1863年 2月21日	钟志沆《会稽钟氏家谱》卷3《本支列传·年谱附》②
				?		
钟文烝	殿才 朝美	子勤	浙江嘉善	嘉庆二十三年 正月十六日	1818年 2月20日	《上海李氏易园三代清芬集·李征士遗稿》之《先师钟子勤先生行述》③
				光绪三年 六月一日	1877年 7月11日	同上④
钟英	傑臣	灵川	满洲正黄旗	道光三十年 正月二十五日	1850年 3月8日	《光绪三年丁丑科会试同年齿录》
				光绪二十四年 正月二十二日	1898年 2月12日	《申报》光绪二十四年闰三月一日八千九百八十四号之附张《京报》
钟芷汀⑤			广东	?		《日记》光绪五年五月二十三日
				?		
周邦翰			浙江海宁	同治十一年 二月七日	1872年 3月15日	《日记》光绪十六年二月七日⑥
				?		

① 谱名敬淹，原名志范。

② 钟志沆《会稽钟氏家谱》卷9《后岸桂轩公支仲勋公派》仅作同治癸亥年(1863)。

③ 钟文烝乡试履历(《清代朱卷集成》册242)仅作嘉庆二十四年(1819)。《清代人物大事纪年》仅作嘉庆二十三年(1818)。

④ 《清代人物大事纪年》仅作光绪三年(1877)。

⑤ 越缦一作芷庭。

⑥ 《日记》光绪十六年二月七日："周式如之子邦翰二十岁生日，诒以糕、桃、饼、面、鸡、豚六合。其母来请酒，张姬往。"据此逆推，其当生于同治十一年二月七日。

续表

<table>
<tr><th>姓名</th><th>字</th><th>号</th><th>籍贯</th><th>生卒(农历)</th><th>生卒(公历)</th><th>文献来源</th></tr>
<tr><td rowspan="2">周宝瑛①</td><td rowspan="2">吉甫</td><td rowspan="2">韫岩</td><td rowspan="2">浙江会稽</td><td>道光二年
九月二十九日</td><td>1822 年
11 月 12 日</td><td>周以均《越城周氏支谱》之《清道房公升公派世录》②</td></tr>
<tr><td>?</td><td></td><td></td></tr>
<tr><td rowspan="2">周德鸿③</td><td rowspan="2">仲文</td><td rowspan="2">少侯</td><td rowspan="2">浙江山阴</td><td>咸丰四年
七月十六日</td><td>1854 年
8 月 9 日</td><td>周德鸿《来苏周氏前房宗谱》之《前房五分纪传·三十一世》</td></tr>
<tr><td>?</td><td></td><td></td></tr>
<tr><td rowspan="2">周福清④</td><td rowspan="2">震生</td><td rowspan="2">介孚
介甫
介夫
梅仙</td><td rowspan="2">浙江会稽</td><td>道光十七年
十二月二十七日</td><td>1838 年
1 月 22 日</td><td>周以均《越城周氏支谱》之《清道房允派四支世录》⑤</td></tr>
<tr><td>光绪三十年
六月一日</td><td>1904 年
7 月 13 日</td><td>鲁迅博物馆、鲁迅研究室《鲁迅年谱》(增订本)卷 1 页 131</td></tr>
<tr><td rowspan="2">周馥⑥</td><td rowspan="2">玉山</td><td rowspan="2">兰溪</td><td rowspan="2">安徽建德</td><td>道光十七年
十一月二十三日</td><td>1837 年
12 月 20 日</td><td>《申报》民国十年十二月六日(公历)第一万七千五百二十七号《恕讣不周》⑦</td></tr>
<tr><td>民国十年
九月二十一日</td><td>1921 年
10 月 21 日</td><td>同上⑧</td></tr>
</table>

① 原名宗泰。《支谱》载有两周宝瑛。另一周宝瑛,原名兆熙,字朗峰。任广东广州府新会县、江门县丞、惠州府河源县知县。其卒于道光辛丑正月二,早于同治四年(1865),故非《日记》中周宝瑛。

② 《咸丰元年辛亥恩科直省同年全录》《咸丰元年辛亥恩科浙江乡试同年齿录》作道光癸巳年九月二十九日。

③ 《日记》光绪十九年八月四日:"得周仲和(德濬)书,雪瓯之次子也,以诸生在保定习律法。"据《宗谱》,周光祖有三子,长德润,字伯身,生咸丰辛亥十二月初十,卒同治乙丑四月初四。次德鸿,字仲文,号少侯。郡增广生。生咸丰甲寅年七月十六日。三子德濬,字季和,号忆莪。邑庠生。生同治甲子八月十五日。故越缦日记所言次子当为德鸿。

④ 原名致福。

⑤ 《同治丁卯科并补行甲子科浙江乡试同年齿录》《周福清乡试朱卷》均作光辛丑十二月二十七日。《同治十年辛未科会试同年齿录》作道光甲辰年十二月二十七日。

⑥ 原名宗培,乳名玉成,后改名复。

⑦ 周馥《安徽建德县纸阬山周氏宗谱》卷 9《景祥公股世系》与《恕讣不周》同。周学熙、周学渊、周学辉《清授光禄大夫建威将军头品顶戴陆军部尚书都察院都御史两广总督周悫慎公行状》仅作道光十七年(1837)。

⑧ 周学熙、周学渊、周学辉《清授光禄大夫建威将军头品顶戴陆军部尚书都察院都御史两广总督周悫慎公行状》与《恕讣不周》同。

续表

姓名	字	号	籍贯	生卒(农历)	生卒(公历)	文献来源
周冠	广生	鼎卿	广西临川	道光十年十二月十四日	1831年1月27日	《己酉科直省乡试同年录》
				?		
周光藻[①]	志实	子光 浣甫	浙江诸暨	道光三十年九月十七日	1850年10月21日	《诸暨藏绿周氏世谱》卷26《燿字行传》[②]
				民国四年五月十日	1915年6月22日	同上
周光祖	锡侯 息鸥	雪瓯	浙江山阴	嘉庆二十五年九月十九日	1820年10月25日	周德鸿《来苏周氏前房宗谱》之《前房五分纪传·三十一世》[③]
				同治四年四月二十日	1865年5月14日	同上[④]
周国琛	理璋	献南	广东大洲	道光二十年七月四日	1840年8月1日	《光绪己卯科直省同年齿录》[⑤]
				?		
周恒祺[⑥]	子维	福陔 茀阶	湖北黄陂	道光元年十一月十日	1821年12月4日	《周氏族谱》卷30《行实记》[⑦]
				光绪二十年三月十六日	1894年4月20日	《申报》光绪二十年三月二十五日第七千五百五十号《老成凋谢》[⑧]

① 原名涞堂。

② 《光绪乙酉科浙江乡试同年齿录》作咸丰甲寅年九月十七日。

③ 《咸丰九年己未科会试同年齿录》《咸丰元年辛亥恩科直省同年全录》《咸丰元年辛亥恩科浙江乡试同年齿录》均作道光壬午年九月十九日。周光祖《耻白集》卷首李慈铭《序》载其卒于(同治)乙丑夏卒,年甫五十。据此逆推,其当生于嘉庆二十五年(1820)。但《来苏周氏前房宗谱》中收录越缦所撰《序》为"同治乙丑夏卒,年未五十"。疑《耻白集》所录李慈铭《序》误。

④ 周光祖《耻白集》卷首李慈铭《序》仅作同治乙丑夏。

⑤ 《光绪六年庚辰科会试同年齿录》作道光戊申年七月四日。《清代人物生卒年表》据《光绪六年庚辰科会试同年齿录》作道光二十八年(1848)。

⑥ 原名恒祈。

⑦ 《咸丰壬子恩科会试同年齿录》作道光丙戌十一月十日。《周氏族谱》仅作道光辛巳年(1821)。据此二者,定其生于道光辛巳年十一月十日。《清代人物生卒年表》据《咸丰壬子恩科会试同年齿录》作道光六年(1826)。

⑧ 《老成凋谢》:"前任山东巡抚漕运总督现为鄂垣江汉书院山长周福阶制军恒祺,近因后颈忽患痈疽,据医家云名曰对口。敷以丹散,服以参苓,殊未见效,竟于本月十六日骑鲸仙游。老成已去,典型不存。旧史门生,当有过西州而洒泪者矣。"谭继洵撰;贾维、谭志宏编《谭继洵集》册上《原任漕运总督在疾病故缮有遗折由家属呈请代递折》作光绪二十年三月十七日。周君适《周恒祺事略》载其"约1892年卒,卒年七十岁",且"历官年份和生卒岁月,亦不能悉记"。《清代人物生卒年表》缺。

续表

姓名	字	号	籍贯	生卒(农历)	生卒(公历)	文献来源
周厚生①	仙坡	梅轩 耽吟	湖南祁阳	嘉庆二十四年 十一月二十四日	1820年 1月9日	周建设《周氏八修族谱》之《魁祖富公派春讯支楚敏房谅明齿录》②
				同治八年 十月二十三日	1869年 11月26日	同上
周积仁	近甫	恕斋	浙江山阴	道光十四年 正月二十九日	1834年 3月9日	周建中《周氏家谱》册9《二分世表·二十六世至三十世》③
				同治元年 十月二十三日	1862年 12月14日	同上
周嘉颖			浙江萧山	咸丰八年 十二月一日	1859年 1月4日	周绍谟《龛山周氏宗谱》卷4《第六世》
				?		
周晋麒④	玉臣 玉麟	珊梅 雨塍	浙江慈溪	道光十七年 九月一日	1837年 9月30日	杨泰亨《慈溪县志》之《列传附编》⑤
				光绪六年 五月	1880年	同上⑥
周景曾⑦	瀜生	式如 佩之	浙江海宁	道光十五年 十二月六日	1836年 1月23日	周景曾乡试履历(《清代朱卷集成》册104)⑧
				光绪二十六年 正月九日	1900年 2月8日	《申报》光绪二十六年三月八日第九千六百八十七号之光绪二十六年二月二十九日《京报全录·端方片》⑨

① 派名景苏。

② 《咸丰乙卯直省乡试同年齿录》作道光壬午年十一月二十四日。

③ 《咸丰戊午科浙江乡试同年齿录》《咸丰戊午科直省同年录》均与《周氏家谱》同。

④ 谱名有曾。

⑤ 周晋麒会试履历(《清代朱卷集成》册38)、《同治十三年甲戌科会试同年齿录》均作道光乙巳九月一日。周晋麒副贡履历(《清代朱卷集成》册354)作道光癸卯九月一日。《列传附编》载其光绪六年五月卒,年四十四。据此四者,定其生于道光十七年九月一日。《清代人物生卒年表》据《同治十三年甲戌科会试同年齿录》作道光二十五年(1845)。

⑥ 《清代人物生卒年表》缺。

⑦ 谱名子钰。

⑧ 周景曾会试履历(《清代朱卷集成》册40)、《光绪二年丙子恩科会试同年齿录》均作道光庚子年十二月六日。《京报全录·端方片》载其光绪二十六年为六十岁。据此逆推,其当生于道光二十一年(1841)。《清代人物生卒年表》据《光绪二年丙子恩科会试同年齿录》作道光二十年(1840)。

⑨ 《清代人物生卒年表》缺。

续表

姓名	字	号	籍贯	生卒(农历)	生卒(公历)	文献来源
周奎吉[1]	秋垣 雪畇	莪君	浙江山阴	道光十九年 十月二十九日	1839 年 12 月 4 日	《光绪丙子科浙江乡试同年齿录》[2]
				?		
周奎照[3]	鄂友		浙江诸暨	道光二十八年 四月二日	1848 年 5 月 4 日	周铭辰《藏绿周氏宗谱》册 38 卷 27《奎字行传》
				光绪三十三年 六月二十九日	1907 年 8 月 7 日	同上[4]
周兰[5]	仁甫 兰友	伯荪 诵芬	浙江仁和	道光二年 十二月十五日	1823 年 1 月 26 日	《咸丰壬子科浙江乡试同年齿录》[6]
				同治十三年	1874 年	《日记》同治十三年六月十九日[7]
周枚	吉臣	蝶庄	浙江会稽	道光十六年 六月五日	1836 年 7 月 18 日	《日记》同治十二年九月七日[8]
				同治十二年	1873 年	同上

① 原名宝琦，又名恭寿，又名来宾。

② 周奎吉乡试履历(《清代朱卷集成》册 265)与《光绪丙子科浙江乡试同年齿录》。周奎吉会试履历(《清代朱卷集成》册 65)、《光绪十五年己丑科会试同年齿录》均作道光丙午年十月二十九日。《清代人物生卒年表》据《光绪十五年己丑科会试同年齿录》作道光二十六年(1846)。

③ 更名景祁。

④ 周铭辰《藏绿周氏宗谱》册 3 卷 3《艺文 · 桢字家传至钜字家传》之周景鄫《奎三百二十一鄂友公传》作光绪三十四年(1908)。

⑤ 初名玉麒。

⑥ 周兰会试履历(《清代朱卷集成》册 24)、《咸丰壬子科直省举贡同年录》、《清代人物大事纪年》均与《咸丰壬子科浙江乡试同年齿录》同。

⑦ 《日记》同治十三年六月十九日："仁和周伯荪编修(兰)今日开吊，送京钱四千。"据此，其当卒于同治十三年六月十九之前。此暂作同治十三年(1874)。《清代人物生卒年表》缺。

⑧ 《同治庚午科浙江乡试同年齿录》《同治庚午科大同年齿录》均作道光丁酉六月五日。《日记》同治十二年九月七日载其卒年三十八。据此三者，定其生于道光丙申年六月五日。

续表

姓名	字	号	籍贯	生卒(农历)	生卒(公历)	文献来源
周沐润	齐孟 心兰	文之 文芝 柯亭 朗泉 柯亭子	河南祥符①	嘉庆十五年 五月五日	1810 年 6 月 6 日	周建中《周氏家谱》册 4《二分世表·二十一世至二十五世》②
				同治二年	1863 年	《日记》同治二年十一月十八日③
周骐④	子翼 鲁思	梓峄 念农	浙江山阴	道光七年 九月二十一日	1827 年 11 月 9 日	周建中《周氏家谱》册 4《二分世表·二十一世至二十五世》⑤
				光绪九年 六月三十日	1883 年 8 月 2 日	同上⑥
周乔龄⑦	调梅	雪樵	浙江会稽	道光五年 五月十三日	1825 年 6 月 28 日	周以均《越城周氏支谱》之《清道房公调公派世录》
				?		

① 祖籍浙江山阴。

② 周沐润《养生四印斋诗五集》卷 17《和复庄诗问集中题》(有序):"复庄姚氏,名燮,字梅伯,浙之鄞人,甲午举于乡,与予为同岁生。"姚燮之生年,检徐时栋《烟屿楼诗集》之《咸丰八年三月二十日冯午卿并时得两孙喜而有作》可得,其诗曰:"君家僮来城西村,报我昨日生两孙。岁月日时悉无易,天然奇瑞钟一门。我方为君发狂喜,座客讶是孪生子。岂知同祖之弟昆,不先不后有如此。生人之数未易穷,干支有尽将雷同。顾我交游非寥落,似此但见姚与冯(余所交友人,皆有亲书履历及生年月日,谓之《烟屿楼同人录》。其中惟大兴冯矩小槎、镇海姚燮梅伯两孝康,并生于嘉庆十年七月二十日巳时)。"若以同岁生为同年出生,据此二者,周沐润当生于嘉庆十年(1805)。周沐润《柯亭子诗初集》卷 6 戊戌作《中秋兰陵道中对月怀蔗乡》:"我今三十岁缺一,已觉朱颜不比昔日。"《柯亭子诗二集》卷 1 甲辰作《陆少山通守保静坐观心图》:"我今三十有五载,欲觅此心果安在。"《柯亭子诗三集》卷 2 己酉作《端午四十初度》。据此三者逆推,其生年与《周氏家谱》同。故前所言"同岁生"当理解为"同一年被举为孝廉者"。据其《柯亭子诗初集》卷 10《哀补之并其三子》:"我弟同岁生,明月庚午朏(同庚午生)。"其生年亦为嘉庆十五年(1810)。《道光甲午科直省同年录》《道光十六年会试同年齿录》《清代人物大事纪年》均作嘉庆十九年甲戌五月五日。

③ 《日记》同治二年十一月十八日:"周叔云以其兄文之沐润、棠之治润之丧来赴。"据此,其当卒于同治二年十一月十八日之前,即公历 1863 年 12 月 28 日之前。此暂作同治二年(1863)。《清代人物生卒年表》缺。

④ 原名星诏。

⑤ 《咸丰戊午科浙江乡试同年齿录》《咸丰戊午科直省同年录》均作道光庚寅年九月二十一日。《同治七年戊辰科会试同年齿录》《重订戊辰同年齿录》均作道光癸巳年九月二十一日。《清代人物生卒年表》据《同治七年戊辰科会试同年齿录》作道光十三年(1833)。

⑥ 陈士杰《题报观城县知县周骐病故日期事》(中国第一历史档案馆藏)与《家谱》同。《清代人物生卒年表》缺。

⑦ 原名燮。

续表

姓名	字	号	籍贯	生卒(农历)	生卒(公历)	文献来源
周庆蕃	椒生	杏林 虞臣	浙江会稽	道光二十三年 四月十九日	1843年 5月18日	周以均《越城周氏支谱》之《清道房允派四支世录》①
				?		
周庆荣	拜轩		浙江山阴	嘉庆九年 九月四日	1804年 10月7日	周以均《越城周氏支谱》之《清道房公升公派世录》②
				咸丰七年 十二月三十日	1858年 2月13日	
周庆熊③	笃庵 梦飞		浙江会稽	道光二十八年 五月二十六日	1848年 6月26日	《光绪丙子科浙江乡试同年齿录》④
				?		
周蓉第⑤	春晖	镜芙	浙江乌程	道光二十六年 九月二十四日	1846年 11月12日	《同治三年甲子科顺天乡试同年齿录》⑥
				光绪十六年	1890年	《日记》光绪十六年十月二十四日⑦
周若霖⑧	润生	时庵	浙江诸暨	嘉庆二十五年 五月十四日	1820年 6月24日	周铭辰《藏绿周氏宗谱》卷25《桢字行传》⑨
				同治五年 六月八日	1866年 7月19日	同上

① 《光绪丙子科浙江乡试同年齿录》作道光乙巳年四月十九日。

② 《己酉科直省乡试同年录》作嘉庆丙寅九月四日。

③ 幼名祐。

④ 周庆熊乡试履历(《清代朱卷集成》册267)与《光绪丙子科浙江乡试同年齿录》同。

⑤ 谱名兆礼。

⑥ 周蓉第会试履历(《清代朱卷集成》册26)、《同治四年乙丑科会试同年齿录》均与《同治三年甲子科顺天乡试同年齿录》同。《清代人物生卒年表》据周蓉第会试履历作道光二十六年(1846)。

⑦ 《日记》光绪十六年十月二十四日:“乌程镜芙吏部(蓉第)开吊,送奠分八千。”据此,其当卒于光绪十六年十月二十四日前。此暂作光绪十六年(1890)。《清代人物生卒年表》缺。

⑧ 谱名霖。

⑨ 《咸丰乙卯直省乡试同年齿录》《咸丰五年乙卯科浙江乡试同年齿录》均作嘉庆庚辰年五月十四日。

续表

姓名	字	号	籍贯	生卒(农历)	生卒(公历)	文献来源
周绍晋	云牧		河南祥符[①]	?		《日记》咸丰八年十一月十九日
				?		
周寿昌[②]	应甫 荇农 春伯	友生 自庵	湖南长沙	嘉庆十九年 二月十三日	1814 年 3 月 14 日	周立贵、周绥国《塘冲周氏谱》卷 21《七十谱下·下分长房陶庵房下元章房十六世至二十世》[③]
				光绪十年 十月二十七日	1884 年 12 月 14 日	同上[④]
周天霖[⑤]	芑堂 棨堂	沁波	河南武陟	道光十六年 十二月十七日	1837 年 1 月 23 日	《咸丰乙卯科直省乡试同年录》[⑥]
				?		
周文杰	幼樵	仲伟 啸岩	河南商城	道光七年 七月二十五日	1827 年 9 月 15 日	周维恒《河南商城周氏八修宗谱》卷 11《世系考·长房》
				光绪四年 十一月二十五日	1878 年 12 月 18 日	同上
周文俊	伟人 甫杰	方亭 子千	河南商城	嘉庆二十五年 十二月二十四日	1821 年 1 月 27 日	周维恒《河南商城周氏八修宗谱》卷 11《世系考·长房》[⑦]
				同治十年 十二月十七日	1872 年 1 月 26 日	同上

① 祖籍浙江山阴。

② 原名康立。

③ 《续碑传集》卷 80 周礼昌《诰授光禄大夫内阁学士兼礼部侍郎衔周公荇农府君行状》与《塘冲周氏谱》同。《道光甲辰恩科直省同年录》《道光二十五年会试齿录》均作嘉庆丁丑年二月十三日。

④ 《日记》光绪十年十月二十八日、《续碑传集》卷 80 周礼昌《诰授光禄大夫内阁学士兼礼部侍郎衔周公荇农府君行状》均与《塘冲周氏谱》同。

⑤ 原名信之。

⑥ 周信之会试履历(《清代朱卷集成》册 24)与《咸丰乙卯科直省乡试同年录》同。

⑦ 《道光庚子恩科直省同年谱》作道光壬午年十二月二十四日。

续表

姓名	字	号	籍贯	生卒(农历)	生卒(公历)	文献来源
周文浚[①]	兰泉	小田 晓田	河南商城	道光十一年 二月一日	1831 年 3 月 14 日	周维恒《河南商城周氏八修宗谱》卷 11《世系考·长房》[②]
				光绪十八年 闰六月三日	1892 年 7 月 26 日	同上[③]
周文令	茹善	幼芝	河南商城	道光二十九年 四月七日	1849 年 4 月 29 日	周维恒《河南商城周氏八修宗谱》卷 11《世系考·长房》[④]
				光绪二十二年 十二月一日	1897 年 1 月 3 日	同上
周文龠	树懿	秬香	河南商城	道光二十年 三月二十六日	1840 年 4 月 27 日	周维恒《河南商城周氏八修宗谱》卷 11《世系考·长房》[⑤]
				光绪九年 十二月八日	1884 年 1 月 5 日	同上[⑥]
周文焘	南垣	叔涵	河南商城	道光十五年 五月十日	1835 年 6 月 5 日	周维恒《河南商城周氏八修宗谱》卷 11《世系考·长房》[⑦]
				光绪二十九年 八月二十二日	1903 年 10 月 12 日	同上[⑧]

① 原名文溶。

② 周文浚乡试履历(《清代朱卷集成》册 225)作道光甲午年二月一日。《同治十三年甲戌科会试同年齿录》作道光辛丑年二月一日。《清代人物生卒年表》据《同治十三年甲戌科会试同年齿录》作道光二十一年(1841)。

③ 周维恒《河南商城周氏八修宗谱》卷 28 周庆恩等《诰授资政大夫二品封典湖北安陆府显考晓田府君行述》作(光绪)壬辰年六月三日。《清代人物生卒年表》缺。

④ 《日记》同治元年二月初九日:"午后赴商城之招,草草具酒数行而已。学徒二人,周文龠为商城第五子,恩赐举人,年二十二。文令为第六子,年十四。具衣冠出拜。"越缦言文令为商城第六子,实误。据《河南商城周氏八修宗谱》,商城长子为文翕、次子文畲、三子文俞、四子文会、五子文仝、六子文龠,七子文令。

⑤ 《日记》同治元年二月初九日:"午后赴商城之招,草草具酒数行而已。学徒二人,周文龠为商城第五子,恩赐举人,年二十二。文令为第六子,年十四。具衣冠出拜。"越缦言文龠为商城第五子,实误。据《河南商城周氏八修宗谱》,文龠为第六子。其生于道光二十年,同治元年其当为二十三岁。

⑥ 《河南商城周氏八修宗谱》作光绪癸酉年十二月八日,疑为光绪癸未十二月八日之误。若为光绪癸未年十二月八日,公历为 1884 年 1 月 5 日。也可能为同治癸酉年十二月八之误。若为同治癸酉年十二月八日,公历为 1874 年 1 月 25 日。此暂作光绪癸未年十二月八日。

⑦ 《同治七年戊辰科会试同年齿录》《重订戊辰同年齿录》均与《河南商城周氏八修宗谱》同。

⑧ 《清代人物生卒年表》缺。

续表

姓名	字	号	籍贯	生卒(农历)	生卒(公历)	文献来源
周文仝	茹翰	书田	河南商城	道光十年 九月二十九日	1830 年 11 月 14 日	周维恒《河南商城周氏八修宗谱》卷 11《世系考·长房》
				光绪十四年 正月五日	1888 年 2 月 16 日	同上
周文龠	子羽	小台	河南商城	嘉庆二十年 九月十四日	1815 年 10 月 16 日	周维恒《河南商城周氏八修宗谱》卷 11《世系考·长房》
				同治七年 闰四月四日	1868 年 5 月 25 日	同上
周文瀛①	子洲	肖仙 小月山人	河南商城	道光十八年 闰四月十五日	1838 年 6 月 7 日	周维恒《河南商城周氏八修宗谱》卷 11《世系考·长房》
				光绪二十二年 八月五日	1896 年 9 月 11 日	陈宝箴《题报湖南补用道周麟图病故日期事》(中国第一历史档案馆藏)②
周文俞	茹清 叔辰	允丞 允臣	河南商城	道光四年 七月八日	1824 年 8 月 2 日	周维恒《河南商城周氏八修宗谱》卷 11《世系考·长房》③
				同治十一年 四月一日	1872 年 5 月 7 日	《日记》同治十一年四月二日④

① 官名麟图。

② 《宗谱》作光绪二十一年八月五日。据《申报》光绪二十二年六月二十三日第八千三百六十六号之光绪二十二年六月十五日《京报全录·陈宝箴片》,其于光绪二十二年正月仍在世。故《宗谱》误。

③ 《咸丰元年恩荫同年齿录》作道光己丑年七月八日。

④ 《河南商城周氏八修宗谱》作同治甲戌年四月一日。

续表

姓名	字	号	籍贯	生卒(农历)	生卒(公历)	文献来源
周锡恩[①]	荫常	伯晋 幼珊 是园居士	湖北罗田	咸丰元年 十二月二十三日	1852 年 2 月 12 日	周崇实《周氏万五公房宗谱》卷 3《宗十三公继荣祖支》[②]
				光绪二十六年 八月二十五日	1900 年 9 月 18 日	同上[③]
周星譼[④]	次孟 素生 涑人 素人 束人 继之	少云	河南祥符[⑤]	道光二年 闰三月二十三日	1822 年 5 月 14 日	《皖江同官录》[⑥]
				光绪十一年 十月二十七日	1885 年 12 月 3 日	谭献著;徐彦宽辑《复堂日记补录》卷 2[⑦]
周星诒	季贶	曼嘉 窳翁 巳翁 窳盬 癸巳人 癸巳翁 诒安山人	河南祥符[⑧]	道光十三年	1833 年	吴海林、李延沛《中国历史人物生卒年表》
				光绪三十年	1904 年	同上

① 派名德正。

② 《光绪己卯科直省同年齿录》、周锡恩会试履历(《清代朱卷集成》册 52)、《光绪九年癸未科会试同年齿录》均作咸丰乙卯年十二月二十三日。《光绪癸未科会试第五房同门姓氏》作咸丰戊午年十二月二十三日。《碑传集补》卷 9 王葆心《清故翰林院编修周是园先生墓志铭》作咸丰二年十二月二十三日。《清代人物生卒年表》据《碑传集补》作咸丰三年(1853)。

③ 《碑传集补》卷 9 王葆心《清故翰林院编修周是园先生墓志铭》与《周氏万五公房宗谱》同。

④ 原名灏孙。

⑤ 祖籍浙江山阴。

⑥ 《道光二十三年癸卯科直省同年全录》作道光甲申三月二十三日。周建中《周氏家谱》册 4《二分世表·二十一世至二十五世》作道光癸未三月二十三日。

⑦ 《复堂日记补录》卷 2:"光绪十一年十一月朔。闻周涑人廿七日谢世之信。"

⑧ 祖籍浙江山阴。

续表

姓名	字	号	籍贯	生卒(农历)	生卒(公历)	文献来源
周星誉[1]	畇叔 叔云 荣之 容之	芝芗	河南祥符[2]	道光六年 二月十日	1826 年 3 月 18 日	周星誉《鸥堂日记》[3]
				光绪十年 十二月九日	1885 年 1 月 24 日	周星诒著；王大隆辑《窳櫎日记钞》卷中[4]
周学海[5]	澄之 健之	潜初	安徽建德	咸丰六年 十二月三日	1856 年 12 月 29 日	周馥《安徽建德县纸阬山周氏宗谱》卷 9《景祥公股世系》[6]
				光绪三十二年 五月一日	1906 年 6 月 22 日	同上[7]
周学铭[8]	绅之 味西		安徽建德	咸丰九年 八月八日	1859 年 9 月 4 日	周馥《安徽建德县纸阬山周氏宗谱》卷 9《景祥公股世系》[9]
				宣统三年 三月二十日	1911 年 4 月 18 日	周馥《民国周玉山先生馥自订年谱》[10]

① 原名誉芬、普润，后改星誉。

② 祖籍浙江山阴。

③ 周星誉《鸥堂日记》咸丰五年："二月初十日癸卯。是日为余三十生辰。"据此逆推，其当生于道光六年二月初十日。《道光甲辰恩科直省同年录》、王蕴藻《广东同官录》、周星誉《鸥堂剩稿》卷首金武祥《二品顶戴两广盐运使周公传》、冒广生《小三吾亭文甲集》之《皇清诰授资政大夫二品顶戴赏戴花翎两广盐运使司盐运使伯外祖畇叔行状》均作生道光丙戌二月十日。此四者与据《鸥堂日记》逆推同。周建中《周氏家谱》册 4《二分世表·二十一世至二十五世》作道光乙酉二月十日。《道光庚戌年会试同年齿录》作道光庚寅年二月十日。

④ 冒广生《小三吾亭文甲集》之《皇清诰授资政大夫二品顶戴赏戴花翎两广盐运使司盐运使伯外祖畇叔行状》与《窳櫎日记钞》同。《申报》光绪十一年五月二十一日第四千三百八十八号《吴中近事》仅载其卒于光绪十年冬。

⑤ 乳名雨瑞。

⑥ 周学海会试履历(《清代朱卷集成》册 77)、周学海乡试履历(《清代朱卷集成》册 176)、《光绪十八年壬辰科会试同年齿录》、《周学海讣告》(《上海图书馆藏赴闻集成》册 20)、周馥《安徽建德县纸阬山周氏宗谱》卷 16 周达、周逵、周暹、周进《诰授资政大夫二品衔赏戴花翎浙江候补道显考健之府君行述》均与《安徽建德县纸阬山周氏宗谱》同。周馥《安徽建德县纸阬山周氏宗谱》卷 16 中邓嘉缉《周观察健之公墓铭并序》、陈三立《皇清诰授荣禄大夫二品衔浙江候补道周君墓志铭》均载其光绪三十日二年五月卒，年五十一。据此二者逆推，其生年均与《安徽建德县纸阬山周氏宗谱》同。

⑦ 周馥《安徽建德县纸阬山周氏宗谱》卷 16 中邓嘉缉《周观察健之公墓铭并序》，周达、周逵、周暹、周进《诰授资政大夫二品衔赏戴花翎浙江候补道显考健之府君行述》，以及《周学海讣告》(《上海图书馆藏赴闻集成》册 20)均与《安徽建德县纸阬山周氏宗谱》同。周馥《安徽建德县纸阬山周氏宗谱》卷 16 陈三立《皇清诰授荣禄大夫二品衔浙江候补道周君墓志铭》仅作三十二年五月。

⑧ 乳名平瑞。

⑨ 周学铭会试履历(《清代朱卷集成》册 75)、《光绪十七年辛卯科顺天乡试同年齿录》均与《安徽建德县纸阬山周氏宗谱》同。

⑩ 《申报》宣统三年五月十八日第一万三千七百七十四号《裕源长钱庄之理直气壮》与《民国周玉山先生馥自订年谱》同。周学熙《周止庵先生自叙年谱》仅作宣统三年三月。《清代人物生卒年表》缺。

续表

姓名	字	号	籍贯	生卒(农历)	生卒(公历)	文献来源
周学熙[①]	缉之	止庵 定吾 松云居士 研耕老人	安徽建德	同治四年 十一月二十六日	1866 年 1 月 12 日	周馥《安徽建德县纸阬山周氏宗谱》卷 9《景祥公股世系》[②]
				民国三十六年 八月十五日	1947 年 9 月 26 日	颜惠庆《周止庵先生事略》(周叔娊《周止庵先生别传》附)[③]
周郇雨[④]	叔篔 篔叔	黍香	浙江临海	道光三十年 十月十六日	1850 年 11 月 19 日	王咏霓《函雅堂集》卷 39《候选知县周君叔篔行状》[⑤]
				光绪八年 四月二十五日	1882 年 6 月 10 日	同上
周岩[⑥]	伯度	鹿起山人	浙江山阴	道光十二年	1832 年	周岩《本草思辨录》卷首《本草思辨录自叙》[⑦]
				民国八年	1919 年	绍兴县修志委员会《民国绍兴县志资料第一辑》册 15《人物列传第二编》[⑧]
周衍祜	秩华	子绅	湖南长沙	同治十一年 十月四日	1872 年 11 月 4 日	周立贵、周绶国《塘冲周氏谱》卷 21《七十谱下·下分长房陶庵房下元章房十六世至二十世》
				宣统元年 正月	1909 年	同上

① 乳名元瑞。

② 周叔娊《周止庵先生别传》附颜惠庆《周止庵先生事略》、周学熙《周止庵先生自撰墓志铭》,以及《大公报》(天津版)民国三十六年九月二十九日(公历)第一万五千七百七十四号《讣告》、《周学熙乡试朱卷》、周学熙《周止庵先生自叙年谱》均与《安徽建德县纸阬山周氏宗谱》同。

③ 《大公报》(天津版)民国三十六年九月二十九日(公历)第一万五千七百七十四号《讣告》与《事略》同。

④ 一名郇。

⑤ 《同治庚午科大同年齿录》《同治庚午科浙江乡试同年齿录》均作咸丰壬子年十月十六日。

⑥ 一名雂。

⑦ 《自叙》末署"光绪三十年甲辰夏四月鹿起山人周岩叙于微尚室时年七十有三"。据此逆推,其当生于道光十二年(1832)。周岩《六气感证要义》卷首《六气感证要义自序》末署:"光绪戊戌正月鹿起山人周岩自书于越城穆联巷寓斋时年六十有七。"据此逆推,其生年亦为道光十二年(1832)。《咸丰乙卯直省乡试同年齿录》载其咸丰乙卯为二十一岁。据此逆推,其当生于道光十五年(1835)。

⑧ 《人物列传第二编》载其年八十八卒,再据《本草思辨录自叙》及《六气感证要义自序》,其当卒于民国八年(1919)。

续表

姓名	字	号	籍贯	生卒(农历)	生卒(公历)	文献来源
周衍龄	伯延	春浦 椿圃 容壶老人	湖南长沙	咸丰九年 三月十日	1859年 4月12日	周立贵、周绥国《塘冲周氏谱》卷21《七十谱下·下分长房陶庵房下元章房十六世至二十世》
				民国十三年 二月二十九日	1924年 4月2日	同上
周以均	赞平	一斋 乙斋 仲笙 澹香	浙江会稽	嘉庆九年 三月二十九日	1804年 5月8日	周以均《越城周氏支谱》之《清道房允派四支世录》①
				同治十年 三月二日	1871年 4月21日	同上
周玉麒②	仁甫 小石	韩城 昆麟	湖南长沙	嘉庆九年 九月十日	1804年 10月13日	周立贵、周绥国《塘冲周氏谱》卷21《七十二谱中·下分长房陶庵房下云亭房十六世至二十世》③
				光绪元年 六月二十七日	1875年 7月29日	同上④
周爰诹	政伯	帜山 逸叟	陕西蒲城	咸丰四年 闰七月十四日	1854年 8月7日	周爰诹撰;白瑜补记《皇清赐进士出身诰授资政大夫日讲起居注官翰林院侍读学士加七级周政伯生圹志》⑤
				民国十八年 四月九日	1929年 5月17日	同上⑥

① 《道光甲午科直省同年录》与《越城周氏支谱》同。

② 原名湘溥。

③ 王文韶《题报前内阁学士周玉麒在长沙原籍病故日期事》(中国第一历史档案馆藏)、朱彭寿《清代人物大事纪年》均与《塘冲周氏谱》同。杨岘《迟鸿轩文弃》卷2《内阁学士兼礼部侍郎衔周公神道碑铭》载其卒于光绪元年六月二十七日,卒年七十二。据此逆推,其生年与《塘冲周氏谱》同。《道光二十三年癸卯科直省同年全录》作嘉庆丙寅九月十日。《道光二十四年甲辰科会试同年齿录》作嘉庆甲戌年九月十日。

④ 《清代人物大事纪年》、杨岘《迟鸿轩文弃》卷2《内阁学士兼礼部侍郎衔周公神道碑铭》均与《塘冲周氏谱》同。

⑤ 《光绪壬午科各省乡试同年齿录》与生圹志补记同。

⑥ 《清代人物生卒年表》缺。

续表

姓名	字	号	籍贯	生卒(农历)	生卒(公历)	文献来源
周源绪	叔容 悦修	讱庵 郎山 复之 鹤舲	河南祥符①	嘉庆十八年 七月二十一日	1812年 8月27日	周沐润《柯亭子诗三集》卷2《送兰田畦解饷仓场北上十叠猋字韵》②
				同治四年 九月十一日	1865年 10月30日	同上
周岳崑③	朴村 璞恬	茀生	湖南长沙	道光二十年 十一月二十七日	1840年 12月20日	周立贵、周绶国《塘冲周氏谱》卷21《七十二谱中·下分长房陶庵房下云亭房十六世至二十世》④
				光绪二十年 二月二十二日	1894年 3月28日	同上
周悦让	孟德	孟伯	山东莱阳	嘉庆十三年 三月二十八日	1808年 4月23日	《道光二十七年会试齿录》⑤
				?		严文郁《清儒传略》⑥

① 祖籍浙江山阴。

② 周沐润《柯亭子诗三集》卷2《送兰田畦解饷仓场北上十叠猋字韵》:"阿兄劳瘁本午马,两弟腾上皆申猱(叔荣、兰畦皆壬申生)。"周建中《周氏家谱》册4《二分世表·二十一世至二十五世》作嘉庆十八年七月二十一日。据此二者,定其生于嘉庆壬申年七月二十一日。此与周沐润《柯亭子诗二集》卷5《述母德》"生母贾宜人,三载举两子。沐岁甫周岁,源才二龄尔"符。《道光乙未恩科直省同年录》《道光十六年会试同年齿录》均作嘉庆丙子七月二十一日。

③ 谱名耀崑,榜名岳崑。

④ 周岳崑乡试履历《清代朱卷集成》册324)仅载其年二十七岁。据此逆推,其当生于道光二十四年(1844)。《同治庚午科大同年齿录》作道光甲辰年十一月二十七日。

⑤ 《道光庚子恩科直省同年谱》与《道光二十七年会试齿录》同。沈粹芬、黄人《国朝文汇》丙集卷24周悦让《致事记》:"光绪二年丙子,京察既蒇事,吏部牒行诸曹,凡庶僚年六十五岁已上者,于二月初九日丑时,期集左翼门下,点名带领……礼部祠祭司主事以员外郎选用官年六十七岁实年六十九岁致事周悦让记。"据此逆推,其生年与《道光二十七年会试齿录》同。《日记》光绪二年八月十九日:"送蓬莱周孟伯礼部悦让行,又不值。礼部丁未庶常,改主事,至今不迁。年六十八矣。"据此逆推,其当生于嘉庆十四年(1809)。《清代人物生卒年表》据严文郁《清儒传略》作嘉庆十四年(1809)。

⑥ 严文郁《清儒传略》作光绪年间。《清代人物生卒年表》据《清儒传略》作道光二十七年(1847),误。此当为误录其"学历"条。《日记》光绪二年八月十九日:"送蓬莱周孟伯礼部悦让行,又不值。"据此,说明其于光绪二年(1876)仍在世。

续表

姓名	字	号	籍贯	生卒(农历)	生卒(公历)	文献来源
周瀹蕃	仲茗	琥孙 甫僧 仲深	湖南长沙	道光二十三年 正月二十七日	1843 年 2 月 25 日	周立贵、周绥国《塘冲周氏谱》卷 21《七十谱下·下分长房陶庵房下元章房十六世至二十世》①
				光绪元年 六月二十七日	1875 年 7 月 29 日	同上②
周云章③	文治	郁斋	福建闽县	道光二十七年	1847 年	中国第一历史档案馆《咸丰同治两朝上谕档》册 24 页 146④
				?		
周之骥	云阁 凤阁	骥侪	直隶清苑⑤	同治四年 四月十一日	1865 年 5 月 5 日	《诸暨藏绿洲氏佑启堂小宗谱》卷 6⑥
				?		
周植瀛	锦川		浙江嵊县	?		周植瀛《东光县志》卷 6《职官志·官师表》
				?		
周治润	崇之 棠之	伯期 麟生 芝臣	浙江山阴⑦	嘉庆十四年 十月二十四日	1809 年 12 月 1 日	周建中《周氏家谱》册 4《二分世表》⑧
				同治二年	1863 年	《日记》同治二年十一月十八日⑨

① 王先谦《虚受堂文集》卷 10《周仲茗墓志铭》仅载其卒于光绪元年六月壬辰，卒年三十三。据此逆推，其生年与《塘冲周氏谱》同。《同治庚午科大同年齿录》《同治九年庚午科顺天乡试同年齿录》均作道光丁未年正月二十七日。

② 王先谦《虚受堂文集》卷 10《周仲茗墓志铭》与《塘冲周氏谱》同。

③ 原名维新。

④ 《同治十三年甲戌科同年官职录》载其同治十三年为二十八岁。据此逆推，其亦生于道光二十七年(1847)。

⑤ 原籍浙江诸暨。

⑥ 《光绪十一年乙酉科顺天乡试同年齿录》、周之骥乡试履历(《清代朱卷集成》册 119)均与《诸暨藏绿洲氏佑启堂小宗谱》同。

⑦ 寄籍河南祥符。

⑧ 《道光庚子恩科直省同年谱》《道光二十四年甲辰科会试同年齿录》均作嘉庆辛未十月二十四日。

⑨ 《日记》同治二年十一月十八日："周叔云以其兄文之沐润、棠之治润之丧来赴。"据此，其当卒于同治二年十一月十八日之前。此暂作同治二年(1863)。《周氏家谱》作咸丰庚申年二月二十七日。

续表

姓名	字	号	籍贯	生卒(农历)	生卒(公历)	文献来源
周宗彬[1]	企桢 企甄 均伯	硁士 蓉笙 榕倩	浙江会稽	咸丰二年 八月七日	1852 年 9 月 20 日	周建中《周氏家谱》册 9《二分世表·二十六至三十世》[2]
				光绪二十六年 七月二十五日	1900 年 8 月 19 日	同上[3]
周祖培[4]	鹤亭 淑滋	青槎 芝台	河南商城	乾隆五十八年 十二月二日	1794 年 1 月 3 日	周维恒《河南商城周氏八修宗谱》卷 9《世系考·长房》[5]
				同治六年 四月五日	1867 年 5 月 8 日	同上[6]
朱霱云[7]	霞芬		江苏苏州	同治元年	1867 年	《日记》光绪二年十一月七日[8]
				光绪十八年 十二月二十一日	1893 年 2 月 7 日	《日记》光绪十八年十二月二十二日
朱丙寿	申禄	笙鹿 少虞	浙江海盐	道光十六年 八月二十日	1836 年 9 月 30 日	朱丙寿《海盐朱氏族谱》卷 19《廷贞公第一房筠峰公支》[9]
				民国三年 九月十七日	1914 年 11 月 4 日	《申报》民国四年二月二十日(公历)第一万五千零九十三号《讣》[10]

① 原名之桢，又名树彬。

② 《光绪十五年己丑恩科顺天乡试同年齿录》作咸丰乙卯年八月七日。

③ 高平叔《蔡元培全集》卷 1《哀周榕倩》脚注："清光绪二十二年七月二十三日，蔡元培得胡钟声函，告周榕倩病殁江西，甚伤恸，撰《哀周榕倩》三律，其时，周尚无恙，实系误传。至清光绪二十六年十月五日，'得钟声函，言榕倩以末疾于七月间死矣，哀哉！丙辰讹传其死，余曾以诗哭之，……而榕倩竟不死，见诗和韵，于戊戌进京时出以见示，重索嗣音。是夏握别，屡通书问，今年不得一柬，而不意竟死也'。"据此，仅知其卒于光绪二十六年七月。

④ 谱名之翔。

⑤ 《续碑传集》卷 5 李慈铭《太子太保体仁阁大学士周文勤公神道碑》、《重订己卯同年齿录》均与《周氏家谱》同。

⑥ 《续碑传集》卷 5 李慈铭《太子太保体仁阁大学士周文勤公神道碑》作同治六年(丁卯)四月丁亥(初四)日。

⑦ 乳名恩子。

⑧ 《日记》光绪二年十一月七日："朱霞芬者，名爱云。父吴伶也，以善歌名。霞芬事景龢梅蕙仙为弟子，今年十五矣。"据此逆推，其当生于同治元年(1862)。

⑨ 《咸丰戊午科浙江乡试同年齿录》《咸丰戊午科直省同年齿录》《同治四年乙丑科会试同年齿录》均作道光戊戌年八月二十日。朱丙寿会试履历(《清代朱卷集成》册 26)作道光戊戌年□月二十日。王蕴藻《广东同官录》作道光丙申年八月二十日。朱丙寿《海盐朱氏族谱》仅作道光丙申年。据此六者，定其生于道光丙申年八月二十日。《清代人物生卒年表》据朱丙寿会试履历作道光十八年(1838)。

⑩ 《清代人物大事纪年》仅作民国三年(1914)。《清代人物生卒年表》缺。

续表

姓名	字	号	籍贯	生卒(农历)	生卒(公历)	文献来源
朱秉成①	文川	隽公 寄毡	浙江山阴	咸丰四年 六月十四日	1854年 7月8日	《光绪壬午科浙江乡试同年齿录》②
				光绪二十七年 八月十九日	1901年 10月1日	《申报》光绪二十七年九月六日第一万零二百三十七号《苏省官报》③
朱炳熊④	伟侯	邵廉 少莲	浙江归安	道光二十年 十二月七日	1840年 12月30日	朱赮《菱塘朱氏族谱》之《年齿十六世》⑤
				?		
朱采	亮生 云亭	丽卿 冶仙	浙江嘉兴	道光十一年 六月二十三日	1831年 7月31日	朱焴正《先考亮生府君行述》⑥
				光绪二十五年 五月二日	1899年 6月9日	同上⑦
朱昌寿⑧	西泉		浙江仁和	嘉庆二十三年 正月十九日	1818年 2月23日	《同治庚午科浙江乡试同年齿录》⑨
				光绪六年	1880年	《日记》光绪六年五月一日⑩

① 谱名澜,原名之隽。

② 朱秉成会试履历(《清代朱卷集成》册64)、《光绪十五年己丑科会试同年齿录》均与《光绪壬午科浙江乡试同年齿录》同。

③ 《清代人物生卒年表》缺。

④ 越缦写为丙熊。谱名桢。

⑤ 《同治庚午科大同年齿录》与《菱塘朱氏族谱》同。朱炳熊会试履历(《清代朱卷集成》册47)、《光绪六年庚辰科会试同年齿录》均作道光丙午年十二月七日。《清代人物生卒年表》据《光绪六年庚辰科会试同年齿录》作道光二十七年(1847)。

⑥ 朱采优贡履历(《清代朱卷集成》册376)作道光癸巳六月二十三日。《清代人物生卒年表》据朱采《清芬阁集》卷首题照中赵滨彦序作道光十三年(1833),误。题照"嘉兴朱雷琼先生亲家六十九之像,光绪辛丑滨彦题"。但此题识并不能表明朱采六十九岁时为光绪辛丑年。若以光绪辛丑年为六十九岁,则其生年正为道光十三年(1833)。

⑦ 《清代人物生卒年表》作光绪二十六年(1901),误。

⑧ 原名荣甲。

⑨ 朱昌寿乡试履历(《清代朱卷集成》册257)、《同治庚午科大同年齿录》均与《同治庚午科浙江乡试同年齿录》同。

⑩ 《日记》光绪六年五月一日:"作书致钟仲稣,送交朱西泉赙银四两,得复。"据此,其当卒于光绪六年(1880)。

续表

姓名	字	号	籍贯	生卒(农历)	生卒(公历)	文献来源
朱潮	亚韩	海门 悔庐居士	浙江会稽	嘉庆二十一年正月十七日	1816年2月14日	《咸丰壬子科直省举贡同年录》①
				光绪五年十二月	1880年	绍兴县修志委员会《民国绍兴县志资料第一辑》册15《人物列传第二编》②
朱琛	献廷	小唐 筱唐	江西贵溪③	道光二十二年十月六日	1842年11月8日	《同治庚午科大同年齿录》④
				光绪二十三年十一月十八日	1897年12月11日	范当世《范伯子文集》卷10《诰授资政大夫日讲起居注官詹事府詹事朱君墓志铭》
朱承烈	伟轩	子扬	浙江山阴	道光二十五年六月二十八日	1845年8月1日	朱伟轩《柯山朱氏本支宗谱》册下《世系》⑤
				?		
朱瀓	子清	复庐	浙江仁和	道光二十五年九月二十三日	1845年10月23日	朱世荣《唐栖朱氏族谱》⑥
				光绪十六年二月二十六日	1890年3月16日	同上
朱琮	圭儒		浙江萧山	?		《日记》光绪十一年九月二十九日
				?		
朱戴清⑦	谔言	少岩	浙江会稽	同治三年七月十一日	1864年8月12日	《光绪乙酉科浙江乡试同年齿录》⑧

① 朱潮会试履历(《清代朱卷集成》册18)与《咸丰壬子科直省举贡同年录》同。

② 《人物列传第二编》引平步青《安越堂外集》载其卒于光绪五年冬。光绪五年十二月,公历为1880年1月12日—2月9日。

③ 原籍安徽泾县。

④ 《范伯子文集》卷10《诰授资政大夫日讲起居注官詹事府詹事朱君墓志铭》载其卒于光绪二十三年十一月十八日,年五十六岁。据此逆推,其生年与《同治庚午科大同年齿录》同。《同治十年辛未科会试同年齿录》作道光丙午年十月六日。

⑤ 《光绪六年庚辰科会试同年齿录》作道光乙巳年六月二十八日。朱承烈乡试履历(《清代朱卷集成》册267)、《光绪丙子科浙江乡试同年齿录》均作道光乙巳年六月二十七日。

⑥ 《江宁同官录》作道光丁未年九月二十三日。《清代人物生卒年表》缺。

⑦ 原名焕辰。

⑧ 朱戴清乡试履历(《清代朱卷集成》册273)与《光绪乙酉科浙江乡试同年齿录》同。

续表

姓名	字	号	籍贯	生卒(农历)	生卒(公历)	文献来源
朱定基	伯鼎		浙江余姚	咸丰九年 正月二十三日	1859 年 2 月 25 日	朱元树《民国余姚朱氏谱》卷 4《大房邻支》
				光绪十年 十月二十三日	1884 年 12 月 10 日	同上
朱凤标	建霞	桐轩	浙江萧山	嘉庆五年 八月二十二日	1800 年 10 月 10 日	朱嗣琦《萧山朱家坛朱氏宗谱》卷 7《第十五世柔字行》①
				同治十二年 闰六月九日	1873 年 8 月 1 日	同上
朱凤毛	济美	竹卿	浙江义乌	道光九年 八月十六日	1829 年 9 月 13 日	朱萃祥《先大父竹卿公行述》(《山盘朱氏宗谱》卷 5)②
				光绪二十六年 七月十二日	1900 年 8 月 6 日	同上
朱福荣	申甫	伯华 筱珊	浙江山阴	道光二十一年 十月二十三日	1841 年 12 月 5 日	朱福荣乡试履历(《清代朱卷集成》册 253)
				光绪十八年 十月一日	1892 年 11 月 19 日	《申报》光绪十九年十月二十七日第七千四百零九号之光绪十九年十月二十日《京报全录·李鸿章片》
朱福诜	叔基 策一	桂卿	浙江海盐	道光二十二年 十一月二十一日	1842 年 12 月 22 日	朱彭寿《清代人物大事纪年》③
				民国八年 十月二十七日	1919 年 12 月 18 日	《申报》民国九年一月二十五日(公历)第一万六千八百六十一号《恕讣不周》④

① 《道光十二年壬辰恩科会试同年齿录》《清代人物大事纪年》均与《萧山朱家坛朱氏宗谱》同。《道光戊子科直省同年录》作嘉庆壬戌年八月二十二日。

② 《同治癸酉科明经通谱》与《先大父竹卿公行述》同。

③ 《恕讣不周》载其卒于民国八年农历十月二十七日,享寿七十八岁。据此逆推,其生年与《清代人物大事纪年》同。朱福诜会试履历(《清代朱卷集成》册 46)、《光绪六年庚辰科会试同年齿录》均作道光己酉年十一月二十一日。《日记》光绪十七年十一月二十一日:"桂卿五十双寿,馈以桃面、酒烛。仅受桃面。"据此三者逆推,其生年与《清代人物大事纪年》同。《光绪己卯科直省同年齿录》、朱福诜拔贡履历(《清代朱卷集成》册 395)均作道光甲辰年十一月二十一日。《清代人物生卒年表》据《光绪六年庚辰科会试同年齿录》作道光三十年(1850)。

④ 《清代人物大事纪年》与《恕讣不周》同。《清代人物生卒年表》缺。

续表

姓名	字	号	籍贯	生卒(农历)	生卒(公历)	文献来源
朱福寿①	莲芬		江苏吴县	道光十六年十二月十一日	1837 年 1 月 17 日	周明泰《道咸以来梨园系年小录》
				?		
朱福泰②	岳卿		浙江山阴	?		沈镇、朱福泰《五代会要校勘记》
				?		
朱庚	尚之	厚斋 芳洲	浙江山阴③	道光十六年三月八日	1836 年 4 月 23 日	《咸丰九年己未恩科浙江乡试同年齿录》④
				?		
朱光荣	紫封	梓峰	浙江仁和	道光十八年七月十三日	1838 年 9 月 1 日	《同治庚午科浙江乡试同年齿录》⑤
				?		
朱禾	瑞生		浙江嘉兴	?		朱采优贡履历《清代朱卷集成》册 376)
				?		
朱厚基	子山 敦之	紫珊 籽三 德坡 子由	江苏无锡	道光八年十月九日	1828 年 11 月 15 日	朱庚陛、朱宝秋《城南朱氏支谱》卷下⑥
				同治十一年四月二日	1872 年 5 月 8 日	同上
朱笏卿⑦	查湖 孔阳	绂卿 笏措 黼卿	浙江上虞	咸丰四年八月二十二日	1854 年 10 月 13 日	朱霞《虞东朱氏宗谱》卷 5《小二公派行传》⑧
				光绪二十三年三月十一日	1897 年 4 月 12 日	同上⑨

① 名延禧。

② 越缦于同治八年十一月十七日所写“朱生”,据同治八年十二月十七日及光绪十六年三月二十二日日记内容,当为“朱福泰”。

③ 祖籍浙江萧山。

④ 《咸丰同治两朝上谕档》册 13 载其同治二年为二十五岁。据此逆推,其当生于道光十九年(1839)。

⑤ 《同治庚午科大同年齿录》与《同治庚午科浙江乡试同年齿录》同。

⑥ 朱厚基乡试履历(《清代朱卷集成》册 141)作道光十年十月九日。

⑦ 谱名学海,乡榜名裳,会榜名士黻。

⑧ 《光绪丙子科浙江乡试同年齿录》、朱士黻会试履历(《清代朱卷集成》册 59)、《光绪十二年丙戌科会试同年齿录》均作咸丰乙卯年八月二十二日。《清代人物生卒年表》据《光绪十二年丙戌科会试同年齿录》作咸丰五年(1855)。

⑨ 《清代人物生卒年表》缺。

续表

姓名	字	号	籍贯	生卒(农历)	生卒(公历)	文献来源
朱怀新	亦甫	苗孙	浙江义乌	道光三十年十一月十三日	1850年12月16日	朱芝祥、朱芸祥《显考苗孙府君行述》《山盘朱氏宗谱》卷5①
				光绪二十五年十月二十三日	1899年11月25日	同上②
朱鉴章	达夫	海琴	江苏无锡	道光二十三年七月一日	1843年7月27日	朱述祖《古吴朱氏宗谱》册51《开化畊房镇山头大徐巷支》③
				民国四年	1915年	《申报》民国六年七月十日(公历)第一万五千九百四十九号《无锡朱王氏来函》④
朱津⑤		达泉	浙江归安	道光元年七月二十六日	1821年8月23日	朱融《菱塘朱氏族谱》之《年齿十五世》
				光绪元年七月二十五日	1875年8月25日	同上
朱锦铃			江苏苏州	?		《日记》咸丰九年三月二十八日
				?		
朱湑	子涵	二愣	浙江仁和	咸丰九年四月十五日	1859年5月17日	朱世荣《唐栖朱氏族谱》
				?		

① 朱一新、朱怀新乡试履历(《清代朱卷集成》册258)、《同治庚午科大同年齿录》、《同治庚午科浙江乡试同年齿录》均与朱芝祥、朱芸祥《显考苗孙府君行述》同。

② 《清代人物生卒年表》缺。

③ 《同治庚午科大同年齿录》、朱鉴章会试履历(《清代朱卷集成》册32)、《常郡宦浙江同官录》均作道光丙午年七月一日。《清代人物生卒年表》据朱鉴章会试履历作道光二十六年(1846)。

④ 《无锡朱王氏来函》:"先夫于前年作古。"据此,暂作民国四年(1915)。《清代人物生卒年表》缺。

⑤ 原名汲。

续表

姓名	字	号	籍贯	生卒(农历)	生卒(公历)	文献来源
朱镜清	镜卿 至堂	平华 频华	浙江归安	道光二十五年 正月十九日	1845 年 2 月 25 日	《同治庚午科浙江乡试同年齿录》①
				光绪二十八年 五月七日	1902 年 6 月 12 日	《申报》光绪二十八年五月二十二日第一万零四百八十四号《苏省官报》②
朱镜仁	星南	芸斋	浙江归安	道光二十九年 正月二十六日	1849 年 2 月 18 日	《同治庚午科大同年齿录》③
				?		
朱寯瀛④	铭 淑铭	芷卿 珊舫 香榭	直隶大兴⑤	道光二十五年 九月九日	1845 年 10 月 9 日	《同治元年壬戌恩科顺天乡试同年齿录》⑥
				民国十七年 二月	1928 年	孙雄《旧京诗存》卷 5《芷青太守丈》附朱寯瀛诗⑦
朱立纬⑧	穰珍	霁岚 寅生 仲寅	浙江山阴	咸丰四年 九月十二日	1854 年 11 月 2 日	朱庆锑《绍县白洋朱氏族谱》卷 28《行传》⑨
				光绪二十九年 闰五月十七日	1903 年 7 月 11 日	同上

---

① 朱镜清、朱镜仁乡试履历(《清代朱卷集成》册 258)与《同治庚午科浙江乡试同年齿录》同。朱镜清会试履历(《清代朱卷集成》册 39)、《同治庚午科大同年齿录》、《光绪二年丙子恩科会试同年齿录》均作道光己酉年正月十九日。《清代人物生卒年表》据《光绪二年丙子恩科会试同年齿录》作道光二十九年(1849)。

② 《清代人物生卒年表》缺。

③ 朱镜清、朱镜仁乡试履历(《清代朱卷集成》册 258)、《同治庚午科浙江乡试同年齿录》均作咸丰壬子年正月二十六日。

④ 原名晟,一名沅寯。

⑤ 据《光绪八年壬午科顺天乡试同年齿录》中朱仁辅履历,其为朱仁辅族兄弟,故其原籍当为浙江会稽。

⑥ 朱寯瀛《晚香斋文存》卷 2《外祖母刘恭人张氏传略》:"吾母幼颖慧,受教维谨。稍长,凡母所能者,皆能之,兼通经史,楷法秀绝。恭人爱如掌珠。道光甲辰,始归吾父通奉公。次年九月,寯瀛生。"朱寯瀛《金粟米山房诗钞》卷 1《甲子重九二十初度步登琉璃窑小阁》。据此二者,其生年均与《同治元年壬戌恩科顺天乡试同年齿录》同。

⑦ 孙雄注:"芷青丈卒于戊辰春仲。"

⑧ 谱名邦彦,榜名赓亮。

⑨ 朱赓亮乡试履历(《清代朱卷集成》册 276)作咸丰丁巳年九月十二日。

续表

姓名	字	号	籍贯	生卒(农历)	生卒(公历)	文献来源
朱梁济①	嵩生 松生		直隶大兴②	道光二十五年 九月十四日	1845 年 10 月 14 日	《光绪丙子科顺天乡试同年齿录》③
				宣统二年	1910 年	恽毓鼎著;史晓风整理《澄斋日记》④
朱麟泰⑤	厚川	子柳	浙江山阴	嘉庆二十四年 三月八日	1819 年 4 月 2 日	《日记》咸丰五年九月四日⑥
				?		
朱懋昌	绍五	敕和	直隶天津	道光二十六年 十一月十日	1846 年 12 月 27 日	《光绪十四年戊子科顺天乡试同年齿录》
				?		
朱懋政	长元	少莱	浙江上虞	道光十二年 六月十六日	1832 年 7 月 13 日	朱鸿儒《上虞大庙衖朱氏家谱》卷 2《世表》
				光绪三十二年 三月十八日	1906 年 4 月 11 日	同上
朱铭盘	俶僩 日新	曼君	江苏泰兴	咸丰二年 二月二十五日	1852 年 4 月 14 日	郑肇经《曼君先生纪年录》(朱铭盘《桂之华轩遗集》卷首)
				光绪十九年 十一月十八日	1893 年 12 月 25 日	同上
朱佩青			?	?		《日记》咸丰六年二月一日
				?		

① 原名邦彦,更名鉴涵。

② 朱梁济乡试履历(《清代朱卷集成》册 115)作祖籍江苏上元。《萧山黄河阁朱氏家谱》作浙江萧山人。《萧山黄河阁朱氏家谱》于朱梁济后注:"大兴派下,因世远年堙,殊难细查,只照起鹏殊(朱)卷世数抄录,另刊一卷,附记于此。"待考。

③ 朱梁济乡试履历(《清代朱卷集成》册 115)与《光绪丙子科顺天乡试同年齿录》同。

④ 《澄斋日记》宣统二年正月十一日:"巳刻诣讲习馆,与三君会齐,谒两掌院,均未值,留公事稿件而行。午饭于聚魁坊。未刻出城,吊朱嵩生之丧。至嵩阳别业,赴姚石荃之约,绕前门归。"据此,其卒或为宣统元年末或宣统二年初。此暂作宣统二年(1910)。

⑤ 原名淳。

⑥ 朱淳乡试履历(《清代朱卷集成》册 246)、《咸丰戊午科直省同年录》、《咸丰戊午科浙江乡试同年齿录》均作道光丙戌年三月八日。《日记》咸丰十年三月十八日载其四十岁始得举人。据此四者,定其生于嘉庆己卯年三月八日。

续表

姓名	字	号	籍贯	生卒(农历)	生卒(公历)	文献来源
朱其昂	云甫		江苏宝山	道光十七年四月二十五日	1837年5月29日	《朱其昂讣告》
				光绪四年五月一日	1878年6月1日	同上①
朱其煊	葆华 宝华	少桐	浙江萧山	道光十九年五月十二日	1839年6月22日	朱嗣琦《萧山朱家坛朱氏家谱》卷8《行传》②
				民国五年八月十四日	1916年9月11日	同上③
朱棨④	康侯	戟堂 俊卿	直隶宛平⑤	道光五年十二月十七日	1826年1月24日	《道光甲辰恩科直省同年录》
				?		
朱谦⑥	益甹 益夫	甹五	浙江黄岩	咸丰十年七月十七日	1860年9月2日	《光绪乙酉科选十八省拔贡明经通谱》⑦
				?		
朱善祥	履元	咏裳 元叔	浙江秀水	道光二十四年十一月二十五日	1845年1月3日	朱辛彝《旧德录》(朱善祥《红藤馆诗》附录)⑧
				光绪十八年正月二十一日	1892年2月19日	同上⑨
朱士璟	连州		越缦邑人	?		《日记》光绪十四年五月十三日
				?		

① 李鸿章《为道员承办重务积劳病故恳请优恤事》(台北故宫博物院《月折档光绪 四年五月中》第003758/603000841-023号)、《申报》光绪四年八月七日第一千九百五十一号《朱云甫观察哀辞》、《申报》光绪四年五月十八日第一千八百八十五号《罢筑码头》均与《朱其昂讣告》同。《申报》光绪四年五月八日第一千八百七十七号《殁于王事》作光绪四年五月七日。

② 《咸丰元年恩荫同年齿录》、朱嗣琦《萧山朱家坛朱氏家谱》卷5朱有基《行发少桐府君行述》均与朱嗣琦《萧山朱家坛朱氏家谱》同。

③ 朱嗣琦《萧山朱家坛朱氏家谱》卷5朱有基《行发少桐府君行述》与朱嗣琦《萧山朱家坛朱氏家谱》同。

④ 改名毓霖。

⑤ 祖籍江苏吴县。

⑥ 谱名承福。

⑦ 《光绪乙酉科浙江乡试同年齿录》与《光绪乙酉科选十八省拔贡明经通谱》同。

⑧ 《光绪二年丙子恩科会试同年齿录》《光绪乙亥恩科顺天乡试同年齿录》均作道光二十四年十一月二十五日。

⑨ 鹿传霖《奏为四川学政朱善祥差满回京在途病故恭折具陈》(台北故宫博物院《宫中档光绪朝奏折》第147643号)与《旧德录》同。

续表

姓名	字	号	籍贯	生卒(农历)	生卒(公历)	文献来源
朱式谷			越缦乡人	?		《日记》光绪五年十二月二十一日
				?		
朱守谷			浙江山阴①	?		朱福荣乡试履历(《清代朱卷集成》册253)
				?		
朱同	稚春 稚邨		江苏吴县	?		吴吕熙、柳景元《景宁县续志》卷4《职官·知事》
				?		
朱文炳	虎臣		浙江归安	?		《日记》光绪十一年五月二十七日
				?		
朱兴汾②	莼孙 深夫	诚侯	浙江海盐	同治八年九月二十七日	1869年10月31日	朱彭寿《清代人物大事纪年》
				民国六年六月	1917年	同上
朱兴沂	绳孙	志侯	浙江海盐	同治六年三月二十七日	1866年5月11日	朱彭寿《清代人物大事纪年》③
				民国七年	1918年	同上④
朱续基⑤	兴祖 若玑	仲立 仲联	浙江余姚	同治元年正月六日	1862年2月4日	朱元树《民国余姚朱氏谱》卷4《大房邻支》⑥
				光绪三十四年八月十六日	1908年9月11日	同上

① 祖籍浙江萧山。

② 乳名新良。

③ 《光绪戊子科浙江乡试同年齿录》作同治戊辰年三月二十七日。

④ 《大公报》(天津版)民国七年十月十四日(公历)第五千七百六十八号《省公署牌示》:"阜平县知事朱兴沂病故,遗缺委陈瑞署理。"据此,亦仅知其卒于民国七年十月十四日(公历)之前。

⑤ 原名命基。

⑥ 朱续基优贡履历(《清代朱卷集成》册377)、《光绪乙酉科十八省优贡同年齿录》均与《民国余姚朱氏谱》同。

续表

姓名	字	号	籍贯	生卒(农历)	生卒(公历)	文献来源
朱学勤①	渠甫	修伯	浙江仁和	道光三年正月五日	1823年2月15日	朱夔元、朱抡元、朱廷琮《唐栖朱氏族谱》②
				光绪元年正月四日	1875年2月9日	同上③
朱延熙④	季卿	益斋	安徽太湖	咸丰二年七月二十六日	1852年9月9日	朱文忠《太湖朱氏宗谱》卷6《发显公支下世系》⑤
				民国二年十二月二十五日	1914年1月20日	同上⑥
朱一新	鼎甫	蓉生 荣生	浙江义乌	道光二十六年十一月五日	1846年12月22日	朱萃祥《蓉生府君行述》⑦
				光绪二十年七月二日	1894年8月2日	同上⑧
朱以增	礼耕	砚生	江苏新阳	道光十五年十二月二十一日	1836年2月7日	《同治四年乙丑科会试同年齿录》⑨
				民国二年十一月三日	1913年11月30日	《申报》民国三年三月二日(公历)第一万四千七百四十六号《恕讣不周》⑩

① 谱名修伯。

② 张佩纶《涧于集》文上《资政大夫二品顶戴大理寺卿军机处行走朱公神道碑》、吴庆坻《补松庐文稿》卷4《宗人府丞朱公墓志铭并序》均载其卒于光绪元年正月四日,年五十三。据此二者逆推,其生年均与《唐栖朱氏族谱》同。《咸丰元年辛亥恩科直省同年全录》作道光丁亥年正月五日。《咸丰三年癸丑科会试同年齿录》作道光戊子年正月五日。

③ 张佩纶《涧于集》文上《资政大夫二品顶戴大理寺卿军机处行走朱公神道碑》、吴庆坻《补松庐文稿》卷4《宗人府丞朱公墓志铭并序》、《日记》光绪元年正月四日均与《唐栖朱氏族谱》同。

④ 谱名忠烺,原名忠恕。

⑤ 《光绪十二年丙戌科会试同年齿录》作咸丰五年七月二十六日。《清代人物生卒年表》据此作南明永历六年(1652),当为误录。

⑥ 《清代人物生卒年表》缺。

⑦ 朱一新会试履历(《清代朱卷集成》册40)、朱一新、朱怀新乡试履历(《清代朱卷集成》册258)、《同治庚午科大同年齿录》、《同治庚午科浙江乡试同年齿录》、《光绪十五年己丑科会试同年齿录》、朱一新《佩弦斋杂存》卷末廖廷相《奉政大夫陕西道监察御史朱君行状》均与《蓉生府君行述》同。

⑧ 《申报》光绪二十年七月十七日第七千六百五十九号《羊城载笔》、朱一新《佩弦斋杂存》卷末廖廷相《奉政大夫陕西道监察御史朱君行状》均与《蓉生府君行述》同。

⑨ 朱以增会试履历(《清代朱卷集成》册27)与《同治四年乙丑科会试同年齿录》同。兰陵聚珍2016年盛夏艺术品拍卖会《文苑集粹——各地文物公司旧藏专场》有朱以增所书扇面,载其(光绪)壬寅年为六十岁。据此逆推,其生年与《同治四年乙丑科会试同年齿录》同。

⑩ 《清代人物生卒年表》缺。

续表

姓名	字	号	籍贯	生卒(农历)	生卒(公历)	文献来源
朱益藩[1]	长源	艾卿	江西萍乡	咸丰十一年五月二十四日	1861年7月1日	《莲花朱氏九修家谱》之《全公派悌公位下达晦公世系》[2]
				民国二十六年正月二十八日	1937年3月10日	同上[3]
朱墉	省吾	星五	直隶天津	咸丰六年十一月三日	1856年11月30日	《光绪乙酉科选十八省拔贡明经通谱》
				?		
朱逌然	若模 啸甫	肯夫 味莲	浙江余姚	道光十六年三月十一日	1836年4月26日	朱元树《民国余姚朱氏谱》卷4《大房邻支》[4]
				光绪八年十二月十一日	1883年1月19日	同上[5]
朱有基[6]	伯平		浙江萧山	咸丰七年五月二十三日	1857年6月14日	朱嗣琦《萧山朱家坛朱氏家谱》卷9《行传》
				民国六年五月十五日	1917年7月3日	同上
朱瑜			江西贵溪[7]	?		《日记》光绪十五年三月二日
				?		
朱煜	日夫	硕甫 石甫	浙江仁和	咸丰元年二月八日	1851年3月10日	《光绪丙子科浙江乡试同年齿录》
				民国十年六月	1921年	石仲耀《皕年文宗》

① 谱名发藩。

② 《光绪十六年庚寅恩科会试同年齿录》、朱益藩会试履历(《未刊清代朱卷集成》册22)均作同治丁卯年五月二十四日。

③ 《华北日报》民国二十六年三月十一日(公历)第二千五百零六号《朱益藩昨晨逝世》与《莲花朱氏九修家谱》同。

④ 钱保塘《清风室文钞》卷10《成都浙馆先贤祠小传·朱逌然》载其光绪八年十二月十一日卒,年四十有七。据此逆推,其生年与《民国余姚朱氏谱》同。《咸丰九年己未恩科浙江乡试同年齿录》、朱逌然乡试履历(《清代朱卷集成》册248)、《咸丰戊午科直省同年录》、《咸丰八年戊午科浙江乡试同年齿录》均作道光戊戌年三月十一日。《同治元年壬戌科会试同年齿录》作道光癸卯年三月十一日。

⑤ 《申报》光绪九年二月八日第三千五百六十二号之光绪九年正月二十三日《京报全录·丁宝桢跪奏》与《民国余姚朱氏谱》同。《日记》光绪八年十二月二十八日作光绪八年十二月十二日。钱保塘《清风室文钞》卷10《成都浙馆先贤祠小传·朱逌然》与《民国余姚朱氏谱》同。《清代人物生卒年表》据钱保塘《清风室文钞》卷10《成都浙馆先贤祠小传·朱逌然》作光绪七年(1882),误。

⑥ 原名守均。

⑦ 原籍安徽泾县。

续表

姓名	字	号	籍贯	生卒(农历)	生卒(公历)	文献来源
朱毓广	昂生	宽叔	浙江乌程	道光二十七年五月	1847 年	《同治庚午科浙江乡试同年齿录》①
				?		
朱振镛			?	?		《日记》光绪十六年闰二月七日
				?		
朱镇夫②	引模	子健	浙江余姚	道光十七年五月五日	1837 年 6 月 7 日	朱元树《民国余姚朱氏谱》卷 4《大房邻支》③
				光绪元年八月九日	1875 年 9 月 8 日	同上
朱之瑗	博山		浙江山阴	?		《日记》同治七年五月十五日
				同治七年	1868 年	同上④
朱之榛	仲蕃	竹石	浙江平湖	道光二十年七月二十二日	1840 年 8 月 24 日	朱之榛、朱景迈《朱氏重修迁浙支谱》卷 2《二十七世》⑤
				宣统元年三月十四日	1909 年 5 月 3 日	同上⑥

① 《同治庚午科大同年齿录》《同治庚午科浙江乡试同年齿录》均作道光丁未年五月三十日。实误，道光丁未年五月小，仅二十九日。此暂作道光二十七年(1847)。

② 原名恬然，讳衍绪。

③ 《同治丁卯科并补行甲子科浙江乡试同年齿录》作道光壬寅年五月五日。

④ 《日记》同治七年五月十五日："得朱博山之瑗讣。"据此，其当卒于同治七年五月十五日之前。此暂作同治七年(1868)。

⑤ 《朱竹石讣告》(《上海图书馆藏赴闻集成》册 6)、《清代人物大事纪年》均与《朱氏重修迁浙支谱》同。叶昌炽《清故光禄大夫头品顶戴江南淮扬海河务兵备道署江苏布政使朱公墓志铭》仅作道光庚子年(1840)。《江苏同官录》仅作道光庚子年七月。

⑥ 《朱竹石讣告》(《上海图书馆藏赴闻集成》册 6)、《申报》宣统元年三月十六日第一万三千零二十号《牙厘局督办病故详情》、叶昌炽《清故光禄大夫头品顶戴江南淮扬海河务兵备道署江苏布政使朱公墓志铭》、《清代人物大事纪年》均与《朱氏重修迁浙支谱》同。

续表

姓名	字	号	籍贯	生卒(农历)	生卒(公历)	文献来源
朱智	敏生	茗笙	浙江钱塘	道光七年六月八日	1827年7月31日	《咸丰元年辛亥恩科直省同年全录》
				光绪二十五年四月二十六日	1899年6月4日	刘树堂《奏为代递前兵部右侍郎朱智遗折事》(中国第一历史档案馆藏)①
朱宗祥②	植之味笙	薇生	浙江秀水	道光十六年四月十五日	1836年5月29日	朱荣《秀水朱氏家谱》之《世系表三·少保公长房南门第一支》③
				光绪二十四年闰三月二十日	1898年5月10日	陶模《题报阶州直隶州知州朱宗祥病故日期事》(中国第一历史档案馆藏)④
诸可宝	璞斋	迟鞠秋影	浙江钱塘	道光二十五年十一月八日	1845年12月6日	诸可宝《璞斋集》⑤
				光绪二十九年正月七日	1903年2月4日	《申报》光绪二十九年四月十一日第一万零七百九十一号之光绪二十九年三月二十六日《京报全录·恩泰片》⑥

① 《博览群书》(2008年第9期)中孔祥吉《清档中的朱智与杭州六和塔》一文引刘树堂《奏为代递前兵部右侍郎朱智遗折事》作光绪二十五年四月二十八日。此为把"二十六"误认为"二十八"。《申报》光绪二十五年五月四日第九千三百九十四《老成凋谢》作光绪二十五年四月二十七日子时。

② 谱名贞幹,榜名廷龥,原名昌麟。

③ 《同治庚午科大同年齿录》《同治庚午科浙江乡试同年齿录》均作道光丁酉年四月十五日。

④ 《申报》光绪二十四年八月三日第九千一百三十四号之光绪二十四年七月二十四日《京报全录·陶模跪奏》:"为拣员请补直隶州知州员缺,以裨地方,恭折仰祈圣鉴事。窃据甘肃藩臬两司详称阶州直隶州知州朱宗祥病故遗缺……"据此,仅可知其卒于光绪二十四年七月二十四日之前。

⑤ 诸可宝《璞斋集》之《诗一》之《志感一首用前诗未尽之韵亦得四十韵寄十兄孝廉湖州兼示虞四茂才》:"先大夫殁时,宝才六岁。"《诗二》之《癸酉闰六月十八日闻伯兄教谕象山署任之讣纪哀一首》:"庚戌,先大夫殁后,叔兄可成于是年……"庚戌,当为道光庚戌。《甲子纪元余年二十寓居江夏县曾效兹体今来清河五十初度独客自叙载仿成篇时十一月八日也》。据以上逆推,其当生于道乙巳年十一月八日。《同治丁卯科并补行甲子科浙江乡试同年齿录》作道光丙午年十一月八日。朱彭寿《清代人物大事纪年》仅作道光乙巳年(1845)。

⑥ 《申报》光绪二十九年正月十四日第一万零七百零六号《大令出缺》作光绪二十九年正月八日。朱彭寿《清代人物大事纪年》仅作光绪二十九年(1903)。《昆新两县续补合志》卷9《职官表》仅作光绪二十九年正月。

续表

姓名	字	号	籍贯	生卒(农历)	生卒(公历)	文献来源
诸可炘①	起斋	又滕	浙江钱塘	道光二十四年八月五日	1844年9月16日	《日记》光绪八年十一月十八日②
				光绪八年十月十二日	1882年11月22日	诸可宝《璞斋集》③
祝秉纲	筹云	心渊	江苏元和	同治六年六月六日	1867年7月7日	《祝氏家谱》
				民国三十八年五月十三日	1949年6月9日	同上
祝应焘		菊舫	浙江钱塘	?		陈璚《杭州府志》卷94《艺文九》
				?		
庄尚彬			山东胶州	?		谢锡文《增修胶州志》卷26《选举·清选举中》
				?		
卓景濂	少鹤	友莲	四川华阳	道光十一年十月十日	1831年11月13日	《咸丰六年庚辰科会试同年齿录》④
				光绪十四年九月十一日	1888年10月15日	刘孚京《南丰刘先生文集》卷2《外舅卓公行状》⑤

① 原名可兴。

② 《同治十三年甲戌科会试同年齿录》、诸可炘会试履历(《清代朱卷集成》册36)均作道光丙午年八月五日。《同治四年补行辛酉科并壬戌浙江乡试同年齿录》作道光戊申年八月五日。《日记》光绪八年十一月十八日:"是日,诸又滕编修开吊,送奠分四千。又滕名可炘,钱塘人,甲戌进士,文学庸下,而在杭人中犹为谨饬之士。以充国史馆纂修,冀升总纂,得京察。又恨不获与试差,遂病内热而死,年止三十八。此辈若令居乡作秀才,可延其年。人不知学而务速化,高门悬薄,为害多矣!"据此四者,其当生于道光乙巳年八月五日。但据诸可炘会试履历,诸可宝为诸可炘胞弟,又据"诸可宝"条,知诸可宝生于道光二十五年十一月八日。故诸可炘不可能生于道光二十五年八月五日。越缦日记中言其卒年三十八,此"三十八"或为实年。姑以实年计,定其生于道光二十四年八月五日。《清代人物生卒年表》据《同治十三年甲戌科会试同年齿录》作道光二十六年(1846)。

③ 《诗四》之《癸未春试重寓东华哭十兄编修三首》之一:"零落偏惊雁字残(兄于去年十月十二日病卒,兄弟十一人,见存仅五兄与宝矣),再来荒邸泪泛澜。"

④ 卓景濂会试履历(《清代朱卷集成》册19)、《咸丰乙卯科乡试同年齿录》均与《咸丰六年庚辰科会试同年齿录》同。刘孚京《南丰刘先生文集》卷2《外舅卓公行状》载其年五十有八,以光绪十四年九月十一日卒于官。据此逆推,其生年亦与《咸丰六年庚辰科会试同年齿录》同。

⑤ 倪文蔚《题报怀庆府知府卓景濂病故日期事》(中国第一历史档案馆藏)作光绪十四年九月十三日。按:中国第一历史档案馆所藏此件电子文档模糊,"九月十三日"或为"九月十一日"。

续表

姓名	字	号	籍贯	生卒(农历)	生卒(公历)	文献来源
宗稷辰[1]	其凝	涤甫 迪楼 涤楼 攻耻 越岘山人	浙江会稽	乾隆五十七年五月二十一日	1792年7月9日	宗能征《诰授中宪大夫晋赠资政大夫累赠荣禄大夫盐运使衔山东全省运河兵备道兼管河库事务崇祀乡贤显考涤甫府君行述》[2]
				同治六年十一月一日	1867年11月26日	同上[3]
宗能述[4]	加弥 伽弥		浙江会稽	咸丰九年	1859年	宗能征《诰授中宪大夫晋赠资政大夫累赠荣禄大夫盐运使衔山东全省运河兵备道兼管河库事务崇祀乡贤显考涤甫府君行述》[5]
				民国四年六月十六日	1915年7月27日	《政府公报》民国四年十一月十日(公历)第一千二百六十号《内务部呈广西苍梧道道尹宗能述因病身故恳请照章给恤文并批令》[6]

① 原名绩辰。

② 《清代人物大事纪年》《辛巳各省同年全录》均与《行述》同。《碑传集补》卷17王柏心《诰授中议大夫盐运使衔山东通省运河兵备道崇祀乡贤涤甫宗先生墓志铭》载其卒于同治六年十一月一日，年七十六。据此逆推，其生年与《行述》同。

③ 《碑传集补》卷17王柏心《诰授中议大夫盐运使衔山东通省运河兵备道崇祀乡贤涤甫宗先生墓志铭》、朱彭寿《清代人物大事纪年》均与《行述》同。

④ 原名能尊。

⑤ 行述仅作其父六十九岁生能尊。而其父生于乾隆五十七年五月二十一日。据此逆推，其当生于咸丰己未年(1859)。

⑥ 《申报》民国四年七月三十一日(公历)第一万五千二百五十四号《地方通信·苏州》与《内务部呈广西苍梧道道尹宗能述因病身故恳请照章给恤文并批令》同。

续表

姓名	字	号	籍贯	生卒(农历)	生卒(公历)	文献来源
宗能征	文宿		浙江会稽	咸丰七年	1857年	宗能征《诰授中宪大夫晋赠资政大夫累赠荣禄大夫盐运使衔山东全省运河兵备道兼管河库事务崇祀乡贤显考涤甫府君行述》①
				?		
宗舜年	子戴 耕虞	耿吾	江苏上元	同治四年 十二月四日	1866年 1月20日	宗舜年乡试履历(《清代朱卷集成》册178)②
				民国二十二年 七月十四日	1933年 9月3日	《申报》民国二十三年五月十五日(公历)第二万一千九百三十六号《江苏上海第一特区地方法院公告第三四二四号》③
宗源瀚	湘文		江苏上元	道光十四年	1834年	宗源瀚《颐情馆集》④
				光绪二十三年 七月二十八日	1897年 8月25日	秦宝玑《诰授通奉大夫赏戴花翎二品衔署浙江温处兵备道上元宗公行状》⑤

① 行述仅载其父于六十六岁时生其于京邸,秋仲携眷属至汴。而其父生于乾隆五十七年五月二十一日。据此逆推,其当生于咸丰丁巳仲秋之前。此暂作咸丰丁巳年(1857)。

② 宗舜年《耿吾剩稿》卷末邓邦述《上元宗君墓志铭》载其(民国)癸酉年七月卒,年六十九。据此逆推,其生年与宗舜年乡试履历同。《清代人物生卒年表》据《上元宗君墓志铭》作同治四年(1865)。但因其生于十二月四日,故公历应为1866年1月20日。

③ 《申报》民国二十二年十二月二十日(公历)第二万一千八百号《恕讣不周》与《江苏上海第一特区地方法院公告第三四二四号》同。宗舜年《耿吾剩稿》卷末邓邦述《上元宗君墓志铭》仅作(民国)癸酉七月。

④ 宗源瀚《颐情馆集》卷1《壬戌·三十自述》有注云:"咸丰三年,贼初入长江,予年二十。"卷2《蓄兰花十余盆年年六七月作花今年予生日之前一日兰已先开酬以四绝》。据此二者,其当生于道光十四年六七月之前。此暂作道光十四年(1834)。《续碑传集》卷39谭廷献《二品衔浙江候补道署温处兵备道宗公墓志铭》载其光绪二十三年七月卒,年六十四。秦宝玑《诰授通奉大夫赏戴花翎二品衔署浙江温处兵备道上元宗公行状》载其光绪二十三年七月乙卯卒,年六十四。据此二者逆推,其生年亦均为道光十四年(1834)。

⑤ 《申报》光绪二十三年八月六日第八千七百五十七号《观察骑箕》与《行状》同。《续碑传集》卷39谭廷献《二品衔浙江候补道署温处兵备道宗公墓志铭》仅作光绪二十三年七月。

续表

姓名	字	号	籍贯	生卒(农历)	生卒(公历)	文献来源
邹凌瀚[①]	殿书 白潜 公之瑜		江西高安	?		上海图书馆编《汪康年师友书札》册4《附录·汪康年师友各家小传》
				?		
邹舒宇	在宽 公度	小村 晓村	江西安仁	道光十三年 十月十一日	1833年 11月22日	邹师亮、邹国瑨《邹氏族谱》卷7《丰城南槎迁居锦江沙塘世系》
				光绪三十四年 九月	1908年	邹嘉骊《邹韬奋年谱长编》册上
邹用中	琼章	蔚斋	江西南丰	道光十三年 五月六日	1833年 6月23日	《光绪六年庚辰科会试同年齿录》[②]
				?		
左浑	彦冲	厚斋 丁叟	湖南湘阴	道光二十九年 十月十三日	1849年 11月27日	《同治庚午科大同年齿录》[③]
				同治十一年 二月六日	1872年 3月14日	郭嵩焘《养知书屋文集》卷24《左彦冲及妻郭氏合葬铭》
左念谦	丰生	尔吉	湖南湘阴	同治三年 六月二十九日	1864年 8月1日	《光绪乙亥年恩赐荫生同官齿录》[④]
				光绪十八年 九月二十日	1892年 11月9日	翁同龢著;陈义杰点校《翁同龢日记》册5页2556[⑤]

① 原名肇元。

② 《光绪六年庚辰科会试同年齿录》仅作年四十八。《咸丰戊午科直省同年录》作道光己亥年五月六日。据此二者,定其生于道光十三年五月六日。

③ 郭嵩焘《养知书屋文集》卷24《左彦冲及妻郭氏合葬铭》载其年二十二中庚午科举人。据此逆推,其生年与《同治庚午科大同年齿录》同。左浑乡试履历(《清代朱卷集成》册324)作十九岁。据此逆推,其当生于咸丰二年(1852)。

④ 《日记》光绪十八年十月十六日:"世袭二等恪靖侯左丰生念谦自升通判后数日即卒,年止二十九。今日送奠分六千。"据此逆推,其生年与秦翰才《左宗棠全传》、《光绪乙亥年恩赐荫生同官齿录》同。

⑤ 《日记》光绪十八年十月十六日:"世袭二等恪靖侯左丰生念谦自升通判后数日即卒,年止二十九。今日送奠分六千。"据此,仅知其卒于光绪十八年十月十六日之前。

续表

姓名	字	号	籍贯	生卒(农历)	生卒(公历)	文献来源
左绍佐[①]	季云	笏卿 悔孙	湖北应山	道光二十七年 七月十日	1847年 8月20日	左绍佐《清授光禄大夫建威将军黑龙江巡抚周公墓志铭》[②]
				民国十六年	1927年	《黄报》中华民国十六年十月二十三日(公历)第一千九百二十四号[③]
左锡蕙[④]	畹香		江苏阳湖	道光八年 五月十九日	1828年 6月30日	姚莲槎《吴兴姚氏家乘》卷8《谱牒》
				光绪二十一年 七月二十九日	1895年 9月17日	同上
左孝勋	子建		湖南湘阴	咸丰三年 三月	1853年	秦翰才《左宗棠全传》
				光绪十九年	1893年	《日记》光绪十九年四月十七日[⑤]

① 派名绍讃。

② 《光绪六年庚辰科会试同年齿录》作咸丰癸丑年七月十日。左绍佐乡试履历(《清代朱卷集成》册318)、左绍佐拔贡履历(《清代朱卷集成》册405)、《同治癸酉科明经通谱》、《清代人物大事纪年》均作道光丁未年七月十日。国家图书馆藏左绍佐《清授光禄大夫建威将军黑龙江巡抚周公墓志铭》末署"应山左绍佐拜撰,时年八十有一。中华民国十有六年岁次丁卯十月十二日",且其在所撰墓志中言周树模"生于咸丰庚申年七月四日,卒于民国乙丑年八月十一日,享年六十六岁(虚岁)。"据此六者,其当生于道光二十七年七月十日。《黄报》中华民国十六年十月二十三日(公历)第一千九百二十四号师郑作《应山佐笏卿绍佐观察前辈绍佐病逝赋诗四律哭之(前辈年八十有一,寓宣南丞相胡同)》。据此逆推,其生年亦为道光二十七年(1847)。中国社会科学院近代史研究所近代史资料编辑部编《近代史资料》1956年第4期左绍佐《上徐桐书》:"佐生五十有四年,目睹洋务之坏,幽爱愤郁,以迄今日,幸得逢碧武天断,为匹夫匹妇复仇……前日召见廷臣,明示主战之议,诚宗社之长计,天下生灵之福也。"据此逆推,其生年亦为道光二十七年(1847)。《左绍佐日记》光绪三十三年七月二十一日诗云:"我生丁未逢丁未,六十年来又一年。"据此,亦可定其生于道光二十七年(1847)。《大楚报》民国二十九年二月十九日第三百三十六号宣怀室主《介绍应山左笏卿先生墓碑》与卞孝萱、唐文泉《民国人物碑传集》卷9傅岳棻《应山左笏卿先生墓碑》均载其卒于(民国)丁卯八月,年八十二。据此二者逆推,其生年均为道光二十六年(1846)。

③ 《大楚报》民国二十九年二月十九日(公历)第三百三十六号宣怀室主《介绍应山左笏卿先生墓碑》与《应山左笏卿先生墓碑》均作(民国)丁卯八月。但左绍佐《清授光禄大夫建威将军黑龙江巡抚周公墓志铭》末署"应山左绍佐拜撰,时年八十有一。中华民国十有六年岁次丁卯十月十二日"。据此自署,其丁卯十月十二日仍在世,故宣怀室主《介绍应山左笏卿先生墓碑》与傅岳棻《应山左笏卿先生墓碑》载其卒于民国丁卯八月,当误。《清代人物大事纪年》载其卒于民国十七年(1928)。《黄报》中华民国十六年十月二十三日(公历)第一千九百二十四号师郑作《应山佐笏卿绍佐观察前辈绍佐病逝赋诗四律哭之(前辈年八十有一,寓宣南丞相胡同)》。据此,其当卒于中华民国十六年十月二十三日(公历)之前。此暂作民国十六年(1927)。

④ 一作锡惠。

⑤ 《日记》光绪十九年四月十七日:"左主事孝勋卒,送奠分四千。"据此,其当卒于光绪十九年四月十七日或之前。此暂作光绪十九年(1893)。

续表

姓名	字	号	籍贯	生卒(公历)	生卒(公历)	文献来源
左宜之①	钦之	尧钦 瑶琴 姚村 凤南	湖北武昌	道光三十年七月二十八日	1850年9月4日	陈瑞鼎《罗桥庄凤南公传》(左可达、左国强《左氏宗谱七修谱》)②
				光绪三十四年二月四日	1908年3月6日	同上③
左宗棠	季高 朴存	湘上农人	湖南湘阴	嘉庆十七年十月七日	1812年11月10日	《字林沪报》光绪十一年九月十二日第一千一百三十六号《左文襄赴词照录》④
				光绪十一年七月二十七日	1885年9月5日	同上⑤

① 谱名承勋。

② 《光绪十二年丙戌科会试同年齿录》载其生于咸丰三年七月二十八日。《罗桥庄凤南公传》载其卒于光绪戊申二月四日，年五十九。据此二者，定其生于道光三十年七月二十八日。《清代人物生卒年表》作咸丰三年(1853)。

③ 《清代人物生卒年表》缺。

④ 罗正钧《左文襄公年谱》与《左文襄赴词照录》同。

⑤ 罗正钧《左文襄公年谱》、《申报》光绪十一年九月二十一日第四千五百零五号《闽浙总督杨福州将军穆会衔疏》均与《左文襄赴词照录》同。

主要参考文献

齿录类

《光绪十七年京察满汉司员履历册》,清钞本。
《光绪二十年京察满汉司员履历册》,清钞本。
顾廷龙:《清代朱卷集成》,成文出版社,1992 年影印本。
李德龙、董玥:《未刊清代朱卷集成》,学苑出版社,2019 年影印本。
《黄邃乡试朱卷》,清刻本。
《王定安优选贡卷》,清刻本。
《王新荣乡试朱卷》,清刻本。
《刘槤寿乡试朱卷》,清刻本。
《胡濬会试朱卷》,清刻本。
《陈锐乡试朱卷》,清刻本。
《张联第乡试朱卷》,清刻本。
《祁世长乡试朱卷》,清刻本。
《蒋式松乡试朱卷》,清刻本。
《高凌霄乡试朱卷》,清刻本。
《石鸿韶会试朱卷》,清刻本。
《李春泽乡试朱卷》,清刻本。
《陈泽霖乡试朱卷》,清刻本。
《方濬颐乡试朱卷》,清刻本。
《张之万会试朱卷》,清刻本。
《张之万乡试朱卷》,清刻本。
《娄奎垣乡试朱卷》,清刻本。
《李鸿藻乡试朱卷》,清刻本。
《周福清乡试朱卷》,清刻本。
《金汉章乡试朱卷》,清刻本。
《杜联乡试朱卷》,绍兴图书馆藏单页。
吕人坝提供,《吕渭英乡试朱卷》,清刻本。
杨世灿提供,《杨恺乡试朱卷》,清刻本。
刘经富提供,《陈宝箴乡试朱卷》,清刻本。

李梓校提供,《李晋熙会试朱卷》,清刻本。
王德轩提供,《茅立仁乡试朱卷》,清刻本。
张文达提供,《陈麟书乡试朱卷》,清刻本。
刘佳昊提供,《刘有铭乡试朱卷》,清刻本。
陈动提供,《陈汧乡试朱卷》,清刻本。
谢作拳提供,《章献猷乡试朱卷》,清光绪十五年(1889)刻本。
《皖江同官录》,清刻本。
《江宁同官录》,清刻本。
《八旗奉直宦浙同官录》,清刻本。
《安徽宦浙同官录》,清光绪间刻本。
《江南宁属同官录》,清光绪间木活字本。
《苏省同官录》,清同治五年(1866)刻本。
《光绪乙亥年恩赐荫生同官齿录》,清刻本。
《道光二十九年滇黔同官录》,清道光间刻本。
《光绪大婚己丑年恩赐荫生同官齿录》,清刻本。
《皇太后万寿甲午年恩赐荫生同官齿录》,清刻本。
《扬州府宦浙同官录》,清同治十三年(1874)刻本。
《两浙盐务同官录》,清光绪二十二年(1896)刻本。
《常郡宦浙江同官录》,清光绪二十四年(1898)刻本。
《湖北省浙江同官录》,清光绪三十一年(1905)刻本。
杨葆光:《松郡宦浙同官录》,清光绪六年(1880)刻本。
杨国桢:《中州同官录》,清光绪十一年(1885)刻本。
许应鑅:《浙江同官录》,清光绪十二年(1886)刻本。
许应鑅:《江苏同官录》,清光绪六年(1880)刻本。
王蕴藻:《广东同官录》,清光绪七年(1881)刻本。
《嘉庆癸酉科乡试同年齿录》,清刻本。
《嘉庆庚午科同年齿录》,清刻本。
《嘉庆二十四年己卯科直省乡试同年齿录》,清刻本。
《嘉庆丙子科全省同年齿录》,清刻本。
《己酉科直省乡试同年录》,清刻本。
《道光三十年庚戌科拔贡朝考同年齿录》,清刻本。
《道光二十一年辛丑恩科会试齿录》,清刻本。
《道光乙未恩科直省同年录》,清刻本。
《道光二十三年癸卯科直省同年全录》,清刻本。
《道光二十三年癸卯科浙江乡试同年齿录》,清刻本。
《道光二十七年会试齿录》,清刻本。
《道光丙午科顺天乡试齿录》,清刻本。
《道光十六年会试同年齿录》,清刻本。

《道光壬午科浙江乡试同年齿录》,清刻本。
《道光癸巳科会试同年齿录》,清刻本。
《道光戊子科直省同年录》,清刻本。
《道光二十年庚子科会试齿录》,清钞本。
《会试同年齿录道光乙未科》,清刻本。
《道光丁酉科明经通谱》,清刻本。
《道光庚戌科会试同年齿录》,清刻本。
《道光丁酉科浙江乡试同年齿录》,清刻本。
《道光甲辰恩科直省同年录》,清刻本。
《道光二十四年甲辰科会试同年齿录》,清刻本。
《道光甲午科直省同年全录》,清刻本。
《乙未科会试同年齿录》,清刻本。
《道光癸卯科浙江乡试朱卷第十三房同门姓氏》,清刻本。
《己酉科顺天乡试同年齿录》,清刻本。
《道光二十五年会试齿录》,清刻本。
《道光丁酉科十八省乡试全同年录》,清刻本。
《道光丙午浙江乡试同榜年齿录》,清刻本。
《道光丙午科十八省乡试同年录》,清道光二十六年(1846)刻本。
《辛巳各省同年全录》,清刻本。
《道光己丑科会试同年齿录》,清刻本。
《道光十二年恩科会试同年齿录》,清刻本。
《道光十二年壬辰科直省乡试同年录》,清钞本。
《道光壬辰科直省同年全录》,清刻本。
《道光丙午科浙江乡试同年榜齿录》,清刻本。
《道光庚子恩科直省同年谱》,清刻本。
《道光己酉科各省选拔明经通谱》,清刻本。
《道光己酉科顺天选拔贡同年齿录》,清刻本。
《咸丰二年壬子科顺天乡试同年齿录》,清刻本。
《咸丰元年恩荫同年齿录》,清刻本。
《咸丰元年辛亥恩科浙江乡试同年齿录》,清刻本。
《咸丰元年辛亥恩科直省同年全录》,清同治六年(1867)刻本。
《咸丰戊午科浙江乡试同年齿录》,清刻本。
《咸丰九年己未科会试同年齿录》,清刻本。
《咸丰壬子科浙江乡试同年齿录》,清刻本。
《咸丰壬子科直省举贡同年录》,清刻本。
《咸丰六年丙辰科会试同年齿录》,清咸丰间刻本。
《咸丰九年己未科十八省乡试同年录》,清刻本。
《咸丰九年己未恩科浙江乡试同年齿录》,清刻本。

《咸丰乙卯直省乡试同年齿录》,清刻本。
《咸丰五年乙卯科浙江乡试同年齿录》,清刻本。
《咸丰八年戊午科顺天乡试同年齿录》,清刻本。
《咸丰辛酉科山东拔贡齿录》,清刻本。
《咸丰二年顺天乡试齿录》,清刻本。
《咸丰三年癸丑科会试同年齿录》,清刻本。
《咸丰戊午科直省同年录》,清刻本。
《咸丰壬子恩科会试同年齿录》,清刻本。
《咸丰十年庚申恩科会试同年录》,清刻本。
《同治三年甲子科顺天乡试同年齿录》,清刻本。
《同治十年辛未科会试同年齿录》,清刻本。
《同治庚午科大同年齿录》,清刻本。
《同治九年庚午带补戊午科己未恩科云南乡试同年齿录》,清刻本。
《同治庚午科浙江乡试同年齿录》,清刻本。
《同治丁卯科并补行甲子科浙江乡试同年齿录》,清刻本。
《同治四年补行辛酉科并壬戌浙江乡试同年齿录》,清刻本。
《同治二年癸亥恩科会试同年齿录》,清刻本。
《同治十三年甲戌科会试同年齿录》,清刻本。
《同治七年戊辰科会试同年齿录》,清刻本。
《同治四年乙丑科会试同年齿录》,清刻本。
《同治元年壬戌科会试同年齿录》,清刻本。
《同治癸酉科浙江乡试同年齿录》,清刻本。
《同治元年壬戌恩科顺天乡试同年齿录》,清刻本。
《重订戊辰同年齿录》,清刻本。
《同治癸酉科明经通谱》,清刻本。
《光绪元年乙亥恩科带补壬戌恩科云南乡试同年齿录》,清刻本。
《光绪二年丙子恩科会试同年齿录》,清刻本。
《光绪十六年庚寅恩科会试同年齿录》,清刻本。
《光绪十九年癸巳恩科顺天乡试同年齿录》,清刻本。
《光绪丙子科浙江乡试同年齿录》,清刻本。
《光绪辛卯科广东乡试同年齿录》,清刻本。
《光绪丁酉科各省选拔同年明经通谱》,清刻本。
《光绪十二年丙戌科会试同年齿录》,清刻本。
《光绪八年壬午科顺天乡试同年齿录》,清刻本。
《光绪乙酉科浙江乡试同年齿录》,清刻本。
《光绪乙酉科选十八省拔贡明经通谱》,清刻本。
《光绪十五年己丑恩科顺天乡试同年齿录》,清刻本。
《光绪十一年乙酉科顺天乡试同年齿录》,清刻本。

《光绪十一年乙酉科顺天文乡试录》,清刻本。
《光绪十四年戊子科顺天乡试同年齿录》,清刻本。
《光绪戊子科浙江乡试同年齿录》,清刻本。
《光绪戊子科贵州乡试录》,清刻本。
《光绪十八年壬辰科会试同年齿录》,清刻本。
《光绪十五年己丑科会试同年齿录》,清刻本。
《光绪壬午科浙江乡试同年齿录》,清刻本。
《光绪己卯科直省同年齿录》,清刻本。
《光绪乙亥恩科顺天乡试同年齿录》,清刻本。
《光绪三年丁丑科会试同年齿录》,清刻本。
《光绪六年庚辰科会试同年齿录》,清刻本。
《光绪乙亥制科同年齿录》,清刻本。
《重订壬午乡试齿录》,清刻本。
《光绪九年癸未科会试同年齿录》,清刻本。
《光绪壬午各省乡试同年齿录》,清刻本。
《光绪丙子科顺天乡试同年齿录》,清刻本。
《丁卯科乡试齿录》,清刻本。
《重订壬午齿录》,清刻本。

家谱类

《墨池施氏宗谱》。
《桐乡冯氏支谱》。
《骊兴闵氏派谱》。
《薛氏宗谱》,民国间钞本。
《凌氏宗谱》,民国间钞本。
《丁氏宗谱》,民国间钞本。
《钱塘许氏家谱》,清钞本。
《长桥王氏家谱》,清光绪间钞本。
《鳌峰梁氏宗谱》,2009 年版。
《新城颍川陈氏支谱》,清钞本。
《支氏宗谱》,民国间木活字本。
《米脂万丰高氏宗谱·统系谱》。
《山盘朱氏宗谱》,2008 年铅印本。
《冯氏宗谱》,宝啬堂民国钞本。
《槎浦何氏宗谱》,清光绪间钞本。
《伊氏族谱》,清光绪间木活字本。
《德清许氏族谱》,民国间石印本。
《薛氏锡山支谱》,民国间铅印本。

《澉川朱氏家乘》,民国间钞本。
《月湖陈氏宗谱》,民国间稿本。
《海潭曹氏六修族谱》,2008 年版。
《天台袁氏宗谱》,1999 年铅印本。
《六科吴氏宗谱》,清光绪间木活字本。
《冯氏始迁嘉兴本支分谱》,民国间钞本。
《绍兴新河王氏族谱》,民国间木活字本。
《锡山秦氏宗谱澹如公支家谱》,清钞本。
《高陇汤氏三修族谱》,民国间木活字本。
《赵王合谱》,民国五年(1916)木活字本。
《葛氏宗谱》,清光绪十三年(1887)稿本。
《浙江绍兴栖凫东海堂徐氏宗谱》,2008 年版。
《冯怡恕堂家谱》,民国二十年(1931)铅印本。
《诸暨楼氏宗谱》,民国五年(1916)木活字本。
《虞阳邵氏宗谱》,民国十三年(1924)铅印本。
《石床谭氏族谱》,民国四年(1915)木活字本。
《堵氏家谱》,中国诗词楹联出版社,2018 年版。
《吕氏友睦宗谱》,民国十九年(1930)木活字本。
《常熟田庄杨氏世谱》,清宣统二年(1910)钞本。
《慈溪师桥沈氏宗谱》,民国二十年(1931)铅印本。
《厚仁吴氏宗谱》,清咸丰十一年(1861)木活字本。
《山阴李氏家谱》,清光绪元年(1875)木活字本。
《湖北武昌胡家大塆胡氏宗谱》,1994 年木活字本。
《灵泉金氏宗谱》,民国三十二年(1943)木活字本。
《高阶余氏宗谱》,清道光二十八年(1848)木活字本。
《诸暨藏绿周氏世谱》,民国三年(1914)木活字本。
《暨阳佳山何氏宗谱》,民国二十年(1931)木活字本。
《芝英应氏宗谱》,清光绪三十三年(1907)木活字本。
《余姚开原何氏续谱》,民国十五年(1926)木活字本。
《仙岩楼氏宗谱》,清光绪三十四年(1908)木活字本。
《湘乡桐瑞台杨氏族谱》,清宣统元年(1909)木活字本。
《萧山芹沂何氏宗谱》,清光绪十九年(1893)木活字本。
《余姚开原刘氏宗谱五编》,清宣统二年(1910)木活字本。
《萧山黄河阁朱氏家谱》,民国二十一年(1932)木活字本。
《邵阳太平曾氏支谱》,清光绪二十五年(1899)木活字本。
《水头皮氏四修族谱》,清同治十年(1871)木活字本。
《暨阳孝义蔡氏宗谱》,清光绪三十年(1904)木活字本。
《诸暨藏绿洲氏佑启堂小宗谱》,民国二十三年(1934)木活字本。

《中国少数民族古籍集成·爱新觉罗宗谱》，四川民族出版社，2002年影印本。
刘海波提供，《刘氏族谱》。
刘佳昊提供，《刘氏族谱》。
张智勇提供，《张氏族谱》。
余世磊提供，《徐氏宗谱》。
曾焕儒提供，《曾氏通谱》。
柯万英提供，《胡氏宗谱》。
张书华提供，《张氏族谱》。
戴金文提供，《江氏宗谱》。
胡华山提供，《胡氏宗谱》。
陈孝炎提供，《陈氏宗谱》。
潘立杰提供，《潘氏族谱》。
祁荣圣提供，《浦头张氏族谱》。
蒋中广提供，《天门蒋氏族谱》。
曾昭寅提供，《曾氏四修族谱》。
孙海生提供，《赵毛陶孙氏家谱》。
章长越提供，《章氏家谱》。
周权寿提供，《周氏族谱》。
阮更超提供，《泽国阮氏宗谱》。
刘旭兵提供，《中华邓氏族史》。
李达武提供，《栗梓园李氏族谱》。
许贻宁提供，《罗塘许氏族志》。
欧阳建和提供，《欧阳宗谱》。
邓生提供，《惠阳淡水邓氏族谱》。
敖新萍提供，《敖家坊敖氏族谱》。
彭和陵提供，《彭氏六修族谱》。
应发展提供，《芝英应氏宗谱》。
苏宠惠提供，《淮泗苏氏族谱》。
谢承海提供，《安康谢氏族谱》。
管彦达提供，《新桥管氏宗谱》。
韦晓明提供，《象州大井石氏宗谱》。
朱亮飞提供，《莲花朱氏九修家谱》。
夏冰提供，《祝氏家谱》，民国钞本。
王留芳提供，沈宪辰：《海盐沈氏谱牒》。
虞正良提供，《江南鹿野堂虞氏宗谱》。
黄秋庚提供，《庐陵义城黄氏宗谱》。
黄荣波提供，《瑞安黄氏家谱》。
游氏古籍数据库提供，《广平游氏宗谱》，2012年版。

应国宣提供,《林氏宗谱》,2008 年版。
金柏青提供,《金氏宗谱》,2007 年版。
张道平提供,《张氏宗谱》,2011 年版。
徐扬成提供,《龙南关西徐氏七修族谱》。
周德富提供,《张氏族谱简表》,当代手抄。
傅国龙提供,《丰城傅氏十五修族谱》。
周菊坤提供,《始平族谱》,民国续修本。
董金荣、董夫杨提供,《龙西郡董氏宗谱》。
王衍鳌提供,《福岭王氏家谱》,2011 年版。
谭岳松提供,《白石谭氏九修族谱》,2002 年版。
陈勇提供,汪澄之:《汪氏支谱》,清同治六年(1867)刻本。
夏小明提供,《富春灵峰夏氏族谱》,2006 年版。
陈早兰、陈相元提供,《陈氏宗谱》,民国间木活字本。
高平提供,《徐山王氏宗谱》,1996 年铅印本。
陈耿、潘先科提供,《海南潘氏族谱》,1997 年版。
张俭提供,《鄮西张氏信房支谱》,民国间钞本。
万秀石、李旗提供,《世耕堂万氏宗谱》,钞本。
刘欣欣提供,刘廉:《刘氏族谱》。
李忠湖提供,李忠湖:《李氏族谱》,1996 年版。
程品尧提供,《鹿峰程氏宗谱》,二十四卷本。
王正云提供,《宗闾王氏九修族谱》,1998 年版。
吴德健提供,吴德健:《海宁查氏》,2006 年版。
马庆蕴提供,《虎林马氏杉树底支谱》,2005 年版。
王广林提供,安维峻:《安氏宗谱》,民国间钞本。
陈新荣提供,安维峻:《安氏宗谱》,民国间钞本。
殷为恩提供,殷体瀛:《金乡殷氏宗谱》,1994 年铅印本。
姜敬运提供,姜斯仁:《天水郡姜氏宗谱》,1999 年版。
陈九华提供,《陈氏爱门八修族谱》,1997 年铅印本。
戴镇蜀提供,《京江赐礼堂戴氏家乘》,家祠珍藏本。
敖乃斌提供,《荣昌敖氏族谱》,清光绪间木活字本。
徐伯仁提供,《西山徐氏宗谱》,清光绪间木活字本。
蒋序文提供,《湘乡石龙蒋氏东段续修支谱东墅公房》。
宋光辉提供,《宋氏家谱》,民国富顺复华印刷社石印本。
励双杰提供,《胡氏族谱》,清光绪十三年(1887)刻本。
励双杰提供,《段氏宗谱》,清咸丰十年(1860)木活字本。
周说明提供,周建设:《周氏八修族谱》,1993 年铅印本。
张华美提供,《张氏族谱》,民国十二年(1923)石印本。
刘旭兵提供,洪开顺、洪昌望:《龙岗洪氏宗谱》,1991 年版。

曾仪容提供,曾毓轩:《太平曾氏七修族谱》,1994 年版。
汤先祥提供,《高陇(彭高)汤氏四修族谱》,2009 年版。
徐逸龙提供,《枫林徐氏族谱》,清宣统元年(1909)钞本。
高国强提供,《高氏支谱》,民国二十三年(1934)石印本。
李永雄提供,《嘉鱼李氏族谱》,民国五年(1916)木活字本。
尹火发提供,尹火发:《永新环浒尹氏合修族谱》,2001 年版。
王之鹏提供,夏修根:《夏氏宗谱岩公派支谱》,民国续修残本。
查育华提供,《查氏族谱》,民国三十三年(1944)木活字本。
黄晓果提供,黄元安:《柳林黄氏时畴公支谱》,2016 年版。
骆汉松提供,《枫桥骆氏宗谱》,民国十四年(1925)木活字本。
寄小文提供,《棠棣雷氏族谱》,民国二十五年(1936)木活字本。
汪育真提供,《鉴云公支谱》,清咸丰二年(1852)刻本、民国补抄。
余修啸提供,余行海、余幼青:《孝邑龙潭余氏家谱》,1996 年版。
余世磊提供,赵昀:《赵氏宗谱》,清同治八年(1869)木活字本。
薛元敬提供,《宜宾赵氏家谱》,民国三年(1914)铅印本。
李重维提供,《丰山李氏族谱》,民国十九年(1930)木活字本。
马合意提供,《任丘边氏族谱》,清宣统三年(1911)钞本影印。
钟妙明提供,《萧山洪氏宗谱》,民国九年(1920)木活字本。
司国庆提供,《段氏五修宗谱》,民国十六年(1927)木活字本。
沈长庆提供,沈秉成:《竹溪沈氏家乘》,清光绪十年(1884)刻本。
骆汉松提供,《枫桥骆氏宗谱》,民国十四年(1925)木活字本。
李科才提供,《孝义吴氏宗谱》,民国二十六年(1937)木活字本。
徐双华提供,《上虞兰皋徐氏宗谱》,民国四年(1915)木活字本。
缪宇锋提供,缪庆龄:《缪氏宗谱》,民国七年(1918)木活字本。
陈卫华提供,张士煐:《合肥张氏族谱》,民国十年(1921)木活字本。
吴焕宰、吴明土提供,《厚仁吴氏宗谱》,民国三十六年(1947)木活字本。
伍有德提供,伍有德:《伍氏族谱内集·七房司公派系图》,2016 年版。
黄上洲提供,黄儒冕:《黄氏宗谱》,民国二十一年(1932)木活字版。
汪育真提供,《叙天伦录》,清道光二十九年(1849)刻本、民国补抄。
励双杰提供,朱文忠:《太湖朱氏宗谱》,民国六年(1917)木活字本。
夏小明提供,《富春灵峰夏氏族谱》,民国三十七年(1948)木活字本。
查保伟提供,查禄百:《宛平查氏支谱》,民国三十年(1941)铅印本。
冯宗福提供,冯士修:《冯氏族谱》,民国三十年(1941)木活字本。
杨世灿提供,杨有鼎:《和州杨氏家谱》,民国三年(1914)木活字本。
申屠勇剑提供,汤舜仁:《萧山汤氏宗谱》,民国十七年(1928)木活字本。
梁天墀提供,梁念萱:《彩烟梁氏宗谱》,民国三十七年(1948)石印本。
宣扬提供,薛荫桢:《福星薛氏家谱》,民国十六年(1927)铅印本。
甘树含提供,甘常俊:《奉新甘氏家谱》,清光绪二年(1876)木活字本。

励双杰提供，吕朝熙：《旌德吕氏续印宗谱》，民国六年(1917)铅印本。

谭霖提供，谭承元：《南丰谭氏续修族谱》，民国十年(1921)木活字本。

贡小兵提供，贡福勋：《广陵贡氏族谱》，民国十九年(1930)木活字本。

李成升提供，李景侗：《安丘峰山李氏支谱》，民国十三年(1924)石印本。

谭霖提供，谭承元：《南丰谭氏续修族谱》，民国二十一年(1932)木活字本。

纪光厚提供，纪寅、纪慰宗：《纪氏宗谱》，民国十四年(1925)木活字本。

檀其志提供，檀家珍、檀百熙：《檀氏家乘》，民国十一年(1922)木活字本。

励双杰提供，曾昭楙：《大界曾氏五修族谱》，民国三十五年(1946)木活字本。

陈友章提供，钱桂蟾：《吴越钱氏宗谱》，清光绪十五年(1889)木活字本。

王鸿平提供，王懋弟：《金源山头王氏宗谱》，清宣统二年(1910)刻本。

王进雄提供，丁锡镛：《南塘丁氏真谱》，民国十三年(1924)木活字本。

宋一洲提供，宋文蔚：《崇仁里宋氏宗谱》，民国十九年(1930)木活字本。

于勇提供，荣绣：《黑龙江卫善堂果氏宗谱》，民国十三年(1924)石印本。

周长海提供，周铭辰：《藏绿周氏宗谱》，民国二十三年(1934)木活字本。

谢珊提供，王增曙：《宗间王氏族谱》，清光绪三十四年(1908)木活字本。

苏泽明提供，苏志纲、苏鸿仪：《长利苏氏家谱》，民国十年(1921)石印本。

毕杭提供，毕恩普：《毕公裔大同宗全国通谱》，民国十八年(1929)石印本。

程懋暾提供，程时灿、程一利：《新建程氏宗谱》，民国七年(1918)木活字本。

劳乃强提供，余绍宋：《龙游高阶余氏宗谱》，民国二十二年(1933)木活字本。

周铭提供，周立贵、周绶国：《塘冲周氏谱》，民国二十一年(1932)木活字本。

励双杰提供，邹师亮、邹国瑨：《邹氏族谱》，民国二十一年(1932)木活字本。

吴勇提供，丁忠武：《丁氏族谱·由赣入黔织金牛场福汉公世系》，2012年版。

黄滔提供，黄砺吾、黄寿丹：《柳林黄氏族谱》，民国二十三年(1934)木活字本。

李梓校提供，李端甫：《邦塘李氏族谱》，民国十四年(1925)钞本。

高冰提供，高钊中：《项城高氏木本水源图》，清光绪二十年(1894)木活字本。

励双杰提供，袁潜修：《石塘山袁氏六修族谱》，民国三十一年(1942)木活字本。

贾建华提供，王承福、王邦庆：《王氏族谱》，清光绪三十一年(1905)木活字本。

励双杰提供，周维恒：《河南商城周氏八修宗谱》，民国三十四年(1945)铅印本。

刘经富提供，陈三立、陈三达、陈三崑：《义门陈氏宗谱》，民国九年(1920)木活字本。

励双杰提供，欧阳竟无、欧阳格：《南岳欧阳善一公宗谱》，民国元年(1912)木活字本。

张执兴提供，张燕溪、张煐齐、张照堂：《南皮张氏西门族谱》，民国二十九年(1940)版。

戴平宜提供，戴鸿慈、戴鸿宪、戴鸿惠：《江浦戴氏宗谱》，清光绪九年(1883)写本复印本。

黄九华提供，黄秉一、黄念初：《城北滩上黄氏七修族谱》，民国三十六年(1947)木活字本。

陈璠：《陈氏族谱》，清钞本。

傅云龙：《傅氏谱稿》，清稿本。

李荫枢：《李氏族谱》，民国间钞本。

徐同善：《东海徐氏家谱》，清钞本。

冯恩椐:《桐溪冯氏支谱》,清钞本。
蔡琼:《浔阳蔡氏九修宗谱》,1990年木活字本。
刘体智:《刘氏宗谱》,清宣统三年(1911)刻本。
曹永平、曹观向:《曹氏白雀支系家谱》,2006年版。
杜子刚、杜永清:《杜氏族谱》,1991版。
丁席珍:《丁氏族谱》,民国十年(1921)木活字本。
丁兆庆:《丁氏族谱》,清光绪十三年(1887)刻本。
章士钊:《章氏族谱》,民国二十四年(1935)稿本。
叶秉成:《叶氏家乘》,民国十八年(1929)木活字本。
胡裕燕:《胡氏家谱》,清光绪十四年(1888)铅印本。
钟志沆:《会稽钟氏家谱》,民国十二年(1923)木活字本。
林耘堂:《慈溪林氏宗谱》,民国十三年(1924)铅印本。
刘纶襄:《刘氏族谱》,清光绪十八年(1892)木活字本。
丁绍周:《京江丁氏族谱》,清同治十二年(1873)木活字本。
殷文谟:《江震殷氏族谱》,清光绪二十九年(1903)刻本。
黄邦镇:《黄氏续修族谱》,清同治七年(1868)木活字本。
徐松、徐寿臣:《德清徐氏宗谱》,清宣统元年(1909)木活字本。
余坚:《会稽余氏支谱》,清光绪三十年(1904)木活字本。
刘树屏:《昆陵西关刘氏宗谱》,清光绪三十年(1904)木活字本。
陈复生:《义门陈氏宗谱》,民国三十七年(1948)木活字本。
翁鉴明:《余姚东门翁氏家乘》,民国十二年(1923)木活字本。
马步元:《安邱虎林马氏族谱》,民国十年(1921)钞本。
高秀升、高湝:《高氏宗谱》,清光绪二十二年(1896)木活字本。
邵幹珊:《虞山邵氏宗谱》,清光绪三十年(1904)木活字本。
朱之榛、朱景迈:《朱氏重修迁浙支谱》,民国四年(1915)刻本。
马荫棠:《会稽吴融马氏分支谱》,民国二十年(1931)木活字本。
俞汝谐:《暨阳次峰俞氏宗谱》,民国二十二年(1933)木活字本。
马吉樟:《安阳蒋村马氏宗谱》,清光绪二十五年(1899)刻本。
丁立中:《京江丁氏支谱》,清光绪三十一年(1905)年木活字本。
陈春生、陈步进、陈英林:《白溪陈氏十二修族谱》,1995年铅印本。
管鉌、管廷怡:《城阳管氏五修族谱》,民国二十三年(1934)石印本。
张裕钊:《张廉卿先生家谱》,清咸丰十年(1860)張善准手钞本。
高桂阳、高世坦、高觐昌:《高氏三续宗谱》,民国二年(1913)木活字本。
文星海:《萍乡湘东县城文氏四修族谱》,民国十一年(1922)木活字本。
黄寿鹏、黄根石、黄成:《经铿黄氏伯宣公支谱》,民国十八年(1929)木活字本。
周膺、吴晶主编:《杭州丁氏家族史料·丁氏宗谱》,当代中国出版社,2016年版。
丁立中:《京江丁氏支谱传略汇录不分卷》,清光绪三十一年(1905)木活字本。
杨钟羲:《来室家乘》,民国二十九(1940)铅印本。

徐芝年:《徐氏族谱》,民国元年(1912)木活字本。
倪文蔚:《倪氏家谱》,清光绪十三年(1887)木活字本。
杨辑:《鸿山杨氏宗谱》,民国六年(1917)木活字本。
陈惟长:《石城陈氏族谱》,民国十七年(1928)木活字本。
戴兆銮:《戴氏迁杭支谱》,民国三十二年(1943)刻本。
孙传栋:《寿州孙氏支谱》,清宣统三年(1911)石印本。
查燕绪:《海昌查氏宗谱》,清宣统元年(1909)刻本。
姚国桢:《麻溪姚氏宗谱》,民国十年(1921)木活字本。
许昌渠:《天台坡街许氏族志》,2000 年铅印本。
俞华康:《五峰西宅孔安祠俞氏史记》,1999 年版。
姚寿昌:《麻溪姚氏宗谱》,清光绪四年(1878)刻本。
黄砺吾、黄寿丹:《柳林黄氏族谱》,民国二十三年(1934)木活字本。
许引之:《高阳许氏家谱》,民国十年(1921)铅印本。
王辅唐:《苎萝王氏宗谱》,民国三十七年(1948)木活字本。
王季烈:《莫釐王氏家谱》,民国二十六年(1937)石印本。
叶方圻:《慈溪石步叶氏宗谱》,清光绪二十九年(1903)木活字本。
王念学:《牛皋岭下王氏宗谱》,民国二十五年(1936)木活字本。
徐致靖:《义兴洑溪徐氏家乘》,清光绪三十三年(1907)木活字本。
徐恩绶:《武林江浒徐氏本支谱系》,清同治七年(1868)修,民国间续补。
张学醇:《山阴小步张氏宗谱》,清光绪五年(1879)木活字本。
龚心湛:《龚氏重修宗谱稿略》,民国三十七年(1948)钞本。
张闻铭:《张氏三修族谱》,民国二十二年(1933)木活字本。
吴本庆:《皋庑吴氏石斋公支谱》,民国三十八年(1949)抄本。
屠亮:《屠氏兰陵葛桥支谱》,清光绪三十年(1904)木活字本。
周德鸿:《来苏周氏前房宗谱》,清光绪十五年(1889)木活字本。
黄嘉谷:《黄氏真门谱》,民国十六年(1927)刻本。
左宏亮、左可达、左国强:《左氏宗谱七修谱》,2007 年版。
徐鼎镐:《余姚徐氏三续增修谱》,民国五年(1916)木活字本。
冯文金:《山阴柯桥冯氏宗谱》,清光绪八年(1882)木活字本。
车景囊:《古虞车氏宗谱》,民国二十年(1931)木活字本。
徐澍咸:《山阴安昌徐氏宗谱》,清光绪十年(1884)木活字本。
曹诚瑾:《曹氏宗谱》,民国十六年(1927)木活字本。
黄善经:《陡亹黄氏宗谱》,清光绪二十年(1894)木活字本。
程逢露、程名连:《程氏宗谱》,清咸丰七年(1857)木活字本。
俞钟銮:《彭城俞氏世谱》,清光绪十五年(1889)刻本。
胡福培:《萧山胡氏家乘》,民国十六年(1927)木活字本。
费裕昆:《琅琊费氏武进支谱》,民国五年(1916)木活字本。
钱镕:《上虞通明钱氏宗谱》,民国五年(1916)木活字本。

钱良猷:《上虞通明钱氏衍庆谱》,清宣统元年(1909)木活字本。
徐绍谦:《管溪徐氏真七支续谱》,民国七年(1918)木活字本。
戚炳辉:《余姚戚氏宗谱》,清光绪二十五年(1899)木活字本。
朱庆锑:《绍县白洋朱氏族谱》,民国十五年(1926)木活字本。
蒋景耀:《诸暨七里川堂蒋氏宗谱》,清光绪十四年(1888)木活字本。
汤曹奎、汤登鉴:《天乐汤氏宗谱》,民国三十七年(1948)木活字本。
冯受恒:《冯氏宗谱》,清道光十七年(1837)木活字本。
谢缉熙:《福山谢氏家乘》,民国十二年(1923)石印本。
蒋述彰:《硖石蒋氏支谱》,民国十八年(1929)铅印本。
阮彬华:《越州阮氏宗谱》,民国十七年(1928)活字本。
廖寿图:《嘉定廖氏宗谱》,民国十六年(1927)铅印本。
陆树堂:《月河陆氏支谱》,民国二十五年(1936)铅印本。
张美翊:《上虞乡永丰田氏宗谱》,民国四年(1915)木活字本。
沈守谦:《沈氏家谱》,清光绪三十四年(1908)刻本。
吴棠:《重修盱眙吴氏族谱》,清同治十三年(1874)木活字本。
王树荣:《王氏族谱》,民国二十五年(1936)铅印本。
伊象昂:《伊氏族谱》,民国二年(1913)木活字本。
徐思藩,徐士贵:《枫林徐氏宗谱》,1994年铅印本。
曹濬:《虞西板桥曹氏大全宗谱》,清光绪二十一年(1895)木活字本。
方克猷、方汝绍编,方臻峻续辑:《重修炉桥方氏家谱》,清光绪二十九年(1903)刻本。
楼锦荣:《枫江楼氏宗谱》,清光绪二十一年(1895)木活字本。
缪锡畴:《兰陵缪氏世谱》,民国五年(1916)刻本。
吴秉荣:《延陵垕石吴氏宗谱》,清同治十年(1871)木活字本。
沈元泰:《会稽中望坊沈氏家谱》,清光绪五年(1879)木活字本。
陈讷、陈诜:《宅埠陈氏宗谱》,民国二十二年(1933)木活字本。
柳东甸:《会稽张家沥柳氏宗谱》,民国十四年(1925)木活字本。
朱霞:《虞东朱氏宗谱》,民国十八年(1929)木活字本。
赵毅庵:《暨阳章卿赵氏宗谱》,清光绪九年(1883)木活字本。
楼效吕:《诸暨凤仪楼氏宗谱》,民国十七年(1928)木活字本。
斯荇逊:《暨阳上林斯氏宗谱》,民国十八年(1929)木活字本。
马锡康:《山阴朱咸马氏宗谱》,民国六年(1917)木活字本。
杨士庸:《彩燕杨氏思存祠宗谱》,民国三十六年(1947)木活字本。
郦秉仁:《会稽郦氏宗谱》,清光绪二十九年(1903)木活字本。
何宗海:《诸暨孙氏宗谱》,民国二十年(1931)木活字本。
赵正标:《姚江赵氏宗谱》,民国十二年(1923)木活字本。
孙炳如:《山阴亭川孙氏宗谱》,民国七年(1918)木活字本。
陈星衍:《下方桥陈氏宗谱》,民国十五年(1926)铅印本。
李稷:《天乐李氏谱》,民国五年(1916)木活字本。

沈福灏:《山阴浦阳沈氏西分宗谱》,清光绪二十三年(1897)木活字本。
姚莲槎:《吴兴姚氏家乘》,清光绪二十三年(1897)刻本。
李宝晋、李钟瑨:《延古堂李氏族谱》,民国二十四年(1935)铅印本。
华堂:《华氏通四堠阳晴云公支谱》,民国十四年(1925)木活字本。
岑毓英:《西林岑氏族谱》,清光绪十四年(1888)刻本。
陈濬:《东林陈氏支谱》,清光绪二十年(1894)刻本。
章组佑:《荻溪章氏家乘》,民国十三年(1924)木活字本。
何连升:《萧山何氏宗谱》,清光绪十九年(1893)木活字本。
华文柏:《华氏山桂公支谱》,清同治十一年(1872)刻本。
胡增祥:《上虞长者山支胡氏家谱》,清宣统三年(1911)木活字本。
朱述祖:《古吴朱氏宗谱》,民国四年(1915)木活字本。
胡广植:《绩溪金紫胡氏家乘》,清光绪三十三年(1907)木活字本。
赵九成、赵九禾:《四明赵氏宗谱》,清同治八年(1869)木活字本。
赵毓麟:《四明赵氏宗谱》,民国十五年(1926)木活字本。
吕金诚:《毗陵吕氏族谱》,清光绪四年(1878)木活字本。
孔庆余:《孔氏大宗支谱·炊经堂支谱》,清同治十二年(1873)刻本。
周馥:《安徽建德县纸阬山周氏宗谱》,清宣统二年(1910)木活字本。
袁南皋:《湘潭石塘山袁氏四修族谱》,清同治二年(1863)木活字本。
劳健章:《劳氏遗经堂支谱》,民国十五年(1926)石印本。
汪玉年:《杭州汪氏振绮堂小宗谱》,民国十四年(1925)刻本。
陈尚清:《暨阳登仕桥陈氏宗谱》,清光绪二十九(1903)木活字本。
朱嗣琦:《萧山朱家坛朱氏家谱》,民国十三年(1924)木活字本。
朱鸿儒:《上虞大庙弄朱氏家谱》,民国六年(1917)木活字本。
余德炎:《余氏宗谱》,民国十二年(1923)木活字本。
施祚芬、施绪礼:《施氏宗谱》,民国三十六年(1947)木活字本。
龚启坤:《松门龚氏复振祠宗谱》,民国三十年(1941)木活字本。
陆树堂:《月河陆氏支谱》,民国二十五年(1936)铅印本。
屠亮:《屠氏兰陵葛桥支谱》,清光绪三十年(1904)木活字本。
蒋氏宗亲会:《蒋氏四修宗谱》,2015 年版。
郑舒耀:《萧山郑氏宗谱》,民国十三年(1924)木活字本。
陈尔履:《颍川陈氏族谱》,民国六年(1917)铅印本。
朱世荣:《唐栖朱氏族谱》,清光绪二十九年(1903)木活字本。
汪兆翔、汪霖龙:《武进汪氏合谱》,民国三十二年(1943)木活字本。
孙秉彝:《绍兴孙氏宗谱》,民国十三年(1924)活字本。
徐琪:《诵芬咏烈编》,清光绪十六年(1890)刻本。
张其昆、张曜:《清河张氏之贻谷堂之支谱》,清同治十三年(1874)刻本。
光循陔:《光氏族谱》,清同治十三年(1874)刻本。
何潮运:《余姚开原何氏续谱》,民国十五年(1926)木活字本。

董懋文:《慈溪董氏宗谱》,清光绪二十二年(1896)木活字本。
董兰如:《慈溪董氏宗谱》,民国十七年(1928)木活字本。
钱良猷:《续辑上虞通明钱氏衍庆谱》,清宣统元年(1909)木活字本。
庞钟璐:《海虞庞氏家谱》,清同治十二年(1873)刻本。
邵是同:《余姚邵氏宗谱》,民国二十一年(1932)铅印本。
龚运龙:《尖山龚氏四修族谱》,民国十五年(1926)木活字本。
叶祖学、叶祖盘:《蓉城叶氏宗族全谱》,民国三十二年(1943)石印本。
潘志晖:《大阜潘氏支谱》,民国十六年(1927)铅印本。
蔡镜莹:《德清蔡氏宗谱》,民国九年(1920)木活字本。
瞿宣颖:《长沙瞿氏家乘》,民国二十三年(1934)铅印本。
刘国安:《湘乡城江刘氏续修族谱》,民国六年(1917)木活字本。
陈镜清:《桂阳泗州寨陈氏续谱》,民国六年(1917)木活字本。
李国松:《合肥李氏宗谱》,民国十七年(1928)铅印本。
傅以礼:《傅氏家乘世系表》,清同治九年(1870)钞本。
张先甲:《马驿垅张氏宗谱》,清宣统元年(1909)木活字本。
张光溶:《马驿垅张氏宗谱》,民国二十七年(1938)木活字本。
江志伊:《济阳江氏金鳌派宗谱》,民国十五年(1926)石印本。
万盛琪:《万氏宗谱》,民国三十七年(1948)木活字本。
梁友蘅:《广东省城梁氏族谱》,1966 年版。
褚维培:《余杭褚氏家乘》,清咸丰四年(1854)木活字本。
褚维培:《余杭褚氏家乘》,清光绪十七年(1891)木活字本。
查荫元:《婺源查氏族谱》,清光绪十八年(1892)木活字本。
郭安澜:《万载田下郭氏族谱》,民国二十七年(1938)木活字本。
沈祥煦:《嘉兴沈氏宗支谱》,民国十六年(1927)钞本。
盛钟襄:《慈镇盛氏七修宗谱》,民国八年(1919)木活字本。
洪大本:《余姚洪氏宗谱》,清光绪二十九年(1903)木活字本。
甘常宪:《奉新甘氏增修家谱》,民国三年(1914)木活字本。
贺人镜:《吴贺宗谱》,民国三十五年(1946)木活字本。
傅为霖:《简州傅氏谱》,清光绪二十六年(1900)刻本。
戴士衡:《新安戴氏支谱》,清光绪七年(1881)刻本。
章贻贤:《章氏智九公分祠支谱》,清光绪二十二年(1896)木活字本。
张存禄、张寿镛:《甬上张氏宗谱》,民国十五年(1926)木活字本。
马凭楫:《临海马氏宗谱》,民国三十年(1941)木活字本。
刘锡纯:《紫岩螺山刘氏宗谱》,民国二十五年(1936)木活字本。
翁同龢:《海虞翁氏族谱》,清同治十三年(1874)刻本。
陈宝琛:《螺江陈氏家谱》,民国二十一年(1932)铅印本。
林葆恒:《凤池林氏族谱》,民国三十六年(1947)铅印本。
黄式三:《翁州紫薇庄墩头黄氏宗谱》,清咸丰六年(1856)稿本。

钟炳亨:《庙下钟氏宗谱》,清光绪二十七年(1901)木活字本。
周崇实:《周氏万五公房宗谱》,民国三十六年(1947)木活字本。
贾元豫:《山阴贾氏宗谱》,清光绪三十三年(1907)木活字本。
葛毓兰:《山阴天乐葛氏宗谱》,民国六年(1917)木活字本。
朱丙寿:《海盐朱氏族谱》,清光绪十七年(1891)刻本。
邵是同:《余姚邵氏宗谱》,民国二十一年(1932)铅印本。
刘秉钧:《刘氏家谱》,清道光三十年(1850)刻本。
秦基:《会稽秦氏宗谱》,清宣统三年(1911)石印本。
许在衡:《山阴碧山许氏宗谱》,清光绪十四年(1888)木活字本。
李洽:《苞溪李氏家乘》,清光绪十六年(1890)刻本。
瞿树承:《瞿氏宗谱》,民国二年(1913)木活字本。
胡钟声:《山阴张川胡氏家谱》,清光绪三十一年(1905)活字本。
任承弼:《宜兴篠里任氏家谱》,民国十六年(1927)木活字本。
任道镕:《荆溪任氏家乘》,清光绪十五年(1889)刻本。
陈锦:《醪河陈氏诵芬录》,清光绪十年(1884)刻本。
傅钦衍:《萧山傅氏宗谱》,民国十四年(1925)铅印本。
王舟瑶:《黄岩西桥王氏谱》,民国六年(1917)木活字本。
梁九图:《梁氏支谱》,清咸丰五年(1855)刻本。
李竹溪:《李氏族谱》,民国十七年(1928)刻本。
姜锡桓:《姜氏世谱》,民国六年(1917)木活字本。
陈恩蓉:《天台妙山陈氏宗谱》,民国十八年(1929)铅印本。
章组佑:《荻溪张章氏家乘》,民国十三年(1924)木活字本。
向治榘:《向氏族谱》,民国二十五年(1936)铅印本。
彭文杰:《彭氏宗谱》,清光绪九年(1883)刻本。
张琴:《鄞高塘董氏家谱》,民国二十四年(1935)木活字本。
洪业远:《桂林洪氏宗谱》,民国十二年(1923)木活字本。
郭庆湘:《宁波鄞县郭氏宗谱》,清宣统二年(1910)刻本。
朱伟轩:《柯山朱氏本支宗谱》,清光绪十六年(1890)木活字本。
薛培:《松林薛氏宗谱》,民国元年(1912)钞本。
周以均:《越城周氏支谱》,清光绪三年(1877)活字本。
寿嘉兴:《山阴华舍寿氏宗谱》,民国十四年(1925)木活字本。
史福田:《溧阳史氏宗谱埭夏支》,2003年版。
曾达文:《虞阳曾氏谱稿》,清光绪八年(1882)稿本。
曾达文:《海虞曾氏家谱》,民国十三年(1924)铅印本。
王贻善、王宝辰:《王氏世系表元编》,清光绪三十一年(1905)木活字本。
钱恂:《吴兴钱氏家乘》,民国十年(1921)铅印本。
蔡以卿:《乌岩石蔡氏宗谱》,民国十五年(1926)木活字本。
陈宝琛:《螺江陈氏家谱》,民国二十一年(1932)铅印本。

张永清、张登元:《京江张氏家乘》,清道光五年(1825)刻本。
毛拔:《毛氏族谱》,民国十六年(1927)木活字本。
顾乃眷:《上虞西华顾氏九修宗谱》,清宣统三年(1911)活字本。
杨晨辑,杨绍翰重订:《路桥河西杨氏家谱》,民国间铅印本。
冯棣唐:《冯氏宗谱》,清光绪十八年(1892)木活字本。
连桐:《松夏连氏宗谱》,民国十二年(1923)木活字本。
连光枢:《独醒居连氏谱稿》,民国间钞本。
韩百年:《羊山韩氏宗谱》,民国二十年(1931)铅印本。
郭道西:《湖南省湘阴郭氏家族史全书》,2006 年版。
汤成烈:《汤氏家乘》,清同治十三年(1874)木活字本。
黄邦镇:《黄氏续修族谱》,清同治七年(1868)木活字本。
钱泰阶:《彭城世谱》,民国二年(1913)木活字本。
马荫棠:《会稽吴融马氏分支谱》,民国二十年(1931)铅印本。
朱触:《菱塘朱氏族谱》,清光绪二年(1876)刻本。
寿长庚:《暨阳墨城寿氏宗谱》,民国四年(1915)木活字本。
杜立夫:《会稽东浦前村杜氏家谱》,清光绪二十五年(1899)木活字本。
杜耀川:《会稽东浦前村杜氏家谱》,清同治九年(1870)木活字本。
王树荣:《王氏族谱》,民国二十五年(1936)铅印本。
恽宝惠:《恽氏家乘》,1949 年铅印本。
左元成:《常州左氏宗谱》,清光绪十六年(1890)木活字本。
黄庆增:《余姚竹桥黄氏宗谱》,民国十五年(1926)木活字本。
鲁之泗:《鲁佐文公家庙九修宗谱》,民国二十七年(1938)铅印本。
陆增炜:《平原宗谱》,清光绪三十二年(1906)木活字本。
季幼梅:《青旸季氏支谱》,民国七年(1918)木活字本。
翁键:《湘潭翁氏族谱》,民国九年(1920)木活字本。
林凤歧:《萧山东门林氏宗谱》,清光绪二十三(1897)年活字本。
孙宪章:《菱湖孙氏族谱》,民国二十九年(1940)石印本。
杨增濂:《慈溪赭山杨氏宗谱》,民国二十年(1931)活字本。
叶许芬:《姚江叶氏再续谱》,清宣统三年(1911)木活字本。
葛寿尧:《临海山后葛氏宗谱》,民国三十年(1941)木活字本。
裘松堂:《慈溪横山裘氏宗谱》,1949 年木活字本。
吴式楷、吴保昌:《无棣吴氏族谱》,民国二十二年(1933)铅印本。
张百均:《赤山张氏谱》,民国四年(1915)木活字本。
何毓琪:《庐江郡何氏大同宗谱》,民国十年(1921)铅印本。
汪原渠:《汪氏谱略》,清钞本。
汪源渠:《汪氏谱略》,民国二十年(1931)铅印本。
王孝绮:《西清王氏重修族谱》,民国二十四年(1935)铅印本。
皮宗石:《长沙皮氏族谱》,1949 年木活字本。

郁锦春:《萧山郁氏宗谱》,清光绪七年(1881)木活字本。

路朝霖:《毕节路氏长房族谱》,清光绪二十一年(1895)刻本。

费登墀、费廷琮、费廷熙:《吴江费氏族谱》,清光绪十三年(1887)稿本。

章登梯、倪承灿:《鄞县班竹系章氏宗谱》,1950年铅印本。

朱元树:《民国余姚朱氏谱》,民国二十年(1931)木活字本。

施聘三:《会稽长乐施氏宗谱》,民国六年(1917)木活字本。

吴大根:《皋庑吴氏家乘》,清光绪七年(1881)刻本。

徐丙奎:《海盐丰山徐氏重修家乘》,民国四年(1915)刻本。

张厚光:《南皮张氏四门第十八支家谱》,民国二十七年(1938)铅印本。

谢仲先:《谢氏族谱》,清咸丰十年(1860)木活字本。

戈炳策:《戈氏族谱》,清光绪二十八年(1902)刻本。

胡福培:《萧山胡氏家乘》,民国十六年(1927)木活字本。

胡广植:《绩溪金紫胡氏家乘》,清光绪三十三年(1907)木活字本。

唐望君:《兰江东鲁唐氏族谱》,清光绪二十年(1894)木活字本。

楼杏春:《黉东楼氏宗谱》,清同治八年(1869)木活字本。

冯恩楣:《桐溪冯氏支谱》,清钞本。

陈树珊:《龙溪陈氏宗谱》,清光绪三十一年(1905)木活字本。

黄沄:《经铿黄氏家谱》,清光绪十八年(1892)木活字本。

孙沂、孙序东:《济宁孙氏曲阜分支家考》,2000年版。

金乙霖:《绍兴渔临金氏宗谱》,民国二十年(1931)木活字本。

朱荣:《秀水朱氏家谱》,清咸丰三年(1853)刻本。

宋汝楫:《山阴江头宋氏世谱》,清咸丰十一年(1861)木活字本。

姚德允:《邵陵姚氏族谱》,民国十年(1921)木活字本。

严辰:《青溪严氏家谱》,清光绪十八年(1892)刻本。

高荣庆、高炳生:《春江灵泉高氏宗谱》,民国三十五年(1946)木活字本。

沈子旬:《师桥沈氏嘉兴分支家谱》,民国七年(1918)铅印本。

陈讷、陈诜:《宅埠陈氏宗谱》,民国二十二年(1933)木活字本。

董叙畴:《四明儒林董氏宗谱》,民国七年(1918)木活字本。

丁步坤:《山阳丁氏诵芬录》,清钞本。

沈梅超:《萧山里庄沈氏宗谱》,民国五年(1916)木活字本。

王元:《柔桥王氏家谱》,民国十七年(1928)木活字本。

孙衣言:《盘谷孙氏族谱》,清稿本。

华文伯:《华氏山桂公支谱》,清同治十一年(1872)刻本。

毕开:《蕲水两河毕氏六修族谱》,清光绪三十年(1904)木活字本。

吴大猷:《窑村吴氏族谱》,民国十三年(1924)铅印本。

马荫棠:《会稽吴融马氏分支谱》,民国二年(1913)铅印本。

贺家栋:《善化贺氏族谱》,民国十八年(1929)木活字本。

田绳祖:《山阴天乐欢潭田氏宗谱》,清光绪三十年(1904)木活字本。

李昭槐:《尖山李氏族谱》,1949 年木活字本。
王树荣:《王氏族谱》,民国二十五年(1936)铅印本。
钟福球:《钱清钟氏宗谱》,民国四年(1915)活字本。
祁文汪:《祁氏世谱》,清咸丰二年(1852)刻本。
秦兰枝:《锡山秦氏宗谱》,清同治十二年(1873)木活字本。
秦光磊、秦敦世:《锡山秦氏宗谱》,民国十七年(1928)木活字本。
郑舒耀:《萧山郑氏宗谱》,民国十三年(1924)活字本。
陈泰:《颍川支谱》,清光绪二十六年(1900)木活字本。
金曰修:《杭州金氏宗谱》,清光绪十三年(1887)刻本。
邵是同:《余姚邵氏宗谱》,民国二十一年(1932)铅印本。
张一鸣:《山阴张氏宗谱》,清道光二十一年(1841)木活字本。
向道衍:《镇海向氏家谱》,民国十七年(1928)铅印本。
史基美:《史氏谱录续编》,民国七年(1918)铅印本。
曹石固:《鄞县月湖曹氏宗谱》,民国二十九年(1940)活字本。
陆遵:《山阴梅湖陆氏宗谱》,民国六年(1917)活字本。
胡寿震:《绍兴莲花桥胡氏宗谱》,民国间钞本。
汤聘之:《萧山夏孝汤氏家谱》,民国十八年(1929)木活字本。
沈荇:《萧山长巷沈氏宗谱》,清光绪十九年(1893)木活字本。
蒋德骅:《娄关蒋氏本支录右编》,清光绪三十一年(1905)刻本。
夏献云:《新建夏氏家乘》,清光绪十七年(1891)木活字本。
吴臻礼:《吴氏支谱》,清光绪八年(1882)刻本。
徐遇春:《管溪徐氏宗谱》,清光绪二十一年(1895)木活字本。
沈梅超:《萧山里庄沈氏宗谱》,民国五年(1916)木活字本。
周鼎:《山阴前梅周氏宗谱》,清光绪二十年(1894)木活字本。
吕志良、储永明:《吕氏宗谱》,2013 年版。
谢锡平:《毗陵谢氏宗谱》,民国十年(1921)木活字本。
谢兰生:《毗陵谢氏宗谱》,清光绪间活字本。
黄中咸:《萧山埭上家谱》,清光绪二十一年(1895)木活字本。
莫元遂:《绍郡莫氏家谱》,清同治十一年(1872)木活字本。
李稷:《天乐李氏宗谱》,民国五年(1916)木活字本。
曹珪:《萧山史村曹氏宗谱》,民国三年(1914)木活字本。
任丙炎:《萧山任氏家乘》,清同治十三年(1874)木活字本。
王如铉:《润东顺江洲王氏十二修族谱》,清光绪三十四年(1908)活字本。
胡裕燕:《胡氏家谱》,清光绪十四年(1888)铅印本。
鲍德福:《鲍氏五思堂宗谱稿》,民国二十一年(1932)铅印本。
许引之:《高阳许氏家谱》,民国十年(1921)铅印本。
刘应桂:《水澄刘氏家谱》,民国二十二年(1933)铅印本。
俞家冀:《潭底俞氏家谱》,民国间稿本。

薛济清、薛启文:《会稽薛氏族谱》,清道光二十年(1840)钞本。
王选:《宗闾王氏族谱》,清光绪二年(1876)刻本。
吴重熹:《吴氏世德录》,清光绪九年(1883)刻本。
吴式楷、吴保昌:《无棣吴氏族谱》,民国二十二年(1933)木活字本。
秦基:《会稽秦氏宗谱》,清宣统三年(1911)石印本。
孔庆璋:《觉山孔氏宗谱》,民国八年(1919)木活字本。
周以均:《越城周氏支谱》,清光绪三年(1877)活字本。
孙梁盛:《余姚孙境宗谱》,民国二十一年(1932)木活字本。
孙仰唐:《余姚孙境宗谱》,清光绪二十五年(1899)木活字本。
王继香:《会稽王氏清芬录》,清光绪二十五年(1899)石印本。
张景焘:《登荣张氏族谱》,清道光二十一年(1841)木活字本。
薛培:《松林薛氏宗谱》,民国元年(1912)钞本。
许在衡:《山阴碧山许氏宗谱》,清光绪十四年(1888)木活字本。
茹鲁:《桃源寨下茹氏宗谱》,清光绪四年(1878)木活字本。
陶在铭:《会稽陶氏族谱》,清光绪二十九年(1903)刻本。
周建中:《周氏家谱》,民国十五年(1926)木活字本。
端木绪:《东鲁端木氏小宗家谱》,民国十二年(1923)铅印本。
许祖坚:《夫椒许氏世谱》,民国三十年(1941)木活字本。
陈校风:《萧山涝湖陈氏宗谱》,清道光六年(1826)木活字本。
丁南生:《萧山丁氏家谱》,民国二十一年(1932)木活字本。
陈壬一:《越城江桥陈氏宗谱》,民国二十一年(1932)木活字本。
马荫棠:《会稽吴融马氏分支谱》,民国二十年(1931)铅印本。
梁焕奎:《梁氏世谱三十二篇》,民国四年(1915)刻本。
贾元豫:《山阴贾氏宗谱》,清光绪三十三年(1907)木活字本。
吴洽民:《沭阳虞溪吴氏家谱》,台湾文行出版社,1995年版。
林风歧:《萧山东门墙林氏宗谱》,清光绪二十三年(1897)活字本。
蒋志圻:《萧山临浦蒋氏宗谱》,清光绪三十四年(1908)木活字本。
丁步坤:《山阳丁氏族谱》,清钞本。
卞金城:《江都卞氏族谱》,清光绪二十五年(1899)木活字本。
沈豺:《姚江梅川沈氏宗谱》,清光绪十九年(1893)木活字本。
洪日湄:《汉塘洪氏八修宗谱》,民国十二年(1923)木活字本。
桑连根:《山阴桑港桑氏宗谱》,民国二十年(1931)木活字本。
朱述祖:《古吴朱氏宗谱》,民国四年(1915)木活字本。
朱庚陛、朱宝秋:《城南朱氏支谱》,清同治十二年(1873)木活字本。
许引之:《高阳许氏家谱》,民国十年(1921)铅印本。
吴元炳:《固始吴氏一线谱》,清光绪九年(1883)刻本。
朱嗣琦:《萧山朱家坛朱氏宗谱》,民国十三年(1924)木活字本。
徐益藩:《崇德徐氏家谱》,民国三十年(1941)铅印本。

颜培文:《连平颜氏宗谱》,清道光三十年(1850)钞本。
李厚垣:《镇海港口李氏支谱》,民国二十五年(1936)铅印本。
丁在麟:《丁氏族谱》,清宣统元年(1909)刻本。
曾淦修:《曾秀清家系》,1990 年铅印本。
陈星炯:《平阳陈氏族谱》,清光绪三十一年(1905)刻本。
臧翰、臧炅:《臧氏族谱》,清道光二十九年(1849)木活字本。
戴檠:《京江赐礼堂戴氏重修家乘》,清光绪十一年(1885)木活字本。
朱元树:《民国余姚朱氏谱》,民国二十年(1931)木活字本。
顾树柱:《湖峰顾氏宗谱》,清光绪三十二年(1906)木活字本。
尹荣舍:《洞霞尹氏三修族谱》,民国十七年(1928)木活字本。
俞家冀:《潭底俞氏家谱》,民国间稿本。
田增鑫:《萧山田氏宗谱》,清光绪三十年(1904)木活字本。
王师曾:《续修王氏家谱》,民国十三年(1924)铅印本。
张晋昭:《清河世系》,民国八年(1919)刻本。
周以均:《越城周氏支谱》,清光绪三年(1877)木活字本。
王蔗原:《宝应白田王氏小湖公本支世系》,清同治八年(1869)刻本。
毕庶金:《毕氏家谱》,1990 年版。
陈壬一:《越城江桥陈氏宗谱》,民国二十一年(1932)木活字本。
黄式三:《翁州紫薇庄墩头黄氏宗谱》,清咸丰六年(1856)稿本。
吴晋:《薛墅吴氏宗谱》,民国二十二年(1933)木活字本。
施肇会:《笠泽施氏支谱》,民国十四年(1925)铅印本。
沈家诒:《柞溪沈氏思源堂宗谱》,民国三十七年(1948)铅印本。
朱燮元、朱抡元、朱廷琮:《唐栖朱氏族谱》,清光绪二十九年(1903)木活字本。

方志类

金蓉镜:《重修秀水县志》,清稿本。
尹继美:《黄县志》,清光绪间刻本。
邱育泉:《安化县志》,清同治间刻本。
陈璠:《杭州府志》,民国十一年(1922)铅印本。
李鸿章、万青藜:《顺天府志》,清光绪间刻本。
雷铣:《青田县志》,清光绪二年(1876)刻本。
杨泰亨:《慈溪县志》,民国三年(1914)刻本。
戴枚:《鄞县志》,清光绪三年(1877)刻本。
万友正:《马巷厅志》,清光绪十九年(1893)刻本。
程兼善:《续修枫泾小志》,清宣统三年(1911)铅印本。
欧仰义:《贵县志》,民国二十四年(1935)铅印本。
胡为和:《三续高邮州志》,民国十一年(1922)刻本。
王文藻:《锦县志》,民国十年(1921)铅印本。

周植瀛:《东光县志》,清光绪十四年(1888)刻本。
薛凤鸣:《献县志》,民国十四年(1925)刻本。
刘陛朝:《清丰县志》,民国三年(1914)铅印本。
单毓元:《民国泰县志稿》,1962年油印本。
杨积芳:《余姚六仓志》,民国九年(1920)铅印本。
刘凤苞:《桃源县志》,清光绪十八年(1892)刻本。
万震霄:《青县志》,民国二十年(1931)铅印本。
李昱:《归安县志》,清光绪八年(1882)刻本。
李瑞钟:《常山县志》,清光绪十二年(1886)刻本。
许瑶光:《嘉兴府志》,清光绪五年(1879)刻本。
陈焕:《寿昌县志》,民国十九年(1930)铅印本。
张培爵:《大理县志稿》,民国六年(1917)铅印本。
陈庆藩、靳维熙:《聊城县志》,清宣统二年(1910)刻本。
梁成久:《海康县续志》,民国二十七年(1938)铅印本。
杨士骧:《山东通志》,民国四年(1915)铅印本。
左宜似:《东平州志》,清光绪七年(1881)刻本。
汪忠:《密县志》,民国十三年(1924)铅印本。
吴若烺:《中牟县志》,清同治九年(1870)刻本。
梁鼎芬:《民国番禺县续志》,民国二十年(1931)刻本。
李福泰:《番禺县志》,清同治十年(1871)刻本。
李圭:《海宁州志稿》,清民国十一年(1922)铅印本。
曹允源:《吴县志》,民国二十二年(1933)铅印本。
刘发岏:《祁县志》,清光绪八年(1882)刻本。
丁灿:《续修古城县志》,民国十年(1921)刻本。
安恭己:《太谷县志》,民国二十年(1931)铅印本。
马子宽:《滑县志》,民国二十一年(1932)铅印本。
包发鸾:《南丰县志》,民国十三年(1924)铅印本。
郑永禧:《衢县志》,民国二十六年(1937)铅印本。
严辰:《桐乡县志》,清光绪十三年(1887)刻本。
彭润章:《平湖县志》,清光绪十二年(1886)刻本。
李大本:《高阳县志》,民国二十二年(1933)铅印本。
赖昌期、张彬、沈晋祥:《平定州志》,清光绪八年(1882)刻本。
陈汝霖:《光绪太平续志》,清光绪二十二年(1896)刻本。
峰青:《重修嘉善县志》,清光绪二十年(1894)刻本。
胡寿海:《遂昌县志》,清光绪二十二年(1896)刻本。
陈宝善、王咏霓:《黄岩县志》,清光绪三年(1877)刻本。
黄履思:《平潭县志》,民国十二年(1923)铅印本。
欧阳英:《闽侯县志》,民国二十二年(1933)刻本。

傅华桂:《续增什邡县志》,清同治四年(1865)刻本。
朱潼:《安仁县志》,清同治十一年(1872)刻本。
刘春堂:《高淳县志》,民国七年(1918)刻本。
王豫熙:《光绪赣榆县志》,清光绪十四年(1888)刻本。
余丽元:《石门县志》,清光绪五年(1879)刻本。
徐士瀛:《新登县志》,民国十一年(1922)铅印本。
周庆云:《南浔志》,民国十年(1921)刻本。
陈训正、马瀛:《定海县志》,民国十三年(1924)铅印本。
秦簧:《光绪兰溪县志》,清光绪十五年(1889)刻本。
张宝琳:《永嘉县志》,清光绪八年(1882)刻本。
王肇赐、徐道昌:《新淦县志》,清同治十二年(1873)活字本。
朱畯:《溧阳县续志》,清光绪二十五年(1899)木活字本。
程其珏:《嘉定县志》,清光绪七年(1881)刻本。
王廷桢:《江夏县志》,清同治八年(1869)刻本。
皮树棠:《宣平县志》,清光绪四年(1878)刻本。
陆延龄:《贵池县志》,清光绪九年(1883)木活字本。
葛韵芬:《婺源县志》,民国十四年(1925)刻本。
张郁文:《木渎小志》,民国十七年(1928)铅印本。
邓钟玉:《光绪金华县志》,民国四年(1915)铅印本。
余绍宋:《龙游县志》,民国十四年(1925)铅印本。
多祺:《蕲水县志》,清光绪六年(1880)刻本。
程芳:《金溪县志》,清同治九年(1870)刻本。
高鹏年:《湖墅小志》,清光绪二十二年(1896)石印本。
王德乾:《南皮县志》,民国二十二年(1933)铅印本。
双全:《广丰县志》,清同治间刻本。
王崧:《揭阳县续志》,清光绪十六年(1890)刻本。
史致驯:《定海厅志》,清光绪十一年(1885)刻本。
金大镛:《续修东湖县志》,清同治三年(1864)刻本。
冯煦:《凤阳府志》,清光绪三十四年(1908)木活字本。
吕调元、刘承恩:《湖北通志》,民国十年(1921)刻本。
李体仁:《蒲城县新志》,民国二十六年(1937)刻本。
项珂、陈志培:《鄱阳县志》,清同治十年(1871)刻本。
杜子楙:《朝城县续志》,民国九年(1920)刻本。
关定保:《安东县志》,民国二十年(1931)铅印本。
尹继美:《黄县志》,清光绪间刻本。
皮树棠:《宣平县志》,清光绪四年(1878)刻本。
孙瑞征、胡鸿泽:《龙南县志》,清光绪二年(1876)刻本。
李应泰:《宣城县志》,清光绪十四年(1888)木活字本。

徐锦:《英山县志》,民国九年(1920)活字本。
林步瀛:《庆元县志》,清光绪三年(1877)刻本。
丁燮:《汤溪县志》,民国二十年(1931)铅印本。
戴枚:《鄞县志》,清光绪三年(1877)刻本。
王庭桢:《江夏县志》,清同治八年(1869)刻本。
张锳:《兴义府志》,清宣统元年(1909)铅印本。
倪咸生:《金匮无锡县志》,清光绪七年(1881)刻本。
张大煦:《宁远县志》,成文出版社,1975 年影印本。
赵鹏飞:《钟祥县志》,民国二十六年(1937)铅印本。
王豫熙:《光绪赣榆县志》,清光绪十四年(1888)刻本。
郑钟祥:《常昭合志稿》,清光绪三十年(1904)木活字本。
锡荣、王明璠:《萍乡县志》,清同治十一年(1872)刻本。
邱沅、王元章:《续纂山阳县志》,民国十年(1921)刻本。
郭嵩焘:《湘阴县图志》,清光绪六年(1880)刻本。
陈志喆:《四会县志》,清光绪二十二年(1896)刻本。
刘采邦:《长沙县志》,清同治十年(1871)刻本。
顾际熙:《蒲圻县志》,清同治五年(1866)刻本。
宋瑛:《泰和县志》,清光绪四年(1878)刻本。
包发鸾:《南丰县志》,民国十三年(1924)铅印本。
张兆栋、孙云:《山阳县志》,清同治十二年(1873)刻本。
姚濬昌:《安福县志》,清同治十一年(1872)刻本。
陈遹声:《诸暨县志》,清宣统二年(1910)刻本。
盛赞熙:《利津县志》,清光绪九年(1883)刻本。
窦镇:《锡金续识小录》,民国十四年(1925)木活字本。
高建勋:《通州志》,清光绪九年(1883)刻本。
曾庆昌:《内江县志》,民国十四年(1925)刻本。
刘福祥:《清水县志》,民国三十七年(1948)铅印本。
江召棠:《南昌县志》,民国二十四年(1935)铅印本。
何绍章、冯寿镜:《丹徒县志》,清光绪五年(1879)刻本。
裴焕星:《辽阳县志》,民国十七年(1928)铅印本。
余丕承:《恩平县志》,民国二十三年(1934)铅印本。
张凤喈:《南海县志》,清宣统三年(1911)刻本。
杨泰亨:《慈溪县志》,民国三年(1914)刻本。
徐士瀛:《新登县志》,民国十一年(1922)铅印本。
江封清:《重修嘉善县志》,清光绪二十年(1894)刻本。
于凤文:《灌阳县志》,民国三年(1914)刻本。
古济勋:《陆川县志》,民国二十四年(1935)刻本。
陈思浩:《永新县志》,清同治十三年(1874)刻本。

杨士骧:《山东通志》,民国四年(1915)铅印本。
李培祜:《保定府志》,清光绪十二年(1886)刻本。
善广:《浦江县志》,清光绪三十一年(1905)刻本。
祝嘉庸:《宁津县志》,清光绪二十六年(1900)刻本。
周家齐:《高唐州志》,清光绪三十三年(1907)刻本。
汪文炳:《富阳县志》,清光绪三十二年(1906)刻本。
陈庆藩:《聊城县志》,清宣统二年(1910)刻本。
李诗:《续纂淳安县志》,清光绪十年(1884)刻本。
金福曾:《吴江县续志》,清光绪五年(1879)刻本。
蔡丙圻:《黎里续志》,清光绪二十五年(1899)刻本。
杨文鼎:《滦州志》,清光绪二十四年(1898)刻本。
汤成烈:《缙云县志》,清道光二十九年(1849)刻本。
宋陈寿:《续修束鹿县志》,清同治七年(1868)刻本。
王肇晋:《深泽县志》,清同治元年(1862)刻本。
郝增祜:《丰润县志》,清光绪十七年(1891)刻本。
贾孝彰:《正定县志》,清光绪元年(1875)刻本。
李瀚章:《湖南通志》,清光绪十一年(1885)刻本。
冯兰森:《重修上高县志》,清同治九年(1870)刻本。
王寿颐:《仙居县志》,清光绪二十年(1894)活字本。
陈汝桢:《庐陵县志》,清同治十二年(1873)刻本。
徐作梅:《北流县志》,清光绪六年(1880)刻本。
欧仰义:《贵县志》,民国二十四年(1935)铅印本。
周赞元:《怀集县志》,民国五年(1916)铅印本。
黄占梅:《桂平县志》,民国九年(1920)铅印本。
薛椿龄:《邢台县志》,民国三十二年(1943)铅印本。
苏宗经:《广西通志辑要》,清光绪十六年(1890)刻本。
周炳麟:《余姚县志》,清光绪二十五年(1899)刻本。
彭润章:《丽水县志》,清同治十三年(1874)刻本。
高日华、联丰:《永宁州志》,民国间石印本。
张镇芳:《项城县志》,民国三年(1914)石印本。
李铭皖:《苏州府志》,清光绪九年(1883)刻本。
吴吕熙、柳景元:《景宁县续志》,民国二十二年(1933)刻本。
卢思成:《江阴县志》,清光绪四年(1878)刻本。
韩佩金:《重修奉贤县志》,清光绪七年(1881)刻本。
程其珏:《嘉定县志》,清光绪七年(1881)刻本。
赵佑宸:《续纂江宁府志》,清光绪七年(1881)刻本。
杨福鼎:《高淳县志》,清光绪七年(1881)刻本。
徐成敟:《增修甘泉县志》,清光绪七年(1881)刻本。

王彬:《海盐县志》,清光绪三年(1877)刻本。
陈遹声:《诸暨县志》,清宣统二年(1910)刻本。
程其珏:《嘉定县志》,清光绪七年(1881)刻本。
卢思成:《江阴县志》,清光绪四年(1878)刻本。
戴肇辰:《广州府志》,清光绪五年(1879)刻本。
厉式金:《香山县志续编》,民国十二年(1923)刻本。
孙奂仑:《洪洞县志》,民国六年(1917)铅印本。
白建鋆:《黔西洲续志》,清光绪十年(1884)刻本。
何道增:《延庆州志》,清光绪六年(1880)刻本。
吴炳南:《三续华州志》,民国四年(1915)刻本。
李前泮:《奉化县志》,清光绪三十四年(1908)刻本。
彭润章:《平湖县志》,清光绪十二年(1886)刻本。
钱祥保:《江都县续志》,民国二十六年(1937)刻本。
李汝为:《永康县志》,民国二十一年(1932)石印本。
王德乾:《南皮县志》,民国二十二年(1933)铅印本。
戴䌹孙:《昆明县志》,清光绪二十七年(1901)刻本。
徐士瀛:《新登县志》,民国十一年(1922)铅印本。
孙铭钟、罗桂铭:《沔县志》,清光绪九年(1883)刻本。
林步瀛、史恩绪:《庆元县志》,清光绪三年(1877)刻本。
王定安:《两淮盐法志》,上海古籍出版社,1995年影印本。
花映均、魏元燮:《隆昌县志》,清同治元年(1862)刻本。
杨孝宽:《续修平利县志》,清光绪二十三年(1897)刻本。
马呈图:《宣统高要县志》,民国二十七年(1938)铅印本。
耿之光:《重修无极县志》,民国二十五(1936)年铅印本。
王寿颐:《光绪仙居志》,清光绪二十年(1894)木活字本。
翟文选、臧式毅:《奉天通志》,民国二十三年(1934)铅印本。
刘超然、郑丰稔:《崇安县新志》,成文出版社,1975年影印本。
王守恂、高凌雯:《天津县新志》,民国二十年(1931)刻本。
王树桐、徐璞玉:《续金堂县志》,清同治六年(1867)刻本。
李登云、钱宝璐:《乐清县志》,民国二十年(1931)刻本。
刘济南,张斗山:《横山县志》,民国十九年(1930)石印本。
梁秉锟、杨西桂:《莱阳县志》,民国二十四年(1935)铅印本。
洪锡范、盛鸿焘:《镇海县志》,民国二十年(1931)铅印本。
胡寿海、褚成允:《遂昌县志》,清光绪二十二年(1896)刻本。
刘昌岳、金时宜:《江西新城县志》,清同治十年(1871)刻本。
庄毓鋐、陆鼎翰:《武阳志余》,清光绪十四年(1888)活字本。
陈树楠,诸可权:《续辑咸宁县志》,清同治十年(1871)刻本。
赵炳文、徐国桢:《大城县志》,清光绪二十四年(1898)刻本。

姚展:《秦州直隶州新志续编》,民国二十八年(1939)铅印本。
谢祖萃、陈寿民:《邕宁县志》,民国二十六年(1937)铅印本。
王其淦、吴康寿:《光绪武进阳湖县志》,清光绪五年(1879)刻本。
沈家本、荣铨:《重修天津府志》,清光绪二十五年(1899)刻本。
吴翯皋、王任化:《德清县新志》,民国二十一年(1932)铅印本。
王肇赐、徐道昌:《新淦县志》,清同治十二年(1873)木活字本。
朱大绅、高照:《直隶和州志》,清光绪二十七年(1901)木活字本。
金吴澜、李福沂:《昆新两县续修合志》,清光绪六年(1880)刻本。
翁天祜、吕渭英:《续修浦城县志》,清光绪二十六年(1900)刻本。
周跃红、陈宝钧:《诏安县志》,方志出版社,1999 年版。
萧德馨、熊绍龙:《中牟县志》,民国二十五年(1936)石印本。
张宗海、杨士龙:《民国萧山县志稿》,民国二十四年(1935)铅印本。
李志中:《会宁旧志集注·会宁县志续编》,甘肃人民出版社,2005 年版。
昇允、长庚、安维峻:《甘肃新通志》,清宣统元年(1909)刻本暨石印本。
绍兴县修志委员会:《民国绍兴县志资料第一辑》,民国二十六年(1937)铅印本。
卢金锡、杨履乾、包鸣泉:《昭通县志稿》,民国二十七年(1938)铅印本。

讣告、事略、行状、墓志类

王广林提供,安世忠:《安维峻讣告》。
裘士雄提供,夏致绩、夏象贤等:《哀启》,裘士雄手抄。
刘兴亮提供,周君适:《周恒祺事略》。
张云鹏提供,许闻渊:《先祖子颂公学行吏治述略》。
楼泳民提供,钱钟岳:《楼誉谱公家传》。
刘少峰提供,杨建文:《高燮曾墓表》。
王广林提供,安世忠:《安维峻行状》。
黄晓果提供,《黄公自元老大人墓侧记》。
毕杭提供,《金华府知府毕君墓志铭》。
张克靖提供,《吴思权墓碑》。
徐礼邦提供台湾王敏先生影印资料《先祖父王公咏霓传略》。
高勇年提供,沈镜源:《蓼庵手述》,清宣统元年(1909)刻本。
康辉耀提供,刘文明:《舞阳张君墓志铭》,河南舞阳博物馆藏。
吴立梅提供,吴士鉴:《清故诰授荣禄大夫赏戴花翎安徽布政使吴公墓志铭》。
刘奇晋提供,乔树楠:《皇清诰授朝议大夫广西梧州府知府刘君墓志铭》。
刘敏华提供,《皇清诰授中宪大夫晋封资政大夫翰林侍读学士文公墓志铭》。
蒋序文提供,《诰授光禄大夫蒋果敏公、诰封一品夫人蒋母李朱夫人合葬墓志》。
高勇年提供,《皇清诰授中宪大夫道衔军功随带加二级贵州安顺府知府沈公墓志铭》。
王述森提供,李泰运:《皇清诰授通议大夫晋授通奉大夫三品衔在任候补道黎平府知府王公墓志铭》。

凌焰提供，喻兆蕃：《钦加二品衔赏戴花翎前署两浙江南都转盐运使司盐运使浙江补用道王公清如墓志铭》。

阮建根提供，叶尔恺：《头品顶戴依博德恩巴图鲁贵州按察使山阴全公庶熙暨夫人施氏合葬墓志铭》。

广州市天河区文化广电新闻出版局提供，俞樾：《清诰授荣禄大夫护理浙江巡抚浙江布政使许公墓碣铭》。

刘经富提供，陈三立：《皇授光禄大夫头品顶戴赏戴花翎原任兵部侍郎都察院右副都御史湖南巡抚先府君行状》，清光绪二十六年(1900)刻本。

吴立梅提供，吴昌鼎、吴昌孚、吴昌艮等：《前安徽布政使浙江政务厅护理巡按使浙江省议会第一届议员丙戌科进士壬午科举人佩葱府君讣闻》。

章冏：《章楷讣告》。

熙明：《裕德讣告》。

耆庆：《先考岳峰府君行述》，清刻本。

翁之廉、翁曾桂：《翁同龢讣告》。

傅范初、傅范翔、傅范钜：《傅云龙讣》。

《朱其昂讣告》，上海历史博物馆藏。

张玮、张琎：《张仁黼讣告》。

桂铭恩：《桂南屏太史讣告》，1958 年铅印本。

李家溎：《李盛铎先生讣告》，民国二十六年(1937)石印本。

陈裕菁：《先考横山先生善余府君行述、讣告》，民国间铅印本。

曾煦、曾照：《曾公孟朴讣告》，民国二十四年(1935)铅印本。

马恒毅、马恒谷：《马吉樟讣告》，民国二十年(1931)铅印本。

孙炳黄：《孙师郑先生讣告》，民国二十五年(1936)铅印本。

陆宗振：《哀启》，清刻本。

陈讷：《蓉曙府君讣告附哀启、行述》，民国间铅印本。

欧阳中鹄：《赠太子太傅杨尚书行述》，清光绪间刻本。

《杜贵墀事略》，清刻本。

茹华斋主：《张锡銮传略》，清钞本。

陈兆奎：《济宁孙驾航都转事略》，清光绪间钞本。

桂坛：《先考皓庭府君事略》，清咸丰光绪间刻本。

黄厚成：《先府君行略》，清光绪间钞本。

刘传祁：《叔泰府君行状》，清刻本。

沈庚藻：《显考蒙叔府君行述》，清刻本。

汪立元：《汪芍卿行状》，清刻本。

刘琼：《先祖中卿公行述》，民国四年(1915)石印本。

王寿祺、王寿抟、王绮：《吕庐老人行述》，民国七年(1918)石印本。

张寿镛：《先考兵科掌印给事中记名繁缺道张公行状》，清刻本。

吕吉甫：《清资政大夫总理永定河道吕公行状》，清民国间铅印本。

秦宝琨:《诰授通奉大夫赏戴花翎二品衔署浙江温处兵备道上元宗公行状》,清石印本。
陈铭鉴:《湖北提法使翰林院侍读马公行状》,民国二十年(1931)铅印本。
宋维彝:《宋育仁先生讣告附行状》,民国二十年(1931)铅印本。
李焜瀛:《诰授光禄大夫太子少保刑部尚书桑文恪公家传》,国家图书馆藏。
冯敩高:《清诰授资政大夫太仆寺卿军机处行走方略馆提调加一级军功随带加二级显考伯申府君行述》,清光绪十六年(1890)刻本。
钱应溥:《诰授光禄大夫太子少保兵部尚书筱云徐公家传》,清光绪间刻本。
蔡乃煌:《故光禄大夫尚书衔户部左侍郎南海张公事状》,清光绪间石印本。
王咏霓:《候选知县周君叔篔行状》,清光绪间刻本。
喻谦:《湘潭王湘绮先生行述》,民国间石印本。
杜致泰:《先考光禄公行述》,清光绪间刻本。
朱萃祥:《朱一新行述》,清光绪间刻本。
傅范初、傅范翔、傅范钜:《傅云龙行状》。
秦绶章:《钱溯耆墓志铭》,国家图书馆藏。
高树:《贵恒墓碑》,国家图书馆藏。
钱启中:《清授资政大夫会稽章公墓志铭》,国家图书馆藏。
高凌雯:《沈士鑅墓表》,民国间铅印本。
翁同龢:《董文焕墓志铭》,运城市博物馆藏。
王守恂:《天津林先生墓志铭》,国家图书馆藏。
翁同龢:《清故太常寺博士赵君墓志铭》,清稿本。
毛昶熙:《杜正诗及妻薛氏合葬志》,国家图书馆藏。
杨寿枏:《清授通议大夫吏部考功司郎中秦君墓志铭》。
言敦源:《清故直隶提法使翁公墓志铭》,国家图书馆藏。
《皇清诰授通议大夫礼科给事中显考王公幼霞府君之墓》。
冯文蔚:《皇清诰授光禄大夫户部尚书甘泉董公神道碑铭》。
秦树声:《陕西凤邠盐法道郑君墓志铭》,国家图书馆藏。
钱仲联:《广清碑传集》,苏州大学出版社,1999年版。
陈三立:《前江西学政翰林院编修盛君家传》,民国间石印本。
张尔田:《清故学部左丞柯君墓志铭》,民国二十八年(1939)单行本。
庞鸿文:《清故礼部郎中建昌府知府李君墓志铭》,国家图书馆藏。
缪荃荪:《续碑传集》,清宣统二年(1910)刻本。
汪兆镛:《碑传集三编》,文海出版社,1980年影印本。
钱仪吉:《碑传集》,清光绪十九年(1893)刻本。
闵尔昌:《碑传集补》,民国十二年(1923)铅印本。
卞孝萱、唐文权:《民国人物碑传集》,凤凰出版社,2011年版。
卞孝萱、唐文权:《辛亥人物碑传集》,团结出版社,1991年版。
冯煦:《清授资政大夫二品衔浙江补用道绍兴府知府刘君墓志铭并序》,国家图书馆藏。
章梫:《清故资政大夫浙江绍兴府知府刘公暨配陶夫人墓志铭并序》,国家图书馆藏。

吴郁生:《皇清浩受通议大夫翰林院侍讲叶公墓志铭》,国家图书馆藏。

陈三立:《清授资政大夫署邮传部左侍郎合肥李公墓志铭》,国家图书馆藏。

王钰孙:《先祖考太保文勤公夔石太府君手订履历》,清宣统元年(1909)钞本。

张謇:《清故光禄大夫振威将军河南巡抚兼提督衔倪公墓志铭》,国家图书馆藏。

庞鸿文:《诰授中宪大夫礼部郎中举人截取知县缄庵李君墓志铭》,国家图书馆藏。

章钰:《清故中宪大夫四品衔山西候补同知壶关县知县刘君墓志铭》,国家图书馆藏。

黄征焱:《清授资政大夫翰林院撰文河南道员先严补臣府君年略》,民国间铅印本。

孙衣言:《诰授资政大夫晋封荣禄大夫署理湖北督粮道胡公墓志铭》,国家图书馆藏。

刘可毅:《清诰授光禄大夫头品顶戴兵部侍郎都察院右副都御史广东巡抚许公墓志铭》。

马恒毅、马恒谷:《安阳马积生先生讣告附哀启、行状》,民国二十年(1931)铅印本。

吴重周:《皇清诰授光禄大夫内阁学士兼礼部侍郎加三级显考子苾府君行述》,清刻本。

陈懋复:《诰授光禄大夫晋赠太师特谥文忠太傅先府君行述、讣告》,民国间铅印本。

孙葆田:《皇清诰封光禄大夫头品顶戴护理广西巡抚广东布政使丁公墓志铭》,国家图书馆藏。

夏敦复:《皇清诰授光禄大夫毓庆宫行走吏部右侍郎先考子松府君年谱》,民国九年(1920)铅印本。

孙雄:《清授光禄大夫头品顶戴日讲起居注官翰林院侍读嘉兴钱公行状》,民国间石印本。

张亨嘉:《诰授朝议大夫赏戴花翎顺天西路同知在任候补知府谢公墓志铭》,国家图书馆藏。

叶昌炽:《清故光禄大夫头品顶戴江南淮扬海河务兵备道署江苏布政使朱公墓志铭》,国家图书馆藏。

杨鼎昌:《清故通议大夫盐运使衔湖南常德府知府随带加三级善初刘君墓志铭》,国家图书馆藏。

李辅耀:《皇清诰授通奉大夫署理江西巡抚江西布政使本生显考黼堂府君事略》,清光绪间刻本。

倭仁:《皇清诰授光禄大夫钦差大臣漕运总督赠都察院右都御史袁端敏公墓志》,国家图书馆藏。

景澧:《诰授光禄大夫致仕太子太傅武英殿大学士赏食全俸赠太保予谥文靖显考佩蘅府君行述》,清光绪间刻本。

吴秉澂:《清故光禄大夫头品顶戴翰林院侍读先考絅斋府君行状》,民国二十二年(1933)铅印本。

周爰诹撰;白瑜补记:《皇清赐进士出身诰授资政大夫日讲起居注官翰林院侍读学士加七级周政伯生圹志》,国家图书馆藏。

缪禄保:《诰授中宪大夫四品卿衔学部候补参议翰林院编修显考艺风府君行述》,民国八年(1919)铅印本。

张亨嘉:《诰授朝议大夫赏戴花翎顺天西路同知在任候补知府谢公墓志铭》,国家图书馆藏。

叶尔恺:《清故资政大夫二品衔前江西巡警道署提法使南皮张公墓志铭》,国家图书馆藏。

唐文治:《清故资政大夫花翎二品衔浙江补用道绍兴府知府刘公神道碑铭并序》,国家图书馆藏。

徐诵芳:《皇清诰授资政大夫二品顶戴赏戴花翎福建延建邵兵备道显考乃秋府君行述》,清光绪间石印本。

袁允棣:《皇清诰授荣禄大夫二品衔总理各国事务大臣太常寺卿显考爽秋府君行略》,清光绪三十一年(1905)石印本。

许恩绢:《皇清诰授光禄大夫头品顶戴赏戴花翎兵部侍郎都察院右副都御史广东巡抚显考仙屏府君行述》,清光绪间刻本。

胡宗廉:《皇清诰授通奉大夫晋封荣禄大夫盐运使衔原署湖北督粮道加五级显考月樵府君行述》,清光绪十六年(1890)刻本。

朱熉正:《诰授资政大夫晋封荣禄大夫二品衔分巡广东雷琼兵备道先考亮生府君行述》,清光绪间刻本。

陈三立:《皇授光禄大夫头品顶戴赏戴花翎原任兵部侍郎都察院右副都御史湖南巡抚先府君行状》,清光绪间刻本。

赵寿倪、赵寿佺、赵寿侃:《皇清诰授奉政大夫晋朝议大夫同知衔江西议叙知县先考抝叔府君行略》,清光绪间刻本。

周学熙、周学渊、周学辉:《清授光禄大夫建威将军头品顶戴陆军部尚书都察院都御史两广总督周悫慎公行状》,民国间铅印本。

傅范淑:《诰授资政大夫覃恩晋封光禄大夫赏戴花翎二品顶戴奏保出使大臣直隶补用繁缺知府傅府君墓志铭》,手稿本、清样本。

陶葆廉:《皇清诰授光禄大夫赠太子少保予谥勤肃头品顶戴兵部尚书都察院右都御史两广总督显考方之府君行述》,清光绪间刻本。

顾彦聪:《诰授资政大夫貤封光禄大夫衔显考福建台湾道兼按察使皞民府君行状》,清宣统二年(1910)铅印本。

福楙:《皇清诰授资政大夫二品顶戴盐运使衔署山东济东泰武临道南皮张君墓志铭》,国家图书馆藏。

钱溯耆、钱溯时:《诰授光禄大夫振威将军谕赐祭葬特恩荫恤赏戴花翎兵部侍郎都察院右副都御史巡抚河南等处地方督理河道兼管提督节制各镇并驻防满营官兵加二级道光丙午科举人显考调甫府君行述》,清刻本。

沈葆桢:《清赐进士出身诰授资政大夫日讲起居注官翰林院侍读学士提督四川学政郑公事略》,清同治元年(1862)刻本。

孙家鼐:《清诰授光禄大夫二品顶戴升缺后加头品顶戴署浙江按察使金衢严道郭公墓志铭》,国家图书馆藏。

秦曾熙:《皇清赐进士出身诰授通奉大夫晋封荣禄大夫赏戴花翎署福建按察使盐运使衔兴泉永兵备道显考友芝府君年谱》,清稿本。

吴清彦:《皇清赐进士及第诰授光禄大夫谕赐祭葬礼部左侍郎福建学政加十二级纪录九

次显考姓舫府君行略》,清咸丰三年(1853)刻本。

宗能征:《诰授中宪大夫晋赠资政大夫累赠荣禄大夫盐运使衔山东全省运河兵备道兼管河库事务崇祀乡贤显考涤甫府君行述》,清光绪二十三年(1897)刻本。

鲍惟鐈:《皇清诰授中宪大夫晋授通奉大夫候选道四川夔州府知府内阁侍读加三级随带加一级先祖考子年太府君行述》,清光绪间刻本。

谭延闿、谭泽闿、谭宝箴:《皇清诰受光禄大夫太子少保头品顶戴赏双眼花翎兵部尚书兼都察院右都御史两广总督先府君行状》,清光绪间刻本。

贺诒令:《皇清诰授荣禄大夫原任河南布政使前兵部尚书兼都察院右都御史总督云贵等处地方提督军务兼理粮饷翰林院编修显考耦耕府君行状》,清刻本。

马吉樟、马吉梅、马吉森等:《皇清诰授光禄大夫赐进士出身头品顶戴兵部侍郎兼都察院右副都御史广东巡抚安阳马公玉山府君行狀》,清光绪间石印本。

李渊硕:《赐进士及第诰授光禄大夫赏戴花翎经筵讲官礼部右侍郎兼署工部右侍郎兼管钱法堂事务管理户部三库事务南书房翰林追谥文诚李公行状》,民国七年(1918)铅印本。

陆润庠:《皇清诰授光禄大夫建威将军太子少保陆军部侍郎都察院副都御史安徽巡抚兼提督军门节制各镇督理芜湖钞关忠愍于库里公暨元配诰封一品夫人牛夫人合葬墓志铭》,国家图书馆藏。

年谱类

张剑提供,张剑:《祥麟年谱简编》。

严谦润:《虚阁先生年谱》,清钞本。

陈建勇提供,罗大春:《思痛录》。

陈元禄:《陈元禄自订年谱》,清钞本。

吴引孙:《吴引孙自述年谱》,清稿本。

徐桐:《味道腴轩自纪年谱》,清稿本。

陈培之:《陈培之自订年谱》,清稿本。

徐维则:《先考培之府君年谱》,清刻本。

赵昀:《遂翁自订年谱》,清光绪间刻本。

潘曾沂:《小浮山人年谱》,清咸丰间刻本。

张茂辰:《先温和公年谱》,清同治间刻本。

潘祖年:《潘文勤公年谱》,清光绪间刻本。

杜联:《会稽杜侍郎联公自订年谱》,清稿本。

郭延礼:《秋瑾年谱》,齐鲁书社,1983 年版。

谢兰生:《厚庵自叙年华录》,清光绪间木活字本。

廖幼平:《廖季平年谱》,巴蜀书社,1985 年版。

高叔平:《蔡元培年谱》,中华书局,1980 年版。

顾家相:《孟晋斋年谱》,民国二年(1913)刻本。

段光清:《镜湖自撰年谱》,中华书局,1960 年版。

孙玉庭:《自记年谱》,清同治十一年(1872)刻本。

潘曾玮:《养闲年谱》,清光绪十三年(1887)刻本。
王代功:《湘绮府君年谱》,民国十二年(1923)刻本。
王仙洲:《慎斋年谱》,民国十三年(1924)年铅印本。
梁章钜:《退庵自订年谱》,清光绪元年(1875)刻本。
赵藩:《岑襄勤公年谱》,清光绪二十五年(1899)刻本。
唐炯:《丁文诚公年谱》,清光绪三十四年(1908)刻本。
严辰:《桐溪达叟自编年谱》,清光绪十四年(1888)刻本。
高树:《许文肃公年谱》,民国二十五年(1936)铅印本。
王舟瑶、王敬礼:《墨庵居士自定年谱》,民国间铅印本。
赵藩:《岑襄勤公年谱》,清光绪二十五年(1899)刻本。
李连贵:《沈家本年谱长编》,成文出版社,1992 年版。
劳乃宣:《韧叟自订年谱》,民国十一年(1922)铅印本。
赵诒深:《顾千里先生年谱》,民国二十一年(1932)刻本。
许同莘:《张文襄公年谱》,民国三十四年(1945)铅印本。
吴士鉴:《含嘉室自订年谱》,民国九年(1920)铅印本。
黄赞汤:《绳其武斋自纂年谱》,清同治九年(1870)刻本。
宋文蔚:《溧阳宋少司农年谱》,清木活字版。
徐桐、徐彬:《先恭勤公年谱》,清咸丰九年(1859)刻本。
管庆祺:《征君陈先生年谱》,民国二十七年(1938)铅印本。
高觐昌:《葵园遁叟自订年谱》,民国十四年(1925)铅印本。
堵焕辰:《诰封朝议大夫显考寄生府君年谱》,清光绪间刻本。
赵廷璜:《赵文恪公自订年谱》,清光绪十六年(1890)刻本。
王崇焕:《清王文敏公懿荣年谱》,台湾商务印书馆,1986 年版。
端木百禄:《太鹤山人年谱》,民国二十三年(1934)铅印本。
钱仪吉、钱骏祥:《庐江钱氏年谱》,民国七年(1918)铅印本。
杨守敬、熊会贞:《邻苏老人年谱》,民国四年(1915)石印本。
吴剑杰:《张之洞年谱长编》,上海交通大学出版社,2009 年版。
徐鼒:《清敝帚斋主人徐鼒自订年谱》,清光绪三年(1877)刻本。
张怀恭、张铭:《清勤果公张曜年谱》,浙江古籍出版社,2009 年版。
周学熙:《周止庵先生自叙年谱》,文海出版社,1985 年影印本。
何汝霖、何兆瀛:《知所止斋自订年谱》,清咸丰三年(1853)刻本。
严修、高凌霄、严仁曾:《严修年谱》,齐鲁书社,1990 年版。
陆宝忠编、陈宗彝续编:《陆文慎公年谱》,民国十二年(1923)刻本。
陈定祥:《清黄陶楼先生彭年年谱》,台湾商务印书馆,1978 年影印本。
刘文兴:《清刘楚桢先生宝楠年谱》,台湾商务印书馆,1978 年影印本。
陈作霖:《泾州老人洪琴西先生年谱》,民国二十八年(1939)铅印本。
董恂、董诚:《还我读书室老人手订年谱》,清光绪十八年(1892)刻本。
王蘧常:《清末沈寐叟先生曾植先生年谱》,台湾商务印书馆,1982 年版。

周馥:《民国周玉山先生馥自订年谱》,台湾商务印书馆,1978年影印本。

李宗侗、刘凤翰:《清李文正公鸿藻年谱》,台湾商务印书馆,1969年版。

顾廷龙:《吴愙斋先生年谱》,哈佛燕京学社,民国二十四年(1935)铅印本。

潘曾绶编,潘祖荫、潘祖同补编:《潘绂庭自订年谱》,清光绪九年(1883)刻本。

鲁迅博物馆、鲁迅研究室:《鲁迅年谱》(增订本),人民文学出版社,1984年版。

夏敦复:《皇清诰授光禄大夫毓庆宫行走吏部右侍郎先考子松府君年谱》,民国九年(1920)铅印本。

童恩:《皇清诰授通议大夫通政使司副使显考萼君府君年谱》,清同治间刻本。

孙延钊著;徐和雍、周立人整理:《孙衣言孙诒让父子年谱》,上海社会科学院出版社,2003年版。

马新祐:《特赠太子太保兵部尚书兼都察院右都御史两江总督马端敏公年谱》,清光绪三年(1877)刻本。

罗棨:《皇清诰授光禄大夫经筵讲官户部尚书兼署工部尚书管理三库事务武英殿总裁署翰林院掌院学士谕赐祭葬予谥文恪显考椒生府君年谱》,清光绪间刻本。

诗文集类

周光祖:《耻白集》,清钞本。

马赓良:《拙怡堂文稿》,清稿本。

陈倬:《香影余谱》,庚辰丛编本。

杨敬安:《节庵先生遗稿》,自印本。

徐同善:《谭风月轩诗钞》,清稿本。

杨敬安:《节安先生剩稿》,油印本。

温忠翰:《红叶庵文存》,清稿本。

王轩:《顾斋遗集》,1994年影印本。

吴庆坻:《补松庐文稿》,张宗祥钞本。

徐树钧:《宝鸭斋集》,清宣统间刻本。

胡薇元:《岁寒居词话》,民国间刻本。

宋育仁:《问琴阁文》,清光绪间刻本。

杨蔚然:《百侯杨氏文萃》,1967年版。

言有章:《坚白室诗草》,民国间铅印本。

许玉瑑:《诗契斋诗钞》,清光绪间刻本。

宗舜年:《耿吾剩稿》,民国间俞鸿等钞本。

俞樾:《春在堂杂文补遗》,清光绪间刻本。

李鸿章:《李文忠公遗集》,清光绪间刻本。

阎镇珩:《北岳遗书文集》,民国间铅印本。

陈作霖:《冶麓山房丛书》,联经出版事业有限公司,1976年影印本。

冯煦:《蒿庵类稿》,民国二年(1923)刻本。

吴存义:《榴石山庄文稿》,清同治间刻本。

胡珠生:《宋恕集》,中华书局,1993年版。
冯煦:《蒿庵续稿》,民国十二年(1933)刻本。
王树楠:《陶庐文集》,民国四年(1915)刻本。
宗源瀚:《颐情馆集》,民国八年(1919)刻本。
秦树敏:《娱园诗存》,清光绪十二年(1886)刻本。
杨葆光:《苏庵诗录》,清光绪元年(1875)刻本。
王树楠:《陶庐文集》,民国四年(1915)刻本。
林损:《林损集》,黄山书社,2010年版。
高凌雯:《刚训斋集》,1994年版。
盛昱:《意园文略》,清宣统二年(1910)刻本。
朴珪寿:《瓛斋集》,清宣统三年(1911)铅印本。
施山:《通雅堂诗钞》,清光绪元年(1875)刻本。
李桓:《宝韦斋类稿》,清光绪六年(1880)刻本。
曹允源:《复庵续稿》,民国十一年(1922)刻本。
俞樾:《春在堂杂文》,清光绪十五年(1889)刻本。
薛福成:《庸庵文编》,清光绪十三年(1887)刻本。
俞明震:《觚庵诗存》,民国九年(1920)铅印本。
张士珩:《弢楼遗集》,民国十二年(1923)刻本。
高平叔:《蔡元培全集》,中华书局,1988年版。
陈文田:《晚晴轩诗存》,清光绪七年(1881)刻本。
顾廷龙:《王同愈集》,上海古籍出版社,1998年版。
邓承修:《语冰阁奏议》,民国七年(1918)铅印本。
刘光第:《衷圣斋文集》,民国三年(1914)铅印本。
蔡寿祺:《梦绿草堂诗钞》,清咸丰七年(1857)刻本。
陈宝:《陈百生遗集》,清光绪十八年(1892)铅印本。
李晋熙:《漉云斋诗集》,民国十年(1921)铅印本。
陈同礼:《紫荆花馆遗诗》,民国三年(1914)铅印本。
范当世:《范伯子集》,民国二十一年(1932)刻本。
王余庆:《求志斋余墨》,民国十四年(1925)铅印本。
陈锐:《抱碧斋集》,清光绪三十一年(1905)刻本。
朱寯瀛:《晚香斋文存》,清宣统元年(1909)铅印本。
李慈铭:《越缦堂文集》,民国十九年(1930)铅印本。
王柏心:《百柱堂全集》,清光绪十九年(1893)刻本。
张锡恭:《茹荼轩续集》,民国三十八年(1949)铅印本。
邓濂:《孱庵集》,民国二十四年(1935)石印本。
路德:《柽华馆文集》,清光绪七年(1881)刻本。
诸可宝:《璞斋集》,清光绪二十二年(1896)刻本。
左宗棠:《左宗棠全集》,清光绪十八(1892)年刻本。

张寿荣:《舫庐文存内集》,清光绪九年(1883)刻本。
王必达:《养拙斋诗》,清光绪十九年(1893)刻本。
李棠阶:《李文清公遗书》,清光绪八年(1882)刻本。
陆懋修:《岭上白云集》,清光绪二十三年(1897)刻本。
许景澄:《许文肃公外集》,民国九年(1920)铅印本。
梁鼎芬:《节庵先生遗诗》,民国十二年(1923)刻本。
马其昶:《抱润轩文集》,民国十二年(1923)刻本。
顾莲:《素心簃文集》,民国四年(1915)刻本。
刘师培:《左庵集》,民国二十五年(1936)铅印本。
黄以周:《儆季文钞》,清光绪二十年(1894)刻本。
孙雄:《旧京文存》,民国二十年(1931)铅印本。
陈文田:《晚晴轩诗存》,清光绪七年(1881)刻本。
姜仲白:《姜征君遗诗》,民国二十七年(1938)铅印本。
杜贵墀:《桐华阁词钞》,清光绪二十六年(1900)刻本。
庞钟璐、庞鸿文、庞鸿书:《知非录》,清光绪间刻本。
陆心源:《仪顾堂集》,清光绪二十四年(1898)刻本。
黄国瑾:《训真书屋遗稿》,民国三十二年(1943)铅印本。
杨深秀:《雪虚声堂诗钞》,民国元年(1912)铅印本。
王遂善:《古愚轩文集》,民国二十八年(1939)石印本。
施补华:《泽雅堂文集》,清光绪九年(1883)刻本。
王咏霓:《函雅堂集》,清光绪二十二年(1896)刻本。
徐兆丰:《香雪巢诗续钞》,清光绪三十年(1904)刻本。
徐兆丰:《香雪巢诗钞》,清光绪二十四年(1898)刻本。
方玫卿编:《天目山房诗文集　西菩山房诗词稿》,2004 年版。
何家琪:《天根文钞续集》,清光绪三十二年(1906)刻本。
燕起烈:《燕甘州集》,民国二十六年(1937)铅印本。
曾福谦:《梅月龛诗》,民国二十五年(1936)铅印本。
杨锐:《杨叔峤先生文集》,民国三年(1914)铅印本。
孙葆田:《校经室文集》,民国五年(1916)刻本。
陈宝:《小迦陵馆文集》,清宣统二年(1910)铅印本。
鲍康:《观古阁诗钞》,清光绪二十一年(1895)刻本。
章鋆:《望云馆文诗稿》,清光绪十四年(1888)刻本。
任其昌:《敦素堂文集》,民国十三年(1924)铅印本。
何如璋:《何少詹文钞》,民国十五年(1926)铅印本。
郭嵩焘:《玉池老人自叙》,清光绪十九年(1893)刻本。
洪良品:《龙岗山人文钞》,清光绪十七年(1891)刻本。
王仁堪:《王苏州遗书》,民国二十三年(1934)铅印本。
王先谦:《虚受堂文集》,清光绪二十六年(1900)刻本。

张淩万:《恤蒿庐文初稿》,清光绪三十年(1904)刻本。
王庆芝:《涵春馆诗稿二编》,民国十三年(1924)铅印本。
王庆芝:《涵春馆诗稿三编》,民国二十年(1931)铅印本。
倪文蔚:《两彊勉斋古今体诗存》,清光绪十年(1884)刻本。
杨文莹:《幸草亭诗钞》,民国八年(1919)铅印本。
谢维藩:《雪青阁集》,清光绪九年(1883)刻本。
周寿昌:《思益堂集》,清光绪十四年(1888)刻本。
朱寯瀛:《金粟山房诗钞》,清光绪二十七年(1901)刻本。
陈代卿:《慎节斋文存》,清光绪三十一年(1905)铅印本。
孙葆田:《校经室文集》,民国五年(1916)刻本。
朱铭盘:《桂之华轩文集》,民国二十三年(1934)铅印本。
吴振棫:《花宜馆诗钞》,清同治四年(1865)刻本。
吴存义:《榴实山庄文稿》,清同治十年(1871)刻本。
方濬颐:《二知轩文存》,清同治五年(1866)刻本。
陆廷黻:《镇亭山房诗集》,清光绪十七(1891)刻本。
张星鉴:《仰萧楼文集》,清光绪六年(1880)刻本。
楼杏春:《粲花馆诗钞》,民国二十二年(1933)铅印本。
陈继聪:《忠义纪闻录》,清光绪八年(1882)刻本。
梁启超:《饮冰室文集》,民国十五年(1926)铅印本。
李鸿章:《李文忠公奏稿》,民国十年(1921)刻本。
袁保龄:《阁学公集》,清宣统三年(1911)铅印本。
杨浚:《冠悔堂诗钞》,清光绪十八(1892)刻本。
杨浚:《冠悔堂楹语》,清光绪二十(1894)刻本。
樊增祥:《樊山集》,清光绪十九年(1893)刻本。
贾维、谭志宏:《谭继洵集》,岳麓出版社,2015年版。
秦树声:《乖庵文录》,清光绪三十四年(1908)刻本。
黄炳垕:《诵芬诗略附自述百韵诗》,清同治九年(1870)刻本。
何庆涵:《眠琴阁遗文》,清光绪间刊本。
何绍基:《东洲草堂文钞》,清光绪间刻本。
丁丙:《松梦寮诗稿》,清光绪二十五年(1899)刻本。
许之叙校;郑旭坦辑:《天籁集》,清同治八年(1869)刻本。
王舟瑶:《西桥王氏家集》,民国六年(1917)木活字本。
沈璋宝:《警庵文存》,民国九年(1920)铅印本。
朱一新:《佩弦斋杂存》,清光绪二十二年(1896)刻本。
孙德祖:《寄龛诗质》,清光绪二十五年(1899)刻本。
许湝祥:《狷叟诗存》,民国十一年(1922)刻本。
陶模:《陶勤肃公奏议遗稿》,民国十三年(1924)铅印本。
杨晨:《崇雅堂文稿》,民国四年(1915)石印本。

俞樾:《春在堂杂文补遗》,清光绪间刻本。
甘云鹏:《潜庐续稿》,文海出版社,1966 年影印本。
章梫:《一山文存》,文海出版社,1966 年影印本。
陈元禄:《十二钟兰亭精舍诗集》,清光绪十四年(1888)刻本。
伍兆鳌:《木屑集·石樵文稿》,清光绪三十四(1908)刻本。
吴道镕:《澹庵文存》,文听阁图书有限公司,2008 年影印本。
俞樾:《曲园自述诗》,清光绪二十八年(1902)刻本。
张道:《渔浦草堂诗集》,清同治六年(1867)刻本。
林纾:《畏庐续集》,民国三年(1914)铅印本。
李慈铭:《越缦山房丛稿》,清钞本。
张应昌:《彝寿轩诗钞》,清同治二年(1863)刻本。
吴恒、朱景彝:《吴氏吉光集》,民国十五年(1926)铅印本。
周庆云:《浔溪文征》,民国十三年(1924)刻本。
汪曰桢:《玉鉴堂诗集》,民国十年(1921)刻本。
何兆瀛:《心庵诗存》,清光绪五年(1879)刻本。
何兆瀛:《心庵诗外》,清光绪二年(1876)刻本。
施补华:《泽雅堂文集》,清光绪十九年(1893)刻本。
施补华:《泽雅堂诗二集》,清光绪十六年(1890)刻本。
杨岘:《迟鸿轩文续》,民国二年(1913)刻本。
沈景修:《蒙庐诗存》,清光绪二十一年(1895)刻本。
秦缃业:《虹桥老屋遗稿》,清光绪十五年(1889)刻本。
黄式三:《儆居集·杂著》,清光绪十四年(1888)刻本。
缪荃孙:《艺风堂文续集》,清宣统二年(1910)刻,民国二年(1913)铅印本。
赵铭:《琴鹤山房遗稿》,民国十一年(1922)刻本。
马刷章:《效学楼述文》,清光绪三十四年(1908)铅印本。
王先谦:《虚受堂文集》,清光绪二十六年(1900)刻本。
张灿奎:《宿松文征续编》,民国十二年(1923)木活字本。
王诒寿:《缦雅堂骈体文》,清光绪六年(1880)刻本。
薛时雨:《藤香馆诗钞》,清同治七年(1868)刻本。
孙衣言:《逊学斋文钞》,清同治十二年(1873)刻本。
唐宴:《涉江先生文钞》,民国十年(1921)铅印本。
陈乔森:《海客诗文杂存》,民国九年(1920)铅印本。
张盛藻:《笠杖集》,清光绪七年(1881)刻本。
孙德祖:《寄龛诗质》,清光绪二十五年(1899)刻本。
吴汝纶:《桐城吴先生文集》,清光绪三十年(1904)刻本。
李元度:《天岳山馆文钞》,清光绪六年(1880)刻本。
郭嵩焘:《养知书屋文集》,清光绪十八年(1892)刻本。
黎庶昌:《拙尊园丛稿》,清光绪十九年(1893)石印本。

邹钟:《志远堂文集》,清光绪十二年(1886)刻本。
林寿图:《黄鹄山人诗初钞》,清光绪六年(1880)刻本。
李佐贤:《石泉书屋类稿》,清同治十年(1871)刻本。
杨泰亨:《饮雪轩诗集》,清宣统二年(1910)刻本。
黄彭年:《陶楼文钞》,民国十二年(1923)刻本。
宝鋆:《文靖公遗集》,清光绪三十四年(1908)刻本。
殷兆镛:《齐庄中正堂诗钞》,清光绪五年(1879)刻本。
孙德祖:《寄龛文存》,清光绪十年(1884)刻本。
平步青:《安越堂外集》,民国十三年(1924)铅印本。
赵国华:《青草堂补集》,民国十二年(1923)修补本。
谭宗浚:《荔村草堂诗续钞》,清宣统二年(1910)刻本。
庞际云:《十五芝山房诗文》,清光绪十一年(1885)刻本。
庞际咸:《庞濬卿遗文初编》,清光绪十年(1884)刻本。
袁鹏图:《袁太史诗文遗钞》,民国间铅印本。
严辰:《墨花吟馆诗钞》,清光绪间刻本。
陈继训:《狷庵文草》,民国二十六年(1937)铅印本。
周树模:《沈观斋诗》,民国二十二年(1933)影印本。
李桢:《畹兰斋文集》,清光绪十八年(1892) 刻本。
宗稷辰:《躬耻斋文钞》,清咸丰元年(1851)刻本。
杨传第:《汀鹭文钞》,清同治十一年(1872)刻本。
陈锦:《勤余文牍续编》,清光绪十年(1886)刻本。
潘曾莹:《赐锦堂经进文钞》,民国二十六年(1937)刻本。
平步青:《樵隐昔寱》,民国六年(1917)刻本。
张鸣珂:《寒松阁骈体文续》,清光绪间刻本。
张星鉴:《仰萧楼文集》,清光绪六年(1880)刻本。
张瑛:《知退斋稿》,清光绪二十四年(1898)刻本。
赵树吉:《郁鄠山房诗存》,清光绪十年(1884)刻本。
方濬颐:《二知轩文存》,清光绪四年(1878)刻本。
尹耕云:《心白日斋集》,清光绪十年(1884)刻本。
朱寯瀛:《晚香斋文存》,清宣统元年(1909)铅印本。
袁保恒:《文诚公集》,清宣统三年(1911)铅印本。
孙雄:《漫社三集》,民国间铅印本。
顾家相:《勴堂文集》,民国十三年(1924)铅印本。
顾寿桢:《孟晋斋文集》,清同治五年(1866)刻本。
周沐润:《养生四印斋诗五集》,清咸丰七年(1857)刻本。
曹宗瀚:《镫味斋诗存》,清咸丰九年(1859)刻本。
曹寿铭:《曼志堂遗稿》,清同治八年(1869)刻本。
殷李尧:《退晚堂诗草》,清末铅印本。

杨叔怿:《未能寡过斋诗稿》,民国二十三年(1934)刻本。
周闲:《范湖草堂遗稿》,清光绪十九年(1893)木活字本。
黄燮清:《倚晴楼诗续集》,清同治九年(1870)刻本。
杨岘:《迟鸿轩文弃》,民国二年(1913)刻本。
纪宝成:《清代诗文集汇编》,上海古籍出版社,2010 年版。
释彻凡:《募梅精舍诗存》,清咸丰七年(1857)刻本。
谭献:《复堂文续》,清光绪二十七年(1901)刻本。
杨叔怿:《未能寡过斋诗稿》,民国二十三年(1934)刻本。
孙垓:《退宜堂诗集》,清光绪十五年(1889)刻本。
周星誉:《鸥堂剩稿》,清光绪十二年(1886)刻本。
孙垓:《退宜堂诗集》,清光绪十五年(1889)刻本。
俞功懋:《碧城杂著》,清光绪十三年(1887)刻本。
端木埰:《有不为斋集》,清宣统三年(1911)刻本。
许玉瑑:《薇省同声集 · 独弦词》,清光绪间刻本。
王耕心:《龙宛居士集》,民国六年(1917)刻本。
夏敬观:《忍古楼诗》,民国二十六年(1937)铅印本。
罗汝怀:《绿漪草堂文集》,清光绪九年(1883)刻本。
唐鉴:《唐确慎公集》,清光绪元年(1875)刻本。
贺长龄:《耐庵奏议存稿》,清光绪八年(1882)刻本。
董沛:《正谊堂文集》,清光绪二十七年(1901)刻本。
孙楫:《郣亭词集》,清光绪元年(1875)刻本。
张维屏:《松心诗集》(张南山全集本),清刻本。
张维屏:《松心诗录十卷附二编一卷》,清刻本。
虞和平:《经元善集》,华中师范大学出版社,2011 年版。
陈祖培:《越缀四种》,民国九年(1920)铅印本。
陈锦:《勤余文牍续编》,清光绪十年(1884)刻本。
许宗衡:《玉井山馆笔记》,清同治十三年(1874)刻本。
刘孚京:《南丰刘先生文集》,民国八年(1919)铅印本。
俞樾:《春在堂诗编》,清光绪二十五年(1899)刻本。
孙人凤:《复见心斋诗草》,清光绪四年(1878)刻本。
徐荣:《怀古田舍诗节钞》,清同治三年(1864)刻本。
蒋坦:《花天月地吟》,清道光二十四年(1844)刻本。
许棫:《东夫山堂诗选》,清光绪十三年(1887)木活字本。
任承允:《桐自生斋文集》,民国二十六年(1937)铅印本。
夏孙桐:《观所尚斋文存》,民国二十八年(1939)铅印本。
唐文治:《茹经堂文集五编》,民国三十四年(1945)铅印本。
陈宝琛:《陈文忠公奏议》,民国二十七年(1938)铅印本。
何平、李露:《岑春煊文集》,广西人民出版社,1995 年版。

曾埙提供,曾朴:《曾朴所叙二·第一时代·文录·乙集(二)》。
何兆瀛:《老学后庵自订诗二集》,清光绪十三年(1887)刻本。
钟德祥著;雷达辑校:《钟德祥集》,广西人民出版社,2010年版。
韩锦云:《海南丛书·白鹤轩集》,民国二十年(1931)铅印本。
朱寯瀛:《素园晚稿·附晚香斋文缀存》,民国二年(1913)铅印本。
王榕吉:《长山王荫堂先生遗著》,民国二十四年(1935)铅印本。
缪荃孙:《艺风堂文漫存乙丁稿》,清光绪二十六年(1900)刻本。
陈寿祺:《陈比部遗集·纂喜堂诗钞》,清同治十一年(1872)刻本。
缪荃孙:《艺风堂文漫存乙丁稿》,清光绪二十六年(1900)刻本。
缪荃孙:《艺风堂文漫存辛壬稿》,清光绪二十六年(1900)刻本。
屈万里、刘兆畒:《寿阳祁氏遗稿》,联经出版事业有限公司,1976年影印本。
谭延闿、谭泽闿、谭宝箴:《谭文勤公奏稿》,清宣统二年(1910)刻本。
张之洞:《张文襄公全集·公牍·公牍二十五》,民国十七年(1928)刻本。
李慈铭著;刘再华点校:《越缦堂诗文集》,上海古籍出版社,2008年版。
顾廷龙、戴逸:《李鸿章全集》,安徽教育出版社,2008年版。
曾国藩:《曾国藩全集》,岳麓书社,2011年版。
《上海李氏易园三代清芬集·李征士遗稿》,民国二十九年(1940)铅印本。
陈三立著;李开军点校:《散原精舍诗文集》,上海古籍出版社,2014年版。
袁嘉谷著;袁丕厚编:《袁嘉谷文集》(第三卷),云南人民出版社,2001年版。
俞樾著;赵一生主编:《俞樾全集》,浙江古籍出版社,2017年版。

日记类

刘向东提供,朱罗:《晴山日记》,稿本。
谭献:《复堂日记》,清稿本。
屠诵清:《补读斋日记》,清稿本。
沈钧业:《沈钧业日记》,稿本。
陈庆均:《时行轩为山人日记》,稿本。
朱鄂基著;朱炯整理:《朱鄂生日记》,清稿本。
冯焌光:《西行日记》,清光绪七年(1881)刻本。
林思进:《清寂堂日记》,1984年影印本。
李棠阶:《李文清公日记》,民国间石印本。
郭嵩焘著;湖南人民出版社点校:《郭嵩焘日记》,湖南人民出版社,1981—1983年版。
谭献著;徐彦宽辑:《复堂日记续录》,念劬庐丛刻初编本。
谭献著;徐彦宽辑:《复堂日记补录》,念劬庐丛刻初编本。
徐兆玮著;李向东、包岐峰、苏醒点校:《徐兆玮日记》,黄山书社,2013年版。
谭献著;范旭仑、牟晓鹏整理:《复堂日记》,河北教育出版社,2001年版。
李慈铭:《越缦堂日记》,广陵书社,2004年影印本。
那桐著;北京市档案馆编:《那桐日记》,新华出版社,2006年版。

周星誉:《鸥堂日记》,清光绪十二年(1886)刻本。

恽毓鼎著;史晓风整理:《澄斋日记》,浙江古籍出版社,2004 年版。

李慈铭:《越缦堂日记》,文海出版社,1963 年影印本。

孙宝暄:《忘山庐日记》,民国三十年(1941)钞本。

符璋著;陈光熙点校:《符璋日记》,中华书局,2018 年版。

李慈铭:《越缦堂日记补》,文光图书公司,1965 年影印本。

翁同龢著;陈义杰点校:《翁同龢日记》,中华书局 1989 年版。

刘承幹:《求恕斋日记》,国家图书馆出版社,2016 年影印本。

王世儒:《蔡元培日记》,北京大学出版社,2010 年版。

额勒和布著;芦婷婷整理:《额勒和布日记》,凤凰出版社,2018 年版。

杨葆光著;严文儒等校点:《订顽日程》,上海古籍出版社,2010 年版。

周星诒著;王大隆辑:《窳横日记钞》,民国二十四年(1935)铅印本。

董寿平、李豫主编:《清季洪洞董氏日记六种》,北京图书馆出版社,1996 年版。

李慈铭:《越缦堂日记补》,商务印书馆,民国二十五年(1936)影印本。

张荫桓著;任青、马忠文整理:《张荫桓日记》,上海书店出版社,2004 年版。

顾肇熙:《上海图书馆藏稿钞本日记丛刊 · 吉林日记》,国家图书馆出版社、上海科学技术文献出版社,2017 年版。

黄秉义著;周兴禄整理:《黄秉义日记》,凤凰出版社,2017 年版。

翁斌孙著;张剑整理:《翁斌孙日记》,凤凰出版社,2015 年版。

俞鸿筹著;潘悦整理:《俞鸿筹日记》,凤凰出版社,2022 年版。

许景澄撰;盛沅辑:《许文肃公日记》,民国九年(1920)铅印本。

湖北省图书馆编:《湖北省图书馆藏稿本日记四种》,国家图书馆出版社,2021 年版。

期刊类

《申报》[①],清同治十一年五月二十八日第五十五号。

《申报》,清同治十二年七月二十八日第四百二十九号。

《申报》,清同治十二年八月二日第四百三十二号。

《申报》,清同治十三年九月十七日第七百六十六号。

《申报》,清同治十三年十月八日第七百八十四号。

《申报》,清同治十三年十月二十五日第七百九十九号。

《申报》,清光绪元年四月十七日第九百三十九号。

《申报》,清光绪元年四月二十八日第九百四十八号。

《申报》,清光绪二年正月六日第一千一百五十二号。

《申报》,清光绪二年五月八日第一千二百五十五号。

《申报》,清光绪二年九月二十八日第一千三百九十八号。

《申报》,清光绪三年十一月二十一日第一千七百四十一号。

① 均为上海版。

《申报》,清光绪四年正月二十四日第一千七百八十八号。
《申报》,清光绪四年三月二十一日第一千八百三十七号。
《申报》,清光绪四年三月二十九日第一千八百四十四号。
《申报》,清光绪四年五月十二日第一千八百八十号。
《申报》,清光绪四年五月十八日第一千八百八十五号。
《申报》,清光绪四年五月二十二日第一千八百八十九号。
《申报》,清光绪四年八月十三日第一千九百五十六号。
《申报》,清光绪六年七月三十日第二千六百三十九号。
《申报》,清光绪六年九月四日第二千六百七十二号。
《申报》,清光绪七年三月二日第二千八百四十号。
《申报》,清光绪七年四月十一日第二千八百七十八号。
《申报》,清光绪七年六月十三日第二千九百三十九号。
《申报》,清光绪八年二月十九日第三千二百零五号。
《申报》,清光绪八年七月十七日第三千三百五十一号。
《申报》,清光绪九年二月八日第三千五百六十二号。
《申报》,清光绪九年二月十一日第三千五百六十五号。
《申报》,清光绪九年四月六日第三千六百十九号。
《申报》,清光绪十年九月二十三日第四千一百六十号。
《申报》,清光绪十一年二月二十三日第四千三百零二号。
《申报》,清光绪十一年四月一日第四千三百三十八号。
《申报》,清光绪十一年四月二十一日第四千三百五十八号。
《申报》,清光绪十一年五月十一日第四千三百七十八号。
《申报》,清光绪十一年六月九日第四千四百零五号。
《申报》,清光绪十一年九月二十一日第四千五百零五号。
《申报》,清光绪十一年十月二十五日第四千五百三十九号。
《申报》,清光绪十一年十二月二日第四千五百七十五号。
《申报》,清光绪十二年四月一日第四千六百八十六号。
《申报》,清光绪十二年六月二十五日第四千七百六十九号。
《申报》,清光绪十二年八月六日第四千八百零八号。
《申报》,清光绪十二年十月七日第四千八百六十八号。
《申报》,清光绪十三年正月十一日第四千九百五十四号。
《申报》,清光绪十三年二月十日第四千九百八十三号。
《申报》,清光绪十三年三月二十八日第五千零三十一号。
《申报》,清光绪十三年四月二日第五千零三十四号。
《申报》,清光绪十三年五月十二日第五千一百零三号。
《申报》,清光绪十三年八月二十八日第五千二百零六号。
《申报》,清光绪十三年九月十二日第五千二百二十号。
《申报》,清光绪十三年十月八日第五千二百四十五号。

《申报》,清光绪十四年三月三日第五千三百八十号。
《申报》,清光绪十四年四月二日第五千四百零九号。
《申报》,清光绪十四年五月初五日第五千四百四十二号。
《申报》,清光绪十四年八月十二日第五千五百三十七号。
《申报》,清光绪十四年八月十八日第五千五百四十三号。
《申报》,清光绪十四年十月三日第五千五百八十七号。
《申报》,清光绪十四年十月四日第五千五百八十八号。
《申报》,清光绪十四年十月二十九日第五千六百十三号。
《申报》,清光绪十五年四月十八日第五千七百七十三号。
《申报》,清光绪十五年七月二日第五千八百四十六号。
《申报》,清光绪十五年七月二十一日第五千八百六十五号。
《申报》,清光绪十五年八月十四日第五千八百八十七号。
《申报》,清光绪十六年二月二十五日第六千零六十八号。
《申报》,清光绪十六年五月二十七日第六千一百八十八号。
《申报》,清光绪十六年七月二十四日第六千二百四十五号。
《申报》,清光绪十六年十月三日第六千三百十二号。
《申报》,清光绪十六年十月十四日第六千三百二十三号。
《申报》,清光绪十六年十月二十日第六千三百二十九号。
《申报》,清光绪十六年十二月三日第六千三百七十一号。
《申报》,清光绪十六年十二月二十三日第六千三百九十一号。
《申报》,清光绪十七年二月一日第六千四百二十一号。
《申报》,清光绪十七年五月八日第六千五百十七号。
《申报》,清光绪十七年五月二十日第六千五百二十九号。
《申报》,清光绪十七年六月二十六日第六千五百六十四号。
《申报》,清光绪十七年八月十七日第六千六百十四号。
《申报》,清光绪十七年八月十九日第六千六百一十六号。
《申报》,清光绪十七年八月二十日第六千六百十七号。
《申报》,清光绪十七年十一月十日第六千六百九十六号。
《申报》,清光绪十七年十二月十九日第六千七百三十五号。
《申报》,清光绪十八年三月十六日第六千八百一十三号。
《申报》,清光绪十八年三月二十日第六千七百十七号。
《申报》,清光绪十八年三月二十一日第六千八百十八号。
《申报》,清光绪十八年六月十一日第六千八百八十六号。
《申报》,清光绪十八年七月二十二日第六千九百六十六号。
《申报》,清光绪十八年七月二十六日第六千九百七十号。
《申报》,清光绪十八年八月十八日第六千九百九十二号。
《申报》,清光绪十八年十月三十日第七千零六十三号。
《申报》,清光绪十八年十一月十四日第七千零七十七号。

《申报》,清光绪十九年三月十二日第七千一百八十八号。
《申报》,清光绪十九年三月二十九日第七千二百零五号。
《申报》,清光绪十九年四月二十八日第七千二百三十四号。
《申报》,清光绪十九年五月十八日第七千二百五十三号。
《申报》,清光绪十九年五月二十一日第七千二百五十六号。
《申报》,清光绪十九年六月十三日第七千二百七十七号。
《申报》,清光绪十九年九月一日第七千三百五十四号。
《申报》,清光绪十九年九月二日第七千三百五十五号。
《申报》,清光绪十九年九月二十一日第七千三百七十四号。
《申报》,清光绪十九年十月二十七日第七千四百零九号。
《申报》,清光绪十九年十二月三日第七千四百四十四号。
《申报》,清光绪十九年十二月二十四日第七千四百六十五号。
《申报》,清光绪二十年正月八日第七千四百七十四号。
《申报》,清光绪二十年二月二十五日第七千五百二十号。
《申报》,清光绪二十年三月二十五日第七千五百五十号。
《申报》,清光绪二十年四月三十日第七千五百八十四号。
《申报》,清光绪二十年六月二十一日第七千六百三十四号。
《申报》,清光绪二十年七月十七日第七千六百五十九号。
《申报》,清光绪二十年七月二十一日第七千六百六十三号。
《申报》,清光绪二十年八月十日第七千六百八十二号。
《申报》,清光绪二十年九月十二日第七千七百十三号。
《申报》,清光绪二十年十二月十六日第七千八百零六号。
《申报》,清光绪二十一年二月二十一日第七千八百六十六号。
《申报》,清光绪二十一年四月十一日第七千九百五十五号。
《申报》,清光绪二十一年四月二十二日第七千九百二十六号。
《申报》,清光绪二十一年五月五日第七千九百三十八号。
《申报》,清光绪二十一年闰五月九日七千九百七十二号。
《申报》,清光绪二十一年闰五月二十一日第七千九百八十四号。
《申报》,清光绪二十一年六月十九日第八千零十一号。
《申报》,清光绪二十一年十一月二十六日第八千六百十五号。
《申报》,清光绪二十二年二月二日第八千二百二十六号。
《申报》,清光绪二十二年二月三日第八千二百二十七号。
《申报》,清光绪二十二年三月二十日第八千二百七十四号。
《申报》,清光绪二十二年三月二十三日第八千二百七十七号。
《申报》,清光绪二十二年四月二十六日第八千三百一十号。
《申报》,清光绪二十二年五月十七日第八千三百三十号。
《申报》,清光绪二十二年五月三十日第八千三百四十三号。
《申报》,清光绪二十二年六月二十三日第八千三百六十六号。

《申报》,清光绪二十二年七月九日第八千三百八十一号。
《申报》,清光绪二十三年五月七日第八千六百六十九号。
《申报》,清光绪二十三年六月二十三日第八千七百十五号。
《申报》,清光绪二十三年八月六日第八千七百五十七号。
《申报》,清光绪二十三年九月二十二日第八千八百零二号。
《申报》,清光绪二十三年十月十一日第八千八百二十一号。
《申报》,清光绪二十三年十月二十八日第八千八百三十八号。
《申报》,清光绪二十三年十一月四日第八千八百四十三号。
《申报》,清光绪二十三年十一月十九日第八千八百五十八号。
《申报》,清光绪二十三年十二月二十七日第八千八百九十六号。
《申报》,清光绪二十四年二月二日第八千九百二十六号。
《申报》,清光绪二十四年三月二十七日第八千九百八十号。
《申报》,清光绪二十四年闰三月一日第八千九百八十四号。
《申报》,清光绪二十四年七月八日第九千一百零九号。
《申报》,清光绪二十四年八月三日第九千一百三十四号。
《申报》,清光绪二十四年八月十九日第九千一百五十号。
《申报》,清光绪二十四年九月四日第九千一百六十四号。
《申报》,清光绪二十四年十一月一日第九千二百二十号。
《申报》,清光绪二十四年十一月二十五日第九千二百四十四号。
《申报》,清光绪二十五年二月一日第九千三百零三号。
《申报》,清光绪二十五年四月十五日第九千三百七十六号。
《申报》,清光绪二十五年四月十七日第九千三百七十八号。
《申报》,清光绪二十五年四月二十三日第九千三百八十四号。
《申报》,清光绪二十五年五月十日第九千四百号。
《申报》,清光绪二十五年八月十六日第九千四百九十五号。
《申报》,清光绪二十五年九月三日第九千五百十二号。
《申报》,清光绪二十五年十月二十七日第九千五百六十五号。
《申报》,清光绪二十六年正月十四日第九千六百三十四号。
《申报》,清光绪二十六年二月六日第九千六百五十五号。
《申报》,清光绪二十六年三月八日第九千六百八十七号。
《申报》,清光绪二十六年三月十九日第九千六百九十八号。
《申报》,清光绪二十六年三月二十四日第九千七百零三号。
《申报》,清光绪二十六年四月二十九日第九千七百三十七号。
《申报》,清光绪二十六年五月十日第九千七百四十七号。
《申报》,清光绪二十六年五月三十日第九千七百六十七号。
《申报》,清光绪二十六年闰八月七日第九千八百六十三号。
《申报》,清光绪二十七年二月二日第一万零二十七号。
《申报》,清光绪二十七年二月二十日第一万零四十五号。

《申报》,清光绪二十七年四月九日第一万零九十三号。
《申报》,清光绪二十七年五月四日第一万零一百十七号。
《申报》,清光绪二十七年五月十日第一万零一百二十三号。
《申报》,清光绪二十七年六月十一日第一万零一百五十四号。
《申报》,清光绪二十七年六月二十八日第一万零一百七十一号。
《申报》,清光绪二十七年八月七日第一万零二百零九号。
《申报》,清光绪二十七年九月六日第一万零二百三十七号。
《申报》,清光绪二十七年九月十三日第一万零二百四十四号。
《申报》,清光绪二十八年二月十一日第一万零三百八十五号。
《申报》,清光绪二十八年二月二十八日第一万零四百零二号。
《申报》,清光绪二十八年四月二十五日第一万零四百五十八号。
《申报》,清光绪二十八年七月六日第一万零五百二十七号。
《申报》,清光绪二十八年十月十四日第一万零六百二十三号。
《申报》,清光绪二十八年十一月七日第一万零六百四十六号。
《申报》,清光绪二十八年十二月二十三日第一万零六百九十二号。
《申报》,清光绪二十九年正月十四日第一万零七百零六号。
《申报》,清光绪二十九年四月十一日第一万零七百九十一号。
《申报》,清光绪二十九年闰五月八日第一万八百四十七号。
《申报》,清光绪二十九年七月七日第一万零九百零五号。
《申报》,清光绪二十九年七月二十七日第一万零九百二十五号。
《申报》,清光绪二十九年十月十七日第一万一千零三号。
《申报》,清光绪二十九年十二月十四日第一万一千零五十九号。
《申报》,清光绪三十年二月十二日第一万一万一千一百十三号。
《申报》,清光绪三十一年二月二十一日第一万一千四百七十号。
《申报》,清光绪三十一年七月二十五日第一万一千六百二十二号。
《申报》,清光绪三十一年八月二十一日第一万一千六百四十七号。
《申报》,清光绪三十一年十月四日第一万一千六百八十九号。
《申报》,清光绪三十一年十月十八日第一万一千七百零三号。
《申报》,清光绪三十一年十二月十九日第一万一千七百六十三号。
《申报》,清光绪三十二年正月二十九日第一万一千七百九十七号。
《申报》,清光绪三十二年三月二十三日第一万一千八百五十号。
《申报》,清光绪三十二年六月十三日第一万一千九百五十八号。
《申报》,清光绪三十二年八月三日第一万二千零五号。
《申报》,清光绪三十二年十二月二十六日第一万二千一百四十六号。
《申报》,清光绪三十三年十二月二十五日第一万二千五百七十五号。
《申报》,清光绪三十四年五月二十四日第一万二千七百十三号。
《申报》,清光绪三十四年九月十二日第一万二千八百十六号。
《申报》,清宣统元年三月十六日第一万三千零二十号。

《申报》,清宣统元年三月二十二日第一万三千零二十六号。
《申报》,清宣统元年五月二日第一万三千六十四号。
《申报》,清宣统元年五月四日第一万三千六十六号。
《申报》,清宣统二年正月四日第一万三千二百九十四号。
《申报》,清宣统二年正月十五日第一万三千三百零五号。
《申报》,清宣统二年二月十五日第一万三千三百三十四号。
《申报》,清宣统二年二月二十三日第一万三千三百四十二号。
《申报》,清宣统二年三月二十三日第一万三千三百七十二号。
《申报》,清宣统二年十一月十八日第一万三千六百零三号。
《申报》,清宣统三年五月十八日第一万三千七百七十四号。
《申报》,民国元年三月九日(公历)第一万四千零二十四号。
《申报》,民国元年八月二十日(公历)第一万四千一百八十七号。
《申报》,民国元年九月十九日(公历)第一万四千二百一十七号。
《申报》,民国元年十月九日(公历)第一万四千二百三十七号。
《申报》,民国三年三月二日(公历)第一万四千七百四十六号。
《申报》,民国三年九月二十一日(公历)第一万四千九百四十九号。
《申报》,民国四年一月十七日(公历)第一万五千零六十六号。
《申报》,民国四年二月二十日(公历)第一万五千零九十三号。
《申报》,民国四年七月三十一日(公历)第一万五千二百五十四号。
《申报》,民国四年九月二十九日(公历)第一万五千三百十四号。
《申报》,民国六年四月九日(公历)第一万五千八百五十七号。
《申报》,民国六年七月十日(公历)第一万五千九百四十九号。
《申报》,民国七年二月十七日(公历)第一万六千一百六十三号。
《申报》,民国七年二月二十日(公历)第一万六千一百六十六号。
《申报》,民国八年八月二十八日(公历)第一万六千七百十二号。
《申报》,民国九年一月二十五日(公历)第一万六千八百六十一号。
《申报》,民国九年十一月十六日(公历)第一万七千一百五十号。
《申报》,民国十年十二月六日(公历)第一万七千五百二十七号。
《申报》,民国十年十二月二十日(公历)第一万七千五百四十一号。
《申报》,民国十五年三月三日(公历)第一万九千零三十五号。
《申报》,民国十六年八月四日(公历)第一万九千五百三十九号。
《申报》,民国十七年九月二十五日(公历)第一万九千九百四十六号。
《申报》,民国十九年七月二日(公历)第二万零五百六十七号。
《申报》,民国二十年三月三十日(公历)第二万零八百二十八号。
《申报》,民国二十年五月四日(公历)第二万零八百六十二号。
《申报》,民国二十二年四月二十八日(公历)第二万一千五百六十七号。
《申报》,民国二十二年十二月二十日(公历)第二万一千八百号。
《申报》,民国二十三年五月十五日(公历)第二万一千九百三十六号。

《申报》,民国二十四年四月十二日(公历)第二万二千二百五十七号。
《申报》,民国二十四年六月二十五日(公历)第二万二千三百二十九号。
《申报》,民国二十四年八月九日(公历)第二万二千三百七十四号。
《申报》,民国二十四年九月二十一日(公历)第二万二千四百十七号。
《时报》,清光绪三十年五月十二日第二十二号。
《时报》,清光绪三十二年六月五日第七百六十一号。
《时报》,清宣统元年十二月二十六日第二千零三十一号。
《时报》,清宣统二年正月十四日第二千零四十二号。
《时报》,清宣统二年二月二十一日第二千零七十八号。
《时报》,民国二年六月二十八日(公历)第三千二百三十八号。
《时报》,民国四年四月二十六日(公历)第三千八百九十号。
《时报》,民国四年九月二十八日(公历)第四千零四十五号。
《时报》,民国十五年八月三日(公历)第七千九百十八号。
《时报》,民国十五年一月二十二日(公历)第七千七百三十二号。
《时报》,民国二十二年四月二十八日(公历)第一万零二百九十五号。
《大公报》(天津版),清光绪二十八年九月二十四日第一百三十一号。
《大公报》(天津版),清光绪二十八年十二月二十五日第二百二十号。
《大公报》(天津版),清光绪二十九年五月七日第三百三十九号。
《大公报》(天津版),清光绪二十九年七月十日第四百三十号。
《大公报》(天津版),清光绪二十九年十一月七日第五百四十五号。
《大公报》(天津版),民国二十一年八月一日(公历)第一万零四百二十八号。
《大公报》(天津版),民国三十七年四月五日(公历)第一万五千九百六十一号。
《大公报》(长沙版),民国九年一月十四日(公历)第一千三百五十号。
《新闻报》,清光绪二十二年六月十一日第一千二百二十七号。
《新闻报》,清光绪二十六年闰八月十七日第二千三百七十九号。
《新闻报》,清光绪二十九年六月七日第三千七百四十号。
《新闻报》,清光绪三十四年六月十日第五千五百十二号。
《新闻报》,清宣统二年二月二十日第六千一百二十号。
《新闻报》,清宣统三年闰六月九日第六千六百零五号。
《新闻报》,民国二年一月二十二日(公历)第七千一百三十一号。
《新闻报》,民国二年一月二十三日(公历)第一千七百三十二号。
《新闻报》,民国十三年二月十日(公历)第一万一千零七十一号。
《政府公报》,民国四年十一月一日第一千二百五十一号。
《政府公报》,民国四年十一月十日第一千二百六十号。
《政治官报》,清光绪三十三年十月五日第十六号。
《政治官报》,清光绪三十四年六月初九日第二百四十九号。
《政治官报》,清光绪三十四年九月二十三日第三百五十一号。
《政治官报》,清宣统元年三月二十一日第五百四十九号。

《益世报》(天津版),民国十五年八月八日(公历)第三千七百六十号。
《益世报》(天津版),民国二十二年四月二十三日(公历)第六千零九十二号。
《益世报》(天津版),民国二十五年八月十七日(公历)第七千二百八十六号。
《益世报》(天津版),民国三十七年四月十七日(公历)第一万零五百七十四号。
《益世报》(天津版),民国十五年八月八日(公历)第三千七百十六号。
《字林沪报》,清光绪十一年九月十二日第一千一百三十六号。
《字林沪报》,清光绪十三年二月十日第一千六百二十三号。
《字林沪报》,清光绪十四年九月二十六日第二千二百二十二号。
《中南报》,民国三十七年四月十八日(公历)第三千六百七十三号。
《中华图书馆协会会报》,民国二十二年十月三十日第九卷第二期。
《同文沪报》,清光绪二十七年四月六日第六千七百六十四号。
《同文沪报》,清光绪二十七年二月十八日第六千七百十七号。
《广智星期报》,民国二十年二月一日(公历)(广字第一百零七号)。
《晨报·星期画报》,民国十一年十一月六日(公历)第一百零七号。
《顺天时报》,清光绪二十八年十二月八日第二百五十八号。
《社会日报》,民国十三年十月十九日(公历)第一千一百五十二号。
《黄报》,民国十六年十月二十三日(公历)第一千九百二十四号。
《北洋官报》,清宣统二年五月十五日第二千四百六十二册。
《华北日报》,民国二十六年三月十一日(公历)第二千五百零六号。
《黄报》,民国十六年十月二十三日(公历)第一千九百二十四号。
《大楚报》,民国二十九年二月十九日(公历)第三百三十六号。
《中国教会新报》,清同治十年五月二十一日第一百四十四卷。
《益闻录》,清光绪六年八月七日第六十六号。
《益闻录》,清光绪二十一年三月九日第一千四百五十八号。
《万国公报》,清光绪十六年六月第十九册。
《新民丛报》,清光绪三十二年第四年第十九号。
《国学粹报》,清宣统三年正月二十一日原第七十五期。
《大同月报》,民国四年第一卷第九号。
《广仓学会杂志》,民国六年第二期。
《民国日报》,民国六年六月九日(公历)第七百九十一号。
《教育杂志(平阳)》,民国六年二月一日(公历)第十七期。
《大晶报》,民国二十年二月六日(公历)第三百二十七期。
《国风》,民国二十二年第二卷第二期。
《大中华》,民国五年第二卷第八期。
《燕京学报》,民国二十二年十二月第十四期。
《文澜学报》,民国二十四年第一期。
《逸经》,民国二十六年第二十五期。
《葵园年刊》,民国二十六年第一集。

《泉币》,民国三十一年一月第十期。
《暨阳校刊》,民国三十六年第五期。
《浙江中医杂志》,1988 年第 7 期。
《叒社》,民国六年(1917)第四期。
《历史档案》,2017 年第 4 期。
《西泠艺报》,1990 年 11 月 25 日第 59 期。
晋江文献委员会:《晋江文献丛刊第一辑》,1946 年版。

其他

孙延钊:《清代浙人名号年居事物录》,清稿本。
徐惠林提供,《朱澔为张度手书册页》。
黄锡云:《绍兴丛书》(第一辑),2006 年版。
《瑞荪轩随笔》,清钞本。
《大清搢绅全书》,清刻本。
宗能征:《观化斋随录》,清稿本。
茹华斋主:《张锡銮传略》,清钞本。
《清实录》,中华书局,1987 年影印本。
孙宝田:《旅大文献征存续编》,钞本。
陶馨远:《陶馨远藏陶濬宣先生遗墨珍本》。
中国第一历史档案馆:《光绪朝朱批奏折》,中华书局,1966 年版。
赵尔巽:《清史稿》,中华书局,1977 年版。
杜文澜:《憩园词话》,中华书局,1986 年版。
《中国近代学人象传》,文海出版社,1985 年版。
梁章钜:《称谓录》,清光绪十年(1884)刻本。
秦翰才:《左宗棠全传》,中华书局,2016 年版。
《清光绪王公侯伯文武大臣生日住址考》,清钞本。
沈者寿:《杭州辞典》,浙江人民出版社,1993 年版。
许增:《娱园丛刻·娱园丛刻总目》,清光绪间刻本。
张景祁:《浙江忠义录》,清光绪元年(1875)续刻本。
《清代搢绅录集成》,大象出版社,2008 年影印本。
宇野量介:《鹿门冈千仞の生涯》,冈广,1975 年版。
诸可宝:《畴人传三编》,清光绪十二年(1886)刻本。
范鸣龢:《淡灾蠡述》,清光绪五年(1879)刻本。
周岩:《本草思辨录》,清光绪三十年(1904)刻本。
窦镇:《国朝书画家笔录》,清宣统三年(1911)刻本。
陈伟:《耐安类稿五种十卷》,清光绪二十二年(1896)刻本。
赵树贵、曾丽雅:《陈炽集》,中华书局,1997 年版。
寻霖、龚笃清:《湘人著述表》,岳麓书社,2010 年版。

苏晓君:《苏斋选目》,中国经济出版社,2013 年版。
张集馨:《道咸宦海见闻录》,中华书局,1981 年版。
王佩智:《西泠印社缘何根植孤山南麓》,西泠印社出版社,2012 年版。
杨钟义:《八旗文经作者考》,明文书局,1985 年版。
王钟翰点校:《清史列传》,中华书局,1987 年版。
苏树蕃:《清朝御史题名录》,文海出版社,1966 年版。
《国朝御史题名》,清光绪间刻本。
《林社二十五年纪念册》,民国十四年(1925)铅印本。
《中华历史人物别传集》,线装书局,2003 年影印本,
《上海图书馆馆藏赴闻集成》,凤凰出版社,2018 年版。
瑞联:《宗室贡举备考》,文海出版社,1966 年影印本。
俞樾:《春在堂楹联录存》,文海出版社,1966 年影印本。
沈粹芬、黄人:《国朝文汇》,清宣统元年(1909)石印本。
刘永明:《增补徐三庚印谱》,武汉古籍书店,1990 年版。
连仲愚:《上虞塘工纪略》,清光绪四年(1878)刻本。
刘廷銮:《清代百名进士墨迹》,泰山出版社,2010 年版。
李松峻:《长沙芋园翰墨珍闻》,作家出版社,2009 年版。
周岩:《六气感证要义》,清光绪二十四年(1898)石印本。
程发轫:《六十年来之国学》,正中书局,1976 年版。
梁桂元:《闽画史稿》,天津人民美术出版社,2001 年版。
孙殿起:《琉璃厂小志》,北京古籍出版社,1982 年版。
王堃:《自怡轩对联缀语》,清光绪十二年(1886)刻本。
丁实存:《清代驻藏大臣考》,民国三十七年(1948)版。
张舜薇:《旧学辑存》,华中师范大学出版社,2008 年版。
严世芸:《中国医籍通考》,上海中医学院出版社,1944 年。
柯愈春:《清人诗文集总目提要》,北京古籍出版社,2002 年版。
张鸣珂:《寒松阁谈艺琐录》,清宣统二年(1910)铅印本。
莫文泉:《神农本经校注》,清光绪二十六年(1900)刻本。
朱彭寿:《清代人物大事纪年》,北京图书馆出版社,2005 年版。
王兴福:《太平军在浙江》,浙江人民出版社,1982 年版。
黄启权:《三坊七巷志》,海潮摄影艺术出版社,2009 年版。
黄广昌:《黄基诗书画遗集》,中国文联出版社,2010 年。
王忠和:《项城袁氏家传》,百花文艺出版社,2007 年版。
徐乃昌:《小檀栾室闺秀词钞》,清宣统元年(1909)刻本。
黄安绶:《国朝两浙科名录》,浙江古籍出版社,2012 年版。
柯兰:《千年孔府的最后一代》,天津教育出版社,1999 年版。
陈建勇:《罗大春著述与研究》,中国文史出版社,2015 年版。
烟台地方史志办公室:《王懿荣世家人物传记》,2005 年版。

浙江采访忠义局:《浙江忠义录》,明文书局,1985 年影印本。
贺文宣:《清朝驻藏大臣大事记》,中国藏学出版社,1993 年版。
刘九洲:《董其昌〈天马赋〉三件》,中国美术出版社,2015 年版。
毛晓阳:《清代江西进士丛考》,江西高校出版社,2014 年版。
江庆柏:《清代人物生卒年表》,人民文学出版社,2005 年版。
章用秀:《天津书法三百年》,天津人民美术出版社,2013 年版。
敷文社:《最近官绅履历汇编》,文海出版社,1970 年版。
柯愈春:《清人诗文集总目提要》,北京古籍出版社,2002 年版。
曲彦斌:《石韵卮言——印人印语谈薮》,大象出版社,2017 年版。
池秀云:《历代名人室名别号辞典》,山西古籍出版社,1998 年版。
张惟骧:《清代毗陵名人小传稿》,明文书局,1985 年影印本。
章伯锋:《清代各地将军都统大臣等年表》,中华书局,1965 年版。
沃丘仲子:《当代名人小传》,崇文书局,民国七年(1918)铅印本。
朱书绅:《同光朝名伶十三绝传略》,民国三十二年(1943)铅印本。
《徐三庚と日中の书法交流展図录》,谦慎书道会发行,2011 年版。
曹惆生:《中国音乐舞蹈戏曲人名词典》,里仁书局,1986 年版。
阎忠济、阎悌律:《晚清重臣阎敬铭》,太白文艺出版社,2014 年版。
薛颂留:《明清历科进士题名碑录》,华文书局有限公司,1969 年版。
胡向萍、胡启鹏:《新建县历史名人》,江西高校出版社,2012 年版。
张哲孙:《状元宰相张之万》,天津外语电子音像出版社,2011 年版。
周明泰:《道咸以来梨园系年小录》,传记文学出版社,1974 年版。
杜宝、孙道乾:《越郡阐幽录》,清光绪山阴杜氏知圣教斋刻本。
乔晓军:《中国美术家人名辞典·补遗一编》,三秦出版社,2007 年版。
上海图书馆编:《汪康年师友书札》,上海书店出版社,2017 年版。
徐沅青:《内阁汉票签中书舍人题名》,清同治十一年(1872)续刻本。
陈尚敏:《清代甘肃进士传记资料辑录》,甘肃人民出版社,2013 年版。
许善长:《碧声吟馆谈麈》,清光绪四年(1878)刻本。
吴丰培、曾国庆:《清代驻藏大臣传略》,西藏人民出版社,1988 年版。
唐功春、郭富纯:《中日甲午战争全史》,吉林人民出版社,2005 年版。
秦国经:《清代官员履历档案全编》,华东师范大学出版社,1997 年版。
陈玉堂:《中国近现代人物名号大辞典》,浙江古籍出版社,2005 年版。
俞剑华:《中国美术家人名辞典》,上海人民美术出版社,1998 年版。
庞守民、田相余:《商略黄昏雨——刘纶襄传》,中国文化出版社,2005 年版。
赵任飞:《绍兴图书馆馆藏古籍地方文献书目提要》,广陵书社,2009 年版。
中国人民政治协商会议山东省东阿县委员会:《东阿文史资料选辑》,第 3 辑。
西泠印社:《第四届"孤山印证"西泠印社国际印学峰会论文集》,2014 年版。
天津市河东区政协文体和文史委员会:《天津城市之根——大直沽》,天津古籍出版社,2014 年版。

吴海林、李延沛:《中国历史人物生卒年表》,黑龙江人民出版社,1981 年版。

湖北省地方志编纂委员会:《湖北省志人物志稿》,光明日报出版社,1989 年版。

中国第一历史档案馆:《光绪宣统两朝上谕档》,广西师范大学出版社,2008 年版。

中国第一历史档案馆:《咸丰同治两朝上谕档》,广西师范大学出版社,2008 年版。

陆贽著;汪铭谦编,马传庚评点:《唐陆宣公奏议读本》,清光绪二十六年(1900)石印本。

朱彭寿著;何双生点校:《历代史料笔记丛刊·安乐康平室随笔》,中华书局,1997 年版。

孔祥吉、村田雄二郎:《中岛雄其人及〈往复文信目录〉》,国家图书馆出版社,2009 年版。

中国人民政治协商会议浙江省委员会文史资料研究委员会:《浙江文史资料选辑(第一辑)》,1962 年版。

王国平:《杭州文献集成》,杭州出版社,2014 年版。

彭玉麟著;梁绍辉整理:《彭玉麟》,岳麓书社,2008 年版。

贾长华:《老城旧事》,天津古籍出版社,2004 年版。

翁万戈辑:《内政·宫廷》,上海远东出版社,2014 年版。

张思清:《孟州文史资料第六辑:孟州史志丛话》,1999 年版。

姚吉成、左登华:《游百川奏折整理与研究》,天津古籍出版社,2018 年版。

王时敏:《王奉常书画题跋》,清宣统二年(1910)刻本。

孙汝梅:《读雪斋金文目手稿》,民国十六年(1927)影印本。

张益阳、张阳江:《桂林历史人物录》,广西师范大学出版社,2013 年版。

童教英:《童书业传》,中国大百科全书出版社,2018 年版。

袁开昌:《养生三要》,民国八年(1919)刻本。

国家文物局、云南省文化厅:《中国文物地图集·云南分册》,云南科技出版社,2001 年版。

顾道馨:《绿波集——顾道馨著述选粹》,天津古籍出版社,2013 年版。

孙学雷、刘家平主编:《国家图书馆藏清代孤本内阁六部档案》,全国图书馆文献缩微复制中心,2003 年版。

附录:人物在《越缦堂日记》中索引

人名	日期	册、页	人名	日期	册、页
A			宝鋆	同治二年 五月十五日	册 4 页 2349
爱兴阿	光绪十七年 十月三日	册 18 页 13022	鲍诚陔	光绪十四年 三月二十八日	册 16 页 11743
安维峻	光绪十九年 九月二十三日	册 18 页 13537	鲍存晓	同治四年 五月十一日	册 5 页 3309
安兴	同治十年 二月三十日	册 7 页 4937	鲍定甫	光绪十一年 十月二十四日	册 15 页 10921
敖册贤	同治元年 十二月十三日	册 4 页 2203	鲍康	同治十二年 六月二十一日	册 8 页 5791
敖式金	同治四年 五月十八日	册 5 页 3316	鲍临	咸丰九年 二月八日	册 2 页 921
敖思猷	同治二年 七月三十日	册 4 页 2416	鲍谦	咸丰四年 闰七月一日	册 1 页 114
B			鲍增彦	光绪十二年 三月十日	册 15 页 11041
巴克坦布	光绪十七年 十一月二十八日	册 18 页 13088	鲍增誉	光绪十九年 九月十六日	册 18 页 13532
白桓	同治二年 十月二十五日	册 4 页 2570	本格	光绪十三年 十月二十五日	册 16 页 11596
白楣	同治二年 八月十日	册 4 页 2423	毕保釐	同治四年 二月十七日	册 5 页 3204
柏锦林	光绪六年 六月二十五日	册 12 页 8753	毕世模	同治六年 八月二十三日	册 6 页 3857
宝昌	同治十三年 六月二十八日	册 9 页 6181	毕棠	光绪十六年 闰二月五日	册 17 页 12387

续表

人名	日期	册、页	人名	日期	册、页
边厚庆	同治七年 闰四月十日	册 6 页 4037	曹官俊	光绪十二年 九月十二日	册 15 页 11202
卞宝第	同治二年 九月九日	册 4 页 2460	曹鑅	光绪六年 六月十八日	册 12 页 8742
C			曹榕	光绪十五年 四月八日	册 16 页 12051
蔡殿襄	光绪十八年 二月二十日	册 18 页 13163	曹寿铭	咸丰八年 十月三日	册 2 页 849
蔡赓年	光绪七年 闰七月五日	册 13 页 9128	曹言诚	同治九年 闰十月十日	册 7 页 4829
蔡枚功	光绪七年 十月八日	册 13 页 9200	曹诒孙	光绪六年 五月五日	册 12 页 8692
蔡启盛	光绪十五年 四月六日	册 16 页 12050	曹贻诚	同治三年 正月一日	册 4 页 2699
蔡世傑	光绪十五年 九月二十四日	册 17 页 12216	曹志清	光绪十八年 正月二十八日	册 18 页 13146
蔡世佐	同治十二年 正月二十三日	册 8 页 5636	曹宗瀚	咸丰十一年 九月十八日	册 3 页 1947
蔡寿祺	同治十一年 二月三日	册 8 页 5265	曹作舟	光绪十六年 闰二月四日	册 17 页 12385
蔡文田	光绪十六年 十二月十三日	册 17 页 12697	岑春荣	光绪十一年 十一月四日	册 15 页 10929
蔡元培	光绪十六年 闰二月十三日	册 17 页 12398	岑春煊	光绪十二年 九月十六日	册 15 页 11205
蔡正昶	光绪二年 闰五月二十九日	册 10 页 7035	岑毓宝	光绪十五年 九月十二日	册 17 页 12203
蔡宗瀛	同治十一年 三月二十五日	册 8 页 5320	柴清士	咸丰五年 九月五日	册 1 页 274
曹宝骏	同治十三年 三月十八日	册 9 页 6092	柴照	光绪十二年 九月十一日	册 15 页 11202
曹登瀛	光绪十六年 闰二月四日	册 17 页 12385	长敘	光绪六年 十一月十一日	册 12 页 8878
曹登庸	同治四年 四月二十三日	册 5 页 3283	常绂	光绪七年 三月九日	册 12 页 8975

续表

人名	日期	册、页	人名	日期	册、页
常文寯	光绪十四年 五月九日	册 16 页 11775	陈丹苏	同治四年 九月十五日	册 5 页 3397
车书	光绪十六年 三月一日	册 17 页 12415	陈殿英	光绪九年 四月二十九日	册 14 页 9886
陈邦荣	光绪十六年 九月十九日	册 17 页 12608	陈恩荣	光绪十九年 九月二十九日	册 18 页 13542
陈宝	同治三年 正月二十六日	册 4 页 2727	陈凤铿	光绪十六年 闰二月二十七日	册 17 页 12412
陈宝	同治十二年 六月二十一日	册 8 页 5791	陈諨	光绪十二年 二月二十五日	册 15 页 11029
陈宝琛	光绪六年 四月二十一日	册 12 页 8679	陈鵩	同治三年 十一月十八日	册 5 页 3060
陈宝箴	光绪八年 十二月十四日	册 13 页 9706	陈甫田	光绪二年 闰五月二十九日	册 10 页 7035
陈保昌	光绪十三年 三月二十九日	册 15 页 11375	陈陔	光绪十二年 二月十一日	册 15 页 11016
陈璧轩	光绪十年 二月十四日	册 2 页 1160	陈庚	光绪九年 八月八日	册 14 页 9997
陈彬	光绪十六年 四月十一日	册 17 页 12450	陈庚	光绪十二年 二月二十六日	册 15 页 11030
陈彬华	同治九年 十月十日	册 7 页 4815	陈庚经	光绪六年 二月四日	册 12 页 8613
陈昌绅	光绪十八年 十一月八日	册 18 页 13272	陈公恕	光绪十九年 七月十七日	册 18 页 13484
陈昌沂	光绪五年 九月二十二日	册 12 页 8487	陈谷孙	同治六年 十一月一日	册 6 页 3909
陈常夏	光绪十六年 闰二月十八日	册 17 页 12403	陈光煦	同治十三年 七月二十一日	册 9 页 6202
陈墀荪	光绪十八年 正月二十六日	册 18 页 13144	陈珪	咸丰七年 九月二十日	册 1 页 627
陈炽	光绪十八年 正月四日	册 18 页 13148	陈桂	光绪十七年 九月十三日	册 18 页 12999
陈代俊	光绪十五年 十一月十五日	册 17 页 12276	陈豪	同治六年 八月一日	册 6 页 3835

续表

人名	日期	册、页	人名	日期	册、页
陈鸿寿	光绪十三年 正月二十九日	册 15 页 11323	陈景福	同治九年 九月二十八日	册 7 页 4804
陈鸿绶	光绪十七年 七月五日	册 18 页 12938	陈景和	咸丰九年 十月五日	册 2 页 1043
陈奂	同治二年 八月十七日	册 4 页 2432	陈景纶	咸丰十一年 正月二十日	册 3 页 1695
陈煌	咸丰四年 三月十四日	册 1 页 15	陈景谟	同治三年 正月三日	册 4 页 2700
陈煌	咸丰六年 六月十九日	册 1 页 414	陈景彦	咸丰九年 十月二十日	册 2 页 1055
陈吉祥	同治七年 正月十九日	册 6 页 3969	陈璚	光绪十二年 七月二十八日	册 15 页 11164
陈继本	光绪十六年 三月十八日	册 17 页 12432	陈濬书	光绪六年 六月八日	册 12 页 8730
陈继聪	同治十年 四月八日	册 7 页 4974	陈康祺	同治九年 七月三十日	册 7 页 4753
陈继孟	光绪三年 十二月一日	册 11 页 7685	陈理泰	光绪七年 三月十三日	册 12 页 8980
陈骥	咸丰九年 十月五日	册 2 页 1043	陈丽生	咸丰六年 正月十二日	册 1 页 312
陈家琼	光绪六年 二月十六日	册 12 页 8628	陈懋侯	光绪九年 十二月十八日	册 14 页 10151
陈嘉颖	同治十二年 八月六日	册 8 页 5850	陈梦麟	光绪六年 八月二十四日	册 12 页 8804
陈嘉猷	同治九年 十一月二十九日	册 7 页 4860	陈冕	光绪九年 五月十二日	册 14 页 9903
陈建侯	光绪十四年 二月二十日	册 16 页 11700	陈名侃	光绪十五年 四月五日	册 16 页 12049
陈锦	咸丰六年 十月九日	册 1 页 540	陈谟	同治九年 九月二十日	册 7 页 4798
陈锦	同治十二年 七月十六日	册 8 页 5837	陈谟	光绪十二年 二月二十五日	册 15 页 11029
陈晋恩	同治二年 十一月十六日	册 4 页 2618	陈模	光绪十二年 三月二十七日	册 15 页 11053

续表

人名	日期	册、页	人名	日期	册、页
陈沛锽	光绪十二年 二月十日	册 15 页 11015	陈实	光绪十五年 七月十四日	册 17 页 12139
陈其闲	光绪十九年 七月二十二日	册 18 页 13489	陈士杰	光绪七年 九月二十九日	册 13 页 9194
陈其璋	光绪十二年 正月八日	册 15 页 10987	陈世仁	咸丰五年 七月二十日	册 1 页 259
陈启泰	光绪八年 三月十一日	册 13 页 9387	陈守和	同治三年 六月十七日	册 4 页 2872
陈汧	同治二年 五月三日	册 4 页 2341	陈寿祺	咸丰四年 四月十二日	册 1 页 37
陈乔森	同治三年 十二月一日	册 5 页 3075	陈寿清	光绪六年 二月十九日	册 12 页 8631
陈钦铭	同治三年 九月二十七日	册 5 页 2979	陈绶藻	光绪十五年 七月十二日	册 17 页 12136
陈庆墀	同治四年 八月九日	册 5 页 3378	陈书诚	咸丰四年 五月十一日	册 1 页 69
陈庆桂	光绪六年 五月二十五日	册 12 页 8716	陈树棠	同治六年 九月十一日	册 6 页 3875
陈庆煌	咸丰八年 三月四日	册 2 页 735	陈树勋	同治元年 九月十七日	册 4 页 2144
陈庆年	光绪十五年 五月十三日	册 16 页 12084	陈廷璐	同治九年 四月四日	册 7 页 4677
陈庆荣	咸丰四年 四月六日	册 1 页 36	陈廷韶	同治二年 四月八日	册 4 页 2327
陈如金	光绪九年 九月八日	册 14 页 10038	陈同礼	光绪十九年 八月六日	册 18 页 13500
陈汝龙	光绪十九年 六月三十日	册 18 页 13474	陈桐翰	光绪十五年 正月二十三日	册 16 页 11968
陈锐	光绪十二年 三月二十七日	册 15 页 11054	陈惟和	同治十一年 二月六日	册 8 页 5269
陈润	咸丰三年 七月	册 1 页 13	陈伟	光绪十五年 三月十八日	册 16 页 12029
陈善	光绪二年 三月二十七日	册 10 页 6917	陈文炳	光绪十一年 六月十六日	册 15 页 10803

续表

人名	日期	册、页	人名	日期	册、页
陈文锐	光绪七年 十一月二十五日	册 13 页 9249	陈彝	同治十年 九月九日	册 7 页 5123
陈文田	光绪五年 十二月二日	册 12 页 8558	陈以培	光绪十年 三月二十一日	册 14 页 10256
陈锡年	光绪十七年 九月十三日	册 18 页 12999	陈挹清	光绪十七年 六月一日	册 17 页 12897
陈熙治	光绪二年 十二月四日	册 10 页 7234	陈裔宽	同治三年 四月七日	册 4 页 2818
陈羲	咸丰四年 三月二十五日	册 1 页 24	陈应禧	光绪十年 八月二十五日	册 14 页 10461
陈骧	光绪十一年 八月九日	册 15 页 10850	陈永春	同治二年 九月二十七日	册 4 页 2491
陈翔	同治十年 四月十二日	册 7 页 4983	陈泳	光绪六年 十月八日	册 12 页 8840
陈孝基	光绪十年 三月十二日	册 14 页 10242	陈与冏	光绪九年 七月二十一日	册 14 页 9978
陈心宝	咸丰九年 十月九日	册 2 页 1049	陈雨岩	光绪十五年 十一月十三日	册 17 页 12275
陈琇莹	光绪六年 四月十三日	册 12 页 8672	陈禹九	同治九年 八月二十二日	册 7 页 4771
陈学棻	光绪十九年 八月六日	册 18 页 13500	陈遹声	光绪十二年 五月十四日	册 15 页 11094
陈学洪	同治二年 十二月十一日	册 4 页 2664	陈元禄	咸丰十一年 五月四日	册 3 页 1795
陈学良	光绪十七年 三月三日	册 17 页 12802	陈元熠	咸丰五年 四月十三日	册 1 页 193
陈学源	光绪八年 二月二十四日	册 13 页 9355	陈元章	光绪六年 二月四日	册 12 页 8613
陈延寿	同治四年 十月二十三日	册 5 页 3457	陈在心	咸丰七年 三月十二日	册 1 页 518
陈炎祐	光绪十八年 十月三日	册 18 页 13236	陈泽寰	光绪十二年 十月一日	册 15 页 11213
陈燕昌	光绪三年 三月二十三日	册 10 页 7373	陈泽霖	光绪十年 九月三日	册 14 页 10471

续表

人名	日期	册、页	人名	日期	册、页
陈兆甲	光绪十一年 十月二十五日	册 15 页 10923	程咸焯	同治十三年 五月十一日	册 9 页 6135
陈政钟	同治四年 十二月三日	册 5 页 3501	程仪洛	光绪三年 二月二十五日	册 10 页 7346
陈翥	光绪二年 五月十一日	册 10 页 6971	程志和	光绪十六年 正月二十六日	册 17 页 12344
陈倬	同治十三年 二月八日	册 9 页 6047	崇宽	光绪十九年 七月十日	册 18 页 13480
陈宗妫	光绪十九年 四月五日	册 18 页 13401	崇林	光绪十六年 二月八日	册 17 页 12362
成允	同治十一年 三月二十五日	册 8 页 5320	崇龄	光绪十七年 七月九日	册 18 页 12941
承勋	同治十三年 九月十三日	册 9 页 6274	崇纶	同治二年 四月二十八日	册 4 页 2340
程炳暹	咸丰四年 四月十九日	册 1 页 41	褚成博	光绪六年 六月二十七日	册 12 页 8754
程承训	同治二年 八月二十三日	册 4 页 2440	褚德仪	光绪十八年 三月一日	册 18 页 13173
程恭寿	同治十二年 二月十三日	册 8 页 5686	褚俊	光绪十五年 三月二十八日	册 16 页 12041
程经善	光绪十六年 七月二十四日	册 17 页 12543	褚维培	光绪十六年 四月二十三日	册 17 页 12459
程禄	光绪六年 五月二十三日	册 12 页 8715	崔汝立	光绪六年 六月十九日	册 12 页 8742
程晴山	同治六年 九月十四日	册 6 页 3877	D		
程仁均	光绪六年 六月十六日	册 12 页 8740	达椿	光绪十七年 五月二十四日	册 17 页 12887
程抒	咸丰四年 六月二十五日	册 1 页 83	戴彬元	光绪六年 五月八日	册 12 页 8693
程天禄	咸丰五年 九月八日	册 1 页 275	戴鸿慈	光绪十九年 八月六日	册 18 页 13500
程惟孝	光绪十七年 八月二十九日	册 18 页 12987	戴霖祥	同治十一年 三月十七日	册 8 页 5311

续表

人名	日期	册、页	人名	日期	册、页
戴泷	同治十一年 二月二十六日	册 8 页 5285	丁仁长	光绪十九年 八月六日	册 18 页 13500
戴燮元	同治三年 十一月四日	册 5 页 3035	丁汝谦	咸丰五年 三月二十三日	册 1 页 185
戴尧臣	同治元年 九月二十四日	册 4 页 2146	丁绍仪	同治十年 七月三日	册 7 页 5058
戴兆春	光绪十六年 正月二十一日	册 17 页 12336	丁士彬	同治二年 十一月二十九日	册 4 页 2639
德本	光绪十六年 七月四日	册 17 页 12531	丁寿昌	同治二年 九月九日	册 4 页 2460
德寿	光绪十三年 正月七日	册 15 页 11306	丁寿鹤	光绪十七年 十二月二十一日	册 18 页 13114
德馨	光绪十九年 四月二十四日	册 18 页 13422	丁寿祺	同治四年 三月二十八日	册 5 页 3257
邓琛	同治十二年 四月十二日	册 8 页 5733	丁树馨	同治三年 七月五日	册 5 页 2899
邓承修	同治十二年 八月十日	册 8 页 5851	丁体常	光绪十五年 九月一日	册 17 页 12197
邓怀锦	光绪十四年 四月二十一日	册 16 页 11762	丁文蔚	咸丰三年 七月	册 1 页 13
邓家鼎	光绪十四年 七月二十三日	册 16 页 11825	丁象震	光绪十七年 十二月五日	册 18 页 13095
邓濂	光绪九年 三月二十四日	册 14 页 9830	丁尧臣	同治四年 闰五月三十日	册 5 页 3341
丁立诚	光绪十八年 二月二十日	册 18 页 13164	丁镃	光绪十三年 三月六日	册 15 页 11358
丁立钧	光绪十七年 十二月七日	册 18 页 13098	丁映斗	光绪二年 三月十一日	册 10 页 6901
丁立瀛	光绪十八年 二月二十八日	册 18 页 13170	丁之栻	光绪十六年 六月二十一日	册 17 页 12516
丁培镃	同治三年 十月十五日	册 5 页 2997	董宝荣	光绪二年 二月三十日	册 10 页 6890
丁谦	光绪十五年 三月二十日	册 16 页 12032	董灏	光绪十五年 四月七日	册 16 页 12050

续表

人名	日期	册、页	人名	日期	册、页
董宏诰	同治四年四月六日	册 5 页 3262	杜承庆	同治十三年九月十一日	册 9 页 6272
董敬安	光绪六年六月十七日	册 12 页 8741	杜春生	同治元年十一月十四日	册 4 页 2191
董莲	光绪十六年二月九日	册 17 页 12363	杜凤治	咸丰五年正月十三日	册 1 页 149
董麟	同治十二年六月十八日	册 8 页 5786	杜贵墀	光绪二年八月十九日	册 10 页 7112
董沛	光绪三年六月十四日	册 10 页 7447	杜衡	咸丰五年四月二十八日	册 1 页 205
董圻	光绪八年十月二十二日	册 13 页 9641	杜际辰	光绪十七年六月十九日	册 18 页 12921
董庆埏	光绪十八年二月二十四日	册 18 页 13167	杜联	咸丰四年六月十五日	册 1 页 80
董慎言	同治六年九月二十五日	册 6 页 3887	杜暹榕	咸丰四年六月四日	册 1 页 74
董文灿	同治十一年五月十四日	册 8 页 5385	杜煦	同治元年十一月十四日	册 4 页 2191
董文焕	同治二年九月九日	册 4 页 2460	杜誉芬	光绪二年二月二十四日	册 10 页 6885
董学履	同治四年四月二十七日	册 5 页 3292	杜正诗	同治三年正月一日	册 4 页 2699
董恂	同治二年五月十五日	册 4 页 2349	杜钟祥	光绪二年二月二十四日	册 10 页 6884
堵焕辰	光绪十六年闰二月十一日	册 17 页 12392	杜宗泽	光绪十七年十月十六日	册 18 页 13035
杜宝辰	咸丰四年闰七月十日	册 1 页 124	端木百禄	咸丰三年七月	册 1 页 13
杜宝霱	咸丰五年四月二十八日	册 1 页 205	端木埰	同治二年九月九日	册 4 页 2460
杜炳珩	光绪十年五月十三日	册 14 页 10304	段光清	同治四年六月十四日	册 5 页 3347
杜炳奎	咸丰八年七月七日	册 2 页 805	段树藩	光绪六年五月二十七日	册 12 页 8720

续表

人名	日期	册、页	人名	日期	册、页
E			范鸿谟	同治十二年 十月二十七日	册 8 页 5921
额勒和布	光绪十年 正月二十六日	册 14 页 10184	范鸣龢	光绪六年 三月三日	册 12 页 8640
额勒精额	光绪九年 十二月十四日	册 14 页 10147	范鹏	光绪十九年 二月二十九日	册 18 页 13374
恩明	光绪十六年 十一月二十七日	册 17 页 12667	范许琫	光绪十五年 六月五日	册 16 页 12100
恩溥	光绪十七年 七月十八日	册 18 页 12948	范许珍	光绪六年 四月五日	册 12 页 8667
恩泰	光绪十七年 六月十五日	册 18 页 12914	范炎	光绪十四年 七月九日	册 16 页 11815
恩锡	同治元年 十月五日	册 4 页 2154	范运鹏	同治二年 二月十四日	册 4 页 2285
F			方凤苞	光绪十九年 四月九日	册 18 页 13403
樊秉杰	咸丰四年 四月十日	册 1 页 37	方恭铭	同治十年 十一月六日	册 7 页 5184
樊恭煦	光绪十年 十月二十八日	册 14 页 10541	方恭钊	同治十一年 正月十一日	册 8 页 5246
樊骏声	咸丰六年 七月一日	册 1 页 420	方济宽	光绪十四年 六月九日	册 16 页 11795
樊庶	光绪十五年 六月二日	册 16 页 12097	方镜清	同治元年 二月九日	册 3 页 2092
樊燮	光绪二年 五月二十四日	册 10 页 6987	方濬师	同治十三年 五月四日	册 9 页 6128
樊增祥	同治十年 三月二十日	册 7 页 4958	方濬颐	光绪二年 九月二十三日	册 10 页 7147
樊忠	同治十三年 九月十八日	册 9 页 6277	方克猷	光绪十九年 九月十七日	册 18 页 13533
范德镕	光绪六年 六月二十五日	册 12 页 8753	方汝绍	光绪十七年 正月十八日	册 17 页 12745
范迪襄	光绪十五年 十月十日	册 17 页 12237	方汝翼	光绪十二年 十二月十一日	册 15 页 11279

续表

人名	日期	册、页	人名	日期	册、页
方熊祥	同治二年五月十日	册 4 页 2345	冯世勋	光绪十六年闰二月五日	册 17 页 12385
费念慈	光绪十五年六月九日	册 16 页 12103	冯崧生	光绪二年闰五月二日	册 10 页 6998
费延釐	同治十一年十月十日	册 8 页 5542	冯万源	咸丰六年十一月二十九日	册 1 页 558
丰绅泰	光绪六年五月十八日	册 12 页 8705	冯文蔚	光绪十六年正月十二日	册 17 页 12327
冯承熙	光绪五年四月二十一日	册 12 页 8326	冯锡仁	光绪六年十二月十六日	册 12 页 8740
冯端揆	光绪十五年四月三十日	册 16 页 12072	冯锡绶	同治十年四月十六日	册 7 页 4987
冯芳缉	光绪六年九月二十一日	册 12 页 8827	冯煦	光绪十四年正月二十九日	册 16 页 11672
冯光勋	光绪十四年十二月七日	册 16 页 11940	冯学澧	光绪元年九月九日	册 9 页 6677
冯光遹	光绪五年四月二十一日	册 12 页 8326	冯莹	光绪六年三月二十三日	册 12 页 8654
冯金鉴	光绪十七年七月十一日	册 18 页 12943	冯誉骢	光绪元年九月三日	册 9 页 6673
冯景星	光绪十六年三月二十八日	册 17 页 12441	冯钟岱	光绪十五年十一月十五日	册 17 页 12276
冯镜仁	光绪十六年九月十四日	册 17 页 12064	冯祖荫	光绪十三年三月十九日	册 15 页 11369
冯焌光	同治十年八月十二日	册 7 页 5103	凤柃	咸丰二年八月	册 1 页 9
冯宽	光绪二年二月九日	册 10 页 6867	凤鸣	光绪十七年八月六日	册 18 页 12964
冯乃庆	光绪二年三月二十七日	册 10 页 6917	凤英	光绪十六年七月八日	册 17 页 12535
冯庆芬	光绪十六年三月二日	册 17 页 12415	扶云	光绪二年十一月十八日	册 10 页 7219
冯庆熙	同治三年十一月十二日	册 5 页 3045	孚馨	光绪三年三月十七日	册 10 页 7367

续表

人名	日期	册、页	人名	日期	册、页
福锟	光绪十七年 八月五日	册 18 页 12964	傅芝秋	光绪二年 八月二十三日	册 10 页 7114
福林	光绪十四年 八月二十六日	册 16 页 11847	傅钟麟	咸丰十一年 正月二十日	册 3 页 1695
福润	光绪十八年 二月二十四日	册 18 页 13167	傅作楫	同治二年 四月二十二日	册 4 页 2336
傅承烈	光绪七年 四月二十八日	册 12 页 9030	傅作梅	光绪十五年 二月十七日	册 16 页 12000
傅大章	光绪八年 四月二十一日	册 13 页 9432	G		
傅嘉年	光绪十五年 三月十六日	册 16 页 12027	甘杰	光绪六年 六月九日	册 12 页 8730
傅楣	光绪七年 三月十四日	册 12 页 8982	冈千仞	光绪十年 九月一日	册 14 页 10469
傅培基	光绪五年 九月二十日	册 12 页 8486	高骖麟	同治八年 十月二十七日	册 7 页 4543
傅朴	同治十二年 九月七日	册 8 页 5876	高德济	光绪十八年 三月九日	册 18 页 13182
傅庆咸	光绪十四年 九月十九日	册 16 页 11867	高贡龄	同治二年 八月二十六日	册 4 页 2441
傅庆贻	光绪三年 七月二十三日	册 11 页 7491	高桂馨	光绪十三年 二月九日	册 15 页 11330
傅为霖	光绪六年 五月二十四日	册 12 页 8715	高积勋	光绪九年 九月十三日	册 14 页 10042
傅驯	同治四年 正月五日	册 5 页 3136	高觐昌	光绪十九年 八月六日	册 18 页 13500
傅以礼	咸丰四年 八月二日	册 1 页 129	高兰	同治二年 正月二十二日	册 4 页 2245
傅以绥	咸丰七年 四月十四日	册 1 页 524	高凌雯	光绪十五年 六月八日	册 16 页 12103
傅樾	光绪十六年 三月二十四日	册 17 页 12438	高凌霄	光绪十二年 九月十四日	册 15 页 11204
傅云龙	光绪七年 七月十七日	册 13 页 9109	高乃听	同治三年 七月九日	册 5 页 2902

续表

人名	日期	册、页	人名	日期	册、页
高卿培	同治四年六月二十八日	册 5 页 3354	葛宝华	同治四年六月十五日	册 5 页 3349
高清岩	同治三年正月二日	册 4 页 2700	葛金烺	光绪六年九月二十二日	册 12 页 8828
高人骥	同治八年九月二十六日	册 7 页 4506	葛献青	光绪六年二月十九日	册 12 页 8631
高升	光绪十八年九月二日	册 18 页 13204	葛咏裳	同治十三年三月二十一日	册 9 页 6094
高彤琦	同治六年四月十日	册 6 页 3758	葛肇基	光绪六年九月二十二日	册 12 页 8828
高蔚光	光绪十三年九月二十九日	册 16 页 11571	龚嘉俊	同治十一年正月十九日	册 8 页 5251
高文钦	光绪十九年七月二十一日	册 18 页 13488	龚启荪	光绪九年十一月十日	册 14 页 10108
高锡恩	同治八年十月二十七日	册 7 页 4543	龚锡爵	光绪十九年六月二十五日	册 18 页 13469
高燮曾	光绪十六年七月四日	册 17 页 12531	龚显曾	同治十一年十二月四日	册 8 页 5591
高延祜	同治二年三月四日	册 4 页 2308	龚照瑗	光绪十六年八月九日	册 17 页 12566
高应元	同治九年九月二十六日	册 7 页 4803	龚镇湘	光绪八年三月十二日	册 13 页 9387
高源	咸丰十年四月八日	册 2 页 1272	贡成绶	光绪十三年七月二十一日	册 16 页 11514
高增融	光绪十五年六月二十一日	册 16 页 12111	顾德荣	咸丰二年八月	册 1 页 9
高振冈	光绪十年十一月四日	册 14 页 10547	顾敦义	同治二年七月一日	册 4 页 2383
高震鑅	同治十三年四月十五日	册 9 页 6113	顾恩荣	光绪十年十二月二十二日	册 15 页 10618
戈荣庆	同治十年八月二十日	册 7 页 5110	顾家相	光绪二年四月六日	册 10 页 6930
戈英芳	同治十年八月二十二日	册 7 页 5112	顾菊生	同治三年十一月十七日	册 5 页 3058

续表

人名	日期	册、页	人名	日期	册、页
顾莲	光绪六年 六月十二日	册 12 页 8737	桂霖	光绪十八年 二月十日	册 18 页 13152
顾庆咸	同治十一年 五月四日	册 8 页 5376	桂年	光绪十九年 八月六日	册 18 页 13500
顾庆章	光绪六年 二月五日	册 12 页 8616	桂鹏	光绪十三年 正月十五日	册 15 页 11314
顾瑞清	咸丰十年 八月二日	册 3 页 1457	桂坛	光绪九年 九月十一日	册 14 页 10041
顾寿桢	咸丰九年 十月一日	册 2 页 1037	桂文灿	同治二年 二月二十八日	册 4 页 2305
顾文敏	光绪十年 四月十九日	册 14 页 10277	郭安仁	光绪十二年 八月二十五日	册 15 页 11183
顾肇熙	同治十一年 三月十四日	册 8 页 5309	郭传璞	光绪三年 四月十八日	册 10 页 7393
管廷献	光绪十九年 八月六日	册 18 页 13500	郭恩第	光绪十一年 五月十三日	册 15 页 10752
管作霖	光绪三年 四月二十一日	册 10 页 7397	郭发源	光绪十五年 二月四日	册 16 页 11989
光熙	光绪八年 十一月二十九日	册 13 页 9684	郭赓平	光绪六年 六月十七日	册 12 页 8741
光炘	同治十二年 十二月二十二日	册 9 页 5991	郭奎勋	同治七年 正月四日	册 6 页 3960
贵恒	光绪十六年 六月二十八日	册 17 页 12522	郭嵩焘	光绪二年 二月七日	册 10 页 6865
贵文	同治二年 十二月二十七日	册 4 页 2694	郭翊廷	光绪十一年 九月十六日	册 15 页 10889
贵贤	光绪六年 五月十二日	册 12 页 8698	H		
桂斌	光绪十七年 五月七日	册 17 页 12864	海锟	同治十三年 六月二十一日	册 9 页 6177
桂坫	光绪十八年 二月二十三日	册 18 页 13166	海霈	同治九年 十一月二十九日	册 7 页 4860

续表

人名	日期	册、页	人名	日期	册、页
海绪	光绪十八年 十月二十六日	册 18 页 13266	何菊禅	光绪十六年 四月十七日	册 17 页 12454
韩昌圻	光绪十九年 六月二十七日	册 18 页 13471	何濬	光绪九年 二月十五日	册 13 页 9787
韩锦云	同治十三年 正月二十三日	册 9 页 6028	何楙	光绪九年 二月十五日	册 13 页 9787
韩开济	光绪二年 三月三日	册 10 页 6895	何乃莹	光绪十七年 九月十二日	册 18 页 12997
韩来贺	光绪十年 三月二十日	册 14 页 10255	何淦	光绪十五年 二月二十日	册 16 页 12002
韩培森	光绪十二年 八月三日	册 15 页 11168	何荣阶	光绪十六年 二月二十五日	册 17 页 12377
韩文彬	光绪十七年 正月五日	册 17 页 12729	何荣烈	光绪十五年 三月一日	册 16 页 12013
郝重庆	同治元年 二月二十四日	册 3 页 2100	何如璋	同治十三年 正月二十七日	册 9 页 6034
何葆恩	光绪八年 十一月二十三日	册 13 页 9679	何汝翰	光绪六年 五月四日	册 12 页 8691
何彬	咸丰六年 十二月八日	册 1 页 559	何瑞霖	同治四年 三月三日	册 5 页 3219
何炳荣	同治十年 正月二十日	册 7 页 4913	何绍基	同治九年 闰十月七日	册 7 页 4828
何澂	同治五年 七月十一日	册 5 页 3626	何绍闻	光绪十五年 二月十九日	册 16 页 12001
何恩寿	同治三年 八月二十二日	册 5 页 2940	何枢	同治二年 八月十一日	册 4 页 2423
何福堃	光绪十七年 正月五日	册 17 页 12729	何惟杰	同治十一年 八月二日	册 8 页 5470
何桂芳	同治三年 八月二十三日	册 5 页 2941	何维钧	同治四年 十一月九日	册 5 页 3479
何晋德	光绪十六年 十月十七日	册 17 页 12633	何文澜	光绪十一年 九月二十七日	册 15 页 10896
何璟	光绪二年 九月二十三日	册 10 页 7147	何元泰	光绪十五年 二月二十日	册 16 页 12002

续表

人名	日期	册、页	人名	日期	册、页
何增荣	同治十年 四月二日	册 7 页 4969	洪秋江	咸丰九年 十月三日	册 2 页 1039
何兆瀛	同治七年 闰四月二十六日	册 6 页 4050	洪汝奎	光绪七年 十一月十一日	册 13 页 9232
何肇桢	咸丰四年 四月十二日	册 1 页 37	洪孝曾	同治二年 八月十一日	册 4 页 2423
何芷庭	光绪十九年 四月二十一日	册 18 页 13420	洪勋	光绪六年 六月十一日	册 12 页 8736
何宗琦	光绪十六年 三月七日	册 17 页 12421	洪倬云	同治二年 九月二十日	册 4 页 2481
贺良桢	光绪十三年 四月六日	册 15 页 11382	胡邦傑	同治九年 十一月三十日	册 7 页 4861
贺顾	光绪六年 五月二十九日	册 12 页 8722	胡秉彝	咸丰八年 十二月十三日	册 2 页 888
贺寿慈	同治二年 十一月十六日	册 4 页 2618	胡炳远	光绪九年 二月二十日	册 13 页 9793
贺长龄	同治二年 十一月二十九日	册 4 页 2640	胡道南	光绪十六年 闰二月四日	册 17 页 12385
鹤山	光绪十四年 十一月二十三日	册 16 页 11918	胡凤丹	同治元年 十二月二日	册 4 页 2197
恒林	光绪十五年 十一月六日	册 17 页 12266	胡凤锦	同治六年 八月一日	册 6 页 3835
衡瑞	光绪十九年 正月二十二日	册 18 页 13346	胡凤起	光绪十六年 闰二月十七日	册 17 页 12402
洪风州	同治十年 二月一日	册 7 页 4923	胡蕙馨	光绪十九年 四月五日	册 18 页 13401
洪九章	光绪十年 九月二十五日	册 14 页 10491	胡家玉	同治十年 十月十五日	册 7 页 5168
洪钧	光绪三年 六月三日	册 10 页 7438	胡经一	光绪九年 二月十七日	册 13 页 9790
洪良品	同治十二年 五月二十六日	册 8 页 5760	胡俊章	光绪十七年 十二月十四日	册 18 页 13109
洪麟绶	咸丰九年 十月八日	册 2 页 1048	胡濬	光绪十年 十二月五日	册 14 页 10591

续表

人名	日期	册、页	人名	日期	册、页
胡连	光绪六年 六月二十六日	册 12 页 8754	胡庭凤	同治十二年 正月二十三日	册 8 页 5636
胡良驹	光绪十一年 四月二十五日	册 15 页 10743	胡薇元	光绪十五年 三月十二日	册 16 页 12024
胡聘之	光绪十七年 八月六日	册 18 页 12964	胡炜	光绪九年 二月二十五日	册 13 页 9798
胡仁耀	光绪二年 三月二十六日	册 10 页 6917	胡翔林	光绪十五年 十一月十四日	册 17 页 12276
胡溶	光绪十四年 四月二十七日	册 16 页 11765	胡小海	咸丰四年 五月十四日	册 1 页 69
胡升之	同治九年 二月十九日	册 7 页 4629	胡义赞	同治十一年 八月十日	册 8 页 5474
胡寿鼎	同治二年 正月二日	册 4 页 2210	胡义质	同治十一年 九月七日	册 8 页 5500
胡寿恒	光绪九年 五月四日	册 14 页 9895	胡玉坦	光绪五年 十月二十三日	册 12 页 8511
胡寿临	同治九年 十月十四日	册 7 页 4817	胡毓麒	同治九年 十一月二十八日	册 7 页 4859
胡寿颐	同治三年 九月二十八日	册 5 页 2980	胡毓筠	光绪二年 十一月十一日	册 10 页 7214
胡澍	同治十年 六月十日	册 7 页 5032	胡燏棻	同治十年 六月十日	册 7 页 5032
胡舜封	光绪十二年 十月六日	册 15 页 11219	胡元鼎	光绪十八年 二月二十日	册 18 页 13164
胡泰福	光绪十六年 七月四日	册 17 页 12531	胡元镛	同治三年 六月十八日	册 4 页 2873
胡泰复	同治四年 五月十一日	册 5 页 3309	胡振书	光绪十一年 九月二十八日	册 15 页 10897
胡桼	同治三年 八月十八日	册 5 页 2938	胡钟奎	同治三年 八月二十一日	册 5 页 2939
胡廷幹	光绪六年 四月十四日	册 12 页 8674	胡庄元	咸丰六年 十二月二十五日	册 1 页 562
胡廷相	同治二年 七月二十一日	册 4 页 2410	胡宗虞	光绪十五年 七月十九日	册 17 页 12144

续表

人名	日期	册、页	人名	日期	册、页
胡祖芳	光绪六年 四月八日	册 12 页 8668	黄开甲	光绪九年 二月十八日	册 13 页 9791
胡祖荫	光绪十四年 四月十四日	册 16 页 11757	黄开亮	咸丰十一年 三月二十一日	册 3 页 1760
华承勋	光绪十年 闰五月七日	册 14 页 10333	黄彭年	光绪元年 九月三日	册 9 页 6673
华承运	光绪十二年 十月一日	册 15 页 11213	黄仁济	光绪十九年 四月十七日	册 18 页 13415
华世奎	光绪十四年 五月十五日	册 16 页 11779	黄儒荃	光绪十八年 十一月五日	册 18 页 13271
华学澜	光绪十一年 九月二十五日	册 15 页 10895	黄绍第	光绪十五年 三月三日	册 16 页 12018
华学烈	同治六年 三月十日	册 6 页 3736	黄绍箕	光绪六年 五月九日	册 12 页 8695
怀塔布	光绪十八年 九月八日	册 18 页 13208	黄寿衮	光绪十六年 闰二月四日	册 17 页 12385
皇甫治	同治十年 三月二十一日	册 7 页 4959	黄思尧	光绪十七年 九月十八日	册 18 页 13004
黄炳垕	同治九年 十一月二十五日	册 7 页 4858	黄思永	光绪六年 五月八日	册 12 页 8693
黄炳勋	咸丰九年 二月二十八日	册 2 页 936	黄邃	光绪十五年 四月十六日	册 16 页 12059
黄采风	光绪十二年 二月十六日	册 15 页 11020	黄体芳	同治四年 四月六日	册 5 页 3262
黄福楙	同治九年 九月二十三日	册 7 页 4801	黄体立	咸丰九年 十二月六日	册 2 页 1099
黄福珍	光绪六年 二月十八日	册 12 页 8630	黄庭芝	光绪九年 九月二十三日	册 14 页 10050
黄国瑾	光绪三年 五月十四日	册 10 页 7418	黄维瀚	同治十三年 三月二十二日	册 9 页 6094
黄国瑄	光绪十九年 六月三十日	册 18 页 13474	黄锡祺	同治十年 十二月二十日	册 7 页 5218
黄基	同治六年 十二月七日	册 6 页 3937	黄锡焘	同治十年 三月二十八日	册 7 页 4966
黄家麟	光绪十八年 十月八日	册 18 页 13241	黄燮清	咸丰六年 二月三日	册 1 页 325

续表

人名	日期	册、页	人名	日期	册、页
黄煦	光绪五年正月二十六日	册 11 页 8177	霍为棻	光绪九年十月十九日	册 14 页 10082
黄耀庚	光绪十五年七月二十七日	册 17 页 12154	J		
黄贻楫	咸丰十一年正月十七日	册 3 页 1692	纪夔	光绪九年二月二十八日	册 13 页 9803
黄以恭	光绪六年四月八日	册 12 页 8668	纪孺人	同治五年二月二十二日	册 5 页 3550
黄以周	同治六年十一月十日	册 6 页 3914	季邦桢	同治十三年七月六日	册 9 页 6188
黄英采	光绪十七年十二月二日	册 18 页 13094	继恒	光绪十七年十二月二十一日	册 18 页 13114
黄毓恩	光绪十七年十一月二十三日	册 18 页 13084	贾灿云	光绪六年二月二十六日	册 12 页 8636
黄元善	光绪七年二月二十三日	册 12 页 8961	贾芳	光绪十九年五月十七日	册 18 页 13441
黄元文	光绪六年四月十四日	册 12 页 8674	贾树諴	咸丰十一年二月三日	册 3 页 1706
黄政懋	同治四年十月十日	册 5 页 3447	江槐庭	光绪十四年正月十七日	册 16 页 11659
黄质文	同治六年十一月二十三日	册 6 页 3927	江清骥	光绪十八年二月十七日	册 18 页 13162
黄钟俊	光绪十八年二月二十六日	册 18 页 13168	江士才	光绪三年四月二十一日	册 10 页 7396
黄卓元	光绪十九年八月六日	册 18 页 13500	江式	同治十三年二月十六日	册 9 页 6057
黄自元	光绪八年五月九日	册 13 页 9448	江澍昀	光绪六年十月二十四日	册 12 页 8861
黄祖绳	咸丰十年三月二十八日	册 2 页 1223	姜秉初	光绪四年十一月十八日	册 11 页 8078
惠年	光绪六年五月二十三日	册 12 页 8715	姜秉善	光绪十年九月三日	册 14 页 10471
霍顺武	光绪六年十一月十六日	册 12 页 8884	姜球	光绪十四年正月二十七日	册 16 页 11669

续表

人名	日期	册、页	人名	日期	册、页
姜士冠	咸丰十一年 十月九日	册 3 页 1981	焦恒清	光绪三年 七月二日	册 10 页 7471
姜由辚	光绪十八年 三月九日	册 18 页 13182	金保泰	同治十年 七月二十日	册 7 页 5073
姜自驹	光绪六年 六月十四日	册 12 页 8739	金葆恒	同治十年 二月二十八日	册 7 页 4936
蒋保燮	同治三年 正月十九日	册 4 页 2720	金福昌	光绪十五年 三月一日	册 16 页 12013
蒋彬蔚	同治元年 正月二十日	册 3 页 2069	金汉章	光绪十九年 九月二十七日	册 18 页 13540
蒋崇礼	同治十年 三月二十七日	册 7 页 4965	金鸿翎	光绪十六年 十一月十二日	册 17 页 12656
蒋艮	光绪九年 九月二十日	册 14 页 10048	金树楠	咸丰八年 七月十四日	册 2 页 810
蒋鸿藻	光绪十五年 三月一日	册 16 页 12013	金廷荣	光绪十五年 八月二十一日	册 17 页 12189
蒋橘仙	同治四年 十月十日	册 5 页 3446	金文宣	光绪十七年 九月十三日	册 18 页 12999
蒋立言	同治三年 正月二日	册 4 页 2700	金星桂	同治十二年 正月二十七日	册 8 页 5655
蒋麟振	光绪十八年 二月二十日	册 18 页 13163	金墉	咸丰六年 四月二日	册 1 页 368
蒋其章	同治九年 九月二十二日	册 7 页 4800	金玉堂	同治九年 十月十四日	册 7 页 4817
蒋启勋	同治三年 十二月十二日	册 5 页 3091	金毓麟	光绪六年 四月十四日	册 12 页 8674
蒋坦	咸丰四年 三月二十日	册 1 页 17	金曰修	同治二年 四月十四日	册 4 页 2330
蒋廷黻	光绪十四年 八月二日	册 16 页 11834	锦昌	光绪十七年 七月十六日	册 18 页 12946
蒋湘舟	同治二年 七月二十八日	册 4 页 2415	景廉	光绪六年 六月二十三日	册 12 页 8747
蒋益澧	同治四年 闰五月十五日	册 5 页 3333	景其濬	咸丰五年 八月六日	册 1 页 265

续表

人名	日期	册、页	人名	日期	册、页
景善	光绪十七年 八月六日	册 18 页 12965	劳启捷	光绪十一年 十一月二日	册 15 页 10927
景闻	同治十一年 三月二十五日	册 8 页 5320	雷祖迪	光绪十三年 十一月三日	册 16 页 11602
敬信	光绪十七年 十二月二十三日	册 18 页 13115	黎大钧	光绪十八年 十月十二日	册 18 页 13245
K			李邦达	同治四年 闰五月十四日	册 5 页 3332
柯劭忞	光绪十六年 正月二十二日	册 17 页 12339	李宝华	同治三年 六月二十六日	册 4 页 2881
孔传勋	光绪十年 十月五日	册 14 页 10513	李葆辰	同治八年 九月十一日	册 7 页 4499
孔广镕	咸丰五年 八月三日	册 1 页 263	李葆元	光绪八年 六月十日	册 13 页 9490
孔广钟	光绪六年 六月八日	册 12 页 8730	李冰玉	光绪十二年 八月七日	册 15 页 11171
孔宪曾	光绪十六年 十月四日	册 17 页 12622	李丙辉	咸丰四年 三月二十九日	册 1 页 30
孔宪瑴	光绪十年 九月七日	册 14 页 10474	李丙吉	光绪十四年 五月九日	册 16 页 11775
孔玉山	光绪十六年 九月二十三日	册 17 页 12610	李丙炎	咸丰四年 七月二十九日	册 1 页 113
奎润	光绪六年 十一月十日	册 12 页 8876	李策坚	咸丰六年 二月二十六日	册 1 页 340
L			李常华	咸丰十年 闰三月十九日	册 2 页 1251
赖国宾	同治十三年 三月八日	册 9 页 6078	李成叙	光绪六年 七月九日	册 12 页 8763
郎庆恩	光绪十二年 十月二十一日	册 15 页 11229	李承恩	光绪十六年 九月十九日	册 17 页 12608
劳崇光	同治二年 十一月二十九日	册 4 页 2640	李冲	同治四年 九月十五日	册 5 页 3398
劳乃宣	光绪十年 三月二十七日	册 14 页 10262	李传华	同治八年 八月十七日	册 6 页 4480

续表

人名	日期	册、页	人名	日期	册、页
李传蕙	光绪元年 二月十三日	册 9 页 6443	李凤池	光绪十年 闰五月七日	册 14 页 10333
李传洵	道光十二年 闰九月二十七日	册 1 页 3	李福云	光绪十一年 六月十四日	册 15 页 10800
李传洙	道光二十年 七月三十日	册 1 页 3	李辅燿	光绪元年 十二月十一日	册 10 页 6783
李春泽	光绪十一年 九月二十四日	册 15 页 10894	李镐	同治二年 三月十八日	册 4 页 2315
李椿龄	同治五年 三月三日	册 5 页 3557	李庚	咸丰四年 五月十四日	册 1 页 69
李慈铭	道光九年 十二月二十七日	册 1 页 2	李光涵	道光十年 二月二十五日	册 1 页 3
李从龙	同治四年 七月十六日	册 5 页 3362	李光瀚	咸丰六年 正月二十一日	册 1 页 315
李从善	同治四年 八月六日	册 5 页 3377	李光澜	光绪五年 五月三日	册 12 页 8338
李德奎	光绪十五年 二月十七日	册 16 页 12000	李光瑜	同治十一年 七月二十一日	册 8 页 5455
李鼎	同治十年 正月十三日	册 7 页 4909	李光宇	光绪十七年 十月二十九日	册 18 页 13052
李鼎铭	咸丰八年 五月十六日	册 2 页 779	李国本	同治四年 八月七日	册 5 页 3377
李端棻	同治十年 四月五日	册 7 页 4971	李国彬	咸丰九年 十月十二日	册 2 页 1049
李端遇	光绪十九年 正月八日	册 18 页 13336	李国和	咸丰十一年 二月十三日	册 3 页 1716
李敦文	咸丰五年 四月十九日	册 1 页 196	李国惠	同治二年 五月十三日	册 4 页 2346
李恩圭	光绪二年 四月二十日	册 10 页 6944	李国琇	咸丰九年 十月十二日	册 2 页 1049
李恩铭	咸丰四年 七月二十五日	册 1 页 108	李翰藻	咸丰四年 六月四日	册 1 页 74
李凤	光绪十七年 十月二十五日	册 18 页 13043	李瀚章	同治七年 十月二十二日	册 6 页 4197

续表

人名	日期	册、页	人名	日期	册、页
李浩	咸丰五年 三月十九日	册 1 页 180	李嘉瑞	光绪十六年 正月十二日	册 17 页 12327
李鹤年	同治十一年 七月三日	册 8 页 5443	李晋熙	光绪十六年 六月十八日	册 17 页 12514
李鸿逵	光绪十七年 八月六日	册 18 页 12964	李经方	光绪十八年 二月十一日	册 18 页 13153
李鸿藻	同治十年 三月五日	册 7 页 4951	李经世	光绪十二年 五月九日	册 15 页 11091
李鸿章	光绪七年 三月二十六日	册 12 页 8994	李九兰	光绪十六年 闰二月十二日	册 17 页 12397
李桓	光绪二年 正月二十一日	册 10 页 6838	李坤厚	同治十二年 七月八日	册 8 页 5831
李焕	咸丰七年 十月三日	册 1 页 636	李濂	同治三年 六月九日	册 4 页 2866
李惠铭	道光二十五年 三月	册 1 页 5	李琳姑	同治十三年 五月十三日	册 9 页 6137
李际春	光绪元年 二月十三日	册 9 页 6443	李楙	道光十四年 六月十七日	册 1 页 3
李家璜	同治五年 正月四日	册 5 页 3525	李沛深	光绪九年 三月二十八日	册 14 页 9837
李家驹	光绪十年 七月十八日	册 14 页 10411	李佩铭	光绪十六年 十二月二十九日	册 17 页 12724
李家林	咸丰六年 四月二十一日	册 1 页 379	李起元	咸丰五年 二月四日	册 1 页 156
李家玟	咸丰七年 九月十二日	册 1 页 625	李谦	光绪元年 十月三日	册 9 页 6706
李家琪	同治四年 闰五月十七日	册 5 页 3333	李清和	同治三年 十月十四日	册 5 页 2993
李家璲	咸丰八年 二月十二日	册 2 页 723	李清源	光绪元年 二月十三日	册 9 页 6442
李嘉端	光绪七年 三月二十八日	册 12 页 8996	李庆蓉	咸丰四年 八月十八日	册 1 页 132

续表

人名	日期	册、页	人名	日期	册、页
李衢亨	同治二年 八月二十六日	册 4 页 2441	李寿铭	咸丰五年 六月十五日	册 1 页 231
李日跻	光绪十八年 十一月二十四日	册 18 页 13287	李寿蓉	同治二年 十月十九日	册 4 页 2534
李瑢	同治四年 十二月三日	册 5 页 3501	李寿嵩	同治四年 十二月十九日	册 5 页 3516
李榕	同治四年 闰五月二十七日	册 5 页 3340	李寿榛	同治四年 七月十二日	册 5 页 3361
李如松	同治十一年 五月四日	册 8 页 5372	李淑修	道光十一年 七月二十四日	册 1 页 3
李儒琛	光绪八年 九月十五日	册 13 页 9606	李思纯	光绪三年 二月五日	册 10 页 7323
李汝霖	同治四年 五月五日	册 5 页 3303	李四一	咸丰五年 七月一日	册 1 页 248
李汝岳	咸丰五年 正月二十七日	册 1 页 154	李嗣鹤	同治十一年 七月二十三日	册 8 页 5457
李善兰	光绪六年 正月十七日	册 12 页 8600	李淞	咸丰六年 四月十六日	册 1 页 377
李盛铎	光绪十八年 正月二十九日	册 18 页 13146	李泰	道光九年 十二月二十七日	册 1 页 2
李师泌	咸丰五年 五月二十九日	册 1 页 218	李棠阶	同治三年 三月十九日	册 4 页 2806
李师晟	咸丰四年 五月十五日	册 1 页 70	李腾雨	咸丰五年 正月十日	册 1 页 147
李士垲	同治三年 八月二十五日	册 5 页 2942	李廷俊	同治二年 六月二十六日	册 4 页 2380
李士瓒	光绪五年 十月八日	册 12 页 8499	李廷相	同治九年 十二月十七日	册 7 页 4881
李士鉁	光绪十二年 九月二十九日	册 15 页 11212	李廷箫	同治十二年 七月十六日	册 8 页 5837
李守谦	咸丰四年 四月八日	册 1 页 36	李望霖	同治九年 闰十月二十七日	册 7 页 4838
李寿慈	同治十年 正月十三日	册 7 页 4909	李维鳌	同治七年 九月十九日	册 6 页 4179

续表

人名	日期	册、页	人名	日期	册、页
李维炘	光绪八年 十月二十八日	册 13 页 9648	李孝璋	光绪十三年 十月三十日	册 16 页 11599
李维煊	光绪八年 十月二十八日	册 13 页 9648	李攸	同治十年 十月十六日	册 7 页 5168
李文炳	光绪十三年 十月二十八日	册 16 页 11597	李珣	光绪十五年 六月二十二日	册 16 页 12112
李文富	光绪十一年 六月十七日	册 15 页 10804	李耀曾	光绪十二年 八月三十日	册 15 页 11189
李文焕	光绪十三年 十月五日	册 16 页 11580	李耀奎	光绪四年 四月二十七日	册 11 页 7867
李文冏	光绪二年 四月六日	册 10 页 6930	李伊沆	光绪八年 二月十六日	册 13 页 9344
李文紈	光绪十九年 六月三十日	册 18 页 13474	李荧	同治七年 五月二十八日	册 6 页 4074
李文田	同治三年 十二月一日	册 5 页 3075	李永瑞	同治九年 十二月十日	册 7 页 4876
李文杏	同治十二年 二月十八日	册 8 页 5689	李有益	光绪十六年 十月二十二日	册 17 页 12636
李熙文	同治十三年 二月二十七日	册 9 页 6066	李钰	道光九年 十二月二十七日	册 1 页 2
李宪铭	咸丰四年 三月十四日	册 1 页 15	李钰	光绪三年 二月二十五日	册 10 页 7346
李宪章	同治十年 三月二十一日	册 7 页 4959	李元楷	同治十三年 十月十一日	册 9 页 6304
李湘	光绪十五年 四月六日	册 16 页 12050	李沅	光绪十七年 五月二十四日	册 17 页 12886
李向荣	咸丰八年 十月三日	册 2 页 849	李櫆	同治四年 十月十日	册 5 页 3447
李孝播	同治十年 十月十五日	册 7 页 5168	李云杲	同治七年 二月二十八日	册 6 页 3989
李孝瑴	咸丰六年 七月二十七日	册 1 页 459	李云章	光绪十一年 九月六日	册 15 页 10876
李孝璘	光绪元年 十月十六日	册 9 页 6720	李鋆	同治十年 七月一日	册 7 页 5057
李孝堪	光绪十五年 二月十九日	册 16 页 12001	李蕴章	光绪十二年 五月九日	册 15 页 11091

续表

人名	日期	册、页	人名	日期	册、页
李在铣	同治元年 十二月七日	册 4 页 2199	郦昌祁	光绪十二年 二月二十五日	册 15 页 11029
李钊	咸丰五年 四月二十七日	册 1 页 205	连培基	光绪六年 六月十五日	册 12 页 8739
李肇丙	咸丰七年 九月十二日	册 1 页 625	连文冲	光绪六年 六月二十七日	册 12 页 8754
李肇南	光绪八年 三月十一日	册 13 页 9387	连熙绍	光绪四年 六月五日	册 11 页 7916
李桢	咸丰七年 十一月二十六日	册 1 页 666	连熙文	光绪四年 六月五日	册 11 页 7916
李桢	光绪十四年 三月十一日	册 16 页 11717	连仲愚	光绪二年 三月二十日	册 10 页 6911
李之芬	同治十年 四月三日	册 7 页 4969	连自华	光绪十五年 十二月二十日	册 17 页 12311
李芝绶	光绪六年 二月七日	册 12 页 8619	联阪	光绪十九年 二月二十六日	册 18 页 13371
李治	咸丰五年 四月二十八日	册 1 页 205	良弼	光绪十九年 八月六日	册 18 页 13500
李钟骅	咸丰四年 闰七月七日	册 1 页 122	梁葆仁	光绪十五年 四月一日	册 16 页 12045
李钟阳	光绪七年 三月二十八日	册 12 页 8996	梁葆章	光绪十八年 二月十七日	册 18 页 13161
李祝蕃	咸丰四年 三月二十三日	册 1 页 21	梁承光	咸丰十一年 正月十九日	册 3 页 1693
李子钧	光绪五年 闰三月七日	册 12 页 8263	梁鼎芬	光绪六年 七月二日	册 12 页 8759
李宗庚	同治六年 八月二日	册 6 页 3839	梁恭辰	光绪三年 十一月二十五日	册 11 页 7670
李作桢	光绪六年 五月二十四日	册 12 页 8715	梁国元	光绪十二年 三月四日	册 15 页 11037
郦秉仁	光绪十二年 四月十五日	册 15 页 11070	梁九图	光绪五年 七月九日	册 12 页 8419
郦炳奎	光绪十六年 十二月七日	册 17 页 12685	梁俊	光绪八年 八月二十七日	册 13 页 9576

续表

人名	日期	册、页	人名	日期	册、页
梁枚	光绪七年二月七日	册 12 页 8947	林式恭	同治二年七月一日	册 4 页 2383
梁有常	同治十一年三月十八日	册 8 页 5313	林寿图	同治二年九月九日	册 4 页 2460
梁于渭	光绪六年十二月二十五日	册 12 页 8919	林向滋	光绪十三年六月十八日	册 16 页 11462
廖光	光绪九年二月十七日	册 13 页 9790	林孝恂	光绪十九年三月十八日	册 18 页 13388
廖鹤年	同治十一年四月二十四日	册 8 页 5354	林颐山	光绪十八年二月二十日	册 18 页 13163
廖平	光绪六年三月二十六日	册 12 页 8656	林兆翰	光绪十二年十一月二十九日	册 15 页 11262
廖寿丰	光绪七年十一月一日	册 13 页 9221	麟书	光绪六年八月十二日	册 12 页 8795
廖寿恒	光绪十六年八月二十五日	册 17 页 12582	麟肃	光绪十九年六月十一日	册 18 页 13458
廖廷相	光绪六年四月十四日	册 12 页 8674	麟趾	光绪十六年七月八日	册 17 页 12535
廖锡纶	光绪二年九月二十二日	册 10 页 7146	灵杰	光绪七年四月八日	册 12 页 9016
林灿垣	光绪十七年正月五日	册 17 页 12729	凌绂曾	光绪十三年八月十七日	册 16 页 11528
林国柱	同治十三年六月十三日	册 9 页 6169	凌行均	同治二年七月十一日	册 4 页 2402
林启	光绪十六年十二月十三日	册 17 页 12697	凌行堂	同治三年三月十一日	册 4 页 2794
林庆衍	光绪十五年九月九日	册 17 页 12200	凌忠镇	光绪七年十月二十九日	册 13 页 9219
林蘧卿	咸丰四年三月二十日	册 1 页 17	刘秉璋	光绪九年正月十一日	册 13 页 9740
林壬	光绪十一年二月二十七日	册 15 页 10685	刘成诵	光绪十六年八月二日	册 17 页 12560
林绍年	光绪六年四月十三日	册 12 页 8672	刘崇礼	光绪十九年六月二十五日	册 18 页 13469

续表

人名	日期	册、页	人名	日期	册、页
刘传福	光绪十三年 六月五日	册 16 页 11452	刘启翰	光绪十八年 二月六日	册 18 页 13150
刘凤翰	光绪十三年 闰四月六日	册 16 页 11408	刘容伯	光绪十八年 九月九日	册 18 页 13210
刘福升	光绪二年 十一月三日	册 10 页 7194	刘师洛	同治三年 正月一日	册 4 页 2699
刘恭冕	光绪六年 二月十二日	册 12 页 8625	刘世安	光绪十九年 八月六日	册 18 页 13500
刘桂文	光绪十七年 五月二十九日	册 17 页 12895	刘书瀛	同治十年 三月二十八日	册 7 页 4966
刘家立	光绪十四年 四月十八日	册 16 页 11759	刘树屏	光绪十九年 八月六日	册 18 页 13500
刘家荫	光绪十四年 四月三十日	册 16 页 11769	刘树堂	光绪十年 四月十五日	册 14 页 10275
刘嘉琛	光绪十年 九月二十一日	册 14 页 10485	刘嵩龄	光绪十九年 三月二十五日	册 18 页 13393
刘嘉瑞	光绪十年 十二月二十二日	册 15 页 10618	刘廷枚	光绪十四年 十一月十二日	册 16 页 11909
刘建勋	咸丰六年 三月二十九日	册 1 页 367	刘焞	光绪八年 九月十六日	册 13 页 9607
刘锦棠	光绪七年 九月二十九日	册 13 页 9194	刘锡鸿	同治十三年 三月三日	册 9 页 6071
刘良荃	同治十一年 九月四日	册 8 页 5497	刘霞士	光绪十九年 正月十一日	册 18 页 13338
刘纶襄	光绪十八年 正月十六日	册 18 页 13136	刘庠	同治三年 二月九日	册 4 页 2738
刘履泰	咸丰九年 十一月十四日	册 2 页 1067	刘祥	光绪十九年 六月二十五日	册 18 页 13469
刘名誉	光绪六年 六月二十六日	册 12 页 8754	刘心源	光绪十六年 七月四日	册 17 页 12531
刘齐昂	咸丰九年 十一月二十七日	册 2 页 1085	刘学恺	光绪九年 四月二十日	册 14 页 9862
刘齐浔	光绪十五年 三月十日	册 16 页 12024	刘一桂	光绪八年 十二月十一日	册 13 页 9702

续表

人名	日期	册、页	人名	日期	册、页
刘有铭	同治九年 九月二十三日	册 7 页 4800	楼启宇	同治十年 四月九日	册 7 页 4975
刘余庆	同治十一年 三月十七日	册 8 页 5311	楼守愚	光绪十六年 四月十六日	册 17 页 12453
刘岳云	光绪十二年 六月一日	册 15 页 11109	楼誉普	光绪七年 五月四日	册 12 页 9036
刘櫄寿	光绪十一年 九月二十八日	册 15 页 10897	楼允占	咸丰四年 五月三日	册 1 页 55
刘曾枚	光绪二年 九月四日	册 10 页 7127	卢庆云	光绪六年 六月三日	册 12 页 8724
刘兆霁	光绪十一年 九月十五日	册 15 页 10887	卢煦春	光绪六年 六月二十六日	册 12 页 8754
刘遵敏	光绪十九年 九月十七日	册 18 页 13533	鲁琪光	同治二年 二月十八日	册 4 页 2293
柳芳	光绪六年 六月二十三日	册 12 页 8747	鲁叔容	同治八年 四月十四日	册 6 页 4383
柳元俊	光绪十二年 三月二十六日	册 15 页 11053	鲁燮光	同治八年 六月十五日	册 6 页 4423
龙继栋	同治十三年 九月二十九日	册 9 页 6292	鲁燮元	咸丰二年 八月	册 1 页 9
娄保泰	咸丰十年 三月十八日	册 2 页 1204	鲁宗璥	同治十三年 七月二十七日	册 9 页 6211
娄奎垣	同治十年 六月七日	册 7 页 5030	陆宝霖	光绪十二年 三月十九日	册 15 页 11047
娄奎照	光绪十八年 九月二十四日	册 18 页 13231	陆宝忠	光绪十九年 八月六日	册 18 页 13500
娄俪生	光绪十三年 九月三日	册 16 页 11542	陆瑸	光绪十七年 六月九日	册 17 页 12905
娄云楣	同治二年 十一月八日	册 4 页 2611	陆长俊	光绪十七年 三月十三日	册 17 页 12810
楼观	光绪十二年 六月二十九日	册 15 页 11134	陆承宗	光绪十六年 七月六日	册 17 页 12533
楼藜然	光绪十二年 三月五日	册 15 页 11038	陆光祖	同治十三年 七月十六日	册 8 页 5837

续表

人名	日期	册、页	人名	日期	册、页
陆和钧	咸丰九年 十月二十四日	册 2 页 1057	罗大春	光绪十六年 十月六日	册 17 页 12624
陆继煇	同治十三年 七月十七日	册 9 页 6199	罗惇衍	同治二年 四月二十八日	册 4 页 2340
陆懋修	光绪八年 正月二十二日	册 13 页 9315	罗清源	光绪十三年 七月二十七日	册 16 页 11518
陆润庠	光绪六年 四月二十五日	册 12 页 8681	骆葆庆	同治九年 八月二十二日	册 7 页 4771
陆善格	光绪十一年 十二月十一日	册 15 页 10959	骆腾衢	光绪十二年 二月二十九日	册 15 页 11032
陆士冀	同治四年 十一月二十九日	册 5 页 3496	骆文蔚	同治二年 二月十日	册 4 页 2281
陆寿臣	同治十三年 三月二十五日	册 9 页 6096	吕桂芬	光绪十五年 三月二十日	册 16 页 12032
陆寿民	同治九年 闰十月七日	册 7 页 4828	吕懋蕃	光绪十年 十一月八日	册 14 页 10551
陆树藩	光绪十六年 闰二月四日	册 17 页 12385	吕珮芬	光绪六年 五月十二日	册 12 页 8698
陆廷黻	同治十年 五月十三日	册 7 页 5011	吕渭英	光绪十九年 七月十五日	册 18 页 13483
陆湘泉	光绪五年 闰三月十日	册 12 页 8267	吕锡时	光绪十二年 三月四日	册 15 页 11037
陆心源	光绪十四年 二月十五日	册 16 页 11692	吕耀斗	咸丰九年 十二月二十七日	册 2 页 1118
陆学源	光绪九年 十一月五日	册 14 页 10099	吕元恩	光绪六年 六月十七日	册 12 页 8741
陆元鼎	同治七年 十月二十四日	册 6 页 4198	**M**		
陆增祥	同治十三年 七月十七日	册 9 页 6199	马宝田	光绪六年 五月五日	册 12 页 8692
陆钟岱	光绪十九年 正月二十一日	册 18 页 13344	马宝瑛	同治十年 三月一日	册 7 页 4947
路朝霖	同治十一年 十二月十四日	册 8 页 5597	马炳荣	同治四年 十二月三日	册 5 页 3501

续表

人名	日期	册、页	人名	日期	册、页
马步青	咸丰四年 五月十六日	册 1 页 70	马星联	光绪二年 二月四日	册 10 页 6859
马步元	光绪十九年 八月三十日	册 18 页 13522	马星缦	光绪十七年 十二月十一日	册 18 页 13104
马楚卿	咸丰六年 六月十一日	册 1 页 412	马彦森	光绪六年 四月二十五日	册 12 页 8681
马传庚	同治三年 六月二十一日	册 4 页 2878	毛澂	光绪六年 六月十四日	册 12 页 8738
马传焘	光绪十九年 四月十八日	册 18 页 13416	毛绳武	光绪六年 十一月十日	册 12 页 8877
马传煦	咸丰九年 十一月十四日	册 2 页 1066	毛松年	光绪二年 四月八日	册 10 页 6933
马赓良	同治五年 二月三日	册 5 页 3541	毛益之	同治七年 七月六日	册 6 页 4096
马吉樟	光绪十八年 二月二十八日	册 18 页 13170	茅立仁	光绪十二年 四月十五日	册 15 页 11070
马家鼎	同治十三年 十二月十七日	册 9 页 6381	茅善培	光绪十八年 二月二十日	册 18 页 13163
马良骏	同治十三年 十一月二十五日	册 9 页 6348	茅湘	咸丰四年 四月二十二日	册 1 页 43
马枚	光绪八年 二月十三日	册 13 页 9338	梅巧玲	咸丰十年 二月十八日	册 2 页 1163
马丕瑶	光绪十八年 二月二十八日	册 18 页 13170	孟湝	咸丰五年 八月二日	册 1 页 262
马氏	道光二十二年 十月二日	册 1 页 5	孟继坡	光绪十年 十二月二十二日	册 15 页 10618
马文华	光绪元年 十二月十一日	册 10 页 6783	孟继埙	光绪十年 十一月四日	册 14 页 10547
马锡康	光绪十二年 三月一日	册 15 页 11035	孟继壿	光绪十年 七月五日	册 14 页 10394
马锡祺	同治十二年 九月十七日	册 8 页 5887	孟庆纶	同治四年 八月二十六日	册 5 页 3385
马新贻	同治四年 闰五月十五日	册 5 页 3333	孟庆增	光绪十三年 五月二十一日	册 16 页 11443

续表

人名	日期	册、页	人名	日期	册、页
孟润奎	光绪十九年十月八日	册 18 页 13550	莫元邃	同治四年十一月九日	册 5 页 3479
孟沅	同治六年十一月十九日	册 6 页 3921	莫增奎	咸丰四年五月十六日	册 1 页 70
縻宗彝	咸丰十年四月二十六日	册 2 页 1306	牟荫乔	光绪十六年十月二十九日	册 17 页 12641
绵森	同治二年四月二十八日	册 4 页 2340	N		
缪巩	光绪十三年五月十六日	册 16 页 11438	讷清阿	光绪十七年八月六日	册 18 页 12965
缪焕章	光绪十四年正月二十九日	册 16 页 11672	倪承宽	咸丰十一年三月十日	册 3 页 1744
缪嘉蕙	光绪十二年二月二十八日	册 15 页 11031	倪春潮	咸丰四年闰七月三日	册 1 页 121
缪清濂	咸丰九年正月二十四日	册 2 页 910	倪杰	同治二年正月十三日	册 4 页 2219
缪荃孙	光绪二年九月三日	册 10 页 7127	倪人垓	同治二年七月一日	册 4 页 2383
缪彝	光绪十年三月十七日	册 14 页 10246	倪茹	光绪十三年三月二十六日	册 15 页 11374
缪祐孙	光绪十二年五月三十日	册 15 页 11107	倪霈人	道光九年十二月二十七日	册 1 页 2
缪梓	光绪十年三月十七日	册 14 页 10246	倪氏	道光九年十二月二十七日	册 1 页 2
闵荷生	光绪十年十月二十日	册 14 页 10528	倪文蔚	同治十一年五月十三日	册 8 页 5384
闵致庠	同治十一年二月三日	册 8 页 5265	倪文英	光绪五年十一月十一日	册 12 页 8530
莫峻	光绪八年九月二十五日	册 13 页 9616	倪埙	光绪十一年十一月十三日	册 15 页 10939
莫让仁	咸丰九年十一月十四日	册 2 页 1067	倪一桂	同治二年九月二十五日	册 4 页 2485
莫文泉	同治九年十月四日	册 7 页 4812	倪允嘉	咸丰四年四月二十八日	册 1 页 45

续表

人名	日期	册、页	人名	日期	册、页
倪植	咸丰六年九月二十九日	册 1 页 538	潘曾绶	咸丰九年十月二日	册 2 页 1038
聂济时	光绪九年十月七日	册 14 页 10072	潘曾玮	咸丰十年六月二十三日	册 3 页 1391
钮玉庚	光绪七年十一月十一日	册 13 页 9233	潘曾莹	咸丰十一年正月二十六日	册 3 页 1702
O			潘自彊	咸丰十年三月三十日	册 2 页 1225
欧阳晖	同治十一年九月二十六日	册 8 页 5517	潘祖保	咸丰九年十月九日	册 2 页 1049
P			潘祖年	光绪八年正月三日	册 13 页 9298
潘彬	光绪六年七月八日	册 12 页 8762	潘祖同	咸丰九年十月九日	册 2 页 1049
潘承翰	同治九年九月二十五日	册 7 页 4802	潘祖喜	同治十年七月十八日	册 7 页 5071
潘存	同治十一年四月二十四日	册 8 页 5354	潘祖荫	咸丰十年十一月十八日	册 3 页 1640
潘观保	同治二年四月十三日	册 4 页 2330	潘祖桢	咸丰十一年三月七日	册 3 页 1741
潘鸿	同治七年十月十八日	册 6 页 4195	潘遵祁	同治三年二月十四日	册 4 页 2748
潘良骏	光绪二年三月二十六日	册 10 页 6917	庞鸿书	光绪八年五月二十四日	册 13 页 9468
潘少彭	光绪十七年三月十九日	册 17 页 12814	庞鸿文	光绪二年五月十七日	册 10 页 6978
潘士林	光绪十八年二月二十一日	册 18 页 13165	庞际咸	同治元年三月二十一日	册 3 页 2130
潘树孳	光绪十九年四月二日	册 18 页 13399	庞际云	同治元年三月十四日	册 3 页 2121
潘衍桐	光绪十六年五月十二日	册 17 页 12480	庞玺	光绪十七年四月二十九日	册 17 页 12857
潘衍鋆	光绪五年八月二十九日	册 12 页 8470	佩芳	咸丰十一年二月十二日	册 3 页 1714

续表

人名	日期	册、页	人名	日期	册、页
彭登焯	同治七年 正月二日	册 6 页 3959	戚扬	光绪十五年 二月十八日	册 16 页 12001
彭鸿翊	光绪十八年 三月十日	册 18 页 13183	祁世长	同治二年 九月九日	册 4 页 2460
彭献庚	光绪十八年 十月十八日	册 18 页 13257	祁颂威	光绪十八年 十二月二十六日	册 18 页 13320
彭祖贤	同治十年 十一月二十日	册 7 页 5190	祁征祥	光绪六年 五月十七日	册 12 页 8705
皮宗瀚	同治十二年 十二月二十二日	册 9 页 5991	奇克坦泰	同治十一年 六月十九日	册 8 页 5430
朴凤彬	同治十一年 二月三日	册 8 页 5265	启续	同治十三年 正月二十日	册 9 页 6025
朴珪寿	同治十一年 十月二日	册 8 页 5528	钱宝廉	同治二年 二月三日	册 4 页 2267
平步青	同治元年 九月四日	册 4 页 2136	钱保衡	咸丰十一年 二月三日	册 3 页 1706
平成	光绪十八年 二月二十一日	册 18 页 13165	钱鼎铭	光绪元年 六月八日	册 9 页 6569
平履和	咸丰十年 三月二十日	册 2 页 1210	钱桂森	咸丰十一年 五月六日	册 3 页 1796
濮丙鑅	同治二年 十月二十五日	册 4 页 2570	钱继曾	光绪十六年 闰二月二十八日	册 17 页 12412
濮庆孙	同治九年 九月二十六日	册 7 页 4803	钱骏祥	同治九年 九月二十日	册 7 页 4798
濮诒孙	同治九年 九月二十六日	册 7 页 4803	钱青	同治十三年 五月二十五日	册 9 页 6148
濮子潼	同治十年 六月十日	册 7 页 5032	钱仁俊	光绪十七年 六月一日	册 17 页 12897
普涵斋	光绪十年 九月十一日	册 14 页 10476	钱荣祖	光绪二年 二月九日	册 10 页 6868
Q			钱世叙	光绪八年 九月二十三日	册 13 页 9614
戚人铣	光绪八年 九月九日	册 13 页 9596	钱溯耆	光绪元年 六月八日	册 9 页 6569

续表

人名	日期	册、页	人名	日期	册、页
钱锡晋	光绪七年 九月十二日	册 13 页 9183	秦观光	同治九年 九月九日	册 7 页 4791
钱恂	光绪二年 八月二十五日	册 10 页 7115	秦广绶	光绪十三年 八月二十九日	册 16 页 11537
钱以銮	咸丰九年 四月四日	册 2 页 969	秦基	光绪六年 九月八日	册 12 页 8819
钱应溥	光绪十一年 正月三十日	册 15 页 10660	秦金鉴	咸丰十年 二月十四日	册 2 页 1160
钱振常	同治十年 三月二十八日	册 7 页 4966	秦树敏	同治九年 八月一日	册 7 页 4757
乔保安	光绪十六年 三月二十八日	册 17 页 12441	秦文瀓	光绪十七年 十二月十八日	册 18 页 13112
乔保衡	光绪十七年 九月十三日	册 18 页 12999	秦缃业	同治六年 十一月十九日	册 6 页 3921
乔保元	光绪十二年 十一月十二日	册 15 页 11248	秦云	咸丰四年 三月十九日	册 1 页 16
乔峰	同治十一年 正月十九日	册 8 页 5251	秦曾熙	咸丰八年 十一月二十五日	册 2 页 880
乔瑞淇	光绪十一年 八月九日	册 15 页 10850	秋寿南	光绪十四年 四月二十四日	册 16 页 11763
乔松年	同治十年 六月十一日	册 7 页 5032	裘性宗	同治十三年 三月十四日	册 9 页 6090
秦宝珉	光绪十五年 四月十三日	册 16 页 12055	屈元炘	同治十三年 三月十八日	册 9 页 6092
秦炳文	同治二年 八月二十二日	册 4 页 2434	瞿鸿禨	光绪七年 十一月五日	册 13 页 9226
秦炳直	光绪七年 九月二十八日	册 13 页 9193	瞿廷韶	光绪五年 十二月六日	册 12 页 8561
秦达章	光绪十七年 十一月二十三日	册 18 页 13084	瞿元霖	光绪八年 四月二十一日	册 13 页 9432
秦德埏	光绪六年 二月七日	册 12 页 8619	全国泰	光绪十六年 闰二月二十日	册 17 页 12406
秦赓彤	同治元年 二月十八日	册 3 页 2098	全楙绩	光绪十八年 七月二日	册 18 页 13190

续表

人名	日期	册、页	人名	日期	册、页
全沛丰	光绪十八年 二月二日	册 18 页 13147	茹某	咸丰五年 二月三日	册 1 页 155
全锡祥	光绪十九年 正月十二日	册 18 页 13339	茹念馨	咸丰四年 四月二十三日	册 1 页 44
R			儒芳	光绪十三年 闰四月十九日	册 16 页 11416
任塍	光绪六年 三月十七日	册 12 页 8649	阮福昌	同治二年 三月二十三日	册 4 页 2318
任道镕	光绪五年 九月二十七日	册 12 页 8492	阮汝昌	同治十三年 九月五日	册 9 页 6263
任棻	咸丰八年 十一月二十五日	册 2 页 880	阮世泾	同治二年 三月十七日	册 4 页 2314
任基	咸丰六年 四月十五日	册 1 页 373	阮世淼	光绪十四年 七月七日	册 16 页 11814
任康	咸丰六年 四月十五日	册 1 页 373	阮泰恩	同治十二年 六月二十六日	册 8 页 5793
任起元	咸丰五年 八月四日	册 1 页 263	瑞常	同治二年 四月二十八日	册 4 页 2340
任熊	咸丰七年 十月二十日	册 1 页 643	瑞霖	光绪十六年 十二月三日	册 17 页 12679
任燕誉	光绪十五年 五月二日	册 16 页 12073	瑞璋	光绪元年 五月二十四日	册 9 页 6545
任有容	同治九年 九月二十日	册 7 页 4798	萨廉	光绪六年 六月十八日	册 12 页 8742
任原增	同治九年 六月二十四日	册 7 页 4727	S		
荣溥	同治十一年 三月二十五日	册 8 页 5320	桑安	光绪六年 九月二日	册 12 页 8813
荣升	光绪十九年 六月九日	册 18 页 13454	桑苞	光绪十六年 十一月三日	册 17 页 12650
容山	光绪十七年 八月六日	册 18 页 12965	桑宝	光绪十一年 四月九日	册 15 页 10729
如格	光绪十七年 九月十三日	册 18 页 13000	桑彬	同治十年 十一月六日	册 7 页 5184
如山	同治十一年 七月二十三日	册 8 页 5457	桑炳	同治十一年 正月二十一日	册 8 页 5256

续表

人名	日期	册、页	人名	日期	册、页
桑宷	光绪十二年九月二十九日	册 15 页 11212	邵勋	咸丰十一年九月二十八日	册 3 页 1964
桑春荣	同治二年十月六日	册 4 页 2511	邵友濂	光绪八年四月二日	册 13 页 9412
桑杰	光绪七年七月十一日	册 13 页 9102	邵曰濂	光绪六年二月十六日	册 12 页 8627
桑寯	光绪八年九月二十五日	册 13 页 9616	沈百镛	同治十三年七月十九日	册 9 页 6201
沙中金	光绪十五年三月二十九日	册 16 页 12043	沈宝琛	光绪十六年闰二月八日	册 17 页 12389
单崇恩	光绪十五年二月二十五日	册 16 页 12005	沈宝枏	同治四年正月二十四日	册 5 页 3173
单春泩	光绪十五年二月二十五日	册 16 页 12005	沈宝森	同治元年十月十一日	册 4 页 2159
单恩溥	同治二年七月二十八日	册 4 页 2415	沈宝书	同治九年十月十三日	册 7 页 4816
单文楷	同治四年四月一日	册 5 页 3259	沈宝源	同治四年十二月六日	册 5 页 3512
单信钫	光绪十六年四月十七日	册 17 页 12454	沈丙莹	光绪十五年十月十九日	册 17 页 12252
单叶封	咸丰四年三月十五日	册 1 页 15	沈秉成	同治二年九月九日	册 4 页 2460
善承	光绪十七年十二月二十三日	册 18 页 13115	沈成烈	同治四年三月二十七日	册 5 页 3256
尚贤	光绪十三年正月十五日	册 15 页 11314	沈成枚	同治四年十月二十三日	册 5 页 3456
邵虎文	光绪十八年三月九日	册 18 页 13182	沈昉	咸丰三年七月	册 1 页 13
邵积诚	光绪十四年正月十七日	册 16 页 11659	沈镐	同治元年二月五日	册 3 页 2089
邵松年	同治十三年三月四日	册 9 页 6072	沈拱枢	同治四年十一月七日	册 5 页 3478
邵文煦	同治二年二月四日	册 4 页 2276	沈桂芬	同治二年五月十五日	册 4 页 2349

续表

人名	日期	册、页	人名	日期	册、页
沈鹤书	咸丰八年 十一月二十九日	册 2 页 881	沈镕经	光绪九年 十月十四日	册 14 页 10080
沈鸿寿	光绪十九年 二月十七日	册 18 页 13363	沈士鏻	光绪六年 六月二十三日	册 12 页 8747
沈怀祖	咸丰四年 五月三日	册 1 页 56	沈守诚	光绪十三年 三月六日	册 15 页 11358
沈家本	光绪十年 九月六日	册 14 页 10473	沈守廉	光绪九年 三月七日	册 13 页 9813
沈家霦	光绪十一年 十月三日	册 15 页 10902	沈守谦	光绪六年 四月十五日	册 12 页 8674
沈晋藩	同治八年 九月二十三日	册 7 页 4504	沈寿慈	光绪十六年 三月二十五日	册 17 页 12439
沈晋祥	光绪十五年 六月二十六日	册 16 页 12119	沈书贤	同治四年 五月十五日	册 5 页 3312
沈景修	同治六年 十一月二十一日	册 6 页 3926	沈廷傑	同治二年 十月十九日	册 4 页 2533
沈镜蓉	光绪十二年 二月十日	册 15 页 11015	沈同祖	咸丰五年 三月十五日	册 1 页 178
沈筤生	咸丰五年 二月十二日	册 1 页 159	沈维诚	光绪十五年 三月二日	册 16 页 12017
沈麟书	同治七年 七月二十二日	册 6 页 4112	沈维善	光绪三年 二月四日	册 10 页 7298
沈茂荫	咸丰十年 二月二日	册 2 页 1154	沈文荧	同治二年 九月十六日	册 4 页 2470
沈铭常	同治元年 十二月二十三日	册 4 页 2206	沈彦模	光绪十九年 二月八日	册 18 页 13356
沈铭恕	同治二年 正月三日	册 4 页 2211	沈耀奎	光绪十二年 七月二十六日	册 15 页 11163
沈能虎	同治十一年 五月一日	册 8 页 5369	沈永泉	同治二年 七月七日	册 4 页 2396
沈其霖	咸丰四年 四月二十二日	册 1 页 43	沈瑜宝	同治九年 九月二十六日	册 7 页 4803
沈荣	咸丰八年 十月一日	册 2 页 847	沈裕谦	同治二年 七月一日	册 4 页 2383

续表

人名	日期	册、页	人名	日期	册、页
沈豫立	光绪十九年 九月十八日	册 18 页 13534	升泰	光绪三年 四月四日	册 10 页 7383
沈豫善	光绪十九年 七月十一日	册 18 页 13481	盛炳纬	光绪六年 六月十一日	册 12 页 8736
沈元溥	同治十二年 二月十一日	册 8 页 5683	盛昱	同治十二年 三月二十七日	册 8 页 5719
沈元豫	光绪十六年 闰二月十九日	册 17 页 12404	盛植型	同治十一年 正月十二日	册 8 页 5247
沈源深	同治三年 八月二十五日	册 5 页 2942	师长杓	同治十二年 七月十六日	册 8 页 5836
沈曾棨	光绪十年 五月九日	册 14 页 10300	施补华	同治七年 二月三日	册 6 页 3977
沈曾桐	光绪九年 五月十二日	册 14 页 9903	施典章	光绪九年 十二月十七日	册 14 页 10150
沈曾樾	光绪十六年 四月二十三日	册 17 页 12459	施鉴	光绪十一年 三月二十九日	册 15 页 10717
沈曾植	光绪六年 六月十一日	册 12 页 8736	施茂椿	同治四年 四月六日	册 5 页 3262
沈璋宝	同治九年 九月二十六日	册 7 页 4802	施培曾	光绪十六年 四月二十六日	册 17 页 12461
沈兆庆	同治四年 七月二十一日	册 5 页 3367	施启宗	同治十一年 五月十一日	册 8 页 5382
沈芷秋	同治三年 正月二十日	册 4 页 2720	施儒龄	光绪十一年 三月十二日	册 15 页 10699
沈孳梅	咸丰四年 三月十五日	册 1 页 15	施山	光绪二年 二月十七日	册 10 页 6878
沈祖煌	光绪十一年 三月十二日	册 15 页 10699	施善昌	同治六年 十二月八日	册 6 页 3937
沈祖懋	同治九年 四月十六日	册 7 页 4682	施彦曾	光绪十六年 十月二日	册 17 页 12619
沈祖宪	光绪十二年 四月十九日	册 15 页 11073	施亿承	同治十年 四月五日	册 7 页 4971
沈祖燕	光绪十八年 十月八日	册 18 页 13241	施友三	同治四年 闰五月十三日	册 5 页 3332

续表

人名	日期	册、页	人名	日期	册、页
石鸿韶	光绪十六年 六月六日	册 17 页 12500	舒普	光绪十七年 八月十三日	册 18 页 12970
石鸣韶	光绪六年 六月二十六日	册 12 页 8754	司马士容	光绪九年 五月五日	册 14 页 9897
时小福	同治三年 四月二十一日	册 4 页 2833	司小虎	光绪十九年 五月九日	册 18 页 13436
史慈济	同治九年 闰十月十七日	册 7 页 4835	斯秉镕	光绪十二年 三月五日	册 15 页 11038
史恩济	同治十二年 三月十二日	册 8 页 5705	姒锡章	光绪十八年 二月二十日	册 18 页 13163
史恩绪	光绪二年 十二月十五日	册 10 页 7248	松安	光绪三年 六月二十九日	册 10 页 7468
史贤	光绪三年 十二月二十一日	册 11 页 7717	松淮	光绪十六年 九月二十二日	册 17 页 12609
史映奎	咸丰十年 十二月二十八日	册 3 页 1675	松龄	同治十一年 九月二十四日	册 8 页 5517
史致炜	同治四年 十一月十五日	册 5 页 3481	宋秉谦	光绪六年 六月二十六日	册 12 页 8754
世春	光绪十三年 九月十日	册 16 页 11552	宋晋	同治十一年 四月十四日	册 8 页 5347
世杰	光绪九年 九月十六日	册 14 页 10044	宋寿崑	光绪十五年 三月二十三日	册 16 页 12036
释彻凡	咸丰四年 四月十二日	册 1 页 37	宋淑信	光绪九年 十月二十三日	册 14 页 10088
寿昌	光绪十八年 十月八日	册 18 页 13241	宋维焘	同治十一年 三月十日	册 8 页 5306
寿怀庚	同治九年 九月十六日	册 7 页 4794	宋文滨	光绪十一年 十一月九日	册 15 页 10933
寿庆慈	光绪三年 二月六日	册 10 页 7325	宋学沂	同治九年 十月十四日	册 7 页 4817
寿煊	咸丰五年 三月十一日	册 1 页 176	宋荫培	光绪六年 六月二十七日	册 12 页 8754
寿源清	咸丰十年 正月一日	册 2 页 1123	宋育仁	光绪十九年 九月二十八日	册 18 页 13541

续表

人名	日期	册、页	人名	日期	册、页
宋祖骏	同治十三年五月四日	册 9 页 6129	孙家笃	同治十二年九月二十二日	册 8 页 5891
苏廷魁	同治二年九月九日	册 4 页 2460	孙家谷	光绪五年九月四日	册 12 页 8474
苏玉霖	光绪九年十一月二十六日	册 14 页 10131	孙家穆	同治十二年九月二十二日	册 8 页 5891
素麟	光绪十三年八月二日	册 16 页 11521	孙家鼐	光绪十六年十一月十日	册 17 页 12655
孙宝琦	光绪十七年二月二十八日	册 17 页 12796	孙橘堂	光绪十八年三月十日	册 18 页 13183
孙宝仁	咸丰七年九月十七日	册 1 页 626	孙霖	光绪十四年十月二十日	册 16 页 11893
孙宝瑄	光绪十九年二月十四日	册 18 页 13362	孙禄增	同治十三年五月三日	册 9 页 6128
孙宝义	同治四年十二月六日	册 5 页 3512	孙履晋	光绪十年十二月二十二日	册 15 页 10618
孙葆田	光绪十六年十月十三日	册 17 页 12628	孙明义	光绪十七年七月二十一日	册 18 页 12951
孙道复	同治二年二月八日	册 4 页 2281	孙铭恩	咸丰四年六月十五日	册 1 页 80
孙道乾	同治六年正月十八日	册 6 页 3710	孙模	光绪十二年二月十日	册 15 页 11015
孙德祖	同治九年七月三十日	册 7 页 4753	孙娘	咸丰四年三月二十五日	册 1 页 23
孙福宝	光绪九年十一月二十三日	册 14 页 10128	孙盼云	咸丰十年正月十日	册 2 页 1132
孙馥生	咸丰四年四月二十三日	册 1 页 44	孙锵鸣	同治二年十一月十三日	册 4 页 2614
孙垓	咸丰三年七月	册 1 页 13	孙清士	光绪十八年二月十九日	册 18 页 13163
孙鸿恩	同治三年七月十七日	册 5 页 2911	孙清彦	同治十年正月十二日	册 7 页 4909
孙楫	同治十年三月二十一日	册 7 页 4959	孙庆咸	同治二年六月二十九日	册 4 页 2382

续表

人名	日期	册、页	人名	日期	册、页
孙人凤	同治三年 十二月九日	册 5 页 3086	孙诒经	同治三年 十一月十六日	册 5 页 3057
孙汝梅	光绪六年 五月二十五日	册 12 页 8716	孙诒让	同治六年 九月二十一日	册 6 页 3886
孙尚绂	同治六年 六月八日	册 6 页 3807	孙翼谋	同治元年 十月十七日	册 4 页 2162
孙绍棠	光绪十七年 二月二十四日	册 17 页 12791	孙瑛	光绪八年 五月二日	册 13 页 9440
孙氏	咸丰八年 五月二十二日	册 2 页 780	孙毓芳	同治元年 十月十一日	册 4 页 2159
孙氏	咸丰八年 十二月十三日	册 2 页 888	孙毓汶	同治四年 三月三日	册 5 页 3219
孙式烈	光绪九年 四月十二日	册 14 页 9854	孙源	同治元年 九月五日	册 4 页 2136
孙寿昶	光绪十一年 五月十六日	册 15 页 10756	孙子与	光绪六年 十二月五日	册 12 页 8902
孙寿祺	光绪十七年 二月二十四日	册 17 页 12791	孙宗谷	光绪十年 十月二十八日	册 14 页 10541
孙嵩年	光绪十七年 九月六日	册 18 页 12993	T		
孙廷翰	光绪十二年 二月十八日	册 15 页 11021	谭鳌	光绪十六年 九月十九日	册 17 页 12608
孙廷璐	咸丰六年 六月二十四日	册 1 页 416	谭宝琦	同治四年 十月十六日	册 5 页 3450
孙廷璋	咸丰五年 四月五日	册 1 页 188	谭承祖	同治二年 九月十八日	册 4 页 2472
孙同康	光绪十八年 十二月十七日	册 18 页 13313	谭继洵	同治十年 二月三十日	册 7 页 4937
孙咸寿	光绪六年 三月二十一日	册 12 页 8653	谭其文	光绪十九年 四月二十九日	册 18 页 13429
孙衍模	同治九年 十月四日	册 7 页 4812	谭廷彪	光绪六年 十一月十日	册 12 页 8877
孙衣言	同治六年 六月四日	册 6 页 3807	谭献	咸丰四年 三月二十一日	册 1 页 18

续表

人名	日期	册、页	人名	日期	册、页
谭鑫振	光绪七年 五月十五日	册 12 页 9043	唐骅路	光绪十六年 四月十一日	册 17 页 12450
谭钟麟	同治六年 五月二十九日	册 6 页 3803	唐壬森	同治十年 四月二十四日	册 7 页 4995
檀玑	光绪八年 十二月二日	册 13 页 9688	唐廷纶	咸丰四年 六月二十五日	册 1 页 83
檀崖	光绪十五年 八月二日	册 17 页 12158	唐选皋	光绪八年 五月十四日	册 13 页 9453
汤鼎熺	光绪三年 三月十八日	册 10 页 7367	唐樾森	光绪十七年 九月十六日	册 18 页 13002
汤鼎煊	同治十三年 六月十六日	册 9 页 6171	陶词光	光绪十一年 二月十七日	册 15 页 10675
汤纪尚	光绪十八年 三月三日	册 18 页 13176	陶方琯	光绪三年 四月一日	册 10 页 7381
汤钱年	同治十年 二月十三日	册 7 页 4927	陶方琦	同治九年 九月八日	册 7 页 4790
汤某	咸丰六年 四月六日	册 1 页 369	陶福基	咸丰五年 三月十七日	册 1 页 179
汤绳和	光绪六年 五月二十三日	册 12 页 8715	陶家垚	光绪十六年 闰二月二十日	册 17 页 12406
汤似瑄	光绪元年 十二月四日	册 10 页 6776	陶搢绶	光绪六年 三月二十日	册 12 页 8652
汤寿潜	光绪十五年 二月六日	册 16 页 11990	陶景崧	光绪十八年 八月九日	册 18 页 13197
汤孙敬	咸丰九年 十一月十三日	册 2 页 1065	陶联琇	光绪十二年 二月二十六日	册 15 页 11030
汤学淳	同治元年 十二月二十七日	册 4 页 2207	陶良翰	同治九年 闰十月二日	册 7 页 4826
汤兆禧	同治二年 六月二十八日	册 4 页 2381	陶模	同治九年 八月十八日	册 7 页 4763
唐椿森	光绪十六年 六月三十日	册 17 页 12525	陶琴	同治十年 七月五日	册 7 页 5060
唐登瀛	同治十三年 六月二十一日	册 9 页 6177	陶庆仍	光绪二年 二月二十四日	册 10 页 6884

续表

人名	日期	册、页	人名	日期	册、页
陶荣	光绪十二年 正月四日	册 15 页 10985	田晋蕃	同治九年 八月二十八日	册 7 页 4774
陶森	同治二年 十一月十二日	册 4 页 2613	田人熙	同治四年 闰五月二十日	册 5 页 3337
陶绶青	咸丰八年 三月二十六日	册 2 页 752	田兆瀛	同治四年 三月十六日	册 5 页 3242
陶绶荣	咸丰九年 正月十三日	册 2 页 907	田征祥	光绪十三年 五月二十五日	册 16 页 11445
陶闻远	光绪十八年 二月二十一日	册 18 页 13165	廷俊	光绪十年 正月六日	册 14 页 10168
陶燮咸	咸丰四年 三月十七日	册 1 页 16	廷恺	同治二年 十月九日	册 4 页 2516
陶濬宣	同治九年 九月九日	册 7 页 4791	廷彦	同治十年 二月三十日	册 7 页 4937
陶誉光	光绪十二年 八月三十日	册 15 页 11189	童春	同治三年 正月五日	册 4 页 2701
陶在和	光绪七年 三月五日	册 12 页 8972	童福承	同治二年 九月八日	册 4 页 2459
陶在铭	同治九年 九月八日	册 7 页 4790	童迥	光绪十九年 四月十九日	册 18 页 13417
陶喆甡	光绪十二年 十一月三日	册 15 页 11238	童祥熊	光绪十四年 五月二十日	册 16 页 11785
陶祖培	同治十年 四月三日	册 7 页 4969	童学琦	光绪十六年 闰二月十一日	册 17 页 12392
滕希甫	同治四年 五月十二日	册 5 页 3310	童毓英	同治二年 七月一日	册 4 页 2383
田宝祺	光绪十五年 二月十七日	册 16 页 12000	图麟	同治七年 五月二日	册 6 页 4055
田大年	同治二年 十一月十三日	册 4 页 2614	屠福谦	光绪十三年 二月五日	册 15 页 11328
田福畴	咸丰六年 二月八日	册 1 页 328	屠寄	光绪九年 九月二十六日	册 14 页 10054

续表

人名	日期	册、页	人名	日期	册、页
屠梦岩	咸丰五年 正月十日	册 1 页 148	汪世金	咸丰八年 四月六日	册 2 页 759
屠石麟	咸丰五年 九月十五日	册 1 页 302	汪守正	光绪十年 三月二十日	册 14 页 10255
屠寿田	咸丰六年 十月十二日	册 1 页 541	汪受礽	光绪六年 六月二十五日	册 12 页 8753
W			汪绥之	光绪二年 七月十七日	册 10 页 7076
万本敷	光绪十一年 九月十二日	册 15 页 10884	汪树堂	光绪四年 正月二十九日	册 11 页 7751
万本敦	光绪十年 五月十三日	册 14 页 10304	汪树廷	光绪十五年 三月二十八日	册 16 页 12041
万秉鉴	光绪十年 正月二十日	册 14 页 10179	汪望庚	光绪十五年 五月二十一日	册 16 页 12089
万培因	咸丰十一年 四月十四日	册 3 页 1787	汪文枢	光绪十年 九月九日	册 14 页 10475
万培曾	咸丰十一年 三月三日	册 3 页 1736	汪锡智	光绪十一年 四月十六日	册 15 页 10734
万青藜	咸丰四年 六月十七日	册 1 页 80	汪洵	光绪九年 四月二十二日	册 14 页 9864
万锡珩	光绪六年 九月六日	册 12 页 8816	汪以庄	光绪七年 十月二十九日	册 13 页 9219
汪鸿基	光绪十三年 九月十四日	册 16 页 11554	汪曰桢	同治七年 十月十一日	册 6 页 4193
汪鸣皋	同治六年 八月一日	册 6 页 3835	汪曾唯	同治六年 十一月十日	册 6 页 3913
汪鸣銮	同治十三年 正月十八日	册 9 页 6022	汪朝模	光绪十六年 二月二十一日	册 17 页 12374
汪蓉照	咸丰四年 七月二十三日	册 1 页 102	汪致炳	光绪十七年 九月九日	册 18 页 12996
汪汝纶	光绪九年 六月四日	册 14 页 9934	汪宗沂	光绪六年 五月二日	册 12 页 8689
汪韶年	光绪十六年 八月十九日	册 17 页 12574	王柏心	光绪十一年 九月十三日	册 15 页 10884

续表

人名	日期	册、页	人名	日期	册、页
王邦鼎	光绪六年 七月六日	册 12 页 8761	王恭和	光绪十五年 五月十一日	册 16 页 12082
王宝善	光绪十年 三月二十一日	册 14 页 10256	王观光	同治二年 三月十七日	册 4 页 2314
王必达	光绪八年 二月八日	册 13 页 9331	王会澧	光绪十五年 二月二十二日	册 16 页 12004
王炳经	光绪十七年 十一月二日	册 18 页 13056	王季烈	光绪十七年 三月十三日	册 17 页 12809
王炳燮	同治四年 五月十二日	册 5 页 3310	王继本	咸丰八年 十二月十三日	册 2 页 888
王崇烈	光绪十六年 十月六日	册 17 页 12624	王继谷	同治十三年 四月十日	册 9 页 6108
王传璨	同治十三年 八月十八日	册 9 页 6241	王继香	同治四年 十月四日	册 5 页 3444
王德容	咸丰十年 三月五日	册 2 页 1173	王继业	光绪十五年 三月二十五日	册 16 页 12039
王定安	同治三年 九月十四日	册 5 页 2970	王家埙	光绪十二年 十二月二十三日	册 15 页 11293
王恩溥	光绪十六年 闰二月四日	册 17 页 12385	王嘉猷	同治三年 四月一日	册 4 页 2813
王恩溯	光绪十五年 九月二十七日	册 17 页 12225	王建辰	同治六年 四月二十七日	册 6 页 3761
王恩元	光绪十五年 三月二十一日	册 16 页 12035	王建基	同治十三年 三月八日	册 9 页 6078
王棻	同治六年 八月一日	册 6 页 3835	王金映	光绪六年 五月四日	册 12 页 8691
王福	咸丰九年 九月二十四日	册 2 页 929	王经	同治十一年 九月十日	册 8 页 5502
王福厚	光绪十二年 二月二十三日	册 15 页 11026	王景澄	同治七年 四月十七日	册 6 页 4019
王淦	同治五年 正月十三日	册 5 页 3530	王镜澜	咸丰十年 八月二十五日	册 3 页 1489
王耿光	同治三年 六月五日	册 4 页 2863	王臤龄	光绪十五年 八月二十五日	册 17 页 12192

续表

人名	日期	册、页	人名	日期	册、页
王凯泰	同治六年 八月七日	册 6 页 3848	王清林	光绪十年 三月二十日	册 14 页 10255
王闿运	同治十年 三月二十八日	册 7 页 4966	王庆勋	同治四年 六月九日	册 5 页 3344
王堃	同治二年 九月八日	册 4 页 2459	王庆埏	光绪十五年 二月二十五日	册 16 页 12006
王兰	同治十三年 八月九日	册 9 页 6232	王庆禔	光绪十八年 二月二十六日	册 18 页 13169
王兰娣	光绪十三年 四月二十日	册 16 页 11396	王仁东	光绪十一年 九月七日	册 15 页 10879
王联璧	光绪十七年 三月二十八日	册 17 页 12823	王仁堪	同治十二年 二月二十三日	册 8 页 5691
王濂	光绪十八年 十二月二十一日	册 18 页 13316	王荣甲	咸丰六年 三月二十四日	册 1 页 361
王麟书	同治六年 八月一日	册 6 页 3835	王荣祖	光绪十六年 闰二月十七日	册 17 页 12402
王龄	咸丰九年 二月二十八日	册 2 页 936	王榕吉	同治十年 十月十一日	册 7 页 5165
王履咸	光绪十六年 六月二十日	册 17 页 12515	王汝济	光绪十九年 八月四日	册 18 页 13498
王履元	咸丰六年 三月二十四日	册 1 页 361	王汝霖	同治九年 九月二十六日	册 7 页 4803
王冕藻	咸丰四年 六月十三日	册 1 页 79	王尚炯	同治十年 四月四日	册 7 页 4970
王培庚	光绪十二年 二月十五日	册 15 页 11019	王尚焜	同治四年 二月二十五日	册 5 页 3214
王鹏九	光绪十九年 四月二十日	册 18 页 13418	王升	光绪三年 十二月二十一日	册 11 页 7717
王鹏运	光绪七年 九月三日	册 13 页 9178	王师曾	同治元年 九月十七日	册 4 页 2144
王绮	同治六年 十月二十九日	册 6 页 3907	王世经	咸丰六年 七月八日	册 1 页 424
王器成	光绪六年 七月二日	册 12 页 8759	王世远	同治二年 六月十二日	册 4 页 2367

续表

人名	日期	册、页	人名	日期	册、页
王式曾	光绪六年 六月十八日	册 12 页 8742	王贤	同治九年 七月十一日	册 7 页 4745
王守基	同治十二年 九月十八日	册 8 页 5888	王敞	光绪七年 三月十日	册 12 页 8977
王寿彭	同治二年 七月十五日	册 4 页 2403	王新荣	同治二年 六月十二日	册 4 页 2367
王寿仁	光绪十七年 九月十三日	册 18 页 12999	王星諴	咸丰二年 八月	册 1 页 9
王受豫	光绪七年 十月二十日	册 13 页 9210	王修植	光绪十八年 九月一日	册 18 页 13203
王绶	同治十一年 九月十日	册 8 页 5502	王彦澂	光绪五年 八月十七日	册 12 页 8456
王思沂	同治二年 十月十五日	册 4 页 2523	王彦威	同治九年 九月二十九日	册 7 页 4805
王颂蔚	光绪九年 五月二十二日	册 14 页 9922	王彦武	光绪五年 九月六日	册 12 页 8475
王廷训	同治九年 十一月二十九日	册 7 页 4860	王燕宾	同治五年 二月五日	册 5 页 3542
王同	同治十三年 三月二十二日	册 9 页 6094	王耀绂	光绪七年 十一月一日	册 13 页 9221
王同愈	光绪十九年 八月六日	册 18 页 13500	王耀兴	光绪十八年 三月十日	册 18 页 13183
王彤	同治四年 十一月十一日	册 5 页 3480	王仪恂	同治四年 正月三日	册 5 页 3124
王万怀	光绪十八年 二月二十日	册 18 页 13163	王诒寿	同治五年 二月三日	册 5 页 3541
王维龄	光绪十二年 九月十五日	册 15 页 11205	王懿荣	同治十年 八月二十八日	册 7 页 5116
王文韶	同治二年 七月十七日	册 4 页 2406	王荫棠	同治四年 十一月六日	册 5 页 3477
王锡康	同治四年 闰五月十四日	册 5 页 3332	王英澜	咸丰四年 六月四日	册 1 页 74
王先谦	同治十一年 九月八日	册 8 页 5501	王英淇	同治十年 正月二十九日	册 7 页 4917

续表

人名	日期	册、页	人名	日期	册、页
王颖	光绪三年 十一月二十二日	册 11 页 7661	王拯	同治四年 十一月十三日	册 5 页 3480
王应孚	咸丰十年 五月七日	册 2 页 1322	王之杰	光绪十六年 闰二月四日	册 17 页 12385
王应泰	光绪十八年 三月十一日	册 18 页 13183	王忠廉	同治四年 闰五月五日	册 5 页 3327
王泳	咸丰八年 八月十二日	册 2 页 820	王舟瑶	光绪十五年 五月四日	册 16 页 12076
王咏霓	同治九年 七月二十八日	册 7 页 4753	王祖杰	光绪十五年 三月二十五日	册 16 页 12039
王余庆	光绪十五年 二月十九日	册 16 页 12001	王祖彝	光绪十一年 九月十八日	册 15 页 10890
王雨安	同治四年 五月二十五日	册 5 页 3320	王祖源	同治十一年 八月六日	册 8 页 5472
王玉森	同治十年 四月二十九日	册 7 页 4999	王佐	光绪十八年 二月二十九日	册 18 页 13171
王玉藻	咸丰四年 六月十三日	册 1 页 79	韦憭芸	咸丰十年 十一月十六日	册 3 页 1638
王毓芝	光绪七年 八月二十七日	册 13 页 9173	魏福瀛	同治三年 三月七日	册 4 页 2785
王豫生	光绪二年 九月十七日	册 10 页 7143	魏亨采	同治十三年 九月十日	册 9 页 6271
王元灏	同治四年 三月二十日	册 5 页 3249	魏龙常	光绪十二年 二月二十一日	册 15 页 11024
王元辛	咸丰五年 九月十五日	册 1 页 302	魏迺勷	光绪九年 十月十五日	册 14 页 10081
王綷	同治十一年 二月二十日	册 8 页 5282	温绍棠	光绪六年 四月二十日	册 12 页 8678
王赞元	同治四年 八月十四日	册 5 页 3380	温忠翰	同治十年 十一月二十六日	册 7 页 5195
王朝瀚	光绪三年 四月四日	册 10 页 7383	文纲	光绪十七年 三月二十一日	册 17 页 12817
王兆兰	同治十一年 三月十日	册 8 页 5306	文惠	光绪七年 十二月十八日	册 13 页 9281

续表

人名	日期	册、页	人名	日期	册、页
文杰	光绪十七年六月十日	册 17 页 12907	倭仁	同治二年六月五日	册 4 页 2362
文敬	光绪十六年十二月二十二日	册 17 页 12706	吴宝俭	同治十年八月九日	册 7 页 5102
文良	光绪十年正月六日	册 14 页 10168	吴宝清	同治十年七月二十一日	册 7 页 5075
文庆祥	光绪元年十二月四日	册 10 页 6776	吴宝恕	同治二年正月二十二日	册 4 页 2244
文硕	光绪十年十一月二十日	册 14 页 10569	吴炳和	光绪十三年二月二十五日	册 15 页 11349
文廷式	光绪十八年九月八日	册 18 页 13208	吴承恩	同治三年二月九日	册 4 页 2738
文秀	光绪十九年正月十日	册 18 页 13337	吴承潞	光绪十九年四月二十五日	册 18 页 13423
文郁	光绪十七年八月六日	册 18 页 12964	吴承志	同治十年七月七日	册 7 页 5061
翁斌孙	光绪十六年正月九日	册 17 页 12325	吴传綎	光绪十六年十二月十五日	册 17 页 12699
翁庆龙	咸丰九年十一月十七日	册 2 页 1069	吴琮	同治十一年七月十八日	册 8 页 5452
翁寿篯	同治十三年六月十八日	册 9 页 6173	吴存义	同治二年四月二十八日	册 4 页 2340
翁同龢	光绪六年四月十三日	册 12 页 8673	吴大澂	同治十一年三月十四日	册 8 页 5309
翁学涵	同治二年四月十九日	册 4 页 2333	吴大衡	同治十三年四月二日	册 9 页 6101
翁在瑺	光绪十九年二月二十三日	册 18 页 13368	吴凤藻	同治七年十月二十二日	册 6 页 4197
翁在玑	咸丰十一年正月八日	册 3 页 1683	吴观礼	同治十三年三月二十九日	册 9 页 6099
翁曾桂	光绪七年四月十八日	册 12 页 9024	吴光奎	光绪十五年十一月十四日	册 17 页 12276
翁曾源	光绪十三年七月二十三日	册 16 页 11515	吴光梁	同治元年九月十六日	册 4 页 2144

续表

人名	日期	册、页	人名	日期	册、页
吴恒	同治七年 闰四月八日	册 6 页 4037	吴士麟	光绪十年 六月十日	册 14 页 10367
吴怀珍	咸丰九年 十月十九日	册 2 页 1054	吴式芬	咸丰五年 八月六日	册 1 页 265
吴焕采	同治十三年 二月二十七日	册 9 页 6066	吴寿昌	同治三年 十二月二十一日	册 5 页 3101
吴讲	光绪二年 三月二十日	册 10 页 6910	吴树德	光绪六年 五月二十七日	册 12 页 8720
吴金辂	同治十年 八月九日	册 7 页 5102	吴树棻	光绪六年 五月八日	册 12 页 8693
吴景祺	光绪六年 四月十四日	册 12 页 8674	吴澍霖	光绪元年 八月四日	册 9 页 6634
吴景萱	咸丰十年 十二月十二日	册 3 页 1661	吴思权	道光二十九年 九月	册 1 页 6
吴颎炎	光绪十二年 三月五日	册 15 页 11038	吴思树	同治二年 十月二十二日	册 4 页 2548
吴均金	光绪十三年 十月二十日	册 16 页 11593	吴思藻	同治九年 九月二十二日	册 7 页 4800
吴沛霖	咸丰十年 十一月二十八日	册 3 页 1649	吴思钊	同治元年 九月十六日	册 4 页 2144
吴品珩	光绪十二年 五月二十八日	册 15 页 11106	吴淞	同治十三年 七月八日	册 9 页 6190
吴清彦	同治二年 正月二十二日	册 4 页 2245	吴唐林	同治六年 十二月七日	册 6 页 3937
吴庆坻	光绪三年 二月二十七日	册 10 页 7350	吴廷芬	光绪二年 闰五月五日	册 10 页 7002
吴庆焘	同治元年 十月九日	册 4 页 2159	吴文塄	同治十年 七月二十七日	册 7 页 5084
吴善城	光绪十三年 二月二十五日	册 15 页 11348	吴文焕	光绪十四年 十一月二十一日	册 16 页 11918
吴绍吉	同治二年 六月五日	册 4 页 2361	吴西川	光绪元年 十二月二十八日	册 10 页 6813
吴升照	咸丰十年 七月二十日	册 3 页 1441	吴协心	光绪二年 五月二日	册 10 页 6957
吴士鉴	光绪十八年 十一月二十五日	册 18 页 13287	吴协中	同治十年 二月三十日	册 7 页 4937

续表

人名	日期	册、页	人名	日期	册、页
吴荫培	光绪十六年 五月九日	册 17 页 12477	锡缜	同治十一年 三月二十日	册 8 页 5314
吴引孙	光绪十四年 九月二十一日	册 16 页 11868	席姬	光绪四年 四月十五日	册 11 页 7853
吴毓春	光绪十七年 四月一日	册 17 页 12825	禧晟	同治十年 十月九日	册 7 页 5164
吴筠孙	光绪十八年 七月二日	册 18 页 13191	夏敦复	光绪十九年 三月二日	册 18 页 13375
吴曾荫	同治十年 四月二十四日	册 7 页 4995	夏同善	咸丰十年 十一月三十日	册 3 页 1651
吴兆鏶	光绪十五年 三月二十三日	册 16 页 12036	夏衔	光绪六年 五月二十四日	册 12 页 8715
吴兆基	光绪六年 六月十八日	册 12 页 8742	夏献烈	咸丰十一年 九月十二日	册 3 页 1941
吴兆泰	光绪十六年 十月二十二日	册 17 页 12636	夏献蓉	同治元年 正月二十五日	册 3 页 2081
吴志道	光绪十七年 四月十九日	册 17 页 12849	夏献馨	同治十三年 四月十七日	册 9 页 6114
吴钟骏	道光三十年 三月	册 1 页 6	夏震川	光绪六年 十一月二十九日	册 12 页 8893
吴重憙	同治十三年 三月十四日	册 9 页 6089	夏之森	光绪十六年 六月十四日	册 17 页 12510
吴祖椿	光绪十七年 六月八日	册 17 页 12905	夏宗彝	光绪十四年 十月二十四日	册 16 页 11897
伍锡钊	同治二年 八月二十八日	册 4 页 2443	祥麟	光绪七年 三月十日	册 12 页 8977
伍兆鳌	光绪九年 五月二十日	册 14 页 9921	向光谦	光绪三年 七月十二日	册 10 页 7481
武汝绳	光绪十年 三月二十日	册 14 页 10255	向学荣	同治九年 十一月三十日	册 7 页 4861
X			萧鉴	咸丰六年 十一月十六日	册 1 页 554
锡龄	咸丰二年 八月	册 1 页 9	萧韶	光绪十三年 二月二十八日	册 15 页 11352

续表

人名	日期	册、页	人名	日期	册、页
萧世本	光绪十年 四月九日	册 14 页 10270	谢锡蕃	咸丰九年 十月二十四日	册 2 页 1057
啸云	咸丰八年 四月六日	册 2 页 759	谢永祜	同治五年 二月一日	册 5 页 3539
谢昌玉	咸丰十年 十二月十三日	册 3 页 1662	谢裕楷	光绪十六年 九月四日	册 17 页 12593
谢昌运	光绪十五年 二月十九日	册 16 页 12001	谢元洪	光绪十八年 二月二十一日	册 18 页 13165
谢福恒	咸丰五年 七月三日	册 1 页 250	谢钺	同治元年 九月六日	册 4 页 2138
谢辅坫	同治二年 十二月三日	册 4 页 2657	谢增	咸丰九年 十一月四日	册 2 页 1062
谢辅濂	光绪九年 七月十八日	册 14 页 9975	谢祖荫	光绪十三年 六月二十二日	册 16 页 11465
谢辅缨	同治二年 九月十六日	册 4 页 2470	谢祖源	光绪十一年 十一月四日	册 15 页 10929
谢恭寿	光绪十五年 六月十八日	册 16 页 12109	兴恩	光绪四年 六月二十九日	册 11 页 7935
谢隽杭	光绪十四年 十一月二十六日	册 16 页 11920	荥阳氏	咸丰六年 九月十五日	册 1 页 484
谢兰生	咸丰九年 二月二十九日	册 2 页 936	熊镜心	同治十年 七月十日	册 7 页 5063
谢乃元	光绪十五年 三月二十九日	册 16 页 12043	熊昭镜	咸丰十一年 五月六日	册 3 页 1796
谢启华	光绪六年 六月十六日	册 12 页 8740	秀林	光绪十六年 九月十四日	册 17 页 12064
谢汝翼	光绪十九年 六月十七日	册 18 页 13463	徐宝谦	同治三年 二月十一日	册 4 页 2743
谢维藩	同治十年 九月九日	册 7 页 5123	徐彬	光绪二年 六月十一日	册 10 页 7047
谢文翘	光绪六年 六月七日	册 12 页 8729	徐炳	同治四年 正月二十三日	册 5 页 3172
谢希铨	光绪十六年 十月二十日	册 17 页 12635	徐成立	光绪十八年 三月十一日	册 18 页 13183
谢锡昌	咸丰九年 二月二十八日	册 2 页 936	徐承焯	光绪十七年 十月三日	册 18 页 13022

续表

人名	日期	册、页	人名	日期	册、页
徐承燮	光绪十七年 九月十二日	册 18 页 12997	徐家铭	光绪十三年 二月九日	册 15 页 11331
徐承宣	光绪十五年 二月十九日	册 16 页 12001	徐锦荣	咸丰二年 八月	册 1 页 9
徐承煊	同治四年 五月五日	册 5 页 3302	徐堪先	光绪十二年 七月二十八日	册 15 页 11164
徐承煜	同治十年 三月十七日	册 7 页 4956	徐珂	光绪十六年 三月二十三日	册 17 页 12437
徐承祖	光绪十年 九月二十七日	册 14 页 10495	徐夔	同治十一年 七月二十日	册 8 页 5453
徐澄泰	光绪十二年 三月二十二日	册 15 页 11048	徐麟光	光绪十三年 六月八日	册 16 页 11454
徐德廙	同治三年 六月二日	册 4 页 2861	徐鋈	同治九年 九月二十七日	册 7 页 4804
徐鼎琛	同治十年 三月五日	册 7 页 4951	徐培芝	光绪三年 十一月二十六日	册 11 页 7672
徐鼎之	同治十二年 三月八日	册 8 页 5702	徐琪	光绪九年 三月三日	册 13 页 9809
徐定超	光绪十二年 十月二十四日	册 15 页 11231	徐虔复	咸丰三年 七月	册 1 页 13
徐尔谷	光绪十五年 十一月十三日	册 17 页 12275	徐庆安	光绪二年 二月三日	册 10 页 6858
徐棻	光绪十七年 三月五日	册 17 页 12804	徐庆宸	咸丰五年 七月二十八日	册 1 页 261
徐抚辰	光绪十七年 三月六日	册 17 页 12804	徐悫立	光绪五年 五月十一日	册 12 页 8343
徐国安	同治七年 六月十四日	册 6 页 4082	徐仁杰	光绪十九年 七月五日	册 18 页 13477
徐翰臣	光绪十年 四月二日	册 14 页 10265	徐仁铸	光绪十七年 九月十八日	册 18 页 13004
徐济川	光绪二年 三月二十日	册 10 页 6910	徐荣	咸丰五年 二月十一日	册 1 页 158
徐家鼎	光绪十八年 十二月二十二日	册 18 页 13317	徐三庚	光绪十二年 十一月四日	册 15 页 11239

续表

人名	日期	册、页	人名	日期	册、页
徐绍谦	光绪十六年 闰二月十七日	册 17 页 12402	徐元钊	光绪十二年 五月十二日	册 15 页 11093
徐绅	咸丰六年 二月四日	册 1 页 327	徐兆丰	光绪十六年 六月二十九日	册 17 页 12523
徐升鼎	光绪二年 闰五月十八日	册 10 页 7019	徐致祥	同治十三年 四月二日	册 9 页 6101
徐时霖	光绪十九年 二月二十七日	册 18 页 13372	徐智光	光绪十六年 闰二月十七日	册 17 页 12402
徐氏	光绪十五年 九月十八日	册 17 页 12210	徐作梅	咸丰十年 三月二十日	册 2 页 1210
徐寿春	同治三年 八月十七日	册 5 页 2937	许柏身	咸丰六年 八月十四日	册 1 页 471
徐树观	光绪十六年 三月三十日	册 17 页 12442	许秉璋	光绪十五年 二月十一日	册 16 页 11994
徐树钧	同治十二年 八月二十八日	册 8 页 5869	许炳纛	同治四年 正月五日	册 5 页 3136
徐树兰	光绪二年 八月十九日	册 10 页 7111	许承宽	同治六年 十一月二十九日	册 6 页 3931
徐树铭	咸丰十年 四月十一日	册 2 页 1277	许德裕	同治九年 九月二十六日	册 7 页 4803
徐嗣龙	光绪十八年 十一月十日	册 18 页 13276	许福桢	光绪十二年 三月二十七日	册 15 页 11054
徐同善	光绪十五年 九月二十日	册 17 页 12211	许庚身	同治四年 正月二十二日	册 5 页 3170
徐桐	同治三年 九月十二日	册 5 页 2968	许赓飏	同治十一年 三月十四日	册 8 页 5309
徐维则	光绪十六年 闰二月十三日	册 17 页 12398	许湝祥	同治九年 八月十八日	册 7 页 4763
徐文濬	光绪十六年 闰二月二十八日	册 17 页 12413	许灏	同治八年 九月二十三日	册 7 页 4503
徐用仪	同治十一年 二月九日	册 8 页 5271	许郊	同治八年 九月二十四日	册 7 页 4504
徐友兰	光绪七年 十一月二十日	册 13 页 9242	许景澄	同治九年 七月二十六日	册 7 页 4752

续表

人名	日期	册、页	人名	日期	册、页
许俊魁	咸丰四年 四月二十五日	册 1 页 45	许宗衡	同治二年 九月九日	册 4 页 2460
许令芬	咸丰九年 三月一日	册 2 页 937	薛葆樋	光绪十八年 九月二十日	册 18 页 13222
许乃普	同治三年 正月四日	册 4 页 2701	薛葆元	光绪三年 二月十八日	册 10 页 7339
许彭寿	同治三年 正月四日	册 4 页 2701	薛福成	光绪十五年 三月二十三日	册 16 页 12036
许钤身	光绪十六年 七月十四日	册 17 页 12538	薛光藻	咸丰四年 六月三日	册 1 页 74
许庆恩	同治九年 十月三日	册 7 页 4812	薛光泽	咸丰五年 六月十六日	册 1 页 231
许礽庆	光绪六年 二月五日	册 12 页 8616	薛浚	光绪十四年 三月二日	册 16 页 11712
许延祺	同治九年 十月四日	册 7 页 4812	薛鸣凤	咸丰六年 三月十八日	册 1 页 356
许叶芬	光绪十九年 三月二十四日	册 18 页 13392	薛时雨	同治四年 闰五月十六日	册 5 页 3333
许绎	同治十二年 正月二十七日	册 8 页 5655	薛有三	咸丰六年 七月二十九日	册 1 页 460
许应鏁	光绪十一年 三月二十日	册 15 页 10711	薛沅	光绪十五年 二月二十一日	册 16 页 12003
许应骙	光绪六年 四月二十七日	册 12 页 8682	薛允升	光绪十七年 八月二十五日	册 18 页 12980
许有麟	光绪元年 十月十五日	册 9 页 6718	薛珠婴	光绪十三年 九月五日	册 16 页 11548
许棫	咸丰三年 七月	册 1 页 13	**Y**		
许泽新	光绪十九年 八月六日	册 18 页 13500	严辰	同治九年 九月二十七日	册 7 页 4804
许增	同治六年 十一月二十日	册 6 页 3925	严国泰	同治五年 三月十八日	册 5 页 3565
许振祎	同治十年 三月二十八日	册 7 页 4966	严嘉荣	咸丰四年 六月十二日	册 1 页 79

续表

人名	日期	册、页	人名	日期	册、页
严庆琳	光绪十八年三月九日	册 18 页 13182	杨传第	咸丰十一年九月十二日	册 3 页 1941
严玉森	同治十一年七月二十七日	册 8 页 5465	杨典诰	光绪七年正月二十六日	册 12 页 8941
严岳森	咸丰四年七月一日	册 1 页 84	杨恩澍	同治八年七月三日	册 6 页 4449
言宝书	光绪九年二月十九日	册 13 页 9792	杨凤藻	光绪十一年八月九日	册 15 页 10850
言有章	光绪十九年七月十七日	册 18 页 13485	杨福璋	光绪十五年二月十九日	册 16 页 12001
阎敬铭	光绪八年十二月二十二日	册 13 页 9719	杨福臻	光绪十二年正月二十日	册 15 页 11005
颜培高	同治三年五月十九日	册 4 页 2853	杨国璋	光绪八年十月二十一日	册 13 页 9640
颜莹绶	同治三年五月十九日	册 4 页 2853	杨和鸣	同治元年九月二日	册 4 页 2135
燕起烈	光绪十五年十二月六日	册 17 页 12298	杨家骧	光绪九年三月一日	册 13 页 9807
羊复礼	同治十三年三月二十一日	册 9 页 6094	杨家騋	同治十三年四月十五日	册 9 页 6113
杨宝臣	同治二年五月十七日	册 4 页 2350	杨家驹	光绪十二年二月二十六日	册 15 页 11030
杨葆光	光绪十五年五月八日	册 16 页 12079	杨家骒	光绪十一年六月二十四日	册 15 页 10811
杨秉璋	同治三年九月二十一日	册 5 页 2974	杨介慈	咸丰九年二月六日	册 2 页 919
杨昌濬	同治四年六月二十八日	册 5 页 3354	杨浚	同治十年三月二十八日	册 7 页 4966
杨晨	光绪二年四月四日	册 10 页 6928	杨联恩	同治十三年九月十八日	册 9 页 6277
杨呈华	光绪二年三月十一日	册 10 页 6901	杨模	光绪十七年九月二十六日	册 18 页 13015
杨崇伊	光绪三年八月二十八日	册 11 页 7540	杨庆槐	同治五年正月十九日	册 5 页 3533

续表

人名	日期	册、页	人名	日期	册、页
杨汝孙	光绪六年 八月九日	册 12 页 8793	杨颐	同治十一年 十月十日	册 8 页 5542
杨锐	光绪十一年 九月十一日	册 15 页 10883	杨友声	光绪十六年 闰二月一日	册 17 页 12383
杨绍和	光绪元年 十二月二十八日	册 10 页 6813	杨越	光绪二年 二月九日	册 10 页 6867
杨深秀	光绪元年 七月十三日	册 9 页 6605	杨钟羲	光绪十七年 九月九日	册 18 页 12995
杨师震	咸丰三年 七月	册 1 页 13	杨仲愈	咸丰八年 三月八日	册 2 页 740
杨守敬	同治十三年 七月十六日	册 9 页 6198	杨宗佶	同治三年 十一月二十二日	册 5 页 3064
杨叔怿	咸丰十年 二月十日	册 2 页 1159	杨作霖	同治七年 十一月二十二日	册 6 页 4220
杨澍先	光绪七年 五月十五日	册 12 页 9043	姚宝卿	咸丰九年 正月五日	册 2 页 905
杨泗孙	同治三年 十二月一日	册 5 页 3075	姚宝勋	光绪三年 六月二十一日	册 10 页 7460
杨崧年	同治九年 十月四日	册 7 页 4812	姚炳勋	光绪二年 二月九日	册 10 页 6867
杨泰亨	同治二年 八月二十四日	册 4 页 2440	姚恩衍	光绪四年 五月七日	册 11 页 7888
杨廷燮	光绪十二年 二月二十六日	册 15 页 11030	姚桂芳	咸丰九年 十月十七日	册 2 页 1054
杨同槱	光绪六年 三月二十日	册 12 页 8652	姚徽典	同治九年 十月三日	册 7 页 4812
杨维培	光绪六年 六月七日	册 12 页 8729	姚晋蕃	光绪五年 四月七日	册 12 页 8315
杨文莹	同治十年 十月六日	册 7 页 5160	姚觐元	光绪三年 三月二十三日	册 10 页 7372
杨燮和	同治九年 八月五日	册 7 页 4758	姚濬常	同治八年 正月三十日	册 6 页 4297
杨宜治	光绪十九年 七月十六日	册 18 页 13484	姚凯元	光绪十一年 十一月二十三日	册 15 页 10946

续表

人名	日期	册、页	人名	日期	册、页
姚礼泰	同治十年 七月二十七日	册 7 页 5083	易俊	光绪十八年 九月五日	册 18 页 13206
姚士璋	光绪二年 四月一日	册 10 页 6925	易棠	同治二年 十一月二十九日	册 4 页 2640
姚诒庆	光绪十九年 七月十八日	册 18 页 13485	奕杕	光绪十六年 六月三十日	册 17 页 12524
姚虞卿	光绪十六年 九月四日	册 17 页 12593	奕福堃	咸丰四年 闰七月一日	册 1 页 114
姚镇奎	同治九年 闰十月二十九日	册 7 页 4840	奕年	光绪十六年 六月三十日	册 17 页 12524
叶秉钧	同治十三年 三月二十二日	册 9 页 6094	奕涛	咸丰四年 八月十五日	册 1 页 132
叶昌炽	光绪十六年 四月九日	册 17 页 12449	殷鸿畴	同治三年 五月二十三日	册 4 页 2855
叶大起	光绪八年 三月六日	册 13 页 9377	殷李尧	光绪十九年 三月二十日	册 18 页 13390
叶金诏	光绪六年 五月二日	册 12 页 8689	殷如璋	光绪十五年 十一月十七日	册 17 页 12279
叶觐光	同治三年 正月四日	册 4 页 2701	殷源	光绪元年 十二月二十八日	册 10 页 6813
叶庆增	光绪十八年 三月十四日	册 18 页 13185	殷执中	光绪三年 四月三日	册 10 页 7382
叶意深	光绪十六年 五月二十三日	册 17 页 12488	尹耕云	咸丰九年 十二月十九日	册 2 页 1111
伊精额	同治二年 六月五日	册 4 页 2362	尹继美	同治元年 十二月十三日	册 4 页 2203
伊立勋	光绪十二年 十月二十八日	册 15 页 11233	尹锡纶	同治四年 正月三日	册 5 页 3124
伊萨本	光绪十七年 六月十九日	册 18 页 12921	隐松	同治四年 八月二十二日	册 5 页 3384
宜垕	光绪二年 五月十七日	册 10 页 6978	应宝时	同治六年 十一月二十九日	册 6 页 3931
宜霖	同治十二年 正月二十六日	册 8 页 5653	应大坤	光绪五年 十月二十四日	册 12 页 8512

续表

人名	日期	册、页	人名	日期	册、页
应振绪	光绪十八年 九月十三日	册 18 页 13216	余联沅	光绪十七年 正月五日	册 17 页 12729
英廉	光绪十七年 三月二十一日	册 17 页 12817	余烈	同治十一年 三月二十一日	册 8 页 5315
英朴	光绪十九年 四月二十八日	册 18 页 13429	余文灿	咸丰八年 十一月二十九日	册 2 页 881
英文	光绪十七年 三月二十一日	册 17 页 12817	余熙春	光绪十三年 十月五日	册 16 页 11579
游三立	光绪十五年 二月十六日	册 16 页 11998	余撰	同治十二年 九月六日	册 8 页 5876
于克勤	光绪十年 四月十九日	册 14 页 10277	俞炳熚	光绪十五年 三月二十七日	册 16 页 12040
于民新	光绪八年 十月十七日	册 13 页 9635	俞长赞	咸丰十一年 八月二十六日	册 3 页 1913
于式枚	光绪六年 五月十五日	册 12 页 8704	俞功懋	同治二年 三月二日	册 4 页 2307
于式珍	光绪十一年 九月六日	册 15 页 10876	俞官圻	光绪十五年 二月二十一日	册 16 页 12003
于万川	光绪六年 十月八日	册 12 页 8841	俞恒治	同治十一年 三月二十五日	册 8 页 5320
余彬	光绪八年 十二月十六日	册 13 页 9708	俞怀棠	咸丰八年 正月十八日	册 2 页 716
余诚格	光绪九年 十二月十七日	册 14 页 10150	俞觐光	同治四年 二月二十七日	册 5 页 3216
余承普	咸丰四年 四月十二日	册 1 页 37	俞钧	光绪十六年 闰二月二十六日	册 17 页 12411
余恩照	咸丰五年 九月十五日	册 1 页 302	俞明震	光绪十六年 五月十六日	册 17 页 12483
余和埙	光绪十七年 十月三日	册 18 页 13022	俞培元	光绪十三年 二月二十五日	册 15 页 11349
余九谷	光绪元年 八月四日	册 9 页 6634	俞启荪	同治四年 十月九日	册 5 页 3446
余骏年	光绪十七年 八月七日	册 18 页 12966	俞庆恒	光绪十五年 二月十七日	册 16 页 11999

续表

人名	日期	册、页	人名	日期	册、页
俞士彦	光绪十七年 十一月二十四日	册 18 页 13085	袁保龄	同治十年 三月二十九日	册 7 页 4966
俞寿彭	光绪四年 五月二十七日	册 11 页 7908	袁保庆	咸丰十年 四月十七日	册 2 页 1292
俞埙	光绪十五年 三月二十日	册 16 页 12032	袁秉桢	光绪十年 四月八日	册 14 页 10269
俞荫森	光绪十六年 闰二月十三日	册 17 页 12398	袁昶	同治九年 四月二十二日	册 7 页 4684
俞樾	同治九年 四月十八日	册 7 页 4683	袁国均	光绪十八年 三月九日	册 18 页 13182
俞瞻淇	光绪十八年 二月二十九日	册 18 页 13171	袁甲三	咸丰十年 七月十五日	册 3 页 1439
俞振鸾	光绪十九年 六月十五日	册 18 页 13461	袁鹏图	光绪六年 五月二十三日	册 12 页 8715
俞正椿	咸丰七年 四月十四日	册 1 页 524	袁世勋	光绪十七年 五月三日	册 17 页 12862
俞钟颖	光绪十五年 十一月二十二日	册 17 页 12285	苑棻池	光绪十一年 十二月九日	册 15 页 10957
虞庆澜	同治三年 九月二十二日	册 5 页 2975	恽彦彬	同治十三年 八月八日	册 9 页 6230
郁崑	同治十二年 正月二十三日	册 8 页 5636	韫德	光绪十七年 八月三十日	册 18 页 12990
钰昌	光绪十六年 十二月二十二日	册 17 页 12706	Z		
钰坤	同治十一年 三月二十五日	册 8 页 5320	载崇	同治二年 四月二十八日	册 4 页 2340
裕德	光绪十年 十月十一日	册 14 页 10518	载存	光绪十六年 八月十四日	册 17 页 12571
裕禄	光绪五年 六月九日	册 12 页 8373	载龄	同治四年 五月十六日	册 5 页 3313
袁宝贵	光绪八年 十月十六日	册 13 页 9633	臧济臣	光绪十七年 九月二十日	册 18 页 13006
袁保恒	咸丰九年 十月十四日	册 2 页 1052	臧均之	同治四年 七月十二日	册 5 页 3361

续表

人名	日期	册、页	人名	日期	册、页
臧灵芬	咸丰九年 三月二十二日	册 2 页 963	查荫元	光绪六年 六月十九日	册 12 页 8742
臧灵苕	咸丰九年 三月七日	册 2 页 945	查毓琛	光绪六年 六月十八日	册 12 页 8742
皂保	同治二年 五月十五日	册 4 页 2349	翟鸣球	同治三年 八月一日	册 5 页 2927
曾丙熙	光绪十三年 正月三日	册 14 页 10166	翟鸣盛	光绪十五年 四月八日	册 16 页 12051
曾炳章	光绪十七年 八月二十一日	册 18 页 12976	詹鸿谟	同治十三年 二月二十七日	册 9 页 6066
曾福谦	光绪十二年 五月二十七日	册 15 页 11105	詹树敏	光绪十四年 六月十日	册 16 页 11795
曾国藩	同治二年 十二月十三日	册 4 页 2665	詹仪桂	同治三年 正月十四日	册 4 页 2711
曾朴	光绪十五年 八月二十七日	册 17 页 12194	张百熙	光绪十五年 十月一日	册 17 页 12229
曾寿麟	光绪十五年 四月二十六日	册 16 页 12068	张标云	光绪十四年 四月二十四日	册 16 页 11763
曾永曦	同治三年 七月五日	册 5 页 2899	张彬	光绪十五年 九月十三日	册 17 页 12204
曾永暄	同治三年 七月五日	册 5 页 2899	张炳琳	光绪十八年 正月五日	册 18 页 13129
曾元超	同治三年 七月五日	册 5 页 2899	张昌言	光绪十二年 六月二十七日	册 15 页 11133
曾之撰	光绪三年 二月二十二日	册 10 页 7343	张昌棫	光绪八年 七月十五日	册 13 页 9527
查丙章	同治二年 四月十七日	册 4 页 2332	张淳	咸丰十一年 八月二十六日	册 3 页 1913
查光泰	光绪十六年 九月十四日	册 17 页 12604	张存浩	同治四年 十二月二十八日	册 5 页 3521
查鸿翥	光绪十八年 三月九日	册 18 页 13182	张大昌	光绪十六年 闰二月十九日	册 17 页 12404
查燕绪	光绪十二年 四月十二日	册 15 页 11067	张大仕	光绪十年 四月十九日	册 14 页 10278

续表

人名	日期	册、页	人名	日期	册、页
张道	同治七年 十月二十九日	册 6 页 4200	张嘉禄	光绪六年 五月一日	册 12 页 8689
张德容	同治十年 四月二十二日	册 7 页 4993	张嘉言	同治十年 正月十日	册 7 页 4906
张鼎华	同治十一年 五月十九日	册 8 页 5390	张检	光绪十六年 八月八日	册 17 页 12564
张定邦	光绪十八年 三月十日	册 18 页 13183	张建勋	光绪十九年 正月一日	册 18 页 13329
张度	同治四年 正月一日	册 5 页 3117	张金鉴	光绪十五年 二月十九日	册 16 页 12001
张端本	光绪十一年 九月十五日	册 15 页 10886	张晋鉴	光绪十八年 二月二十九日	册 18 页 13171
张端卿	同治十三年 十一月五日	册 9 页 6328	张菁	光绪十六年 十月六日	册 17 页 12624
张恩捷	同治七年 闰四月十七日	册 6 页 4045	张景焘	咸丰五年 正月四日	册 1 页 146
张凤冈	光绪十二年 三月二十四日	册 15 页 11051	张楷	光绪七年 二月十三日	册 12 页 8954
张赓飏	光绪十六年 五月五日	册 17 页 12472	张克家	光绪十四年 五月十五日	册 16 页 11779
张观钧	光绪十一年 十二月五日	册 15 页 10955	张联第	咸丰十一年 六月二十一日	册 3 页 1838
张观岳	光绪九年 八月十八日	册 14 页 10007	张联桂	光绪十三年 三月二十八日	册 15 页 11375
张观准	光绪六年 四月十日	册 12 页 8670	张茂贵	同治十三年 十月四日	册 9 页 6298
张冠杰	咸丰四年 闰七月一日	册 1 页 114	张楙	光绪十五年 九月十三日	册 17 页 12204
张鸿远	同治十二年 闰六月四日	册 8 页 5796	张梅岩	咸丰四年 六月四日	册 1 页 74
张华燕	光绪十九年 六月二十五日	册 18 页 13469	张明玉	光绪十八年 三月十日	册 18 页 13183
张家骧	同治十三年 正月二十日	册 9 页 6025	张鸣珂	同治六年 六月一日	册 6 页 3805

续表

人名	日期	册、页	人名	日期	册、页
张清华	同治十一年九月十九日	册 8 页 5510	张文溶	咸丰七年正月四日	册 1 页 513
张权	光绪十七年十月一日	册 18 页 13021	张文泗	同治十三年三月三日	册 9 页 6069
张人骏	光绪十六年正月二十三日	册 17 页 12340	张文元	同治四年八月二十七日	册 5 页 3386
张仁黼	光绪十九年正月十九日	册 18 页 13342	张闻锦	光绪十六年八月二日	册 17 页 12560
张珊	同治四年八月二十日	册 5 页 3383	张锡福	光绪十六年八月十四日	册 17 页 12570
张善倬	光绪十三年二月二日	册 15 页 11325	张锡庚	光绪二年五月一日	册 10 页 6953
张盛藻	同治三年十一月十六日	册 5 页 3057	张锡銮	光绪十六年七月十八日	册 17 页 12540
张士珩	光绪十六年五月十二日	册 17 页 12480	张宪周	光绪十六年九月十九日	册 17 页 12608
张士镳	光绪八年三月十六日	册 13 页 9390	张孝谦	光绪十九年八月六日	册 18 页 13500
张守敬	咸丰十年六月十一日	册 2 页 1379	张星鉴	咸丰十年九月九日	册 3 页 1502
张寿荣	光绪八年六月十四日	册 13 页 9495	张行孚	同治十三年三月二十七日	册 9 页 6097
张爽斋	同治十年四月十三日	册 7 页 4984	张兴留	光绪七年十月二十日	册 13 页 9210
张天锡	咸丰六年十二月十八日	册 1 页 561	张兴书	光绪二年十月二十三日	册 10 页 7175
张廷璜	同治四年六月十日	册 5 页 3344	张秀卿	咸丰十一年正月十五日	册 3 页 1691
张廷燎	光绪十七年二月二十二日	册 17 页 12787	张煦	光绪十六年闰二月十七日	册 17 页 12402
张桐	光绪元年八月二十九日	册 9 页 6668	张曜	光绪八年十二月八日	册 13 页 9695
张文霖	光绪七年七月二十一日	册 13 页 9113	张以培	咸丰五年三月十一日	册 1 页 176

续表

人名	日期	册、页	人名	日期	册、页
张以增	咸丰五年 正月五日	册 1 页 146	张之涌	同治十年 十月二十八日	册 7 页 5179
张荫桓	光绪十一年 四月十九日	册 15 页 10736	张之渊	同治七年 正月二日	册 6 页 3959
张荫清	光绪六年 十一月二十六日	册 12 页 8890	张仲炘	光绪十九年 四月二十九日	册 18 页 13429
张英麟	光绪十五年 十一月二十八日	册 17 页 12291	张竹舫	咸丰四年 六月二十八日	册 1 页 84
张瀛	同治十二年 三月五日	册 8 页 5699	张宗椿	光绪四年 四月三日	册 11 页 7840
张应昌	同治八年 五月七日	册 6 页 4400	张宗灏	光绪八年 四月二日	册 13 页 9412
张宇钟	光绪十七年 七月六日	册 18 页 12939	张祖继	同治十一年 四月二十九日	册 8 页 5363
张玉纶	光绪九年 十月二十二日	册 14 页 10088	章宝琛	光绪十九年 九月十八日	册 18 页 13534
张预	同治六年 八月一日	册 6 页 3835	章炳	光绪五年 六月十二日	册 12 页 8387
张元普	光绪十六年 二月二十五日	册 17 页 12377	章埰	同治九年 十一月二十四日	册 7 页 4857
张筠	光绪九年 五月十二日	册 14 页 9903	章传基	咸丰六年 三月二十四日	册 1 页 361
张沄	同治十三年 二月二十三日	册 9 页 6062	章传坤	咸丰六年 三月二十四日	册 1 页 361
张沄卿	光绪三年 六月八日	册 10 页 7444	章传坦	咸丰六年 三月二十四日	册 1 页 361
张兆兰	同治十三年 七月四日	册 9 页 6186	章德藻	同治十一年 三月二十一日	册 8 页 5315
张震	光绪十七年 十月十二日	册 18 页 13031	章玕	同治十三年 八月八日	册 9 页 6230
张之洞	同治三年 十二月一日	册 5 页 3075	章观光	光绪十六年 闰二月二十六日	册 17 页 12411
张之万	同治十年 八月二十日	册 7 页 5110	章桂庆	光绪六年 五月三日	册 12 页 8690

续表

人名	日期	册、页	人名	日期	册、页
章华	咸丰六年 九月二十九日	册 1 页 538	章之杰	光绪十五年 正月二十五日	册 16 页 11979
章华国	光绪十五年 二月十一日	册 16 页 11994	章志坚	光绪三年 六月三日	册 10 页 7438
章焕文	光绪十四年 三月十六日	册 16 页 11722	章倬汉	光绪十六年 闰二月二十六日	册 17 页 12411
章勳	光绪十九年 七月十五日	册 18 页 13483	赵炳林	光绪十四年 七月二十七日	册 16 页 11827
章楷	同治十三年 三月一日	册 9 页 6069	赵承恩	光绪十二年 十一月十一日	册 15 页 11247
章乃畲	光绪三年 九月十日	册 11 页 7554	赵光	道光二十八年 五月	册 1 页 6
章寿康	光绪三年 六月二十日	册 10 页 7458	赵鸿仪	同治三年 四月二十一日	册 4 页 2833
章寿麟	光绪十七年 十二月二十日	册 18 页 13113	赵环庆	光绪十九年 七月二十三日	册 18 页 13490
章嗣衡	同治四年 七月二十五日	册 5 页 3372	赵炯	光绪十九年 九月十五日	册 18 页 13529
章廷黻	光绪十五年 二月二十一日	册 16 页 12003	赵亮熙	光绪十五年 十一月十七日	册 17 页 12279
章廷爵	光绪九年 二月十七日	册 13 页 9790	赵铭	同治六年 八月二日	册 6 页 3839
章文澜	咸丰七年 十二月二十日	册 1 页 676	赵琴	光绪十五年 二月十九日	册 16 页 12001
章鋆	光绪九年 六月三日	册 14 页 9932	赵时俊	光绪十八年 正月五日	册 18 页 13129
章献猷	光绪十八年 二月二十二日	册 18 页 13165	赵士琛	光绪十年 六月二日	册 14 页 10353
章耀廷	光绪十一年 十月二十一日	册 15 页 10919	赵书田	光绪十五年 二月二十九日	册 16 页 12011
章以咸	光绪二年 二月九日	册 10 页 6867	赵舒翘	光绪十九年 六月二十五日	册 18 页 13469
章鋆	同治十一年 十月十日	册 8 页 5542	赵树吉	咸丰十年 四月十一日	册 2 页 1277

续表

人名	日期	册、页	人名	日期	册、页
赵天寿	咸丰十年 六月十一日	册 2 页 1379	郑士抡	同治十二年 六月二十六日	册 8 页 5793
赵文伟	光绪十六年 七月二十一日	册 17 页 12541	郑思贺	光绪十七年 十二月四日	册 18 页 13095
赵佑宸	光绪十一年 二月二十八日	册 15 页 10687	郑思赞	光绪六年 九月六日	册 12 页 8816
赵宇鼎	光绪十二年 二月十日	册 15 页 11015	郑嵩龄	光绪十八年 正月三日	册 18 页 13125
赵增荣	光绪十八年 八月八日	册 18 页 13195	郑文彩	光绪十四年 九月十五日	册 16 页 11865
赵曾重	光绪六年 七月二日	册 12 页 8759	郑锡滜	同治九年 十一月二十九日	册 7 页 4860
赵之谦	咸丰四年 五月三日	册 1 页 56	郑贤坊	光绪六年 四月二十日	册 12 页 8678
赵宗建	光绪十二年 三月十一日	册 15 页 11042	郑贤升	同治二年 八月二十一日	册 4 页 2434
郑昌运	光绪六年 六月二十五日	册 12 页 8753	郑训承	光绪十八年 正月三日	册 18 页 13148
郑崇黼	同治九年 九月二十六日	册 7 页 4803	郑贞本	光绪十六年 四月八日	册 17 页 12448
郑德霖	光绪九年 九月十八日	册 14 页 10047	郑震	同治十年 四月九日	册 7 页 4975
郑杲	光绪十六年 闰二月二十九日	册 17 页 12414	支恒荣	光绪七年 正月二十六日	册 12 页 8941
郑海槎	同治四年 九月十日	册 5 页 3394	志 锐	光绪八年 十月十七日	册 13 页 9635
郑晖吉	同治十三年 五月九日	册 9 页 6132	治麟	光绪九年 六月二十五日	册 14 页 9951
郑杰	同治六年 正月二十四日	册 6 页 3712	中岛雄	光绪十年 九月二十二日	册 14 页 10485
郑恺	咸丰六年 九月十六日	册 1 页 485	钟宝华	同治二年 九月二十八日	册 4 页 2492
郑琼诏	咸丰十年 正月十六日	册 2 页 1134	钟宝英	同治四年 十月十日	册 5 页 3446

续表

人名	日期	册、页	人名	日期	册、页
钟德祥	同治十三年 三月三日	册 9 页 6071	周德濬	光绪十九年 八月四日	册 18 页 13498
钟观豫	同治二年 正月十七日	册 4 页 2222	周福清	同治十年 二月二十七日	册 7 页 4935
钟华	光绪十七年 四月二十二日	册 17 页 12852	周馥	光绪十年 四月二十一日	册 14 页 10279
钟骏声	同治九年 十月四日	册 7 页 4812	周冠	同治十三年 四月二日	册 9 页 6101
钟濂	同治三年 七月三十日	册 5 页 2926	周光藻	光绪十五年 三月一日	册 16 页 12013
钟灵	光绪十七年 十月二十三日	册 18 页 13041	周光祖	咸丰三年 七月	册 1 页 13
钟鸾藻	同治九年 九月二十三日	册 7 页 4801	周国琛	光绪六年 六月二十三日	册 12 页 8747
钟佩芳	光绪二年 十二月十一日	册 10 页 7243	周恒祺	同治四年 五月六日	册 5 页 3305
钟佩贤	光绪四年 八月二十二日	册 11 页 7977	周厚生	同治四年 四月十六日	册 5 页 3275
钟启元	咸丰十年 四月八日	册 2 页 1272	周积仁	咸丰九年 十一月十四日	册 2 页 1067
钟尚贤	光绪六年 三月二十八日	册 12 页 8659	周嘉颖	光绪五年 闰三月十六日	册 12 页 8276
钟寿康	光绪十九年 九月十六日	册 18 页 13532	周晋麒	光绪六年 四月十四日	册 12 页 8674
钟文烝	同治七年 正月二十三日	册 6 页 3971	周景曾	光绪十五年 七月二十六日	册 17 页 12153
钟英	光绪十三年 四月四日	册 15 页 11381	周奎吉	光绪九年 四月七日	册 14 页 9846
钟芷汀	光绪五年 五月二十日	册 12 页 8354	周奎照	光绪二年 三月十六日	册 10 页 6907
周邦翰	光绪十五年 十一月一日	册 17 页 12263	周兰	同治十一年 三月十八日	册 8 页 5313
周宝瑛	同治四年 十一月十二日	册 5 页 3480	周枚	同治九年 十一月六日	册 7 页 4846

续表

人名	日期	册、页	人名	日期	册、页
周沐润	咸丰九年 三月十七日	册 2 页 958	周文仝	同治元年 十月十六日	册 4 页 2161
周骐	同治五年 二月二十七日	册 5 页 3553	周文翕	同治四年 正月二十三日	册 5 页 3172
周乔龄	咸丰七年 四月十四日	册 1 页 524	周文瀛	同治四年 正月一日	册 5 页 3117
周庆蕃	光绪三年 二月十二日	册 10 页 7332	周文俞	同治元年 二月四日	册 3 页 2088
周庆荣	咸丰五年 六月六日	册 1 页 224	周锡恩	光绪六年 三月三日	册 12 页 8640
周庆熊	光绪三年 二月二十五日	册 10 页 7346	周星譼	咸丰三年 七月	册 1 页 13
周蓉第	光绪十一年 十月十六日	册 15 页 10913	周星诒	咸丰三年 七月	册 1 页 13
周若霖	同治二年 八月二十七日	册 4 页 2441	周星誉	咸丰三年 七月	册 1 页 13
周绍晋	咸丰八年 十一月十九日	册 2 页 873	周学海	光绪十年 四月二十三日	册 14 页 10280
周寿昌	同治十年 九月九日	册 7 页 5123	周学铭	光绪十年 四月二十三日	册 14 页 10280
周天霖	光绪十六年 八月二日	册 17 页 12560	周学熙	光绪十年 四月二十三日	册 14 页 10280
周文杰	同治四年 正月十四日	册 5 页 3159	周郇雨	同治十三年 五月三日	册 9 页 6128
周文俊	同治四年 正月十四日	册 5 页 3159	周岩	咸丰十年 正月二十六日	册 2 页 1143
周文浚	同治四年 正月十二日	册 5 页 3156	周衍祜	光绪十九年 五月二日	册 18 页 13431
周文令	同治元年 二月九日	册 3 页 2092	周衍龄	光绪四年 正月十四日	册 11 页 7736
周文龠	同治元年 二月九日	册 3 页 2092	周以均	同治四年 十月四日	册 5 页 3444
周文㤗	同治十年 九月五日	册 7 页 5120	周玉麒	咸丰五年 八月六日	册 1 页 265

续表

人名	日期	册、页	人名	日期	册、页
周爰诹	光绪十六年 五月二十四日	册 17 页 12488	朱潮	同治元年 正月十五日	册 3 页 2064
周源绪	咸丰九年 三月十七日	册 2 页 958	朱琛	光绪十四年 二月十日	册 16 页 11689
周岳崑	光绪四年 正月二十日	册 11 页 7744	朱承烈	光绪三年 二月二十七日	册 10 页 7350
周悦让	光绪二年 八月十九日	册 10 页 7111	朱澂	同治十一年 十月十九日	册 8 页 5553
周瀹蕃	光绪元年 六月二十九日	册 9 页 6592	朱琮	光绪十一年 九月二十九日	册 15 页 10897
周云章	光绪九年 七月二十一日	册 14 页 9978	朱戴清	光绪十二年 二月十日	册 15 页 11015
周之骧	光绪十八年 二月二十八日	册 18 页 13170	朱定基	同治十一年 八月十九日	册 8 页 5480
周植瀛	光绪十一年 十月九日	册 15 页 10907	朱凤标	同治三年 正月十五日	册 4 页 2711
周治润	咸丰八年 十一月十一日	册 2 页 867	朱凤毛	同治十三年 六月二十日	册 9 页 6175
周宗彬	光绪十五年 九月十七日	册 17 页 12208	朱福荣	同治三年 八月二十二日	册 5 页 2940
周祖培	同治元年 二月八日	册 3 页 2090	朱福诜	光绪六年 四月十五日	册 12 页 8674
朱霱云	光绪二年 五月十七日	册 10 页 6978	朱福寿	咸丰九年 十二月七日	册 2 页 1100
朱丙寿	光绪六年 二月十六日	册 12 页 8627	朱福泰	同治八年 十一月十七日	册 7 页 4553
朱秉成	光绪九年 二月十九日	册 13 页 9792	朱庚	咸丰十一年 七月十七日	册 3 页 1869
朱炳熊	同治十三年 十一月八日	册 9 页 6332	朱光荣	同治九年 十月五日	册 7 页 4813
朱采	同治十二年 七月二十九日	册 8 页 5845	朱禾	光绪十年 三月二十七日	册 14 页 10262
朱昌寿	同治六年 八月一日	册 6 页 3835	朱厚基	同治三年 正月二日	册 4 页 2700

续表

人名	日期	册、页	人名	日期	册、页
朱笏卿	光绪十二年三月二十三日	册 15 页 11050	朱其煊	光绪十年三月十一日	册 14 页 10241
朱怀新	同治九年十月一日	册 7 页 4811	朱棨	咸丰十年正月二十二日	册 2 页 1141
朱鉴章	光绪十一年八月十二日	册 15 页 10853	朱谦	光绪十二年六月一日	册 15 页 11109
朱津	光绪元年十一月二十八日	册 10 页 6768	朱善祥	光绪十二年正月一日	册 15 页 10983
朱锦铃	咸丰九年三月二十八日	册 2 页 966	朱士璟	光绪十四年五月十三日	册 16 页 11778
朱溍	光绪九年五月十日	册 14 页 9901	朱式谷	光绪五年十二月二十一日	册 12 页 8577
朱镜清	同治九年九月二十七日	册 7 页 4804	朱守谷	同治三年三月二十九日	册 4 页 2810
朱镜仁	同治九年九月二十七日	册 7 页 4804	朱同	光绪十九年三月十一日	册 18 页 13383
朱隽瀛	光绪十二年二月二十九日	册 15 页 11032	朱文炳	光绪十一年五月二十七日	册 15 页 10769
朱立纬	光绪十五年二月十二日	册 16 页 11995	朱兴汾	光绪十八年九月十日	册 18 页 13212
朱梁济	咸丰十一年三月十日	册 3 页 1744	朱兴沂	光绪十六年闰二月十二日	册 17 页 12397
朱麟泰	咸丰五年九月四日	册 1 页 274	朱续基	光绪十二年二月二十一日	册 15 页 11024
朱懋昌	光绪十四年九月十五日	册 16 页 11865	朱学勤	同治三年十二月一日	册 5 页 3075
朱懋政	光绪八年九月二十八日	册 13 页 9617	朱延熙	光绪十六年十月四日	册 17 页 12622
朱铭盘	光绪十六年四月二日	册 17 页 12443	朱一新	同治九年十月一日	册 7 页 4811
朱佩青	咸丰六年二月一日	册 1 页 324	朱以增	光绪六年三月十六日	册 12 页 8648
朱其昂	同治四年九月七日	册 5 页 3392	朱益藩	光绪十九年八月六日	册 18 页 13500

续表

人名	日期	册、页	人名	日期	册、页
朱墉	光绪十年 闰五月十一日	册 14 页 10337	卓景濂	同治四年 四月十日	册 5 页 3267
朱逌然	同治三年 十一月十一日	册 5 页 3044	宗稷辰	同治三年 八月一日	册 5 页 2927
朱有基	光绪十一年 十一月二日	册 15 页 10927	宗能述	光绪十九年 三月二十二日	册 18 页 13391
朱瑜	光绪十五年 三月二日	册 16 页 12017	宗能征	光绪七年 七月二十五日	册 13 页 9116
朱煜	光绪六年 四月九日	册 12 页 8670	宗舜年	光绪十六年 三月二日	册 17 页 12415
朱毓广	光绪六年 三月二十二日	册 12 页 8653	宗源瀚	光绪十五年 二月二十七日	册 16 页 12009
朱振镛	光绪十六年 闰二月七日	册 17 页 12388	邹凌瀚	光绪十五年 十二月三日	册 17 页 12297
朱镇夫	同治十二年 三月十三日	册 8 页 5705	邹舒宇	同治十三年 四月十七日	册 9 页 6114
朱之瑗	同治七年 五月十五日	册 6 页 4063	邹用中	光绪六年 七月十三日	册 12 页 8765
朱之榛	光绪十九年 五月十二日	册 18 页 13438	左浑	同治九年 十二月十一日	册 7 页 4877
朱智	光绪六年 二月十六日	册 12 页 8627	左念谦	光绪十七年 正月十日	册 17 页 12736
朱宗祥	同治十年 二月十五日	册 7 页 4928	左绍佐	光绪六年 六月三日	册 12 页 8724
诸可宝	光绪九年 四月二十五日	册 14 页 9875	左锡蕙	同治十三年 八月七日	册 9 页 6229
诸可炘	光绪七年 七月十三日	册 13 页 9105	左孝勋	光绪十九年 四月十七日	册 18 页 13416
祝秉纲	光绪十九年 正月十八日	册 18 页 13342	左宜之	光绪十二年 六月九日	册 15 页 11115
祝应焘	光绪二年 五月二十八日	册 10 页 6994	左宗棠	光绪七年 十月四日	册 13 页 9620
庄尚彬	光绪六年 三月十二日	册 12 页 8646			

后　记

在越缦先生诞辰190周年之际，拙作《李慈铭交游人物生卒年表》终于尘埃落定。

一部《越缦堂日记》，洋洋洒洒近五百万字，从广陵书局版到商务印书馆版，我一读就是十五年。先用五年时光品读了日记中越缦所撰写的楹联，在众多师友的帮助下，完成了《越缦堂联话辑注》。中国楹联学会名誉会长常江先生为拙作撰序，喻我为“联坛第五子”，虽愧不敢当，但却一直激励着我不断前进。

由于楹联注释需要涉及人物考证，我接触了大量相关人物的家谱、讣告、齿录等原始资料，遂萌生了考证《越缦堂日记》中与越缦有关系的人物的具体生卒年月日的想法。

古往今来，关于人物生卒考证的书籍不少，如《中国历史人物生卒年表》《历代名人生卒录》《历代名人生卒年表》《疑年录》《清代人物生卒年表》，但考证人物具体生卒年月日的书籍却一直是空白。虽然《清代人物大事纪年》中记载了部分人物的生卒年月日，但也都没有注明文献来源，使用起来甚为不便。于是我再读《越缦堂日记》，细梳文本，共得人物2420位。此番梳理，可以说将王侯将相、贩夫走卒尽纳其中；一面之缘、刎颈之交，全囊于是。为了考证人物，我遍采谱牒，搜集齿录，再据履历，又寻墓志，旁及诗文，爬梳文献的同时，又联系人物后裔，求教朋友。心心念念，终成是书，名曰《李慈铭交游人物生卒年表》。驽马铅刀，学无师承，虽手足胼胝而作是书，但囿于学识，必有阙漏，博诸方家一哂。

是书得成，既赖我的坚持与众位师友的帮助，更赖越缦主人的神灵护佑。

每一个人物的追寻，都是一个坚持的传奇。

为了追寻湖北蕲水张楷家族的《马驿垅张氏宗谱》，仅求线索就用了五年的时间。得到线索后,如获至宝,连夜从杭州乘坐硬座绿皮火车到达湖北浠水,只为求证《清史稿》对其卒年记载的正误。

为了追寻湖南长沙周寿昌家族的《塘冲周氏谱》,我在网上找到周铭先生的联系方式后,软磨硬泡,终成正果。

为了得到藏于国外的《增辑高氏杭州泥孩儿巷派家谱》,我不断地打听其后裔的信息,直到许高渝先生慷慨相赠。

每一个人物的考订,其背后都有我师友的襄助。

家谱收藏大家慈溪励双杰先生,虽私藏而比公立更开放,对我是有求必应。

萧山吴越历史文书博物馆馆长申屠勇剑先生,萧山科举文化博物馆馆长钟妙明先生,虽秘珍而慷慨提供,对我是有问必答。

河北河间陈动先生多次提供相关人物的朱卷、齿录等科举文献。

北京大学党委统战部原部长卢咸池教授、苏州图书馆古籍部卿朝辉先生、绍兴图书馆古籍部唐微女史、清华大学黄佳杰、首都师范大学薛泽江、长春师范大学梁超前、南京大学潘振方,他们多次在图书馆帮我复制相关资料,为本书提供了文献支持。

部分人物的后裔(族人),诸如吴萱女士,顾笃璜、阎悌律、伊常春、黄晓果、梁小进、蒋杰、张铭、张广明先生,以及部分人物所在的村委提供了家谱、墓志铭、讣告等弥足珍贵的资料,为考证人物生卒的具体日期提供了可靠的文献依据。

各大免费古籍数字化平台,如中华古籍资源库、中华寻根网、中国家谱知识服务平台、美国犹他家谱图书馆、台北故宫博物院,免去了我查阅古籍的奔波之苦。

各大文献信息检索平台,如国家图书馆、全国古籍普查登记基本数据库、中文古籍联合目录及循证平台、中国第一历史博物馆、学苑汲古,提供了检索文献信息之便。

北京大学张剑教授、厦门大学出版社王依民先生、南京师范大学江庆柏教授、中国人民大学张全海博士、复旦大学张桂丽老师、诸暨文史专家阮建根先生,他们不仅为我提供了部分人物的相关文献,同时也为我阅读日记提供了诸多帮助。这份恩情,我永铭于心。

北京大学张剑教授、武汉大学鲁小俊教授拨冗为拙作赐序,并予以鼓励和肯定,幸甚至哉!特别要感谢张剑教授,承蒙不弃,不但将拙作推荐出版,而且亲自审稿,并提出了许多宝贵的意见。浙江大学出版社宋旭华主任接纳出版本书,更让我感动万分。责编蔡帆老师为编辑拙作倾注了大量心血,深表谢意。素昧平生的书法家白谦慎先生慨然题签,使小书增色不少,谨此致谢。全书数字烦琐,书目杂糅,兼之文献阙略,校雠不精,如有错讹,文责在我。

另外,还有很多提供帮助的师友,未一一列出,在此一并致谢。

最后,我还要感谢拙荆唐祎昕,十五年来,我沉浸于《越缦堂日记》的爬梳钩稽之中,她无丝毫埋怨,默默支持,全力做好子女教育,这也是本书得以顺利完成的一个重要原因。

邓政阳

庚子冬于柯桥博约堂